TEMPO, ESPAÇO E PASSADO NA MESOAMÉRICA

O CALENDÁRIO, A COSMOGRAFIA E A COSMOGONIA NOS CÓDICES E TEXTOS NAHUAS

Programa de Pós-graduação em História Social
Universidade de São Paulo
Faculdade de Filosofia, Letras e Ciências Humanas
Departamento de História

TEMPO, ESPAÇO E PASSADO NA MESOAMÉRICA

O CALENDÁRIO, A COSMOGRAFIA E A COSMOGONIA NOS CÓDICES E TEXTOS NAHUAS

EDUARDO NATALINO DOS SANTOS

Edição: Joana Monteleone
Editora Assistente: Marília Chaves
Projeto gráfico e diagramação: Pedro Henrique de Oliveira
Capa: Pedro Henrique de Oliveira
Revisão: Rachel Duarte Topfstedt
Imagem da capa: Os *tlaloque* e os tipos de chuva e colheita distribuídos pelos rumos do Universo segundo o *Códice Borgia*.

CIP-BRASIL. CATALOGAÇÃO-NA-FONTE
SINDICATO NACIONAL DOS EDITORES DE LIVROS, RJ

S235t

 Santos, Eduardo Natalino, 1969-
    Tempo, espaço e passado na mesoamérica : o calendário, a cosmografia e a cos-
mogonia nos códices e textos nahuas / Eduardo Natalino dos Santos. - São Paulo :
Alameda , 2009.
    432p. : il.   -(História social)

    Inclui bibliografia
    ISBN 978-85-7939-018-0

    1. Índios do México - História - Manuscritos. 2. Índios da América Central - His-
tória - Manuscritos. 3. Nahuas - Usos e costumes. 4. México - História. I. Título. II.
Série.

09-5448.   CDD: 972.01
                      CDU: 94(72)

19.10.09   22.10.09   015836

ALAMEDA CASA EDITORIAL
Rua Conselheiro Ramalho, 694 - Bela Vista
CEP 01325-000 - São Paulo - SP
Tel. (11) 3012-2400
www.alamedaeditorial.com.br

Sumário

Apresentação

A Série *Teses* tenciona colocar à disposição do leitor estudos significativos realizados no âmbito do Programa de Pós-Graduação em História Social da Universidade de São Paulo, resultantes da conclusão de trabalhos de mestrado e doutorado. Desde 1997, com o apoio da CAPES, numerosos textos já foram publicados.

Promover a divulgação de uma tese ou dissertação é sempre motivo de alegria e uma iniciativa importante em vários sentidos. Por um lado, é um registro da pluralidade de temas e enfoques que o Programa e seu corpo docente desenvolvem, bem como uma amostra da maturidade analítica alcançada por seus alunos. Mas, principalmente, a publicação representa para seus autores o coroamento de um longo percurso de leituras, pesquisa e escrita, e a possibilidade de colocar, em alguns casos pela primeira vez, os resultados de seu trabalho à disposição de um público amplo.

O livro ora apresentado revela um novo historiador com pleno domínio do seu ofício e permite que as suas reflexões sejam incorporadas aos debates em curso. Essa é também uma das funções da Série *Teses,* que tem como objetivo básico a difusão do conhecimento produzido na área da História.

Horacio Gutiérrez, Coordenador
Marina de Mello e Souza, Vice-Coordenadora

Prefácio

Federico Navarrete Linares
Instituto de Investigaciones Históricas
Universidad Nacional Autónoma de México

Os chamados códices mesoamericanos se encontram, indubitavelmente, entre os produtos culturais mais complexos e interessantes dos povos ameríndios. Trata-se de manuscritos que utilizam o sistema de escrita de tradição indígena e que foram confeccionados pelos povos do centro e do sul do atual México, antes e depois da conquista espanhola do século XVI. Esses documentos possuem a forma de livro, de tira, de biombo e de *lienzo* – tecido quadrangular de grandes dimensões – e tratam de temas históricos e religiosos bastante vinculados com a identidade étnica dos povos que os produziram.

A escrita mesoamericana tem sido definida como pictográfica, pois utilizava elementos visuais convencionais para representar sons, palavras e conceitos. Esses signos, conhecidos como glifos, eram combinados com paisagens, retratos, mapas e outras representações visuais para criar um discurso logográfico e visual altamente elaborado.

Os códices não eram lidos da maneira como nós, usualmente, lemos um livro em alfabeto latino. Distintamente, eram exibidos publicamente por especialistas que, nessas ocasiões, recitavam os relatos, cantos, preces e outros textos da tradição oral, vinculados à informação visual contida em tais manuscritos. A relação entre as imagens e escritos constantes nos códices e a tradição oral que os acompanhava era complexa, pois nenhum desses dois elementos continha ou esgotava o outro. As imagens transmitiam conteúdos simbólicos e afetivos que nem sempre eram contemplados nos relatos orais, os quais, por sua vez, poderiam incluir informações que não se encontravam nas imagens. Sendo assim, podemos dizer que os códices e as tradições que os acompanhavam eram discursos plenamente audiovisuais.

Durante o período pré-hispânico e o início do colonial, os códices foram de grande importância para os governantes, sacerdotes e outros setores das sociedades indígenas, e também para os novos governantes e sacerdotes espanhóis, que os aceitaram como documentos com validade legal e histórica. Por esse motivo, foram produzidos em grandes quantidades e circularam nas diversas cidades-estados que conviviam no interior da Mesoamérica. Desafortunadamente, depois da conquista espanhola, esses livros nativos foram considerados idolátricos por se vincularem com a antiga religião, agora proibida e perseguida pelo cristianismo. Por esse motivo, foram destruídos em grande número pelos sacerdotes espanhóis e, também, pelos seus possuidores indígenas, que temiam ser castigados por guardá-los. Não podemos saber quantos códices foram queimados, destruídos, escondidos ou abandonados. Somente sabemos que apenas cerca de uma dúzia de livros pictográficos pré-hispânicos sobreviveram até os nossos dias.

Afortunadamente, essas perseguições e destruições não significaram o fim da produção dos maravilhosos códices pelos indígenas: durante os três séculos de dominação espanhola foram confeccionados mais de 300 livros, *lienzos*, mapas e biombos desse tipo de manuscrito.

Esses códices coloniais diferem dos pré-hispânicos em vários aspectos-chave. Em primeiro lugar, foram feitos para novos públicos, entre eles, particularmente, as autoridades e os sacerdotes espanhóis interessados em aprender sobre a história indígena e, inclusive, sobre a antiga religião proscrita. Ademais, incorporaram glosas em alfabeto latino que serviam para interpretar e explicar seus conteúdos visuais. Igualmente, assimilaram e reinterpretaram convenções e imagens de origem europeia, criando uma nova linguagem visual que combinava a tradição pictográfica e pictórica mesoamericana com a tradição visual ocidental.

Esses documentos coloniais são, portanto, duplamente complexos e têm sido objetos de acaloradas polêmicas entre os estudiosos. Enquanto alguns pesquisadores, como Gordon Brotherston, tentam demonstrar sua profunda continuidade em relação à tradição indígena da qual derivam, outros, como Donald Robertson, enfatizam a profunda assimilação dos elementos europeus que neles se encontram e sua gradual "aculturação" ou ocidentalização.

A presente obra de Eduardo Natalino dos Santos constitui um valioso aporte ao nosso conhecimento sobre os códices pré-hispânicos e coloniais e propõe novas alternativas para esses debates. Essa contribuição é mais significativa pelo fato de ter sido realizada por um historiador brasileiro.

Eduardo Santos é parte de uma nova geração de historiadores e arqueólogos brasileiros que criaram, em seu país, um dinâmico centro de estudos sobre a Mesoamérica e os Andes. Com sede na Universidade de São Paulo, o Centro de Estudos Mesoamericanos e Andinos (Cema/USP) conta também, entre outros pesquisadores, com Leila Maria França, Marcia Maria Arcuri e Cristiana Bertazoni Martins. Guiados por professores como Janice Theodoro da Silva e Beatriz Borba Florenzano – o professor Leandro Karnal tem realizado tarefa semelhante na Universidade Estadual de

Campinas, incentivando estudos sobre os cronistas missionários da Nova Espanha –, esses jovens acadêmicos assumiram o risco de se especializar na História e Arqueologia dessas regiões americanas, tradicionalmente ignoradas pela academia brasileira. Por isso, tiveram que superar todo tipo de dificuldades, desde as prosaicas, como a carência de livros nas bibliotecas, até as intelectuais, como a falta de contato com os especialistas e o desconhecimento inicial dos debates atuais nessas áreas de estudo.

Felizmente, seus esforços renderam frutos: nos últimos dez anos, consolidaram um grupo de pesquisa e estabeleceram contatos sólidos com estudiosos dos Andes e da Mesoamérica por todo o mundo. Com a incorporação de um crescente número de alunos de graduação e pós-graduação, essa iniciativa se consolida e se enriquece a cada dia. Testemunhos disso são os colóquios que o Cema/USP organiza anualmente, pois contam, a cada edição, com um número maior de participantes e com uma crescente qualidade nos debates desenvolvidos.

Tempo, espaço e passado na Mesoamérica exemplifica o melhor tipo de contribuição que os pesquisadores brasileiros podem oferecer aos estudos sobre a Mesoamérica. Enquanto os estudos produzidos no México, nos Estados Unidos e em outros países onde esse campo de pesquisa se encontra mais consolidado tendem a uma crescente especialização – para não dizer fragmentação, pois as interpretações gerais e dominantes se institucionalizaram e se tornaram quase inquestionáveis, sendo apenas aplicadas aos casos particulares –, desde o Brasil, Eduardo Santos pode nos oferecer uma visão panorâmica que é, ao mesmo tempo, original e rigorosa.

Ao analisar de maneira sistemática um amplo conjunto de códices da região central do México e compará-los com fontes escritas em alfabeto latino, mas baseadas claramente em outros documentos pictográficos já desaparecidos, Eduardo Santos consegue estabelecer um enfoque inédito para abordar problemáticas que têm tirado o sono dos estudiosos dos códices.

Para dar apenas um exemplo das muitas contribuições que esta obra contém, ao comparar sistematicamente os diferentes papéis que a informação sobre os ciclos calendários mesoamericanos desempenha em cada documento, Eduardo estabelece uma clara distinção entre aqueles que foram produzidos para leitores europeus, que queriam compreender os complexos sistemas mesoamericanos de contar os dias, e aqueles elaborados para públicos indígenas, que consideravam esses ciclos calendários como uma parte essencial de qualquer relato histórico ou cosmogônico. Essa distinção entre os códices em que o calendário é um tema e aqueles em que aparece como um elemento estrutural do relato resulta fecunda, pois mostra como alguns documentos, que formalmente poderiam parecer mais "autênticos" por serem mais próximos ao estilo pictográfico pré-hispânico, foram, na realidade, produzidos por ordem e sob a supervisão de clérigos espanhóis; enquanto outros manuscritos, que poderiam parecer mais "aculturados", foram produzidos para públicos indígenas.

Dessa maneira, Eduardo Santos se une a um grupo crescente de autores que procura explicar as transformações das produções culturais indígenas sob o regime colonial sem caracterizá-las como parte de processos lineares de *aculturação* (ou de *resistência*, seu conceito gêmeo-inverso), mas apresentando-as como produtos complexos de diálogos interculturais concretos entre sujeitos históricos variados que buscavam objetivos específicos e diversos, os quais poderiam ir desde conhecer melhor a religião indígena para combatê-la de maneira mais eficaz, no caso dos frades católicos, até defender sua identidade étnica e seus privilégios particulares, no caso dos autores indígenas. Para alcançar tais objetivos, esses sujeitos estavam dispostos a utilizar os temas, as imagens, as técnicas e as convenções dos repertórios indígena e europeu que lhes resultassem mais úteis.

Em suma, pode-se afirmar que *Tempo, espaço e passado na Mesoamérica* marca a maturidade dos estudos mesoamericanistas no Brasil. Por um lado, esta obra servirá, por seu caráter geral, para introduzir o público brasileiro ao rico universo dos códices e às diversas problemáticas associadas a seu estudo, contribuindo para um conhecimento mais profundo da cultura mesoamericana no mundo lusoparlante. Por outro, a obra oferece valiosas contribuições ao debate e ao conhecimento sobre esses temas, as quais a tornam objeto de interesse aos especialistas em todo o mundo.

Prólogo

Este livro é composto, basicamente, pelos resultados de minha pesquisa de doutorado, os quais se encontram sintetizados na tese *Calendário, cosmografia e cosmogonia nos códices e textos nahuas do século XVI*, defendida em julho de 2005 na Faculdade de Filosofia, Letras e Ciências Humanas da Universidade de São Paulo (FFLCH/USP). Na ocasião da defesa, pude contar com as críticas e sugestões valiosas de Maria Beatriz Borba Florenzano, Federico Navarrete Linares, Horacio Gutiérrez e Leandro Karnal, muitas das quais foram incorporadas ao texto que agora se apresenta ao leitor. Essa pesquisa, como veremos detalhadamente na Introdução, começou a ser delineada a partir de alguns resultados de meu mestrado, realizado, entre 1997 e 2000, junto ao Programa de Pós-graduação em História Social, no Departamento de História da FFLCH/USP. Seu resultado foi a dissertação *Os mitos e deuses mesoamericanos através da crônica espanhola na época da conquista*, publicada em 2002 com o título *Deuses do México indígena – Estudo comparativo entre narrativas espanholas e nativas*. Desde essa época, contei com o apoio, a orientação e a amizade de Janice Theodoro, quem muito contribuiu para despertar meu interesse – e, seguramente, o de vários alunos do curso de História da USP – pelos temas relacionados à América indígena.

Iniciei o mestrado com o objetivo de compreender os modos empregados pelos missionários espanhóis do século XVI ao descrever e abordar os mitos e deuses mesoamericanos em seus textos. Nessa ocasião, em busca de versões nativas sobre esses mesmos temas, que serviriam de contrapontos aos relatos missionários, analisei vários escritos alfabéticos produzidos pelos povos mesoamericanos nesse mesmo século. Iria realizar a pesquisa somente com estes dois grupos de fontes. No entanto, uma feliz coincidência alterou meus planos. Em 1998, Gordon Brotherston veio ao Brasil ministrar um curso no Museu de Arqueologia e Etnologia (MAE) da USP e apresentou-nos, de maneira brilhante e apaixonada, os códices mesoamericanos, manuscritos pouco conhecidos ou utilizados pelos americanistas de nosso país. Esse contato inicial com os códices influenciou os resultados de minha pesquisa de mestrado e, ademais, permitiu a elaboração de futuras propostas de investigação, que incorporavam o uso desses manuscritos como fontes históricas.

A partir da análise desses códices e escritos alfabéticos nativos, percebi, ainda durante o mestrado, que *deuses* e *mitos* – ou *fábulas*, para usar o termo constante nos textos dos missionários do século XVI – não eram categorias muito adequadas para entendermos as especificidades do pensamento mesoamericano. Isso porque dificilmente abarcam, em seu rol de significados, algumas das mais importantes características dos conceitos e conjuntos de concepções que regem a estrutura e o conteúdo das explicações mesoamericanas sobre seu passado e presente, sobre o mundo natural e social e sobre os agentes históricos humanos e não humanos. Entre esses conceitos e conjuntos conceituais estão, seguramente, o calendário, a cosmografia e a cosmogonia, temas centrais de minha pesquisa de doutorado e, portanto, deste livro.

Estudar esses temas nos códices e textos nativos a partir de nosso país tornou-se viável graças ao apoio de várias outras pessoas e de algumas instituições. Graças ao apoio de Janice Theodoro e de Maria Beatriz Borba Florenzano, professora do MAE/USP, logramos reunir os poucos alunos de pós-graduação em História e Arqueologia que desenvolviam pesquisas sobre os povos indígenas pré-hispânicos e do início do período colonial da Mesoamérica e dos Andes e fundar um centro de estudos interdisciplinares. Desde então, isto é, desde 2000, Cristiana Bertazoni Martins, Leila Maria França e Marcia Maria Arcuri têm sido grandes companheiras de estudo, discussão, congressos e outras realizações do Centro de Estudos Mesoamericanos e Andinos da USP (Cema/USP).

Enquanto dedicava-me a examinar os usos e funções do calendário, da cosmografia e da cosmogonia nos códices e textos alfabéticos nahuas, conheci Federico Navarrete Linares, especialista nos códices e relatos migratórios produzidos pelos nahuas do altiplano central mexicano. Prontamente, Federico aceitou o convite do Cema/USP para dar um curso no Departamento de História da FFLCH/USP, realizado no primeiro semestre de 2002 graças ao apoio financeiro da Fundação de Amparo à Pesquisa do Estado de São Paulo (Fapesp). Além disso, Federico recebeu-me, alguns meses depois, para um estágio de um semestre na Universidad Nacional Autónona de México (Unam), na Cidade do México. Nessa ocasião, pude ter contato com as riquíssimas bibliotecas dessa instituição e realizar cursos com professores especialistas nos estudos mesoamericanos: Alfredo López Austin e Martha López Luján, Leopoldo Valiñas, Miguel León Portilla e Víctor Castillo Farreras.

Após esse estágio, continuei a analisar os usos e funções do calendário, da cosmografia e da cosmogonia nos códices e textos nahuas, os quais – usos e funções –, por sua vez, eram importantes indícios das características particulares das concepções de tempo, espaço e passado dos produtores e usuários desses manuscritos. Foi neste momento que as hipóteses gerais e iniciais sobre cada um dos três temas se desdobraram em hipóteses mais específicas – todas elas são apresentadas na Introdução. Baseado nelas, comecei a redigir o Capítulo II e III, que apresentam, respectivamente, os resultados das análises sobre o calendário e sobre a cosmografia e, conseqüentemente, sobre as concepções de tempo e espaço nahuas, bem como sobre as transformações dessas funções e concepções ao longo do século XVI. A essa altura, em princípios de 2003, eu já havia esboçado o Capítulo I, uma espécie de introdução aos problemas historiográficos relacionados aos nahuas e seus escritos, dos quais dependiam diretamente a delimitação documental e as hipóteses adotadas na pesquisa.

Quase dois anos depois, no final de 2004, realizei outro estágio, na Stanford University, Califórnia. Lá fui recebido por Gordon Brotherston, com quem pude discutir alguns resultados parciais da pesquisa, bem como frequentar seu curso sobre fontes ameríndias e textos coloniais espanhóis. Além disso, as bibliotecas dessa universidade propiciaram o acesso a obras historiográficas e fontes nahuas e mesoamericanas ainda não consultadas. Ao voltar desse estágio, revi as análises realizadas, refleti sobre as últimas sugestões e críticas recebidas – de minha orientadora, de Brotherston e de outros colegas de trabalho e congressos – e incorporei as leituras das obras historiográficas e as análises das novas fontes. Foi neste momento, isto é, nos primeiros meses de 2005, que escrevi o Capítulo IV – e reescrevi os anteriores. Trata-se do último capítulo, onde articulei as análises e conclusões dos capítulos anteriores, examinando, por um lado, como o vínculo entre calendário, cosmografia e cosmogonia dotava esta última de características fundamentais à concepção de passado nahua e, por outro, como a desvinculação desses três conjuntos conceituais era resultado de influências do pensamento missionário, para o qual os relatos nahuas sobre o passado distante eram, predominantemente, fábulas.

Minha dedicação exclusiva à pesquisa por mais de quatro anos e a realização dos estágios mencionados não teria sido possível sem o apoio financeiro da Fundação de Amparo à Pesquisa do Estado de São Paulo (Fapesp), a quem manifesto os meus mais sinceros agradecimentos.

Não poderia deixar de agradecer também a, pelo menos, alguns daqueles que contribuíram de maneira mais diluída e constante para a realização da pesquisa que resultou neste livro, seja por meio de conversas, indicações de leituras ou cursos: Carlos Zeron, Valerie Fraser, Ulpiano Bezerra de Meneses, e Madalena, minha esposa.

Por fim, agradeço aos funcionários e coordenadores do Programa de Pós-graduação em História Social do Departamento de História da FFLCH da USP, que além de possibilitarem o desenvolvimento de minha pesquisa de doutorado, permitem, agora, que seus resultados cheguem a um público mais amplo do que o da tese – e em uma versão, penso eu, com menos equívocos.

Eduardo Natalino dos Santos
Março de 2008

Nota explicativa

Utilizei os seguintes critérios para grafar os termos em nahuatl: A – nomes próprios iniciam-se em maiúsculas e sem itálico; B – os demais termos foram grafados em itálico; C – não utilizei acentos gráficos, pois quase todas as palavras são paroxítonas e foram transliteradas e transcritas sem acentos; quando estas palavras são incorporadas ao castelhano tendem a tornar-se oxítonas e então recebem acentos conforme as normas ortográficas desse idioma, as quais não se aplicam ao português; D – no caso da ocorrência de diversas grafias, utilizei a mais consagrada, exceto em caso de citações textuais; E – substantivos que designam povos, línguas e habitantes de determinadas cidades foram aportuguesados, grafados sem itálico e, portanto, formam o plural conforme regras gramaticais de nossa língua; exemplos: tolteca e toltecas, mexica e mexicas, tlatelolca e tlatelolcas, tlaxcalteca e tlaxcaltecas; F – foi mantido o "h" interior ou inicial nos termos aportuguesados, embora tal letra não seja pronunciada; G – os substantivos foram pluralizados conforme as regras gramaticais do nahuatl, à exceção dos casos cuja flexão era desconhecida por mim; H – quase todas as análises dos termos em nahuatl foram feitas a partir da consulta do vocabulário do frei Alonso de Molina, do dicionário de Rémi Siméon e da gramática de Thelma Sullivan,[1] bem com a partir das anotações dos cursos de Víctor Castillo Farreras e Leopoldo Valiñas na Unam; I – os termos provenientes de outras línguas mesoamericanas foram grafados em itálico e como se encontram nas fontes e obras historiográficas consultadas.

Empreguei o itálico no corpo do texto para os títulos das fontes documentais, para as citações de seus trechos e de obras historiográficas e para palavras em outros idiomas, bem como para os termos ou expressões que traduzam essas palavras. Além disso, o empreguei também para termos e expressões em português quando esses são objetos de análise.

Optei por reproduzir as páginas inteiras dos códices, mesmo que por vezes isso dificulte a localização da parte analisada. Tal opção justifica-se pela utilização das mesmas páginas em diversas ocasiões e por acreditar que isso minimiza a possibilidade de

---

1   Cf. Molina, Alonso de. *Vocabulario en lengua castellana y mexicana y mexicana y castellana.* México: Editorial Porrúa, 2001. / Rémi Siméon. *Diccionario de la lengua náhuatl o mexicana.* México e Madrid: Siglo Veintiuno Editores, 1997. / Sullivan, Thelma D. *Compendio de la gramática náhuatl.* México: IIH – Unam, 1998. As siglas empregadas nas referências bibliográficas das notas de rodapé encontram-se explicadas no início da Bibliografia.

uma análise isolacionista, isso é, que não leve em conta as articulações dos elementos analisados no interior do registro.

As principais regiões e localidades citadas constam em dois mapas. O Mapa 1 apresenta a Mesoamérica de maneira mais geral e nele podem ser encontradas as macrorregiões que fazem fronteira com a Mesoamérica ou as porções internas dessa macrorregião – grafadas em letras maiúsculas –, além de algumas de suas principais localidades – grafadas em letras minúsculas. O Mapa 2 apresenta em detalhe a região privilegiada pela pesquisa, isto é, o altiplano central mexicano, e nele podem ser encontradas as localidades dessa região que não constam no Mapa 1. Uma vez que esses mapas foram adaptados de um livro em espanhol, a grafia dos nomes das localidades e regiões pode, por vezes, diferir um pouco das formas aportuguesas que foram utilizadas no texto. Os dois mapas encontram-se após as Listas de Figuras e Tabelas. As figuras, encontram-se no Caderno de Imagens, ao final do livro.

Lista de Figuras

Lista de Tabelas

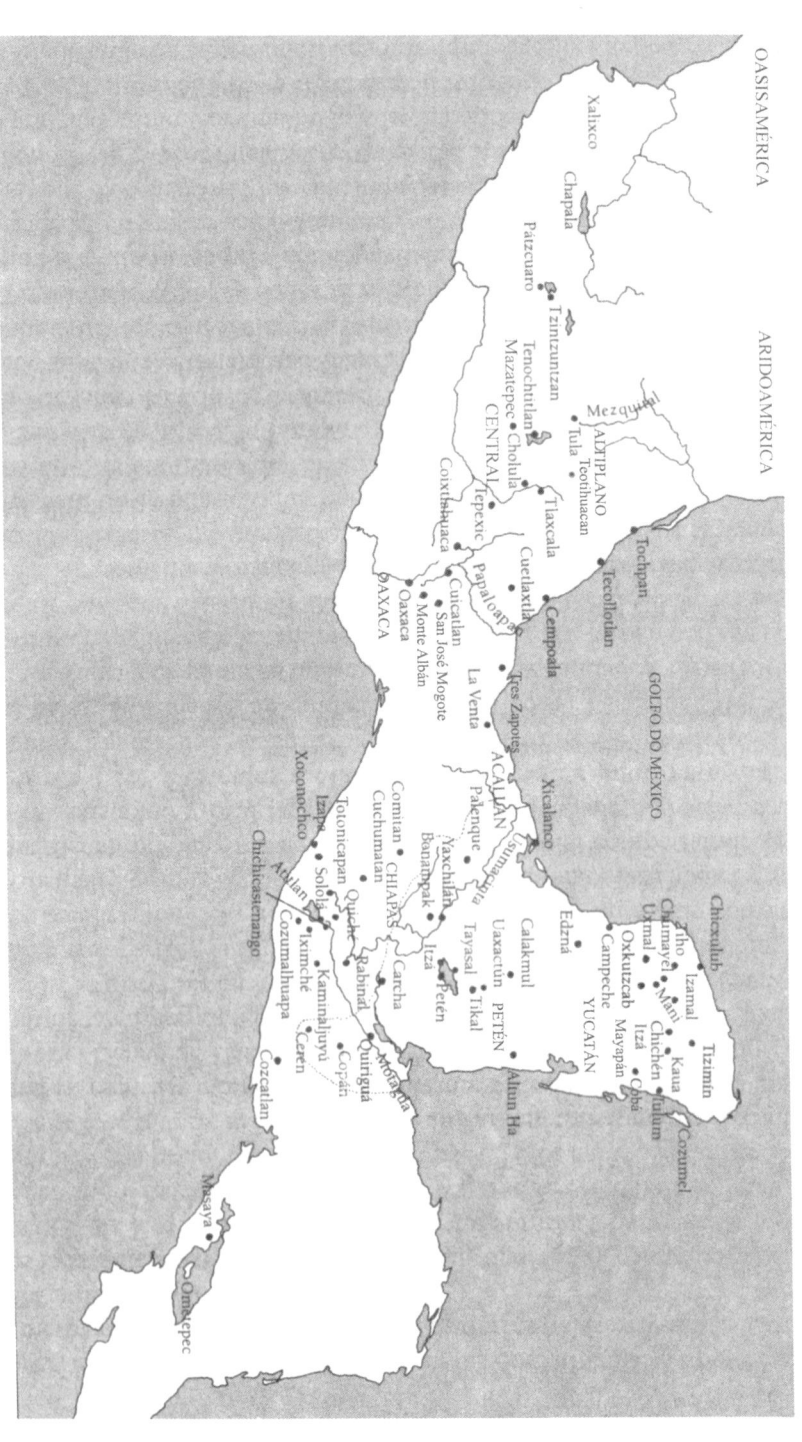

Mapa 1 - Mesoamérica: Principais regiões e localidades citadas. Adaptado de Brotheston, Gordon. *La América indígena en su literatura*, p. 36.

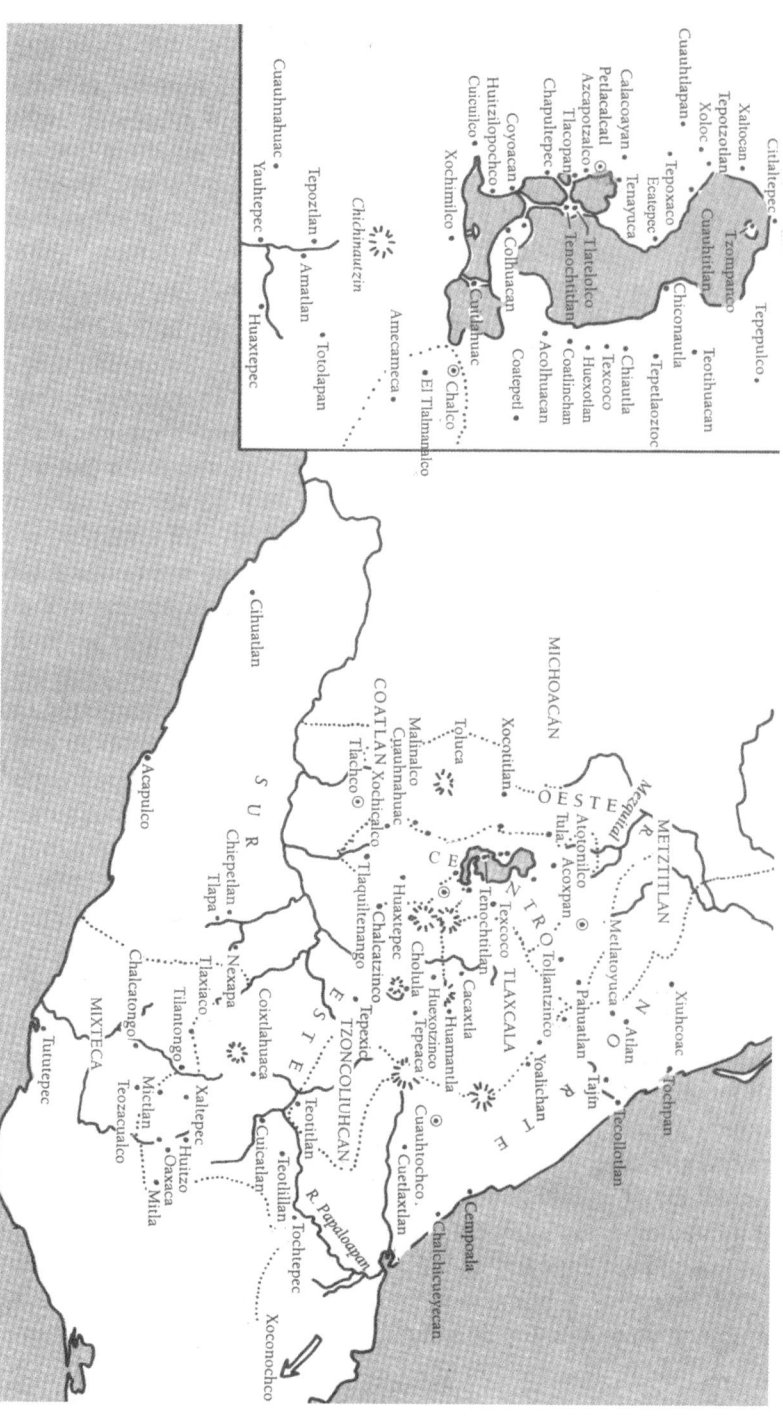

Mapa 2 - Mesoamérica: Principais regiões e localidades citadas do altiplano central mexicano e Oaxaca. Adaptado de Brotheston, Gordon. *La América indígena en su literatura*, p. 43.

Introdução

A pesquisa que resultou neste livro partiu de alguns temas e conclusões de minha pesquisa de mestrado.[1] Naquela ocasião, analisei as seleções temáticas e as *estruturas narrativas*[2] empregadas pelos missionários cristãos em seus textos ao se referirem à *cosmogonia*[3] e aos deuses mesoamericanos. Todos os textos analisados haviam sido produzidos por missionários que estiveram no altiplano central mexicano durante o século XVI. Mais especificamente, examinei a *Historia general de las cosas de Nueva España*, do franciscano Bernardino de Sahagún, a *Historia de las Indias de Nueva España e islas de la tierra firme*, do dominicano Diego Durán, e a *Historia natural y moral de las Indias*, do jesuíta José de Acosta. O objetivo central das análises empreendidas sobre essas *Historias*[4] era explicitar e compreender seus *fundamentos* ou *princípios teóricos*[5] comuns, para mostrar como eles condicionavam os relatos missionários sobre a cosmogonia e os deuses mesoamericanos.

Para atingir esse objetivo, comparei essas *Historias* entre si e também com um conjunto de fontes nativas que abordava os mesmos temas, isto é, a cosmogonia e os deuses mesoamericanos. Estava em busca de narrativas que se contrapusessem aos relatos dos religiosos espanhóis e que, por contraste, me ajudariam a entender melhor as seleções temáticas e estruturas narrativas adotadas nesses últimos, bem como seus fundamentos teóricos comuns. Nessa ocasião, ainda não me encontrava minimamen-

---

1   A dissertação final dessa pesquisa intitulou-se *Os mitos e deuses mesoamericanos através da crônica espanhola na época da conquista*. As próximas alusões a essa obra serão feitas por meio do título com o qual foi publicada em 2002 pela Editora Palas Athena, isto é, *Deuses do México indígena. Estudo comparativo entre narrativas espanholas e nativas*.

2   Usaremos essa expressão para nos referirmos às distintas maneiras pelas quais as partes de uma composição textual podem estar articuladas entre si.

3   Usaremos esse termo como sinônimo de explicação ou teoria socialmente aceita sobre a origem do Universo e do homem, da natureza e da sociedade humana.

4   Passaremos a empregar o termo *Historias*, em espanhol e itálico, para nos referirmos aos textos dos religiosos castelhanos que analisamos durante o mestrado.

5   A escolha dos temas que compõem um texto e a maneira de articular suas partes fundamentam-se em conceitos e concepções que, em geral, não se encontram explícitos no próprio texto. A esses conceitos e concepções estamos denominando *fundamentos* ou *princípios teóricos*.

te habilitado para utilizar os escritos pictoglíficos[6] para esse fim, pois tais manuscritos requerem alguns anos de estudo para que se possa entendê-los minimamente e obter neles informações sobre as formas como os próprios mesoamericanos tratavam sua cosmogonia e seus deuses. Utilizei então *textos alfabéticos*[7] nativos que também tratavam desses temas. Esses textos foram produzidos com a participação de membros das sociedades mesoamericanas durante o período Colonial e, sendo assim, supus que apresentavam seleções temáticas e estruturas narrativas provenientes das *tradições de pensamento e escrita*[8] locais, apesar das influências do sistema alfabético e do pensamento cristão.

Seguindo a delimitação temática, cronológica e regional da pesquisa, selecionei o *Popol vuh*, os *Anales de Cuauhtitlan*, a *Leyenda de los soles*, a *Breve relación de los dioses y ritos de la gentilidad*, os textos alfabéticos do *Códice Vaticano A*, a *Historia de los mexicanos por sus pinturas*, a *Histoire du Mechique*,[9] o *Códice Ramirez*, a *Crónica mexicana* e a *Crónica mexicayotl*.

Esses textos são parte de um conjunto bastante amplo e heterogêneo de fontes, que pode ser chamado, na falta de uma denominação mais adequada, de fontes co-

---

6   Embora seja um neologismo, preferimos o termo *pictoglífico* a *pictográfico* por acreditar que ele evoca explicitamente a combinação entre elementos *pictóricos* e *glíficos*, a qual era uma das principais características do sistema de escrita mixteco-nahua. Utilizaremos também, como sinônimo de *pictoglífico*, o termo nahuatl *tlacuilolli*, substantivo e adjetivo que significa *escrita-pintura* ou *pintado-escrito* e refere-se ao resultado da ação de um *tlacuilo* ou *escriba-pintor*. Os dois termos nahuas derivam do verbo *cuiloa*, que significa *escrever-pintar*. Veremos, no Capítulo I, que a escolha e o uso dos termos que designam o sistema de escrita mixteco-nahua não é apenas um problema de preferência terminológica, pois envolve princípios e pressupostos teóricos que afetam a análise das fontes em *tlacuilolli*.

7   Essa expressão pode parecer, à primeira vista, um pleonasmo. No entanto, seu emprego se justifica para diferenciarmos esses manuscritos dos *códices*, que são textos pictoglíficos.

8   Esse conceito terá um papel importante no desenvolvimento dos argumentos deste livro e, por isso, será explicado em detalhe no Capítulo I. Por ora, basta dizer que estamos nos referindo aos grupos especializados em sistematizar, transformar e transmitir explicações socialmente aceitas sobre a realidade natural e social. No caso das sociedades mesoamericanas, essas tradições eram, em geral, parte integrante das elites dirigentes e, desse modo, suas produções intelectuais e escritas estavam, quase sempre, a serviço dos interesses políticos dessas elites.

9   Utilizamos, naquela ocasião, a grafia *Histoyre du Mechique* por acreditar que se tratava da forma contida no manuscrito original, pois desse modo aparecia na coletânea intitulada *Teogonía e historia de los mexicanos*, preparada por Ángel María Garibay. No entanto, a recente edição desse texto por Rafael Tena na coletânea *Mitos e historias de los antiguos nahuas* contém a paleografia do texto original e nela pudemos verificar que a grafia do título original é *Hystoyre du Mechique*. Adotaremos neste trabalho, seguindo a sugestão de Rafael Tena, a forma parcialmente modernizada *Histoire du Mechique*, cujo uso parece estar se consagrando entre os estudiosos.

loniais nativas. Esse conjunto abrange, potencialmente, todos os escritos produzidos entre o início do século XVI e o início do XIX com a participação de indígenas. Para se ter uma ideia dessa heterogeneidade, basta dizer que dele fazem parte manuscritos alfabéticos, pictoglíficos ou que se servem dos dois sistemas para grafar relatos ou conceitos em línguas indígenas ou europeias, os quais tratam dos mais diversos temas por meio de estruturas narrativas distintas e plasmadas sobre suportes materiais variados. Além disso, essa heterogeneidade é ampliada pela desigual participação dos indígenas mesoamericanos em suas produções, a qual variou desde a autonomia quase total até o trabalho de escriba, tradutor ou informante dentro de um projeto missionário.[10]

A comparação entre esses dois conjuntos de fontes possibilitou a percepção das diferenças e semelhanças entre os modos como as *Historias* religiosas e os textos alfabéticos nativos relatavam a cosmogonia e os deuses mesoamericanos. Analisando essas diferenças e semelhanças, pude demonstrar a aplicabilidade da hipótese geral que regia o trabalho, a saber, que as seleções temáticas e as estruturas narrativas empregadas pelos missionários em suas *Historias*, bem como seus fundamentos teóricos, privaram a cosmogonia e os deuses mesoamericanos de algumas de suas principais características. Os desdobramentos dessa hipótese, por sua vez, resultaram numa série de conclusões e hipóteses relacionadas mais específicas, tanto sobre as fontes que estavam sendo analisadas quanto sobre o pensamento de seus produtores e usuários. Encontram-se sintetizadas abaixo algumas dessas conclusões, mais especificamente aquelas que serviram como ponto de partida da pesquisa de doutoramento, apresentada neste livro.

1 – As três *Historias* analisadas atendiam, em linhas gerais, aos objetivos missionários do século XVI, apesar de cada uma não se destinar estritamente aos mesmos usos e leitores. De um lado, as *Historias* de Sahagún e Durán destinavam-se aos outros missionários do altiplano central mexicano, pois sua finalidade era propiciar o conhecimento das tradições e costumes locais para que as idolatrias pudessem ser combatidas com eficácia. Por outro lado, a *Historia* de José de Acosta destinava-se aos letrados europeus em geral, entre os quais se difundiria uma justificativa à evangelização das Índias baseada numa explicação histórica providencialista atualizada, isto é, que incorporara os eventos ocorridos entre o fim do século XV e o fim do século XVI.

2 – Todas essas *Historias* apresentavam seleções temáticas e estruturas narrativas familiares a esses leitores ao tratar da cosmogonia e dos deuses mesoamericanos. Tais seleções e estruturas fundamentavam-se teoricamente nos conceitos de *deus pagão*, *herói*, *panteão*, *idolatria*, *providência divina* e *fábula*, entre outros. Apesar disso, essas *Historias* incorporaram informações provenientes das sociedades mesoamericanas.

---

10   Trataremos mais à frente de outros aspectos desse conjunto de fontes e voltaremos a abordar o problema de sua heterogeneidade e da necessidade de critérios que pautem a formação de subgrupos coerentes e adequados aos problemas propostos na pesquisa.

3 – As seleções temáticas e estruturas narrativas encontradas nas *Historias* religiosas, bem como seus fundamentos teóricos, não se mostraram presentes na maioria dos textos alfabéticos nativos, nos quais foi possível observar a regência de outras seleções temáticas e estruturas narrativas e, portanto, de outros fundamentos teóricos.[11] Como a maioria desses textos teria sido produzida com a participação de membros das sociedades locais, deduzi que essas seleções temáticas e estruturas narrativas, bem como seus fundamentos teóricos, teriam suas matrizes nas tradições de pensamento e escrita mesoamericanas.

4 – Essas seleções temáticas e estruturas narrativas caracterizavam-se por: A – empregar os ciclos do sistema calendário[12] para organizar os temas ou episódios registrados, situando-os cronologicamente numa escala temporal amplíssima; B – utilizar a cosmografia[13] para situar precisamente os temas ou episódios relatados; C – dividir o passado cosmogônico em quatro ou cinco idades; D – apresentar a história recente e grupal concatenada diretamente aos relatos sobre as origens e idades anteriores do Mundo; E – caracterizar os homens e deuses como entes separados por uma fronteira transponível e circunstancial.

De todas essas características, as três primeiras se destacavam por uma presença mais generalizada nos relatos ou pela capacidade de englobar ou se sobrepor às demais. Diante desses resultados, considerei que deveria verificar então se o calendário, a cosmografia e a cosmogonia – ou seja, os três conjuntos de ideias que fundamentavam as características que se mostraram mais importantes e presentes – também apresentariam esse tipo de relevância nos códices[14] pictoglíficos, o que lhes conferiria

---

11   No entanto, algumas fontes coloniais nativas, sobretudo as derivadas de escritos produzidos em âmbitos missionários, como o *Códice Ramirez*, apresentaram seleções temáticas e estruturas narrativas muito parecidas às que foram empregadas nas *Historias* dos religiosos espanhóis. Cf. Santos, Eduardo Natalino dos. *Deuses do México indígena*. São Paulo: Palas Athena, 2002, p. 103.

12   Segundo o *Vocabulário ortográfico da língua portuguesa*, da Academia Brasileira de Letras, a palavra *calendário* e suas variações de gênero e número podem ser substantivos ou adjetivos. O sistema calendário mesoamericano era composto, basicamente, pelo funcionamento articulado de dois ciclos de durações distintas: um de 260 e outro de 365 dias. O primeiro era utilizado principalmente para nomear os dias e agrupá-los em trezenas. O segundo era empregado, sobretudo, para contar os anos e agrupá-los em conjuntos de 52. Trataremos em detalhe desse sistema no Capítulo II.

13   Empregaremos esse termo como sinônimo de conjunto de concepções espaciais empregadas para explicar ou descrever o Universo. A cosmografia mesoamericana caracterizava-se, basicamente, por dividir o Céu em treze níveis, o Inframundo em nove pisos e a superfície terrestre em quatro rumos e um centro. Trataremos em detalhe dessas concepções no Capítulo III.

14   A palavra *códice* advém do latim *codex* e, originalmente, significava *tronco* ou *tabuinha onde se escreve*, sentido que fora ampliado depois para *papéis avulsos reunidos em conjuntos*. Cf. León Portilla, Miguel. *Códices*. México: Aguilar, 2003. O uso desse termo para designar os livros mesoamerica-

o estatuto de sistemas ou concepções fundamentais para as tradições de pensamento e escrita mesoamericanas. Isso porque os manuscritos pictoglíficos, ao menos aparentemente, não respondiam diretamente a demandas missionárias, como era o caso de parte dos textos alfabéticos nativos que havíamos analisado, e, desse modo, apresentariam seleções temáticas e estruturas narrativas típicas das tradições de pensamento e escrita mesoamericanas.

Em outras palavras, partindo da constatação que em grande parte das fontes coloniais nativas reinavam seleções temáticas e estruturas narrativas fundamentadas no calendário, na cosmografia e na concepção das idades do mundo, comecei a analisar, em uma nova pesquisa, o modo como esses elementos se apresentariam e se articulariam em um universo documental ampliado em direção aos registros mesoamericanos tradicionais; sem, no entanto, deixar de lado os textos alfabéticos produzidos com a participação de indígenas. São os resultados dessa pesquisa, sempre incompletos e provisórios, que se encontram neste livro.

Com o avanço das análises iniciais em alguns códices pictoglíficos e textos alfabéticos nativos, o entendimento das funções do calendário, da cosmografia e da cosmogonia na construção e organização desses textos afigurava-se, cada vez mais, como uma excelente e indispensável "porta de entrada"[15] para a compreensão das especificidades das concepções de tempo, espaço e passado manejadas pelas elites mesoamericanas.[16] Essa foi a primeira hipótese geral adotada na pesquisa.

Ademais, os resultados dessas análises iniciais estavam sendo comparados com os da pesquisa de mestrado, que havia analisado centralmente as *Historias* dos missionários espanhóis. Isso estava permitindo o entendimento das diferenças entre os códices pictoglíficos e as *Historias* dos missionários, bem como das diferenças e semelhanças entre os textos alfabéticos nativos e os outros dois conjuntos de escritos. Em outras palavras, essas comparações estavam propiciando o entendimento de continuidades e transformações no emprego do calendário, da cosmografia e da cosmogonia mesoamericana nos diversos tipos de manuscritos produzidos entre o fim do século XV e o fim do XVI, pois abrangiam desde códices pictoglíficos tradicionais, passavam por

---

nos – que não são papéis avulsos reunidos arbitrariamente, mas conjuntos de escritos com lógica e organização interna – iniciou-se a partir do século XIX e hoje se encontra consagrado.

15   Isso porque essas concepções não podem, seguramente, ser totalmente entendidas apenas pelo estudo do calendário, da cosmografia e da cosmogonia nos códices e escritos alfabéticos, pois se relacionam com diversas outras práticas sociais e produções materiais, como o regime temporal de celebrações coletivas e de trabalho e as concepções-mestras na distribuição espacial das edificações e assentamentos.

16   Veremos no Capítulo I que os principais produtores e usuários dos códices pictoglíficos eram membros das elites governantes e, sendo assim, não podemos estender automaticamente as concepções que podem ser inferidas desses manuscritos para toda a sociedade.

textos produzidos pelo trabalho conjunto de missionários e membros das sociedades locais e chegavam até as *Historias* dos religiosos espanhóis. Essa foi a segunda hipótese geral adotada na pesquisa.

De posse desse objetivo e dessas hipóteses gerais, selecionei um conjunto de fontes que tornaria a pesquisa factível, pois seria impossível investigar todos os textos alfabéticos nativos e todos os códices pictoglíficos produzidos em toda a Mesoamérica de uma única vez. Partindo do fato que boa parte dos textos nativos que conduziram a pesquisa de mestrado a tais resultados havia sido produzida entre os nahuas do altiplano central mexicano, resolvi aprofundar a investigação sobre os temas escolhidos focalizando esses povos, sem perder de vista, no entanto, sua inserção na região mesoamericana.

Para isso, compus dois grupos de fontes. O primeiro é formado por textos alfabéticos e pictoglíficos nahuas, com os quais realizei análises comparativas relativamente exaustivas, isto é, que abrangeram cada manuscrito em sua totalidade. Esse grupo será doravante chamado de *fontes centrais*. O segundo grupo de fontes é formado por textos alfabéticos e pictoglíficos provenientes da região mixteca, maia e também nahua, mas que foram utilizados de modo pontual, em comparações que envolveram aspectos que se destacaram no trabalho com o grupo de fontes centrais. Dessa forma, as fontes mixtecas e maias serviram principalmente para situar o caso nahua dentro do mundo mesoamericano. Esse grupo será doravante chamado de *fontes auxiliares*.[17]

O ponto de partida para a composição do grupo de fontes centrais foram os textos alfabéticos nahuas que na pesquisa anterior haviam demonstrado fazer uso do calendário, da cosmografia e da cosmogonia de modo abundante e, ademais, como fundamento teórico de suas estruturas narrativas e seleções temáticas. São eles: os *Anales de Cuauhtitlan*, a *Leyenda de los soles*, a *Historia de los mexicanos por sus pinturas* e a *Histoire du Mechique*.[18] Veremos no Capítulo I que a produção de todos esses textos alfabéticos relaciona-se – de modo mais ou menos direto, dependendo de cada caso – com a transcrição ou a explicação de conteúdos que se encontravam em códices pictoglíficos.[19]

---

17   A denominação desses dois grupos de fontes como *centrais* e *auxiliares* é totalmente circunstancial, isto é, não se relaciona com qualidades das fontes em si, mas com o modo como foram agrupadas para atender aos objetivos e propósitos da pesquisa. De maneira semelhante, estamos utilizando o termo *sub-regiões* sem nenhum tipo de conotação valorativa, mas apenas para nos referirmos às partes que compunham a macrorregião histórico-cultural mesoamericana – maia, zapoteca, mixteca, nahua etc.

18   As edições utilizadas serão indicadas no Capítulo I.

19   Alguns estudiosos têm até classificado esses textos alfabéticos como códices transcritos e os têm definido como documentos em caracteres latinos com informações tomadas de pictografias pré-hispânicas. Cf. Limón Olvera, Silvia. Los códices transcritos del altiplano central de Mé-

Como disse antes, ampliei o grupo de fontes centrais partindo desses textos alfabéticos nahuas em direção ao universo dos códices pictoglíficos. Os critérios de seleção dessa ampliação visaram, centralmente, a formação de um grupo de fontes contemporâneas e provenientes da mesma região que os textos alfabéticos nomeados acima. Também era necessário que os manuscritos pictoglíficos escolhidos tratassem, de maneira relativamente abundante, dos temas eleitos como eixos da pesquisa, viabilizando as análises comparativas. Além disso, procurei selecionar códices pictoglíficos de grupos diferentes[20] para, por um lado, evitar o trabalho com manuscritos muito semelhantes e, por outro, montar uma amostragem relativamente ampla desse tipo de documentação. Outros dois critérios de seleção, menos científicos, mas não menos importantes, foram a existência de edições acessíveis dos manuscritos e a formação de um conjunto cuja análise fosse factível dentro do prazo da pesquisa.

De posse desses critérios, selecionei os seguintes manuscritos pictoglíficos: o *Códice Vaticano A* ou *Rios*, que teria sua parte pictoglífica analisada e que representa um pequeno conjunto de códices, chamado de Grupo Huitzilopochtli, do qual o *Telleriano-remense* seria o outro membro; o *Códice magliabechiano*, representante de um grupo mais extenso de manuscritos que leva seu nome e do qual faz parte o *Códice Ixtlilxochitl*; e o *Códice borbónico*, que junto com o *Tonalamatl Aubin* são os únicos manuscritos tradicionais nahuas que apresentam o ciclo calendário de 260 dias, sendo que o *Borbónico* possui também duas outras seções cujos temas se relacionam aos da pesquisa.[21]

Em suma, desconsiderando-se momentaneamente a polêmica sobre a época de produção do *Códice borbónico*, podemos dizer que todos os textos pictoglíficos e alfabéticos que compõem o conjunto de fontes centrais foram produzidos no século XVI, são de origem nahua e apresentam o calendário, a cosmografia e a cosmogonia de modo relativamente abundante.

Teria sido muito interessante incluir na pesquisa os manuscritos pictoglíficos nahuas que tratam da história grupal, como a *Tira de la peregrinación* e o *Códice Azcatitlan*, pois assim poderíamos ter analisado as formas de presença do calendário, da cosmografia e das ideias cosmogônicas em outro tipo de escrito, isto é, nos que tratam centralmente do passado mais recente. No entanto, isso requer uma outra pesquisa, pois engloba um conjunto de fontes relativamente numeroso e que se relaciona a outro conjunto de problemas historiográficos. Contudo, veremos que isso não significa

---

xico. In: Romero Galván, José Rubén (coord.). *Historiografía novohispana de tradición indígena*. México: IIH – Unam, 2003, v. I, p. 85-114.

20   Muitos códices pictoglíficos possuem afinidades estruturais, temáticas, estilísticas e de procedência que permitem a montagem de grupos, tais como o Grupo Borgia, o Nuttall e o Magliabechiano.

21   Assim como no caso dos textos alfabéticos, todos estes códices pictoglíficos serão apresentados em detalhes no Capítulo I, onde indicaremos também as edições utilizadas.

deixar totalmente de lado a análise dos relatos sobre o passado mais recente, sobretudo para entender como ele se concatena ao cosmogônico.

Apesar das afinidades apontadas acima, tanto os textos alfabéticos quanto os códices pictoglíficos nahuas são bastante heterogêneos entre si. No primeiro caso, há desde textos em castelhano, que reproduzem informações e narrativas nahuas com o objetivo de condenar os antigos deuses e a idolatria, até textos em línguas mesoamericanas que podem ser considerados transcrições adaptadas de códices pictoglíficos ou de cantos da tradição oral – com todos os problemas envolvidos nesses processos. No segundo caso, o dos códices pictoglíficos, há desde manuscritos exclusivamente pictoglíficos e que apresentam formato,[22] material, temática e estruturas narrativas tradicionais até manuscritos que empregam a escrita alfabética de modo significativo, que foram encadernados à maneira ocidental e nos quais os elementos pictoglíficos praticamente desempenham funções ilustrativas.[23]

Essa heterogeneidade deve-se, entre outras coisas, às distintas maneiras e aos diferentes graus de participação dos escribas, sábios, alunos e informantes nahuas na composição desses manuscritos, a qual variou desde a confecção independente de um registro tradicional depois da chegada dos espanhóis até o mero serviço de ilustração, efetuado, por exemplo, por jovens nahuas educados pelos religiosos em textos projetados e concebidos por europeus.[24]

Sendo assim, será que as fontes agrupadas sob a denominação de centrais formariam um conjunto coerente e capaz de nos fornecer indícios sobre como o calendário, a cosmografia e a cosmogonia seriam empregados e abordados nos textos e

---

22   Alguns dos formatos mais empregados eram o de biombo e o de tira.

23   Estudiosos têm proposto a formação de subgrupos no interior do imenso conjunto das fontes coloniais nativas com base no grau de utilização dos sistemas alfabético e pictoglífico. De acordo com esse critério, teríamos subgrupos formados pelos códices totalmente transcritos com o alfabeto latino, pelos códices transcritos e com pictografias e pelos códices pictoglíficos com glosas ou pequenas anotações. Esses três subgrupos são propostos e estudados, respectivamente, em: Limón Olvera, Silvia. Los códices transcritos del altiplano central de México; Limón Olvera, Silvia e Pastrana Flores, Miguel. Códices transcritos con pictografías; Pastrana Flores, Miguel. Códices anotados de tradición náhuatl. In: Romero Galván, José Rubén (coord.). *Historiografía novohispana de tradición indígena, op. cit.,* respectivamente, p. 85-114, p. 115-32 e p. 51-84. Adotamos parcialmente essa proposta na apresentação inicial de nossas fontes centrais. Isso porque, não obstante o avanço que ela representa para o trabalho com as centenas de textos coloniais nativos, acreditamos que seria importante considerar também a presença de seleções temáticas e estruturas narrativas que pudessem ser relacionadas ao pensamento cristão ou ao nahua; e não exclusivamente a presença desse ou daquele sistema de escrita. Proporemos um exercício de classificação de nossas fontes centrais baseado nesses itens no Capítulo II.

24   Como parece ser o caso do chamado *Atlas Durán,* composto pelas imagens que acompanham o texto do frei Diego Durán, intitulado *Historia de las Indias de Nueva España e islas de la tierra firme.*

códices nahuas? Essa questão é central porque esses empregos e abordagens serão tomados como indícios para o entendimento das concepções nahuas de tempo, espaço e passado, conforme as hipóteses gerais enunciadas acima.

Para respondê-la é fundamental, por um lado, considerar que a simples participação de nahuas na produção desses textos não garantiu, por si só, a manutenção dos usos ou abordagens tradicionais do calendário, da cosmografia e da cosmogonia. Isso porque diversas forças sociais atuaram na determinação das formas e conteúdos desses textos, tais como a direção de suas confecções por religiosos espanhóis ou a vontade de um escritor nahua converso de cristianizar seu passado. Em outras palavras, isso significa que continuidade genética não equivale a continuidade cultural, pois o fato de textos terem sido produzidos por descendentes biológicos das antigas elites nahuas não garante, automaticamente, que as formas de pensamento e estruturas narrativas empregadas por seus antepassados tenham sido mantidas. Tal manutenção depende de inúmeros outros fatores, tais como as posições hierárquicas relativas e as alianças político-econômicas dos povos, grupos sociais ou indivíduos envolvidos na produção dos textos.[25]

Por outro lado, o fato de nenhuma dessas fontes apresentar, de maneira acabada ou predominante, as estruturas narrativas e as seleções temáticas tipicamente cristãs abre a possibilidade para a manutenção – transformada ou não – de formas, estruturas e temáticas tradicionalmente nahuas, nas quais, como mencionei acima, o calendário, a cosmografia e a cosmogonia desempenhavam papéis fundamentais. Essa manutenção, bem como suas formas e graus, foi confirmada e mensurada pela comparação pontual dessas fontes com códices tradicionais ou com textos alfabéticos reconhecidamente procedentes de transcrições, mais ou menos diretas, desses códices.

Ademais, a utilização desse conjunto de fontes justificou-se pelo fato que o objetivo central da pesquisa era mapear os usos nahuas do calendário, da cosmografia e da cosmogonia durante o século XVI, ou seja, em plena passagem do mundo Pré-hispânico ao mundo colonial e, portanto, inseridos em um contexto caracterizado por novas demandas político-culturais.[26] Em uma palavra, interessava-me também a

---

25   Essa constatação, um tanto quanto simples e evidente, possui implicações profundas nas análises históricas dos processos de transformação cultural, sobretudo naqueles impulsionados pelo contato ou choque entre grupos ou povos culturalmente muito distintos. Talvez a principal implicação seja a quase nulidade analítica para as Ciências Humanas do conceito *mestiçagem*, que, de maneira geral, tende a "naturalizar" os processos de transformação cultural gerados pelos contatos entre povos distintos, como se esses fossem correspondentes paralelos da mistura e continuidade genéticas. Dessa forma, tais processos e seus resultados parecem não depender fundamentalmente de forças sociopolíticas e econômicas, como acreditamos ser o caso.

26   Desses dois conceitos, certamente o de *cultura* é o mais elástico e, por isso, teoricamente, o menos operante. Acreditamos que ao longo do livro se tornará claro que estamos procurando

transformação. Sendo assim, as análises efetuadas se caracterizam por detectar nas fontes nahuas os usos tradicionais do calendário, da cosmografia e da cosmogonia e, também, suas modificações, inovações e articulações com os temas e as estruturas narrativas típicas do pensamento cristão para, a partir da constatação dessas diferenças, tentar explicar as permanências e transformações do pensamento nahua no mundo colonial; e não por tentar alcançar um pensamento pré-hispânico supostamente monolítico, imutável e puro.[27]

Afirmei acima que a pesquisa focaliza centralmente o caso dos nahuas durante o século XVI, mas tentando não perder de vista a inserção dessas populações e de seus escritos no contexto mesoamericano. Desse modo, também foram utilizadas, eventual e pontualmente, fontes – chamadas aqui de auxiliares – provenientes de outras sub-regiões culturais mesoamericanas ou da própria região nahua, produzidas tanto contemporaneamente às fontes centrais como antes ou depois delas. Como justificar e conciliar a análise das fontes centrais, delimitadas por critérios geográficos, temporais e temáticos relativamente estritos, com um grupo de fontes auxiliares tão amplo de acordo com esses mesmos critérios? Como explicar a utilização comparativa de fontes produzidas em épocas tão distintas, como é o caso, por exemplo, do *Códice Borgia* e do *Popol vuh*, para tratar dos usos que os nahuas dariam ao calendário, à cosmografia e à cosmogonia em seus textos?

---

empregá-lo como sinônimo não de "...complexos de padrões concretos de comportamento, costumes, feixe de hábitos, (...) mas como um conjunto de mecanismos de controle – planos, receitas, regras, instruções (o que os engenheiros da computação chamariam de 'programa') – para governar o comportamento." Geertz, Clifford. *A interpretação das culturas*. Rio de Janeiro: Zahar Editores, 1978, p. 56. Sendo assim, as chamadas demandas culturais não podem ser totalmente separadas das exigências políticas do contexto colonial.

27   Não obstante a presença de características culturais amplamente compartilhadas no tempo e espaço, a Mesoamérica conheceu, em suas diversas regiões e ao longo de sua história, várias formas de organização sociopolítica, às quais correspondiam diferentes tradições de pensamento e escrita. Algumas delas são a zapoteca, a maia, a mixteca, a chichimeca e a tolteca. Na verdade, a tentativa de imputar a todo o passado mesoamericano – e americano em geral – a imutabilidade está implicitamente presente no próprio termo *pré-hispânico*. Isso porque tal conceito carrega uma acentuada carga de polaridade, criando dois grandes períodos que, supostamente, possuiriam muitas características em comum. A totalidade dessas características quase nunca se confirma em estudos mais particularizados, sejam sobre o período anterior ou posterior à chegada dos europeus na América. Além disso, *pré-hispânico* é um marco temporal que não tem o mesmo significado para toda a América e nem mesmo para toda a Mesoamérica. Ao que se refere exatamente? No caso da Mesoamérica, aos tempos anteriores à chegada de Colombo, que esteve apenas na costa da atual Honduras em 1502, ou à chegada das primeiras expedições que partiram da ilha Espanhola para as costas da península de Iucatã, já na segunda década do século XVI? Aos tempos anteriores à expedição de Cortés ou à queda de México-Tenochtitlan em 1521? Quase duas décadas separam o primeiro e o último evento citados.

Penso que duas razões nos autorizaram a usar os manuscritos produzidos em outras regiões mesoamericanas e durante outros séculos em comparações pontuais com as fontes nahuas do século XVI.

Primeiramente, está a existência de uma unidade histórico-cultural dinâmica e não monolítica entre os povos que denominamos como mesoamericanos. Esses povos compartilharam, de modo desigual e graças a relações históricas concretas, sistemas de pensamento e de escrita, instituições sociais e políticas e formas econômicas, entre outras coisas. Sendo assim, essa unidade relativa permeava também suas tradições de pensamento e escrita, responsáveis pela produção de manuscritos pictoglíficos na época pré-hispânica e, em alguns casos, de manuscritos pictoglíficos e alfabéticos na época colonial. Isso fez com que grande parte dos textos mesoamericanos, não obstante suas singularidades irredutíveis, partilhassem *pressupostos de leitura*,[28] seleções temáticas e estruturas narrativas, formando uma espécie de *corpo literário*[29] mesoamericano. Desse modo, a comparação entre os textos desse corpo literário permite, entre outras coisas, que um manuscrito seja utilizado para se tentar entender um similar, isto é, que trata da mesma temática ou que se pauta pelos mesmos ciclos calendários, mesmo que os dois procedam de épocas e locais relativamente distintos.

A segunda razão decorre da primeira. Sendo a Mesoamérica uma unidade dinâmica e não monolítica, analisar as fontes nahuas do século XVI em comparação com as de outras sub-regiões culturais ou de outros séculos pode nos indicar diferenças e semelhanças entre os nahuas e outros grupos ou períodos, as quais, por sua vez, contribuem para situá-los na dinâmica histórica dessa ampla região. Aliás, as migrações nahuas para o altiplano central mexicano, sobretudo a partir do século IX, foram parte significativa dessa dinâmica, pois tais grupos passaram a adotar e a transformar instituições sociais e sistemas de pensamento previamente existentes, entre os quais estavam as explicações cosmogônicas, o sistema calendário, as concepções cosmográficas e a escrita pictoglífica.

Uma justificativa adicional para a delimitação bastante elástica do grupo de fontes auxiliares é a exiguidade de manuscritos mesoamericanos que tratam diretamente dos temas centrais desta pesquisa, sejam manuscritos pré-hispânicos ou coloniais nati-

---

28   *Pressupostos de leitura* são conceitos, procedimentos e informações compartilhados de modo desigual pelos usuários de um sistema de escrita. Tais pressupostos são indispensáveis à reabilitação das mensagens codificadas num texto, mas, geralmente, não se encontram registrados nele. Os pressupostos de leitura podem relacionar-se com a maneira de manusear o texto – por exemplo, saber que a página esquerda deve ser lida, preferencialmente, antes da direita em um texto alfabético ocidental –, com seu gênero – por exemplo, saber que os animais podem falar numa fábula, mas não numa história de cunho acadêmico – ou com a compreensão de seus conteúdos – por exemplo, saber que o adultério é pecado de acordo com os Dez Mandamentos para entender uma narrativa sobre a lapidação de uma mulher.

29   Essa categoria analítica é amplamente utilizada em Brotherston, Gordon. *La América indígena en su literatura*. México: FCE, 1997.

vos. Dessa forma, não é recomendável dispensar de antemão nenhuma possibilidade de esclarecimento mútuo entre as fontes ao analisar como o calendário, a cosmografia e a cosmogonia foram apresentados nos textos nahuas produzidos no século XVI.[30]

Depois de haver justificado os critérios de seleção e as formas de uso das fontes auxiliares, passo a relacioná-las. Lembro antes que, diferentemente das fontes centrais, que serão apresentadas detalhadamente no Capítulo I, as auxiliares terão as informações básicas acerca de suas produções, usos primários, formatos e conteúdos apresentadas ao longo do livro, isto é, à medida que forem evocadas nas análises comparativas. Tais informações aparecerão, portanto, nos Capítulos II, III e IV, principalmente em notas de rodapé.

Os textos que compõem o conjunto de fontes auxiliares empregado na pesquisa podem ser agrupados da seguinte maneira: A – grupo dos manuscritos pictoglíficos da tradição mixteco-nahua e de Cholula, formado pelo *Códice Borgia*, *Tonalamatl Aubin*, *Códice Vaticano B*, *Códice Fejérváry-Mayer*, *Rollo Selden*, *Tonalamatl Aubin* e *Códice vindobonense*; B – grupo dos manuscritos pictoglíficos de origem nahua com glosas, composto pelo *Códice Mendoza* e *Códice telleriano-remense*; C – grupo de textos alfabéticos maias, constituído pelo *Popol vuh*, *Chilam balam de Chumayel* e *Memorial de Sololá*; D – grupo dos textos alfabéticos de escritores nahuas, formado pelas *Histórias* de Cristóbal del Castillo, *Relaciones* e *Memorial* de Chimalpahin Cuauhtlehuanitzin e *Obras históricas* de Fernando de Alva Ixtlilxochitl; E – grupo dos manuscritos híbridos com informações nahuas, composto pelos *Primeros memoriales* e *Calendário Tovar*.[31]

Os trabalhos analíticos com as fontes centrais e auxiliares resultaram numa série de indícios que confirmaram as hipóteses iniciais e gerais e as fizeram avançar e desdobrar-se em hipóteses mais específicas.

Uma delas é que o sistema calendário e a cosmografia desempenhariam funções estruturais e seriam exigidos como pressupostos de leitura nos códices pictoglíficos tradicionais e, também, nos textos alfabéticos que deles derivaram de maneira relativamente direta. A formulação dessa hipótese baseou-se no fato que essas funções estruturais apresentaram-se, justamente, nos manuscritos ou seções considerados mais

---

30   Em alguns casos, a escassez documental justifica a utilização de fontes cronologicamente muito distantes. Isso ocorre, por exemplo, com as estelas estilo Izapa, produzidas por volta de 400 a.C. na fronteira entre o México e a Guatemala, que foram interpretadas e esclarecidas com o auxílio de documentos do período Clássico, Pós-clássico e até Colonial. Cf. López Austin, Alfredo. *Los mitos del Tlacuache*. México: IIA – Unam, 1998.

31   Utilizaremos também alguns outros textos alfabéticos, códices pictoglíficos e gravados sobre pedra ou gesso, mas de modo tão pontual e circunstanciado que acreditamos não ser necessário citá-los antecipadamente. No Capítulo I, ao caracterizarmos em detalhe as tradições de pensamento e escrita nahuas, também trataremos de alguns aspectos das outras tradições mesoamericanas, fornecendo assim as características de produção e uso de grande parte das fontes auxiliares.

tradicionais por outros tipos de indícios, como é o caso do *Códice borbónico*. Nesse manuscrito, as concepções cosmográficas e, sobretudo, o sistema calendário estão presentes da primeira à última página, mas não como temas a serem explicados e detalhados. Diferentemente, são parte da estrutura que organiza a disposição de outros temas – como os prognósticos, os rituais e as festas – e divide o manuscrito em três capítulos claramente delimitados.

Em outras palavras, procurei demonstrar que o sistema calendário e as concepções espaciais não eram os temas dos manuscritos pictoglíficos tradicionais ou dos textos alfabéticos que deles derivaram de maneira relativamente direta. Eram, predominantemente, parte dos pressupostos de leitura ou dos princípios organizacionais utilizados para registrar outros temas, como as idades do Mundo ou os destinos e prognósticos.

Sendo assim, qual seria a origem intelectual dos diversos manuscritos pictoglíficos em que o calendário e as concepções cosmográficas são indubitavelmente os temas? A implicação necessária da hipótese acima é que a presença dos pressupostos de leitura e dos princípios organizacionais mais utilizados pelas tradições de escrita nahuas, isto é, o calendário e as concepções cosmográficas, sob a forma de tema a ser explicado decorreria de demandas castelhanas, sobretudo da atividade missionária. Isso porque os religiosos espanhóis seriam os grandes interessados em entender o calendário, relacionado às festas e celebrações, e a cosmografia nahua, relacionada ao destino das almas após a morte, pois disso dependeria a eficácia do combate ao que acreditavam ser idolatria.

Uma segunda hipótese específica é que, por um lado, a presença do sistema calendário e da cosmografia em funções estruturais ou como pressuposto de leitura não estaria garantida, automaticamente, pela utilização de elementos da escrita pictoglífica e, por outro lado, que o emprego do sistema alfabético não impediria, necessariamente, que tal forma de presença ocorresse. Veremos que em algumas das fontes alfabéticas, sobretudo na *Leyenda de los soles* e nos *Anales de Cuauhtitlan*, o calendário e a cosmografia são, predominantemente, pressupostos de leitura ou desempenham funções estruturais. Opostamente, tanto o sistema calendário como as concepções espaciais desempenham papéis temáticos no *Códice magliabechiano* e em algumas seções do *Códice Vaticano A*, não obstante a presença abundante de elementos pictoglíficos nesses manuscritos.

Dito de outro modo, a utilização de elementos da escrita pictoglífica ou o emprego da escrita alfabética não seriam suficientes para, respectivamente, garantir ou impedir a manutenção de estruturas narrativas e pressupostos de leitura tradicionais nahuas. Sendo assim, a presença de elementos do sistema pictoglífico em um manuscrito não seria um indício suficientemente seguro para atribuir, de maneira absoluta e direta, seus conteúdos, seleção temática e estrutura narrativa às tradições de pensamento nahuas. Por outro lado, a utilização da escrita alfabética não nos autorizaria a classificar imediatamente um manuscrito como relacionado ao pensamento cristão.

Isso nos leva a uma terceira hipótese específica, extremamente operacional no que diz respeito às possibilidades de qualificação das fontes coloniais nativas e, juntamente com a hipótese anterior, com graves implicações no que diz respeito à forma como esses textos vêm sendo classificados e analisados. A hipótese é que a presença do sistema calendário e das concepções espaciais em funções estruturais ou como pressupostos de leitura pode contribuir para estabelecermos o grau de relação das produções e usos das centenas de fontes coloniais nativas – pictoglíficas ou alfabéticas – com as tradições de pensamento locais ou com seus membros durante a progressiva desarticulação das elites e instituições nativas ao longo dos três séculos do período Colonial. No caso específico desta pesquisa, procurei mostrar que é possível propor uma tipificação ou classificação das fontes coloniais nahuas do século XVI em função desses critérios, e não apenas em função do tipo de escrita adotada ou da data de produção do manuscrito.

Afirmei que as implicações dessas duas hipóteses são graves porque, geralmente, dois grandes preceitos têm sido empregados em conjunto para qualificar e graduar a relação entre os textos coloniais nativos e as tradições de pensamento e escrita mesoamericanas. Esses dois preceitos são o grau de utilização de imagens provenientes da escrita pictoglífica e a proximidade temporal ao mundo pré-hispânico. De acordo com esses preceitos, os textos relacionados mais diretamente a essas tradições – e, portanto, que portariam mais informações sobre o pensamento dos povos mesoamericanos – seriam, necessariamente, os produzidos ainda no século XVI e com a utilização de imagens. Por outro lado, de acordo com esses mesmos preceitos, os textos completamente alfabéticos produzidos, por exemplo, no século XVIII quase nada teriam que ver com as tradições mesoamericanas de origem pré-hispânica. Com base na análise do caso nahua no século XVI, procurei mostrar, ou ao menos sugerir, que a continuidade e a transformação das tradições nativas de pensamento e escrita não obedeceram a um ritmo constante e geral de mudanças em direção, necessariamente, ao abandono dos conceitos e valores de origem mesoamericana e à substituição por equivalentes de origem cristã.[32]

---

32   Explicações que defendem os pressupostos que estamos negando manifestam, de maneira mais ou menos explícita, dependendo do caso, a ideia eurocêntrica que a adoção dos valores e sistemas de pensamento do mundo ocidental é o destino inelutável de todas as demais culturas e povos. Sendo que as variações de grau da chamada ocidentalização dependeriam da quantidade de tempo de contato e da adoção de técnicas ou sistemas de representação ocidentais, tais como a escrita alfabética. Procuraremos mostrar que as transformações das tradições de pensamento nahuas, e mesoamericanas em geral, passaram por processos muito mais complexos, nos quais atuavam diversos vetores, tais como as opções e escolhas políticas distintas das diferentes sociedades mesoamericanas em relação aos valores e sistemas do mundo ocidental. Percebendo isso, teremos mais facilidade em aceitar, por exemplo, que os livros de *Chilam*

Não se trata de propor a abolição da classificação dos manuscritos pela data de produção, a qual é de inegável utilidade analítica, sobretudo no caso dos códices pictoglíficos, pois estabelece o grupo reduzido e relativamente homogêneo dos manuscritos pré-hispânicos. Graças ao estabelecimento desse grupo, temos um pequeno conjunto de fontes cujas características relacionam-se seguramente às tradições de pensamento e escrita mesoamericanas. No entanto, como mencionado acima, essas mesmas utilidade e homogeneidade não podem ser encontradas na formação do imenso grupo das fontes coloniais nativas. Sendo assim, procurei mostrar que é útil agregar outras subdivisões a esse imenso grupo, cuja delimitação é de pouca utilidade analítica.[33] Por exemplo, veremos que há uma grande polêmica sobre a data de produção do *Códice borbónico*, se pré-hispânica ou colonial. Por meio dos critérios de classificação que propus seria mais importante saber se tal códice apresenta ou não temáticas, estruturas narrativas e pressupostos de leitura tradicionais do que se foi confeccionado um pouco antes ou depois de 1521.

Esse tipo de classificação pode ser empregado tanto com os textos pictoglíficos quanto com os alfabéticos nativos, permitindo a definição, por exemplo, de um subgrupo que se caracterizaria pela presença de estruturas e temas de origem mesoamericana. Tal subgrupo poderia ser utilizado, por exemplo, em estudos voltados aos sistemas de pensamento e às instituições mesoamericanas, tais como as características da cosmogonia nahua e suas relações com as formas de organização política. Da mesma maneira, esse tipo de classificação pode delimitar o subgrupo caracterizado pela presença de estruturas e temas de origem cristão-ocidental do século XVI, cujo uso seria mais adequado aos estudos sobre as transformações impulsionadas pelo contato e conflito com os castelhanos, como as provocadas pela influência dos missionários na organização e nos temas dos textos nativos.

Todas as hipóteses enunciadas acima se relacionam, mais diretamente, às formas de presença do calendário e da cosmografia nos manuscritos alfabéticos e pictoglíficos nahuas do século XVI. E quanto à cosmogonia?

Diferentemente do calendário e das concepções espaciais, a cosmogonia tende a ser tratada como um tema nos manuscritos nahuas, seja nos considerados mais tra-

---

balam, alguns dos quais produzidos pelos maias dos séculos XVIII e XIX, relacionem-se mais estreitamente com as tradições e sistemas de pensamento mesoamericanos de tempos pré-hispânicos do que o *Códice magliabechiano*, cujo protótipo fora produzido provavelmente no século XVI e no qual se utilizaram imagens de matriz pictoglífica.

33 As classificações que procuram subdividir o grupo dos manuscritos pictoglíficos coloniais não são uma novidade. Algumas tipologias são propostas, por exemplo, no volume 14 do *Handbook of Middle American Indians*, uma das quais os divide em: rituais-calendários, históricos, genealógicos, cartográficos, cartográfico-históricos, econômicos, etnográficos e miscelâneas. Cf. Glass, John B. A survey of native Middle American pictorial manuscripts. In: Wauchope, Robert (editor geral) e Cline, Howard F. (editor dos volumes). *Handbook of Middle American Indians*. Austin e Londres: University of Texas Press, 1975, v. 14 p. 81-252.

dicionais ou nos mais influenciados pelas seleções temáticas e estruturas narrativas cristãs – embora a divisão do passado cosmogônico em idades também seja um dos fundamentos da estrutura narrativa de alguns textos alfabéticos nahuas. Sendo assim, embora diretamente relacionadas, as três hipóteses que guiaram as análises sobre as formas como a cosmogonia foi tratada nos manuscritos nahuas são diferentes das que foram empregadas nas análises do sistema calendário e da cosmografia. Tratemos dessas hipóteses.

A primeira delas é que os relatos ou episódios cosmogônicos nahuas eram apresentados sempre em articulação com marcos calendários e cosmográficos nos manuscritos tradicionais. Isso porque o emprego do calendário e da cosmografia dotaria os relatos e episódios cosmogônicos de características essenciais à sua com-posição e compreensibilidade e, simultaneamente, esses episódios e relatos carre-gariam os âmbitos cosmográficos e as unidades e ciclos calendários de qualidades que passariam a caracterizá-los. Sendo assim, o conhecimento do calendário e da cosmografia seriam pré-requisitos indispensáveis para a compreensão dos relatos cosmogônicos nahuas e, ao mesmo tempo, o conhecimento dos eventos cosmogôni-cos seria fundamental para entender as qualidades atribuídas aos ciclos calendários e aos âmbitos cosmográficos.

A segunda hipótese diz respeito à forma como os relatos nahuas concatenavam e relacionavam o passado mais recente, que chamarei provisoriamente de histórico, ao mais distante, ou cosmogônico. Procurei mostrar que os relatos tradicionais nahuas apresentam fortes indícios que seus produtores e usuários primários não distinguiam o que chamamos de cosmogonia e história. Pelo menos, não como tipos de relatos formados por elementos essencialmente diferentes ou que aludiriam a realidades pretéritas qualitativamente distintas. Isso porque os relatos sobre o passado recente, isto é, a partir da fase tolteca e das migrações chichimecas,[34] encadeavam-se aos re-latos cosmogônicos sem rupturas, constituindo-se como uma espécie de particulari-zação da história no interior da idade cosmogônica atual. Além disso, utilizavam-se os mesmos conceitos temporais e espaciais e, por vezes, as mesmas personagens em ambos os casos.

A terceira hipótese sobre a cosmogonia é que a escassez ou a ausência de marcos calendários e cosmográficos detectável em algumas das fontes ao relatarem os episó-dios cosmogônicos, especialmente nas menos tradicionais, decorrem das influências dos trabalhos missionários e são parte de um processo que chamei de fabulização do passado nahua.[35] Essas fontes menos tradicionais apresentam embrionariamente

---

34   O que estamos chamando de *passado recente* equivaleria, aproximadamente, aos períodos Clás-sico Tardio (600 – 900) e Pós-clássico (900 – 1521).

35   Seria anacrônico dizer *mitificação*, a qual se relaciona mais diretamente ao desenvolvimento das ciências humanas ocidentais, sobretudo da História e Antropologia, durante os séculos XIX e

características que aparecem solidamente presentes nas *Historias* dos missionários espanhóis, nas quais os episódios que antes se encontravam localizados e distribuídos espacial e temporalmente nas fontes mais tradicionais são lançados indistintamente em uma espécie de outro tempo-espaço ou, ainda, para o campo da imaginação idolátrica.

Em contrapartida, procurei mostrar que as elites nahuas continuaram a empregar os marcos calendários e cosmográficos para relatar seu passado até, pelo menos, princípios do século XVII, quando a progressiva perda de poder dos grupos e linhagens dirigentes tradicionais estava bastante consolidada e significou, entre outras coisas, o desuso desses marcos. Isso porque eles, principalmente as unidades e ciclos calendários de caráter mais linear e diacrônico, não eram tão centrais nos relatos sobre o passado produzidos e veiculados por grupos sociais politicamente inferiores, os quais contaram com uma continuidade vigorosa depois do desaparecimento das elites nahuas.

Penso que as hipóteses específicas apresentadas relacionam-se às hipóteses iniciais e gerais, pois entender as funções do sistema calendário, da cosmografia e da cosmogonia nas fontes nahuas é um passo indispensável para compreender as especificidades e as transformações com que as sociedades da região do altiplano central mexicano construíram, expressaram e utilizaram suas concepções de tempo e espaço e suas explicações sobre as origens do Mundo e do homem no conturbado século XVI. Procurei entender essas transformações em comparação com as formas tradicionais sem, no entanto, tachá-las de manifestações de decadência ou algo parecido. Por dispensável que possa parecer, é importante lembrar que os nahuas, assim como qualquer sociedade humana, eram grupos históricos, isto é, construtores e portadores, entre outras coisas, de particularidades socioculturais irredutíveis, as quais estavam em constante relação com as situações concretas e presentes. Sendo assim, devemos entender que os relatos nahuas sobre o passado e "All the native history represent a very selective and formalized image of the past, one which was obviously being constantly revised in response to various socio-political and religious changes within the groups in question".[36]

Fazendo isso, tentei abordar a história dos povos indígenas no mesmo nível que, por exemplo, a história dos espanhóis na América é abordada, ou seja, como conformada por grupos humanos que durante o período Pré-hispânico ou Colonial construíram

---

XX. Não obstante, a mitificação das explicações sobre o passado dos povos não ocidentais – ou ocidentais não modernos – possui parte de suas raízes no processo de fabulização que iremos analisar, o qual havia se iniciado no mundo ocidental muito antes do século XVI, mas que teve nesse século um de seus momentos mais importantes.

36 Nicholson, H. B. Middle American ethnohistory: an overview. In: Wauchope, Robert (editor geral) e Cline, Howard F. (editor dos volumes). *Handbook of Middle American Indians, op. cit.*, v. 15, p. 491.

complexos intelectuais e constituíram-se como setores sociais que devem ser estudados em seus próprios termos. No entanto, isso não significa que a transformação pelo contato prolongado e cotidiano tenha sido equitativa e que possamos deixar de considerar a posição de domínio político dos espanhóis ou o papel do decréscimo da população nahua em conjunto com o crescimento da espanhola, fatos que garantiram aos espanhóis a criação de uma sociedade viável, parcialmente autocontida e sem risco de ser engolida pelas sociedades locais.[37]

De um lado, talvez esse tipo de abordagem contribua para percebermos que os conceitos e pressupostos do cristianismo sobrepuseram-se, em maior ou menor grau, às especificidades culturais e históricas nahuas nas *Historias* religiosas espanholas do século XVI e que, dessa forma, talvez essas não sejam as fontes mais adequadas para entendermos o mundo nahua e mesoamericano em geral.[38] Por outro lado, talvez a compreensão e o uso das fontes nativas contribuam para a construção de uma historiografia sobre a Mesoamérica que delimite melhor as diferenças entre as culturas locais e o mundo cristão ocidental, que detecte e mapeie suas transformações ao longo do período Colonial e, consequentemente, que permita um entendimento mais amplo de processos históricos nos quais os castelhanos e suas instituições não foram os únicos agentes.

---

37 Resumido a partir da proposta enunciada e desenvolvida por James Lockhart, nas palavras de quem as populações nahuas "...long continued to constitute an immensely complex, partly autonomous sector that must be studied on its own terms, if only because its nature was vital to questions of postconquest continuity and change affecting early Spanish America as a whole." Lockhart, James. *The nahuas after the conquest*. Palo Alto: Stanford University Press, 1992, p. 427. Dessa forma não se trata de abrir uma espécie de concessão na tradição historiográfica ocidental e criar um tipo especial – ou de segunda classe – de análise para os povos antes considerados sem história, sem escrita ou sem uma centena de outras coisas que queiramos relacionar. Trata-se simplesmente de aplicar aos grupos humanos desconsiderados pela tradição historiográfica ocidental durante os últimos dois séculos – por razões políticas e não por qualidades ou carências sociais que lhes seriam intrínsecas – o mesmo tipo de análise que temos empregado aos povos ocidentais, mediterrâneos ou às chamadas civilizações do Oriente Médio e Extremo Oriente.

38 Não se trata de analisar as fontes para apenas eleger as que apresentam mais características do mundo pré-hispânico, mas de entender suas produções e usos, permitindo que suas escolhas para esta ou aquela pesquisa relacionem-se de maneira adequada com as perguntas que nos propomos responder. Como demonstrei em minha dissertação de mestrado, as *Historias* religiosas espanholas são fontes imprescindíveis se o objetivo da pesquisa é, por exemplo, entender como o pensamento cristão tratou a cosmogonia e os deuses mesoamericanos. Cf. Santos, Eduardo Natalino dos. *Deuses do México indígena, op. cit.*

Capítulo I

Textos pictoglíficos e alfabéticos nahuas: de suas produções e usos primários à utilização como fonte histórica

Neste capítulo estão reunidas informações sobre os povos nahuas que se encontravam estabelecidos no altiplano central mexicano no século XVI, bem como sobre os problemas teóricos e historiográficos relacionados aos seus escritos. Não se trata de apresentar genericamente o contexto histórico de produção das fontes empregadas na pesquisa ou, tampouco, de fornecer uma visão panorâmica dos estudos precedentes sobre o calendário, a cosmografia e a cosmogonia. Trata-se de apresentar informações e discussões historiográficas que influenciaram as delimitações documentais, os procedimentos analíticos e as hipóteses adotadas na pesquisa. Essas informações e discussões serão constantemente evocadas neste livro e, desse modo, sua apresentação prévia garantirá não apenas uma melhor compreensão dos problemas propostos às fontes documentais, mas também uma maior fluidez textual na exposição das análises, pois poderemos evocar as polêmicas e discussões historiográficas de maneira mais concisa.

Na primeira parte do capítulo, veremos que as concepções de tempo e espaço e as explicações sobre o passado são construções sociais articuladas entre si e compartilhadas desigualmente pelos diversos grupos que compõem uma sociedade hierarquizada, como eram as sociedades nahuas. Na segunda parte, entenderemos como os nahuas adentraram e se inseririam no mundo mesoamericano e como suas elites dirigentes utilizaram o calendário, a cosmografia e a escrita pictoglífica para produzir explicações sobre o passado. Na terceira parte, trataremos da polêmica sobre o *status* do sistema de notação mixteco-nahua – se escrita ou pintura –, bem como de suas principais transformações durante o período de contato com o sistema alfabético. Por fim, apresentaremos as informações gerais e as polêmicas historiográficas sobre a produção e os usos primários de nossas fontes centrais.

Construção e uso social das concepções de tempo e espaço e das explicações sobre o passado

A construção e o uso social de narrativas que explicam a ordem do Mundo atual com base em eventos passados não é uma exclusividade das sociedades ocidentais ou mediterrâneas, nem, tampouco, das chamadas altas culturas.[1] Praticamente todas as sociedades humanas constroem e mantêm relatos socialmente aceitos que vinculam, por exemplo, a identidade grupal aos eventos da gênese do Mundo, as transformações históricas aos acontecimentos naturais ou, ainda, as expectativas grupais à atuação de entes não humanos. Por meio desses relatos pretende-se, entre outras coisas, justificar a ordem social vigente, garantir a inteligibilidade do mundo natural e social e, assim, estabelecer algum tipo de controle sobre seu funcionamento e sobre suas transformações.

Cada sociedade ou região cultural emprega suas próprias concepções para definir, selecionar e construir os episódios e personagens que compõem seus relatos explicativos. Além disso, concepções temporais e espaciais particularmente construídas para esses fins – e em geral baseadas nas concepções de tempo e espaço utilizadas pela sociedade como um todo, mas não necessariamente idênticas a elas – são empregadas nesses relatos e podem variar dentro de uma mesma sociedade conforme os tipos de relato ou até mesmo segundo suas partes, entre outros fatores.[2]

---

1   Esse conceito tem sido empregado, talvez em substituição ao de *civilização*, para designar as sociedades não ocidentais que possuíam traços culturais e instituições semelhantes às dos povos ocidentais. O grau de semelhança indicaria, numa relação diretamente proporcional, o grau de avanço na linha evolutiva da História Universal. Na relação desses traços e instituições constam, não coincidentemente, aqueles que se mostraram centrais para o funcionamento das sociedades ocidentais, responsáveis pela elaboração dessa visão histórica. Entre eles, a escrita alfabética e o Estado ocupam papéis de destaque. A origem da valorização da escrita alfabética e do Estado para classificar outras sociedades remonta aos antigos gregos, mas sua história ganha uma importante página no século XVI, com a entrada da América e de seus povos no horizonte do pensamento europeu. O jesuíta José de Acosta foi um expoente das reelaborações históricas dessa época, nas quais as outras sociedades – destacadamente as americanas e as do Extremo Oriente – foram incluídas e hierarquicamente classificadas de acordo com a presença do catolicismo, do cristianismo em geral, de parte da revelação bíblica – o Antigo Testamento, compartilhado por judeus e muçulmanos – e também, no caso das sociedades que não haviam tido contato com os elementos anteriores, de acordo com a presença do que se entendia por escrita, polícia – vida coletiva com leis e organização civil – e governo. A aplicação desses critérios sobre os povos americanos resultou na relativa superioridade dos mesoamericanos e andinos, pois, embora não possuíssem a escrita alfabética ou a Boa Nova, possuíam vida urbana e sistemas de registro de informações por meio de pinturas e cordéis. Cf. Acosta, José de. *Historia natural y moral de las Indias*. México: FCE, 1985. Procurando até combater os preconceitos e estereótipos que a citada visão evolucionista de história projetou sobre os povos indígenas, alguns estudiosos atuais tentam mostrar que os mesoamericanos e os andinos seriam comparáveis aos egípcios, babilônios ou antigos gregos e que, portanto, mereceriam a denominação de *altas culturas*. Entre eles León Portilla, Miguel. *Códices*. México: Aguilar, 2003.

2   As concepções específicas de tempo e espaço utilizadas por determinadas sociedades na construção de suas narrativas têm sido denominadas de *cronotopo* ou *tempo-espaço*. Esse conceito foi

Todos os elementos que compõem essas narrativas – episódios, personagens e concepções de tempo e espaço – relacionam-se estreita e coerentemente entre si e, em conjunto, embasam-se em concepções mais amplas e socialmente muito operantes, tais como as mencionadas concepções de tempo e espaço, mas também nas que podemos denominar como transformação, permanência, origem, destino, fato, verdade e outras tantas. Todas essas concepções fazem parte de um todo mais ou menos coerente e não monolítico que podemos chamar visão de mundo.[3]

O conceito *visão de mundo* pode ser definido como um "Conjunto articulado de sistemas ideológicos relacionados entre sí en forma relativamente congruente, con el que un individuo o un grupo social, en un momento histórico, pretende aprehender el universo".[4] Não se trata apenas de uma abstração do estudioso, mas de uma criação coletiva que permeia e, muitas vezes, fundamenta distintos sistemas e instituições sociais, bem como as explicações sobre a origem e funcionamento do Mundo. Entretanto, isso não quer dizer que todos os membros ou grupos de uma determinada sociedade tenham consciência dessa criação coletiva, cujos princípios lógicos de funcionamento geralmente não são produtos de especulações individuais, mas de relações e práticas cotidianas, coletivas e, por vezes, seculares ou milenares, assim como a gramática de uma língua.[5]

Não obstante a visão de mundo ser uma criação coletiva e resultante de relações e práticas cotidianas, a sistematização, manutenção, registro e transmissão de um conjunto articulado de explicações sobre a origem e o funcionamento do Mundo tendem a não estar, direta e uniformemente, sob o controle de todos os membros ou

---

cunhado na Teoria da Relatividade para estabelecer o inseparável vínculo existente entre essas duas dimensões, presente na realidade e na percepção humana do mundo. Depois, Mikhail Bakhtin aplicou o conceito à literatura e demonstrou a necessidade da existência de uma concepção coerente de tempo-espaço no interior das narrativas literárias, fato que seria indispensável para lhes garantir inteligibilidade. Cf. Navarrete Linares, Federico. *Visão comparativa da conquista e colonização das sociedades indígenas estatais.* Curso de pós-graduação no Departamento de História da FFLCH da USP, primeiro semestre de 2002. / _____. *¿Donde queda el pasado?* Mimeografado, 2002. Iremos tratar em detalhe do *cronotopo* nahua, sobretudo no Capítulo II e III, ao analisarmos os papéis dos sistemas calendário e cosmográfico nos textos alfabéticos e pictoglíficos.

3   Um balanço dos problemas teóricos e da presença desse conceito nos estudos mesoamericanistas pode ser obtido em Medina, Andrés. *En las cuatro esquinas, en el centro.* México: Unam – IIA, 2000.

4   López Austin, Alfredo. *La construcción de una visión de mundo.* Curso de pós-graduação no IIA da Unam, Cidade do México, setembro de 2002 a janeiro de 2003, sem n. de página.

5   A qual, assim como os princípios de uma cosmovisão, obedece a todos e a ninguém em específico; é produto da razão, mas não necessariamente da consciência de seus criadores. Cf. López Austin, Alfredo. *Tamoanchan y Tlalocan.* México: FCE, 1994.

grupos sociais. Geralmente existe uma relação estreita entre a posse e a transmissão sistemática dessas explicações e o poder político das elites dirigentes. Desse modo, tais explicações, ao menos de maneira institucional e sistematizada, tendem a estar sob o controle de determinadas instituições, linhagens e grupos sociais – sobretudo no caso das chamadas sociedades complexas – ou ainda sob o controle de indivíduos especializados – principalmente no caso de sociedades menos numerosas e complexas. Quando isso acontece, as elaborações procedentes do trabalho intelectual desses indivíduos especializados ou dos membros dessas linhagens e grupos de elite juntam-se ou sobrepõem-se às criações intelectuais gerais.

Esses grupos, linhagens ou indivíduos especializados existem em grande parte das sociedades humanas e suas atuações articuladas e continuadas tendem a formar o que podemos chamar de tradições de pensamento. Por *tradições de pensamento* estamos, portanto, nos referindo a um conjunto em funcionamento de organizações, grupos, instituições ou indivíduos que se dedicam de modo sistemático, mas não necessariamente exclusivo, à construção, manutenção, transformação, veiculação e, em muitos casos, perpetuação de explicações socialmente aceitas acerca das origens e funcionamento do Mundo.

No entanto, a vitalidade e eficácia política dessas explicações dependem, entre outras coisas, de sua penetração e aceitação, explícita ou não, junto a outros grupos e âmbitos da sociedade. Sendo assim, tais explicações tendem a estar de acordo com os princípios lógicos e concepções mais gerais que vigoram na visão de mundo de uma determinada sociedade, os quais geralmente sobrevivem a uma eventual desarticulação ou desaparição desses especialistas ou grupos dirigentes. Voltaremos a essa ideia no final do Capítulo IV, procurando mostrar que o desuso do calendário e da cosmografia nas explicações cosmogônicas pode ser entendido como parte do processo de desarticulação, conversão e eliminação das elites nahuas, que se iniciou no século XVI.

Sendo assim, a formação e a manutenção de uma tradição de pensamento é um processo que termina por envolver a sociedade como um todo, mesmo quando suas formas de expressão parecem estar relacionadas apenas a grupos ou indivíduos especializados – como acreditamos ser, predominantemente, o caso das fontes documentais desta pesquisa. Portanto, para o entendimento razoável dessas formas de expressão, por vezes registradas em escritos, é imprescindível compreender os procedimentos institucionais internos dessas tradições em relação com seus objetivos sociais mais amplos e, também, em relação à circulação e aceitação de tais expressões entre os demais grupos sociais.

Por esse motivo, acreditamos ser impossível explicar e caracterizar todas as tradições de pensamento que não fazem parte do mundo ocidental de uma única vez, como se fossem um bloco homogêneo e caracterizável por um único conceito ou expressão – por exemplo, pensamento *mítico*. Procedendo dessa forma, iríamos inevitavelmente atribuir-lhes características universais que não se confirmariam em grande parte dos casos e, além disso, iríamos também lhes negar especificidades indeléveis e fundamentais. Pensamos que é mais proveitoso aos estudos históricos analisar os discursos, os registros e os vestígios sobre as atuações das distintas tradições de pensamento em busca, primeiramente, de suas especificidades: mais do que o passado em si, talvez tenhamos que buscar primeiro a maneira que cada sociedade definia e organizava seus conhecimentos e suas verdades acerca do Mundo para, desse modo, podermos compreender suas expressões escritas ou os vestígios de suas atuações.[6]

A proposta de entendermos as funções do calendário, da cosmografia e da cosmogonia nas fontes nahuas do século XVI insere-se nesse tipo de tentativa, pois pretende explicitar as especificidades desses três conjuntos conceituais e suas relações com as concepções de tempo, espaço e passado manejadas pelas tradições de pensamento nahuas. Por exemplo, veremos que tais tradições utilizavam ciclos calendários para organizar suas narrativas acerca do passado. Esse sistema funcionava como uma espécie de coluna vertebral dos registros pictoglíficos e permitia, entre outras coisas, a marcação de uma inequívoca sequência temporal diacrônica, fato que não excluía a presença de características sincrônicas em tais registros e narrativas.[7] Apesar disso, pouca atenção tem sido dada ao caráter diacrônico do pensamento nahua e a ênfase, em geral, recai sobre seu caráter cíclico ou sincrônico, o qual condiz mais facilmente com o seguinte pressuposto: fora do mundo ocidental predomina o pensamento mítico, caracteristicamente sincrônico e que tenderia a apagar a fronteira entre presente e passado.[8]

---

6   Proposta elaborada e desenvolvida sobre o caso da tradição histórica nahua em Navarrete Linares, Federico. *Mito, historia y legitimidad política*. México: Facultad de Filosofía y Letras – Unam, 2000.

7   Isso chamou muito a atenção dos europeus do século XVI que entraram em contato com esses relatos, tanto na Mesoamérica quanto na própria Europa. Foi o caso de Giordano Bruno. Em sua obra *Spaccio de la bestia trionfante*, de 1584, afirma por meio de palavras que Júpiter dirige a outros deuses que "...ha sido recién descubierta una parte de la tierra llamada Nuevo Mundo y que sus habitantes tienen recuerdos de diez mil años y más (...) en cómputos completos y circulares." Apud León Portilla, Miguel. *Códices, op. cit.*, p. 16.

8   O problema foi apontado anteriormente por Ross Hassig: "I assert that the traditional emphasis on time in Aztec culture as a cyclical phenomenon that patterns behavior is the result of a theoretical predisposition that short-circuits empirical research rather than being solidly grounded in the data, and that it is fundamentally miscast." Hassig, Ross. *Time, history and belief in Aztec and Colonial Mexico*. Austin: University of Texas Press, 2001, p. XIII. Veremos, no entanto, que esse autor chega a conclusões muito diferentes das nossas, sobretudo por colocar o problema de forma polar, ou seja, por acreditar que as concepções de tempo cíclica e linear são excludentes e que, assim, os mexicas possuíam somente uma concepção linear. Em suas palavras: "I consider evidence suggesting that the Aztecs, in fact, did not have a cyclical notion

No entanto, antes de tratarmos das principais características das tradições de pensamento nahuas é necessário situá-las em relação à história mesoamericana e à estrutura interna das sociedades às quais pertenciam, o que faremos na próxima parte deste capítulo.

Os nahuas e a Mesoamérica

Nesta segunda parte do capítulo, explicaremos como os nahuas adentraram no mundo mesoamericano e como suas elites dirigentes e tradições de pensamento utilizaram o calendário, a cosmografia e a escrita pictoglífica para produzir explicações cosmogônicas. Como afirmamos de início, muitas dessas informações servirão de base para as análises e reflexões que desenvolveremos nos capítulos seguintes, as quais terão como eixos, justamente, o calendário, a cosmografia e a cosmogonia em textos pictoglíficos e alfabéticos de origem nahua.

Origem e inserção dos nahuas e suas elites dirigentes na Mesoamérica

A origem dos diversos grupos nahuas que se estabeleceram no altiplano central mexicano depois do declínio dos grandes centros urbanos que dominaram a vida política e cultural no período Clássico (séculos II – IX d.C.) é muito controversa. Uma das explicações mais aceita sobre a proveniência desses grupos, embora sujeita a críticas, afirma que pertenciam ao conjunto de povos que habitavam as regiões ao norte da Mesoamérica, os quais possuíam um modo de vida relativamente distinto dos mesoamericanos, que os chamariam genericamente de chichimecas.[9]

---

of time, but a linear one and that their temporal concept as embodied in the calendar were manipulated for political purposes." *Ibidem*, p. XIII.

9   Diversas interpretações para o significado do termo *chichimeca* são encontradas em fontes do período Colonial. Segundo o levantamento de Luis Reyes García e Lina Odena Güemes, as mais comuns seriam *águia* (em uma das línguas originais chichimecas que não o nahuatl, segundo Ixtlilxochitl); *chupador* ou *aquele que mama* (do verbo nahuatl *chichi*, que significa *mamar*); *gente amarga* (do adjetivo nahuatl *chichic*, que significa *amargo*); e *linhagem do cachorro* (da junção dos substantivos nahuas *chichi*, que significa *cachorro*, e *mecatl*, que significa *corda* e, metaforicamente, *linhagem*). No entanto, esses autores não concordam com nenhuma dessas interpretações e propõem que *chichimeca* é um gentílico, como dezenas de outros em nahuatl, que significaria *gente que vive em Chichiman* ou *o Lugar dos Cachorros*. O problema é que não se conhece nenhum sítio que tenha, em nahuatl, esse nome. Reyes García e Odena Güemes procuram vincular esse suposto local de origem dos chichimecas a Pánuco, citado em textos reco-

Apesar da diversidade de grupos abrangida por essa denominação, podemos dizer que, de maneira geral, os chichimecas caracterizavam-se e distinguiam-se dos mesoamericanos por vestir-se com peles ou grossos tecidos de algodão, por utilizar o arco e a flecha, por possuir uma dieta predominantemente relacionada à coleta e à caça, por praticar secundária e ocasionalmente o cultivo de plantas, por organizar-se politicamente em torno de um *chichimeca tecuhtli,* ou *senhor chichimeca,* e por falar, predominantemente, o nahuatl (família uto-asteca), o otomie e o matlatzinca (família otomangue) e o huasteco (família *maianse*).[10]

Muitas dessas informações procedem de narrativas produzidas posteriormente pelos grupos chichimecas que migraram para a Mesoamérica e se estabeleceram no altiplano central mexicano. É o caso, por exemplo, dos *Anales de Cuauhtitlan,* uma das fontes que analisaremos detidamente e que traz muitos detalhes sobre o modo de vida dos antepassados chichimecas daqueles que teriam sido os fundadores e habitantes da cidade que empresta seu nome aos anais. Segundo esse texto, ao sair de Chicomoztoc,[11] os chichimecas andavam flechando, sem casa fixa, nem terras delimitadas, nem abrigo de manta macia, cobrindo-se de feno e com peles sem curtir; criavam seus filhos no *chitatli* (rede de levar comida) e no *huacalli* (angarilha para levar carga às costas) e comiam nopal, *biznagas,*[12] espigas novas de *tzihuactli* (um tipo de raiz) e *xoconochtli* (*nopal azedo*).[13]

Como citamos em nota anterior, na grande maioria dessas narrativas, Chicomoztoc é mencionado como local de origem comum, de passagem obrigatória ou de

---

lhidos por Bernardino de Sahagún como o local de desembarque dos antepassados toltecas e chichimecas que chegaram do oriente em canoas. Nas palavras dos autores, "Sin embargo, no se conoce ninguna población que se llame Chichiman, pero es interesante señalar que en la lengua huasteca sí se tiene una población llamada 'lugar de los perros', y está en Tampico, precisamente cerca de Pánuco..." Reyes García, Luis e Odena Güemes, Lina. La zona del Altiplano Central en el Posclásico. In: Manzanilla, Linda e López Luján, Leonardo (coords.). *Historia antigua de México.* México: Inah, IIA – Unam e Miguel Ángel Porrúa, 2001, v. III, p. 254.

10 Cf. *ibidem,* p. 237-76.

11 Isto é, *Lugar das Sete Cavernas,* mencionado como uma espécie de pátria original, ou de passagem obrigatória na migração para a Mesoamérica, por quase todos os textos pictoglíficos e alfabéticos produzidos durante o período Colonial pelos povos de origem chichimeca, sobretudo por aqueles que se estabeleceram no altiplano central mexicano.

12 Segundo Paso y Troncoso, nome de um cacto que em nahuatl se dizia *teocomitl.* Cf. Paso y Troncoso, Francisco del. *Descripción, historia y exposición del Códice borbónico.* México e Madri: Siglo Veintiuno, sdp., p. 205. No entanto, poderia designar outra planta nesse contexto, utilizada como alimento pelos chichimecas. Cf. Feliciano Velázquez, Primo. Introducción. In: *Códice Chimalpopoca.* México: Unam – Instituto de Historia, 1945, p. 70.

13 Cf. Anales de Cuauhtitlan. In: *Códice Chimalpopoca, op. cit.,* p. 4.

reunião de diversos grupos antes da migração. A saída de Chicomoztoc constituiria-se assim como o episódio que marcou o início das migrações e fortaleceu a coesão identitária do grupo. Veremos no Capítulo II que tal episódio coincide com o da adoção pelos chichimecas da contagem dos anos segundo os padrões mesoamericanos, com a qual parte desses relatos localiza tal saída no ano 635 d.C., data muito anterior à tradicionalmente aceita pelos estudiosos, que situam tais migrações como um fenômeno característico do período Pós-clássico Tardio (1200/1300 – 1521 d.C.).

Não obstante o olhar retrospectivo e os propósitos políticos dessas narrativas, quase todas coincidem na descrição das características chichimecas mencionadas acima, na citação de Chicomoztoc como terra de origem ou passagem e na cronologia dos principais episódios. Além disso, coincidem também em descrever movimentações populacionais de inúmeros grupos, parte dos quais teria se estabelecido no Vale do México, sobretudo durante o período Pós-clássico.

No entanto, a citação por essas narrativas de diversos sítios nomeados Chicomoztoc[14] e o nosso desconhecimento de sua localização – ou de suas localizações – geram incertezas e polêmicas sobre a região de origem desses povos: se realmente vieram de fora da Mesoamérica, sobretudo de regiões ao noroeste dela, se estavam nela e nunca saíram ou se haviam migrado ao norte dela como aliados de grandes centros urbanos do altiplano central mexicano, como Teotihuacan ou, depois, Tula, e estavam retornando devido à desagregação política e decadência desses centros. Tampouco há consenso se alguns desses grupos nahuas, como os mexicas, eram originariamente coletores e caçadores. Isso porque há indícios de que praticavam a agricultura em sua terra original, Aztlan, e estavam sujeitos a modelos de subordinação política tipicamente mesoamericanos. De acordo com essa hipótese,

---

14   Parece que não estamos lidando apenas com a denominação de um local específico, mas com um epíteto que qualifica precisamente locais diferentes e relacionados a episódios similares: o início ou a reunião pré-migração dos povos chichimecas. Por exemplo, Culhuacan-Chicomoztoc, situado às margens da lagoa de Aztlan, teria sido o local onde os mexicas se reuniram a mais oito povos que, muitos anos depois, se estabeleceriam próximos uns aos outros no Vale do México. Seriam eles os huexotzincas, chalcas, xochimilcas, cuitlahuacas, malinalcas, chichimecas, tepanecas e matlatzincas. Cf. Navarrete Linares, Federico. *La migración de los mexicas*. México: Conaculta, 1998.

os mexicas teriam adotado temporariamente o estilo de vida dos povos das terras áridas da Grande Chichimeca,[15] ao passar por elas em sua migração.[16]

Como podemos ver, há polêmicas não resolvidas sobre aspectos elementares da história dos povos nahuas – e chichimecas em geral – no período anterior ao estabelecimento no altiplano central mexicano. Grande parte delas resulta das diferentes formas de analisar e interpretar seus escritos.

Um grande grupo de estudiosos[17] acredita que os registros pictoglíficos sobre a história chichimeca referem-se antes a um passado imaginado e utilizado cerimonial e ideologicamente do que a um passado realmente acontecido. Isso porque tais registros – que datam de séculos depois dessas migrações, quando então os chichimecas estavam há muito estabelecidos na Mesoamérica e controlavam política e comercialmente a região em aliança com antigos grupos locais – teriam sido confeccionados a partir da coleta de relatos tradicionais mesoamericanos e de sua adaptação à cosmovisão e projetos políticos chichimecas. Alguns desses estudiosos afirmam que é necessário separar nesses relatos, chamados por eles de míticos, os poucos episódios e personagens que aludem a acontecimentos pretéritos dos muitos que foram criados pela imaginação, pois os problemas de interpretação surgem quando os estudiosos modernos consideraram todos os episódios como históricos e tentam relacioná-los a eventos e pessoas pertencentes ao passado dos povos chichimecas.

Outro grupo de estudiosos,[18] menos numeroso do que o anterior, acredita que talvez os episódios e personagens relatados possuam alguma relação com acontecimentos e pessoas do passado chichimeca, mas que essa relação não seria seu aspecto mais importante. Isso porque essas histórias sobre a migração não seriam apenas relatos de fatos passados com uma cobertura religiosa e ideológica, mas registros que pautavam um verdadeiro reviver desses eventos, oriundo da necessidade de re-

---

15   Expressão preferível a *norte de México* porque, assim como *Mesoamérica*, delimita uma certa homogeneidade cultural pré-hispânica sem ter que recorrer às fronteiras dos Estados-Nações atuais. Cf. Braniff Cornejo, Beatriz. El norte de México: la gran chichimeca. In: *Arqueología Mexicana*. México: Editorial Raíces, Inah e Conaculta, v. I, p. 128-33, 1997. Essa região também pode ser chamada de Aridoamérica e será definida com precisão mais abaixo.

16   Miguel León Portilla é um dos estudiosos que defendem a existência de uma vida agrícola entre os mexicas em Aztlan. Cf. León Portilla, Miguel. A Mesoamérica antes de 1519. In: Bethell, Leslie. *História da América Latina*, v. I. São Paulo/Brasília: Edusp/Fundação Alexandre Gusmão, 1998.

17   Entre esses estudiosos, podemos citar Florescano, Enrique. *Mito e historia en la memoria mexicana*. Mimeografado. México, 18 de julho de 1989.

18   Como, por exemplo, para López Austin, Alfredo. *Hombre-dios*. México: IIH – Unam, 1973.

vitalizar o tempo das origens ou do mito, caracteristicamente cíclico nas chamadas sociedades arcaicas.[19]

Os dois grupos concordam que enquanto os locais e eventos mencionados nos relatos nahuas sobre suas origens e migrações não forem confirmados por evidências arqueológicas, não devem ser considerados históricos – e essa é a situação atual de parte desses locais e eventos.

Há ainda um terceiro grupo de estudiosos, menos numeroso ainda do que o anterior. Seus componentes[20] acreditam que essas fontes devam ser tratadas como plenamente históricas, apesar do caráter ideológico e simbólico dos textos e da não confirmação de algumas informações pelas evidências arqueológicas. Esses estudiosos partem da constatação que nenhuma narrativa histórica, produzida por qualquer tradição, inclusive a ocidental moderna, está totalmente livre de possuir significados simbólicos e usos ideológicos e, no entanto, isso não invalida automaticamente possíveis relações de verossimilhança entre os episódios e personagens narrados e os aconte-

---

19   Mircea Eliade foi um dos principais instituidores das análises que juntam, sob o conceito de *sociedade arcaica*, todos os povos não ocidentais e ocidentais pré-modernos e lhes atribui uma "...revolta contra o tempo concreto e histórico..." e uma "...nostalgia por uma volta periódica aos tempos míticos do começo das coisas, à 'Grande Era'." Para ele, isso ocorre em tais sociedades "Porque, o Cosmos e o homem são incessantemente regenerados, e por todos os tipos de meios, com o passado sendo destruído e os males e pecados eliminados, etc. Embora diferente em suas fórmulas, todos esses instrumentos de regeneração [os rituais] tendem a caminhar para um mesmo propósito: anular o tempo passado, abolir a história por meio de um contínuo retorno *in illo tempore*, pela repetição do ato cosmogônico." A expressão entre colchetes é minha. Eliade, Mircea. *Mito do eterno retorno*. São Paulo: Mercuryo, 1992, p. 74. Acreditamos que as análises que teceremos sobre o caso mesoamericano contribuirão para mostrar que a polaridade excludente entre povos com história e povos sem história – vivida ou narrada – é uma simplificação superada. Isso porque, por um lado, nenhum grupo humano registra e retém na memória social todo o passado ou o passado em si e, por outro, nenhum é capaz de sobreviver sem nenhum tipo de relação com os eventos passados. Sendo assim, parece-nos mais adequado buscar o entendimento das formas particulares com que cada sociedade construiu sua relação com o passado e suas concepções temporais.

20   Entre eles podemos citar Navarrete Linares, Federico. *Las fuentes indígenas: más allá de la dicotomía entre historia y mito*. Disponível em: <http://www.fflch.usp.br/dh/ceveh/public_html/biblioteca/artigos/FN-P-A-historiaymito.html> Consultado em 9 de dezembro de 2000. Nessa obra, Navarrete Linares propõe a superação da dicotomia entre a chamada interpretação mítica – caracterizada por analisar apenas o caráter simbólico dos eventos narrados, já que eles não possuiriam nenhuma relação significativa com eventos pretéritos – e a interpretação histórica tradicional – marcada por tentar identificar no interior das narrativas os episódios relacionados a tais eventos e por descartar os supostamente imaginados.

cimentos do passado.[21] Além disso, esses significados e usos também podem ser tidos como objetos de investigação do historiador, pois também são eventos históricos. Em suma, esse terceiro grupo busca analisar os textos chichimecas como qualquer outra narrativa histórica tomada adequadamente como fonte pelo historiador, isto é, como um texto que traz indícios do passado ao qual remete e, simultaneamente, do passado no qual fora produzido.

Abordando os relatos nahuas sobre o próprio passado dessa maneira, a confirmação ou não das informações neles contidas pelos estudos arqueológicos ganha um novo sentido. Isso porque tais confirmações são utilizadas pelo primeiro e segundo grupos de estudiosos apenas para supostamente separar os episódios e informações que aludiriam a eventos pretéritos dos que teriam sido imaginados, analisando os primeiros como "retratos" do passado e os segundos de acordo com teorias gerais sobre as chamadas narrativas míticas. Diferentemente, a partir das mesmas confirmações arqueológicas, o terceiro grupo busca entender, por um lado, os critérios de seleção de eventos, personagens e locais mencionados nas narrativas e, por outro, as particularidades das criações e/ou inserções de outros tantos episódios, personagens e locais. Dessa maneira, tais estudiosos procuram delimitar e caracterizar as formas específicas de relação da sociedade chichimeca, que produziu tais relatos, com o seu próprio passado.

Pensamos que esse grupo de estudiosos tem abordado as narrativas chichimecas mais adequadamente. Isso porque além das evidências arqueológicas terem confirmado várias informações contidas nelas, como as datas de construção de grande parte de seus sítios de assentamento definitivos, há uma série de indícios internos às narrativas que mostram que estamos diante de relatos que primavam por um tipo de verossimilhança com os eventos passados. O indício mais significativo é a estrita coerência cronológica, toponímica e antroponímica entre relatos produzidos em épocas e localidades muito distintas, o que alija quase que totalmente a possibilidade de uma invenção conjunta.

A aceitação dessa coerência interna como indício de verossimilhança deveria levar-nos a pensar nas informações contidas nesses relatos que ainda não foram confirmadas arqueologicamente – e tidas atualmente apenas como fruto da imaginação mítica – como possíveis representações de eventos e personagens do passado chichimeca. Entre as informações que deveriam ser encaradas dessa forma, está a que alguns desses grupos iniciaram sua migração por volta de 635 d.C., quando teriam saído de um dos Chicomoztoc, provavelmente situado ao noroeste da Mesoamérica.

---

21   Essa constatação encontra-se reiteradamente presente nas análises que têm por objeto a própria ciência histórica ocidental e suas formas narrativas – sobretudo nas produzidas a partir de meados do século XX. Entre essas análises estão as de Jacques Le Goff, Pierre Nora, Peter Burke e Paul Veyne.

Um dos maiores problemas para a aceitação desse tipo de informação é que teríamos que alterar, e até inverter, esquemas explicativos tradicionais da história mesoamericana, que apresentam as migrações chichimecas como um fenômeno típico do período Pós-clássico Tardio (1200/1300 – 1521 d.C.) e, portanto, posterior aos toltecas que fundaram Tollan no século IX. Em outras palavras, teríamos que incluir um horizonte chichimeca na história mesoamericana, o qual teria começado a se delinear conjuntamente, ou até anteriormente, ao horizonte tolteca.[22] Ademais, a aceitação desse horizonte chichimeca, do qual Cholula teria sido um grande centro, entra em contradição com explicações históricas evolucionistas que, como veremos, apresentam esses grupos como caçadores nômades selvagens que teriam se civilizado em contato com os avançados agricultores mesoamericanos.

Essa coerência de dados e datas nas fontes pictoglíficas chichimecas poderia também ser um indício de que tais grupos possuíam, desde os tempos migratórios, indivíduos ou grupos responsáveis pela elaboração e transmissão de, por exemplo, anais históricos ou algum outro tipo de registro e relato oral fundamentado em ciclos temporais. Sendo assim, os dados e datas desses registros ou relatos teriam sido transformados posteriormente em anais pictoglíficos que se serviam do sistema calendário mesoamericano, adaptando-se ao novo contexto ideológico, político e cultural.[23]

No entanto, há autores mais propensos a acreditar que os chichimecas nahuas possuíam organizações sociais não estratificadas e que, desse modo, é pouco provável que existissem grupos especializados na produção de narrativas e registros históricos antes de seu estabelecimento no Vale do México. A existência desses grupos especializados estaria relacionada à organização social em estratos dos toltecas, ou dos meso-

---

22   Essa visão da antiguidade dos chichimecas é atestada também por fontes coloniais produzidas pelos religiosos espanhóis, como é o caso de Toribio de Benavente, mais conhecido como Motolinía, um dos doze primeiros franciscanos a chegar ao altiplano central mexicano, em 1524. Na *Epístola proemial* à sua obra, Motolinía relacionou os tipos de livros que existiriam em tempos pré-hispânicos – dos quais trataremos mais adiante –, entre os quais estariam os *Livros dos anos*. Segundo ele, era possível saber por meio desses livros que os chichimecas habitavam essas terras há mais de oitocentos anos. Cf. Benavente, Toribio de. *Historia de los indios de la Nueva España*. Madri: Dastin, 2001. Um dos principais estudiosos que atualmente dedica-se a rever o papel dos chichimecas na história mesoamericana é Gordon Brotherston, por exemplo em *Spanish colonial writing and native sources*. Curso de Pós-graduação no Department of Spanish and Portuguese – Stanford University, Palo Alto, outubro a dezembro de 2004.

23   Voltaremos ao tema da existência de outros tipos de registro e de ciclos calendários entre os chichimecas durante o período migratório ao tratarmos da adoção do sistema calendário e dos anais pictoglíficos mesoamericanos pelos nahuas.

americanos em geral, a qual teria sido adotada pelos chichimecas somente depois de se instalarem no centro do México.[24]

De qualquer forma, estamos lidando com sociedades que, contemporânea ou retrospectivamente, possuíam mecanismos de datação dos episódios de sua própria explicação sobre o passado. Isso não significa, *a priori*, que essas datações estivessem isentas de sentidos simbólicos, sobretudo pela dimensão cíclica de parte da conta dos anos, mas, tampouco, que não possuíssem valor diacrônico ou vínculos com eventos passados. No Capítulo II, voltaremos ao problema do uso do calendário nas narrativas nahuas, quando então procuraremos mostrar que uma de suas principais características era justamente estabelecer um tipo de marcação temporal que garantia a presença da diacronia sem, no entanto, excluir a sincronia ou os sentidos simbólicos e o reviver cerimonial dos eventos passados.

Apesar de todas as polêmicas e incertezas que envolvem os chichimecas e suas explicações sobre o passado, há um conjunto um pouco mais consistente de informações e estudos sobre a origem, a migração e o estabelecimento mexica no Vale do México.[25] Sendo assim, trataremos um pouco mais em detalhe o caso desse grupo – responsável pela produção da maioria dos documentos utilizados na pesquisa –, procurando entender o papel de suas tradições de pensamento e da produção dos manuscritos pictoglíficos em sua trajetória histórica e em sua organização social.[26]

Além disso, o caso mexica talvez sirva-nos de modelo para entender melhor o fenômeno geral das migrações, das alianças políticas, do estabelecimento, da fundação

---

24   Hipótese defendida, por exemplo, por Navarrete Linares, Federico. *Mito, historia y legitimidad política, op. cit.*

25   Algumas das principais fontes sobre a migração mexica são: os códices pictoglíficos *Tira de la peregrinación, Azcatitlan, Mexicanus, Mapa Sigüenza, Telleriano-remense, Vaticano A* e *Aubin*; as histórias alfabéticas indígenas *Anales de Tlatelolco* (anônima), *Historia de la venida de los mexicanos* (Cristóbal del Castillo), *Memorial breve* (Chimalpahin Cuauhtlehuanitzin), *Crónica mexicana* e *Crónica mexicayotl* (Hernando Alvarado Tezozomoc); e as histórias redigidas por espanhóis com base em informações indígenas *Historia de la Indias de Nueva España* (Diego Durán), *Historia general de las cosas de Nueva España* (Bernardino de Sahagún) e *Historia de los mexicanos por sus pinturas* (proveniente dos trabalhos de Andrés de Olmos). Cf. Navarrete Linares, Federico. *La migración de los mexicas, op.cit.*

26   Não é nosso objetivo traçar uma história completa e ampla das migrações que caracterizaram o período Pós-clássico e nem tratar de modo exaustivo dos elementos que definem a região cultural mesoamericana. Evocaremos apenas os processos, eventos e elementos que nos permitam entender, minimamente, a inserção dos mexicas num todo maior e, assim, situar as tradições de pensamento e escrita nahuas, produtoras de parte de nossas fontes centrais.

dos *altepeme*[27] e das associações e diferenciações identitárias entre os chichimecas no altiplano central mexicano. Isso porque o caso mexica, longe de ser um fenômeno excepcional, parece ter seguido padrões estabelecidos anteriormente por diversos outros grupos que procediam ou haviam passado por regiões ao noroeste da Mesoamérica.

É claro que, em fins do século XV, a extensão dos domínios político-tributários dos mexicas excedeu, em muito, a de seus antecessores e isso teve consequências tanto em sua organização sociopolítica como nas práticas e discursos de suas elites. Mas, apesar disso, esses domínios submetiam-se a uma aliança formada por três cidades, obedecendo assim a um padrão antiguíssimo e estabelecido por casos precedentes.[28] Isso talvez indique que os mexicas não foram uma exceção no contexto mesoamericano, mas que elevaram a um alto grau, e em conjunto com outros grupos, um sistema de controle político e tributário empregado na região há muitos séculos.

Como citamos anteriormente, grande parte dos relatos mexicas apresenta Aztlan como a pátria original. Nesse *altepetl*,[29] que assim como a futura Tenochtitlan situava-se em meio de um lago, os mexicas, que até então se autodenominavam astecas, seriam *macehualtin* de outro grupo, provavelmente também de origem nahua, a quem consideravam *pipiltin*.[30] Teriam partido em busca de outro lugar para se estabelecer por ordem de seu deus ou líder-sacerdote principal, Huitzilopochtli. Nesse novo lugar, segundo a promessa de Huitzilopochtli, deixariam de ser tributários e passariam a ser tributadores.

---

27 Forma plural de *altepetl*, termo que pode ser entendido como entidade politicamente autônoma, a qual necessitava possuir um território, cuja dimensão era extremamente variada, um conjunto de partes constituintes, chamadas de *calpulli* ou *casa grande*, uma dinastia governante, um deus patrono, um templo principal e um mercado. Cf. Lockhart, James. *The nahuas after the conquest.* Palo Alto: Stanford University Press, 1992.

28 Houve uma aliança entre Culhuacan, Tula e Otompan ainda no século VIII e, depois da queda de Tula, uma segunda aliança entre Culhuacan, Coatlinchan e Azcapotzalco, em 1051.

29 Talvez, na maioria dos casos, os *altepeme* mesoamericanos não eram formados por um único grupo étnico ou por descendentes de uma única linhagem. Ao contrário, caracterizavam-se pela junção sociopolítica e territorial de grupos distintos e organizados hierarquicamente.

30 Veremos que uma das principais características da sociedade mexica, e das nahuas do Vale do México em geral, era a existência de uma hierarquia marcada entre seus diversos grupos componentes, os quais podemos reunir em duas grandes camadas: os *pipiltin*, ou elites dirigentes, e os *macehualtin*, ou pessoas comuns. Essa divisão encontrava-se refletida, por exemplo, na exclusividade dos *pipiltin* em usar trajes de algodão, de modo que os *macehualtin* trajavam-se com roupas de fibras de *maguey*, iúca, pita e palma. Cf. Anawalt, Patricia Rieff. *Indian Clothing before Cortés.* Norman: University of Oklahoma Press, 1981.

Um historiador indígena e não mexica, Cristóbal del Castillo[31], apresenta Huit-zilopochtli, chamado por ele de Huitzilopoch, como o sacerdote que operava a inter-mediação entre o deus Tetzauhteotl e os mexicas. Huitzilopoch teria se tornado *ixiptla* de Tetzauhteotl, isto é, sua imagem e presença viva, e após sua morte, teve seus ossos transformados em *tlaquimilloli*, uma espécie de envoltório que continha ossos ou obje-tos dos homens-deuses.[32] Por meio do *tlaquimilloli*, Huitzilopochtli continuava falando com os líderes-sacerdotes que o sucederam.[33]

Durante toda a migração, os mexicas teriam sido então liderados por uma linha-gem de sacerdotes-governantes, responsáveis pela manutenção da ordem política e da coesão identitária do grupo, as quais eram garantidas pela reunião em torno de um deus grupal que direcionava as decisões políticas, por um passado em comum e por um projeto social e político para os tempos futuros.

Parece que esses sacerdotes eram os principais detentores ou sistematizadores das explicações sobre o passado, o presente e o futuro mexica.[34] No entanto, devido às polêmicas apontadas acima, não sabemos até que ponto essas explicações e, de modo mais geral, a visão de mundo mexica assemelhavam-se às mesoamericanas nessa fase migratória. Também não há certeza se os mexicas compartilhavam ou faziam uso de conceitos e sistemas centrais para o mundo mesoamericano, como o calendário, as concepções cosmográficas e as explicações cosmogônicas que tratam das idades anteriores do Mundo. Nas fontes mexicas que tratam da migração, a presença desses

---

31   Nascido pouco depois da conquista de México e falecido por volta de 1604. Cf. Estudio pre-liminar. In: Castillo, Cristóbal del. *Historia de la venida de los mexicanos y otros pueblos*. México: Conaculta, 2001, p. 23 e 24.

32   Como anunciamos na Introdução, a tentativa de classificar muitas personagens da cosmogo-nia e da história dos povos mesoamericanos como exclusivamente homens ou deuses parece derivar mais de um pressuposto do pensamento ocidental do que da forma como os mesoame-ricanos entendiam tais personagens. Parece que a separação entre esses entes seria marcada por uma fronteira muito mais ocasional do que essencial e que havia indivíduos especiais que a transporiam constantemente. Esses indivíduos eram chamados *tlacateotzin* em nahuatl, ou homens-deuses, e são estudados na obra de Alfredo López Austin, *Hombre-dios, op. cit.*

33   Cf. Castillo, Cristóbal del. *Historia de la venida de los mexicanos y otros pueblos, op. cit.*, caps. 1-5.

34   Informações detalhadas sobre os papéis dos diversos tipos de sacerdote na sociedade mexica, desde os tempos da migração até pouco antes da chegada dos espanhóis, podem ser obtidas em Arcuri, Marcia Maria. *Os sacerdotes e o culto oficial na organização do Estado mexica*. São Paulo: Museu de Arqueologia e Etnologia da USP, 2003. Nessa tese, por meio de evidências materiais e iconográficas, procura-se comprovar a hipótese que os sacerdotes ocupavam o mais alto grau de hierarquia na organização do Estado mexica. Para isso, a autora analisa os antecedentes históricos da atuação desses sacerdotes, o culto oficial e sua relação com a cosmovisão mesoa-mericana e com a política ideológica, voltada para a expansão e a manutenção dos domínios territoriais e para o controle social interno.

conceitos é muito marcada, no entanto não podemos nos esquecer que tais fontes foram confeccionadas *a posteriori*, depois de mais de dois séculos de estabelecimento no Vale do México.

Entretanto, a possibilidade de que manejassem tais sistemas e compartilhassem tais concepções – ou sistemas e concepções semelhantes – na fase migratória não deve ser descartada. Isso porque sabemos que algumas das concepções mesoamericanas, como a dos rumos do Universo e a das idades do Mundo, seguramente não eram exclusivas dessa região, sendo encontradas também, com todas suas particularidades locais, em outras regiões da América.[35] Além disso, os contatos entre os mesoamericanos e os povos da Oasisamérica e da Aridoamérica eram constantes e a "fronteira" entre eles é antes uma ferramenta conceitual que nos ajuda a marcar alguns dos limites políticos e das áreas de abrangência de certas redes e características sociopolíticas, econômicas e culturais do que uma barreira intransponível entre os povos dessas macrorregiões histórico-culturais.[36] Sendo assim, é plausível que os grupos nahuas migrantes compartilhas-

---

35   Podemos citar, como exemplo, a presença entre os povos andinos e da Amazônia de narrativas que tratam de cataclismos, especialmente de dilúvios que encerraram idades anteriores do Mundo. Além disso, a concepção que a superfície do mundo, ou espaço horizontal, divide-se em quatro direções – delimitadas principalmente pelas variações das posições de nascer e pôr-do-sol no horizonte – parece ser um padrão de organização espacial mais ou menos comum na América indígena. Uma análise comparativa entre as concepções andinas e nahuas sobre o passado pode ser encontrada em Santos, Eduardo Natalino dos. As tradições históricas indígenas diante da conquista e colonização da América. In: *Revista de História*. São Paulo: Humanitas e FFLCH/USP, n. 150, p. 157-207, 1º semestre de 2004. Sobre as narrativas dos povos indígenas amazônicos, vale conferir a introdução e o primeiro capítulo do livro de Lúcia de Sá, *Rain forest literatures*. Mineápolis/Londres: University of Minnesota Press, 2004.

36   Oasisamérica é a macrorregião histórico-cultural que se situava a noroeste da Mesoamérica e abrangia parte do que hoje são o sudoeste dos Estados Unidos – partes do Texas, New Mexico, Arizona e California – e noroeste do México – partes de Chihuahua, Sonora e Baja California. Os principais grupos indígenas dessa região dividem-se em *anasazi, hohokam* e *mogollón*. A Aridoamérica abrangeria uma grande porção do que hoje é o norte do México – partes de Chihuahua, Sonora e Baja Califórnia, mais os estados de Baja California Sur, Coahuila, Durango, Nuevo León, Tamaulipas, Zacatecas, San Luis Potosí, Guanajuato, Querétaro e Aguas Calientes – e as regiões dos Estados Unidos conhecidas como centro-sul da California, Grande Bacia, noroeste do Arizona e Apacheria. Os grupos indígenas que habitavam essa região falavam inúmeras línguas, pertencentes, sobretudo, às famílias uto-asteca e *hokana*, e alguns de seus principais grupos eram os *pericúes, pimas, guachichiles, conchos* e *tarahumaras*. Como o próprio nome indica, uma das principais características de grande parte dessa região é a aridez e o predomínio de um modo de vida mais relacionado à coleta, caça e pesca do que à agricultura. Parece que entre o princípio de nossa era e o ano 1000, os mesoamericanos passaram a colonizar e a estabelecer assentamentos em uma grande franja territorial dessa região. Outra possibilidade é que os povos da própria Aridoamérica tenham adotado a agricultura e parte do

sem alguns conjuntos de concepções com os mesoamericanos, entre os quais poderiam estar determinados ciclos calendários, conceitos cosmográficos e cosmogônicos.

Não obstante essa possibilidade, é certo que o sistema calendário e a escrita pictoglífica, tais quais os conhecemos entre os povos da Mesoamérica, foram exclusivos dessa macrorregião, servindo inclusive para definir sua amplitude. Tal calendário e escrita foram adotados e utilizados pelas elites e tradições de pensamento nahuas provavelmente durante e seguramente após o período migratório, como mecanismos fundamentais para a organização e o registro das explicações sobre o passado. No entanto, como citamos acima, para que tais sistemas servissem para organizar e registrar as narrativas migratórias é provável que esses grupos possuíssem algum outro tipo similar de conta dos anos e de tradição de registro e/ou transmissão oral de narrativas, o que viabilizaria suas transposições para outros sistemas e garantiria a enorme coerência existente entre relatos oriundos de diversos grupos, como também indicamos acima.

Um fato que fortalece essa hipótese é a existência de diversas formas de contar e registrar os anos e seus eventos relevantes entre muitos povos indígenas da América do Norte. Uma delas é a *waniyetu yawapi*, ou *conta dos invernos*, empregada entre os siús. Gordon Brotherston é um dos poucos especialistas em códices mesoamericanos que desenvolveu estudos sobre as relações entre as formas de registro empregadas na Mesoamérica e nas regiões ao norte. Afirma que "Por toda América del Norte hay notables constantes acerca de como se representa el paso del tiempo, año por año. El formato en bustrófedon, que es norma en Mesoamérica, se ve reflejado claramente entre los sioux, en los *waniyetu yawapi* (cuentas de invierno) (...) Igualmente por toda esa área se recurre al bastón inscrito como emblema y memoria del paso de los años".[37]

De posse ou não desses sistemas e conceitos, parece que os mexicas adentraram a região do altiplano central mexicano na primeira metade do século XIII, depois de muitos outros grupos nahuas e no momento em que grande parte da região era tributária de Culhuacan. Desde então, não abandonaram mais essa região, onde passaram a conviver com grupos nahuas, que haviam se estabelecido anteriormente, e com antigos povos mesoamericanos e seus descendentes sanguíneos ou aliados político-culturais, como é o caso dos toltecas, supostamente o primeiro grupo nahua a migrar para o altiplano central mexicano e a fixar-se em Teotihuacan antes de sua queda.

---

modo de vida que chamamos de mesoamericano. No entanto, talvez por alterações climáticas, a agricultura tenha se tornado, lentamente, impraticável após esse período e esses assentamentos tenham sido progressivamente abandonados até a época da conquista. Cf. *Arqueología Mexicana*. México: Editorial Raíces, Inah e Conaculta, número especial 5, julho de 2000, p. 12-5.

37 Brotherston, Gordon. *La América indígena en su literatura*. México: FCE, 1997, p. 143.

Todo o conturbado período seguinte da história mexica – que vai desde as tentativas frustradas de fixação de seu *altepetl* ao redor do Lago Texcoco, entre meados e fins do século XIII, passa pela fundação de sua própria cidade, em 1325, após quase terem sido dizimados pelos tepanecas, e vai até a formação da Tríplice Aliança e o início de suas conquistas, em 1428 – teria sido caracterizado por sua "toltequização",[38] que ocorrera concomitantemente com a "chichimequização" do mundo mesoamericano em todo o altiplano central mexicano.

Por muito tempo, a fronteira entre a Mesoamérica e a Aridoamérica foi pensada como um limite marcado predominantemente por fatores ambientais, sobretudo pelo alcance das chuvas que possibilitavam ou não a prática da agricultura e que assim determinavam, inexoravelmente, dois modos de vida muito distintos ou até opostos. No entanto, como citamos anteriormente, em algumas localidades da Aridoamérica praticava-se a agricultura e, além disso, houve, ao longo do tempo, flutuações dessa fronteira que obedeceram não apenas a alterações climáticas, mas também a alianças e inimizades políticas. Além da revisão dos limites entre as duas macrorregiões, está sendo revista também a oposição simplista entre mesoamericanos – qualificados como agricultores, sedentários e civilizados – e chichimecas – qualificados como caçadores-coletores, nômades e selvagens –, os quais teriam então "evoluído" após sua migração e "toltequização" na Mesoamérica. Percebemos hoje que essa caracterização é fruto de uma concepção de história evolucionista que vê a agricultura e o urbanismo monumental como padrões almejados por todos os povos, mas alcançados apenas por alguns poucos.

Sendo assim, é mais razoável pensar que os nahuas passaram a fazer parte e a transformar a região mesoamericana,[39] a qual era portadora de certa unidade histórico-cultural, marcada por características disseminadas por territórios amplos, mas entre povos relativamente distintos e que se organizavam em entidades políticas relativamente autônomas – os *altepeme*. Com as migrações ocorridas desde o fim do período

---

38   Em oposição ao modo de vida chichimeca, comumente nomeia-se de *toltecayotl* ao legado cultural dos toltecas, que teriam sido, conscientemente, os responsáveis pela manutenção das conquistas culturais tradicionais da Mesoamérica depois da queda dos grandes centros urbanos do período Clássico. Cf. León Portilla, Miguel. *Toltecáyotl*. México: FCE, 1995.

39   Estudos atuais procuram entender quais teriam sido as principais características trazidas pelos chichimecas à Mesoamérica do período Pós-clássico, entre as quais estariam a confecção do *chac-mool* (estátua de um homem reclinado de costas, com as pernas arqueadas, com o tronco semi-erguido, com a cabeça voltada para o lado e cujas mãos portam uma vasilha) e do *tzompantli* (literalmente *cerca de crânios*; poderia ser uma estrutura de madeira com crânios pendurados em varas que os atravessavam lateralmente na altura das têmporas ou um monumento em pedra com altorrelevo retratando os tais crânios perpassados por varas), elementos presentes nos centros urbano-cerimoniais e relacionados aos sacrifícios de cativos em guerras. Esses elementos são mais antigos na Grande Chichimeca do que na Mesoamérica. Cf. Hers, Marie-Areti. *Los toltecas en tierras chichimecas*. México: Instituto de Investigaciones Estéticas – Unam, 1989.

Clássico, o mosaico de etnias e entidades políticas que já existia no altiplano central mexicano tornou-se ainda mais incrementado. Esse mosaico passou a ser formado então por antigos e novos agricultores, sendo que os últimos eram também praticantes da caça que se orgulhavam da habilidade no uso do arco e flecha e o associavam às virtudes guerreiras.[40] Ao pensarmos nos mexicas, é importante situá-los dentro desse processo, ou seja, não devemos considerar seu caso como algo exclusivo e inovador, pois casos semelhantes haviam se passado com os grupos nahuas que os precederam, como os acolhuas, chalcas, colhuas e cuauhtitlanenses (ou cuauhtitlancalque), os quais fundaram, respectivamente, importantes cidades: Texcoco; Amaquemecan e Tlalmanalco; Culhuacan; Cuauhtitlan.[41]

Será útil para nossas análises notar que os nahuas possuíam consciência dessas transformações e dos legados mesoamericano (denominado como *tolteca*) e chichimeca, dos quais se intitulavam herdeiros. Por exemplo, o texto do *Códice florentino*, no qual sábios nahuas respondem sobre suas origens, traça a sequência dos principais senhorios anteriores aos chichimecas, sintetizados nos nomes de seus principais centros e regiões: Panutla (ou Pánuco, que talvez se refira à Costa do Golfo, região olmeca), Cuauhtemallan (que corresponde aproximadamente à atual Guatemala), Tamoanchan (local não identificado e cujo nome funcionou como uma espécie de epíteto de sítios relacionados aos primeiros antepassados), Teotihuacan, Cholula e Tollan.[42]

---

40 Vale lembrar que o uso do arco e flecha era uma novidade na região, pois o *atlatl* – propulsor de dardos – e o *maquahuitl* – espada de madeira com lâminas de obsidiana ou outro mineral cortante incrustadas em suas bordas – eram as principais armas dos guerreiros na Mesoamérica.

41 Mesmo a afamada posterioridade da migração e do estabelecimento mexica é hoje questionada, pois eles não teriam sido de fato os últimos a se estabelecer, já que a fundação de Tenochtitlan é anterior às fundações definitivas de Cuauhtitlan e Texcoco. Esse caráter tardio atribuído à chegada e ao estabelecimento mexica teria sido enfatizado por suas elites nas narrativas migratórias e apresentado como uma dificuldade adicional, a qual poderia contribuir para a coesão identitária e para justificar suas pretensões dominadoras. Cf. Navarrete Linares, Federico. *Mito, historia y legitimidad política, op. cit.*

42 Cf. Sahagún, Bernardino de. *Historia general de las cosas de Nueva España*. México: Conaculta, 2002, p. 972-9. Vários estudiosos não acreditam que a sequência de horizontes culturais apresentada por esse texto tenha qualquer fundamento histórico, mesmo que ela coincida com a grande maioria dos estudos arqueológicos. Por exemplo, Ross Hassig afirma que "The Aztecs themselves were doubtless ignorant of whatever purposes and motivations initially gave rise to the calendar – after all, they thought their major cultural traditions had been invented by the toltecs, rather than earlier groups whose histories, traditions, and even presence had long been forgotten." Hassig, Ross. *Time, history and belief in Aztec and Colonial Mexico, op. cit.* p. 7. Isso ocorre, sobretudo, porque tais estudiosos acreditam que os nahuas, ao mencionar os toltecas, estivessem referindo-se exclusivamente aos fundadores e habitantes de Tula Xicocotitlan, em Hidalgo, ou a seus contemporâneos. No entanto, se dermos ao termo uma conotação mais am-

Nesse mesmo texto, o uso dos escritos pictoglíficos pelos grupos dirigentes é explicitamente mencionado como uma antiga característica da tradição política mesoamericana. Segundo o relato, depois de chegarem por mar do oriente, de desembarcarem em Panutla e de dirigirem-se a Tamoanchan, os primeiros povoadores teriam resolvido voltar e levar consigo os livros e pinturas. Foi então que quatro anciãos – Oxomoco, Cipactonal, Tlaltetecui e Xuchicahuaca – resolveram ficar e perguntaram-se: "¿Qué modo se terná (sic) para poder regirse bien la gente, etcétera? ¿Qué orden habrá en todo? Pues los sabios llevaron sus pinturas por donde gobernaban."[43]

Controlar o uso e a manutenção da escrita pictoglífica, do calendário e das explicações sobre o passado foi uma preocupação das elites dirigentes mexicas até a época de chegada dos espanhóis.[44] Isso porque tais sistemas e explicações eram fundamentais para a manutenção dos amplos domínios políticos e tributários mexicas, os quais não se constituíam como um império territorialmente ocupado ou controlado. Suas bases de sustentação não eram o poderio militar e o estabelecimento de guarnições e governadores que respondiam diretamente a um poder central. O controle visava basicamente o estabelecimento de relações tributárias e a submissão política das elites locais. Para isso, se poderia fazer necessário o uso da força, da guerra e da intervenção política direta, mas esses não eram os mecanismos comumente utilizados para perpetuar o controle. A submissão político-tributária era mantida por meio de pactos e alianças diferenciados com cada reino ou *altepetl* conquistado ou que se submetera "pacificamente". Esses pactos e alianças garantiam graus distintos de relativa autonomia para cada província ou *altepetl*, formando uma complexa e variada rede de interdependências entre as elites locais e as mexicas: havia mais de trinta importantes governantes locais e não mexicas nas regiões dominadas, cujos estatutos políticos variavam desde o controle direto até a quase que total autonomia.[45]

---

pla, que inclua também os teotihuacanos, a seqüência de locais ou horizontes político-culturais apresentada no *Códice florentino* ganha uma incrível coerência de acordo com os estudos arqueológicos. Cf. Piña Chan, Román. *Cacaxtla*. México: FCE, 1998.

43   Sahagún, Bernardino de. *Historia general de las cosas de Nueva España, op. cit.*, p. 973.

44   Entre os conhecidos fatos que comprovam essa preocupação está a famosa queima de livros pictoglíficos promovidas por Itzcoatl (1427-1440), provavelmente de livros provenientes de tradições de pensamento e escrita rivais ou não pertencentes aos grupos dirigentes.

45   É interessante notar que essas formas particulares de dominação relacionam-se diretamente com concepções específicas de *povos inimigos*, com os quais se entabulavam continuamente uma série de relações políticas que não se restringiam à guerra constante. É sabido, por exemplo, que os membros das elites dos reinos independentes e, eventualmente, inimigos de Cholula, Tlaxcala e Huexotzinco eram convidados para grandes celebrações em Tenochtitlan e que seus líderes lutavam nas *guerras floridas* ou *xochiyaoyotl* (termo formado pela junção dos

Além disso, a cabeça desses domínios não era única, pois se formava por uma trinca de *altepeme*: a Tríplice Aliança. A cada um dos três *altepeme* eram direcionadas cotas de tributos: dois quintos para Tenochtitlan, dois quintos para Texcoco e um quinto para Tlacopan, também chamada de Tacuba. As conquistas eram consideradas particulares ou das três cidades, mas sempre incluídas na esfera de uma das três capitais. Desse modo, os domínios dividiam-se em três setores, relacionados com as três capitais e delimitados conforme os quatro rumos do Universo.[46]

Outro forte indício dessa relativa independência – e, portanto, da necessidade dos pactos políticos sustentados em outros laços além do domínio militar – encontra-se no fato de a presença mexica não poder ser detectada arqueologicamente nos *altepeme* dominados, o que mostraria a pequena influência no universo material e na vida cotidiana dos povos subjugados. Em suma, não havia um império pois não existia controle territorial ou administrativo direto.[47] Para completar esse mosaico, se falavam diversas línguas nas regiões tributárias da Tríplice Aliança, entre as quais estavam o nahuatl, o otomie, o matlatzinca, o mazahua, o zapoteco, o mixteco e o chocho.

Diante dessa relativa heterogeneidade linguístico-cultural e da tendência à autonomia dos *altepeme*, os pactos e laços políticos ancoravam-se, entre outros elementos, nas explicações sobre o passado e em outras concepções amplamente compartilhadas, tais como o sistema calendário, a cosmografia e a escrita pictoglífica, as quais eram fundamentais na produção de justificativas sobre a ordem atual e futura das coisas. As elites mexicas, assim como outras elites nahuas antes e contemporaneamente a elas, fizeram uso dessas explicações, sistemas e escrita para justificar tanto seus domínios tributários sobre outros povos quanto sua posição de controle e comando dentro da própria sociedade.

Estamos enfatizando esse ponto porque é importante perceber que a análise dos documentos pictoglíficos ou alfabéticos nos propiciará, sobretudo, o contato com a produção dos *pipiltin*, que legitimavam seu poder por meio de uma visão de mundo

---

substantivos *xochitl*, flor, e *yaoyotl*, guerra), cujo principal objetivo era a captura de cativos para os sacrifícios.

46 Os domínios de Tenochtitlan iriam do oriente, passariam pelo sul e chegariam até o poente; os de Tlacopan iriam do poente até o norte; e os de Texcoco iriam do norte até o oriente. Cf. Carrasco, Pedro. *Estructura político-territorial del imperio tenochca*. México: El Colegio de México/ Fideicomiso Historia de las Américas/FCE, 1996.

47 Parece que a expansão de domínios promovida por Michoacan, *altepetl* rival e importante inimigo dos mexicas, foi acompanhada pela prática da eliminação e substituição das elites das cidades conquistadas, o que tornaria esse caso mais próximo ao que, tradicionalmente, entende-se pelo termo *império*. Cf. Navarrete Linares, Federico. *Visão comparativa da conquista e colonização das sociedades indígenas estatais, op. cit.*

sistematicamente transmitida no *calmecac* e em outros âmbitos e ocasiões sociais, nos quais era frequente o uso dos manuscritos pictoglíficos e da oralidade.[48]

Tal era a importância do controle e do uso desses elementos no seio das elites nahuas que, como citamos anteriormente, havia grupos ou indivíduos especializados em sistematizá-los, manejá-los, produzi-los e transformá-los, grupos que estamos denominando *tradições de pensamento e escrita*. Especificamente, interessa-nos os usos que essas tradições deram ao calendário, à cosmografia, à cosmogonia e ao sistema de escrita, tema que passaremos a detalhar nos dois próximos subitens.

Usos do calendário, da cosmografia e da cosmogonia pelas elites dirigentes mesoamericanas e nahuas

Em outra ocasião, tivemos a oportunidade de tratar das características que comumente são relacionadas como os fios que compõem o tecido cultural mesoamericano.[49] Aqui nos limitaremos a tratar das características que contribuirão para a compreensão das análises comparativas que desenvolveremos nos capítulos seguintes com os manuscritos nahuas e mesoamericanos. Para isso é fundamental entendermos as semelhanças e diferenças entre as produções, usos e funções sociais que nahuas e outros povos mesoamericanos deram a esses manuscritos – algumas das quais mencionamos acima. Além disso, é importante entendermos minimamente o funcionamento dos principais sistemas conceituais empregados nesses escritos – entre os quais estão o calendário, a cosmografia e a cosmogonia –, bem como, no caso dos manuscritos pictoglíficos, os fundamentos básicos do próprio sistema de registro. Faremos isso tratando o caso nahua inserido na história mesoamericana.

---

48   A cisão entre os *pipiltin* e *macehualtin* também se marcaria por distintos modos de falar e vocabulários. Para designar o *falar* de ambos usava-se o verbo *tlatoa*, mas em composição com prefixos que lhe dariam conotações valorativas. O *falar* dos *pipiltin* seria *tecpillatoa*, isto é, *falar cortês e curiosamente*, enquanto o *falar* dos *macehualtin* seria *macehuallatoa*, ou seja, *falar rusticamente*. Cf. Molina, Alonso de. *Vocabulario en lengua castellana y mexicana y mexicana y castellana*. México: Editorial Porrúa, 2001, p. 50v e 93r, parte nahuatl-castelhano.

49   O que foi feito no primeiro capítulo de Santos, Eduardo Natalino dos. *Deuses do México indígena*. São Paulo: Palas Athena, 2002. Não devemos entender a Mesoamérica como uma região cultural da qual participam os povos que compartilham uma lista fixa de características, mas como um conjunto de relações históricas que geraram semelhanças e diferenças, ambas resultantes de interdependências assimétricas. Isso nos leva a concluir que não houve, necessariamente, uma coincidência contínua da expansão territorial e da duração dos elementos culturais comuns em distintas épocas e sociedades, ou mesmo entre os distintos campos e grupos sociais. Cf. López Austin, Alfredo. *Los mitos del Tlacuache*. México: IIA – Unam, 1998.

Uma das principais características dos povos mesoamericanos foi a utilização sistemática de certos complexos conjuntos de ideias acerca do tempo e do espaço. Essas ideias concretizaram-se e manifestaram-se articuladamente por meio, sobretudo, dos sistemas calendário e cosmográfico, cuja região e período exatos de origem são desconhecidos. Apesar disso, os olmecas da Costa do Golfo dos anos 1200 a 600 a.C. são apontados por grande parte dos estudiosos como seus prováveis produtores ou primeiros sistematizadores.[50] De qualquer forma, é certo que esses complexos ideológicos foram elaborados durante o período Pré-clássico (2500 a.C. – 150 d.C.), sobretudo durante o Pré-clássico Médio (1200 – 400 a.C.), e são conhecidos principalmente por meio de fontes arqueológicas e históricas dos períodos Clássico (150 – 900 d.C.) e Pós-clássico (900 – 1521).[51]

Voltaremos a tratar em detalhe das características e funcionamento de cada um desses complexos nos capítulos em que analisaremos suas presenças nos manuscritos nahuas do século XVI. Por enquanto, interessa apenas entender que esses conjuntos articulados de concepções tiveram suas origens em tempos remotos, que foram sendo constituídos e transformados ao longo da história mesoamericana e que eram uma das principais posses das elites político-sacerdotais dos centros urbanos hegemônicos. Aliás, a criação e o uso sistemático de registros para esses complexos ideológicos talvez tenha sido um dos principais fatores no processo de fortalecimento das elites olmecas e em sua expansão sobre outros grupos. Essa expansão marcou o início de um longo e multifacetado processo de relações políticas intergrupais entre povos de regiões relativamente distantes e resultou numa relativa homogeneidade cultural entre as elites mesoamericanas.[52]

Conjuntos de ideias sobre o tempo e o espaço semelhantes aos empregados pelos olmecas foram amplamente utilizados pelas elites zapotecas de San José Mogote

---

50 Veremos que há uma grande polêmica sobre a determinação dos primeiros produtores e usuários do sistema calendário e da escrita pictoglífica: se olmecas ou zapotecas. Isso porque, os glifos calendários, onomásticos e toponímicos mais antigos encontram-se em região zapoteca, mas o texto pictoglífico mais antigo pertence à região olmeca.

51 No entanto, não devemos entender por *elaboração* a criação total e a partir do nada, pois muitas dessas concepções podem ter tido origem fora da Mesoamérica. Infelizmente, ainda há muita resistência entre os mesoamericanistas em estudar os contatos com outras macrorregiões culturais, os quais, em muitos casos, são demasiado evidentes, sobretudo com as regiões fronteiriças e que hoje pertencem à América Central, ao norte do México e ao sul dos Estados Unidos.

52 Atualmente, procura-se entender os olmecas como os sistematizadores e intermediários de realizações culturais de origens diversas e que tiveram uma longa vida na história da Mesoamérica; e não mais como seus criadores e difusores exclusivos. Cf. González Lauck, Rebecca B. La zona del Golfo en el Preclásico. In: Manzanilla, Linda e López Luján, Leonardo (coords.). *Historia antigua de México*, v. I, *op. cit.*

e Monte Albán, pelas maias de Uaxactún, Tikal, Kaminaljuyú e Izapa, e pelas elites de Teotihuacan.[53] Esses são alguns dos centros responsáveis por hegemonias político-culturais contemporâneas ou posteriores à decadência dos centros olmecas.[54] Desse período, procedem os mais antigos signos pictoglíficos conhecidos, encontrados em San José Mogote, região zapoteca de Oaxaca, e datados aproximadamente do ano 600 a.C.[55] Tais signos, talvez não coincidentemente, relacionam-se com o calendário, mais especificamente com a conta dos dias ou *tonalpohualli*, ciclo de 260 dias dividido em vinte trezenas, que era um dos fundamentos do sistema calendário mesoamericano.

Os glifos encontrados em San José Mogote, além de se relacionarem com o calendário, indicam também o nome de uma personagem, o Senhor Um Xoo. Com esse glifo, *xoo*, designava-se, em zapoteco, o décimo sétimo dos vinte signos calendários – correspondente ao glifo *ollin*, em nahuatl. A lápide com sua efígie encontrava-se sobre lajes que nivelavam uma passagem em cima de uma pirâmide, sendo assim pisada por todos os que ali pudessem circular. Essa localização levou alguns estudiosos a proporem sua identificação como um governante sacrificado de um reino rival.[56]

Além disso, em Monte Albán – centro zapoteca que substituiu San José Mogote na hegemonia regional – foram encontrados cerca de quinhentos monumentos e estelas com inscrições que datam dos anos 600 a 300 a.C. e que também se referem a datações, sobretudo a datações de conquistas.[57] Nesse caso, as estelas

---

53   Apesar da escassez de glifos calendários na cidade de Teotihuacan, sua distribuição espacial e as constantes renovações e sobreposições de suas construções parecem obedecer a padrões relacionados à cosmografia e aos ciclos temporais difundidos pela Mesoamérica.

54   Uma síntese do problema de como os olmecas teriam contribuído para o desenvolvimento de centros urbanos posteriores, sobretudo para os maias, pode ser conferida em Coe, Michael. Olmecas y mayas. In: Adams, Richard E. W. (compilador). *Los orígenes de la civilización maya.* México: FCE, 1992. No entanto, alguns estudiosos não acreditam que as bases dos sistemas numérico e calendário tenham surgido entre os olmecas, pois em sua região inexistiriam signos gráficos que pudessem relacionar-se a tais sistemas. Sendo assim, o calendário original e basilar para a Mesoamérica teria sido o oaxaquenho. Cf. Ayala Falcón, Maricela. La escritura, el calendario y la numeración. In: Manzanilla, Linda e López Luján, Leonardo (coord.). *Historia antigua de México,* v. IV, *op. cit.*

55   Cf. Aveni, Anthony. *Observadores del cielo en el México antiguo.* México: FCE, 1991.

56   Parece que além da maior rivalidade e disputa política que acompanha o período de surgimento da escrita em Oaxaca, é mais ou menos consensual que as sociedades anteriores ao aparecimento desses registros apresentavam características mais igualitárias do que as de San José Mogote. Cf. Romero Frizzi, María de los Ángeles. Los zapotecos, la escritura y la historia. In: _____ (coord.). *Escritura zapoteca.* México: Ciesas/Miguel Ángel Porrúa/Conaculta/Inah, 2003.

57   Cf. León Portilla, Miguel. *Literaturas indígenas de México.* México: FCE/Editorial Mapfre, 1992.

portam registros não apenas de dias do *tonalpohualli*, mas também de anos do *xiuh-molpilli*, ciclo de 52 anos de 365 dias que também compunha o sistema calendário, como veremos em detalhe no Capítulo II. Esses vestígios apontam para a relação intrínseca entre escrita pictoglífica, sistema calendário e poder político nessas sociedades, altamente hierarquizadas. Essa relação perdurará na Mesoamérica até os mexicas e a chegada dos espanhóis e será muito importante tê-la em mente ao apresentarmos as análises das fontes.

Veremos nos Capítulo II e III que esses glifos calendários, além da referência direta a concepções temporais, aludem também a concepções cosmográficas, unidas inseparavelmente ao calendário. Tais concepções também se manifestaram nas cidades zapotecas por meio da existência de padrões de orientação construtiva baseados na divisão do Universo em quatro rumos e um centro.

Nas cidades maias que surgiram entre o fim do período Pré-clássico e o início do Clássico também podemos observar padrões construtivos baseados em princípios de orientação espacial amplamente compartilhados, os quais, muito provavelmente, refletem a utilização de concepções que estavam se generalizando pelo que hoje chamamos de Mesoamérica.[58] As concepções espaciais que aparecem mais explicitamente na arquitetura são a dos quatro rumos e um centro do Universo e a dos níveis celestes e subterrâneos, que serão vistas em detalhe no Capítulo III.

Outra mostra da presença dessas concepções cosmográficas entre os maias e de sua pertinência ao mundo mesoamericano encontra-se num famoso par de páginas do *Códice Madrid*,[59] o qual traz um mapa cosmográfico-calendário muito semelhante ao da primeira página do *Códice Fejérváry-Mayer*,[60] que pertence ao grupo Borgia, oriundo possivelmente da região de Tlaxcala, Cholula e oeste de Oaxaca.[61] Outra mostra da pertinência maia ao mundo mesoamericano pode ser observada no uso

---

58   Cf. Aveni, Anthony e Hartung, Hamilton Horst. Archaeoastronomy and the puuc sites. In: Broda, Johanna *et alii* (edit.). *Arqueoastronomía y etnoastronomía en Mesoamérica*. México: IIH – Unam, 1991.

59   *Códice Madrid*, p. 75 e 76. Esse manuscrito foi produzido, segundo Eduard Seler, na costa ocidental da península de Iucatã ou, segundo John B. Glass, nas Terras Baixas maias do sudeste do México e Guatemala, provavelmente entre os séculos XIV e XV. Cf. Lee Jr., Thomas A. *Los códices mayas*. Tuxtla Gutiérrez, Chiapas: Universidad Autónoma de Chiapas, 1985, p. 81.

60   *Códice Fejérváry-Mayer*. Graz/México: ADV/FCE, 1994. p. 1.

61   Trataremos mais adiante de introduzir e definir esse importante grupo de manuscritos pré-hispânicos. Por ora, importa-nos apenas saber que seus componentes procedem de uma região que se serve de um sistema de escrita distinto mas aparentado ao maia, razão pela qual os dois manuscritos citados apresentam concepções cosmográficas e temporais muito semelhantes. Ao longo dos capítulos seguintes, sobretudo do Capítulo III, iremos reproduzir e analisar essa página do *Códice Fejérváry-Mayer*.

dos dois ciclos fundamentais do sistema calendário – o de 260 e o de 365 dias – nas milhares de estelas auto-datadas, nas quais aparecem também outros ciclos, como o ano *tun* de 360 dias e o mês lunar de 29,5 dias.

No caso de Teotihuacan, sabemos da presença das concepções cosmográficas pelo fato de suas construções compartilharem padrões de orientação com centenas de outros sítios da região mesoamericana, sobretudo com os do centro do México, os quais, ao que tudo indica, tiveram nessa cidade um modelo urbanístico até a época mexica.[62] Esses padrões de orientação relacionavam-se, regularmente, com fenômenos astronômicos observáveis no horizonte, entre os quais estão os pontos de saída e entrada do Sol e de outros astros celestes.[63] Esses pontos, como veremos em detalhe no Capítulo III, serviam para definir as quatro regiões em que o mundo horizontal dividia-se segundo a cosmografia vigente por toda a Mesoamérica.

Por outro lado, Teotihuacan apresenta poucas representações visuais de elementos calendários ou relacionadas a um sistema de escrita pictoglífica. Na verdade, há uma grande polêmica sobre a utilização ou não de uma escrita própria em Teotihuacan. Trataremos dessa polêmica no próximo subitem, quando o assunto for o uso da escrita pictoglífica pelas tradições de pensamento nahuas. Por enquanto interessa somente destacar que, apesar da polêmica sobre a presença do sistema de escrita, elementos glíficos relacionados ao sistema calendário foram encontrados em Teotihuacan, indicando seu uso, sobretudo o da conta dos anos de 365 dias. Isso porque, um dos glifos presentes nesse sítio é o chamado signo do ano – que pode ser descrito como um "A" maiúsculo entrelaçado com um círculo paralelo à base na altura de seu traço horizontal –, frequentemente encontrado também nos códices e nos sítios da região mixteca.[64]

---

62   *Lugar onde se transformam em deuses* é uma tradução possível do nome nahuatl *Teotihuacan*. Ao que parece, essa denominação foi atribuída a essa localidade posteriormente à sua decadência, por povos nahuas, e se relacionaria ao importante episódio da criação do quinto sol, como veremos em detalhe no Capítulo IV. Na verdade, não se sabe ao certo nem que línguas falariam seus habitantes. Aventa-se a possibilidade que a principal fosse alguma língua uto-asteca. Cf. Heyden, Doris e Gendrop, Paul. *Pre-columbian architecture of Mesoamerica*. Nova York: Harry N. Abrams, 1975, p. 36. Por outro lado, as imediações do centro cerimonial de Teotihuacan continuaram a ser ocupadas por um novo *altepetl* desde sua suposta queda até a época colonial, quando este passou a ser chamado San Juan Teotihuacan. Sendo assim, não é improvável que *Teotihuacan* – ou algum equivalente seu em outra língua – tenha sido o nome original do *altepetl* antes da decadência.

63   Cf. Šprajc, Ivan. *Orientaciones astronómicas en la arquitectura prehispánica del centro de México*. México: Inah, 2001.

64   Cf. Heyden, Doris. El "signo del año" en Tehuacan, su supervivencia y el sentido sociopolítico del símbolo. In: Dahlgren, Barbro (org.). *Mesoamérica*. México: Secretaría de Educación Pública e Inah, 1979.

A utilização e a transformação desses complexos conceituais relacionados aos ciclos temporais e ao espaço continuaram após a queda ou a decadência de grande parte dos centros urbanos maias, zapotecos e de Teotihuacan. Nesse novo momento da
história mesoamericana, caracterizado pela ascensão dos centros tolteco-chichimecas,
controlar os saberes sobre o tempo e o espaço continuava a ser uma forma de dominar os ciclos temporais passados e futuros e de conhecer as forças que provinham de
cada região do Universo, as quais comporiam a realidade que aportava no centro do
Mundo, isto é, em cada *altepetl.*

Além disso, conhecer as origens do Mundo, dos deuses e dos homens, isto é,
a cosmogonia, era um passo indispensável para entabular relações adequadas entre
esses entes, papel que era esperado de qualquer governante. As estelas maias que
contabilizam o tempo a partir da data inicial da idade atual, as pinturas murais e sobre
outros objetos que retratam personagens da cosmogonia e as inúmeras páginas dos
códices pré-hispânicos mixtecos e maias atestam a presença e importância da cosmogonia em tempos muito anteriores aos dos toltecas e chichimecas, os quais deram
continuidade a essa tradição, criando novos ou adaptando antigos relatos às novas
conformações político-sociais.

As novas relações políticas, comerciais, culturais e bélicas que surgiram após
o colapso de Teotihuacan e de outros grandes centros hegemônicos do período
Clássico teriam começado a delinear-se ainda no século VII. Tais relações seriam
caracterizadas por um sistema sociopolítico que não tenderia ao centralismo, mas
a conservar as ordens políticas peculiares a cada grupo e, ao mesmo tempo, amal-
gamá-los por meio de uma ideologia geral baseada na ampla difusão do complexo
Quetzalcoatl-Tollan.[65]

Esse sistema teria sido capaz de reunir grupos diferentes em torno a delegados
originários ou descendentes da Huey Tollan, ou Grande Tula, também chamada de
Zuyuá ou Siwán. Essa suposta relação com um sítio cuja importância era amplamente
reconhecida teria propiciado a esses líderes a minimização das oposições e particularidades locais. Tal importância adviria do fato da Huey Tollan ter sido considerada,
pelos povos posteriores, como o local de origem ou de manutenção de todas as artes e
ofícios.[66] Dessa forma, *Tollan* tornou-se uma espécie de qualificativo aplicado aos centros que se destacavam em grandeza arquitetônica e em hegemonia político-cultural

---

65   Esse modelo sociopolítico é chamado de *zuyuano* e foi proposto por Alfredo López Austin e
      Leonardo López Luján. Dois caminhos teriam marcado seu fim: 1 – o mixteco-maia, com a de-
      sagregação política em Oaxaca, Iucatã e Terras Altas maias da Guatemala; 2 – o tarasco-mexica,
      com a superação por regimes mais centralizados e poderosos em Michoacan e no Vale do
      México. Cf. López Austin, Alfredo e López Luján, Leonardo. *Mito y realidad de Zuyuá.* México:
      El Colegio de México/Fideicomiso Historia de las Américas/FCE, 1999.

66   Talvez, no caso das narrativas nahuas do centro do México, essa denominação refira-se princi-
      palmente a Teotihuacan.

após a queda da Huey Tollan, tais como Xochicalco, Cholula, Chichén Itzá, Xicocoti-tlan e a própria México-Tenochtitlan.[67]

Foi se inserindo nessas redes sociopolíticas e servindo-se desses complexos con-ceituais – bem como dos conceitos e práticas políticas chichimecas – que os povos nahuas do Vale do México, entre os quais se destacaram os mexicas, construíram e justificaram seus domínios tributários e políticos na Mesoamérica. Para isso, não se apresentaram como os instituidores de uma ordem totalmente nova e estrangeira, mas como os mantenedores de uma ordem tida por natural, a qual deveria continuar a vigorar nas práticas sociais em geral, sobretudo naquelas em que as dimensões ce-rimoniais e representativas eram fundamentais. A instauração e a história do funcio-namento dessa ordem, desde a primeira idade do Mundo, encontravam-se narradas na cosmogonia e sua organização e compreensão embasavam-se, entre outras coisas, no sistema calendário e na cosmografia, complexos de ideias que foram rapidamente incorporados pelos nahuas.

Uma forma de expressar a ancoração de uma ordem relativamente nova no passado era a utilização transformada de formas arquitetônicas anteriores e o uso cerimonial de objetos procedentes dos centros urbanos hegemônicos do período Clássico. Assim, da mesma forma que os maias do período Clássico haviam utilizado estatuetas olmecas em enterramentos, os mexicas faziam constantes visitas e traziam objetos de Teotihuacan, suposto local de criação do Sol e da humanidade atuais.[68]

Para analisarmos adequadamente esses complexos conceituais nas fontes nahuas é importante saber que suas criações e sistematizações ocorreram simultaneamente ao desenvolvimento dos sistemas de escrita pictoglífica. Isso porque tais sistemas não eram mecanismos neutros de registro de palavras ou ideias e, tampouco, eram utili-zados universalmente por toda a sociedade. Todo sistema de registro do pensamento ou da fala é criado, funciona e está a serviço de uma determinada visão de mundo, e, portanto, molda os conteúdos registrados, influenciando na própria construção dessa visão de mundo. Sendo assim, para entendermos o papel que os códices pictoglíficos e, posteriormente, os relatos alfabéticos possuíram dentro de mundo nahua, tratare-

---

67   Cf. Piña Chan, Román. *Historia, arqueología y arte prehispánico*. México: FCE, 1994. Utilizaremos *Tollan* para se referir à Grande Tula e *Tula* para se referir ao *altepetl* de Xicocotitlan, atual Esta-do de Hidalgo.

68   Cerca de quarenta objetos de estilo teotihuacano foram encontrados nas escavações no cen-tro de México-Tenochtitlan, em contextos de grande importância político-religiosa. Cf. López Luján, Leonardo. *La recuperación mexica del pasado teotihuacano*. México: Inah/Asociación de Amigos del Templo Mayor/GV Editores, 1989.

mos brevemente da história e dos usos sociais dos sistemas de escritas mesoamericanos, sobretudo do sistema mixteco-nahua.[69]

Usos da escrita pictoglífica pelas tradições mesoamericanas e nahuas de pensamento

Vimos que os registros pictoglíficos mesoamericanos mais antigos com representações calendárias – e, implicitamente, cosmográficas – procedem de San José Mogote
e Monte Albán e datam de 600 a 300 a.C. Vimos também que os registros pictoglíficos posteriores, sejam dos zapotecos, maias, teotihuacanos ou mesmo dos mixtecos,
mantiveram as representações calendárias e cosmográficas de forma abundante e
destacada. Na verdade, a presença do sistema calendário e cosmográfico nos escritos
pictoglíficos sobre pedra foi uma constante que chegou até os monumentos mexicas
produzidos pouco antes da conquista espanhola – como a famosa *Pedra do Sol*,[70] que
data, provavelmente, de 1479 d.C.

A presença primordial e historicamente constante das representações calendárias e cosmográficas nos escritos pictoglíficos relaciona-se com sua centralidade para a
própria organização dos sistemas de escrita; centralidade essa que, por sua vez, reflete
a relevância gnosiológica do calendário e da cosmografia para as tradições de pensamento mesoamericanas. Para essas tradições, tratar de um determinado tema e pô-lo
por escrito significava, antes de tudo, situá-lo e qualificá-lo com categorias temporais e
espaciais, as quais formavam um conjunto articulado que podemos chamar de sistema
calendário e cosmográfico. Em suma, a antiguidade e ubiquidade das concepções calendárias e cosmográficas nas estelas e outros gravados em pedra são um forte indício
da indispensabilidade e da centralidade desses complexos de ideias para a organização do pensamento e dos escritos mesoamericanos.

Depois dos registros com glifos calendários de San José Mogote e Monte Albán
– de onde, como veremos, procedem alguns textos gravados tão ou mais antigos que
os de origem olmeca, como as estelas 12 e 13 –, um dos textos mesoamericanos mais
antigo é a estela La Mojarra, que data do século II d.C. e foi encontrada em Tres

---

69 Às vésperas da chegada dos europeus, os manuscritos que apresentavam esse sistema, com
pequenas variações locais, ocorriam nas seguintes regiões mesoamericanas: centro do México,
Oaxaca, Guerrero e Ocidente de México.

70 Utilizamos a expressão *Pedra dos sóis* em nossa pesquisa anterior por acreditar que ela caracteriza melhor o conteúdo pictoglífico deste monumento: as cinco idades ou sóis cosmogônicos.
No entanto, há outro monumento mexica com essa denominação e, para evitar confusões,
passamos a adotar a nomenclatura tradicional, isto é, *Pedra do Sol*. Mencionaremos o nome
desse e de outros gravados mexicas em itálico, assim como estamos fazendo com nossas fontes,
por considerá-los textos pictoglíficos equiparáveis aos códices.

Zapotes, atual Estado de Veracruz, região habitada pelos mixe-zoques e influenciada pelos olmecas. É quase certo que esse texto – que também apresenta diversas marcações temporais – utiliza-se de um sistema ideográfico-fonético relacionado a uma língua ainda não identificada. Isso aponta para a possibilidade de que o sistema de escrita olmeca – que possivelmente embasou a conformação do sistema utilizado na estela La Mojarra – tenha sido predominantemente ideográfico-fonético, assim como será, posteriormente, o maia. No entanto, sistemas posteriores ao olmeca e zapoteca, como o teotihuacano e o mixteco-nahua, foram predominantemente pictoglíficos – sobretudo o teotihuacano. A história dos sistemas escriturários mesoamericanos demonstra a falibilidade dos modelos explicativos que preconizam uma evolução linear e universal das escritas, as quais partiriam, necessariamente, do predomínio das representações pictóricas e chegariam, após um suposto processo de evolução, ao predomínio das fonéticas.[71]

Voltando à estela La Mojarra, sua relativa antiguidade e seu caráter predominantemente glífico têm servidos de base para a hipótese que esses povos tenham lançado as bases de funcionamento, a partir do ano 1000 a.C., dos sistemas de escrita mesoamericanos. Tais bases teriam se difundido por outras regiões, passando a ser utilizadas, transformadas, selecionadas e combinadas com criações locais. Essa hipótese sobre a origem dos sistemas de escrita fortalece-se pelo fato de que registros posteriores e relativamente semelhantes – isto é, representações pictoglíficas com elementos do calendário, exibidas em locais públicos, semi-públicos ou de circulação restrita às elites e registrando suas conquistas e feitos – foram encontrados em todas as regiões abrangidas pelo chamado horizonte olmeca. Nessas regiões, como vimos acima, desenvolveram-se outras importantes redes e hegemonias político-culturais durante o período Clássico: as maias, a zapoteca e a teotihuacana.

Apesar da comprovada anterioridade dos centros olmecas e de suas relações – mais ou menos direta, dependendo de cada caso – com as regiões maia, zapoteca e teotihuacana, ainda há uma grande discussão para provar que os teotihuacanos utilizaram um sistema de escrita pictoglífica semelhante ao olmeca, maia ou ao zapoteca. Isso porque nenhuma estela semelhante às de Monte Albán ou das cidades maias foi encontrada em Teotihuacan e as representações visuais contidas em seus murais não

---

71   Maricela Ayala Falcón classifica os sistemas de registro visual do pensamento como os que se servem de pictogramas, ideogramas, determinativos semânticos e complementos fonéticos. A autora – apesar de afirmar que a evolução das escritas não é universal – qualifica o caso olmeca nos dois primeiros tipos, isto é, como um sistema ideográfico-pictográfico, o qual ainda não seria uma "verdadeira escrita", termo que ela reserva aos dois últimos tipos. Cf. Ayala Falcón, Maricela. La escritura, el calendario y la numeración. In: Manzanilla, Linda e López Luján, Leonardo (coords.). *Historia antigua de México*, v. IV, *op. cit.*

foram inquestionavelmente aceitas como parte de um sistema de escrita.[72] Apesar da incerteza quanto ao uso de um sistema próprio de escrita em Teotihuacan, há fortes evidências nessa cidade da presença das escritas utilizadas nas áreas maia e zapoteca, o que se explicaria pelos contatos entre essa cidade e essas áreas ou pela presença de grupos originários dessas áreas nos bairros da cidade.[73]

Além disso, esta possível pluralidade étnico-linguística em Teotihuacan explicaria a ausência ou pouca importância de um sistema de escrita próprio, pois sua organização política se caracterizaria pelo mando conjunto de membros egressos de linhagens não menos plurais. Isso poderia ter contribuído para que os registros visuais dessas elites dirigentes não se plasmassem por meio de um único tipo de escrita pictoglífica, a qual estaria, necessariamente, mais relacionada a determinados grupos. Os registros de suas expressões teriam então tomado predominantemente a forma de esculturas e pinturas, relacionadas a concepções compartilhadas amplamente pelos povos que habitavam essa grande metrópole, tais como as esculturas de Quetzalcoatl e de Tlaloc e as pinturas murais dos jaguares e do Tlalocan, espécie de paraíso da fertilidade.[74]

Tenha Teotihuacan possuído ou não um sistema próprio de escrita pictoglífica, é consensual que seu uso passou a ser algo extremamente difundido entre as elites mesoamericanas desde o início do período Clássico, mesmo que a origem e o sentido de propagação de seus fundamentos tenham sido distintos daqueles que apresentamos acima. Isso porque, a precedência cronológica dos registros encontrados na região de Oaxaca, sobretudo dos textos das estelas 12 e 13 de Monte Albán,[75] poderia indicar

---

72   Karl Taube acredita que "...Teotihuacan indeed possessed a complex system of hieroglyphic writing, which appears not only on small portable objects but also in elaborate murals in many regions of the city." Taube, Karl. *The writing system of ancient Teotihuacan*. Barnardville/Washington D.C.: Center for Ancient American Studies, 2000, p. 2. Joyce Marcus utiliza-se de uma definição mais estreita de escrita e não acredita que em Teotihuacan houvesse um "verdadeiro" sistema de escrita: "...even though there is some limited use of glyphic notations as possible names, captions, or labels at Teotihuacán, I see less evidence for true writing in Teotihuacán art...", Marcus, Joyce. *Mesoamerican writing systems*. Princeton: Princeton University Press, 1992, p. 17.

73   Um desses bairros é chamado de oaxaquenho. Nele, foi encontrado um monumento em pedra que contém a data 9 L, que talvez esteja gravada com a escrita zapoteca. Cf. Taube, Karl. *The writing system of ancient Teotihuacan, op. cit.*, p. 1.

74   Um balanço atualizado dos estudos sobre Teotihuacan pode ser conferido em Manzanilla, Linda. La zona del Altiplano central en el Clásico. In: _____ e López Luján, Leonardo (coords.). *Historia antigua de México*, v. II, *op. cit.*

75   Essas estelas foram produzidas entre 500 e 400 a.C. e apresentam glifos de verbos entre signos calendários e antroponímicos. Sendo assim, apesar de conterem apenas oito conjuntos glíficos, são consideradas por alguns estudiosos como o texto mesoamericano mais antigo. Cf. Marcus, Joyce. *Mesoamerican writing systems*. Princeton: Princeton University Press, 1992, p. 38-9.

que o desenvolvimento desses fundamentos iniciou-se entre os zapotecas e, durante os contatos comerciais com os olmecas, difundiu-se pela região do Golfo, atingindo a área maia no final do período Pré-clássico, ou seja, entre 200 a.C. e 200 d.C.[76] A partir desse momento, toda essa região oriental da Mesoamérica teria começado a desenvolver um sistema que viria a constituir-se como predominantemente fonético. Esse sistema era parcialmente distinto do utilizado na porção ocidental, isto é, na região zapoteca – futuramente de predomínio político mixteco – e no centro do México, regiões nas quais os sistemas de escrita não eram formados predominantemente por glifos fonéticos.[77] Na terceira parte deste capítulo, voltaremos ao problema da divisão da Mesoamérica em duas porções e da classificação de seus sistemas de notação visual do pensamento ou da fala.

Um novo capítulo da discussão sobre a precedência olmeca ou zapoteca na constituição de um sistema escriturário começou a ser esboçado a partir da recente datação do gravado em pedra conhecido como bloco de Cascajal, descoberto em 1999, em Jaltipan, Veracruz, localidade próxima ao sítio olmeca de San Lorenzo. O bloco contém 62 signos que correspondem a 28 elementos diferentes e poderia ser um dos mais antigos textos mesoamericanos, pois dataria de aproximadamente 900 a.C.

76   Parte da discussão sobre a origem dos sistemas de escrita mesoamericanos relaciona-se com a tentativa de estabelecer a região de procedência do mais antigo "texto puro", isto é, com pouca ou nenhuma presença de elementos figurativos associados aos glifos. Como discutiremos adiante, tentar estabelecer qual teria sido o primeiro "texto puro" não nos parece um caminho promissor para entender a constituição e as transformações dos sistemas de escrita mesoamericanos, pois a associação entre os elementos figurativos e glíficos, como mencionamos, é uma das características fundamentais e de união de todos esses sistemas. Parece que até mesmo os chamados "textos puros" estariam em composição com representações figurativas formadas pelos elementos arquitetônicos, como aponta Christian Duverger: "Es verdad que existen algunos casos en que aparentemente los glifos se emplearon solos, sin ser asociados con escenas figurativas; se pueden citar algunas estelas (estelas 12 y 13 de Monte Albán), algunos paneles mayas esculpidos ('Templo de las Inscripciones' de Palenque, 'Templo de las Inscripciones' de Tikal), y sobre todo, escaleras jeroglíficas como las de Copán, Edzná, Dos Pilas o Naranjo. Ahí, los elementos escritos ya no están asociados a elementos figurativos en dos dimensiones, sino a un conjunto arquitectónico monumental de tres dimensiones. Pero se trata de casos particulares. La norma mesoamericana sigue siendo la combinación de los elementos glíficos con escenas figurativas." Duverger, Christian. *Mesoamérica*. México/Paris: Conaculta/Américo Arte/Lamducci, 2000, p. 42.

77   Além dos distintos sistemas de escrita, essa divisão entre oriente e ocidente da Mesoamérica também se marcaria por diferentes sistemas numéricos, respectivamente o posicional maia e o figurativo mixteco-nahua. Cf. López Austin, Alfredo. *La construcción de una visión de mundo*. Curso de pós-graduação no IIA da Unam, Cidade do México, setembro de 2002 a janeiro de 2003.

Por ora, interessa apenas ressaltar que esses antigos registros visuais estavam situados, preferencialmente, em áreas de circulação restrita às elites governante-sacerdotais. Também se encontravam em locais de circulação social mais ampla, mas quase sempre próximos a essas áreas restritas, fato que, virtualmente, permitiria certo controle desses espaços públicos pelas elites dirigentes. Essa característica da distribuição dos registros pictoglíficos dentro dos *altepeme* indica-nos que suas elites tinham acesso a todos os registros, enquanto os demais grupos sociais tinham apenas contato com alguns deles – muito provavelmente com aqueles que haviam sido produzidos pelas tais elites para esse uso social mais amplo.

A decifração dos glifos maias – sobretudo a partir dos anos cinquenta com os trabalhos de Yuri Knorozov e Tatiana Proskouriakoff[78] – e os consecutivos estudos de suas estelas contribuem para embasar a estreita relação que estamos propondo existir entre as elites dirigentes e a produção e uso dos registros pictoglíficos e dos sistemas calendário e cosmográfico. Isso porque, em grande parte dos casos, as estelas maias tratam do nascimento, dos feitos ou da morte de soberanos, vinculando esses acontecimentos a datas especiais e relacionadas a determinadas deidades, a importantes episódios passados ou a ciclos astronômicos[79] – mesmo que para isso fosse necessário eleger datas distintas daquelas em que tais acontecimentos teriam ocorrido.

A grande quantidade e a extrema complexidade dos registros pictoglíficos encontrados por toda Mesoamérica leva-nos a concluir que suas elites dirigentes contavam, pelo menos desde o início do período Clássico, com um contingente significativo de *tlacuiloque*, plural de *tlacuilo*, isto é, *pintores-escribas* especializados na produção e na leitura dos registros pictoglíficos. Provas disso são algumas páginas de códices e famosos vasos maias que, numa espécie de meta-registro, tratam das próprias atividades dos *tlacuiloque*, representando-os em ambientes marcados pela circulação de membros das elites dirigentes.[80]

---

78   A base inicial do processo de decifração fonética dos glifos maias foi o abecedário constante na *Relación de las cosas de Yucatán*, obra composta pelo frei Diego de Landa no século XVI e que se perdeu após sua morte, tendo sido reencontrada apenas em 1861 pelo abade Brasseur de Bourbourg, em Madri. Cf. Longhena, María. *Maya script*. Nova York: Abbeville Press, 2000. Mais detalhes sobre o processo de decifração dos glifos maias em Coe, Michael D. *El desciframiento de los glifos mayas*. México: FCE, 2001.

79   Por exemplo, uma das estelas do Templo 14 de Palenque, erigida no ano 9 *ik* do mês 10 *mol*, ou 6 de novembro de 705 d.C., trata da morte e da apoteose de Chan-Bahlum, ocorrida em 702 d.C., governante da cidade que segundo o registro seria descendente do deus Ah Bolom Dzacab. Cf. Schele, Linda e Freidel, David. *A forest of kings*. Nova York: Quill Willian Morrow, 1990. Voltaremos, no Capítulo IV, ao caso dos textos de Palenque. Procuraremos mostrar então que as formas nahuas de concatenar episódios históricos mais recentes com o passado cosmogônico possuía paralelos em outras partes da Mesoamérica.

80   Como exemplo, podemos citar os mais de trinta vasos procedentes do Petén e zonas fronteiriças, na área iucateca, nos quais se encontram efígies de *ah ts'ib* e de *ah miatz* que manejam

Mas, além dos suportes materiais mencionados – pedra, cerâmica e estuque de murais –, tais registros também tomaram a forma de livros desde o período Clássico.[81] Esses livros foram confeccionados com peles de veado ou papéis produzidos a partir da casca da figueira (papel *amate*), da fibra do agave (papel *maguey*) ou ainda de uma palma chamada *iczotl*. No entanto, os exemplares mais antigos que nos chegaram datam do período posterior, ou seja, do período Pós-clássico, cujo marco inicial é a decadência dos centros urbanos maias, zapotecas e teotihuacanos e o consequente declínio de suas hegemonias regionais.

A utilização de suportes materiais facilmente transportáveis indica-nos, certamente, a possibilidade de outras formas e circunstâncias de uso para esses manuscritos em relação às estelas ou murais, como seu transporte a localidades distintas ou a reunião de um grande conjunto deles em um pequeno recinto. No entanto, esses manuscritos, assim como as estelas, também eram produzidos e circulavam prioritariamente sob a tutela das elites governante-sacerdotais – o que pode ser inferido por informações oriundas desses próprios registros, bem como de escritos do período Colonial.

O conjunto de termos relacionados ao verbo *cuiloa, escrever ou pintar algo*, que é citado por Alonso de Molina em seu dicionário do século XVI reforça essa afirmação, pois entre eles estão *tlacuiloloyan, lugar onde se escreve, tlacuilolpetlatl,*

---

livros. Em nahuatl, corresponderiam respectivamente aos chamados *tlacuiloque*, ou *escribas*, e aos *tlamatinime*, ou *sábios*. Cf. León Portilla, Miguel. *Códices, op. cit.*, p. 30. É importante ressaltar que os conhecimentos que hoje chamamos de astronômicos, matemáticos, numerológicos e escriturais concorriam para a constituição e a manutenção de explicações que abrangiam a cosmogonia, a história mais recente e o futuro. Tais explicações eram parte da retórica política utilizada pelos governantes maias que, desse modo, relacionavam-se estreitamente com os chamados sábios e especialistas em escrita. Cf. Gifford, James C. Ideas concerning maya concepts of the future. In: Browman, David L. (edit.). *Cultural continuity in Mesoamerica*. Paris/ Chicago: Mouton Publishers/The Hague/Aldine, 1978.

81   Miguel León Portilla afirma que, em todo o chamado Novo Mundo, somente a Mesoamérica contou com a presença de livros, fato que é utilizado por ele para classificá-la como a região de uma "alta cultura", equiparável à egípcia ou à chinesa. Cf. León Portilla, Miguel. *Códices, op. cit.* Acreditamos que ao considerar o uso de registros visuais sobre suportes materiais semelhantes aos empregados pelos europeus como um critério de hierarquização dos povos, não obstante suas imensas contribuições para os estudos das sociedades indígenas, León Portilla está confirmando alguns dos preconceitos que, incansável e valentemente, vem combatendo desde os anos 1950. Isso porque tal consideração termina por validar as realizações do mundo ocidental como modelos a partir dos quais podemos julgar e classificar as outras sociedades. Acreditamos que seria mais adequado entender as formas e as necessidades que cada sociedade depositou em seus sistemas de comunicação e de registro visual e como tais sistemas responderam a demandas historicamente delimitadas. Tratamos do problema da utilização do termo *alta cultura* e de sua vinculação com a existência de um sistema de escrita em nota anterior.

esteira lavrada ou pintada, e *tlacuiloltilmatli, manta pintada*; todos recintos ou objetos sabidamente relacionados ao universo material das elites mesoamericanas. Além disso, Molina lista o termo *tlacuilolpiquini*, ou *falso escriba*, o que pode ser tomado como indício da existência de indivíduos que procuravam auferir vantagens da posição de produtor de escritos, satisfazer demandas "não oficiais" por manuscritos ou ainda burlar a tentativa das elites dirigentes de controlar ou monopolizar a sua produção.[82]

É interessante notar também que os termos elencados por Molina remetem a uma atividade especializada e socialmente reconhecida como tal, mas que não se definia pelo suporte material utilizado, como, por exemplo, o papel amate. Dessa forma, o *tlacuiloliztli*, isto é, o *ato de escrever ou pintar*, remete a uma atividade especializada que poderia ser realizada sobre diversos suportes materiais e não apenas à produção de textos sob a forma de livros, conhecidos atualmente como códices mesoamericanos. Sendo assim, os códices eram parte de um universo escritural mais amplo e que incluía todos os outros tipos de registros que mencionamos acima.

Nesses livros pictoglíficos, as elites dos *altepeme* mesoamericanos registravam temas de relevância para sua visão de mundo e para a organização social vigente, entre os quais se destacam as explicações sobre as origens e transformações do Mundo e do homem, as epopeias divinas, os prognósticos, as histórias grupais, as linhagens de governantes, os limites e fronteiras territoriais e a organização e o recolhimento de tributos.

Também foi para registrar esses temas que os nahuas passaram a utilizar a escrita pictoglífica e a produzir códices depois de estabelecidos no Vale do México. O historiador indígena Fernando de Alva Ixtlilxochitl, descendente da nobreza de Texcoco e que viveu entre 1578 e 1650, relacionou vários tipos de usos para diversos tipos de códices entre a elite dirigente de sua cidade. Afirma Ixtlilxochitl: "...porque tenían para cada género sus escritores, unos que trataban de los anales poniendo por su orden las cosas que acaecían en cada año, con día, mes y hora. Otros tenían a su cargo las genealogías y descendencia de los reyes y señores y personas de linaje, asentando por cuenta y razón los que nacían y borraban los que morían, con la misma cuenta. Unos tenían cuidado de las pinturas de los términos, límites y mojoneras de las ciudades, provincias, pueblos y lugares, de las suertes y repartimientos de las tierras, cuya eran y a quién pertenecían. Otros, de los libros de las leyes, ritos y ceremonias que usaban en su infidelidad; y los sacerdotes de los templos, de sus idolatrías y modo de su doctrina idolátrica y de las fiestas de sus falsos dioses y calendarios. Y finalmente, los

---

82   Molina registra cerca de quinze termos relacionados com esse verbo, dentre os quais, além dos já citados, estão *tlacuilol amapetlacaltontli*, ou *porta-cartas, tlacuiloltecomatl*, ou *tinteiro, tlacuiloltepantli*, ou *parede pintada*, e *tlacuiloluapalli*, ou *tabuinha para escrever*. Cf. Molina, Alonso de. *Vocabulario en lengua castellana y mexicana y mexicana y castellana, op. cit.*, p. 119v e 120r, parte nahuatl-castelhano.

filósofos y sabios que tenían entre ellos, estaba a su cargo el pintar todas las ciencias que sabían y alcanzaban, y enseñar de memoria todos los cantos que observaban sus ciencias e historias; todo lo cual mudó el tiempo, con la caída de los reyes y señores, y [con] los trabajos y persecuciones de sus descendientes y la calamidad de sus súbditos y vasallos".[83]

Entre os livros citados por Ixtlilxochitl, podemos reconhecer, respectivamente, o *xiuhamatl* (*livro da conta dos anos*), o *tlacamecayoamatl* (*livro de linhagens*), o *tlalamatl* (*livro de terras ou mapa*), o *tonalamatl*, (*livro da conta dos dias e do destino*) e o *teoamatl* (*livro divino*). Essa variedade e diversidade de livros e usos pode, seguramente, ser estendida aos outros *altepeme* nahuas do altiplano central mexicano. Além dos mencionados por Ixtlilxochitl, entre os cinco tipos de livros citados pelo frei Toribio de Benavente,[84] em sua *Epístola Proemial*, estão também o dos ritos e agouros nos matrimônios e o dos dias e festas de todo o ano, que parece não se referir ao *tonalamatl*, citado pelo frade como livro de batismo e nome das crianças. Talvez esse tipo de livro apresentasse as vintenas do ano sazonal como na terceira seção do *Códice borbónico*, cuja origem pré-hispânica ou colonial será discutida no Capítulo III.

Embora não sejam citados pelos dois autores mencionados acima, sabemos ainda da existência dos *tequiamatl* (*livro dos tributos*), graças à sobrevivência de exemplares produzidos no início do século XVI e copiados de livros mais antigos, como são os casos, respectivamente, do *Códice Mendoza* e da *Matrícula de tributos*.[85] Embora não tenha sobrevivido nenhum exemplar, existem ainda referências ao *cuicamatl* (*livro de cantares*) e ao *temicamatl* (*livro de sonhos*).[86]

Nos livros de tributos eram registrados os *altepeme* e províncias tributárias e os respectivos produtos e quantias devidos, além da periodicidade de seu pagamento. Por meio do *tonalamatl*, que tratava das cargas dos dias e dos destinos, os sacerdotes especializados prognosticavam acerca das mais diversas atividades humanas, que iam desde o empreendimento de uma viagem, passavam pelos nascimentos e chegavam até as mais complexas decisões políticas. O *xiuhamatl*, que se organizava na forma de anais, era utilizado para registrar as histórias grupais, tidas como posse de uma determinada linhagem e que, assim, funcionavam como fundamento de sua posição de destaque social.

---

83   Ixtlilxochitl, Fernando de Alva. *Obras históricas*. México: Instituto Mexiquense de Cultura/IIH – Unam, 1997, p. 527.

84   Cf. Benavente, Toribio de. *Historia de los indios de la Nueva España, op. cit.*

85   Editados, respectivamente, como: *The essential Codex Mendoza*. Berkeley/Los Ángeles/Londres: University of California Press, 1997. / *Matrícula de tributos*. Graz: ADV, 1980.

86   Cf. León Portilla, Miguel. *El destino de la palabra*. México: El Colégio Nacional/FCE, 1997.

Todas essas atividades contribuíam, de maneira mais ou menos direta, para a manutenção dos domínios políticos e comerciais[87] de um *altepetl* sobre outros, bem como para a legitimação social do poder das elites no seio de sua própria etnia, o que talvez contribua para explicar a difusão dos códices pictoglíficos entre elas. Ademais, veremos no próximo subitem que o caráter não fonético do sistema pictoglífico utilizado pelas elites nahuas mostrava-se, efetivamente, como um facilitador do entendimento de seus registros em regiões diversas, independentemente da língua falada em cada uma delas.[88]

O trecho citado de Alva Ixtlilxochitl confirma esse tipo de função dos códices em suas três últimas linhas, nas quais se estabelece um vínculo estreito entre a posse e o uso dos códices e as elites governantes de Texcoco, pois a queda de seus reis e senhores teria resultado no desaparecimento dessa variedade de textos e escritores. Além disso, algumas linhas acima, Ixtlilxochitl relaciona o registro da legislação e a manutenção da ordem social entre o leque de usos dos livros pictoglíficos.

Tal era a importância desses livros entre as elites, que os jovens *pipiltin* nahuas aprendiam a entendê-los e a produzi-los desde cedo nas instituições que cuidavam de sua formação. Nessas instituições, conhecidas como *calmecac*, os livros pictoglíficos e a tradição oral a eles articulada eram os principais meios de registro dos conhecimentos transmitidos na formação dos futuros sábios e *tlacuiloque*, principais representantes das tradições de pensamento e escrita nahuas. O emprego desses livros para esse fim é confirmado inclusive na expressão nahuatl que designava uma das principais ações realizadas nos *calmecac* pelos que instruíam os jovens, isto é, pelos *tlamatinime*, ou *os que sabem algo*, considerados como capazes de *seguir o caminho do livro*, ou *amoxohtoca*.

Depois de um período no *calmecac*, os jovens descendentes das elites nahuas continuariam a ter os livros presentes em suas vidas, pois muitos deles passariam a desempenhar funções de mando, sendo então chamados de *tlatoque*, ou *os que têm a palavra*, designação genérica atribuída aos senhores e principais nas sociedades nahuas. Esses *tlatoque* ocupavam as esteiras e os assentos cerimoniais, chamados de *petlatl* e *icpalli*,

---

87   Parece que as relações comerciais desempenhavam um papel muito importante no processo de domínio de um *altepetl* sobre outros, precedendo, em muitos casos, o controle tributário. Cf. Berdan, Frances Frei. Ports of trade in Mesoamerica. In: Browman, David L. (edit.). *Cultural continuity in Mesoamerica, op. cit.* Tais relações, além de permeadas pela dimensão política, estavam também permeadas por valores e padrões oriundos do que atualmente chamamos de dimensão religiosa. Dessa forma, como, aliás, parece ocorrer sempre, estabelecer relações comerciais não se restringia, simplesmente, à troca mercantil. Informações sobre as qualidades dessas relações comerciais e, principalmente, sobre os objetos de valor utilizados para intermediá-las podem ser encontradas em França, Leila Maria. *Transformações da noção de valor na Mesoamérica.* São Paulo: Museu de Arqueologia e Etnologia da USP, 1999.

88   Cf. Berdan, Frances F. e Smith, Michael E. *The Aztec empire.* In: _____ (edit.). *The postclassic mesoamerican world.* Salt Lake City: University of Utah Press, 2003, p. 71.

em uma instituição contígua ao *calmecac*: o *tecpan*, ou *casa dos que ordenam a gente*. Muitos *tecpan* contavam com verdadeiras bibliotecas de manuscritos pictoglíficos, como o de Texcoco: "Porque en la ciudad de Tezcoco estaban los archivos reales de todas las cosas referidas, por haber sido la metrópoli de todas las ciencias, usos y buenas costumbres, porque los reyes que fueron de ella, se preciaban de esto y fueron los legisladores de este Nuevo Mundo".[89]

Por fim, em nossa tentativa de estabelecer características gerais da produção e uso dos escritos pictoglíficos, é importante citar o fato dos *tlacuiloque* estarem livres das tributações. Tratando-se de sociedades marcadamente divididas entre *macehualtin* e *pipiltin*, esse fato é muito significativo, pois situa os especialistas na produção dos escritos pictoglíficos como parte integrada e relacionada ao segundo grupo, o qual, caracteristicamente, estava livre de qualquer tipo de tributação. Alguns aspectos da produção dos escritos pictoglíficos, sobretudo sua relação de serviço ao poder político estabelecido e os privilégios sociais de seus produtores, tiveram certa continuidade nos municípios indígenas coloniais, nos quais o cargo de escrivão era avidamente cobiçado pelos membros das elites indígenas locais em vista dos privilégios e isenções

---

89   Ixtlilxochitl, Fernando de Alva. *Obras históricas*. Edição Alfredo Chavero. slp: scp, 1891-1892, p. 179. Apud León Portilla, Miguel. *Códices, op. cit.*, p. 56. Apesar da contiguidade atestada por Ixtlilxochitl entre *calmecac* e *tecpan*, León Portilla divide os livros pictoglíficos como pertencentes a cada um desses âmbitos, como se seus construtores e usuários não fossem as mesmas pessoas e o *calmecac* fosse, assim, um local de busca e cultivo de uma sabedoria supostamente descontaminada dos interesses das elites dirigentes. Para esse autor, os livros de história e calendário seriam típicos do *calmecac*, enquanto que os administrativos seriam característicos do *tecpan*. Em sua primeira grande obra, León Portilla também procura separar, parcialmente, os sábios dos sacerdotes e governantes nahuas. Afirma que os primeiros comporiam um gênero distinto de saber, pois duvidariam mais do que creriam, ação, esta última, mais típica dos sacerdotes. Segundo ele, essa dúvida filosófica teria levado alguns sábios à percepção de que além de toda a diversidade de deuses haveria um princípio único, do qual todo o demais emanaria e seria sua manifestação. Cf. *La filosofia náhuatl estudiada en sus fuentes*. México: IIH – Unam, 2001. Acreditamos, porém, que a tentativa levada a cabo por León Portilla de delimitar a existência no mundo nahua de um saber filosófico-científico é inadequada e deve-se a dois fatores. Primeiramente, podemos falar de seu desejo de equiparar os saberes e instituições nahuas aos do Velho Mundo, sobretudo aos da antiga Grécia, na qual teria ocorrido essa cisão entre os filósofos e a religião predominante – cisão essa que parece não ter sido tão profunda, radical ou relevante à época como se supunha há algumas décadas. Depois, podemos apontar que o autor embasa-se principalmente nos *Cantares mexicanos*, tidos por ele como uma fiel transcrição da tradição oral nahua de tempos pré-hispânicos. No entanto, parece que os *Cantares* são recriações dos alunos indígenas dos colégios franciscanos em resposta às novas demandas coloniais, sobretudo à exigência monoteísta do cristianismo. Desse modo, talvez essa tentativa de reduzir a multiplicidade de deidades nahuas a um princípio único esteja mais relacionada com esse novo cristianismo das elites nahuas do que com o pensamento nativo pré-hispânico.

tributárias.[90] As transformações do sistema pictoglífico no mundo colonial e sua relação com a produção dos textos alfabéticos nativos será abordada na próxima parte
deste capítulo, logo depois de tratarmos de outra questão essencial para a compreensão das análises que iremos desenvolver nos capítulos seguintes: tal sistema é um tipo
de pintura ou de escrita?

Sistema de notação mixteco-nahua: *status* e transformações durante o período Colonial

Nesta terceira parte do capítulo abordaremos, fundamentalmente, os dois temas anunciados acima: o *status* do sistema pictoglífico mixteco-nahua – se pintura
ou escrita – e suas transformações em função da conquista e colonização castelhana do altiplano central mexicano e da consequente introdução do sistema alfabético. O primeiro tema contribuirá para entendermos as bases de funcionamento
do sistema pictoglífico e, desse modo, os fundamentos de algumas hipóteses que
desenvolveremos nos próximos capítulos, tal como: as concepções calendárias e
cosmográficas eram parte dos princípios de funcionamento e organização dos registros pictoglíficos. O segundo tema contribuirá para entendermos o contexto de
produção de grande parte das fontes centrais desta pesquisa, que agrupam textos
pictoglíficos, alfabéticos e híbridos.

Pintura ou escrita?

Como enunciamos na Introdução, tratar o sistema pictoglífico mixteco-nahua
como uma escrita – o sistema maia há muito é considerado como tal – não é apenas
uma questão de preferência terminológica, pois determina, em parte, o tratamento
metodológico que se deve dispensar aos seus registros.[91] Por exemplo, se concordar-

---

90   Cf. Lockhart, James. *The nahuas after the conquest, op. cit.* Os castelhanos começaram a implantar
o modelo municipal no altiplano central mexicano desde 1532. Esse processo gerou a continuidade transformada de instituições nativas no interior do *cabildo* indígena, parte da Repúbli-
ca dos Índios que compartilhava o poder civil e criminal com o governador e os *corregidores de
indios* ou *alcaldes mayores*. Cf. Romero Galván, José Rubén. *Los privilegios perdidos*. México: IIH
– Unam, 2003.

91   Galarza aponta três carências nos estudos dos códices mexicas que se devem, em parte, à não
aplicação da categoria de *escrita* e de *texto* a esses manuscritos. Essas carências seriam: A – a
falta de inventários completos dos textos existentes; B – a ausência de um método de trabalho
compartilhado e baseado nos detalhes e na análise sistemática dos grupos de manuscritos; C –
a dificuldade de se estabelecer o sentido de leitura de cada página ou de cada manuscrito. Cf.

mos que o sistema mixteco-nahua era uma escrita, antes de buscar interpretações amplas para seus signos visuais teríamos que entendê-los dentro de um conjunto de convenções mais restritas, das quais depende o funcionamento de qualquer sistema de escrita. Ademais, teríamos que sempre tratar seus signos visuais em meio do contexto semântico em que se encontram, em vez de considerá-los como entidades autosuficientes com sentidos alegóricos mais ou menos fixos.

Pelo que expusemos até este ponto, acreditamos que nossa posição diante da polêmica tenha ficado clara, ou seja, que estamos tratando os registros pictoglíficos como parte de um sistema de escrita. Vejamos então aspectos da polêmica que contribuirão para fundamentar essa posição.

É quase consensual que tanto o sistema maia quanto o mixteco-nahua, apesar de suas diferenças, combinavam representações pictóricas ou figurativas com glifos calendários, numéricos, toponímicos, antroponímicos, fonéticos e de determinação semântica, formando registros com sua própria organização e lógica. No entanto, os dois sistemas combinavam esses elementos de maneiras diferentes e em graus distintos. Entre essas diferenças, destaca-se a predominância ou não dos glifos fonéticos. Vejamos o porquê.

O sistema mixteco-nahua, no qual os glifos fonéticos eram utilizados de modo reduzido e as pinturas e glifos ideográficos de maneira abundante, não se relacionava, estrita e necessariamente, a uma língua em específico, pois os glifos não fonéticos poderiam ter seus sentidos reabilitados por falantes de diversas línguas, desde que partilhassem as convenções do sistema. Assim, seu funcionamento dependia fundamentalmente não de uma tábua de equivalências entre signos e sons – embora ela também fosse parte de tal sistema –, mas de conjuntos de conteúdos, conceitos e relatos que se relacionariam aos glifos e pinturas e que seriam decorados e manejados por uma tradição de pensamento e oralidade que funcionava *pari passu* à produção e uso dos escritos pictoglíficos.[92]

Já o sistema maia, no qual os glifos fonéticos eram utilizados de modo majoritário, relacionava-se fortemente a uma língua específica, pois tais glifos, em princípio, só poderiam ter seus significados sonoros reabilitados por alguém que falasse a mes-

---

Galarza, Joaquín. *The aztec system of writing*. In: Browman, David L. (edit.). *Cultural continuity in Mesoamerica, op.cit.*

92   A relação entre oralidade, produção e manuseio dos manuscritos pictoglíficos é atestada, no caso dos códices mixtecos, pelo frei Francisco de Burgoa, em princípios do século XVII. Referindo-se à produção e uso dos manuscritos afirma que "Y para esto a los hijos de los señores y a los que escogían para el sacerdocio, enseñaban e instruían desde su niñez, haciéndolos decorar aquellos caracteres y tomar de memoria a las historias, y estos mismos instrumentos he tenido en mis manos y oílos explicar a algunos viejos con bastante admiración". *Geográfica descripción de la parte septentrional del Polo Ártico de la América*, Porrúa, México, 1987, p. 210, Apud León Portilla, Miguel. *Códices, op. cit.*, p. 167.

ma língua dos produtores dos escritos – e que deveria também, é claro, compartilhar as convenções de funcionamento do sistema. Assim, o sistema maia dependeria, primeiramente, da memorização do valor fonético de seus signos e, em segundo lugar, da memorização de conceitos, relatos ou conteúdos por uma tradição de pensamento e oralidade conjunta.

Por esse predomínio dos glifos fonéticos, o sistema maia tem sido classificado como uma "verdadeira escrita", enquanto o mixteco-nahua, por não grafar preponderantemente uma língua em específico e por depender mais estreitamente de uma tradição oral e de pensamento, tem sido considerado como um recurso mnemônico, como simples pintura, como uma proto-escrita abortada pela conquista ou como uma espécie de rébus a ser decifrado.[93]

No entanto, acreditamos que essa classificação se deva à aplicação de uma concepção polar e evolucionista de *escrita*. Polar, por articular as partes dos sistemas de notação do pensamento e da fala como um binômio excludente, isto é, os registros visuais e a oralidade.[94] Evolucionista, por reservar o uso analítico do conceito de escrita, quase que exclusivamente, aos sistemas fonéticos, vistos como o resultado de um processo universal de desenvolvimento dos sistemas de registros visuais do pensamento e da fala, o qual partiria da pictografia e chegaria até as escritas fonéticas. Dessa forma, a criação e o desenvolvimento particulares dos distintos sistemas de escrita são analisados como um processo universal, evolutivo e autorreferenciado, isto é, separado das demandas e das prioridades que cada época e sociedade atribuíram ou requereram de seus sistemas de registro do pensamento e da fala.[95] Desse modo, as escritas

---

93   Cf. Dibble, Charles E. El antiguo sistema de escritura en México. In: *Sobretiro del tomo IV, nums. 1-2 de la Revista mexicana de estudios antropológicos.* México: scp, 1940. Estamos utilizando o conceito de *rébus* como sinônimo de junção arbitrária restrita – isto é, cujos critérios e normas não seriam compartilhados por grupos numérica ou temporalmente significativos em uma dada sociedade – de representações visuais de objetos ou entes cujos nomes – ou suas partes – formariam outros nomes ou frases. Tal junção teria a função de codificar mensagens verbais em sinais visuais cuja reabilitação dos significados se tornaria uma espécie de charada, o que se constitui, inicialmente, como o oposto do objetivo de um sistema de escrita, o qual seria, em princípio, permitir a pronta reabilitação dos significados das mensagens grafadas em seus registros visuais pelas pessoas versadas em seu funcionamento. Um exemplo clássico de rébus são as brincadeiras infantis que formam nomes, conceitos ou frases por meio da junção da representação visual de objetos muito simples, como a junção do desenho de um *sol* com o de um *dado* para formar a palavra *soldado*.

94   Voltaremos a esse problema mais à frente.

95   Entre os estudiosos que constroem esse tipo de análise está Elliott, Jorge. The relationship between painting and scripts. In: Browman, David L. (edit.). *Cultural continuity in Mesoamerica, op. cit.* Por ouro lado, há estudos mostrando que nenhuma escrita seguiu totalmente o suposto caminho evolutivo da pictografia ao alfabeto. Cf. Manrique Castañeda, Leonardo. Ubicación

não fonéticas são explicadas pelo que, supostamente, lhes falta ou pelos estágios que deveriam ter atingido.

Acreditamos que esse tipo de postura analítica obstrui, em alto grau, o entendimento dos recursos próprios a tais escritas. Por exemplo, o sistema mixteco-nahua abarcava uma enorme gama de conceitos, compartilhados por produtores e usuários de distintas origens linguísticas e que se encontravam distribuídos em diversas regiões mesoamericanas. Certamente, essa característica poderia facilitar a comunicação e o entendimento e, consequentemente, as alianças político-comerciais entre as elites que se utilizavam de tal sistema. No entanto, essa mesma característica determinaria certo detrimento de sua abrangência verbal e de sua precisão no momento da decodificação dos registros visuais em palavras, abrangência e precisão essas que eram muito mais acentuadas no sistema maia.

Em outras palavras, não acreditamos que essas distintas características representem estágios de uma evolução em direção a um modelo de escrita ideal – que seria representado pelo sistema fonético do mundo ocidental –, mas sim que reflitam preferências e escolhas adotadas por sociedades específicas e relacionadas diretamente com seus valores políticos, suas práticas econômicas, seus critérios estéticos e, para resumir, com suas experiências históricas concretas.[96]

A esse tipo de análise negativa, somam-se ainda aquelas que, a partir de uma suposta evolução universal das expressões pictóricas, aplicam critérios estéticos e figurativos da arte ocidental – fortemente marcados pelos cânones pictóricos do Renascimento e pelo uso da perspectiva – para avaliar o suposto estágio de desenvolvimento das pinturas e soluções figurativas empregadas no sistema mixteco-nahua. Nesse caso, as imagens mixteco-nahuas são vistas apenas como o resultado de sociedades que não desenvolveram plenamente a "arte da pintura", pois nunca chegaram a "reproduzir realisticamente" o mundo visível ou a servir-se plenamente dos princípios da perspectiva. Em outra ocasião tivemos a oportunidade de analisar o emprego de algumas formas e soluções figurativas nos códices nahuas e pudemos comprovar que os problemas semiológicos eram imperiosamente prioritários em relação aos de reprodução realística da dimensão visual dos objetos e seres.[97]

---

de los documentos pictográficos de tradición náhuatl en una tipología de sistemas de registro y de escritura. In: Martínez Marín, Carlos (apres.). *Primer coloquio de documentos pictográficos de tradición náhuatl.* México: IIH – Unam, 1989.

96   Citamos acima que talvez o primeiro sistema de escrita mesoamericano tenha sido predominantemente fonético e que sistemas posteriores, como o mixteco-nahua, tenham adotado o caráter pictoglífico.

97   Cf. Santos, Eduardo Natalino dos. Os códices mexicas. In: *Revista do Museu de Arqueologia e Etnologia* – USP. São Paulo: Museu de Arqueologia e Etnologia da USP, n. 14, p. 241-58, 2004.

Mas voltemos ao problema da classificação do sistema mixteco-nahua como um tipo de escrita, mais especificamente à questão do binômio complementar entre registro visual e oralidade.

É cada vez mais aceito que as relações entre os registros visuais da fala e do pensamento e a oralidade não se compõem como uma polaridade excludente, na qual a adoção dos primeiros levaria ao desuso da segunda. Na verdade, tais relações variam de acordo com cada sistema e usos sociais concretos, sendo que nenhum sistema de registro visual do pensamento ou da fala – nem mesmo o sistema alfabético – chega a grafar totalmente a língua falada, fazendo que, em última instância, todo e qualquer sistema escritural dependa em algum grau de um regime de oralidade conjunto.[98]

Vejamos um trecho de um texto em nahuatl que trata de uma situação de uso dos manuscritos pictoglíficos e que nos fornece alguns indícios das qualidades da relação entre registro visual e oralidade. O texto é conhecido como *Coloquios y doctrina cristiana*, no qual os sacerdotes mexicas sobreviventes à conquista de Tenochtitlan pelos tlaxcaltecas, castelhanos e outros aliados respondem aos religiosos franciscanos e sua proposta de conversão ao cristianismo.[99] Afirma o texto: "Auh in qui<u>tz</u>ticate (Los que están mirando), in qui<u>pouh</u>ticate (los que cuentan), in qujtlatlazticate in amoxtli (los que despliegan los libros), in tlilli, in tlapalli (la tinta negra, la tinta roja), in tlacujlolli quitqujticate (los que tienen a su cargo las pinturas)".[100]

---

98 Jacques Derrida mostra como as relações entre o universo de signos visuais e a língua-pensamento são extremamente complexas e podem ter formas muito variadas. Para ele, separar de forma dicotômica as sociedades com escrita das sociedades orais é um reducionismo que parte da "...definição tradicional de escrita que já em Platão e em Aristóteles se estreitava ao redor do modelo da escrita fonética e da linguagem de palavras." Além disso, entender a escrita apenas como um sistema derivado e determinado a representar unicamente os sons das palavras "...reflete a estrutura de um certo tipo de escritura: a escritura fonética, aquela de que nos servimos e em cujo elemento a *episteme* em geral (ciência e filosofia), a linguística em particular, puderam instaurar-se. Seria necessário, aliás, dizer *modelo* mais do que *estrutura*: não se trata de um sistema construído e funcionando perfeitamente, mas sim de um ideal dirigindo explicitamente um funcionamento que de *fato* nunca é, totalmente, fonético." Derrida, Jacques. *Gramatologia*. São Paulo: Perspectiva/Edusp, 1973. p. 37.

99 A situação que o texto descreve teria ocorrido em 1524, em uma reunião entre os primeiros franciscanos enviados como evangelizadores e os líderes religiosos locais. No entanto, a redação ocorreu décadas depois e estaria relacionada com os trabalhos de Bernardino de Sahagún. Algumas respostas dos sábios e dirigentes mexicas constantes nesse texto são analisadas em Arcuri, Marcia Maria. *Histories of the mexica*. Essex: Department of Art History and Theory – University of Essex, 1996.

100 Os sublinhados são meus. Sahagún, Bernardino de. *Coloquios y doctrina cristiana...* México: Fundación de Investigaciones Sociales – Unam, 1986, p. 140 e 141.

Podemos perceber no trecho acima que a decodificação dos signos visuais dos códices pictoglíficos – *los libros, la tinta negra, la tinta roja* – pelos membros da tradição de escrita e pensamento mexica – *los que tienen a su cargo las pinturas* – é caracterizada por dois verbos: *itz* e *pohua*, sublinhados no trecho e cujo uso pareado era muito comum para referir-se a tal ação.[101] Esse emprego conjunto dos verbos *itz* ou *itta*,[102] que significam *ver*, e *pohua*, que significa *contar* ou *relatar*, parece apontar, justamente, para a relação de complementaridade entre a ação estrita de ler – ou decodificar os signos visuais – e a de relatar – ou recorrer a um repertório de conceitos, conteúdos e narrativas sabidos ou memorizados. Isso porque a ação de contar, situada temporalmente no trecho citado após a de olhar, parece manter uma certa independência, isto é, parece estar relacionada, mas não totalmente subordinada aos conteúdos dos registros visuais, não obstante o fato de ser realizada pelos próprios produtores dos tais registros – *los que tienen a su cargo las pinturas*.

Sendo assim, a leitura desses escritos também seria distinta da que comumente se esperaria de um registro predominantemente fonético. Considerando-se então o texto pictoglífico como parte de uma tradição que se servia de outros mecanismos para registrar e manter as explicações socialmente aceitas, como a ancestralidade e a pertinência a determinadas linhagens, "La lectura, por lo tanto, no era el desciframiento silencioso de un texto fijado en un momento histórico determinado (es decir, de un texto con una 'aura'), sino una representación pública y ritual que permitía ver y escuchar el relato de los antiguos, reuniendo los libros pictográficos y las tradiciones orales en un todo más rico que cualquiera de sus partes".[103] Em outras palavras, no caso do sistema mixteco-nahua, parece que essas partes – o registro pictoglífico e a oralidade – seriam conjuntamente acionadas na leitura ou encenação dos relatos, sem que um tipo de discurso – o visual ou o oral – estivesse totalmente subordinado ao outro, como se ambos corressem "paralelamente integrados", reforçando-se mutu-

---

101   Cf. Mignolo, Walter. Signs and their trasmision. In: Boone, Elizabeth Hill e _____ (edit.). *Writing Without words: alternative literacies in Mesoamérica and the Andes*. Durham: Duke University Press, 1994.

102   O verbo *ver* possui duas formas em nahuatl: *itta* e *itz*. A primeira é usada em todos os tempos e, geralmente, é transitiva; a segunda é usada em composição com verbos auxiliares, quando justamente pode se tornar intransitiva, como é o caso acima: *quitzticate* ou, em português, *os que estão vendo*, formado por *qui*, que denota 3ª pessoa, *itz*, *ver* ou *olhar*, *ti*, ligadura sem valor semântico, e *cate* ou *cateh*, do verbo *ser* ou *estar*. Conforme comunicação pessoal de Leopoldo Valiñas.

103   Navarrete Linares, Federico. *Los libros quemados y los libros sustituidos*. Disponível em: <http://www.fflch.usp.br/dh/ceveh/public_html/biblioteca/artigos/fn-a-e-livrosquei.html> Consultado em 9 de dezembro de 2000, sem n. de página. Trataremos, mais adiante, do problema da aura de originalidade que comumente projetamos sobre os manuscritos pictoglíficos, os quais eram, ao que tudo indica, renovados ou refeitos com certa regularidade.

amente: "...el 'texto' [a verbalização] no leía la imagen completamente, ni esta podía comprenderse sin la explicación verbal".[104]

É interessante notar que o paralelismo entre o ato de ver e de contar, ou relatar, também está presente no maia-iucateco, na expressão utilizada para referir-se ao ato de leitura dos manuscritos pictoglíficos. Isso porque o termo *huun*, que significa *papel amate*, mas também *livro* ou *códice*, junta-se ao verbo *xoc*, que significa *contar*, para formar a expressão *xoc-hun*, literalmente *contar um livro*.[105]

Por tudo isso, seria incorreto reduzir os códices pictoglíficos mixteco-nahuas ao papel de meros instrumentos mnemônicos que desencadeavam um discurso oral composto e memorizado por outros meios.[106] Ambos formavam um todo maior do que as partes em situações concretas de leitura, que contavam, ademais, com outros componentes, tais como os atos ou encenações cerimoniais de caráter político-religioso. Além disso, um indício da complementaridade do binômio formado pelos registros visuais e pela oralidade – para os sistemas mesoamericanos em geral – seria o fato de que mesmo o sistema maia, no qual predominam os glifos fonéticos, possui elementos pictóricos e glíficos que não se reduzem totalmente a uma leitura fonética, dependendo, em última instância, de discursos orais paralelos e integrados, assim como ocorria no sistema mixteco-nahua.[107]

Essa característica comum entre os sistemas maia e mixteco-nahua seria ainda um indício da emergência de ambos do que poderíamos chamar de uma base escritural mesoamericana,[108] formada pelas constantes inter-relações entre seus povos

---

104   A expressão entre colchetes é minha. Navarrete Linares, Federico. *Mito, historia y legitimidad política, op.cit.*, p. 60.

105   Cf. Thompson, J. Eric S. *Un comentario al Códice de Dresde*. México: FCE, 1988, p. 40.

106   O simples papel de instrumento mnemônico que desencadearia um discurso oral é proposto em Lockhart, James. *The nahuas after the conquest, op. cit.* Numa posição quase oposta, Elizabeth Hill Boone acredita que os documentos pictoglíficos eram uma instituição documental na qual a explanação oral era acessória. Cf. Boone, Elizabeth Hill. Pictorial documents and visual thinking in Postconquest Mexico. In: _____ e Cummins, Tom (edit.). *Native traditions in the postconquest world*. Washington: Dumbarton Oaks Research Library and Collection, 1998.

107   Na verdade, a separação entre glifos fonéticos e ideográficos não é absoluta e a estamos empregando como uma simplificação didática. Isso porque muitos dos próprios logogramas ou fonogramas possuíam dimensões conceituais mais gerais, tal como ocorria com os ideogramas. Além disso, era muito comum nos registros maias que um mesmo nome ou conceito fosse grafado por meio de glifos ideográficos, silábicos ou pela mistura de ambos. Um famoso exemplo é o caso de *balam*, que significa *jaguar* ou *sacerdote*. Cf. Coe, Michael D. e Kerr, Justin. *The art of the maya scribe*. Londres: Thames and Hudson, 1997, p. 54.

108   Cf. Brotherston, Gordon. Traduzindo a linguagem visível da escrita. In: *Literatura e Sociedade*. São Paulo: Departamento de Teoria Literária e Literatura Comparada da FFLCH da USP, n. 4, p. 78-91, 1999.

componentes. Isso talvez nos desautorize a traçar divisões muito rígidas entre tais sistemas, como a que se propõe com a separação entre ocidente e oriente da Mesoamérica, regiões em que vigorariam sistemas escriturais de naturezas supostamente distintas. Talvez estejamos em face de dois sistemas que se utilizam, basicamente, dos mesmos recursos em proporções diferentes e, sendo assim, aproximar seus estudos e comparar seus registros poderia contribuir para o esclarecimento mútuo de suas características e conteúdos ainda não entendidos.

Além disso, a visão polar entre escrita e oralidade e o pressuposto de que uma "verdadeira escrita" deve grafar uma língua em específico têm produzido posturas analíticas radicais e, em meu entender, equivocadas diante dos escritos maias e mixteco-nahuas.[109]

Por um lado, talvez até com a intenção de combater a subvalorização à qual os sistemas de escrita mesoamericanos têm sido submetidos, alguns estudiosos assumiram como pressuposto que todos os elementos presentes no sistema maia ou mixteconahua são estritamente fonéticos, o que termina por reforçar o juízo de que um sistema visual de registro é uma "verdadeira escrita" somente quando se configura como a grafia de uma língua. É o chamado foneticismo, que atinge, sobretudo, o estudo dos escritos maias e manifesta-se como a tendência de tentar entender as escritas pictoglíficas focalizando apenas seus elementos fonéticos, buscando assim decifrar seus códigos linguísticos sem levar em conta "...qualquer mensagem visual que pudesse estar sendo transmitida".[110]

No caso do sistema mixteco-nahua, seu entendimento equivocado como um rébus que notaria apenas a língua nahuatl remonta ao último quarto do século XVI e aos trabalhos de alguns religiosos franciscanos que, desde então, promoveram a produção dos chamados *Códices Testerianos*. Nesses manuscritos, orações e outros textos cristãos em nahuatl teriam sido grafados somente por meio de representações visuais de elementos cuja combinação dos nomes se assemelharia às palavras das tais orações e textos. Suas confecções partiram, assim, de uma premissa equivocada, pois as tradições nativas não grafavam, predominantemente, a fala por meio de glifos com valores exclusivamente fonéticos – o que não significa dizer que tal recurso não fora utilizado pelas tradições de escrita locais.[111] Além disso, o grosso da produção desses códices

---

109   Em outra ocasião, fizemos um balanço das maneiras como os manuscritos mixteco-nahuas vêm sendo empregados pelos estudiosos nas últimas quatro ou cinco décadas. Cf. Santos, Eduardo Natalino dos. Usos historiográficos dos códices mixteco-nahuas. In: *Revista de História*. Departamento de História, FFLCH-USP. São Paulo: Humanitas e FFLCH – USP, n. 153, p. 69-115, segundo semestre de 2005.

110   Brotherston, Gordon. Traduzindo a linguagem visível da escrita. In: *Literatura e Sociedade, op. cit.*, p. 79.

111   No entanto, o uso de glifos fonéticos no sistema mixteco-nahua não se dava como em uma escrita rébus, visto que os glifos silábicos eram, preponderantemente, empregados na forma

data dos séculos XVII ao XIX, época, justamente, da decadência da produção dos registros pictoglíficos pelas tradições de pensamento e escrita nahuas.[112]

Apesar disso, alguns estudiosos têm desenvolvido trabalhos nessa direção com os códices mixteco-nahuas, ou seja, aplicando o pressuposto de que todos os elementos neles contidos são fonéticos, e que assim esse sistema de escrita serviu para fixar e transcrever a língua nahuatl.[113] Querer comprovar que o sistema pictoglífico nahua apenas transcreve foneticamente o idioma nahuatl – e que assim é uma "verdadeira escrita" – parece-nos uma tentativa de combater os preconceitos contra os sistemas de escrita mesoamericanos reforçando parte deles, pois, como mencionamos acima, se corrobora o pressuposto de que a escrita fonética deva ser o modelo a partir do qual devemos julgar e entender outros sistemas. Essa pressuposição reduz as chances de entendermos as enormes e pouco investigadas potencialidades dos sistemas ideográfico-fonéticos, pois os aprisiona com a "camisa de força" do foneticismo. Além disso, é de difícil sustentação que o sistema mixteco-nahua seja totalmente – ou mesmo predominantemente – fonético, pois é mais ou menos consensual que combinava glifos fonéticos com ideográficos e que os últimos ocorriam em uma proporção muito maior.

Não obstante a existência dessas posturas dicotômicas, evolucionistas ou foneticistas entre muitos estudiosos dos sistemas de escrita mesoamericanos, há vários outros pesquisadores que tratam tais registros como o produto de um sistema de escrita particular, que combinava representações fonéticas, ideográficas, geográficas, calendárias e matemáticas, entre outras, de acordo com uma organização e uma lógica

---

de prefixos ou sufixos – como o de *tetl* (*pedra*) para *te* (*alguém* ou *alguns*) e o de *pantli* (*bandeira*) para *pan* (*em cima*) – ou para representar sons – como *acatl* (*cana*) para o som da letra "a", *etl* (*feijão*) para o da letra "e" e *otli* (*caminho*) para o som da letra "o". Cf. Alcina Franch, José. *Códices mexicanos*. Madri: Editorial Mapfre, 1992.

112 A adoção dessa tentativa franciscana estaria muito mais relacionada com as decisões do Concílio de Trento, realizado em 1564, entre as quais estaria o decreto da legitimidade e eficácia do uso das imagens para a evangelização. Tais resoluções são implantadas na Nova Espanha em fins do século XVI. Além disso, a obra do frei Valdés de 1579, *Rethorica christiana*, testemunharia a autoria franciscana do projeto que produziu esses escritos. Cf. Boone, Elizabeth Hill. Pictorial documents and visual thinking in Postconquest Mexico. In: _____ e Cummins, Tom (edit.). *Native traditions in the postconquest world, op. cit.* Apesar disso, Joaquín Galarza acredita que esse grupo de manuscritos é parte do sistema de escrita nahua e assim deve ser lido. Esse autor elaborou um catálogo ou dicionário de glifos a partir de um manuscrito que registra a oração do Pai Nosso e que, supostamente, permite a leitura de outros manuscritos testerianos. Cf. Galarza, Joaquín. Códices o manuscritos testerianos. In: *Arqueología Mexicana*. México: Editorial Raíces/Inah/Conaculta, v. VII, n. 38, p. 34-7, 1999.

113 Essa é a proposição basilar dos trabalhos de Joaquín Galarza, entre os quais está Galarza, Joaquín. *In amoxtli in tlacatl*. México: Tava Editorial, 1992.

próprias. Ademais, alguns desses estudiosos procuram mostrar que os sistemas mesoamericanos de registro do pensamento e da fala poderiam servir até para revisarmos a citada concepção de que a escrita alfabética é o modelo ideal a partir do qual devemos julgar e entender os outros sistemas, pois "...a escrita tlacuilolli desafia as definições ocidentais de escrita com a engenhosidade com que funde imagem, número e nome em uma mensagem holística".[114]

Tais pesquisadores, dos quais seguiremos algumas ideias e pressupostos, reclamam a necessidade de uma definição mais ampla de escrita, que passaria a abranger qualquer sistema de representação visual ou táctil do pensamento ou da fala com convenções, usos, lógica e gramática internas bem estabelecidos – em determinada sociedade ou fração social –, os quais garantiriam uma qualidade básica a qualquer sistema: a permanência e a reabilitação de significados relativamente bem determinados e socialmente compartilhados a partir da decodificação de seus registros. Alguns desses sistemas teriam por objetivo a reabilitação da fala e outros a de discursos, complexos ideológicos ou conceitos. Dentro desse segundo tipo estaria o sistema mixteco-nahua, apesar de também empregar glifos fonéticos, os quais eram escolhidos de modo a permitir que falantes de nahuatl, otomie, totonaco, cuicateco, chocho, mixteco, zapoteco e tlapaneco compartilhassem o mesmo sistema, o que poderia ser uma grande vantagem se o objetivo fosse uma circulação regionalmente mais ampla dos registros.[115]

Partindo dessa concepção mais ampla de escrita e entendendo que as diferenciações entre os sistemas relacionam-se mais com preferências de ordem visual, propósitos políticos ou usos sociais do que com necessidades fonéticas ou linguísticas intrínsecas e universais, como citamos acima, tais estudiosos procuram então compreender a gramática, a semântica e a lógica internas e próprias dos registros pictoglíficos mixteco-nahuas, interpretando suas partes dentro de um todo maior formado pelo texto e pelo próprio sistema. Dessa forma, analisam as técnicas de transmissão oral e de escrita indígena de modo positivo, isto é, procurando compreender suas capacida-

---

114   Brotherston, Gordon. Traduzindo a linguagem visível da escrita. In: *Literatura e Sociedade, op.cit.*, p. 84. Esse autor tem insistido na inadequação da separação entre as dimensões da pictórico-figurativa e escriturária – característica do pensamento ocidental moderno – para o entendimento da escrita *tlacuilolli*.

115   Elizabeth Hill Boone chama esse segundo tipo de *escrita semasiográfica*, isto é, que representa visualmente a sistemas discursivos. Propõe que uma definição mais ampla de escrita deva envolver não só os manuscritos do México central e de Oaxaca, mas também os quipos andinos. Cf. Boone, Elizabeth Hill. *Stories in red and black*. Austin: University of Texas Press, 2000. Outro estudioso a defender a ampliação da abrangência do conceito de escrita, de modo a englobar os quipos afirma que "El quipu podría ser considerado un sistema de escritura en el sentido más amplio de esa palabra: un determinado conjunto de señales visuales (o táctiles) ordenadas para contener significados." Urton, Gary. *Quipu*. Santiago: Museo Chileno de Arte Precolombino/Universidad de Harvard, 2003, p. 19.

des e recursos específicos, utilizados para discursos socialmente estabelecidos dentro de marcos institucionais que definiam seu funcionamento e seus objetivos.[116]

Parece que essa postura analítica vem produzindo resultados consistentes no estudo dos manuscritos mixteco-nahuas, sobretudo quando utiliza a comparação entre os diversos tipos de escritos – códices pré-hispânicos, códices coloniais e textos alfabéticos –, mostrando a possibilidade de um manuscrito esclarecer a outro e apontando para o acerto metodológico de se analisar as imagens de maneira contextualizada, isto é, como entidades que significam dentro de um texto que, por sua vez, se serve de codificações bem estabelecidas.

É com essa perspectiva mais ampla de escrita que procuraremos analisar as formas de presença e as funções dos sistemas calendário e cosmográfico na construção dos relatos nahuas do século XVI, sobretudo naqueles que possuem como temática a cosmogonia e a atuação dos deuses. Em outras palavras, procuraremos entender os papéis que esses dois complexos de concepções desempenhavam nos manuscritos nahuas do século XVI – principalmente nos que tratam das idades do Mundo e da atuação dos deuses por meio dos prognósticos e das festividades – para compreender suas contribuições na construção da lógica organizacional, da gramática e da semântica do sistema mixteco-nahua.

Isso poderá nos levar a compreender melhor algumas das concepções específicas que as tradições de pensamento nahuas possuíam acerca do tempo, do espaço e do passado, as quais parecem ser bem distintas das concepções ocidentais cristãs trazidas à América, entre outros, pelos religiosos espanhóis no mesmo século XVI – como vislumbramos ainda na pesquisa de mestrado.

Felizmente, parece que as mudanças ocorridas nas últimas décadas na forma como as Ciências Humanas do mundo ocidental têm recepcionado e entendido as vozes passadas ou não ocidentais – que haviam sido silenciadas ou tratadas de maneira inócua por sua resistência e perspectivas distintas – são significativas. Isso porque "Texts written alphabetically in the major literary languages of America are now being given more due as artifacts in their own right. Rather than being treated as, at best, sources of data by western scholars, such texts now stand more chance of being credited with having their own logic and argument".[117] Isso teria como um de seus resultados o interesse historiográfico pelas formas precedentes dessa literalidade e

---

116   Cf. Navarrete Linares, Federico. *Las fuentes indígenas*. Disponível em: <http://www.fflch.usp. br/dh/ceveh/public_html/biblioteca/artigos/FN-P-A-historiaymito.html> consultado em 9 de dezembro de 2000.

117   Brotherston, Gordon. Indigenous intelligence in Spain's American Colony. In: *Forum for modern language studies*. St Andrews: University of St. Andrews Press, v. XXXVI, n. 3, p. 241-53, 2000. p. 241.

de seus registros e usos sociais, levando até o problema do estatuto dos sistemas de representação do pensamento ou da fala pré-hispânicos.

Acreditamos que esta pesquisa tangencia essa importante questão ao procurar entender, sobretudo, as funções do calendário e da cosmografia nos manuscritos pictoglíficos, bem como ao tratar do momento de entrelaçamento e de passagem do sistema mixteco-nahua para o alfabético. Acreditamos que nossas análises poderão contribuir para o aprimoramento de uma apreciação historicamente adequada dos dois tipos de escrito e do sentido que seus usos tiveram para as tradições de pensamento nahuas no século XVI, isto é, na passagem do período Pré-hispânico ao Colonial.

Mas apesar desse crescente interesse historiográfico pelos textos e registros préhispânicos ou coloniais pictoglíficos, ainda há muitos estudiosos que negam terminantemente a possibilidade de estudo dos povos mesoamericanos por meio de seus próprios escritos, sobretudo dos pictoglíficos: "As inscrições mesoamericanas, por mais sofisticadas que sejam, não foram inteiramente decifradas e são de pouca valia para empreender uma reconstituição histórica".[118] Em decorrência dessa postura, previamente negativa, só nos restaria recorrer aos textos alfabéticos e, preferencialmente, aos produzidos pelos europeus: "Tudo o que sabemos sobre as civilizações antigas procede, desta forma, dos conquistadores europeus".[119]

Vale ressaltar que o pré-estabelecimento dessa suposta impossibilidade não provém de uma época remota, quando os estudos desses escritos estavam se iniciando, mas sim dos anos de 1990, depois de tantos resultados consistentes e inquestionáveis terem sido alcançados por historiadores, linguistas, antropólogos e arqueólogos dedicados ao estudo desses manuscritos. Sendo assim, essa postura, além de subestimar os recursos próprios dos sistemas pictoglíficos e ideográficos, nega os resultados de tantos estudos sem debater com eles ou apresentar contra-argumentos convincentes. Como é possível desqualificar de uma só vez todos os estudos produzidos sobre a história dos maias com base em suas estelas? Como não tomar em conta os estudos sobre a migração mexica ou as linhagens governantes mixtecas que foram empre-

---

118   Bernand, Carmen e Gruzinski, Serge. *História do Novo Mundo*. São Paulo: Edusp, 1997, p. 16.

119   *Ibidem*, p. 16. Michel Graulich parece concordar com essa posição, pois em um de seus mais importantes estudos afirma que a obra de Sahagún é a mais completa para se estudar o mundo mesoamericano e que outras fontes, como o *Vaticano A*, o *Borbónico* e o *Magliabechiano* são pobres: "Si cito el Códice borbónico en último lugar es porque, como todo códice prehispánico, no es inteligible más [que] a la luz de las informaciones provenientes de las fuentes escritas." A expressão entre colchetes foi inserida por mim. Graulich, Michel. *Mitos y rituales del México antiguo*. Madri: Ediciones Istmo/Colegio Universitario, 1990, p. 310. Procuraremos mostrar, ao contrário do que afirma Graulich, que o *Códice borbónico* possui elementos que não são esclarecidos pela leitura das fontes alfabéticas, como sua estrutura e gramática interna, e que podem ser estudados em comparação com outros documentos pictoglíficos.

endidos a partir dos conteúdos e informações constantes nos manuscritos e outros registros nativos?

Procuraremos mostrar, ao longo do trabalho, que talvez essa negação de antemão faça parte de uma tentativa de manter os estudos sobre todas as culturas americanas sob a égide dos conceitos de oralidade e de tempo cíclico. Esses conceitos seriam mais condizentes com os pressupostos das análises mitológicas, ampla e indiscriminadamente aplicadas aos relatos cosmogônicos e históricos dos povos nativos de nosso continente.[120]

Esse processo de mitificação dos relatos dos povos que não possuíam escritas semelhantes às ocidentais relaciona-se com uma questão mais ampla: a relação presumidamente direta entre registro escrito e verdade acontecida e, consequentemente, entre a posse de um sistema de escrita – de preferência um sistema alfabético – e a possibilidade de se escrever e ter história ou uma concepção diacrônica do tempo. Como citado em nota anterior, essa relação possui uma longa história no mundo ocidental, suas origens podem ser situadas entre os afamados historiadores da antiga Grécia e seus desdobramentos chegam até os americanistas atuais.[121] No entanto, esse presumido valor de verdade que o registro escrito possui no Ocidente não garante que ele corresponda ponto a ponto a eventos pretéritos, nem que seus sentidos sejam fixos, pois a polissemia de um discurso não se dá em função, unicamente, de sua forma de transmissão.

Adicionalmente, a natureza parcial, simbólica e ideológica dos registros pictoglíficos mesoamericanos sobre o passado tem sido evocada para negar-lhes qualquer relação com eventos e personagens históricos. No entanto, essas características não são suficientes para negar historicidade a tais registros, pois, por um lado, os códices e estelas possuíam uma excelente precisão cronológica, geográfica e onomástica – o que não excluía a carga simbólica dos conteúdos narrados – e, por outro lado, o caráter parcial e as cargas ideológicas e simbólicas de muitos discursos históricos ocidentais modernos não os invalidam como tais e os lançam ao campo do mito, isto é, da

---

120   É interessante notar que Lévi-Strauss não trata dos textos cosmogônicos, dos anais ou dos livros de linhagens mesoamericanos, mantendo assim a coerência de sua hipótese analítica, que estabelece uma América indígena regida pela oralidade, uma espécie de paraíso não corrompido pela escrita. Cf. Brotherston, Gordon. *La América indígena en su literatura*. México: FCE, 1997. Além disso, ao tratar das particularidades do conhecimento histórico, afirma que este se encontrava enraizado no chamado pensamento selvagem, mas que nele não desabrochou, pois "O próprio do pensamento selvagem é ser intemporal; êle quer captar o mundo, ao mesmo tempo, como totalidade sincrônica e diacrônica..." Lévi-Strauss, Claude. *O pensamento selvagem*. São Paulo: Companhia Editora Nacional/Edusp, 1970, p. 299. Veremos que a temporalidade, em sua dimensão sincrônica e diacrônica, ocupava um papel central na organização dos relatos mesoamericanos sobre o passado distante ou recente.

121   Cf. Boone, Elizabeth Hill. *Stories in red and black*. Austin: University of Texas Press, 2000.

narrativa imaginada que não possui – ou para a qual não importa estabelecer – uma relação de verossimilhança com acontecimentos pretéritos.

Em suma, penso que as possíveis relações entre os conteúdos registrados nas fontes pictoglíficas mixteco-nahuas e o passado de seus produtores e usuários primários não devam ser superestimadas ou tomadas como certas e semelhantes às da tradição histórica ocidental contemporânea, mas tampouco negadas radicalmente e de antemão. Somente por meio dos resultados de estudos que apostem na possibilidade de compreensão dessas fontes e de sua relação com os eventos passados poderemos julgar. Mas então julgaremos a partir de resultados concretos e não de especulações previamente negativas, que subestimam o alcance e o conteúdo dessas fontes. Afinal, muitos resultados concretos vêm sendo obtidos com esses estudos, tais como: o conhecimento detalhado da história dos reinos mixtecos, como o de Tututepec e seu soberano-conquistador Oito Veado;[122] a minuciosa compreensão da migração mexica[123] e dos povos chichimecas, bem como da relevância política posterior de sua representação pictoglífica;[124] além da verdadeira revolução no entendimento dos reinos e confederações maias graças às suas próprias estelas e outras inscrições.

Transformações no sistema pictoglífico e em seus usos: transposição e intercalação com o sistema alfabético

No altiplano central mexicano, o século XVI foi marcado pela derrota político-militar dos mexicas e pelo progressivo crescimento da importância política dos castelhanos – principalmente conquistadores, *encomenderos*, funcionários da coroa e missionários – e de suas instituições sociopolíticas – *cabildos*, governadorias, vice-reino, sistema de tributo, colégios e missões religiosas – na rede de alianças locais, as quais incluíam as elites nativas, sobretudo as que haviam se aliado a eles para derrotar os mexicas. No entanto, com o progressivo aumento do número de castelhanos e a vertiginosa diminuição da população indígena, as alianças com as elites locais tornar-se-iam cada vez mais dispensáveis ou favoráveis aos primeiros.

De todas as formas, esse pacto político-militar entre castelhanos e, por exemplo, tlaxcaltecas subentendia outro tipo de pacto, pelo menos do ponto de vista dos castelhanos: a aceitação da religião cristã. Soma-se a isso a possibilidade de que os povos conquistados, seguindo a tradição política local, tenham recebido os "deuses" dos vencedores como consequência direta da nova hierarquia política. A tendência re-

---

122   Por exemplo, Jansen, Maarten. Un viaje a la casa del sol. In: *Arqueología Mexicana. Códices prehispánicos.* México: Editorial Raíces/Inah/Conaculta, v. IV, n. 23, p. 44-9, 1997.

123   Por exemplo, Navarrete Linares, Federico. *Mito, historia y legitimidad política, op.cit.*

124   Por exemplo, Brotherston, Gordon. *Grupos Chichimecas.* Curso de extensão universitária no IIA da Unam, Cidade do México, 18 a 22 de novembro de 2002.

sultante desses fatores explicaria a relativa rapidez com que grande parte dos *altepeme* adotou os santos cristãos.[125]

No entanto, supondo que tenha havido essa tendência de aceitação do cristianismo, ela não implicava em exclusividade do ponto de vista dos povos mesoamericanos, os quais estariam conhecendo e interpretando as novidades do pensamento cristão de acordo com seus pressupostos de pensamento, com a situação política concreta e com seus projetos e horizontes de possibilidades. Sendo assim, a parte do mundo mesoamericano submetida ou em aliança com os castelhanos conheceu uma novidade radical no século XVI: a exclusividade exigida pelos "deuses" dos conquistadores. As populações locais adotaram posturas variadas diante dessa exigência de exclusividade, entre as quais estão o abandono ou ocultação das antigas práticas rituais, a tentativa de integração das práticas católicas ao universo cerimonial nativo e o confronto e questionamento aberto de tal exclusividade.[126]

Mas para os castelhanos, a implantação dessa exclusividade entre os povos conquistados e aliados era um passo obrigatório, cuja execução passaria pela destruição dos objetos e construções relacionados às antigas convicções – ou mesmo pela de seus usuários – e por sua substituição por equivalentes cristãos. Por isso, concomitantemente à progressiva conquista político-militar que se seguiu à queda de Tenochtitlan, organizou-se o trabalho missionário cristão. As primeiras atividades dos missionários consistiram em destruir todos os objetos ou construções que aos seus olhos fossem considerados idolátricos – entre os quais estavam os escritos pictoglíficos – e promover batismos em massa.[127]

Além das queimas de livros promovidas pelos missionários castelhanos, parece que em alguns casos os próprios indígenas também promoveram destruições e ocultações para se livrarem das perseguições, prisões e execuções promovidas por bispos,

---

125   De acordo com essa hipótese, os "deuses" dos vencedores teriam sido quase automaticamente aceitos com a vitória militar castelhana e de seus aliados. Desse modo, era necessário instruir os vencidos na nova fé mais do que convencê-los a adotá-la. Cf. Lockhart, James. *The nahuas after the conquest, op. cit.*

126   Parece que a ênfase dominicana no batismo e a franciscana na confissão foram interpretadas como diferentes formas de cristianismo, o que teria levado, por exemplo, a Don Carlos Ometochtzin e outros indígenas a questionar a razão da proibição das celebrações e crenças nos seus próprios deuses. Cf. Rabasa, José. *Franciscans and Dominicans under the gaze of a tlacuilo.* Berkeley: Doe Library – University of California, 1998.

127   Na verdade, a própria expedição de Hernán Cortés havia contado com a participação de um religioso, o frei Bartolomé de Olmedo. Além disso, a consolidação de algumas alianças havia sido acompanhada do batismo formal dos povos locais e de algumas destruições de templos e de imagens considerados idolátricos, como a famosa matança no templo de Cholula. Cf. Díaz del Castillo, Bernal. *Historia verdadera de la conquista de la Nueva España.* México: Editorial Porrúa, 1994.

que nessa primeira fase missionária estavam investidos da autoridade inquisitorial. Entre esses bispos, destacam-se Juan de Zumárraga, que teve uma de suas fogueiras de livros retratada no *Códice de Tlaxcala*, e Diego de Landa, que atuou entre os povos maias de Iucatã e promoveu uma grande queima de livros em Mani, em 1562.[128]

Dessa forma, uma grande quantidade de códices pré-hispânicos foi destruída no século XVI. Somando esse processo à progressiva desarticulação das tradições de escrita nativas durante o período Colonial – fruto da crescente presença castelhana e do alfabeto latino ou, em muitos casos, da desarticulação ou desaparição das sociedades nativas como um todo –, temos como resultado a sobrevivência de cerca de uma dúzia apenas de exemplares de livros pictoglíficos pré-hispânicos, sendo que nenhum deles comprovadamente de origem mexica. Do vale do México procedem somente dois manuscritos de formato, estilo e características tradicionais, mas cuja datação é controversa. São eles os códices *Borbónico* e *Aubin*. São considerados como pré-hispânicos os códices *Borgia, Cospi, Fejérváry-Mayer, Laud* e *Vaticano B*, que formam o Grupo Borgia,[129] e os códices *Becker n. 1, Bodley, Colombino, Nuttall* e *Viena*, que formam o Grupo Nuttall. Todos esses procedem da região de Cholula, Tlaxcala e oeste de Oaxaca, da qual também procede o *Códice Selden*, do grupo Nuttall, mas cuja datação é controversa. Da região maia procedem mais três códices pré-hispânicos: o *Dresde*, o *Paris* e o *Madrid*, esse formado pelos códices *Cortesiano* e *Troano* e por isso também chamado de *Tro-cortesiano*.[130]

O campo religioso talvez tenha sido aquele em que as negociações pós-conquista de Tenochtitlan se apresentaram mais difíceis e no qual a possibilidade de uma convivência entre os modelos cristão e mesoamericano se mostrou praticamente impossí-

---

128   Parece que em sua campanha de extirpação idolátrica, Diego de Landa queimou trinta manuscritos. Cf. Longhena, María. *Maya script*. Nova York: Abbeville Press, 2000. Além disso, sabemos que houve queimas de livros em tempos pré-hispânicos, como a promovida pelo *tlatoani* mexica Itzcoatl. No entanto, convém notar que as queimas castelhanas tiveram um caráter muito distinto, pois buscavam, nesse momento, extirpar uma tradição de escrita e de pensamento; e não garantir sua sobrevivência por meio da substituição de determinadas versões.

129   O grupo Borgia foi definido em 1887 por Eduard Seler e seu mais completo estudo foi de Karl Antony Nowotny, na famosa obra *Tlacuilolli*, que permaneceu apenas em alemão até 2005, quando foi traduzida ao inglês. Nessa época estávamos na fase final da redação da tese e, infelizmente, não foi possível importar e consultar essa obra, a qual parece, cada vez mais, firmar-se como um importante modelo de procedimento metodológico no campo dos estudos dos códices pictoglíficos. De toda forma, fica a menção de sua existência e o compromisso de incorporá-la em futuras pesquisas. Cf. Nowotny, Karl Anton. *Tlacuilolli*. Norman: University of Oklahoma Press, 2005.

130   Cf. Glass, John B.. A survey of native Middle American pictorial manuscripts. In: Wauchope, Robert (editor geral) e Cline, Howard F. (editor do volume). *Handbook of Middle American Indians*. Austin/Londres: University of Texas Press, 1975, v. 14, p. 12.

vel, sobretudo devido aos princípios monoteísta e missionário do cristianismo. O mesmo não aconteceu em outros campos, como o das estruturas sociopolíticas ou o do sistema tributário. Como os espanhóis e seus aliados indígenas substituíram somente os antigos senhores da região, isto é, a Tríplice Aliança, sobretudo no momento imediatamente posterior à conquista era necessário utilizar-se dos antigos mecanismos de tributação – inclusive dos registros pictoglíficos relacionados a esse mecanismo – e das antigas redes de controle político e social. Para isso, era necessário negociar com os poderes e elites locais estabelecidos e respeitar, em certa medida, suas linhagens e hierarquias, fundamentadas e legitimadas localmente com a ajuda dos registros pictoglíficos de linhagens e terras. Por outro lado, as elites locais passaram a demonstrar interesse em legitimar-se aos olhos dos espanhóis e de seus aliados indígenas, tarefa para a qual recorriam, muitas vezes, às instituições político-jurídicas de origem europeia que estavam sendo implantadas e que aceitavam os escritos pictoglíficos ou alfabéticos como provas fundamentais.[131]

Sendo assim, apesar da conquista e progressiva colonização espanhola, a produção de manuscritos tradicionais não cessou até fins do século XVII, sobretudo dos livros que não eram considerados idolátricos – como os de linhagens, terras e tributos. Além disso, fora dos âmbitos dirigidos pelos castelhanos houve uma vigorosa continuidade, motivada pela força que a ideia de expressão documental pictoglífica possuía no pensamento nahua e mesoamericano em geral. Ou seja, a conquista político-militar e a progressiva evangelização e colonização não teriam interrompido a continuidade do pensamento visual e de suas formas de expressão nos registros pictoglíficos, as quais, muitas vezes, não encontravam formas paralelas ou substitutas no sistema alfabético.[132]

Por outro lado, desde os anos de 1530, os religiosos também perceberam que não bastava queimar livros, destruir templos e imagens e promover batismos em massa para converter as populações ao cristianismo. Era necessário conhecer as convicções e o pensamento nativos para poder identificar e combater eficazmente os supostos

---

131   Além dos mapas, livros de história e linhagens, em escrita pictoglífica e/ou alfabética, entre esses escritos estão as petições para a obtenção, continuidade ou melhoria dos privilégios obtidos. Os principais argumentos utilizados pelas elites do centro do México são a pertinência a linhagens governantes pré-hispânicas, a pronta aceitação do cristianismo ou a contribuição para sua divulgação, além da aliança com os espanhóis para derrotar os mexicas. A atitude geral da coroa castelhana, por meio da Audiência, foi de contemplar essas petições, sobretudo até meados do século XVI. Cf. Pérez Rocha, Emma e Tena, Rafael. *La nobleza indígena del centro de México después de la conquista*. México: Inah, 2000.

132   Cf. Boone, Elizabeth Hill. Pictorial documents and visual thinking in Postconquest Mexico. In: _____ e Cummins, Tom (edit.). *Native traditions in the postconquest world, op. cit.*

hábitos idolátricos.[133] Desse modo, a produção de escritos pictoglíficos também foi retomada por iniciativa ou sob o patrocínio dos próprios espanhóis, sobretudo de religiosos, mas, também, de funcionários da Coroa.[134]

Foram produzidos então, em trabalhos dirigidos por religiosos e com a participação de alunos indígenas e sábios nativos, dezenas de livros pictoglíficos que recorriam aos conteúdos dos códices sobreviventes e aos saberes da tradição oral.[135] Os conteúdos e as estruturas desses códices coloniais são muito variados. Há desde manuscritos que apresentam formato, estrutura, conteúdo e sistema de escrita tradicionais nahuas até livros que apresentam uma estrutura organizacional e uma seleção temática tipica-

---

133   Tratamos amplamente desse tema em outra ocasião. Aqui nos limitaremos a apontar como esse tipo de trabalho missionário gerou demandas que impulsionaram e direcionaram a produção de manuscritos pictoglíficos e de textos alfabéticos, os quais contaram com a participação de pessoas oriundas, principalmente, das elites nahuas conquistadas ou aliadas. Cf. Santos, Eduardo Natalino dos. *Deuses do México indígena, op. cit.*

134   Vale frisar que o objetivo desses missionários era conhecer para converter, isto é, separar os hábitos considerados idolátricos – que deveriam ser perseguidos e eliminados – daqueles costumes que poderiam ser mantidos. Sendo assim, seus interesses pelos escritos e pelo pensamento e história locais eram instrumentais, pois estavam relacionados diretamente a um projeto missionário que, sobretudo no caso dos franciscanos, buscava uma conversão profunda. Tal conversão transformaria os povos indígenas em comunidades cristãs que restituiriam a pureza das primeiras comunidades apostólicas e que seriam, assim, menos pecadoras do que as comunidades do Velho Mundo naquele momento. Cf. *ibidem.* Apesar disso, é muito comum que esses religiosos sejam vistos como humanistas que se interessaram pelas tradições e hábitos mesoamericanos em si ou de modo global, para reconstruírem o que havia sido perdido com a conquista. Segundo León Portilla, esses religiosos humanistas "...no ya sólo se dolieron de las pérdidas sino que quisieron compensarlas rescatando cuanto pudieron del antiguo legado indígena." León Portilla, Miguel. *Códices, op. cit*, p. 18.

135   Além das alterações temáticas e estruturais apontadas, os códices coloniais também sofreram alterações de formato, material e técnica de produção. No caso do suporte material, ocorreu a queda na utilização da pele de veado e a continuidade no uso do papel amate e maguey e das telas de algodão, além da introdução do papel europeu, proveniente de linho, cânhamo ou algodão. As tintas e pigmentos indígenas continuaram a ser utilizados, mas houve a paulatina introdução de produtos europeus, como a tinta ferrogálica. Nas técnicas de pintura, podemos observar a influência europeia no trato do espaço e das formas, sobretudo na perda de importância da grossa linha de contorno das figuras, na redução no tamanho da cabeça da figura humana e na introdução de princípios de perspectiva que alteraram a construção das representações geográficas. Também se pode notar o uso de um leque maior de cores, o que não aboliu seus múltiplos significados como elementos de leitura. Cf. Valle, Perla. Códices coloniales. In: *Arqueología Mexicana.* México: Editorial Raíces/Inah/Conaculta, v. IV, n. 23, p. 64-9, 1997.

mente cristãs e que fazem uso de elementos pictóricos oriundos do sistema pictoglífico quase que exclusivamente como ilustrações que acompanham textos alfabéticos.

Por esse mesmo tipo de trabalho conjunto, também foram produzidos inúmeros textos alfabéticos em línguas mesoamericanas e europeias. Tais textos tinham
por objetivo recolher, trasvasar e tornar inteligível, dentro do novo contexto sociopolítico e cultural, os conteúdos tradicionalmente veiculados pelos códices e sua
oralidade acoplada.

Podemos dividir os textos alfabéticos que contaram com a participação de informantes nativos em dois tipos: A – os relatos provenientes da tradição oral ou da leitura de manuscritos pictoglíficos, os quais raramente são distinguíveis entre si, a não
ser pela presença de conteúdos dificilmente registrados pictoglificamente ou pela
presença de temáticas típicas dos manuscritos pictoglíficos, tais como os itinerários
migratórios precisamente datados e localizados, as listas de cidades conquistadas e
as genealogias; B – as respostas de indígenas para escritores espanhóis, que podem
aparecer em formato indígena ou ocidental.[136]

Em ambos os casos, podemos perceber certa tensão entre, de um lado, os focos
de interesse dos missionários castelhanos e, do outro, a força dos temas e estruturas
narrativas tradicionais, que eram recolhidos a partir dos depoimentos e explicações
sobre os códices pictoglíficos fornecidos pelos sábios indígenas ligados às tradições
locais de pensamento.[137] Além disso, não devemos deixar de considerar a participação ativa dos alunos indígenas bilíngues que, ao transcreveram e traduzirem tais depoimentos e explicações, realizavam também seleções e transformações estruturais.
Devido a essa relação com os códices e com os membros das tradições locais de pensamento em sua produção, esses textos alfabéticos são fontes importantes para se
entender alguns aspectos dos manuscritos pictoglíficos, o que não significa dizer que
os conteúdos e lógicas desses manuscritos se reduzam aos que estão presentes nos
textos alfabéticos.[138]

---

136 Cf. Gibson, Charles. A survey of Middle American prose manuscripts in the native historical
   tradition. In: Wauchope, Robert (editor geral) e Cline, Howard F. (editor dos volumes). *Handbook of Middle American Indians, op. cit.*, v. 15.

137 Exemplos desses textos são a *Leyenda de los soles* e a *Historia de los mexicanos por sus pinturas*, duas
   de nossas fontes centrais.

138 Miguel León Portilla critica contundentemente a Ferdinand Anders e a Maarten Jansen por
   não seguirem as informações desses textos alfabéticos em todos os livros explicativos que produziram sobre os códices – que em geral acompanham as edições *fac-símiles* dos códices publicados pelas editoras Fondo de Cultura Económica e Akademische Druck-und Verlagsanstalt
   – e por adotarem, segundo León Portilla, "...un camino lírico, inventando lo que se siente o
   se ocurre con solemnes palabras de supuesta inspiración indígena..." León Portilla, Miguel.
   Códices, op. cit., p. 140.

Como citamos acima, o sistema alfabético também foi utilizado pelas elites nahuas fora desses trabalhos conjuntos e dirigidos pelos missionários. Era necessário, a tais elites, ser entendida pelos poderes e instituições dirigidos pelos castelhanos para conquistar ou reivindicar posições de comandos intermediárias e para manter a citada divisão entre *pipiltin* e *macehualtin*. Embora seja um tema cercado por certo tabu historiográfico, é importante enfatizar que as elites nahuas, em muitos casos, estavam centralmente preocupadas com a manutenção da ordem social existente, isto é, com sua diferenciação em relação aos *macehualtin*. Para isso, não era raro que adotassem elementos que as identificassem com as instituições, hábitos e costumes castelhanos, que, desse modo, progressivamente se impuseram na região central do México.[139]

Em muitos casos, como nas obras de Chimalpahin Cuauhtlehuanitzin e de Fernando de Alva Ixtlilxochitl, essas elites produziram textos alfabéticos que procuravam acomodar as antigas narrativas cosmogônicas, históricas e de linhagens à cosmogonia e história judaico-cristã.[140] Na região maia parece ter havido, inclusive, o abandono voluntário do sistema pictoglífico e a opção pelo alfabeto ocidental, que despertaria menos suspeitas e que talvez seria mais eficiente diante dos novos desafios e demandas enfrentados pelos povos nativos: conseguir o reconhecimento de seu pensamento e garantir a manutenção de terras e privilégios junto aos novos senhores políticos da região. Assim surgiu o *Popol vuh* e os diversos livros de *Chilam balam*, que não são a simples e automática compilação da antiga palavra; ao contrário, são obras maias novas, que apresentam um novo formato, um novo sistema de notação e a aquisição de conceitos trazidos pelos castelhanos em conjunção com os conceitos nativos.[141]

No caso dos nahuas do altiplano central mexicano, contando com a maior ou menor participação de missionários ou funcionários da coroa castelhana, muitos li-

---

139   Uma mostra do empenho das elites nahuas na manutenção da ordem social pode ser encontrada nas mencionadas petições de nobres locais à Audiência castelhana, entre as quais eram muito comuns "...aquellas que pedían se obligara a los macehuales a seguir prestando los servicios personales a los señores..." Pérez Rocha, Emma e Tena, Rafael. *La nobleza indígena del centro de México después de la conquista.* México: Inah, 2000. p. 20.

140   Cf. Kossovich, Elisa Angotti. Dois cronistas mestiços da América ou da reconstituição da glória perdida através da História. In: Azevedo, Francisca L. Nogueira e Monteiro, John Manuel. *Confronto de culturas.* Rio de Janeiro/ São Paulo: Expressão e Cultura/Edusp, 1997.

141   Para Federico Navarrete Linares, a concepção de verdade nas tradições de pensamento e escrita mesoamericanas não se ancorava primordialmente nos escritos – como ocorria, por exemplo, com a tradição cristã e sua visceral relação com os textos bíblicos –, mas também na continuidade de funcionamento da própria tradição. Sendo assim, acredita que em alguns casos "...los indígenas se deshicieron de sus antiguos libros para reemplazarlos por otros nuevos que fueran más adecuados a las distintas circunstancias del régimen colonial." Navarrete Linares, Federico. *Los libros quemados y los libros sustituidos, op.cit.*

vros alfabéticos, pictoglíficos ou híbridos, com formas e conteúdos mais tradicionais ou adaptados ao contexto colonial, foram produzidos com a participação mais ou menos direta de membros das sociedades nativas até o início do século XVIII:

– os livros de tributos (*tequiamatl*) foram encomendados pelos novos senhores aos mexicas derrotados como forma de conhecer e calcular as mercadorias que aportariam desde os domínios que agora, teoricamente, pertenciam aos castelhanos, tlaxcaltecas e outros aliados;

– os livros de anais (*xiuhamatl*) e as cosmogonias (*teoamatl*) foram reescritos como forma de as linhagens dirigentes reivindicarem ou negociarem suas posições de comando social e político e seus territórios junto aos novos senhores que distribuíam o poder; para isso os *tlacuiloque* e sábios indígenas passaram, muitas vezes, a utilizar a escrita alfabética, a introduzir explicações bíblicas sobre a origem do homem e a correlacionar e concatenar a história e cronologia cristã com as mesoamericanas;

– os mapas ou livros de terras (*tlalamatl*) e os livros de linhagens (*tlacamecayoamatl*) continuaram a evocar, num discurso histórico, as notícias dos ancestrais, o impacto das conquistas da Tríplice Aliança e da conquista castelhana e a evangelização para, assim, reivindicar os limites das propriedades territoriais e os privilégios do grupo junto aos poderes castelhanos;[142]

– os livros de prognósticos (*tonalamatl*), considerados portadores de idolatrias pelos cristãos, deixaram de ser utilizados publicamente em sua antiga função e passaram a ser objetos de curiosidade na Europa ou a ser reproduzidos pelos nativos a pedido dos missionários espanhóis que pretendiam entendê-los e, por meio de textos, alertar seus irmãos sobre os supostos hábitos idolátricos.

Alguns desses textos coloniais nahuas, principalmente os alfabéticos, reivindicam explicitamente a contiguidade e continuidade em relação aos registros pictoglíficos mais antigos e seus produtores. Os autores desses textos alfabéticos, em geral descendentes de linhagens dirigentes pré-hispânicas, apresentam a capacidade de manter os antigos escritos e a de confeccionar novos como uma das justificativas para a continuidade de sua posição de destaque no mundo colonial. Ao que tudo indica, a antiguidade, a ancestralidade e a capacidade de manutenção, reconfecção ou produção de novos escritos não eram contraditórias para as tradições nahuas de pensamento e escrita em tempos coloniais. As conhecidas substituições e destruições de manuscritos pictoglíficos em tempos pré-hispânicos – que talvez fossem periódicas como as de outros objetos ou construções – parecem atestar a antiguidade dessa concepção, que valorizava menos a continuidade material do livro e mais a da tradição

---

142 Esses trabalhos deram origem a escritos que podemos agrupar sob a denominação de *Títulos Primordiais*, do qual o Grupo Techialoyan é parte. Cf. Noguez, Xavier. Los códices del grupo Techialoyan. In: *Arqueología Mexicana*. México: Editorial Raíces/Inah/Conaculta, v. VII, n. 38, p. 38-43, 1999.

que permitia produzi-lo outra vez.[143] Dessa forma, a ideia de um manuscrito portador de uma aura de autenticidade por sua primordialidade talvez não tenha existido no mundo nahua pré-hispânico ou colonial – ou, pelo menos, não desempenhou um papel central entre suas tradições de pensamento e escrita.

Isso é muito importante para entendermos que os manuscritos coloniais nahuas que iremos analisar não foram, em geral, concebidos como resquícios deficitários em relação aos "originais" pré-hispânicos, mas sim como versões renovadas ou que os substituiriam – adotando, eventualmente, o novo sistema de escrita. Sendo assim, em análises comparativas com os escritos pré-hispânicos ou tradicionais, como as que pretendemos desenvolver nos próximos capítulos, os textos coloniais nativos podem nos revelar muito acerca de como as transformações desse período foram entendidas e processadas pelas tradições de pensamento e escrita nahuas.

Por todas as formas que enunciamos acima de participação das populações nahuas na produção dos escritos e na transformação de suas instituições diante das demandas coloniais, acreditamos que não faz muito sentido pensar que tais populações tenham sido objetos passivos em um suposto processo de aculturação, direcionado exclusivamente pelas instituições castelhanas. Talvez fosse mais adequado pensar em tais populações como produtoras e proprietárias de tradições vivas, que mostraram sua capacidade de adaptação em uma situação politicamente desfavorável, como foi a do século XVI. Em tal situação, a continuidade do pensamento nahua e de suas explicações sobre o tempo, o espaço e o passado – temas que nos interessam centralmente – não residia, necessariamente, na preservação de objetos autênticos – como suas imagens ou livros pictoglíficos –, mas na continuidade transformada dos grupos sociais que transmitiam e davam vida a esse pensamento e explicações.

Para essa continuidade, a adoção da escrita alfabética foi, em alguns casos, fundamental, mas ocorreu *pari passu* ao desuso da escrita pictoglífica. James Lockhart comprova isso analisando as transformações na produção nahua de escritos por todo o período Colonial, a qual se caracterizaria por três estágios principais: 1º – até 1540, marcado por uma continuidade geral das práticas escriturarias tradicionais, pois poucos centros espanhóis, basicamente México e Tlaxcala, haviam iniciado os trabalhos de ensino alfabético a ajudantes nahuas; 2º – de 1540 até o início do século XVII, caracterizado pela produção de textos alfabéticos de diversos tipos e em grande escala, mas que ainda não eram comuns ou majoritários entre a população ou mesmo entre a nobreza; 3º – de meados do século XVII em diante, marcado pelo incremento no decréscimo do uso da escrita pictoglífica como veículo primário, pelo seu desa-

---

143   Cf. Navarrete Linares, Federico. *Los libros quemados y los libros sustituidos, op.cit.* Veremos no Capítulo IV que uma das principais características da cosmogonia mesoamericana era, justamente, a centralidade das ideias de movimento, transformação e renovação do Mundo, as quais são consonantes com a citada prática de renovação periódica de objetos, construções e livros.

parecimento em várias regiões e pela utilização de seus manuscritos em coleções ou arquivos europeus.[144]

Podemos perceber que a chegada dos espanhóis e a evangelização não produziram mudanças totais, imediatas, de mesma magnitude ou sentido em todo o mundo nahua ou em todos os níveis de suas diversas sociedades. Tampouco parece que essas mudanças, em suas diversas dimensões, âmbitos e significados sociais, são caracterizáveis por conceitos únicos, tais como os de mestiçagem ou aculturação, que abarcariam e explicariam o sentido de todo o processo de transformação colonial que atingiu as sociedades indígenas, fazendo com que o problema central dos estudiosos seja apenas estabelecer a posição relativa de um caso específico numa escala geral, que vai dos grupos menos aos mais aculturados ou mestiçados. Diferentemente, consideramos que é preciso caracterizar as transformações provocadas pelos contatos entre espanhóis e nahuas – ou qualquer outro grupo indígena – de modo mais matizado, isto é, dando conta das diversas fases desse processo de transformação, dos interesses e escolhas dos distintos grupos étnicos envolvidos, assim como de seus estratos sociais e instituições componentes, os quais construíram relações ou adotaram posturas distintas em relação aos também variados grupos e instituições castelhanas.

Acreditamos que a análise das fontes centrais que enunciamos na Introdução contribuirá com esse propósito, pois permitirá a compreensão da diversidade de formas pelas quais três eixos temáticos centrais às elites nahuas – o calendário, a cosmografia e o passado cosmogônico – foram tratados entre o fim do período Pré-hispânico e o início do Colonial. Tais formas poderão ser tomadas como indícios para o entendimento matizado das transformações ocorridas nas sociedades e grupos que os produziram e utilizaram, especialmente em suas concepções de tempo, espaço e passado, as quais, seguramente, foram centrais na construção dos contatos e relações com os castelhanos e europeus em geral. Passo então a apresentar essas fontes centrais e a tecer considerações mais específicas sobre suas produções e usos, as quais servirão para completar o quadro das transformações coloniais das tradições de pensamento e escrita nahuas.

Fontes centrais da pesquisa

Nesta última parte do capítulo, apresentaremos detalhadamente as fontes centrais, focalizando principalmente aspectos de suas produções e usos primários. Muitos desses aspectos serão evocados nos Capítulo II, III e IV para fundamentar nossas análises e proposições sobre esses manuscritos.

---

144   Cf. Lockhart, James. *The nahuas after the conquest, op.cit.*

O *Códice magliabechiano*

O *Códice magliabechiano*[145] possui noventa e duas folhas de papel europeu, encadernadas à maneira europeia e que medem 152 x 210mm. Encontram-se cobertas por pinturas, glifos, glosas e textos alfabéticos em espanhol pelos dois lados. O estado de conservação do manuscrito original, a julgar pela edição fac-similar e pelo depoimento de outros estudiosos, é muito bom e todas suas imagens, textos e glosas estão legíveis. Foram utilizados três tipos de papel em sua confecção: A – umas poucas folhas não numeradas de papel moderno agregadas entre 1903 e 1970; B – a folha do título, que é reproduzida na edição do Duque de Loubat, de 1904, e que fora agregada antes ou depois de pertencer a Antonio Magliabechi (1633 – 1714), um de seus proprietários; C – as folhas de papel datado de meados do século XVI por meio de suas marcas d'água de mão e flor e que compõem quase que a totalidade do manuscrito.[146] Análises da disposição das tintas empregadas no manuscrito indicam que dois *tlacuiloque* trabalharam em suas pinturas e glifos[147] e, posteriormente, outros dois glosadores, pois sobre as figuras há pingos de tintas do texto, sendo que um deles apenas acrescentou glosas curtas.[148]

É um livro classificado como ritual, calendário e etnográfico,[149] pois seus principais temas e capítulos versam sobre: A – as mantas decoradas utilizadas pelos *pipiltin* nahuas (p. 1r-10v); B – os vinte *tonalli* ou signos dos dias (p. 11v-14r); C – o *xiuhmolpilli* ou ciclo de 52 anos sazonais (p. 14v-28r); D – as cerimônias das dezoito vintenas em que se dividia o ano sazonal (p. 28v-46r); E – as chamadas cerimônias móveis ou que ocorriam de acordo com o *tonalpohualli*, ciclo de 260 dias (p. 46v-48r); F – os deuses e

---

145   Utilizamos a edição *fac-símile* mais recente desse manuscrito: *Códice Magliabechi*. Graz/México: ADV/FCE, 1996.

146   Cf. Boone, Elizabeth Hill. *The Codex Magliabechiano and the lost prototype of the Magliabechiano group.* Berkeley/Los Ángeles/Londres: University of California Press, 1983.

147   O Pintor A seria o responsável desde a seção das mantas (p. 3r-5r) até a dos dois desenhos no lado esquerdo da página 5v e, também, desde a seção dos deuses do *pulque* (p. 53r, 54r e 56r) até parte da página 57r. O Pintor B teria começado dos dois pontos onde o outro parou e feito todo o restante. Cf. *ibidem*.

148   O Glosador A seria responsável pelo título e pela maior parte do escrito e o B apenas por anotações curtas e pela confusão com o ano da chegada de Cortés. Cf. *ibidem*.

149   Cf. Glass, John B. e Robertson, Donald. A census of native Middle American pictorial manuscripts. In: Wauchope, Robert (editor geral) e Cline, Howard F. (editor dos volumes). *Handbook of Middle American Indians, op. cit.*, v. 14, p. 155.

cerimônias relacionados ao *pulque*[150] (p. 48v-59r); G – os jogos e danças (p. 59v-64r); H – a morte e os rituais a ela relacionados (p. 64v-76r); I – outros rituais (p. 76v-92v).

É um dos poucos manuscritos pictoglíficos coloniais que traz um título em suas próprias páginas: *Libro de la vida que los yndios antiguamente hazian y supersticiones y malos ritos que tenian y guardavan.*[151] Poucas são as informações sobre sua origem e, desse modo, grande é a polêmica sobre quem foram seus produtores.

No entanto, sua relação com outros manuscritos foi bastante mapeada e estudada, permitindo classificá-lo como parte de um grande grupo de códices que leva seu nome.[152] Com base no estudo dos manuscritos de todo esse grupo, tenta-se esclarecer sua produção. John Glass e Donald Robertson acreditam que ela ocorreu por volta de 1566 no vale do México, provavelmente nas proximidades de Tepoztlan ou na parte oriental do atual Estado de Morelos, região ocupada pelos xochimilcas. Além disso, relacionam o manuscrito aos grupos nahuas pelo fato de trazer informações sobre o vale do México, a região tlaxcalteca e de Morelos.[153] Já Elizabeth Hill Boone acredita que foi produzido por volta de 1553 e que deriva, indiretamente, de um protótipo desaparecido, produzido entre 1529 e 1553 e utilizado como base para a confecção dos demais manuscritos do grupo.[154] A derivação seria indireta

---

150   Bebida obtida a partir da fermentação da seiva – chamada de *aguamiel* – do agave (*Amarillidaceae*), chamado genericamente de *metl*, em nahuatl, língua na qual contava com catorze nomes para designar seus diversos tipos. Mais informações sobre essa bebida, seus usos e sua presença nos códices em Lima, Oswaldo Gonçalves de. *El maguey y el pulque en los códices mexicanos*. México/Buenos Aires: FCE, 1956.

151   *Códice Magliabechi*. Graz/México: ADV/FCE, 1996, p. 1r.

152   Formado pelos códices *Magliabechiano* (Biblioteca Nacional Central de Florença), *Tudela* (Museu da América de Madri), *Ixtlilxochitl* (Biblioteca Nacional de Paris) e *Veytia* (Biblioteca do Palácio Nacional de Madri). Também estariam relacionadas a esse grupo as vinhetas da *Historia general de los hechos de los castellanos en las islas y tierra firme del mar Océano*, de Antonio de Herrera y Tordesillas, e mais quatro textos em espanhol: *Crónica de la Nueva España*, de Francisco Cervantes de Salazar, *Fiesta de los indios a el demonio en días determinados*, de autor desconhecido, *Costumbres, fiestas, enterramientos y diversas formas de proceder de los indios de Nueva España*, também de autor desconhecido, e *Historia antigua de México*, de Mariano Fernández de Echeverría y Veytia. Cf. Anders, Ferdinand *et alii*. *Libro de la vida*. Graz/ México: ADV/FCE, 1996.

153   Cf. Glass, John B. e Robertson, Donald. A census of native Middle American pictorial manuscripts. In: Wauchope, Robert (editor geral) e Cline, Howard F. (editor dos volumes). *Handbook of Middle American Indians, op. cit.*, v. 14, p. 155.

154   Cf. Boone, Elizabeth Hill. *The Codex Magliabechiano and the lost prototype of the Magliabechiano group, op. cit.* Berthold Christoph Riese propõe em um artigo sobre o grupo Magliabechiano (Etnografische dokumente aus neuspanien im umfeld der codex Magliabechi-Grupe. In: *Acta Humboldtiana 10*. Stuttgart: Franz Steiner Verlag Wiesbaden GMBH, 1986.) que o manuscrito

pois esse protótipo desaparecido teria servido de base apenas para o *Códice Tudela* (1553) e para o *Libro de figuras* (1529 – 1553), também desaparecido e que seria uma cópia próxima e idêntica do tal protótipo. O *Códice magliabechiano*, por sua vez, seria uma cópia do *Libro de figuras*, que apresentaria seis seções quase idênticas às do nosso códice, mas em ordem inversa.[155]

Não obstante a polêmica, é mais ou menos consensual que o frei Andrés de Olmos, autor do *Tratado de hechicerías y sortilegios*, ou algum auxiliar seu teriam participação na autoria do tal protótipo, e que seus trabalhos também teriam relações com a produção da *Historia de los mexicanos por sus pinturas*, da *Histoire du Mechique* e do *Códice Tudela*, todos derivados de uma obra perdida do frade, a qual fora noticiada e descrita pelo frei Gerónimo de Mendieta.

Sendo assim, o *Magliabechiano* pode ser considerado um manuscrito derivado dos primeiros trabalhos missionários franciscanos junto a grupos de sábios e alunos nahuas, pois o protótipo desaparecido que lhe deu origem "...belonged to the first wave of ethnographic documents created after the conquest".[156] Além dos indícios citados, que o remetem a essa origem, procuraremos mostrar que uma série de características internas ao manuscrito confirmam essa procedência. Isso porque estão retratados nele uma série de ciclos calendários e de rituais tradicionais cujas informações detalhadas dependeriam da participação de membros das sociedades locais, mas, ao mesmo tempo, tais ciclos e rituais encontram-se selecionados e organizados sem as estruturas típicas dos manuscritos pictoglíficos e de acordo com padrões da escrita alfabética, o que tornaria tais ciclos e rituais mais inteligíveis aos cristãos, seus principais destinatários.

---

desaparecido e utilizado como protótipo ao grupo seria de meados do século XVI, no que concorda com Boone. Mas acredita que o *Códice magliabechiano* seria uma cópia tardia, feita depois de 1714 de outro manuscrito desaparecido, intitulado *Rictos y Costumbres*, feito também com base no tal protótipo. Esse autor admite também a possibilidade de que o *Magliabechiano* seja uma cópia direta do tal protótipo, que Jeffrey Wilkerson atribui aos trabalhos do frei Andrés de Olmos. Cf. Anders, Ferdinand e outros. *Libro de la vida, op. cit.* No entanto, torna-se difícil sustentar que a produção do *Magliabechiano* deu-se no século XVIII se levarmos em conta que seu papel data do século XVI – embora a datação por meio das marcas d'água não seja conclusiva.

155   Mais tarde, Francisco Cervantes de Salazar teria adquirido o protótipo e incorporado dele informações na *Crónica de Nueva España* (1558 – 1566). Em seguida, já em fins do século XVI, esse protótipo teria sido reproduzido como primeira parte na confecção do *Códice Ixtlilxochitl*, após o que teria desaparecido, fazendo que todas as obras posteriores sejam tidas como derivações indiretas. Cf. Boone, Elizabeth Hill. *The Codex Magliabechiano and the lost prototype of the Magliabechiano group, op. cit.*

156   *Ibidem*, p. 4.

Em outras palavras, procuraremos mostrar nos Capítulo II e III que o *Códice magliabechiano* ou seu protótipo, apesar dessa precocidade, não são manuscritos que apresentam uma seleção temática ou uma estrutura e organização internas típicas das tradições de escrita e pensamento nahuas. Distintamente, são obras concebidas para auxiliar outros religiosos na compreensão dos ciclos calendários básicos e da vida cerimonial mexica e cuja estrutura organizacional e seleção temática foram profundamente influenciadas pelo pensamento e interesses missionários cristãos. Caso isso seja demonstrado de modo convincente, teremos que aceitar sua implicação necessária, a qual vai de encontro com pressupostos de grande parte dos estudos desse tipo de manuscrito. Tal implicação resume-se da seguinte maneira: a maior proximidade em relação aos tempos pré-hispânicos na produção de um manuscrito e o emprego de elementos oriundos do sistema pictoglífico não garantem, por si, a continuidade de uso das estruturas e temáticas tipicamente pré-hispânicas.

A história do manuscrito e de seus usos e proprietários posteriores também não é muito conhecida. Zelia Nuttall foi a primeira estudiosa a identificá-lo na Biblioteca Nacional Central de Florença, em 1890, quando então estudava o *Códice florentino*. Dois outros estudiosos contemporâneos, Paso y Troncoso e Nicolás León, o nomearam então de *Códice Nuttall*, mas esse nome foi dado posteriormente a outro documento, descoberto também por Zelia, em 1898, e que ficou conhecido como *Códice Zouche-Nuttall*. Sendo assim, nosso códice passou a ser chamado pelo sobrenome de um antigo proprietário, Antonio de Marco Magliabechi (1633 – 1714), ou como *Libro de la vida*, parte do título que consta no próprio manuscrito, mas em uma página que fora acrescentada posteriormente à sua confecção, conforme citamos anteriormente. Não se sabe como o *Magliabechiano* chegou a Antonio Magliabechi: se direto do México, se via os Médici, se via Vaticano ou por meio de Nicolas Antonio, agente do rei da Espanha. Em 1862, a coleção particular de Antonio Magliabechi foi incorporada à Biblioteca Nacional Central de Florença, onde o códice foi encontrado por Zelia Nuttall e onde se encontra até hoje.[157]

---

157 A primeira edição do manuscrito ficou inconclusa e foi de Zelia Nuttall. Entre 1903 e 1904 publicou-se uma edição fac-similar incompleta com uma breve introdução de Zelia. No mesmo ano, o Duque de Loubat financiou uma edição completa e sem comentários. Em 1947 publicou-se edição da Librería Anticuaria Guillermo M. Echaniz, intitulada *Libro de la vida*, como na edição de Zelia Nuttall. Em 1983 veio a público a edição de Elizabeth Hill Boone, baseada na de Nuttall, mas com um novo e amplo comentário. Em 1970 foi realizada uma edição foto fac-similar da Akademische Druck-und Verlagsanstalt (Adeva), em Graz, organizada por Ferdinand Anders e com introdução e descrição detalhadas, que foi a base da mais recente edição, utilizada nesta pesquisa. Cf. Anders, Ferdinand *et alii. Libro de la vida, op. cit.*

O *Códice Vaticano A*

O *Códice Vaticano A*[158] possui cento e uma folhas de papel europeu, encadernadas à maneira europeia e que medem 460 x 290mm. Nelas, alternam-se elementos da escrita pictoglífica com textos e glosas em italiano, o que pode ser um indício que a confecção do manuscrito tenha sido feita com o objetivo de enviá-lo ao Vaticano.

Esse manuscrito é classificado como ritual, calendário, histórico e etnográfico, pois seus principais temas são: A – a cosmografia, a cosmogonia e a história de Quetzal-coatl, Tollan e Cholula (p. 1v-10v); B – o calendário adivinhatório ou *tonalpohualli* (p. 11r-33r); C – as tábuas calendárias dos anos sazonais ou anos *xihuitl* e sua correspondên-cia com os anos cristãos (p. 34v-36r); D – as festas das dezoito vintenas do ano *xihuitl* (p. 42v-51r); E – o corpo humano e os *tonalli*, os sacrifícios e outros costumes e as idades da vida (p. 54r-61v); F – *xiuhtlapohualli* ou anais da história mexica (p. 66v-94r); G – glifos anuais (p. 95v-96v).[159]

Nos Capítulo II e III veremos que essa divisão interna do manuscrito é passível de reformulação, pois de acordo com a análise da presença do calendário e da cos-mografia poderíamos considerar as duas últimas seções do *Vaticano A* apenas como uma, pois em realidade a última – a dos glifos anuais – é uma clara continuação da penúltima – a dos anais –, mas sem eventos registrados. Alguns autores acreditam que suas cinco primeiras seções corresponderiam a um códice pré-hispânico e que suas duas últimas a uns anais também de origem pré-hispânica.[160] Procuraremos mos-trar que suas cinco primeiras seções dificilmente corresponderiam a um único livro pictoglífico tradicional, pois, estruturalmente, trata-se de uma clara intercalação de partes inspiradas em livros tradicionais nahuas, como o *tonalamatl* e o *xiuhamatl*, com seções de origem europeia, como a dos trajes. Isso porque, até onde sabemos, não há nenhuma referência a um exemplar sobrevivente de livro pré-hispânico que tratasse das vestimentas. Além disso, é pouco provável que tal tipo de livro tenha existido, pois esse assunto parece proceder claramente da curiosidade europeia sobre os habitantes do Novo Mundo, já que diversos relatos espanhóis lhe dedicam uma seção.[161]

158   Neste caso, também utilizamos uma edição *fac-símile* do manuscrito, mas que reduz seu tama-nho original: *Códice Vaticano A*. Graz/México: ADV/FCE, 1996.

159   Cf. Glass, John B. e Robertson, Donald. A census of native Middle American pictorial manus-cripts. In: Wauchope, Robert (editor geral) e Cline, Howard F. (editor dos volumes). *Handbook of Middle American Indians, op. cit.*, v. 14, p. 186 e 187.

160   Por exemplo, Alcina Franch, José. *Códices mexicanos, op.cit.*

161   Procuraremos mostrar, nos Capítulos II e III, que o mesmo tipo de curiosidade europeia – es-pecialmente a gerada pela atividade missionária – inspirou a confecção da seção sobre a cos-mografia nas primeiras páginas desse manuscrito, a qual pode ser considerada como distinta da seção que trata da cosmogonia e da história de Quetzalcoatl, Tollan e Cholula.

Atribui-se a confecção do *Códice Vaticano A* ao frei Pedro de los Rios, a quem também é atribuído o *Telleriano-remense*.[162] As bases dessa atribuição, além das semelhanças do *Vaticano A* com o *Telleriano-remense*, seriam a citação do nome do frade em um manuscrito da Biblioteca Angélica, o de n. 1564, no qual teriam sido copiadas várias imagens do *Vaticano A*. Além disso, Lorenzo Pignoria de Pádua reproduz uma gravura de Quetzalcoatl ao fazer uma reedição da obra de iconografia de Vicenzo Cartari, em 1626, na qual consta a citação de que um jovem belga de Doornik, Philip de Winghe, autor do citado manuscrito n. 1564, havia copiado a tal gravura de um grande livro que se encontrava na Biblioteca Apostólica e cuja autoria seria do frei Pedro de los Rios.[163] Por meio dessa atribuição de autoria, a produção do *Vaticano A* é situada entre 1566 e 1589.

Essa provável autoria é reforçada pelos estudos do jesuíta exilado José Lino Fábrega, que na segunda metade do século XVIII também cita o frade ao estudar o *Vaticano A* e o *Vaticano B* para fazer comentários ao *Códice Borgia*, o qual pertencia então à coleção particular do cardeal Stèfano Borgia. Além disso, o nome do frei Pedro de los Rios é citado no texto em italiano nas páginas 4v e 23r do próprio *Vaticano A*. Essa informação sozinha não seria suficiente para atribuir a autoria do manuscrito ao frade, mas junto com as outras evidências reforça essa hipótese.

A glosa da página 23r do *Vaticano A* reproduz com exatidão quase total uma citação da página 15 do *Telleriano-remense*. A única diferença é que na última não consta o nome do frei Pedro de los Rios. Esse fato é utilizado por alguns estudiosos como indício de que o *Vaticano A* é uma cópia feita pelo frade do *Telleriano-remense*, o qual possui traços e características pictóricas mais próximas dos modelos pré-hispânicos e comentários mais fragmentados, possíveis indícios da maior proximidade de sua produção com algum livro tradicional e de sua precedência temporal sobre o *Vaticano A*. Tudo isso indicaria que o *Vaticano A* seria um tipo de cópia passada a limpo e com reflexões teológicas cristãs.[164]

Outra hipótese, baseada no fato do *Vaticano A* conter detalhes que não constam no *Telleriano-remense*, propõe que ambos poderiam ter se originado de um protótipo comum.[165] Essa hipótese ainda é reforçada pelo fato do *Telleriano-remense* conter glosas,

---

162 Veremos abaixo que essa atribuição relaciona-se mais com o processo de cópia ou de coordenação de um trabalho coletivo do que com uma autoria total e individual.

163 Cf. Anders, Ferdinand e Jansen, Maarten. *Religión, costumbres e historia de los antiguos mexicanos*. Graz/México: ADV/FCE, 1996.

164 Elizabeth Hill Boone propõe que as glosas do *Vaticano A* tenham sido copiadas do *Telleriano-remense* – que para ela é o protótipo – e acrescidas de informações sobre a região de Cholula, a qual, justamente, era conhecida pelo frei Pedro de los Rios, como sugere Quiñones Keber. Cf. Boone, Elizabeth Hill. *Stories in red and black, op.cit.*

165 Cf. Manrique Castañeda, Leonardo. Los códices históricos coloniais. In: *Arqueología Mexicana*. México: Editorial Raíces/Inah/Conaculta, v. VII, n. 38, p. 25-31, 1999.

em sua terceira parte, a dos anais, que não constam no *Vaticano A*.[166] Aventa-se ainda a possibilidade de que o *Telleriano-remense* seja uma cópia incompleta do *Vaticano A*, já que este último conteria mais seções, sendo aparentemente mais completo. Mas isso poderia ser explicado pelo fato de que depois de servir de modelo para a confecção do *Vaticano A*, o *Telleriano-remense* tenha perdido muitas de suas páginas ou ainda que o frei Pedro de los Rios tenha acrescentado outras seções ou comentários às glosas fragmentadas e copiadas do *Telleriano-remense*.

De toda forma, a atribuição da autoria do *Vaticano A* ao frei Pedro de los Rios deve ser entendida, em nossa opinião, como relacionada aos comentários ou à co-ordenação dos trabalhos de confecção ou cópia do manuscrito, pois suas pinturas foram, provavelmente, feitas por alunos indígenas de colégios missionários, ou por alguém que conhecia o sistema pictoglífico ou, ainda, copiadas de outros manuscritos pictoglíficos tradicionais. Isso porque, apesar da relativa distância estilística e estrutu-ral em relação a esses manuscritos, o *Vaticano A* ainda traz muitas características pictó-ricas e elementos organizacionais típicos deles. Além disso, os comentários contidos nas glosas contêm, não obstante as condenações morais e comparações cristãs, muitas informações específicas do mundo mesoamericano e de suas narrativas acerca, por exemplo, das idades do Mundo. Isso certamente indica a participação de informantes ou sábios indígenas em seu processo de composição ou na confecção dos manuscritos que lhe serviram de base.

Desse modo, talvez o *Vaticano A* possa ser visto como a fase final de um processo de cópias, junções e interpretações que formariam um todo mais ou menos coerente e destinado a informar os cristãos sobre o mundo que pretendiam converter. Talvez, mais especificamente, destinado a informar os cristãos do Vaticano.

Sabe-se muito pouco acerca da história do manuscrito após sua produção e como chegou até o Vaticano. O jesuíta José de Acosta, em obra publicada em 1589, refere-se a um livro pictórico que chama de *Anales mexicanos*, conservado na Biblioteca Vaticana e que, provavelmente, seja o *Códice Vaticano A*.[167] Na passagem do século XVI para o XVII, o *Vaticano A* consta nos inventários do acervo da Biblioteca Apostólica, o que também é confirmado por Michele Mercati em sua obra sobre os obeliscos de Roma, de 1589, e pelo holandês Georgius Hornius em uma obra intitulada *De origini-bus gentium americanarum*, de 1652. A citada reedição da obra de iconografia clássica de Vicenzo Cartari pode servir de indício para afirmar que o *Vaticano A* encontrava-se

---

166   Cf. Anders, Ferdinand e Jansen, Maarten. *Religión, costumbres e historia de los antiguos mexica-nos, op.cit.*

167   "Así está todo hoy día pintado en los Anales Mexicanos, cuyo libro tienen en Roma, y está puesto en la Sacra Biblioteca o librería Vaticana, donde un padre de nuestra Compañía que había venido de México, vió (sic) ésta y las demás historias, y las declaraba al bibliotecario de su Santidad, que en extremo gustaba de entender aquel libro que jamás había podido entender." Acosta, José. *Historia natural y moral de la Indias.* México: FCE, 1985, p. 354.

na Biblioteca Apostólica desde 1565 ou 1566, época em que o cardeal Marco Antonio Amulio foi seu prefeito e quando teria feito cópias das pinturas do códice e dado ao senador Ottaviano Malipiero, quem, mais tarde, as forneceu a Lorenzo Pignoria de Pádua, responsável pela nova edição da obra de Vicenzo Cartari. Mas somente em princípios do século XIX a existência do *Códice Vaticano A* veio a público, por meio de Alexander von Humboldt.[168]

O *Códice borbónico*

O *Códice borbónico*[169] foi confeccionado em papel *amate*[170] e em formato tradicional de biombo, que são fortes indícios da estreita relação de sua produção com as tradições de pensamento e escrita nahuas. Possui trinta e seis folhas que medem 390 X 395mm e que foram pintadas apenas de um lado. O manuscrito possui algumas poucas e pequenas glosas em espanhol, acrescentadas após sua confecção e de clara influência cristã.

Como citamos anteriormente, há uma grande polêmica acerca de sua data e local de produção, isto é, se foi confeccionado antes ou depois da conquista de México-Tenochtitlan e se na capital mexica ou em alguma outra localidade do Vale do

---

168   O *Códice Vaticano A* possui quatro edições: 1 – a litográfica, publicada pelo Lorde Kingsborough entre 1831 e 1838 em sua monumental obra *Antiquities of Mexico*; 2 – a fotocromográfica, publicada pelo Duque de Loubat em 1900; 3 – a fotográfica em tamanho reduzido, publicada pela Secretraría de Hacienda de México em 1967; 4 – a *fac-símile* reduzida em 7/10, publicada pela Akademische Druck-und Verlagsanstalt em 1979. Cf. Anders, Ferdinand e Jansen, Maarten. *Religión, costumbres e historia de los antiguos mexicanos, op. cit.* Essa última é a base da mais recente edição, utilizada nesta pesquisa.

169   Utilizamos na pesquisa sua mais recente edição *fac-símile: Códice borbónico*. Graz/México/Madri: ADV/FCE/SEQC, 1991.

170   O papel *amate* era utilizado em livros e em oferendas em grande parte da Mesoamérica, onde sua produção e comércio eram intensos. Era produzido a partir da casca da figueira (*Ficus sp*), que produz um papel escuro, ou da amoreira (*Morus celtidifolia*), que produz um papel mais claro. As cascas eram retiradas pelos homens e depositadas em água, de modo que sua parte inferior se molhasse; as mulheres cozinhavam-nas em água de *nixtamal* por horas e depois as lavavam com água fria. Eram então estendidas, com as fibras cruzadas, sobre uma madeira e, com uma pedra especial, golpeadas até que as fibras se juntassem e formassem uma folha uniforme. Depois as folhas poderiam ser branqueadas com solução de cal, como as do *Borbónico*. Como citamos antes, também se produzia papel a partir do *maguey*. Cf. Anders, Ferdinand *et alii. El libro del ciuacoatl*. Graz/Madri/México: ADV/SEQC/FCE, 1991.

México. Alfonso Caso e Miguel León Portilla[171] acreditam tratar-se de um manuscrito pré-hispânico, sobretudo por seu formato e temáticas tradicionais. Karl Nowotny e Donald Robertson opinam pela confecção pós-conquista, sendo essa a opinião mais aceita atualmente.

Para Nowotny, o estilo pictórico do *Borbónico* é um tanto quanto inseguro se comparado com outros códices pré-hispânicos, fato que se tornaria mais visível nas obras posteriores e que seria resultado dos primeiros contatos com as representações européias. Dá como exemplo as representações pictóricas da página 28, na qual há um poste que progressivamente se afina até terminar em ponta e, em torno do qual, há dançarinos serpenteando, os quais são de tamanhos distintos conforme suas diferentes proximidades a um suposto observador externo. Esses elementos indicariam as supostas influências dos princípios pictóricos da perspectiva. Além disso, acredita que o montículo de pedra ao pé do tronco é como os tradicionalmente representados ao pé da cruz de Cristo, no Gólgota, nas pinturas europeias do século XVI.[172]

No entanto, podemos pensar que a representação do poste refira-se a um tronco de árvore, o qual, normalmente, possui sua parte superior mais delgada. Podemos pensar também que as pessoas que dançam em volta desse poste sejam adultos e crianças e que, por esse motivo, são representadas de tamanhos distintos. Quanto às pedras agrupadas ao pé do poste, podemos ter como contra-argumento o fato de que estão representadas com o formato tradicional do glifo *tetl*, *pedra*, como aquelas que encontramos reiteradamente no topônimo de Tenochtitlan, por exemplo.

Não estamos advogando, com base nesses argumentos, a origem pré-hispânica do *Borbónico*, mas simplesmente procurando mostrar que diante dessa problemática é necessário agregar a análise de elementos estruturais e temáticos, como a que proporemos nos próximos capítulos.[173]

---

171   Cf. León Portilla, Miguel. *Los antiguos mexicanos a través de sus crónicas y cantares*. México: FCE, 1968.

172   Cf. Anders, Ferdinand e outros. *El libro del ciuacoatl, op.cit.*

173   Elizabeth Hill Boone também questiona os argumentos estilísticos apresentados para a atribuição da data de produção do *Borbónico* por meio de perguntas como: quais as características do estilo mexica? será que os traços atribuídos ao europeu, por se diferenciarem dos constantes nos códices mixtecos e do Grupo Borgia, não se devem às distintas origens dos manuscritos? não seria o *Borbónico* parte de um subestilo mexica que tem origem no horizonte mixteco-cholulteco? A autora acredita que o estilo pictórico mexica se diferenciaria do mixteco por, pelo menos, três características: A – a presença de um naturalismo relativo, como nas esculturas, que explicaria, por exemplo, a ausência da supraorbital nas representações das serpentes, característica que muitos autores atribuem à influência europeia; B – o emprego de convenções iconográficas específicas para confeccionar diversos glifos, como *cipactli, malinalli, acatl* e *quiahuitl*, que aparecem da mesma forma tanto nas esculturas mexicas quanto nos códices *Borbónico* e *Tonalamatl Aubin*; C – o emprego de certas proporções na figura humana, caracte-

Apesar dessa polêmica, é consenso que o *Códice borbónico* tenha sido produzido em México-Tenochtitlan ou imediações nas primeiras décadas do século XVI,[174] pouco antes ou depois da chegada dos castelhanos, e que traz material, forma, estrutura narrativa e temática típicas dos manuscritos tradicionais mixteco-nahuas. É classificado como ritual e calendário por apresentar seções que tratam dos seguintes temas: A – o calendário adivinhatório ou *tonalpohualli* (p. [1 e 2] 3-20); B – o ciclo de 52 anos sazonais, ou *xiuhmolpilli,* e os nove Senhores da Noite que no *tonalpohualli* acompanham os dias que nomeiam os anos (p. 21-2); C – o calendário festivo das dezoito vintenas para a cerimônia do Fogo Novo (p. 23-37); D – a repetição de umas das cerimônias das vintenas e a continuação das datas para outro período de 52 anos (p. 37-8 [38 e 39]).[175]

Veremos que, assim como no caso das duas últimas seções do *Vaticano A*, as duas últimas do *Borbónico* poderiam ser entendidas como apenas uma, pois a conta dos anos sazonais que segue a seção das festas das vintenas havia começado junto com tais festas, o que significa uma forte continuidade calendária entre as duas partes.

É quase certo que as cerimônias tratadas pelo *Borbónico* e relacionadas à celebração do Fogo Novo, realizada a cada 52 anos, refiram-se ao ano de 1507, pois trata-se da última ocasião de sua celebração entre os mexicas antes da chegada dos castelhanos. Além disso, é mais ou menos consensual que tal celebração se relacione com algum templo próximo da região das *chinampas,* fato indicado nas glosas do próprio códice e pela proeminência das representações de Cihuacoatl, deusa patrona de Culhuacan e Xochimilco. Tudo isso levou os autores da última edição a levantar a hipótese de que o *Borbónico* tenha pertencido a um templo dedicado a essa deusa e que o templo principal retratado no Fogo Novo de sua página 34 – e identificado por sua cruz negra como um Tlillan – não seja o de Tenochtitlan, mas sim o famoso Tlillan que se localizava na região das *chinampas,* em Xochimilco, patronato da referida deusa e onde o *cihuacoatl*

---

risticamente a cabeça pequena. Com base no estabelecimento dessas características, a autora afirma que "...at least the first part of Codex Borbonicus can once again be considered, with some caution, as representing the Pre-Conquest style of Aztec painting." Boone, Elizabeth Hill. Towards a more precise definition of the Aztec painting style. In: Cordy-Collins, Alana (compilação). *Pre-Columbian art history.* Palo Alto: Peek Publications, 1982, p. 166.

174 As exceções são Eduard Seler, que aponta Texcoco como o local de sua confecção, e Cecilio Robelo, que não acredita tratar-se de um manuscrito nahua. Cf. Nicholson, H. B. The provenience of the Codex Borbonicus. In: Josserand, Kathryn e Dakin, Karen (edit.). *Smoke and mist.* Oxford: Bar International Series, 1988.

175 Cf. Glass, John B. e Robertson, Donald. A census of native Middle American pictorial manuscripts. In: Wauchope, Robert (editor geral) e Cline, Howard F. (editor dos volumes). *Handbook of Middle American Indians, op. cit.,* v. 14, p. 97 e 98. Outros catálogos parecem seguir essa mesma proposta de divisão interna do manuscrito, como Alcina Franch, José. *Códices mexicanos, op. cit.,* p. 83.

Tlacaelel possuiria muitas terras.[176] Além disso, Culhuacan e Itztapalapan, onde fica o cerro em que se acendia o Fogo Novo, estão na área lacustre de Xochimilco.

Assim como nos casos dos dois códices anteriores, sabemos muito pouco sobre a história do *Borbónico* após sua produção. Sequer é conhecida a forma como chegou à Europa e foi parar no Escorial, na Espanha, onde, no século XVIII, ainda apresentaria suas duas primeiras e duas últimas folhas, caso ele seja o manuscrito citado por Willian Robertson em *The history of America*, de 1777. É provável que tenha sido enviado para lá ainda no século XVI, pois se tratava da residência de Felipe II. A ida do códice para a França talvez tenha ocorrido devido às turbulências de 1820 e a intervenção francesa de 1823, quando a Espanha perdeu obras históricas, literárias e artísticas.[177] Nessa mesma ocasião, o códice talvez tenha perdido suas duas primeiras e duas últimas folhas, por terem registros dos proprietários, por terem sido danificadas ou mesmo por já estarem rotas.[178] Sabe-se que em 1826 foi adquirido pela Biblioteca do Palácio Bourbon. Atualmente se encontra na Biblioteca da Assembleia Nacional Francesa, em Paris.

Os *Anales de Cuauhtitlan* e a *Leyenda de los soles*

Além desses três códices, utilizaremos como fontes centrais mais quatro textos alfabéticos produzidos no Vale do México por grupos nahuas durante o início do período Colonial, isto é, no século XVI. As origens e as estruturas desses textos são variadas e talvez possam ser entendidas como diferentes etapas do complexo processo de tradução e trasvase dos conteúdos antes registrados pelo sistema pictoglífico ou pela oralidade em textos alfabéticos inteligíveis aos cristãos – fosse para satisfazer o interesse dos missionários ou para garantir posições de privilégio a seus produtores dentro da nova hierarquia político-social.

---

176   Aventa-se também a hipótese de que o *Borbónico* seja uma cópia de um manuscrito pintado para o *cihuacoatl* mexica por ocasião da cerimônia do Fogo Novo de 1507. Cf. Anders, Ferdinand *et alii. El libro del ciuacoatl, op. cit.*

177   Cf. *ibidem.*

178   O *Códice borbónico* teve três edições anteriores à que estamos utilizando: 1 – a litográfica, de Theodore Ernest Hamy em 1899; 2 – a colorida manualmente, da Librería Anticuaria Guillermo Echániz em 1938; 3 – a fotográfica parcial, de George C. Vaillant em 1940. Cf. Glass, John B. e Robertson, Donald. A census of native Middle American pictorial manuscripts. In: Wauchope, Robert (editor geral) e Cline, Howard F. (editor dos volumes). *Handbook of Middle American Indians, op. cit.*, v. 14, p. 97 e 98.

Os *Anales de Cuauhtitlan* e a *Leyenda de los soles*,[179] ambos escritos em nahuatl, compõem um manuscrito intitulado *Códice Chimalpopoca*, que possui 42 folhas e ao qual pertence ainda um terceiro texto em espanhol intitulado *Breve relación de los dioses y ritos de la gentilidad*, de Pedro Ponce.[180] Os *Anales de Cuauhtitlan* ocupam as páginas 1 a 68, a *Breve relación* ocupa as páginas 69 a 74 e a *Leyenda de los soles* as páginas 75 a 84.[181]

O *Códice Chimalpopoca* está perdido desde 1949. No entanto, o Museo Nacional de Antropología, México, possui reproduções fotográficas do manuscrito na Coleção Antiga do Arquivo Histórico, onde se encontram catalogadas com o n. 159.[182] Parece que os manuscritos originais pertenceram a Dom Fernando Alva Ixtlilxochitl, cronista de origem indígena, ou foram por ele copiados no princípio do século XVII de originais perdidos e produzidos no século XVI.[183]

Os três textos foram descobertos por Boturini Benaduci, em meados do século XVIII, que os relacionou em seu catálogo como uma *Historia de los reinos de Colhuacan y México*, escrita em nahuatl e castelhano e em papel europeu. O nome de *Chimalpo-*

---

179   Utilizamos na pesquisa a edição que conta com a transcrição dos dois textos originais e a tradução ao espanhol de Primo Feliciano Velázquez. Cf. Leyenda de los soles / Anales de Cuauhtitlan. In: *Códice Chimalpopoca*. México: Instituto de Historia – Unam, 1945. De forma pontual, também nos servimos da recente tradução desses dois textos ao inglês de John Bierhorst: *Codex Chimalpopoca*. Tucson/Londres: The University of Arizona Press, 1992.

180   Esse curto texto geralmente não é publicado junto com a *Leyenda de los soles* e os *Anales de Cuauhtitlan*, talvez devido a seu caráter superficial e condenatório, pois apenas relaciona, descreve brevemente e recrimina algumas práticas rituais nahuas. Foi publicado em 1892 pela Imprenta del Museo Nacional de México e depois como parte de uma coletânea: Ponce, Pedro. Breve relación de los dioses y ritos de la gentilidad. In: *El alma encantada*. México: Instituto Nacional Indigenista/FCE, 1987.

181   No entanto, há sinais de uma antiga paginação na frente de cada folha que indica a perda da primeira folha. Sendo assim, a página 1 da atual numeração seria a página 3 da original. Cf. Bierhorst, John. *History and mitology of the Aztecs*. Tucson/Londres: The University of Arizona Press, 1992.

182   Além disso, cópias feitas por León y Gama, Brasseur de Bourbourg e Joseph Marius Alexis Aubin encontram-se na Biblioteca Nacional de Paris. Cf. Feliciano Velázquez, Primo. Introducción. In: *Códice Chimalpopoca*. México: Unam - Instituto de Historia, 1945/ Gibson, Charles. e Glass, John B. A census of Middle American prose manuscripts in the native historical tradition. In: Wauchope, Robert (editor geral) e Cline, Howard F. (editor dos volumes). *Handbook of Middle American Indians, op. cit.*, v. 15, p. 333.

183   Cf. *ibidem*, p. 333. Esse processo de derivação de um manuscrito anterior também pode ser deduzido pelo fato de "...the old, presumably Franciscan, orthography has been converted to a Jesuit stile, which did not take hold until the 1590s at the very earliest". Bierhorst, John. *History and mitology of the Aztecs, op.cit.*, p. 12.

poca foi dado, posteriormente, pelo abade Brasseur Bourbourg, em homenagem a Dom Faustino Galícia Chimalpopoca, que teria traduzido os dois textos em nahuatl ao espanhol.[184]

O texto da *Leyenda de los soles*,[185] procedente do México Central e datado internamente de 1558, deixa evidente que estamos diante de uma leitura transcrita de códices pictoglíficos. Isso porque traz uma série de expressões recitativas que indicam consultas recorrentes às sequências pictoglíficas, tais como *aqui está, este, deste, é este, seu aspecto, logo, depois, a continuação de* etc. Seu tema central são os cinco sóis ou idades, com suas respectivas criações, desenrolares, destruições e continuidades. A ênfase recai na criação da atual era e humanidade e nas intervenções de Quetzalcoatl em Tollan. Trata-se do único relato da criação que sobreviveu em nahuatl e cujo autor se autointitula mexica. Traz ainda informações e datas relativas às conquistas toltecas e mexicas. A *Leyenda de los soles*, junto com a *Historia de los mexicanos por sus pinturas*, é talvez um dos mais importantes exemplos de registro alfabético duma leitura de textos pictoglíficos, mostrando como os escritores indígenas coloniais ancoraram suas obras nos códices e na oralidade.[186]

Os *Anales de Cuauhtitlan* são internamente datados de 1570 e sua estrutura e temática poderiam ser resumidas como a de anais que tratam do México Central e seu entorno, sobretudo da história dos chichimecas e toltecas, desde o início da migração, no século VII, até o início do século XVI. Nesses anais, que apresentam a fase chichimeca como anterior à tolteca, alternam-se e complementam-se a história de diversos grupos e seus *altepeme*, tais como Tula, Xaltocan, Cuauhtitlan, Culhuacan, Azcapotzalco, Chalco, Texcoco, Tenochtitlan e Tlatelolco.[187] Suas referências toponímicas e calendárias precisas, a terminologia nahuatl exata e a lista de tributos, conquistas mexicas e cidades sujeitas a Texcoco mostram a estreita relação entre a produção desse texto e as fontes tradicionais, pictoglíficas ou orais. Veremos que a presença

---

184   Depois, o manuscrito foi visto pelo jesuíta Francisco Javier Clavijero e publicado pelo estudioso mexicano Antonio de León y Gama em seu trabalho de 1792. Cf. *ibidem*. No século XX, esses textos foram traduzidos por Walter Lehmann ao alemão, em 1906, e ao latim, em 1938, e novamente ao espanhol por Primo Feliciano Velázquez, em 1945. Recentemente, como citamos em nota anterior, John Bierhorst os traduziu para o inglês.

185   Esse título foi dado por Paso y Troncoso em sua edição de 1903. Cf. *ibidem*.

186   Cf. León Portilla, Miguel. *Literaturas indígenas de México*. México: FCE/Editorial Mapfre, 1992. / _____. *El destino de la palabra*. México: El Colégio Nacional/FCE, 1997.

187   Seria usual esse tipo de história no mundo pré-hispânico? Ou apenas teríamos as histórias particulares de cada *altepetl?* Seriam precedidas por relatos cosmogônicos? Essas histórias temporalmente mais amplas e regionalmente mais abrangentes já derivariam das demandas coloniais? Trataremos desses temas no Capítulo IV.

de temáticas e estruturas narrativas tipicamente nahuas também podem servir para avalizar sua proximidade com as fontes tradicionais.

Se buscarmos uma autoria individual para os dois textos, teremos resultados incertos. Além disso, correremos o risco de procurar respostas para uma questão anacrônica ou, pelo menos, de pouca utilidade historiográfica. Talvez seja mais adequado entendê-los como produtos de trabalhos coletivos encomendados ou organizados, principalmente, pelos religiosos espanhóis, mas que contaram com a participação numerosa e ativa de membros das elites nahuas locais, de seus jovens filhos ou de alunos bilíngues ou trilíngues dos colégios missionários.

No caso da *Leyenda de los soles* e dos *Anales de Cuauhtitlan* sabe-se, por comparações com as *Historias* dos religiosos espanhóis, que seus autores são do início do período Colonial e foram informantes e alunos indígenas dos freis Andrés de Olmos e Bernardino de Sahagún. Entre esses alunos e informantes, podemos destacar os nomes de Antonio Valeriano, de Azcapotzalco, Dom Fernando de Alva Ixtlilxochitl e Martin Jacobita, de Texcoco, e Alonso Vegerano e Pedro de San Bonaventura, de Cuauhtitlan. Todos eles foram citados nas obras dos próprios religiosos como seus auxiliares e sabe-se que, posteriormente, ocuparam cargos administrativos ou religiosos de relativa importância no mundo colonial.[188]

A *Historia de los mexicanos por sus pinturas*

Desse mesmo tipo de trabalho provém o texto em espanhol da *Historia de los mexicanos por sus pinturas*.[189] No entanto, sua origem é bem mais obscura e sua relação

---

188 Note-se que dois deles procedem de Cuauhtitlan, onde foram produzidos os *Anales* e que foi, depois de Texcoco, o primeiro *altepetl* a receber uma missão após a queda de Tenochtitlan. Era a quarta cidade em importância dos domínios mexicas, depois apenas das próprias cidades da Tríplice Aliança. Cf. Bierhorst, John. *History and mitology of the Aztecs, op. cit.*

189 Esse texto teve diversas publicações em espanhol: de Joaquín García Icazbalceta, em 1882, 1886-1892 e 1941; de Paul Radin, em 1920; e de Ángel María Garibay, em 1965. Cf. Gibson, Charles e Glass, John B. A census of Middle American prose manuscripts in the native historical tradition. In: Wauchope, Robert (editor geral) e Cline, Howard F. (editor dos volumes). *Handbook of Middle American Indians, op. cit.*, v. 15, p. 345. Usamos a edição de Garibay durante quase toda a pesquisa: Historia de los mexicanos por sus pinturas. In: *Teogonía e historia de los mexicanos*. México: Editorial Porrúa, 1996. Alguns meses antes de terminá-la, tivemos acesso à recente edição organizada por Rafael Tena, de fins de 2002. Desde então pudemos perceber os inúmeros problemas da edição de Garibay, sobretudo por não conter a paleografia e a paginação do manuscrito original e, tampouco, os critérios empregados na modernização do texto castelhano. Sendo assim, optamos por citar os trechos analisados a partir da edição de Tena: Historia de los mexicanos por sus pinturas. In: *Mitos e historias de los antiguos nahuas*. México: Conaculta, 2002.

com os trabalhos missionários realizados no Vale do México é um pouco mais complexa e intermediada. Esse texto parece ter sido composto como um extrato dos textos
produzidos no trabalho coordenado pelo franciscano Andrés de Olmos, entre 1532 e
1536, junto aos informantes nahuas do Vale do México. Outro indício de que o texto
do qual se extraiu a *Historia de los mexicanos por sus pinturas* fora produzido nesse período é a data do último ano nela registrado: duzentos e sete depois da fundação de
Tenochtitlan, que ocorreu em 1325.[190]

Olmos, que havia chegado à região mesoamericana em companhia de Juan de
Zumárraga, em 1528, havia sido encarregado por seu superior na ordem de São Francisco, frei Martín de Valencia, e pelo presidente da Real Audiência, Dom Sebastián
Ramírez de Fuenleal, de reunir em um livro as antiguidades dos povos indígenas da
região, sobretudo dos de México, Texcoco e Tlaxcala.[191] O copioso escrito resultante
desse trabalho foi, provavelmente, intitulado de *Tratado de las antigüedades mexicanas*,
do qual se fizeram três ou quatro cópias que foram enviadas à Espanha, destino que
também foi dado ao manuscrito original.[192]

Depois disso, por pedido do frei Bartolomé de la Casas, o próprio Andrés de Olmos teria feito uma espécie de suma a partir de suas anotações, a qual fora consultada
por Mendieta para a composição da *Historia eclesiástica indiana* e levada a Valladolid,
Espanha, por Bartolomé de las Casas em 1547.

Todos esses manuscritos estão hoje desaparecidos e deles conhecemos apenas
um extrato, que é justamente a *Historia de los mexicanos por sus pinturas*. Sua produção,
muito provavelmente, deu-se em Valladolid por intervenção direta ou encargo de Ramírez de Fuenleal, que também se encontrava nessa cidade, mas que morrera alguns
meses antes da chegada de Las Casas. Por esse motivo, o texto da *Historia de los mexi-*

---

190   Cf. Limón Olvera, Silvia. Los códices transcritos del altiplano central de México. In: Romero Galván, José Rubén (coord.). *Historiografía novohispana de tradición indígena*. México: IIH
– Unam, 2003.

191   O conhecimento desse encargo baseia-se no texto da *Historia eclesiástica indiana*, do frei Gerónimo de Mendieta, escrito em fins do século XVI. No *Prólogo* ao segundo livro, Mendieta afirma
que "...por ambos á dos [Valencia e Ramírez de Fuenleal] fué encargado el padre Fr. Andrés
de Olmos de la dicha órden (por ser la mejor lengua mexicana que entonces habia en esta
tierra, y hombre docto y discreto), que sacase en un libro las antigüedades de estos naturales
indios, en especial de México, y Tezcuco, y Tlaxcala, para que de ello hubiese alguna memoria,
y lo malo y fuera de tino se pudiese mejor refutar, y si algo bueno se hallase, se pudiese notar,
como se notan y tienen en memoria muchas cosas de otros gentiles." A adição entre colchetes
é minha e a acentuação é a original da edição consultada. Mendieta, Gerónimo de. *Historia
eclesiástica indiana*. México: Editorial Porrúa, 1993, p. 75.

192   Cf. *ibidem*, p. 75.

canos por sus pinturas também é chamado de *Códice Fuenleal.*[193] Pela data da morte de Ramírez, acredita-se que a produção de nosso texto tenha se dado por volta de 1543 ou 1544 e se baseado apenas no *Tratado de las antigüedades mexicanas*, e não no resumo levado a Valladolid pelo dominicano.[194]

O texto da *Historia de los mexicanos por sus pinturas* foi conservado, junto com mais doze outros textos, numa coletânea de documentos intitulada *Libro de oro y tesoro índico*. Essa coletânea encontra-se atualmente em Austin, Texas, na Biblioteca da Universidade do Texas, na Coleção Latino-americana. Possui 197 folhas de 310 x 213mm, das quais 22 páginas e meia são ocupadas pela *Historia de los mexicanos por sus pinturas* (p. 150r-60r, incluindo a página 151a).[195]

Tudo leva a crer que o *Tratado de las antigüedades mexicanas* continha partes pictoglíficas e era uma obra bem mais extensa, ordenada e complexa do que a *Historia de los mexicanos por sus pinturas*, na qual predomina uma certa fragmentação.[196] No entanto, essa fragmentação pode ser uma vantagem aos nossos propósitos, pois o fato de o texto não possuir uma estrutura tão marcadamente cristã pode contribuir para que os depoimentos ou explicações de origem indígena tenham sido transpostos com maior integridade.

Os temas tratados parecem, justamente, sintetizar a leitura de vários livros pictoglíficos, pois abrangem desde as origens cósmicas até os dias de Moctezuma, centralizando-se na história culhua-mexica de tempos toltecas, na migração mexica e nas dinastias governantes. Do capítulo um ao oito traz narrativas cosmogônicas e do capítulo nove ao vinte apresenta anais que abrangem desde a chegada dos primeiros povoadores da região até a fundação de Tenochtitlan. Veremos que essa

---

193 Cf. Garibay K., Ángel María. Introducción. In: *Teogonía e historia de los mexicanos*. México: Editorial Porrúa, 1996, p. 13./León Portilla, Miguel. Ramírez de Fuenleal y las antigüedades mexicanas. In: *Estudios de cultura náhuatl*. México: IIH – Unam, v. III, p. 9-49, 1969/ _____. *Humanistas de Mesoamérica*. México: FCE, 1997. De volta à Espanha, em 1543, Ramírez teve notícias de estudos levados a cabo sobre alguns dos papéis e códices que havia trazido consigo antes. Alguns estudiosos acreditam que a *Historia de los mexicanos por sus pinturas* seja o resultado de um desses empenhos, pois em seu início se lê: "Esta relación saqué de la pintura que truxo d[on] Seb[astiá]n Ramírez obispo de Cuenca, presidente de la Chançillería." Historia de los mexicanos por sus pinturas. In: *Mitos e historias de los antiguos nahuas, op. cit.*, p. 24.

194 Rafael Tena acredita que o texto constante no *Libro de oro y tesoro índico* seja de autoria do frei Andrés de Alcobiz, de quem se conhece apenas o nome, pois algumas páginas depois do fim do texto da *Historia de los mexicanos por sus pinturas* encontra-se um outro texto (p. 171r-73r) com caligrafia idêntica e cuja autoria é requerida por esse frade. Cf. Tena, Rafael. *Mitos e historias de los antiguos nahuas*. México: Conaculta, 2002, p. 18.

195 Cf. *ibidem*, p. 15.

196 Cf. *ibidem*, p. 19.

estrutura narrativa pode ser tipicamente mesoamericana, pois se encontra presente em outros textos, como o *Popol vuh*, que também principia com descrições sobre as idades anteriores do mundo, as quais desembocam no estabelecimento de determinados povos.[197] A *Historia de los mexicanos por sus pinturas* traz ainda informações sobre astronomia e um apêndice sobre Tlatelolco, aos quais agregam-se uma série de leis, um outro apêndice sobre os chefes de Xochimilco e uma nota sobre a contagem do tempo.

A *Histoire du Mechique*

O último texto a ser apresentado é a *Histoire du Mechique*,[198] que ocupa vinte páginas (p. 79r-88v) de um manuscrito de oitenta e oito que se encontra na Biblioteca Nacional da França com o n. 19031.[199] Segundo a glosa que acompanha o título do manuscrito,[200] trata-se de uma versão ao francês de um texto em espanhol que hoje estaria desaparecido. A *Histoire du Mechique* pertenceu ao cosmógrafo do rei de Fran-

---

197   Vale ainda observar que o *Popol vuh* pertence à região maia-quiché, na qual se empregava, primordialmente, o ano *xihuitl* de 365 dias, como no altiplano central mexicano, e não o ano *tun* de 360 dias, predominante nos textos hieroglíficos das Terras Baixas. Outra mostra dessa conexão entre a região quiché e o altiplano central mexicano, sobretudo no período Pós-clássico, é a utilização de termos em nahuatl no *Popol vuh*, tais como Zipacná, claramente derivado de Cipactli.

198   Traduzida ao espanhol e publicada por Edouard de Jonghe, em 1905 e 1961, e por Ángel María Garibay K., em 1965. Cf. Gibson, Charles e Glass, John B. A census of Middle American prose manuscripts in the native historical tradition. In: Wauchope, Robert (editor geral) e Cline, Howard F. (editor dos volumes). *Handbook of Middle American Indians, op. cit.,* v. 15, p. 340. Utilizamos a coletânea de Garibay que contém a *Histoire du Mechique* durante quase toda a pesquisa, assim como no caso da *Historia de los mexicanos por sus pinturas*, citado em nota anterior. Nesse caso, tal edição mostra-se ainda mais precária por tratar-se de uma tradução ao espanhol de um texto em francês que não é reproduzido. Conforme esclarecemos em nota na Introdução, Garibay moderniza parcialmente o título contido no manuscrito e mantém uma letra "y" em *Histoyre*, além do "ch" em *Mechique*, que também é mantido por Tena. No caso dessa fonte, assim como no da *Historia de los mexicanos por sus pinturas*, daremos preferência por citar trechos retirados da recente edição de Rafael Tena, que apresenta sua paleografia do texto em francês e sua tradução ao espanhol. Cf. Histoire du Mechique. In: *Mitos e historias de los antiguos nahuas*. México: Conaculta, 2002.

199   A maior parte desse manuscrito é ocupada pela tradução ao francês da *Historia general y natural de la Indias*, de Gonzalo Fernández de Oviedo. Cf. Tena, Rafael. *Mitos e historias de los antiguos nahuas, op. cit.,* p. 115.

200   Histoire du Mechique. In: *Mitos e historias de los antiguos nahuas, op. cit.,* p. 124.

ça, André Thevet, que nela acrescentou sua assinatura em uma letra muito distinta da do texto, o que serve de indício para que a ele não se atribua a tradução ao francês. Acredita-se, desse modo, que Thevet tenha adquirido o manuscrito,[201] assim como fizera com o *Códice Mendoza*.

Acredita-se que a produção do texto em espanhol que deu origem à *Histoire du Mechique* tenha se dado na região do México Central, pois a maioria de seus dados são sobre Texcoco e México. Mais especificamente, acredita-se que o protótipo em espanhol seja o texto produzido pelo frei Andrés de Olmos como uma espécie de suma, realizada a partir de suas anotações depois de enviar as cópias de seu *Tratado de las antigüedades mexicanas* à Espanha, conforme citamos acima.[202]

O texto divide-se em onze capítulos que podem ser agrupados em três partes. A primeira delas, que vai do capítulo um ao quatro, trata dos otomies de Texcoco e de seus vizinhos, entre os quais estão os popolocas, os mexicas e os colhuas. A segunda parte, que abrange os capítulos cinco ao nove, trata dos céus e sóis cosmogônicos segundo os mexicas, da aparição do agave e de outras versões sobre a criação do homem, oriundas de Texcoco e de Chalco. Inclui também explicações sobre a conta dos anos mexica. Essa parte intermediária parece ter sido feita com códices em vista. A terceira e última parte, que vai do capítulo dez ao onze, aborda os episódios relacionados com Quetzalcoatl.[203]

Procuraremos mostrar que esses dois últimos textos apresentam elementos típicos das demandas geradas pelos trabalhos missionários e pela colonização castelhana, tais como as explicações sobre o calendário, leis relacionadas e informações reunidas em torno de uma personagem divina. A esses elementos juntam-se relatos mais tra-

201 Além de constar na primeira, a firma de Thevet também está na última página do manuscrito, a qual se encontra truncada, o que fortalece a hipótese que ele o tenha comprado tal qual se encontra hoje, o que teria ocorrido entre 1543 e 1546. Sendo assim, o tradutor de tal texto permanece anônimo. O manuscrito permaneceu sob a posse de Thevet até sua morte, em 1590, e depois se tornou parte da coleção Séguier-Coislin e dos fundos Saint Germain des Prés, tendo em seguida ingressado na Biblioteca Nacional da França. Cf. Tena, Rafael. *Mitos e historias de los antiguos nahuas, op. cit.*, p. 116.

202 No entanto, essa hipótese enfrenta algumas objeções, tais como o mau uso do nahuatl e as confusões com o calendário presentes no texto, já que Olmos era um profundo conhecedor dessa língua e, ao que parece, conhecia relativamente bem os ciclos básicos das contas temporais nahuas. No entanto, esses erros poderiam derivar do processo de tradução. Além disso, parece que algumas partes do texto procedem de outros escritores, como do frei Marcos de Niza – responsável, segundo Garibay, pelas três primeiras seções – e do frei Juan de Padilla. Cf. *ibidem*, p. 120 e 121/ Limón Olvera, Silvia. Los códices transcritos del altiplano central de México. In: Romero Galván, José Rubén (coord.). *Historiografía novohispana de tradición indígena, op. cit.*

203 Cf. Tena, Rafael. *Mitos e historias de los antiguos nahuas, op.cit.*

dicionais, alguns dos quais alterados e adaptados, mas embasados em manuscritos pictoglíficos e em relatos orais tradicionais.

Acreditamos que as informações reunidas neste capítulo nos propiciaram uma sólida base para o desenvolvimento das análises sobre as formas de presença do calendário, da cosmografia e das explicações cosmogônicas nas fontes nahuas do século XVI. Começamos por tecer considerações teóricas sobre os usos sociais das concepções cosmogônicas e de tempo-espaço, bem como suas relações com a visão de mundo de uma determinada sociedade. Depois, tratamos de apresentar a forma como as elites nahuas se inseriram no mundo mesoamericano e delimitamos os papéis que suas tradições de pensamento e escrita desempenharam, bem como o uso que fizeram da cosmografia, do calendário e da cosmogonia mesoamericana. Passamos então a discutir o *status* do sistema pictoglífico – se pintura ou escrita – e a tratar das transformações ocorridas na produção e no uso de manuscritos durante o primeiro século do período Colonial, sobretudo no que diz respeito à introdução da escrita alfabética. Por fim, apresentamos as fontes centrais da pesquisa de maneira individualizada.

Ao realizar esse trajeto, pensamos ter reunido informações e reflexões suficientes para apresentar as características individuais de nossas fontes centrais, para inseri-las em seus contextos de produção, uso e circulação primários e para situá-las em meio de questões teóricas determinantes, buscando, com isso, os fundamentos para dar-lhes um tratamento metodológico e um uso historiográfico adequados.[204]

---

204   Como citamos na Introdução, as fontes auxiliares serão apresentadas, de maneira mais sucinta, por meio de informações que acompanharão suas análises nos próximos três capítulos.

Capítulo II

O tempo: usos e funções do sistema calendário nos textos nahuas

Neste capítulo estão reunidas as análises sobre as funções desempenhadas pelo sistema calendário nas fontes nahuas do século XVI, sobretudo as funções de seus dois principais ciclos, isto é, a conta dos dias e a conta dos anos. O objetivo geral é caracterizar o uso nahua desse sistema – apontando suas distinções e semelhanças em cada uma das fontes centrais – e situá-lo em meio de outros usos mesoamericanos, comparando as fontes centrais com as auxiliares.

Os resultados dessas análises, conforme citamos na Introdução, foram interpretados de acordo com três hipóteses, as quais podem ser resumidas da seguinte maneira: A – o sistema calendário tendia a desempenhar funções estruturais ou a ser exigido como pressuposto de leitura nos textos pictoglíficos e alfabéticos produzidos sob a influência das tradições de pensamento e escrita nahuas, bem como sob a de seus descendentes intelectuais no início do período Colonial; B – a presença dessas funções estruturais não estaria garantida, necessariamente, pelo emprego de elementos do sistema pictoglífico; por outro lado, o emprego da escrita alfabética não impediria tal presença automaticamente; C – de um lado, a utilização do sistema calendário em funções estruturais ou como pressuposto de leitura pode ser um indício seguro da existência de relações de proximidade entre as produções e usos das centenas de fontes coloniais – pictoglíficas, alfabéticas ou híbridas – com as tradições de pensamento e escrita nativas; de outro, a presença temática do calendário indicaria processos de produção e uso direcionados primordialmente pelas demandas castelhanas, sobretudo pelos trabalhos missionários.

Além disso, teceremos reflexões mais amplas com base nas duas hipóteses gerais, ou seja, que entender as formas como o sistema calendário, a cosmografia e a cosmogonia eram empregados nas fontes nahuas é um passo indispensável para compreender as especificidades das concepções de tempo, espaço e passado desses povos durante o século XVI. Além disso, as variações nos empregos desses três conjuntos conceituais nos permitem entender as transformações em seus usos escriturais ao longo desse mesmo século, ocasionadas, sobretudo, pelas influências cristãs.

Sistema calendário mesoamericano

É muito conhecido o fato de os povos mesoamericanos terem possuído sistemas complexos de cômputo temporal. Fala-se muito dos calendários, profecias e previsões astronômicas maias, além, é claro, da famosa *Pedra do Sol*, amplamente conhecida como calendário asteca. Basta uma aproximação superficial ao tema para perceber o motivo da tal fama e complexidade: o funcionamento articulado de ciclos matemáticos de durações diferentes que resultava num complexo sistema de cômputo e qualificação do tempo-espaço.

Esse sistema estava presente, de modo medular, tanto no processo de compreensão e classificação da realidade circundante quanto no direcionamento das ações individuais e sociais dos povos mesoamericanos – se é que podemos separar esse processo das esferas de atuação humana ou, mesmo, separar a esfera individual da social. No entanto, não é usual que se lhe atribua um papel central nas análises e caracterizações da visão de mundo dos povos que o criaram, sobretudo ao se analisar suas explicações sobre o passado. Uma considerável parte dos estudos, apesar de citar e até explicar o sistema calendário, em um capítulo à parte, trata as explicações cosmogônicas e históricas mesoamericanas como se aludissem a um passado cronologicamente indeterminado e qualitativamente distinto do presente.[1] Esse tempo, geralmente chamado de *tempo da origem* ou *tempo mítico*, se caracterizaria principalmente pela atuação de seres semelhantes aos deuses clássicos e pela ocorrência de eventos cujos efeitos marcariam toda a posteridade. Nela, essas atuações e eventos passariam a ser reverenciados em rituais que pretenderiam repeti-los metonimicamente[2] e, desse modo, apagar a fronteira entre o presente e o passado.

Neste capítulo, analisaremos a presença do sistema calendário nas fontes nahuas que tratam do passado cosmogônico, dos deuses e das celebrações cerimoniais procurando não desvincular esse sistema de seu papel medular na visão de mundo mesoamericana.[3] Mostraremos que esse sistema, além de servir para contabilizar o tempo,

---

1   É o que ocorre, por exemplo, em Soustelle, Jacques. *Pensamiento cosmológico de los antiguos mexicanos*. São Paulo: Companhias das Letras/Círculo do Livro, 1990.

2   Empregaremos o termo *metonímia* e seus derivados para designar um tipo de relação entre objetos, entes, eventos ou sítios distintos caracterizada pela analogia formal, material, nominal ou de outro tipo, pela equivalência simbólica e pela suposta existência de uma coessência entre as partes relacionadas.

3   Há diversos estudiosos que analisam o contínuo existente nas sociedades mesoamericanas entre o que chamamos de calendário, matemática, astronomia, ideologia, ciclos agrícolas e processos socioeconômicos. Entre eles Broda, Johanna. Observación y cosmovisión en el mundo prehispánico. In: *Arqueología Mexicana*. México: Editorial Raíces/Inah/Conaculta, v. I, p. 20-5,

I	II	III	IV	V
pactli	Ehecatl	Calli	Cuetzpalin	Coatl
caré	Vento	Casa	Lagarto	Serpente
VI	VII	VIII	IX	X
iquiztli	Mazatl	Tochtli	Atl	Itzcuintli
orte	Veado	Coelho	Água	Cachorro
XI	XII	XIII	XIV	XV
zomatli	Malinalli	Acatl	Ocelotl	Cuauhtli
acaco	Erva	Cana / Junco	Jaguar	Águia
VI	XVII	XVIII	XIX	XX
ozcacuauhtli	Ollin	Tecpatl Punhal de	Quiahuitl	Xochitl
rubu / Abutre	Movimento	pedernal	Chuva	Flor

Tabela 1: Os vinte *tonalli*, seus traços gerais, nomes em nahuatl e tradução

funcionava como uma espécie de base epistemológica que emoldurava, influencia-
va e, em parte, determinava as explicações sobre o passado e as ações cerimoniais
nahuas, constituindo-se assim como um elemento indispensável para a compreensão
das especificidades dessas explicações e ações. Talvez consigamos demonstrar também que uma dessas especificidades era, ao contrário do que se subentende com o
uso da expressão *tempo mítico*, uma preocupação constante em estabelecer marcos cronológicos diacrônicos para os eventos passados – fato que não exclui das explicações
nahuas e mesoamericanas sobre o passado a presença da sincronia e da concepção
de tempo cíclico.

1997/ _____. Paisajes rituales del Altiplano Central. In: *Arqueología Mexicana*. México: Editorial Raíces/Inah/Conaculta, v. IV, n. 20, p. 40-9, 1996.

No entanto, antes de iniciar as análises é importante entendermos, basicamente, o funcionamento do sistema calendário mesoamericano, sobretudo dos ciclos cuja presença é mais abundante em nossas fontes e que, portanto, serão objetos de maior atenção.

Podemos dizer que a base desse sistema era a conta dos dias, realizada por meio da combinação de um conjunto de vinte signos, chamados de *tonalli*,[4] com um conjunto de treze números.[5] O conjunto dos *tonalli* era composto por animais, plantas, artefatos humanos, fenômenos naturais e conceitos abstratos. Na Tabela 1 podemos vê-los em sua sequência elementar e grafados em traços gerais.

Os numerais foram grafados pelos povos mesoamericanos, basicamente, da seguinte forma: pelo uso articulado de pontos ou pequenos círculos que representavam as unidades, para valores até quatro, e de barras que equivaliam a cinco. O uso da barra foi característico entre os zapotecas do período Pré-clássico e entre os mixe-zoques e maias do Clássico. Os mixtecos e nahuas do período Pós-clássico utilizaram apenas os pontos com valores unitários, como veremos em parte de nossas fontes centrais.[6] Em alguns casos, os pontos eram agrupados em conjuntos de cinco para facilitar a leitura. Podemos ver as duas formas de grafar os números até treze na Tabela 2.[7]

---

4   Trataremos, logo abaixo, do significado desse termo nahuatl, cujos equivalentes eram *kin*, entre os maias iucatecos, e *piye*, entre os mixtecos. Cf. Acuña, René. Calendarios antiguos del Altiplano de México y su correlación con los calendarios mayas. In: *Estudios de Cultura Náhuatl*. México: IIH – Unam, v. 12, p. 279-314, 1976.

5   No caso dos vinte *tonalli* podemos estabelecer uma relação direta com a base numérica vigesimal empregada por toda a Mesoamérica. No entanto, a origem e a razão da escolha do número 13 são motivos de controvérsias. Veremos, mais à frente, que talvez estejam relacionadas com a facilitação de cálculos astronômicos.

6   Cf. Marcus, Joyce. *Mesoamerican writing systems*. Princeton: Princeton University Press, 1992.

7   Entre os nahuas, também era comum a utilização do desenho de um dedo para representar a unidade. Para números maiores, eram utilizados os seguintes glifos: A – *pantli* ou *bandeira*: representava o número *cempohualli*, isto é, 20; o glifo poderia ser grafado pela metade ou faltando um quarto para referir-se, respectivamente, aos números 10 e 15; B – *centzontli* ou *uma mecha de cabelo* ou *um punhado de ervas*: representava o número 400, chamado justamente de *centzontli*; poderia ser grafado como um feixe de ervas ou palha, como uma mecha de cabelo ou como uma pluma; esses poderiam ser representados pela metade ou faltando um quarto para referirem-se, respectivamente, aos números 200 e 300; C – *cenxiquipilli* ou *uma bolsa*: representava o número 8.000; geralmente grafado como uma bolsa de copal à qual também se poderia aplicar o recurso descrito nos casos anteriores para representar os números 4.000 e 6.000. Cf. Castillo Farreras, Víctor M. *Nahuatl I*. Curso de graduação na Facultad de Filosofía y Letras da Unam, Cidade do México, setembro de 2002 a janeiro de 2003.

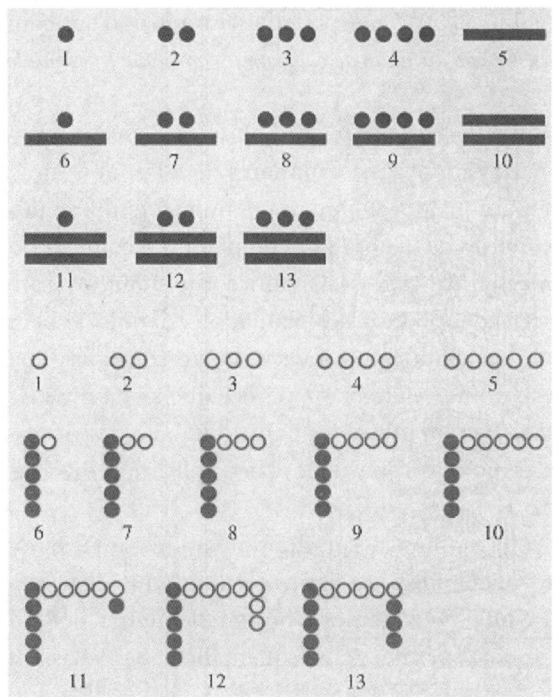

Tabela 2: Números até treze no sistema de notação mesoamericano. *Arqueología Mexicana*, v. VII, n. 41, p. 15.

Aqueles vinte signos combinavam-se com esses treze números até que o primeiro signo recebesse de novo o número 1, o que ocorria depois de 260 dias. Sendo assim, os dias eram contados e, simultaneamente, nomeados em nahuatl da seguinte forma: *ce cipactli (1 jacaré), ome ehecatl (2 vento), yei calli (3 casa), nahui cuetzpalin (4 lagarto), macuilli coatl (5 serpente), chicuace miquiztli (6 morte), chicome mazatl (7 veado), chicuei tochtli (8 coelho), chiconahui atl (9 água), matlactli itzcuintli (10 cachorro), matlactli once ozomatli (11 macaco), matlactli omome malinalli (12 erva), matlactli omei acatl (13 junco), ce ocelotl (1 jaguar), ome cuauhtli (2 águia)*, e assim sucessivamente até se operarem as 260 combinações possíveis. A passagem completa de cada sequência numérica marcava a formação de um subconjunto no interior desse ciclo de 260 dias. Esses subconjuntos totalizavam vinte e podemos chamá-los de trezenas.

O ciclo completo de 260 dias chamava-se *tonalpohualli*. Essa palavra, proveniente do nahuatl, é formada por *tonalli*, que significa *ardor, calor do sol* e *tempo de estio*, e era empregada como sinônimo de *dia*, e por *tlapohualli*, que significa *coisa contada, numerada* ou *relatada*.[8] Desse modo, poderíamos traduzir *tonalpohualli* como *conta dos dias* ou *relato sobre os dias*. Mas é interessante notar que *tonalli* também significa *alma, espírito, razão,*

---

8   Na verdade, *tlapohualli* é um substantivo derivado do verbo *pohua*, cuja gama de significação, como citamos no Capítulo I, abrange *contar, numerar, relatar* e *historiar*, mais o prefixo pronominal indefinido *tla*, que pode ser traduzido por *algo* ou *coisa*.

parte, porção, o que é destinado a alguém. Assim, *tonalpohualli* poderia ser traduzido também como *relatar ou contar algo sobre as almas, sobre o quinhão de cada um, sobre o que é destinado a cada ser.*

Esse ciclo não corresponde, direta e precisamente, a nenhum ciclo astronômi-co.[9] No entanto, sua duração aproxima-se de nove meses lunares de 29 noites, isto é 261 noites, o que tem servido de base para propor-se que sua definição tenha se ins-pirado no tempo de gestação humana ou no ciclo completo de plantio e colheita do milho, ambos aproximadamente com essa duração. Isso significa que o milho, prin-cipal produto da agricultura mesoamericana, poderia ser plantado e, depois de bem seco, colhido em um dia de mesmo nome, assim como o ser humano começaria sua existência e nasceria em dias do mesmo nome. Além disso, parece que as subdivisões em trezenas e os múltiplos do *tonalpohualli* eram utilizados para contabilizar vários ci-clos astronômicos, funcionando assim como uma espécie de ábaco aplicável a diversas contas e a diferentes sequências de dias.[10]

Articuladamente a esse ciclo de 260 combinações, utilizado para se contar e no-mear os dias, corria uma outra série, formada por nove signos cujo conjunto é chama-do de Yoaltetecuhtin ou Senhores da Noite. Seus nomes e ordem elementar podem ser vistos na Tabela 3, na qual temos também suas imagens esquemáticas, baseadas nas do *Códice borbónico*.

Essa sequência servia, primordialmente, para se contar e qualificar as noites, pois cada um dos nove Yoaltetecuhtin, na ordem estabelecida na Tabela 3, era consi-derado o regente de uma delas.[11] Sendo assim, ao completar-se um *tonalpohualli,* cada qual, à exceção do último, Tlaloc, havia regido 29 noites, subdividindo assim o ciclo de 260 dias em nove meses lunares, como citamos acima.[12] Além disso, aventa-se a

---

9   Alguns dos ciclos astronômicos que se aproximam dessa duração ou de seus múltiplos são o in-tervalo de aparição de Vênus como estrela matutina e vespertina, de 263 dias, e o ano sinódico de Marte, de 3 x 260 dias. Cf. Aveni, Anthony. *Observadores del cielo en el México antiguo.* México: FCE, 1991.

10   Cf. Siarkiewicz, Elzbieta. *El tiempo en el tonalamatl.* Varsóvia: Cátedra de Estudios Ibéricos – Uni-versidade de Varsóvia, 1995.

11   Sobre essa função, Jacinto de la Serna (1601 – 1681), cura do Sacrário Metropolitano de Mé-xico e reitor da universidade dessa mesma cidade, afirma em sua obra que "A cada uno de estos días daban uno de nueve acompañados, los cuales decían que acompañaban la noche o presidían en ella, sin tener más duración que desde que se ponía el sol hasta que volvía a salir, y se llamaban señores o dueños de la noche". *Manual de ministros de indios para el conocimiento de sus idolatrías y extirpación de ellas,* México: Imprenta del Museo Nacional, 1892, p. 345. Apud León Portilla, Miguel. *Códices, op. cit.,* p. 245 e 246.

12   Tlaloc, o último Senhor da Noite, teria uma aparição a menos para se completar exatamente 260 noites. Isso porque, 29 x 9 são 261, número que sobrepassaria a duração do *tonalpohualli* e

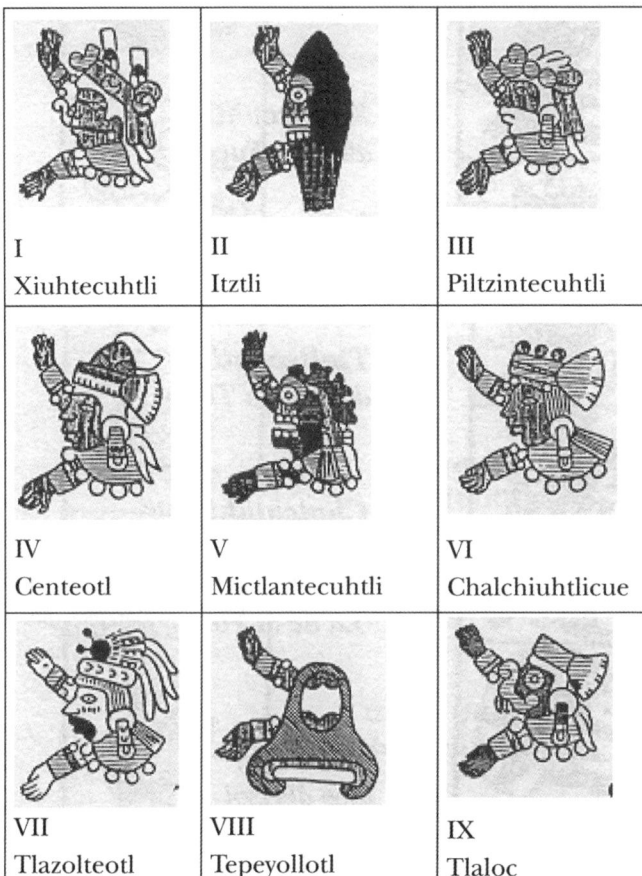

I Xiuhtecuhtli	II Itztli	III Piltzintecuhtli
IV Centeotl	V Mictlantecuhtli	VI Chalchiuhtlicue
VII Tlazolteotl	VIII Tepeyollotl	IX Tlaloc

Tabela 3: Os Senhores da Noite segundo o *Códice borbónico*. Anders, Ferdinand *et alii. El libro del ciuacoatl*, p. 65.

possibilidade de que os nove Senhores da Noite servissem também como divisores de cada noite. Essa hipótese baseia-se em informações do *Códice Mendoza* – que relata o caso do sacerdote cuja função era olhar as estrelas para controlar o tempo dos servi-

---

faria com que o início da sequência dos nove Senhores da Noite saltasse um dia à frente a cada ciclo de 260 dias, o que não é atestado pelos códices sobreviventes, nos quais o primeiro dia, *ce cipactli*, coincide sempre com o primeiro Senhor da Noite, *Xiuhtecuhtli*. Outra possibilidade seria que a última noite do *tonalpohualli* fosse regida por dois Senhores da Noite, Tepeyolotl e Tlaloc, pois desse modo o primeiro Senhor da Noite voltaria a reger o primeiro dia do *tonalpohualli* seguinte. Isso estaria sugerido no *Tonalamatl Aubin*, que registra Tepeyollotl e Tlaloc como regentes da última noite. Cf. *El Tonalamatl de la Colección Aubin*. Tlaxcala: Estado de Tlaxcala e La Letra Editores, 1981, p. 20.

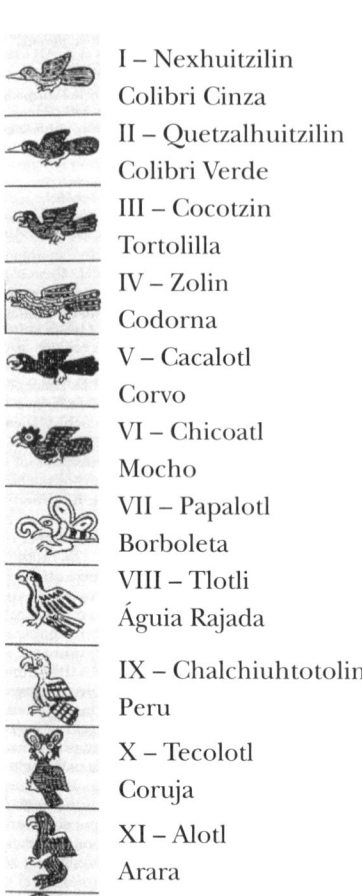

I – Nexhuitzilin
Colibri Cinza

II – Quetzalhuitzilin
Colibri Verde

III – Cocotzin
Tortolilla

IV – Zolin
Codorna

V – Cacalotl
Corvo

VI – Chicoatl
Mocho

VII – Papalotl
Borboleta

VIII – Tlotli
Águia Rajada

IX – Chalchiuhtotolin
Peru

X – Tecolotl
Coruja

XI – Alotl
Arara

XII – Quetzal
Quetzal

XIII – Toznene
Papagaio

Tabela 4: Os treze Voadores ou Quecholli segundo o *Códice borbónico*. Anders, Ferdinand *et alii. El libro del ciuacoatl*, p. 66 e 67.

ços e cerimoniais noturnos – e dos *Primeros memoriales* – que cita o ato de incensar em meio da noite por várias vezes, talvez por nove vezes.[13]

Em suma, embora todas as funções dos Senhores da Noite dentro do *tonalpohualli* ainda não tenham sido entendidas, eles estavam seguramente relacionados com a contagem das noites e com sua qualificação e, possivelmente, com a subdivisão de cada noite em pequenos períodos e com o agrupamento delas em nove meses lunares – o que reforça a hipótese de que a origem do *tonalpohualli* estaria relacionada com

---

13   Cf. *The essential Codex Mendoza*. Berkeley/Los Ángeles/Londres: University of California Press, 1997, p. 63r./ *Primeros memoriales by Fray Bernardino de Sahagún – Part I*. Norman: University of Oklahoma Press, 1993, p. 271v.

o tempo de gestação humana ou de plantio e colheita do milho, contabilizados pelos meses lunares.[14]

Veremos no Capítulo III, ao tratar dos rumos do Universo, que o número nove e os Senhores da Noite também podem ser associados ao Inframundo, região dividida em nove níveis e por onde o Sol teria seu percurso noturno.

O *tonalpohualli* com subdivisões internas encontrava-se registrado em livros pictoglíficos que serviam, como sugere seu nome, para *contar os dias* e para *relatar sobre as almas e seus destinos nos dias*. Esses livros eram chamados de *tonalamatl*, isto é, *livro da conta dos dias* ou *livro do relato dos destinos*, e serviam para que sacerdotes especializados – chamados de *tonalpouhque* – fizessem prognósticos sobre diversos aspectos da vida e que diziam respeito às mais variadas situações sociais: nascimentos, mortes, enfermidades, guerras, plantios, colheitas etc. Esse uso confirma a inseparabilidade entre *contar os dias* e *relatar sobre os destinos*, sugerida pelos termos analisados acima.

Além dos números de 1 a 13, dos vinte *tonalli* e dos nove Senhores da Noite, outros elementos encontram-se registrados nos *tonalamatl* e, certamente, eram levados em conta durante o processo de "mapeamento" e leitura das cargas temporais de cada dia e noite. Entre esses elementos, podemos destacar a trezena na qual cada dia se inseria – presidida e nomeada pelo seu primeiro dia –, as deidades tutelares que regiam cada trezena e as oferendas que deveriam ser realizadas para corrigir ou confirmar um destino desfavorável ou propício.[15]

Além disso, em alguns *tonalamatl*, os dias de cada trezena são acompanhados por uma série formada por treze deidades – chamada de Tonaltetecuhtin, ou *Veneráveis Senhores dos Dias*, cujo significado não é muito conhecido – e por outra série constituída por doze aves e uma borboleta – chamados em conjunto de Quecholli, que traduziremos por *Voadores*, e cujo sentido discutiremos mais adiante, ao analisar o *tonalamatl* do *Códice borbónico*.[16] A sequência elementar e as imagens esquemáticas dos Voadores,

---

14   Um balanço das atribuições dos Senhores da Noite nas fontes coloniais pode ser obtido em Caso, Alfonso. *Los calendarios prehispánicos*. México: IIH – Unam, 1967. O *Códice telleriano-remense* identifica os aspectos adivinhatórios de cada um, no entanto de uma forma muito sumária e binária, talvez por influência do pensamento cristão. Segundo esse códice, Xiuhtecuhtli seria bom, Itztli mau, Piltzintecuhtli bom, Centeotl indiferente, Mictlantecuhtli mau, Chalchiuhtli-cue indiferente, Tlazolteotl mau, Tepeyollotl bom e Tlaloc indiferente. Cf. *Codex telleriano-rememsis*. Austin: University of Texas Press, 1995.

15   Esse tipo de concepção mostra que a visão de mundo mexica e mesoamericana não era determinista, como defenderam muitos autores: "...a visão mexicana do universo deixa pouco espaço ao homem. Este é dominado pelos sistema dos destinos; nem sua vida, nem sua outra vida lhe pertencem (...) O peso dos deuses e dos astros o esmaga, a onipotência dos signos agrilhoa-o." Soustelle, Jacques. *Os astecas na véspera da conquista*. São Paulo: Companhias das Letras e Círculo do Livro, 1990, p. 136.

16   A borboleta é o sétimo *quecholli*, dividindo assim a série de Voadores ao meio.

inspiradas nas do *Códice borbónico*, podem ser vistas na Tabela 4. A lista dos Tonaltete-cuhtin será apresentada mais adiante, ao analisarmos o *tonalamatl* do *Códice borbónico*.

Juntando-se a todos os elementos mencionados acima, as vinte trezenas do *to-nalpohualli* eram ainda relacionadas alternadamente aos quatro rumos do universo horizontal (na sequência oriente, norte, poente e sul) e estavam inseridas em um determinado *xihuitl*, ou ano sazonal, o qual, por sua vez, possuía seu próprio número e carregador e também estava relacionado a uma das quatro direções do Mundo.[17]

Por tudo isso, o *tonalpohualli* era muito mais do que a simples conta dos dias e o *tonalamatl*, sua expressão plástica, pode ser considerado como um "mapa" das cargas componentes de cada dia e de cada noite, trazidas por entes e ciclos que governavam o tempo.

A partir dessa conta e relato sobre os dias, ou *tonalpohualli*, os povos mesoame-ricanos nomeavam e contavam os anos sazonais, cuja duração padrão havia sido defi-nida em 365 dias.[18] O princípio básico que regia o processo de nomeação e conta dos anos pode ser resumido da seguinte forma: o nome do primeiro dia do ano sazonal,

---

17   A questão da presença implícita das concepções espaciais em toda e qualquer referência tem-poral será tratada, em detalhe, no Capítulo III, no qual analisaremos a presença das concep-ções cosmográficas nas fontes nahuas.

18   Há uma polêmica acerca da utilização de mecanismos de ajuste entre o ano calendário de 365 dias e a duração real do ano sazonal, aproximadamente de 365 dias e um quarto. Alguns estu-diosos, como Víctor Castillo Farreras e Carmen Aguilera, acreditam que havia uma espécie de ano bissexto ou de correções regulares (por exemplo, dois dias a cada oito anos ou treze dias a cada cinquenta e dois anos), que funcionariam como um mecanismo para que o início do ano calendário e suas subdivisões coincidissem, de maneira regular, com as estações. Cf. Castillo Farreras, Víctor. El bisiesto náhuatl. In: *Estudios de cultura náhuatl*. México: IIH – Unam, v. 9, p. 75-104, 1971/Aguilera, Carmen. Xolpan y Tonalco. In: *Estudios de Cultura Náhuatl*. México: IIH – Unam, v. 15, p. 185-207, 1982. Outros estudiosos, como Michel Graulich, acreditam que não existia tal mecanismo e que ao longo do tempo houve uma grande defasagem entre o ano calendário com sua subdivisão em vintenas e as estações. Cf. Graulich, Michel. *Mitos y rituales del México antiguo*. Madri: Ediciones Istmo/Colegio Universitario, 1990. Um terceiro grupo de estudiosos, dentre os quais podemos citar Gordon Brotherston, propõe que um sistema calendário com uma continuidade de uso tão ampla e com subdivisões do ano marcadas por celebrações e festividades claramente relacionadas às estações deveria possuir, certamente, um mecanismo de correção. No entanto, esse grupo acredita que tal mecanismo não era tão regu-lar – como propõe o primeiro grupo – e que funcionaria a partir da conferência da posição das Plêiades no meio da noite em que se celebrava o Fogo Novo e o Enlace dos Anos, eventos que serão tratados mais adiante. No momento desses eventos, que ocorriam a cada 52 anos, essa constelação deveria ocupar o zênite e a defasagem de posição poderia servir para, de tempos em tempos, se fazer correções. Cf. Brotherston, Gordon. *La América indígena en su literatura*, *op.cit*. Para um balanço geral da questão: Tena, Rafael. *El calendario mexica y la cronografía*. Méxi-co: Inah, 1992.

segundo o *tonalpohualli*, servia para nomeá-lo.[19] Imaginemos que hoje é o dia *ce acatl* (*1 junco*) e que esse é o primeiro dia do ano sazonal: esse ano também se chamará *ce acatl*. Mas como o ano sazonal é maior do que o ciclo de 260 dias, o próximo ano sazonal não começará novamente no dia *ce acatl*, mas no 106º dia do ciclo seguinte do *tonalpohualli*. Que dia será esse? A sequência dos vinte signos do *tonalpohualli* cabe dezoito vezes no ano sazonal de 365 dias com sobra de cinco signos: isso faz com que o signo que principia e nomeia o ano, chamado de portador ou carregador do ano, salte de 5 em 5 entre os vinte *tonalli* e retorne ao primeiro depois de quatro anos.

Em outras palavras, se o primeiro ano teve como signo *acatl*, que é o décimo terceiro no conjunto dos vinte *tonalli*, o segundo ano terá o décimo oitavo signo, isto é, *tecpatl*, o terceiro ano terá o terceiro, isto é, *calli*, o quarto ano terá o oitavo, isto é, *tochtli*, e no quinto ano volta-se ao signo *acatl*. Portanto, dentre os vinte signos do *tonalli* apenas quatro serviam para nomear os anos sazonais.

Quanto aos treze números que se combinavam aos vinte signos para nomear os dias no *tonalpohualli*, será que também apenas quatro deles eram utilizados para nomear os anos? Isso aconteceria se tivéssemos vinte números para acompanhar os vinte signos do *tonalli*, pois desse modo teríamos uma combinação fixa entre números e signos. No entanto, como vimos acima, os números utilizados para nomear os dias eram treze e, diferentemente dos vinte signos com os quais se combinavam, dos quais apenas quatro nomeavam os anos, todos eles eram empregados na conta dos anos sazonais. Isso ocorre porque os treze números do *tonalpohualli* cabem vinte e oito vezes no ano sazonal de 365 dias com sobra de um, fazendo que os números dos dias com os quais os anos se iniciam avancem de um em um.

Em suma e de forma exemplar: se o primeiro ano teve como dia inicial 1 *acatl*, o segundo ano terá 2 *tecpatl*, o terceiro terá 3 *calli*, o quarto 4 *tochtli*, o quinto 5 *acatl*, o sexto 6 *tecpatl*, depois 7 *calli*, 8 *tochtli*, 9 *acatl*, 10 *tecpatl*, 11 *calli*, 12 *tochtli*, 13 *acatl*, 14 *tecpatl*, e assim sucessivamente até se operarem todas as combinações possíveis entre os quatro signos e os treze números que caem como dias iniciais dos anos sazonais, o que resulta em uma série de 52 anos, após os quais os nomes dos anos voltam a se repetir.

19   Essa explicação geral não corresponde totalmente às distintas e específicas contas dos anos que eram empregadas na Mesoamérica. Isso porque, havia muitas variações na utilização do sistema, as quais, no entanto, não rompiam sua lógica interna. Isso poderia ser explicado pela dimensão qualificadora do sistema calendário, ou seja, escolher um determinado ano para celebrar o Fogo Novo, por exemplo, não era apenas uma questão quantitativa ou algo previamente determinado pelo sistema. Segundo Alfonso Caso, o ano mexica principiava pelo dia seguinte àquele que dava seu nome ao ano, ou seja, os anos *tochtli* começam por *acatl*, os *acatl* por *ocelotl*, os *tecpatl* por *quiahuitl* e os *calli* por *cuetzpalin*. Cf. Caso, Alfonso. Nuevos datos para la correlación de los años aztecas y cristiano. In: *Estudios de cultura náhuatl*. México: IIH – Unam, v. 1, p. 9-25, 1959.

Em nahuatl, essa série era denominada *xiuhmolpilli*, termo formado por *xihuitl*, que significa *ano, cometa, turquesa* ou *erva*,[20] por *mo*, pronome reflexivo traduzível por *se*, e por *ilpilli*, que deriva do verbo *ilpia*, traduzível por *atar alguma coisa*. Desse modo podemos traduzir *xiuhmolpilli* por *atam-se* ou *enlaçam-se os anos* ou ainda, simplesmente, por *enlace de anos*.[21] É interessante notar que esse termo refere-se tanto ao fechamento de um ciclo de 52 anos sazonais como ao reencontro do início desse tipo de ano com o início do ciclo de 260 dias. Isso porque o período de 52 anos totaliza 18.980 dias, que equivalem exatamente a 73 ciclos de 260 dias.[22] Em outras palavras, os anos ou ciclos que se atavam a cada 18.980 dias eram, ao mesmo tempo, os anos sazonais entre si – cujos nomes voltariam a se repetir – e o início do ano sazonal com o início do ciclo do *tonalpohualli*.

À ocasião do *xiuhmolpilli* era celebrada a cerimônia do Fogo Novo, momento muito importante para os povos mixteco-nahuas, pois se acreditava que a duração das idades do Mundo era regida por esses ciclos de 52 anos e que, portanto, ao final de um deles, o Mundo voltaria a sofrer cataclismos que marcariam o térmi-no da era atual. Analisaremos em detalhe neste capítulo como o *Códice borbónico* registra tal cerimônia.[23]

Levando tudo isso em conta, é importante ressaltar dois aspectos do sistema calendário mesoamericano.

Primeiramente, que devido à importância do ano de 365 dias em nossa tradi-ção de pensamento, tendemos a dar-lhe um papel central e a explicar o *tonalpohualli*

---

20   O uso do mesmo termo para designar *ano* e *cometa* pode ser explicado pela relação entre a visão e observação de corpos celestes e a contagem do tempo. Quanto ao significado de *turquesa*, sabemos que a cor azul-turquesa era utilizada nos escritos pictoglíficos nahuas para emoldurar os glifos da conta dos anos (*ce acatl, ome tecpatl, yei calli, nahui tochtli, macuilli acatl* etc.), agregan-do-lhes o adjetivo *precioso* (*o precioso ano 1 junco* etc.), qualidade comumente atribuída a essas unidades de tempo. Quanto ao significado de *erva*, desconheço suas relações com o de *ano*.

21   Também era comum agregar-se a *xiuhmolpilli* o prefixo *to*, um adjetivo possessivo que significa *nosso*, resultando em *toxiuhmolpilli*, que poderia ser traduzido por *enlace de nossos anos* ou *nossos anos se enlaçam*.

22   Ross Hassig afirma que os 52 anos *xihuitl* ou os 73 *tonalpohualli* totalizariam 94.900 dias. O autor equivocou-se ao ter, simplesmente, multiplicado as durações dos dois ciclos (365 x 260) ao invés de ter buscado o mínimo múltiplo comum entre ambos, que é 18.980 dias. Nas suas palavras: "The two cycles of 260 and 365 days, respectively, ran continuously, with their con-junction of day names, months and years producing a still larger cycle of 52 solar years (260 x 365 = 94,900, which is 52 xihuitl cycles or 73 tonalpohualli cycles), known as the Calendar Round, before beginning anew." Hassig, Ross. *Time, history and belief in Aztec and Colonial Mexico*. Austin: University of Texas Press, 2001, p. 16.

23   Uma boa discussão teórica sobre o papel social dessa cerimônia encontra-se em Clendinnen, Inga. *Aztecs*. Cambridge: Cambridge University Press, 1991.

como um ciclo subsidiário. Talvez, para o sistema calendário mesoamericano, fosse justamente o contrário.[24] Isso porque, como vimos logo acima, era a conta dos dias que servia para nomear os anos e para gerar a conta de seus ciclos de 52. Além disso, como citamos em nota anterior, as trezenas e a base numérica vigesimal, que são os fundamentos do *tonalpohualli*, serviriam como unidades facilitadoras de cálculos astronômicos, tais como a duração do ano de Vênus em relação ao próprio ano solar.[25]

Em segundo lugar, que os dois ciclos compõem um só sistema e não conformam, como propõem alguns autores, dois calendários: um de caráter civil e outro de caráter religioso.[26] Veremos, ao analisar suas presenças nas fontes nahuas, que ambos os ciclos possuem aspectos que hoje chamaríamos de religiosos ou classificaríamos como relacionados à organização da vida civil. Além disso, a integração entre os dois ciclos é tão complexa, completa e intrínseca que um não funciona sem o outro. Um exemplo do caráter dessa integração encontra-se no fato de que, em última instância, podemos considerar o *xiuhmolpilli*, isto é, o ciclo de 52 anos sazonais, como uma das partes de um grande "*tonalpohualli* de anos sazonais", pois 52 é a quinta parte de 260. Em outras palavras, cinco ciclos de 52 anos sazonais conformariam um grande ciclo de 260 anos sazonais, o qual, por sua vez e não coincidentemente, pode ser subdividido em 365 ciclos do *tonalpohualli*.

---

24   Não estamos querendo dizer que o ciclo de 260 dias tivesse uma importância maior do que a do ano sazonal para as sociedades mesoamericanas, pois era esse último que regia a produção agrícola e, assim, grande parte das atividades sociais. Estamos nos referindo apenas a certa precedência matemática dentro do sistema de cálculos calendários e astronômicos. Cf. Siarkiewicz, Elzbieta. *El tiempo en el tonalamatl, op.cit.* A proposta dessa autora é que o *tonalpohualli* era uma ferramenta para designar qualquer ciclo de tempo, independente do número de dias.

25   Isso porque o ano solar (5 x 73 = 365 dias) e o ano de Vênus (8 x 73 = 584 dias) possuem o número 73 como divisor comum, o qual multiplicado por 13 gera um ciclo (13 x 73 = 949 dias) que poderia ser, por sua vez, multiplicado pela base numérica 20 para gerar o grande ciclo de 52 anos (20 x 13 x 73 = 18.980 dias ou 52 anos), cuja construção, portanto, estaria baseada nas trezenas do *tonalpohualli*. Cf. Seler, Eduard. *Comentarios al Códice Borgia*. México: FCE, 1988. Além disso, o emprego das trezenas e da base vigesimal para calcular as relações entre o ano solar e o de Vênus poderia formar um outro grande ciclo, cuja importância para o sistema calendário mesoamericano parecia ser fundamental, pois marcava justamente o reencontro do início do ano solar com o do ciclo de Vênus. Estamos falando do grande ciclo chamado de *huehuetiliztli*, ou *uma velhice*, formado por dois *xiuhmolpilli*, isto é, 104 anos sazonais ou 37.960 dias, período que corresponde exatamente a 65 anos venusianos de 584 dias.

26   Essa denominação foi muito utilizada até duas ou três décadas atrás e, por vezes, é adotada de forma automática por importantes estudiosos, cuja qualidade das obras é inquestionável. É o caso de Romero Galván, José Rubén. *Los privilegios perdidos*. México: IIH – Unam, 2003. Além disso, esse autor equivoca-se na nota de rodapé número 18 ao traduzir *xiuhpohualli* por *cuenta de los días*.

Essas complexas relações e combinações matemáticas não são acidentais. Sua existência indica-nos, entre outras coisas, que a elaboração do sistema calendário mesoamericano deve ter requerido, muito provavelmente, o trabalho de inúmeras gerações e a existência de grupos especializados em seu manejo, aos quais estamos chamando de tradições de pensamento e escrita. Esses grupos e seus descendentes intelectuais do período Colonial tiveram uma importante participação, direta ou indireta, na produção dos textos nahuas que iremos analisar e, sendo assim, não podemos desconsiderar – para usar uma expressão talvez inadequada – essa vertente matemática de seu pensamento no momento de analisar suas produções. Mas deixemos essa questão para o momento da análise das fontes e voltemos às características básicas do ano sazonal e sua conta.

Além de serem contados como unidades e agrupados em conjuntos de 52, cada ano sazonal era dividido em dezoito vintenas de dias, chamadas de *metztli* e marcadas pela passagem completa dos vinte signos do *tonalli*. A esses 360 dias somavam-se cinco dias finais – considerados vazios, ocos ou inúteis e chamados de *nemontemi* – que completavam os 365 dias do ano sazonal. Em outras palavras, o ano que se iniciou, por exemplo, com *ce acatl* (*1 junco*) teria todas suas dezoito vintenas iniciadas com *acatl* e, depois, mais cinco dias finais considerados aziagos.

Essa contagem e subdivisão dos períodos internos do ano era chamada de *xiuh-pohualli*, palavra formada pelos termos *xihuitl* e por *tlapohualli* – cujos significados vimos acima em distintas ocasiões – e que pode, assim, ser traduzida por *conta* ou *relato do ano*. Essa divisão interna do ano e seu termo designativo não devem ser confundidos com a *conta dos anos*, no plural, designada pelo termo *xiuhmolpilli*, que traduzimos como *enlace dos anos*.[27]

Veremos que esses dezoito ciclos de vinte dias regiam uma sequência de celebrações entre os nahuas que está registrada nos três códices que iremos analisar. No entanto, o uso dessas vintenas aparece de maneira muito diversa nesses registros pictoglíficos, principalmente se contrapusermos o *Códice borbónico* aos códices *Vaticano A* e *Magliabechiano*. Discutiremos se esse ciclo de dezoito vintenas era empregado como base organizacional para um tipo específico e tradicional de livro ou seção, como

---

27 Essa diferenciação de termos para se referir à subdivisão interna do ano sazonal em vintenas – *xiuhpohualli* – ou à conta dos anos e a formação de grupos de 52 anos – *xiuhmolpilli* – não é adotada universalmente. Alguns autores referem-se a essa última como *xiuhpohualli* e reservam o termo *xiuhmolpilli* exclusivamente para o advento do *enlace dos anos*. Outros, ainda, usam o primeiro para se referir às duas coisas. Por exemplo, Miguel León Portilla afirma em uma ocasião que "A diferencia del xiuhpohualli o cuenta del año de 365 días, el tonalpohualli estaba integrado por sólo 260", referindo-se assim à conta interna do ano sazonal por meio do termo *xiuhpohualli*, o que condiz com nossa proposta. No entanto, na mesma obra, também se refere ao ciclo de 52 anos contidos no segundo capítulo do *Códice borbónico* como um "...xiuhpohualli, cuenta de 52 años." León Portilla, Miguel. *Códices, op. cit.*, p. 66 e 243.

ocorria com o *tonalpohualli* e suas trezenas, conforme citamos anteriormente, ou se sua presença central nas seções dos dois últimos códices se relacionaria mais com as demandas dos missionários castelhanos.

O mesmo tipo de questão não pode ser colocado em relação ao *xiuhmolpilli*, amplamente utilizado em tempos pré-hispânicos como base organizacional de um tipo específico de códice, o qual era chamado de *xiuhtlapohualli* e *xiuhamatl*, respectivamente, *conta* ou *relato dos anos* e *livro de anais* ou *papéis dos anos*.[28]

Por meio desse tipo de códice, os diversos povos mesoamericanos registraram pictoglificamente suas histórias grupais, que geralmente abrangiam as origens identitárias do grupo, suas migrações, guerras, conquistas, alianças, dinastias reinantes e fenômenos que, hoje, chamamos de naturais, tais como terremotos, eclipses e passagens de cometas. Sendo assim, é importante frisar que estamos analisando registros pictoglíficos de povos que autodatavam sua história, fato com implicações que devem ser levadas em conta ao tentarmos caracterizar suas concepções de tempo, passado e história, como procuraremos fazer neste e nos capítulos seguintes.[29]

No entanto, os diversos *altepeme* (plural de *altepetl*) nahuas ou mixtecos adotaram datas distintas para iniciar seus livros de anais e para celebrar o *xiuhmolpilli*. Isso porque cada um deles considerava-se o centro ao redor do qual o tempo caminhava e apto, portanto, a escolher seu próprio ponto de partida calendária e de enlace dos anos. Esses pontos de partida estavam, em geral, relacionados, a importantes eventos

---

28 Apesar de não possuirmos anais nahuas pré-hispânicos, a onipresença desse tipo de livro na região do altiplano central mexicano durante a época Colonial e a concordância de informações e de estilos entre livros de distintas procedências distanciam qualquer possibilidade de origem a partir dos anais europeus. Além disso, existem *xiuhamatl* pré-hispânicos procedentes da região de Oaxaca, como o *Códice Zouche-Nuttall* e o *Vindobonense*, nos quais os anos não estão registrados em sequências completas e ininterruptas, mas são marcados à medida que a narrativa os exige. Elizabeth Hill Boone não considera esses livros mixtecos como anais e os agrupa sob a categoria de *res gestae* por possuírem como temática central as dinastias e seus feitos. Cf. Boone, Elizabeth Hill. Manuscript painting in service of imperial ideology. In: Berdan, Francis *et alii. Aztec imperial strategies.* Washington: Dumbarton Oaks Research Library and Collection, 1996. No entanto, tal categorização pode ser uma complicação desnecessária e, além disso, mascarar o princípio básico de leitura dessas histórias, as quais possuem claramente a conta dos anos como coluna vertebral e que, por isso, poderiam ser incluídas na categoria já existente de *xiuhamatl.*

29 Além dessa presença central na organização dos livros de anais, os ciclos de 52 anos também serviam para contabilizar a duração das idades anteriores do Mundo e para estabelecer a data inicial da idade atual nos relatos cosmogônicos. No Capítulo IV iremos analisar os relatos cosmogônicos nahuas e comparar alguns de seus aspectos com os relatos maias. Nessa ocasião, trataremos a temática das datas iniciais de modo mais profundo.

em seu passado ou – e não de modo excludente – a qualidades especiais atribuídas a determinados anos.

Houve casos em que outros *altepeme* adotaram a data de celebração do enlace dos anos de um *altepetl* que se destacara por seus domínios políticos e tributários ou por sua hegemonia cultural. No caso do altiplano central mexicano, por exemplo, muitos *altepeme* participaram da elaboração de correlações calendárias em Xochicalco – ou simplesmente adotaram seus resultados –, que passou a ser um importante centro comercial e cultural dessa região depois da queda de Teotihuacan. Algum tempo depois, já em meados do século XV, a conta dos anos mexica e sua celebração do Fogo Novo nos anos *ce tochtli* (*1 coelho*) – depois alterada para os anos *ome acatl* (*2 junco*) –, passaram a ser progressivamente adotadas.[30]

Esses fatos apontam para as dimensões políticas da criação e uso do sistema calendário, o qual funcionava como uma ferramenta para manejar e tratar das qualidades do tempo passado, presente ou futuro e que era operada primordialmente pelos membros das elites dirigentes nahuas. Sendo assim, ter em conta essas dimensões pode ser útil para explicar as formas com que tal sistema aparece e se transforma nos textos nahuas do século XVI, momento de grandes mudanças sociopolíticas no altiplano central mexicano.

O *tonalpohualli* nos textos pictoglíficos e alfabéticos

A análise da presença do sistema calendário nos textos pictoglíficos e alfabéticos nahuas se concentrará sobre seus dois principais ciclos, isto é, sobre o *tonalpohualli* – nesta parte do capítulo – e sobre o *xiuhmolpilli* – na parte seguinte. A partir desses dois eixos, desenvolveremos análises sobre os outros elementos do sistema calendário, bem como reflexões sobre as especificidades das concepções de tempo, de passado e de história manejadas pelas tradições de pensamento e escrita nahuas.

Veremos também que as transformações nos usos desses dois ciclos calendários, detectáveis em parte das fontes centrais, refletem a introdução de princípios escriturais e de modelos narrativos de origem cristã.

---

30   Talvez se possa estabelecer um paralelo funcional e ideológico entre esse caso e o dos maias, entre os quais houve uma grande difusão de uma única data inicial, a qual pautou as contas calendárias de praticamente todos os grandes centros durante o chamado período Clássico. Em ambos os casos, o ato de contar o tempo e determinar seus ciclos – que significava também controlar suas qualidades – estava sendo efetuado nos grandes centros de poder, fazendo que as entidades políticas menores estivessem, em alguma medida, sob o controle e influência das cargas temporais determinadas por tais centros.

O *tonalamatl* do *Códice borbónico*

Começaremos as análises pelo *Códice borbónico*. Como vimos no capítulo anterior, trata-se do manuscrito pictoglífico considerado o mais tradicional dos três que manejaremos, e sobre o qual pesa a polêmica de ser pré ou pós-conquista de Tenochtitlan.

Sua primeira seção[31] é um *tonalamatl* e nela os 260 dias dividem-se em vinte trezenas que se encontram distribuídas, respectivamente, nas vinte primeiras páginas do manuscrito – contando-se com suas duas primeiras páginas desaparecidas. A disposição gráfica dos elementos que compõem cada página desse *tonalamatl* segue regularmente um padrão ao longo das vinte trezenas.

Observando a Figura 1, que reproduz a trezena *Ce Calli (Um Casa)*, a décima quinta trezena do *tonalpohualli*, podemos entender melhor essa disposição. Em toda sua parte inferior e lateral direita observamos a presença de duas fileiras paralelas de pequenos quadrados e retângulos, pintados com grossas linhas vermelhas, que conformam, em seu conjunto, uma espécie de "L" invertido. Essas fileiras dispõem-se paralelamente aos limites da página em suas partes inferior e lateral direita. O restante de cada página, isto é, a parte centro-superior-esquerda, é ocupada por um grande quadrado, delimitado por parte das linhas vermelhas das fileiras e pelos termos da própria página. Nesse grande quadrado estão dispostas imagens que, à primeira vista, parecem não possuir um princípio de ordenamento e entre as quais se destacam, por sua maior dimensão, uma árvore partida ao meio, à esquerda, e uma figura antropomorfa, à direita, cujo traje e atavios são compostos, predominantemente, de plumas.

Apresentaremos e analisaremos primeiro os elementos presentes nas fileiras de quadrados pequenos e, em seguida, passaremos aos elementos contidos no grande quadrado.

Nos quadrados da fileira inferior mais externa e da fileira lateral mais interna temos disposta a sequência da conta dos dias, formada pelos números de um a treze – representados por meio de círculos vermelhos com contornos negros – e pelos signos do *tonalli*. Essa sequência, que graficamente não ocupa um papel de destaque no conjunto pictórico de cada página, serve para organizar a disposição dos outros elementos e fornecer o sentido leitura.[32] No caso do *Borbónico*, a disposição da conta dos dias estabelece que tal sentido é da esquerda para a direita e de baixo para cima.

---

31   Cf. *Códice borbónico*. Graz/México/Madri: ADV/FCE/SEQC, 1991, p. [1]-20.

32   Mais à frente, compararemos o *tonalamatl* do *Códice borbónico* com algumas seções do *Códice Borgia*, quando então fundamentaremos melhor essa primazia da conta dos dias para organizar os outros elementos e séries. Pois, até esse ponto da análise, se poderia propor o contrário, ou seja, que, por exemplo, a série de treze Quecholli seria o princípio organizador básico segundo o qual a conta dos dias estaria disposta.

Vale notar ainda que, estabelecido esse sentido, o glifo que se encontra mais abaixo e mais à esquerda da página é, justamente, o glifo calendário que inicia e nomeia a trezena, isto é, *ce calli*. É como se sua posição extrema reforçasse o sentido de leitura estabelecido pela sequência da conta dos dias em seu conjunto.

Nos mesmos quadrados ocupados pelos pequenos glifos da conta dos dias temos, à direita deles, os nove Yoaltetecuhtin ou Senhores da Noite, cujos nomes, sequência e prováveis significados gerais foram apontados anteriormente. No caso específico do *Códice borbónico*, os Senhores da Noite são representados apenas por suas cabeças ou bustos – à exceção de Tepeyolotl, Coração da Montanha, que não é representado antropomorficamente nesse códice – e com os braços abertos em torno dos signos do *tonalli*, como se os abraçassem.[33]

Essa postura, talvez, indicaria que os Senhores da Noite influenciavam e protegiam os dias ou, ainda, que conheciam suas cargas. Essa última interpretação tem sido proposta com base na análise do termo nahuatl *imatian*, registrado durante os trabalhos dirigidos por Sahagún para se referir à carga de um dia do *tonalpohualli*. Esse termo é formado a partir do verbo *mati*, que significa *tocar com as mãos* ou *conhecer* e, sendo assim, pode ser traduzido por *seu lugar de conhecimento*, mas também por *seu lugar de abraço*.[34]

Ou ainda, a presença dos Senhores da Noite nas mesmas casas que os *tonalli* e os números poderia indicar a conjunção de cargas que se mesclariam para compor uma unidade calendária maior, formada por períodos que costumamos separar, isto é, pelo dia e pela noite. Voltaremos a tratar dos Senhores da Noite do *Borbónico* mais adiante, em comparação com outros manuscritos pictoglíficos, quando então estaremos em posse de uma gama maior de informações para uma inferência como essa.[35]

Na fileira de quadrados paralela à da conta dos dias e dos Senhores da Noite, formada pela fileira inferior interna e pela lateral externa, temos os treze Voadores e os chamados Senhores dos Dias. Essas duas séries de elementos formam uma combi-

---

33   Jacqueline de Durand-Forest afirma que a apresentação dos Senhores da Noite no *Borbónico* e no *Tonalamatl Aubin* diferencia-se das de outros *tonalamatl* por trazer somente a representação de suas cabeças ou bustos, por estarem sem nenhum ornamento nasal e pela ausência dos fusos característicos de Tlazolteotl. Cf. Durand-Forest, Jacqueline. Códice borbónico y Tonalámatl Aubin. In: Martínez Marín, Carlos (apres.). *Primer coloquio de documentos pictográficos de tradición náhuatl*. México: IIH – Unam, 1989. Concordamos com essa análise, exceto no que diz respeito à representação apenas das cabeças ou bustos dos Senhores da Noite, pois, como veremos adiante, eles aparecem assim também no *Vaticano A* e no *Telleriano-remense*.

34   Cf. Anders, Ferdinand *et alii. El libro del ciuacoatl.* Graz/Madri/México: ADV/SEQC/FCE, 1991, p. 114.

35   Veremos, por exemplo, que os Senhores da Noite não aparecem nos mesmos quadrados que os números e *tonalli* no *Códice Vaticano A*, o que poderia denotar uma tentativa de separação mais clara entre os conceitos de *dia* e *noite*.

nação fixa entre si e com a série dos treze números dos dias, pois todas são compostas pela mesma quantidade de elementos, isto é, treze. Na Tabela 5 podemos ver essa combinação fixa entre os números dos dias, os treze Voadores e os Senhores dos Dias tal qual aparece no *Códice borbónico*, bem como saber os nomes desses últimos, os quais não haviam sido apresentados anteriormente.

Nº dos dias	Treze Voadores ou Quecholli	Senhores dos Dias
1	Nexhuitzilin – *Colibri Cinza ou Azul*	Xiuhtecuhtli
2	Quetzalhuitzilin – *Colibri Verde*	Tlaltecuhtli
3	Cocotzin – *Tortolilla*[36]	Chalchiuhtlicue
4	Zolin – *Codorna*	Tonatiuh
5	Cacalotl – *Corvo*	Tlazolteotl
6	Chicoatl – *Mocho*	Mictlantecuhtli
7	Papalotl – *Borboleta*	Centeotl
8	Tlotli – *Milano* ou *Águia Rajada*	Tlaloc
9	Chalchiuhtotolin ou Huexolotl – *Peru*	Quetzalcoatl
10	Tecolotl – *Coruja*	Tezcatlipoca
11	Alotl ou Chiconcuetzalli – *Arara*	Yoaltecuhtli
12	Quetzaltototl – *Quetzal*	Tlahuizcalpantecuhtli
13	Toznene – *Papagaio*	Cihuacoatl-Citlalincue

Tabela 5: Os números dos dias, os Senhores dos Dias e os treze Quecholli que se repetem a cada trezena do *tonalamatl* do *Códice borbónico*.

Ao contrário dos Senhores da Noite, os treze Voadores ou Quecholli e os Senhores dos Dias são presença rara nos códices pictoglíficos e nos textos alfabéticos.

Ao que tudo indica, os Quecholli estariam relacionados com a confirmação dos prognósticos feitos a partir dos *tonalamatl*. Parece que ver ou ouvir o canto de um desses Voadores nos dias que lhes "pertenciam" poderia ser considerado como um sinal da confirmação de um prognóstico específico, lançado por um *tonalpouhque*, ou da carga de destino geralmente associada a tal dia. Com base na equação formada por esses prognósticos, pelas cargas gerais de cada dia ou noite e pelas visões e audições dos cantos dos Voadores eram feitas oferendas de agradecimento por um destino favorável ou de reparação diante de um possível infortúnio.[37]

---

36   Ave parecida à pomba, menor do que ela e que emite um som suave, lento e repetitivo.

37   Uma das fontes que traz esse tipo de informação é o *Códice Tudela*, parte do Grupo Magliabechiano e no qual podemos ler acerca dos Quecholli em sua página 90: "son agüeros que si en algún día querían hacer (...) obra o ir de camino y veía alguna de aquellas figuras o aves lo tenían por agüero, y así mismo si el día que nacía alguno veía la madre o padre alguna de

No entanto, Cristóbal del Castillo, escritor indígena mencionado no capítulo anterior, afirma que os Quecholli dividem a influência sobre cada dia com os *tonalli*. Segundo Castillo, os *tonalli* iniciariam seu trabalho, gradualmente, a partir da meia-noite, o qual iria até o meio-dia, momento em que a influência dos *quecholli* começaria a se impor e iria até a meia-noite.[38] Essa informação amplia a gama de significação dos Voadores dentro do *tonalamatl*, pois os apresenta como uma espécie de duplo ou *nahual* dos números e *tonalli* que nomeavam os dias; e não como simples elementos de confirmação dos agouros.[39]

Considerando-se os códices procedentes do altiplano central mexicano, esses Voadores aparecem apenas no *Borbónico* e no *Tonalamatl Aubin*.[40] Trataremos mais abaixo, ao analisarmos os *tonalamatl* dos códices *Vaticano A* e *Magliabechiano*, das possí-

---

aquellas aves lo tenían por agüero..." Apud Anders, Ferdinand *et alii. El libro del ciuacoatl.* Graz/ Madri/México: ADV/SEQC/FCE, 1991, p. 65.

38   Cf. Castillo, Cristóbal del. *Historia de la venida de los mexicanos y otros pueblos, op.cit.*, cap. 72.

39   De maneira geral, os povos mesoamericanos acreditavam que cada ser possuía um *tonalli*, uma espécie de *alma* recebida de acordo com o momento de seu nascimento. Esse *tonalli* era compartilhado ou se vinculava a outro ser, como um animal ou uma montanha, por exemplo, nascido numa data idêntica ou equivalente. Essa espécie de *alter-ego* ou *duplo* era chamado de *nahual*. A esse fenômeno geral de compartilhamento de *tonalli* – e, portanto, de destinos – dava-se o nome de *tonalismo*. No entanto, alguns indivíduos possuíam a capacidade especial de se transformar no ser cujo *tonalli* compartilhavam. A isso se tem dado o nome de *nahualismo*. Cf. Navarrete Linares, Federico. Nahualismo y poder. In: _____ e Olivier, Guilhem (coords.). *El héroe entre el mito y la historia.* México: IIH – Unam/Centro Francés de Estudios Mexicanos y Centroamericanos, 2000.

40   Esse manuscrito – produzido provavelmente na região de Tlaxcala no início do período Colonial – traz apenas um *tonalamatl*, do qual faltam as duas primeiras páginas. Apresenta uma particularidade na representação dos treze Voadores – ademais da inversão entre o décimo primeiro e o décimo segundo –, pois cada qual possui a cabeça de uma personagem em seu bico entreaberto. Acredita-se que tais cabeças possam ser entendidas "...como la representación indígena del personaje que tomaba la forma o disfraz (nahualli) del animal en cuyo pico aparece..." Aguilera, Carmen. Estudio introductorio. In: *El Tonalamatl de la Colección Aubin.* Tlaxcala: Estado de Tlaxcala/La Letra Editores, 1981, p. 21. Tais personagens foram identificadas por Eduard Seler como: 1 – Tlahuizcalpantecuhtli (Senhor da Aurora), 2 – Ixtlilton (O de Rosto Negro), 3 – Macuilxochitl-Xochipilli (Cinco Flor-Príncipe das Flores), 4 – Xipe Totec (Nosso Senhor Esfolado), 5 – Yaotl (O Guerreiro), 6 – Teoyaomiqui (O Rajado ou Deus dos Guerreiros Mortos), 7 – Xiuhtecuhtli (Senhor do Ano ou Deus do Fogo), 8 – Tlaloc (Deus da Chuva), 9 – idem ao anterior, 10 – Tezcatlipoca (Espelho Fumegante), 11 – Macuilxochitl-Xochipilli (Cinco Flor-Príncipe das Flores), 12 – Centeotl (Deus do Milho), 13 – Xochiquetzal (Flor Preciosa). Cf. *El Tonalamatl de la Colección Aubin.* Tlaxcala: Estado de Tlaxcala/La Letra Editores, 1981.

veis implicações dessa quase exclusividade dos treze Voadores nesses dois códices. Por ora, aproveitaremos a temática dos Voadores para analisar algumas características de suas representações no *Borbónico*, as quais nos permitirão entender melhor o caráter do sistema pictoglífico empregado na construção desse e de outros *tonalamatl*.

Como podemos observar na Figura 1, as aves e a borboleta que compõem o conjunto dos treze Voadores são representadas, predominantemente, de lado, o que permite a representação plástica matizada de elementos característicos de cada espécie: a cor das penas, o formato da cabeça, a presença ou não de crista e o formato do bico. A exceção é, basicamente, o caso do *tecolotl*, ou *coruja*, cujo corpo é representado lateralmente e a cabeça frontalmente – a décima ave na Figura 1, seguindo-se o sentido de leitura indicado anteriormente, isto é, da esquerda para a direita e de cima para baixo. Essa representação frontal da cabeça realça uma notória característica diacrítica dessa ave: os enormes olhos e as enormes orelhas emplumadas.[41]

Outro caso que reforça a relação entre a escolha da forma de representação e o realce de características identificadoras é o do *chicoatl*, ou *mocho*. Essa ave é representada com o corpo e a cabeça em perfil, assim como todas as outras, à exceção do *tecolotl*, até a décima quarta trezena. Nessas representações destaca-se uma de suas mais notórias características: seus olhos enormes com grandes penas ao redor, o que é feito por meio do desenho de apenas um de seus olhos, devido à opção pelo perfil. No entanto, da décima quinta trezena em diante, justamente a que se encontra reproduzida na Figura 1, por razões desconhecidas, sua cabeça passa a ser representada de frente, o que permite um destaque ainda maior, agora, para seus dois olhos. Só que dessa forma, suas representações tornam-se muito parecidas com as do *tecolotl*. A solução para evitar confusões foi diferenciar o *chicoatl* tirando-lhe suas orelhas por completo – as quais, como vimos, são matizadas nas representações do *tecolotl* – e deixando-lhe apenas as longas penas ao redor dos olhos.

Esses casos parecem confirmar que as soluções figurativas empregadas nos códices pictoglíficos mixteco-nahuas pautavam-se, prioritariamente, por opções semânticas, ou seja, relacionadas à identificação de elementos que eram parte do sistema pictoglífico e que portavam sentidos mais ou menos precisos, os quais deveriam ser reabilitados no momento da decodificação. No entanto, a prioridade concedida à identificação e ao significado não resultava, necessariamente, no abandono do caráter figurativo dos elementos que compunham tal sistema.[42]

---

41   Somente na trezena *Ce Ozomatli* (*Um Macaco*), a coruja é apresentada com o rosto em perfil, mas, mesmo assim, destacam-se suas enormes orelhas. Cf. *Códice borbónico, op. cit.,* p. 11.

42   Em outra ocasião, dedicamos um artigo a esse tema. Cf. Santos, Eduardo Natalino dos. Os códices mexicas. In: *Revista do Museu de Arqueologia e Etnologia – USP*. São Paulo: Museu de Arqueologia e Etnologia da USP, n. 14, p. 241-58, 2004.

Mas voltemos à apresentação e análise dos elementos presentes nas fileiras de quadrados pequenos do *tonalamatl* do *Códice borbónico*.

Assim como os Quecholli, os treze Tonaltetecuhtin, ou Senhores dos Dias, aparecem apenas no *Tonalamatl Aubin* e no *Códice borbónico*, sendo que neste último apresentam-se de corpo inteiro, sentados e meio ajoelhados, de braços entreabertos, mãos levantadas e com o glifo da palavra – uma espécie de voluta ou vírgula – diante de suas bocas.[43] Essas personagens são ainda mais raras do que os Quecholli nas fontes coloniais ou pré-hispânicas. Sendo assim, sabe-se muito pouco de seus sentidos e significados, entre os quais estaria o papel de, simplesmente, reforçar e duplicar a conta dos dias. No entanto, como veremos adiante, há uma lista de treze deuses na *Histoire du Mechique* que, apesar de algumas discordâncias, possivelmente se relacione com a seqüência contida no *tonalamatl* do *Borbónico*.

O fato de os Senhores dos Dias apresentarem seus braços abertos do mesmo modo que os Senhores da Noite, permite-nos propor o mesmo tipo de interpretação que expusemos acima para essa postura. Sendo assim, voltemos nossa atenção para a vírgula ou voluta diante de suas bocas. Essas volutas eram o glifo utilizado para representar a fala no sistema pictoglífico mixteco-nahua. Poderiam ser de diversas cores e, desse modo, adquiriam sentidos diferentes, pois, nesse caso, as cores funcionavam como adjetivos que qualificavam uma ação. A voluta azul, por exemplo, representaria a palavra preciosa ou sábia, a vermelha seria a fala de alguém enraivecido e a branca com pontos, como de areia, poderia ser a fala de um estrangeiro.[44]

No caso do *tonalamatl* do *Borbónico*, essas volutas são todas vermelhas na grande maioria das trezenas. No entanto, nas trezenas de número cinco, seis, doze, treze e catorze temos, além das volutas vermelhas, uma série de outras cores: verde, cinza, abóbora, azul e algumas sem pintura. Seria necessária uma pesquisa sistemática em outros *tonalamatl* e textos alfabéticos coloniais para verificar se isso poderia ter alguma relação com os prognósticos mais comuns para esses dias ou se apenas, no processo

---

43   No *Tonalamatl Aubin* são representadas apenas suas cabeças. Cf. *El Tonalamatl de la Colección Aubin*. Tlaxcala: Estado de Tlaxcala/La Letra Editores, 1981.

44   A existência de um glifo para *palavra* remonta aos tempos de Monte Albán, de Teotihuacan e de cidades maias como Kaminaljuyú, Tikal e Bonampak. Há alguns estudos sobre seus sentidos gerais nos códices pictoglíficos. Um deles propõe a existência de cinco tipos principais de volutas, entre os quais podemos destacar as volutas para a palavra comum, para a palavra com autoridade e para a metafórica. Cf. Sepúlveda y Herrera, María Teresa. El poder de la palabra. In: Piña Chan, Beatriz Barba de (coord.). *Iconografía mexicana IV*. México: Inah/Plaza y Valdés, 2002.

de pintura da página, o *tlacuilo* aproveitou-se das cores das figuras ao lado para pintar também a voluta.[45]

Apesar de não termos muitas informações sobre as funções e os sentidos dos Tonaltetecuhtin dentro do *tonalamatl*, sabemos que, de forma geral, eram associados aos treze níveis celestes, a partir dos quais presidiriam todo o correr do dia, a começar por Xiuhtecuhtli, o Senhor do Ano, deidade estreitamente vinculada aos cômputos temporais e que ocuparia o mais baixo nível celeste, justamente o primeiro a ser atingido pelo sol no início do dia.[46] Além disso, a relação existente no pensamento nahua entre o conceito de dia e o percurso do Sol pelo céu é reforçada pela proximidade entre os termos *ilhuitl*, que servia para denominar *dia*, e *ilhuicatl*, que era empregado para *céu*.

Entremos na apresentação e análise dos elementos contidos no grande quadrado presente em todas as trezenas do *tonalamatl* do *Códice borbónico*.

Vimos que todas as séries de elementos apresentadas e analisadas acima se distribuem de forma regular a partir da base organizacional e do sentido de leitura fornecido pela conta dos dias. Essas séries ocupam um pouco mais da metade da área de cada página do *tonalamatl* do *Borbónico*, sendo que o restante é ocupado por elementos que, à primeira vista, parecem não possuir nenhuma ordem em sua disposição.[47]

Entretanto, se observarmos com atenção todas as trezenas, é possível notar que há um padrão nos tipos, posições e dimensões dos elementos representados em cada um dos grandes espaços quadrangulares. Esse padrão caracteriza-se pela presença de uma ou de um par de grandes figuras antropomórficas ou zoomórficas, que ocupam uma ou as duas laterais do espaço quadrangular e que, quando formam um par, encontram-se dispostas uma de frente para a outra; e também pela presença entre essas figuras maiores de uma grande quantidade de glifos e de representações de objetos

---

45   Uma das propostas de leitura para o glifo *palavra* nesse contexto calendário é *ytlatoayan* ou *oncan tlatoa*, que Sahagún traduz como *nesta casa reinava*, mas que pode ser lido como *dele se ocupava* ou *ali rege ou governa*. Cf. Anders, Ferdinand *et alii. El libro del ciuacoatl, op. cit.*, p. 113. Vale esclarecer que o verbo *tlatoa*, que significa *falar* e também *governar*, está em ambas as expressões.

46   Os treze Quecholli também podem, de alguma forma, relacionar-se com os treze níveis celestes. Ao analisarmos a cosmografia em detalhe, no próximo capítulo, veremos que, no entanto, há uma polêmica sobre o número de níveis celestes dentro da cosmovisão mesoamericana, se treze ou nove. Cf. Díaz Cíntora, Salvador. *Meses y cielos*. México: Unam, 1994. Além disso, veremos que talvez seja arriscado geometrizar em excesso os níveis celestes e do inframundo, como acabamos de fazer.

47   Para ser mais preciso, as franjas horizontais e verticais ocupam quase três quintos de cada página e o quadro maior ocupa um pouco mais de dois quintos. Cf. Batalla Rosado, Juan José. Los tlacuiloque del Códice borbónico. In: *Journal de la Société des Américanistes*. Paris: Au Siège de la Société Musée de L'Homme, tomo 80, p. 47-72, 1994.

de dimensões média e pequena. Creio que a reprodução da trezena *Ce Calli*, na Figura 1, e da trezena *Ce Quiahuitl*, ou *Um Chuva*, na Figura 2, são suficientes para atestar a existência desse padrão – além dessas, na Figura 30 encontra-se reproduzida a trezena *Ce Cozcacuauhtli* (*Um Abutre*).

Esses dois tipos de representação referem-se, respectivamente, aos deuses tutelares de cada trezena e aos glifos, objetos, situações e atos relacionados aos destinos e prognósticos ou, ainda, aos rituais que, supostamente, eram realizados em resposta aos prognósticos. Desse segundo tipo, fazem parte vasilhas com *pulque*, milho ou feijão,[48] mantas, comidas, animais, sangue, palha, ramas de abeto, papel *amate*, látex, autosacrifícios, sacrifícios de homens e de animais, vírgulas da palavra e glifos de olhos estelares, bolsas de copal, cometas, peregrinação, nomes calendários, datas, topônimos etc.

Talvez, na disposição relativamente desordenada das representações desses pequenos elementos e glifos residisse a "margem de manobra" para a atuação de cada *tonalpouhque* em face de cada consulente e situação específica. Isso porque não lhe cabia escolher amplamente os elementos seriados que se associavam a cada dia ou trezena, mas, por outro lado, poderia acioná-los e combiná-los de acordo com sua interpretação do que deveria ser feito para corrigir um destino desfavorável ou para agradecer e reforçar um destino propício.

Quanto ao primeiro tipo de representação, dissemos se tratar dos deuses tutelares ou patronos de cada trezena, que podem aparecer sozinhos ou em pares. Esses patronos são quase sempre os mesmos se compararmos a maioria dos *tonalamatl* disponíveis, isto é, presidem sempre as mesmas trezenas. Podemos ver quais são os patronos que presidem as vinte trezenas do *Códice borbónico* na Tabela 6. Aproveitamos para apresentar também os nomes das vinte trezenas e sua sequência no *tonalpohualli*,

---

48   Há um par de artigos que analisa os recipientes dessa seção do *Borbónico*. Tais artigos apontam para um total de noventa recipientes, os quais são classificados segundo sua forma ou função e sua relação com os conteúdos. O resultado é uma divisão entre recipientes com conteúdos adequados, sabidos e inadequados. Depois, procura-se fazer uma interpretação dos atributos secundários de tais recipientes com base, exclusivamente, nos textos de Sahagún – seguindo mais ou menos o famoso método de leitura iconográfica e iconológica proposto por Panofsky em Iconology and iconography: an introduction to the study of Renaissance art. In: *Meaning in the visual arts*. Garden City: Doubleday, 1955, p. 26-54. No entanto, o resultado desses artigos deixa muito a desejar, sobretudo por não ir muito além das descrições e classificações formais e por não estabelecer relações com outros códices ou textos alfabéticos, cujos conteúdos registrados possuem similaridades inquestionáveis com os do *tonalamatl* do *Borbónico*. Cf. Rosseau, Françoise. Un sistema de relación en el tonalamatl del Codex Borbonicus / Durand-Forest, Jacqueline de. Contenientes y contenidos. In: Vega Sosa, Constanza (compiladora). *Códices y documentos sobre México*. México: Inah, 1994. Além disso, como afirmamos no Capítulo I, pensamos que tratar os glifos do sistema escritural mixteco-nahua exclusivamente como pinturas que se prestavam a amplas interpretações não seja um bom método para seu estudo.

os quais, como explicamos inicialmente, provêm do nome do primeiro dia de cada uma das trezenas. Essa sequência será utilizada mais adiante, ao compararmos esse *tonalamatl* com o do *Códice Borgia*.

Trezena	Deidades Tutelares
I – Ce Cipactli – *Um Jacaré*	Tonacatecuhtli-Tonacacihuatl
II – Ce Ocelotl – *Um Jaguar*	Quetzalcoatl
III – Ce Mazatl – *Um Veado*	Tepeyolotl ou Tezcatlipoca e Quetzalcoatl
IV – Ce Xochitl – *Um Flor*	Huehuecoyotl e Ixtlilton
V – Ce Acatl – *Um Cana ou Junco*	Chalchiuhtlicue
VI – Ce Miquiztli – *Um Morte*	Tezcatlipoca Titlacahuan e Tonatiuh
VII – Ce Quiahuitl – *Um Chuva*	Tlaloc
VIII – Ce Malinalli – *Um Erva*	Mayauel
IX – Ce Coatl – *Um Serpente*	Tlahuizcalpantecuhtli e Xiuhtecuhtli
X – Ce Tecpatl – *Um Pedernal*	Tonatiuh e Mictlantecuhtli
XI – Ce Ozomatli – *Um Macaco*	Pahtecatl
XII – Ce Cuetzpalin – *Um Lagarto*	Iztlacoliuhqui ou Ixquimilli
XIII – Ce Ollin – *Um Movimento*	Tlazolteotl ou Ixcuina
XIV – Ce Itzcuintli – *Um Cachorro*	Xipe
XV – Ce Calli – *Um Casa*	Itzpapalotl
XVI – Ce Cozcacuauhtli – *Um Abutre*	Xolotl e Tlachitonatiuh
XVII – Ce Atl – *Um Água*	Chalchiuhtotolin
XVIII – Ce Ehecatl – *Um Vento*	Chantico
XIX – Ce Cuauhtli – *Um Águia*	Xochiquetzal
XX – Ce Tochtli – *Um Coelho*	Xiuhtecuhtli e Itztapaltotec

Tabela 6: As vinte trezenas e seus patronos segundo o *Códice borbónico*.

Não trataremos de caracterizar cada uma dessas trezenas e suas deidades tutelares. Além desse não ser o objetivo da pesquisa, há diversos estudos que cumprem essa tarefa.[49] Para nosso objetivo será mais proveitoso indicar a inserção e a estreita

---

49   Como os livros explicativos que acompanham as edições fac-similares dos códices. Por exemplo, Anders, Ferdinand e outros. *El libro del ciuacoatl, op. cit.*

relação dessas deidades com o contexto calendário e também com a cosmografia e a cosmogonia, temas que trataremos neste e nos capítulos seguintes.

Muitas dessas deidades possuem nomes que são datas. Esse é o caso, por exemplo, de Quetzalcoatl, também chamado de *Ce Acatl* (*Um Junco*) e de *Chiconahui Ehecatl* (*Nove Vento*),[50] de Chalchiuhtlicue, também chamada de *Chicomecoatl* (*Sete Serpente*), e de Mayauel, chamada de *Matlactli Once Coatl* (*Onze serpente*). Ademais, alguns dos vinte signos ou *tonalli* são deidades ou com elas se confundem. São os casos de *cipactli* e Tlaltecuhtli, *ehecatl* e Quetzalcoatl, *miquiztli* e Mictlantecuhtli, *ozomatli* e Tezcatlipoca, *tecpatl* e Itztli, *quiahuitl* e Tlaloc.

Esses são casos exemplares em que a relação entre os deuses e determinadas datas torna-se patente em seus próprios nomes, mas, no entanto, muitas outras deidades estavam associadas a datas de outras formas, tais como por sua participação em um determinado episódio cosmogônico. É o caso, como veremos no Capítulo IV, de Tezcatlipoca, Quetzalcoatl e Tonacatecuhtli, deuses que também regem trezenas do *tonalpohualli*.

A primeira trezena do *tonalpohualli* é um bom exemplo dessa estreita relação entre calendário, cosmogonia e personagens divinas. Seu *tonalli* inicial é *cipactli*, que podemos traduzir por *jacaré*, animal que nas narrativas cosmogônicas aparece relacionado como o ser que dará origem à Terra, chamada de Tlaltecuhtli. A deidade tutora dessa trezena é Tonacatecuhtli, ou Senhor de Nosso Sustento, também chamado de Ometeotl, ou Deus Dois. Esses dois personagens – Tonacatecuhtli e *cipactli* – são centrais nos relatos cosmogônicos que se referem ao princípio da primeira criação. Não podemos acreditar que o fato das deidades primevas serem as primeiras a aparecer na conta dos dias seja uma mera coincidência. Esse fato, seguramente, confirma a ligação entre a contagem dos dias, a cosmogonia e os deuses, partes de uma visão de mundo que não podem ser entendidas, adequadamente, de maneira isolada.[51] Ademais,

---

50   Parece que esse nome-data possuía um caráter especial, pois se encontra espalhado por toda a Mesoamérica, seja sob a forma de datas propriamente ditas ou para designar personagens na história e cosmogonia relacionadas a Quetzalcoatl. Cf. Brotherston, Gordon. *Painted books from Mexico*. Londres: British Museum Press, 1995, p. 84 e 85. Na conta dos anos mexica, o signo *ehecatl* não era um portador de ano e por isso não havia anos nomeados como *chiconahui ehecatl*. No entanto, *nove vento* era um dia do *tonalpohualli* e em alguns *tonalamatl* ele se encontra especialmente destacado, como na página 289r dos *Primeros memoriales* (Norman: University of Oklahoma Press, 1993) e na página 9r do *Telleriano-remense* (*Codex telleriano-rememsis*. Austin: University of Texas Press, 1995.). No primeiro caso, temos a associação com uma data cristã e, no segundo, o desenho de uma mão que aponta esse dia.

51   Cf. Gruzinski, Serge. *La colonización de lo imaginario*. México: FCE, 1995. Apesar de clamar pelo entendimento conjunto da cosmogonia e do calendário, esse mesmo autor defende que a conta dos anos não servia para se aludir a um lapso temporal singular, mas a um tipo de ano, a uma gama de influências recebidas em vários anos com os mesmos nomes. Procuraremos mostrar

talvez essa ligação, que em alguns casos chega à indistinção, seja uma das principais especificidades das explicações sobre o passado elaboradas pelos povos e tradições de pensamento nahuas e mesoamericanos e, consequentemente, indispensável para caracterizar suas concepções de tempo e de passado.

Sendo assim, talvez seja fundamental ressaltar que o *tonalpohualli* embasava-se em um conceito de tempo e cosmo que não se explica unicamente pela ideia de rito, pois se estruturava sobre o pressuposto de que existiam influências das criações cosmogônicas no presente, influências essas que obedeciam a ciclos e lapsos temporais complexos e de amplitudes variáveis; e não apenas à realização de um ato ritual que as evocasse metonimicamente.

Em outras palavras, o *tonalpohualli*, seus prognósticos e atos rituais relacionados não eram um simples mecanismo de atualizar os eventos e momentos originais, minimizando ou apagando, assim, a fronteira entre passado e presente. Na verdade, constituía-se como um aparato ideológico que permitiria entender e manipular os diversos ciclos e lapsos temporais que intermediariam as relações entre o presente e o passado, duas dimensões temporais que, como procuraremos mostrar mais adiante, não se distinguiam qualitativamente para o pensamento nahua, pois ambas estavam sujeitas à mensuração por meio da mesma conta calendária, isto é, pelos anos *xihuitl*. Além disso, veremos também que o Mundo atual, assim como os anteriores, estava sujeito a sofrer cataclismos que o encerrariam e dariam lugar a outra idade: os tempos presentes continuavam a ser tempos cosmogônicos ou de origens.

Voltaremos a essas questões ao tratarmos da continuidade da marcação temporal entre cosmogonia e história recente – o que faremos ainda neste capítulo – e também ao abordarmos as especificidades da cosmogonia nahua do século XVI – o que será feito no Capítulo IV. Nessa ocasião, trataremos de mostrar indícios e argumentos que embasem a afirmação acima, a qual vai de encontro a uma das principais ideias defendidas por Alfredo López Austin e outros estudiosos: a distinção entre o *outro tempo-espaço* – caracterizado pela eterna presença e atuação dos deuses na criação da ordem cósmica – e o *tempo-espaço humano* – no qual essa ordem encontra-se estabelecida.[52]

Por enquanto, tratemos de analisar mais alguns aspectos das formas de presença e papéis do *tonalpohualli* nos códices pictoglíficos, tais como o uso dos signos do *tonalli* como indicadores do sentido de leitura.

---

que a marcação da diacronia era uma dimensão muito importante na concepção de tempo e de passado entre os nahuas, presente na conta dos anos por meio da marcação dos Fogos Novos e da ininterrupta continuidade dos glifos dos anos apontados nos livros de anais.

52   Para esse estudioso, os dois tempos-espaços não se constituiriam como âmbitos incomunicáveis, mas não se confundiriam em nenhum momento. Cf. López Austin, Alfredo. *Los mitos del Tlacuache*. México: IIA – Unam, 1998.

Os vinte signos do *tonalli* como indicadores do sentido de leitura nos *tonalamatl* e em seções correlatas

Ao comparar o *tonalamatl* do *Borbónico* com os de outros códices, como os do *Tonalamatl Aubin*, *Vaticano A* e *Borgia*, fica evidente que o modo de organização gráfica dos elementos e o sentido de leitura são distintos em cada caso. Isso ocorre porque a representação gráfica do ciclo de 260 dias costumava atender a diferentes demandas – tais como o tratamento de determinados temas ou a ênfase nesse ou naquele aspecto do *tonalpohualli* – e a ser realizada por escolas de *tlacuiloque* e *tlamatinime* com suas próprias características e filiações estilísticas. Além disso, o sistema de escrita mixteco-nahua não possuía um sentido de leitura padrão e pré-estabelecido, algo do tipo da esquerda para a direita e de cima para baixo.[53]

Sendo assim, como teoricamente cada manuscrito poderia apresentar formas diferentes de dispor as pinturas e glifos, as sequências mais conhecidas serviam para indicar o sentido de leitura e para organizar a disposição dos demais elementos. Procuraremos mostrar que a sequência dos *tonalli* desempenhava, por excelência, essa função, podendo estar acompanhada ou não por números.

Indicações que embasam essa afirmação podem ser encontradas, por exemplo, na primeira seção do *Códice Borgia*,[54] que se constitui como um *tonalamatl* que apresenta cinco trezenas a cada par de páginas. Nessas páginas, o sentido de leitura é dado somente pela conhecida sequência dos *tonalli*, pois os mesmos não são acompanhados pelos números dos dias e nem pelas outras séries de elementos que, como vimos, constam nas trezenas do *Borbónico*, tais como os nove Senhores da Noite – veremos que essa série ocupa uma página à parte no *Borgia*.

Na Figura 3 estão reproduzidas as duas primeiras páginas dessa seção do *Borgia*.[55] Nela podemos perceber a existência de sete fileiras horizontais com treze casas cada, o que resulta na formação de treze colunas. Nas cinco fileiras centrais e mais

---

53   O sistema maia possuía uma padronização maior. Em geral, os glifos eram lidos em pares de colunas, da esquerda para a direita e do topo para baixo.

54   Trata-se de um manuscrito seguramente pré-hispânico e que, assim como o *Borbónico*, se utiliza do sistema de escrita mixteco-nahua. No Capítulo I apresentamos, sumariamente, alguns dados sobre o *Códice Borgia* e o grupo que leva seu nome, o qual se caracteriza, entre outras coisas, pela ampla presença do *tonalpohualli* e suas séries. Sendo assim, apesar das particularidades de estilo dos manuscritos desse grupo, podemos utilizá-los como fonte de exemplos dos usos tradicionais do *tonalpohualli* e de seus ciclos.

55   Cf. *The Codex Borgia*. Nova York: Dover Publications, 1993, p. 1 e 2. Optamos por apresentar no livro as imagens do *Borgia* provenientes de uma edição não *fac-símile* devido, sobretudo, ao mau estado de conservação de suas páginas iniciais, visível na edição *fac-símile* que também consultamos na pesquisa: *Códice Borgia*. Madri/Graz/México: SEQC/ADV/FCE, 1993. Faremos essa opção sempre que não estivermos analisando, por exemplo, as cores ou traços do manuscrito, acreditando que dessa forma não comprometeremos a apresentação de nossas análises e infe-

estreitas, encontram-se os signos do *tonalli*. Se buscarmos por sua ordem elementar, apresentada na Tabela 1, perceberemos que o sentido a ser seguido é da direita para a esquerda, pois sempre o signo posterior está à esquerda do anterior. Podemos perceber também que o glifo *cipactli*, o primeiro da série de vinte *tonalli*, ocupa a primeira casa à direita da primeira das cinco fileiras centrais, contando-se de baixo para cima. Logo à sua esquerda está o glifo *ehecatl*, o segundo da série, e, à esquerda desse, o glifo *calli*, o terceiro da série.

Dessa forma e nesse sentido, ou seja, em fileiras horizontais que seguem da direita para a esquerda, os vinte *tonalli* continuam a ser dispostos pelas oito páginas dessa seção, treze a cada par de páginas. Sendo assim, a segunda trezena encontra-se no segundo par de páginas (3 e 4), a terceira trezena no terceiro par (5 e 6), a quarta no quarto par (7 e 8) e a quinta trezena volta a encontrar-se no nosso primeiro par de páginas, na segunda fileira, na qual se seguirá o mesmo princípio distributivo. Por esse motivo, nas cinco fileiras horizontais centrais das páginas reproduzidas na Figura 3 encontram-se grafadas a primeira, a quinta, a nona, a décima terceira e a décima sétima trezenas.[56]

Podemos perceber, assim, que a simples presença dos *tonalli* e a forma como estão dispostos são suficientes para delimitar as trezenas[57] e indicar o sentido de leitura a ser seguido para localizar qualquer dia do *tonalpohualli*. Além disso, esse sentido de leitura é reforçado pelo direcionamento do rosto dos glifos do *tonalli* que são zoomórficos ou antropomórficos – ou pelo rosto e frente corporal da grande maioria das representações que ocupam as duas fileiras externas e mais largas. É como se eles ou elas olhassem para a direção a ser seguida.[58]

Comparando essa presença quase exclusiva dos *tonalli* na organização do *tonalamatl* do *Códice Borgia* com a presença explícita de praticamente todas as séries que

rências. Sempre que mencionarmos as cores ou os traços, indicaremos a edição *fac-símile* como referência.

56 Voltaremos a essa seção do *Códice Borgia* no Capítulo III para tratar da relação entre ciclos temporais e conceitos cosmográficos, já que esse tipo de disposição permitia, justamente, agrupar as trezenas que estariam relacionadas a uma mesma direção do Mundo. No par de páginas reproduzido na Figura 3 estão as trezenas relacionadas ao oriente.

57 Embora a delimitação das séries de treze dias pelos limites físicos dos pares de páginas não signifique uma separação absoluta, pois o formato de biombo do *Códice Borgia* permite a visualização de qualquer conjunto de páginas contíguas de uma só vez – ou mesmo, quando o biombo é estendido, de todas as suas páginas simultaneamente.

58 As vinte trezenas do *tonalpohualli* voltam a ser retratadas no *Borgia* entre as páginas 61 e 70. Nesse caso, apresentam outro arranjo, mas, assim como nas páginas iniciais, a única série presente continua a ser a dos *tonalli*, que emolduram os patronos de cada trezena em uma disposição semelhante à do *Borbónico*. Cf. *The Codex Borgia*. Nova York: Dover Publications, 1993, p. 61-70.

compõem o *tonalpohualli* no *Códice borbónico*, poderíamos pensar que algumas dessas séries seriam totalmente dispensáveis por serem demasiadamente óbvias, já que se repetem da mesma forma a cada página desse último manuscrito – tais como a dos números, a dos treze Voadores e a dos treze Senhores dos Dias. Essa característica do *Códice borbónico* tem servido de base para que alguns estudiosos atribuam-lhe uma origem colonial.

Mas deixemos esse tema para mais adiante, para depois de termos analisado as outras seções desse manuscrito, e voltemos à questão do uso da conta dos dias ou dos *tonalli* em sua sequência elementar para estabelecer a organização de seções e indicar o sentido de leitura.

A página do *Códice Borgia* que apresenta os nove Senhores da Noite pode contribuir para avançarmos nessa questão. Trata-se da única representação dos Yoaltecuhtin que consta nesse códice e que pode ser observada na Figura 4.[59] Qual sua ordem e sentido?

Podemos ver que a página está dividida por grossas linhas vermelhas em nove partes e que em cada uma está um dos nove Senhores da Noite. No canto inferior direito do quadrado que se encontra, por sua vez, no canto inferior direito da página, temos o primeiro glifo da série dos *tonalli*, *cipactli*, e, acima dele, o primeiro Senhor da Noite, Xiuhtecuhtli, em frente a um templo com oferendas. Note-se que a posição de *cipactli* é totalmente correspondente à que se encontra na seção do *tonalpohualli*, que vimos acima.

A leitura segue para a esquerda, o que é indicado pela sequência de glifos *ehecatl* e *calli*, e depois sobe para o quadrado imediatamente acima e à esquerda, seguindo daí para a direita, o que é indicado pela sequência *cuetzpalin*, *coatl* e *miquiztli*. Depois, ao final da segunda fileira, o sentido de leitura volteia-se novamente para cima e para o outro lado, o que é indicado pelos três últimos glifos, *mazatl*, *tochtli* e *atl*.

Esse sentido de leitura é muito comum nos códices mixteco-nahuas e é chamado de bustrofédon.[60] O termo, de origem grega, relaciona-se com a agricultura e era empregado para descrever o percurso realizado pelo agricultor ao semear ou ao arar a terra com o auxílio de um boi. Consiste, basicamente, em seguir uma linha reta finita até seu termo e passar a outra – com o mesmo comprimento e disposta paralelamente – por meio de um semicírculo.[61]

---

59   *Ibidem*, p. 14.

60   Em inglês, *meander-fashion*. Cf. Glass, John B. A survey of native Middle American pictorial manuscripts. In: Wauchope, Robert (editor geral) e Cline, Howard F. (editor do volume). *Handbook of Middle American Indians, op. cit.*, v. 14.

61   O mesmo tipo de trajeto é percorrido pelo fio na produção do tecido em um tear e, talvez, essa seja uma comparação mais adequada ao caso da escrita mixteco-nahua. Cf. Fraser, Valerie. *Tex-*

Acontece o mesmo entre as páginas 9 e 13 desse códice, nas quais são apresentadas as deidades tutelares das vinte trezenas que, assim como os nove Senhores da Noite, aparecem separadamente das tais trezenas, que se encontram nas primeiras páginas do manuscrito.[62] Cada uma dessas cinco páginas contém quatro das vinte deidades tutelares, as quais se encontram distribuídas uniformemente pelos quatros quadrantes em que cada uma das cinco páginas se divide. Podemos ver a primeira dessas páginas reproduzida na Figura 5.[63]

Mas as quatro primeiras deidades tutelares não são as que se encontram na primeira página. Nessa página, a primeira deidade tutelar, Tonacatecuhtli, ocupa o quadrante inferior direito, a segunda deidade, Ehecatl, ocupa o quadrante inferior à sua esquerda. A terceira deidade, Tepeyolotl, situa-se no quadrante à esquerda dessa última deidade, o qual já se encontra na página seguinte.

Assim, a sequência das deidades tutelares – também chamadas de patronos das trezenas – prossegue sempre à esquerda por todos os quadrantes inferiores dessas cinco páginas, quando então passa para os quadrantes superiores e retorna da esquerda para direita até chegar novamente à primeira página da seção, onde termina no quadrante superior direito, que podemos observar na Figura 5. Sendo assim, temos as duas primeiras e as duas últimas deidades tutelares das trezenas na primeira página dessa seção.

Esse sentido de leitura é novamente indicado pela sequência básica dos *tonalli*, que acompanham as deidades tutelares das trezenas e podem ser observados no canto inferior esquerdo dos quadrantes que estão abaixo e no canto inferior direito dos quadrantes que estão acima, como se estivessem marcando a passagem de um quadrângulo para o outro.[64]

Nessas duas seções do *Códice Borgia*, parece-me que a função dos *tonalli* é, primordialmente, indicar as sequências de leitura e, assim, organizar a disposição de outras séries calendárias. Isso porque nem os nove Senhores da Noite ou os Patronos das vinte trezenas relacionam-se direta e paralelamente com os nove primeiros ou com os vinte *tonalli* em sua sequência elementar – à exceção da primeira deidade tutelar das

---

to e significado na América nativa. Curso de pós-graduação no Museu de Arqueologia e Etnologia da USP, setembro de 2001.

62   Cf. *The Codex Borgia.* Nova York: Dover Publications, 1993, p. 9-13.

63   *Ibidem*, p. 9.

64   Além disso, os rostos ou frentes dos *tonalli* que estão representados nos quadrantes inferiores estão direcionados para a esquerda, enquanto que os dos *tonalli* dos quadrantes superiores estão direcionados para a direita, o que reforça o sentido de leitura nos dois casos. Esse recurso era frequentemente utilizado nos códices pictoglíficos, como na sequência de glifos anuais que emolduram a primeira página do *Códice Mendoza*, na qual o rosto do glifo *tochtli* (*coelho*) está sempre direcionado para o sentido que a leitura deve seguir.

trezenas, Tonacatecuhtli, se que relaciona com o primeiro *tonalli*, *cipactli*, que nomeia a primeira trezena.[65]

Parece-me que a constante relação dessas deidades com a tutela de cada trezena, comprovada em diversos outros *tonalamatl*, as ligaria mais diretamente à sequência de *tonalli* que inicia as trezenas (*cipactli, ocelotl, mazatl, xochitl, acatl, miquiztli, quiahuitl, malinalli, coatl, tecpatl, ozomatli, cuetzpalin, ollin, itzcuintli, calli, cozcacuauhtli, atl, ehecatl, cuauhtli* e *tochtli*) do que à sua sequência elementar (*cipactli, ehecatl, calli, cuetzpalin, coatl, miquiztli, mazatl, tochtli, atl, itzcuintli, ozomatli, malinalli, acatl, ocelotl, cuauhtli, coz-cacuauhtli, ollin, tecpatl, quiahuitl* e *xochitl*), a qual estaria nas páginas citadas do *Códice Borgia* para, prioritariamente, indicar o sentido de leitura, servindo quase como uma espécie de numeração.[66]

---

65   Esse tipo de apresentação dos Patronos das vinte trezenas em conjunto com os vinte *tonalli* em sequência elementar aparece também em duas ocasiões no *Códice Vaticano B*, entre as páginas 28-32 e 87-94. Cf. *Códice Vaticano B*. Graz/México/Madri: ADV/FCE/SEQC, 1993. Eduard Seler acredita que haja relações semânticas mais importantes do que a simples ordenação entre as duas séries, isto é, pensa que as deidades das trezenas sejam também os regentes dos *tonalli* em sua ordem elementar e gasta cem páginas de sua obra de comentários para tentar estabelecer tais relações. No entanto, o resultado são ligações muito gerais e vagas. Por exemplo, afirma sobre o quinto *tonalli, coatl*: "Su regenta es –y es natural que lo sea– Chalchiuhtlicue, 'la de la enagua de piedras preciosas verdes' *chalchíhuit*, Señora del agua viva. Pues el agua viva, en constante movimiento se ha comparado en todos los tiempos con la serpiente." A impertinência de tais tentativas levam, inevitavelmente, a contradições, notadas pelo próprio estudioso ao tratar, por exemplo, do sexto *tonalli, miquiztli* – "Su regente, cosa extraña, no es el Señor del mundo inferior, sino *Metztli*, la Luna." –, ou ao se referir ao sétimo signo, *mazatl* – "Es raro que el regente de este signo, que simboliza la sequía, la falta de lluvia, el hambre, el fuego, el Sol, no sea una deidad emparentada con el dios del fuego, sino Tlaloc, dios de la lluvia, a quien encontramos asociado con el ciervo también en otros pasajes de las pictografías." Pensamos que a leitura dessas páginas do *Borgia*, e também das mencionadas seções do *Vaticano B*, deva assumir como pressuposto que a presença dos vinte *tonalli* é, primordialmente, um indicador da ordem e concatenação dos demais elementos, como o faz o próprio Seler no caso dos nove Senhores da Noite. Nessa ocasião, atribui aos *tonalli* o papel de numeradores: "...aparecen junto a las figuras de los Señores, a guisa de numeración, las imágenes de los primeros nueve signos de los días." Seler, Eduard. *Comentarios al Códice Borgia, op.cit.*, p. 80, 82, 85 e 163. O uso dos *tonalli* como numeradores para apresentar os Nove Senhores da Noite ocorre também no *Códice Fejérváry-Mayer*. Graz/México: ADV/FCE, 1994, p. 2-4.

66   Os autores dos comentários às duas edições consultadas do *Códice Borgia*, talvez seguindo os estudos pioneiros de Seler, também acreditam que haja uma relação semântica que vai além da ordenação entre os vinte *tonalli* em sua sequência elementar e as vinte deidades tutelares das trezenas. Sendo assim, essas deidades são apresentadas prioritariamente como Senhores dos Vinte Dias e não como Patronos das trezenas. Cf. Anders, Ferdinand *et alii. Los templos del cielo y de la oscuridad*. Madri/Graz/México: SEQC/ADV/FCE, 1993, p. 91-104. / Byland, Bruce

Com base nos indícios levantados até aqui, é possível afirmar que talvez o sistema calendário, sobretudo a conta dos dias, era um pressuposto gnosiológico para a leitura das seções mencionadas do *Borbónico* e do *Borgia*; e não o tema abordado nelas. Veremos, no Capítulo III, que o mesmo pode ser dito sobre as concepções espaciais vinculadas ao sistema calendário, pois a relação entre os dias e as quatro direções do Universo, por exemplo, não aparece de maneira explícita no *tonalpohualli* do *Códice borbónico* – como aparece, por exemplo, no *tonalpohualli* do *Códice Fejérváry-Mayer*[67] ou do próprio *Borgia*. No entanto, certamente, tal relação era tomada em conta por quem manejava esses manuscritos para lançar prognósticos.

Na realidade, parece que os temas eram dispostos e organizados – e depois reabilitados na leitura– a partir da estrutura proporcionada pela conta dos dias. Desse modo, como citamos acima, a presença marcadamente explícita no *Borbónico* dos numerais, *tonalli*, Quecholli, Senhores da Noite e Senhores dos Dias poderia ser indício de uma manufatura colonial, na qual se buscava explicitar elementos que seriam demasiadamente óbvios aos *tonalpouhque* nahuas, mas não tão óbvios aos castelhanos.[68] Embora, também seja razoável propor que esse manuscrito fora confeccionado com finalidades didáticas em tempos pré-hispânicos e destinava-se ao ensino de jovens que estariam começando a se familiarizar com o *tonalpohualli*.[69] Sendo assim, os indícios fornecidos pela presença explícita de elementos que seriam por demais óbvios ou dispensáveis nos *tonalamatl* pré-hispânicos talvez não sejam suficientes para resolvermos o problema da datação do *Códice borbónico*.[70]

O *tonalamatl* do *Códice Vaticano A*

Muito diferente do *tonalamatl* do *Borbónico* é o do *Códice Vaticano A*,[71] pois nesse códice, encadernado à maneira de livro europeu, temos uma seleção de elementos,

---

E. Introduction and commentary. In: *The Codex Borgia*. Nova York: Dover Publications, 1993, p. XVII–XIX.

67   Cf. *Códice Fejérváry-Mayer*. Graz/México: ADV/México: FCE, 1994, p. 1.

68   O mesmo tipo de explicitação de todas as séries de elementos que compõem o *tonalpohualli* ocorre também no *Tonalamatl Aubin*, o qual apresenta outros indícios de confecção colonial, tais como os traços finos que delineiam as figuras. Cf. *El Tonalamatl de la Colección Aubin*. Tlaxcala: Estado de Tlaxcala/La Letra Editores, 1981.

69   A existência do *calmecac* e do serviço de jovens nos centros de formação das elites que utilizavam esse tipo de livro torna essa hipótese plausível.

70   Um resumo da polêmica sobre a datação do *Borbónico* pode ser encontrado em Caso, Alfonso. *Los calendarios prehispánicos*. México: IIH – Unam, 1967.

71   Cf. *Códice Vaticano A*. Graz/México: ADV/FCE, 1996, p. 11r-33r.

uma disposição gráfica para a sequência da conta dos dias e um sentido de leitura distintos dos que aparecem no *Borbónico*.

Na Figura 6, que reproduz a trezena *Ce Acatl* (*Um Junco*), podemos observar a existência, na parte superior das duas páginas reproduzidas, de duas fileiras horizontais e paralelas de pequenos quadrados delineados por grossas linhas vermelhas. Essas fileiras juntam-se com duas colunas construídas com o mesmo padrão de pequenos quadrados vermelhos, e que se encontram na lateral direita da página à direita, constituindo, assim, uma relativa unidade geométrica em forma de "L" invertido e de cabeça para baixo.

Nos vinte e seis pequenos quadrados constantes nas duas fileiras e colunas estão distribuídas três séries de elementos do *tonalpohualli*: os números, os signos do *tonalli* e os Senhores da Noite. Os signos dos *tonalli* estão nas mesmas casas que os números, os quais aparecem registrados com pequenos círculos vermelhos delineados em negro e que tendem a ser agrupados em conjuntos de cinco quando ultrapassam essa quantia – o que era uma prática comum no sistema mixteco-nahua, mas não uma norma universal.

Podemos observar que o primeiro número encontra-se no quadrado situado na extrema esquerda da fileira horizontal inferior, o segundo no quadrado imediatamente à sua direita, e assim sucessivamente até chegar-se ao quadrado situado na extrema direita dessa fileira, no qual está grafado o numeral dez. Depois, a sequência numérica continua sua progressão no quadrado contíguo e abaixo desse último e, desse modo, segue pela coluna da extrema direita para baixo, até o quadrado em seu extremo inferior. Paralelamente aos números e *tonalli*, ou seja, na fileira horizontal superior e na coluna interior, está disposta a série dos nove Senhores da Noite, a qual, portanto, repete quatro de seus componentes em cada página.

Sendo assim, a série que mais facilmente permite a identificação do sentido de leitura e que, ao mesmo tempo, delimita e organiza o conjunto de elementos representados nessas páginas é a da conta dos dias ou *tonalpohualli*, em sua clássica subdivisão em trezenas. Seguindo a ordem-padrão dessa série, podemos dizer que o sentido de leitura dessa seção do *Vaticano A* é da esquerda para a direita e de cima para baixo, sempre em pares de quadrados das distintas fileiras ou colunas, do mesmo modo que no *Borbónico*.

Desse modo, o sentido de leitura no *tonalamatl* do *Vaticano A* é, praticamente, o mesmo dos textos alfabéticos que, aliás, ocupam a parte inferior de todas as quarenta páginas pelas quais se estendem as vinte trezenas. Talvez a adoção de tal sentido indique uma marcada influência da escrita ocidental na disposição gráfica desse *tonalamatl*, pois esse mesmo sentido não é encontrado em nenhum *tonalamatl* pré-hispânico ou tradicional.

Além disso, a unidade gráfica da trezena encontra-se partida na passagem entre as duas páginas, pois as casas que levam o quinto dia e seu respectivo Senhor da Noite – no extremo direito da página da esquerda – e as casas que levam o sexto dia não compartilham o mesmo traço divisório. Em outras palavras, temos um pequeno lapso espacial entre as representações constantes nas duas páginas, interrompendo a unidade gráfica da figura em forma de "L" invertido e de cabeça para baixo. Isso se repete por todas as vinte trezenas do *tonalamatl* do *Vaticano A*.[72] Vale notar, desde já, que tal separação não ocorre nos *tonalamatl* pré-hispânicos ou tradicionais, nos quais as trezenas são sempre apresentadas como unidades visuais, mesmo que separadas em pares de páginas, como mostramos ser o caso do *Borgia* – no qual a passagem de uma página para a outra é marcada apenas pelo mesmo recurso gráfico que separa os elementos no interior de cada página, isto é, um traço vermelho simples.

Poderia se argumentar que essa unidade visual das trezenas ocorria nos códices tradicionais porque o formato de biombo permitia a continuidade gráfica total na disposição das séries de elementos que se iniciavam em uma página e passavam a outra, o que não é possível de ser feito em um livro encadernado à maneira europeia, como é o caso do *Vaticano A*.

No entanto, penso que é historicamente mais adequado supormos o inverso para não cairmos no erro de explicar as expressões visuais e escritas de uma sociedade como o resultado necessário das chamadas "técnicas e materiais disponíveis". Ou seja, penso que o formato de biombo – ou também o de tela e de rolo[73] – foi empregado nos manuscritos pictoglíficos pré-hispânicos e tradicionais para permitir a expressão gráfica de unidades conceituais inquebrantáveis ou para permitir a contiguidade visual entre seções cujos temas estariam relacionados conceitualmente. Diferentemente, parece que expressar essa unidade conceitual por meio de uma unidade gráfica não era tão importante para os *tlacuiloque* ou copistas envolvidos na confecção do *Código Vaticano A*. Isso talvez possa ser tido como uma influência do sistema alfabético, no qual a expressão de unidades conceituais não se dá, necessariamente, pela continuidade gráfica ou visual dos signos que as representam.

A influência do sistema de escrita e do pensamento ocidental-cristão também pode ser notada em outros aspectos do *tonalamatl* desse códice. Podemos observar na Figura 6 que os glifos que nomeiam os dias estão representados no *tonalamatl* do *Vaticano A* em uma dimensão relativamente grande, fato que lhes garante destaque e a quase exclusividade em seus respectivos quadrados. Essa exclusividade é

---

72   Cf. *ibidem*.

73   Outros dois formatos empregados nos manuscritos pictoglíficos. A tela, ou *lienzo* em espanhol, consistia em um grande pedaço quadrangular ou retangular de tecido que, geralmente, era dobrado para ser guardado. O rolo poderia ser feito dos mesmos materiais que o biombo – amate, agave e pele animal –, mas era enrolado ao invés de ser dobrado como sanfona. É interessante notar que poderia haver uma relação entre o formato e as temáticas dos manuscritos mixteco-nahuas, por exemplo, entre os mapas e o formato de *lienzo*, os *tonalamatl* e o formato de biombo e entre os manuscritos sobre a peregrinação e o formato de rolo. Cf. Brotherston, Gordon. *Painted books from Mexico, op. cit.*

quebrada apenas pelas glosas em italiano, que simplesmente indicam o nome de cada *tonalli*, e pelos pequenos círculos preenchidos em vermelho que representam os números de 1 a 13. Além dos glifos que nomeiam os dias, o *tonalamatl* do *Vaticano A* traz apenas a repetitiva sequência dos nove Senhores da Noite – que ocupam os quadrados da fileira superior externa e da coluna lateral interna – e as deidades tutelares que, em geral, aparecem em pares e ocupam posições mais ou menos centrais em cada uma das duas páginas que constituem cada trezena. Os nove Senhores da Noite, assim como os vinte *tonalli*, ocupam seus pequenos quadrados com exclusividade e suas representações limitam-se às suas cabeças e seus toucados. Igualmente, as deidades patronas das trezenas aparecem de modo absolutamente exclusivo no espaço interno da semimoldura propiciada pelos quadrados em vermelho (Figura 6).

Em contraste, esses mesmos Senhores aparecem no *Borbónico* como bustos com os braços abertos em direção aos glifos dos dias (Figuras 1 e 2) ou, no *Borgia*, de corpo inteiro, totalmente ataviados, com os dois braços estendidos para frente e levando em suas mãos oferendas a encruzilhadas, a templos, a árvores, a altares e a mortos (Figura 4). Nesses mesmos dois códices, as deidades tutelares das trezenas são parte do numeroso conjunto de elementos que se encontra no espaço delimitado pela semimoldura formada pelos glifos dos dias e outras séries. É o que podemos ver na Figura 7, que apresenta as trezenas *Ce Cipactli* (abaixo) e *Ce Tochtli* (acima) do *Códice Borgia*[74] em uma disposição distinta da que analisamos acima e muito semelhante à do *tonalamatl* do *Borbónico* (Figuras 1 e 2).

Tanto no caso dos Senhores da Noite quanto no dos Patronos das Trezenas, os elementos que os acompanham ou integram no *Borgia* ou no *Borbónico* possuíam, certamente, valores semânticos bem estabelecidos segundo as convenções do sistema pictoglífico mixteco-nahua. Tais elementos eram, assim, objetos de atenção na leitura desses *tonalamatl*.

Além disso, sobretudo ao analisar o *tonalamatl* do *Códice Borgia*, vimos que o reconhecimento dos *tonalli* e de sua sequência elementar era um dos pressupostos mais básicos para os *tonalpouhque* e, de modo geral, para os produtores e usuários dos códi-

---

74   *The Codex Borgia*. Nova York: Dover Publications, 1993, p. 61. Essa segunda aparição das vinte trezenas ocupa dez páginas do *Borgia* (p. 61-70) e o sentido de leitura dos glifos dos dias em cada trezena é da direita para a esquerda e de baixo para cima. O sentido de leitura da seção como um todo é do tipo bustrofédon: inicia-se na trezena da parte inferior da página 61, reproduzida na Figura 7, segue pela parte inferior das dez páginas que compõem a seção, isto é, até a página 70, passa à trezena da parte superior e retorna, da esquerda para a direita, até chegar, novamente, à primeira página. Sendo assim, as trezenas que estão reproduzidas na Figura 7 são a primeira e a última. A edição *fac-símile* e que reproduz o formato original de biombo do manuscrito é muito mais adequada para se entender ou analisar esse tipo de disposição. Cf. *Códice Borgia*. Madri/Graz/México: SEQC/ADV/FCE, 1993.

ces pictoglíficos tradicionais. Ademais, a sequência dos nove Senhores da Noite e as deidades patronas das trezenas deveriam ser, depois da sequência dos *tonalli*, as séries mais conhecidas. Desse modo, o *tonalamatl* do *Vaticano A*, tal qual está confeccionado, seria de pouca utilidade para os membros das tradições nahuas de pensamento e escrita. Tudo isso nos permite inferir que seu processo de confecção pautou-se pelas demandas coloniais, sobretudo pela necessidade dos estrangeiros de entender os princípios básicos do sistema calendário.

Sendo assim, podemos pensar também que caso o *tonalamatl* do *Vaticano A*, e também o do *Telleriano-remense*, sejam cópias mais ou menos exatas de outro manuscrito pictoglífico desaparecido, esse manuscrito não era um *tonalamatl* tradicional. Outra possibilidade seria que os *tonalamatl* desses dois códices tenham se baseado em um manuscrito tradicional, mas que durante suas cópias tenha havido um processo de seleção, simplificação e reestruturação dos conteúdos.[75]

De qualquer modo, as comparações com códices tradicionais, tais como o *Borgia* e o *Borbónico*, permitem-nos perceber, por um lado, que os critérios de seleção temática e simplificação empregados na composição do *Vaticano A* – ou do manuscrito a partir do qual fora copiado – pautaram-se, sobretudo, pela atenção central às séries ou elementos pictoglíficos diretamente relacionados ao funcionamento da conta dos dias, a qual se compunha, basicamente, pelos treze números, pelos vinte *tonalli* e pelos nove Senhores da Noite. Por outro lado, a manutenção da reprodução dos Patronos das Trezenas – e, portanto, a eliminação de todos os outros glifos e pinturas que se encontravam associados a eles nos códices tradicionais – e a adição de glosas que os identificam e tratam de alguns de seus atributos indicam critérios de seleção temática pautados, claramente, pela atenção às figuras que poderiam encaixar-se na concepção cristã de deus pagão.

Em ambos os casos, esses critérios remetem aos interesses dos castelhanos, sobretudo dos missionários, principais interessados em entender as bases de funcionamento da conta dos dias e em listar as principais deidades relacionadas a ela. Além disso, a seleção de elementos que encontramos no *Vaticano A* é muito parecida com a que consta nos textos dos religiosos espanhóis que trataram do funcionamento do sistema calendário, como são os textos de Sahagún e de Durán. Nessas obras, pode-se perceber que os religiosos optaram, principalmente, pela conta dos dias e pela relação das deidades tutelares das trezenas ao tratar de explicar o *tonalpohualli*.[76]

---

75   Ademais, esse processo teria contado também com diversas alterações estilísticas e no uso do espaço pictórico, como é demonstrado na comparação entre os *tonalamatl* dos códices *Borgia* e *Telleriano-remense* realizada em Montoro, Gláucia Cristiani. *Dos livros adivinhatórios aos códices coloniais*. Campinas: Instituto de Filosofia e Ciências Humanas da Unicamp, 2001.

76   Os dois primeiros livros da *Historia* de Sahagún tratam justamente dos deuses considerados principais e do calendário. Diego Durán, em dois dos três livros que compõem sua *Historia*, trata, em um deles, dos deuses e suas cerimônias e, no outro, do calendário. Cf. Sahagún, Bernardino de.

Em suma, a conta dos dias e as trezenas continuam a proporcionar parte da estrutura organizacional e a indicar o sentido de leitura no *tonalamatl* do *Vaticano A*, tal qual nos códices tradicionais, mas, adicionalmente, passam a ser também a temática a ser explicitada, conjuntamente com os supostos deuses tutelares de cada trezena ou regentes de cada noite. Isso ocorreu em detrimento de uma série de outros elementos calendários e glifos, os quais estavam sistematicamente presentes nos códices tradicionais que registravam o *tonalpohualli*.

A conta dos dias e outras séries calendárias chegaram a ocupar uma função puramente temática em manuscritos coloniais pictoglíficos, como é o caso do *Códice magliabechiano*.

Vinte dias do *tonalpohualli* no *Códice magliabechiano*

O *Códice magliabechiano* não conta com uma seção que possa ser chamada de *tonalamatl*, propriamente falando. Nele, temos nada mais que os vinte *tonalli* acompanhados dos números de 1 a 13 e depois de 1 a 7, ou seja, temos aproximadamente uma trezena e meia entre as quais não há uma separação gráfica perceptível e que, além disso, principiam com o dia *ce tecpatl* (*1 pedernal*) e não com o dia *ce cipactli* (*1 jacaré*) como era usual.[77]

Algo parecido ocorre nos *Primeros memoriales*, manuscrito produzido em Tepepulco, em meados do século XVI, a partir dos depoimentos de sábios locais, os quais foram selecionados e sistematizados por quatro jovens nahuas trilíngues e por Sahagún. Nesse manuscrito, encontra-se um *tonalamatl* que também não se inicia com o dia *ce cipactli*, mas com o dia *ce itzcuintli* (*1 cachorro*).[78] Assim como no caso do *Magliabechiano*, não se sabe o motivo da escolha desse dia para iniciar o *tonalamatl*. *Ce tecpatl* era também um dos carregadores de ano, o que poderia justificar sua escolha no caso do *Magliabechiano*; mas não podemos dizer o mesmo de *ce itzcuintli*. Além de iniciar-se por um dia pouco comum, os glifos do *tonalamatl* dos *Primeros memoriales* estão emoldurados de maneira semelhante à que se aplicava aos glifos dos anos, os quais, por sua vez, não possuem as tais molduras nesse manuscrito.[79] Todas essas variações em relação aos padrões mais tradicionais podem ser fruto dos questionamentos e interesses

---

Historia general de las cosas de Nueva España. México: Conaculta, 2002. / Durán, Diego. *Historia de las Indias de Nueva España e islas de la tierra firme*. México: Editorial Porrúa, 1984.

77   Cf. *Códice Magliabechi*. Graz/México: ADV/FCE, 1996, p. 11v-14r.

78   Cf. *Primeros memoriales by Fray Bernardino de Sahagún – Part I*. Norman: University of Oklahoma Press, 1993, p. 286v.

79   Cf. *ibidem*, p. 283r-6r.

missionários que dirigiam tal projeto e do parco conhecimento calendário dos alunos trilíngues que grafaram e sistematizaram os depoimentos dos sábios locais.[80]

Voltando ao *Códice magliabechiano* e às formas como apresenta a conta dos dias, é fundamental notar que os *tonalli* e os números são os únicos elementos grafados nas cinco páginas do manuscrito que tratam do tema, como podemos observar na primeira delas, reproduzida na Figura 8. Ou seja, nenhuma outra série calendária, imagem ou mesmo linha divisória em vermelho, as quais são tradicionalmente encontradas nos *tonalamatl*, estão presentes nesse manuscrito. Não estão presentes, sequer, aqueles elementos e séries que, em outros casos, como o do *Vaticano A* e seus deuses tutelares e Senhores da Noite, chamaram a atenção dos missionários ou de outros envolvidos nos processos de "tradução" e explicação do calendário nahua aos cristãos.

Além disso, como podemos perceber na Figura 8, cada um dos *tonalli* do *Magliabechiano* possui um tamanho relativamente grande, ocupando cerca de um quarto de cada página, e está acompanhado de uma glosa que simplesmente explica em que consistem: "ce tecpatl, que es una piedra de pedernal a figura de hierro con que ellos sacrificaban".[81]

Essa exclusividade ampliada dos números e *tonalli*, somada à presença das glosas explicativas, torna evidente que os próprios *tonalli* são a temática nessas páginas do *Códice magliabechiano*; e não a estrutura sobre a qual outra temática se organizaria. Na verdade, a estrutura de organização de cada conjunto pictoglífico – número e *tonalli* – e o sentido de sua leitura são fornecidos pelos padrões da escrita alfabética ocidental, que ocupa mais ou menos a metade desse manuscrito encadernado, como dissemos de início, à maneira europeia. Dessa forma, pode-se passar da leitura do glifo nahua da conta dos dias – por exemplo, *um* (o qual está acima) *tecpatl* (o qual está abaixo) – para a leitura da glosa alfabética abaixo dele sem nenhuma interrupção ou inversão do sentido de leitura.

A presença temática da conta dos dias e a organização por padrões da escrita alfabética dessa seção do *Códice magliabechiano* são fortes indícios de que a simples presença dos elementos pictoglíficos não foi suficiente para a manutenção das estruturas organizacionais tradicionalmente utilizadas no sistema mixteco-nahua, as quais, como queremos demonstrar, eram fornecidas pelas unidades e ciclos calendários. Em contraste, há textos alfabéticos nahuas nos quais o sistema calendário foi utilizado de maneira mais estrutural do que temática, sobretudo o *xiuhmolpilli*, ou como pressu-

---

80   Outro indício da ingerência missionária na composição do manuscrito é o seu caráter didático, pois o primeiro dia, *ce itzcuintli*, é repetido ao final da sequência do *tonalpohualli* para não deixar dúvidas sobre a duração desse ciclo. Ademais, as trezenas estão acompanhadas de glosas e pequenos textos sobre a fortuna, os prognósticos e os procedimentos rituais associados a cada signo calendário. Cf. *ibidem*, p. 286v-303r.

81   *Códice Magliabechi, op. cit.*, p. 11r.

posto de leitura e entendimento. É o que procuraremos mostrar no próximo subitem e na terceira parte deste capítulo.

O *tonalpohualli* nos textos alfabéticos

Logo de início, a *Leyenda de los soles* traz, sintomaticamente, uma referência temporal muito precisa, a qual situa os episódios que serão narrados em relação ao momento em que o texto está sendo escrito. Essa referência aparece ao final do primeiro parágrafo, logo depois de o autor filiar o texto às *palavras sábias* e de anunciar o tema geral, isto é, a criação e o assentamento da Terra e suas criaturas. Afirma-se no texto: "Mucho tiempo ha sucedió que formó los animales y empezó a dar de comer a cada uno de ellos: sólo así se sabe que dió principio a tantas cosas el mismo Sol, hace dos mil quinientos trece años, hoy día 22 de mayo de 1558".[82]

Com essa localização temporal, o texto lança as bases para a expressão de uma série de informações calendárias e para a contabilização da duração de cada idade com o *xiuhmolpilli*. As durações das quatro primeiras idades teriam sido, respectivamente, 676, 364, 312 e 676 anos *xihuitl*, todas elas múltiplos do ciclo de 52 anos. Como vimos no Capítulo I, a formação de conjuntos de 52 anos *xihuitl*, significa, ao mesmo tempo, a formação de conjuntos de 73 *tonalpohualli* e, sendo assim, as durações das idades anteriores mencionadas na *Leyenda de los soles* remetem também a esse ciclo do calendário.

Ademais, a presença do *tonalpohualli* é reforçada nesse texto com outro tipo de informação: o nome dos dias em que teriam advindo os cataclismos que encerraram as idades anteriores ou dos dias em que teriam ocorrido importantes eventos para as suas criações. Na *Leyenda de los soles*, esse tipo de informação consta no relato de todas as idades anteriores e da atual; além disso, a importância desses dias deveria ser tão grande que seus nomes serviam também para nomear as próprias idades. Esses dias eram: *nahui ocelotl* (*4 jaguar*), *nahui ehecatl* (*4 vento*), *nahui quiahuitl* (*4 chuva*), *nahui atl* (*4 água*) e *nahui ollin* (*4 movimento*).[83]

Além das duas formas de presença mencionadas acima, o *tonalpohualli* é utilizado também para especificar um outro tipo de informação na *Leyenda de los soles*: o nome dos alimentos que sustentaram os homens em cada uma das idades. De acordo com o texto, os alimentos das quatro idades anteriores haviam sido, respectivamente, *chicome malinalli* (*7 erva*), *matlactli omome coatl* (*12 serpente*), *chicome tecpatl* (*7 punhal de pedernal*) e *nahui xochitl* (*4 flor*). Todos esses nomes são, ao mes-

---

82   Leyenda de los soles. In: *Códice Chimalpopoca*. México: Instituto de Historia – Unam, 1945, p. 119. Essa quantia de anos, provavelmente, corresponde à soma das durações das quatro idades anteriores (2.028 anos) com a da quinta até aquele momento (485 anos).

83   Cf. *ibidem*, p. 119-20.

mo tempo, dias do *tonalpohualli*.[84] O alimento utilizado na idade atual, tratada em detalhes na sequência do relato, seria o milho, que possuía o nome calendário de *chicome coatl* ou *sete serpente*,[85] o qual não é citado pelo texto, talvez até por se tratar de algo demasiadamente óbvio aos homens dessa idade, como são os produtores do escrito.

Nos *Anales de Cuauhtitlan*, além de também serem usados para nomear as idades,[86] os dias do *tonalpohualli* aparecem como forma de contabilizar os períodos de aparição e invisibilidade de Vênus. Ao narrar o episódio da morte de Quetzalcoatl e de sua transformação em Tlahuizcalpantecuhtli – ou *Senhor da Estrela da Aurora*, nome dado a Vênus –, o texto menciona a relação entre os períodos de visibilidade dessa estrela aparente e os destinos característicos dos dias do *tonalpohualli*: "Sabían cuándo viene apareciendo [Tlahuizcalpantecuhtli], en qué signos y cada cuántos resplandece, les dispara sus rayos y les muestra enojo. Si cae en 1 cipactli, flecha a los viejos y viejas, a todos igualmente. Si en 1 ocelotl, si en 1 máçatl, si en 1 xóchitl, flecha a los muchachitos. Si en 1 acatl, flecha a los grandes señores, todo así como si en 1 miquiztli. Si en 1 quiyáhuitl, flecha a la lluvia, y no lloverá. Si en 1 ollin, flecha a los mozos y mozas; y si en 1 atl, todo se seca".[87]

Ao tratar da cosmogonia, no Capítulo IV, veremos que todas as informações relacionadas ao *tonalpohualli* que destacamos acima – a duração das idades, seus nomes e alimentos principais, bem como a relação entre certos eventos e os prognósticos de cada dia – encontram-se reiteradamente presentes nos outros textos alfabéticos e nos códices pictoglíficos que compõem o conjunto de fontes centrais desta pesquisa, sobretudo no *Borbónico*, no *Vaticano A* e na *Historia de los mexicanos por sus pinturas*. Procuraremos então tratar das implicações dessas presenças para a caracterização da concepção de passado dos povos nahuas.

Por ora, é suficiente apontar que essa utilização explícita dos ciclos do *xiuhmolpilli* e do *tonalpohualli* indica-nos a basilar função categorizadora que o sistema calendário possuía entre as tradições de pensamento nahua. Em outras palavras, as idades anteriores do mundo tinham algumas de suas principais características delimitadas e situadas por uma ferramenta de categorização da realidade – o sistema calendário – cujo uso era indispensável para a compreensão do mundo passado e, por consequência, também do mundo presente e futuro. Isso porque os eventos passados haviam carrega-

---

84   Cf. *ibidem*.

85   O *Códice vindobonense* aponta ainda três outras personagens femininas relacionadas ao milho, cujos nomes seriam Cinco Pedernal, Sete Pedernal e Sete Erva. Cf. Miller, Mary e Taube, Karl. *The gods and symbols of Ancient Mexico and the Maya*. Londres/Nova York: Thames and Hudson, 1993, p. 109-10.

86   Cf. Anales de Cuauhtitlan. In: *Códice Chimalpopoca*. México: Instituto de Historia – Unam, 1945, p. 5.

87   A expressão entre colchetes foi inserida por mim. *Ibidem*, p. 11.

do as datas e séries temporais com determinadas características, as quais aportavam, contínua e ordenadamente, no presente e se combinavam com características de novos eventos e de outras datas – como atesta a citação que fizemos acima sobre a relação entre os ciclos de Vênus e a sorte das colheitas e dos homens.

O *xiuhmolpilli* e o *xiuhpohualli* nos textos pictoglíficos e alfabéticos

Como afirmamos no início da segunda parte deste capítulo, iríamos orientar as análises do calendário nas fontes nahuas do século XVI pela presença de seus dois ciclos principais: o *tonalpohualli* e o *xiuhmolpilli*, e, por consequência, também pela presença dos ciclos que os subdividem internamente – como as trezenas do *tonalpohualli* e as vintenas dos anos que compõem o *xiuhmolpilli*, as quais conformam o *xiuhpohualli*, como explicamos no início deste capítulo.

Embora ainda não tenhamos analisado a presença do *tonalpohualli* em todos os textos alfabéticos que compõem o conjunto de fontes centrais, passaremos a analisar centralmente a presença do *xiuhmolpilli* nesses textos e pontualmente a presença do *tonalpohualli*. Esse recurso foi empregado para evitar repetições, pois, a exemplo do que vimos ocorrer na *Leyenda de los soles* e nos *Anales de Cuauhtitlan*, a presença do *tonalpohualli* e do *xiuhmolpilli* ocorre de forma demasiadamente estreita nos demais textos alfabéticos das fontes centrais. Além disso, faremos o percurso inverso nesta terceira parte do capítulo em relação ao que fizemos na segunda: iremos dos textos alfabéticos aos códices pictoglíficos.

O *xiuhmolpilli* nos textos alfabéticos

Como vimos acima, o ano sazonal – e ao mesmo tempo o ciclo de 260 dias – foi utilizado como unidade básica para contabilizar a duração das idades anteriores do Mundo na parte inicial da *Leyenda de los soles*. Depois disso, o texto segue com a história de Ce Acatl – ou Quetzalcoatl[88] –, de Mixcoatl e dos quatrocentos mixcoas, quando então aparecem as primeiras citações de nomes de anos do *xiuhmolpilli* e de vintenas nas quais tais anos se dividiam. É o que ocorre, por exemplo, no episódio do jogo de pelota entre Huemac – rei de Tollan durante seu declínio – e os *tlaloque* – espécie de ajudantes de Tlaloc responsáveis pelas chuvas. O texto afirma que, depois do jogo, os

---

88   Voltaremos, no capítulo sobre as idades do Mundo, ao problema da distinção entre Quetzalcoatl, deidade participante da cosmogonia, e Ce Acatl, soberano de Tollan. Uma das mais completas obras sobre esse assunto é López Austin, Alfredo. *Hombre-dios*. México: IIH – Unam, 1973. Outro importante trabalho sobre o tema é Piña Chan, Román. *Quetzalcoatl*. México: FCE, 1992.

tlaloque enraiveceram-se com a recusa de Huemac em aceitar as folhas e as espigas de milho como presentes por sua vitória e enviaram tempestades de gelo e secas terríveis à região de Tollan, fazendo que se perdessem todos os frutos e que houvesse uma grande e prolongada fome, o que teria ocorrido na vintena Tecuilhuitl.[89]

Depois desse episódio, ao tratar do fim dos tempos de fome, o texto segue utilizando as vintenas como unidade de tempo – "Sembró el tolteca, y cuando llegamos a los veinte y lo cuarenta (días), se hizo redonda la mata de maíz y temprano se dió el humano mantenimiento".[90] – e, logo em seguida, volta a mencionar o ciclo de 52 anos do *xiuhmolpilli*, só que agora por meio do nome dos anos: "Cuando se dió el mantenimiento humano fue en el signo anual 2 acatl".[91]

Quando a narrativa passa do horizonte histórico tolteco-chichimeca para o mexica, as referências aos anos do *xiuhmolpilli* vão se tornando mais numerosas e sistemáticas e o texto quase ganha a forma de anais, se bem que a sequência dos anos não é citada completamente em nenhum momento, como ocorre, por exemplo, nos *Anales de Cuauhtitlan*, que analisaremos mais abaixo. No entanto, a falta da sequência completa dos anos do *xiuhmolpilli* é minimizada pela constante citação das quantidades de anos que tal evento teria durado: "Cuando se fueron los toltecas en 1 tecpatl, al mismo tiempo se movieron hacia acá los mexicanos, de allá, de Xicócoc, y (pasaron) 37 años hasta que llegaron a Chapoltépec. En Chapoltépec permanecieron 40 años".[92]

Em suma, o *xiuhmolpilli* é utilizado na *Leyenda de los soles* para contabilizar a duração das idades cosmogônicas e dos episódios da história tolteco-chichimeca e mexica, bem como para organizá-los cronologicamente e qualificá-los por meio da nomeação de dias, anos e vintenas. Por tudo isso, é possível afirmar que o conhecimento calendário era um pressuposto na estruturação e na compreensão de tais idades e episódios, visto que esse texto não apresenta nenhuma explicação sobre o funcionamento das unidades e ciclos calendários, o que caracterizaria uma presença temática.

Usos semelhantes aos que detectamos na *Leyenda de los soles* podem ser encontrados nos *Anales de Cuauhtitlan* e na *Historia de los mexicanos por sus pinturas* – se bem que esse último texto dedique alguns parágrafos a explicar o funcionamento do sistema calendário. Nos dois casos, o sistema calendário, sobretudo a conta dos anos, é utilizado de modo predominantemente estrutural, sobretudo depois que a origem do próprio sistema é narrada.

---

89   Cf. Leyenda de los soles. In: *Códice Chimalpopoca*. México: Instituto de Historia – Unam, 1945. p. 126. Apresentaremos o conjunto das dezoito vintenas em que se dividia o ano sazonal ao analisarmos os códices pictoglíficos.

90   *Ibidem*, p. 127.

91   *Ibidem*, p. 127.

92   *Ibidem*, p. 127.

O uso da conta dos anos como o principal elemento organizador de uma narrativa temporalmente amplíssima é patente nos *Anales de Cuauhtitlan*. O texto trata da
história dos grupos chichimecas, principalmente dos mexicas e dos cuauhtitlanenses,
desde princípios do século VII d.C. até princípios do século XVI, e, como vimos no
Capítulo I, apresenta claros indícios de ter tido antigos livros pictoglíficos de anais
como base de sua confecção.

Em seu primeiro parágrafo, há uma pequena introdução que não se apresenta sob a forma de anais, mas na qual as referências ao calendário e à cosmografia
se fazem presentes. Nessa introdução, Itzpapalotl, ou Borboleta de Obsidiana,
instrui aos chichimecas para que atirem com o arco por diversas regiões e, assim,
flechem uma águia, um jaguar, uma cobra, um coelho e um veado vermelhos. Esses animais deveriam ser levados a Xiuhtecuhtli Huehueteotl – ou o Velho Deus
Velho e Senhor dos Anos – por Tozpan, Ihuitl e Mixcoatl, o qual sobreviverá ao
ataque de Itzpapalotl sobre os quatrocentos mixcoas – ou *centzon huitznahua* – e
dará origem aos povos chichimecas.[93]

Sendo assim, antes de se começar propriamente os anais, a personagem mencionada pelo texto como recebedora das oferendas do povo cuja história será narrada é,
justamente, Xiuhtecuhtli. Como mencionamos no Capítulo I, o nome dessa deidade
é formado por *xihuitl*, que significa *ano, cometa* e *turquesa*, e por *tecuhtli*, que significa
senhor. Dessa forma, o *Senhor dos Anos*, considerado uma espécie de patrono do calendário e do tempo, parece ser evocado para estabelecer a relação entre o que vai ser
narrado – a história dos descendentes de Mixcoatl – e a forma como será realizada a
narrativa – a de anais.[94] Vale notar ainda que essa relação primaz entre Xiuhtecuhtli e
o calendário encontra-se refletida na sua presença como o primeiro dos nove Senhores da Noite, como vimos no início deste capítulo (Tabela 3).

Os dois parágrafos seguintes marcam a transição do texto para a forma de anais,
o que é feito explicando-se a origem do próprio sistema calendário. Depois dos primeiros episódios mencionados acima, afirma-se que os quatrocentos chichimecas

---

93   Cf. Anales de Cuauhtitlan. In: *Códice Chimalpopoca*. México: Instituto de Historia – Unam,
      1945, p. 3.

94   Embora falte a primeira página desse manuscrito, veremos que a forma de anais começa ape-
      nas dois parágrafos abaixo do trecho a que nos referimos. Sendo assim, o conteúdo da pri-
      meira página perdida, muito provavelmente, seguia o padrão dos dois primeiros parágrafos
      da atual primeira página. Além disso, o parágrafo número vinte e um suprime, em parte, essa
      falta, pois parece resumir o início do texto. Cf. Feliciano Velázquez, Primo. Introducción. In:
      Códice Chimalpopoca. México: Unam - Instituto de Historia, 1945. Afirma-se nesse parágrafo:
      "Así es la relación de los viejos chichimecas, que dejaron dicho que, cuando comenzó el seño-
      río de los chichimecas, una mujer, de nombre Itzpapálotl los convocó y les dijo...". Anales de
      Cuauhtitlan. In: *Códice Chimalpopoca, op. cit.*, p. 6. Depois desse trecho, repetem-se as instruções
      de Itzpapalotl.

mortos e ressuscitados por Itzpapalotl se emparelharam em Mazatepec onde "...tuvieron principio los cuatro contadores de años: el primero, acatl; el segundo, tecpatl; el tercero, calli; y el cuarto, tochtli".[95] Logo em seguida, é designada a forma de manutenção para tal sistema, por meio da nomeação de responsáveis ou especialistas. É interessante notar que esse trecho deixa bem claro que não se trata apenas da conta dos anos, mas de todos os principais mecanismos que compunham o calendário. Afirmase no texto: "La cuenta de los años, la cuenta de los signos y la cuenta de cada veintena estaban al cuidado personal de los nombrados Oxomoco y Cipactonal".[96]

Além disso, a atribuição da manutenção do calendário a essas duas personagens, Oxomoco e Cipactonal, é muito significativa, pois ambas figuram em outras narrativas com esse mesmo papel, mas também como o casal de deuses primordial ou o primeiro casal humano.[97] Sendo assim, essas duas personagens são sinônimos de um tempo muito remoto para as tradições de pensamento nahuas, como veremos no Capítulo IV. Desse modo, o "cuidado personal" que Oxomoco e Cipactonal teriam com as contas dos anos, dos signos e de cada vintena poderia sugerir um certo grau de institucionalização da função de guardadores do sistema calendário entre os grupos chichimecas, o que reforçaria uma ideia sugerida no Capítulo I, isto é, que tais povos contaram com pessoas especializadas no uso do sistema calendário e na construção e manutenção de narrativas explicativas sobre o passado muito antes de se estabelecerem definitivamente no altiplano central mexicano e se "toltequizarem".

Mas mesmo que os chichimecas não tenham contado com o uso sistemático do calendário antes de se estabelecerem no altiplano central mexicano, os parágrafos iniciais dos *Anales de Cuauhtitlan* não deixam dúvida sobre o elevado grau de consciência e autorreflexão que seus produtores – e, por extensão, a tradição de pensamento no seio do qual eles atuavam – possuíam sobre a importância do calendário para a estruturação dos relatos sobre o passado. Além disso, assim como no caso da primazia do Senhor dos Anos – Xiuhtecuhtli – entre os nove Senhores da Noite, esse caráter primordial do sistema calendário na constituição da cosmogonia e da história está refletido na presença generalizada de *cipactli* – espécie de monstro primordial que dera origem à Terra – como o primeiro dos vinte *tonalli*.

A partir do episódio em Mazatepec, o texto incorpora a novidade narrada em sua própria estrutura, adotando definitivamente a forma de anais pelas suas quase setenta páginas seguintes.[98] Esse fenômeno narrativo também ocorre no *Chilam balam*

---

95   *Ibidem*, p. 3.

96   *Ibidem*, p. 3 e 4.

97   Esse mesmo casal primordial aparece, como veremos mais abaixo, em um par de páginas do *Borbónico* em meio, justamente, do *xiuhmolpilli*.

98   O texto terá uma pequena interrupção nos anais ao chegar ao ano *ce tochtli* (1 *coelho*) do segundo *xiuhmolpilli*, quando então são narradas as quatro idades anteriores que teriam tido seus inícios e finais justamente em anos com esse nome.

de Chumayel, indicando a existência do mesmo tipo de autoreflexão entre os maias de Iucatã, isto é, sobre a importância do calendário para a constituição das narrativas sobre o passado. No princípio da seção que recebeu o nome de *Libro del mes* ou *La creación del uinal*[99] narra-se a criação do dia e de seus conjuntos de vinte, nomeados com os *tonalli* e com os números de um a treze, segundo o que temos visto. Depois, passa-se às criações do Céu, da Terra, da água, do homem e de uma série de outros seres, as quais são enunciadas segundo a sequência dos vinte dias cuja criação havia sido descrita antes.

De modo semelhante, mas partindo de outra série calendária e com outra temática, a estrutura de anais dos *Anales de Cuauhtitlan* servirá como uma espécie de fio condutor para uma narrativa cronologicamente muito ampla, que abrange dezessete ciclos completos de 52 anos, ou seja, quase nove séculos.[100] Ao longo dos anos do *xiuhmolpilli*, os episódios são distribuídos de modo desigual, ou seja, podemos ter vários episódios vinculados a um único ano ou um episódio por ano, bem como anos sem episódios vinculados. Vale enfatizar que os nomes de todos os anos são citados, de maneira completa e ininterrupta, durante esses dezessete conjuntos de 52 anos, mesmo que durante uma grande série de anos não haja eventos narrados.

Um fenômeno correlato ocorre em muitas estelas e inscrições maias do período Clássico, como nas de Palenque. Nos textos dos painéis da Cruz, da Cruz Foliada e do Sol, as datas calendárias possuem uma precedência inegável na organização dos eventos narrados, sejam cosmogônicos ou históricos. Por exemplo, ao referir-se a um suposto governante do século V e predecessor dos famosos Pacal e Chan-Bahlum, tais registros afirmam que "Em 9 de agosto de 422, 'Casper' nasceu. Treze anos, três meses e nove dias depois que 'Casper' havia nascido era 10 de agosto de 435, e cento e vinte e quatro dias depois 'Casper' coroou-se a si mesmo

---

99   Cf. *Libro de Chilam balam de Chumayel.* México: Conaculta, 2001, p. 115-20.

100   O décimo oitavo ano *ce acatl* (*1 junco*) a ser registrado é o da chegada dos espanhóis e, curiosamente, o último a ser mencionado. Haviam se passado oitocentos e oitenta e quatro anos desde o primeiro *1 junco*, o da saída dos chichimecas de Chicomoztoc. Depois desse último *1 junco*, a conta dos anos não é mais utilizada e as cinco páginas finais do escrito dedicam-se a relacionar os tributos e os senhores locais na época da chegada dos espanhóis. Cf. Anales de Cuauhtitlan. In: *Códice Chimalpopoca.* México: Instituto de Historia – Unam, 1945, p. 63-8. Qual o sentido dessa alteração na estrutura do texto? Qual o significado de se começar e terminar uma narrativa com dois anos de mesmo nome? Seriam formas de expressar o cumprimento do turno de mando dos chichimecas e a perda da autonomia política para os castelhanos por meio da perda da conta dos anos? Infelizmente, não temos condições de responder essas perguntas apenas a partir das análises realizadas nesta pesquisa.

e então era 11 de dezembro de 435; completou-se nesse dia três mil e seiscentos anos (9 baktún)".[101]

As datas maias que foram citadas em equivalentes no calendário cristão relacionam-se com uma data inicial a partir da qual o número de dias é contabilizado, como veremos mais abaixo. Isso garantia uma diacronia quase que absoluta entre os eventos registrados. No caso dos anais alfabéticos nahuas, a concatenação sequenciada dos ciclos de 52 anos – em tudo semelhante à que se pode encontrar nos anais pictoglíficos, como veremos abaixo no caso do *Códice Vaticano A* – também servia para marcar a distância temporal que supostamente separaria os eventos passados entre si e esses do momento da construção, ampliação ou renovação da narrativa.[102] Citamos no Capítulo I que pouca atenção tem sido dada ao acentuado caráter diacrônico desses relatos e, portanto, do pensamento nahua. Dedicaremos alguns parágrafos a essa problemática ao analisarmos a presença do *xiuhmolpilli* nos códices pictoglíficos, pois então estaremos em posse de uma base mais ampla de evidências.

Além de utilizar a conta dos anos para garantir uma marcação cronológica ampla e diacrônica, os produtores dos *Anales de Cuauhtitlan* também utilizaram marcações temporais mais restritas, tais como as vintenas e até os dias, para situar determinados episódios – veremos, mais abaixo, que esse mesmo recurso é utilizado nos anais do *Códice Vaticano A*. Afirma-se no texto: "Al amanecer del VI mallinalli (sic), se mudaron a Itztapallapan las vejezuelas, los vejancones, los muchachos y los mancebos; y cumplieron dos días en el 7 acatl".[103]

A quantidade dessas marcações temporalmente mais curtas cresce à medida que o texto progride e passa a narrar episódios que teriam ocorrido mais recentemente.[104] Procuraremos mostrar que, sendo assim, entre as narrativas sobre os tempos mais remotos e sobre os mais recentes não haveria uma distinção qualitativa entre os conceitos temporais empregados, mas apenas uma distinção quantitativa. Em ou-

---

101   Tradução feita por mim da versão em inglês: "On August 9, 422, 'Casper' was born. 13 years, 3 months, 9 days after 'Casper' had been born and then it was August 10, 435, 123 days after 'Casper' crowned himself and then December 11, 435, came to pass, on that day 3,600 years (9 baktuns) ended." Schele, Linda e Freidel, David. *A forest of kings*. Nova York: Quill Willian Morrow, 1990, p. 247. Voltaremos aos textos de Palenque no Capítulo IV para mostrar a continuidade da marcação temporal entre os eventos mais distantes, ou cosmogônicos, e os mais recentes, ou potencialmente históricos.

102   Veremos, mais à frente, que os anais pictoglíficos poderiam constituir-se como textos com o final em aberto, pois a marcação calendária seguia, por vezes, para além do momento de sua produção, como se estivesse à espera de ser completada com os episódios futuros.

103   Anales de Cuauhtitlan. In: *Códice Chimalpopoca, op.cit.*, p. 51.

104   Por exemplo, apenas a narrativa dos eventos do décimo sexto *xiuhmolpilli*, cujo início corresponderia a 1415, ocupa vinte e duas páginas do manuscrito. Cf. *ibidem*, p. 36-54.

tras palavras, quanto mais recente fossem os episódios, mais menções eram feitas aos ciclos calendários, que eram os mesmos empregados para se tratar das épocas mais remotas.

Fernando de Alva Ixtlilxochitl, um escritor indígena descendente dos *pipiltin* de Texcoco, que viveu entre 1578 e 1648, também utiliza ciclos menores e a citação de dias em específico em seus numerosos textos, bem como precisas correlações com a história e o calendário cristãos. Por exemplo, em sua *Relación sucinta*, ao se referir à destruição dos toltecas no tempo de Topiltzin, rei de Tollan, afirma que "...se destruyeron los tultecas con grandes guerras y persecuciones del cielo, y su última destrucción fue en el año de ce técpatl. Y a los veinte y nueve días (sic) del mes de Izcalli, en un día llamado ce ollin que es el primero de su semana, que conforme a la nuestra fue en el año de 1004 a treinta días del mes de marzo".[105] Vale notar também que a preocupação de Ixtlilxochitl em estabelecer correlações com outras contagens calendárias – no seu caso com a contagem cristã – parece possuir precedentes entre as tradições de pensamento e escrita nahuas e seus anais.[106] É o que parece atestar os *Anales de Cuauhtitlan*, nos quais as contas dos anos de diversos *altepeme* – Texcoco, Tula, Cuauhtitlan, Tenochtitlan e outros – são mencionadas e correlacionadas ao longo do texto.[107]

Usos do *xiuhmolpilli* semelhantes aos encontrados na *Leyenda de los soles* e nos *Anales de Cuauhtitlan* também estão presentes na *Historia de los mexicanos por sus pinturas*, se bem que, como procuraremos mostrar, de modo menos tradicional e mais moldado pelas seleções temáticas e estruturas narrativas cristãs.

O relato contido nesse texto inicia-se com a menção dos primeiros deuses e de suas criações, episódios sobre os quais se afirma não haver registros cronológicos. A única referência temporal nessa parte é o período de seiscentos anos de inatividade dos deuses depois da criação de Huitzilopochtli – quantidade divisível por vinte, que era a base do sistema numérico mesoamericano. Nas palavras do texto: "...ny en sus figuras tienen más del asiento de los seysçientos años, contándolos de veynte en veyn-

---

105   Ixtlilxochitl, Fernando de Alva. *Obras históricas*. México: Instituto Mexiquense de Cultura e IIH – Unam, 1997, p. 398. Utilizaremos as obras de Ixtlilxochitl como fontes auxiliares no Capítulo IV, principalmente suas versões da cosmogonia.

106   Esse tipo de preocupação parece ter sido muito precoce entre as tradições de pensamento mesoamericanas. Além do caso da data inicial maia utilizada durante o período Clássico, são muito conhecidos os relevos de Xochicalco, que atestariam reuniões inter-regionais sobre o calendário no início do período Pós-clássico, as quais teriam contado com a participação de membros das elites dirigentes de Teotihuacan, de Tajín e das cidades maias e zapotecas. Cf. Graulich, Michel. *Mitos y rituales del México antiguo*. Madri: Ediciones Istmo/Colegio Universitario, 1990.

107   Por exemplo, ao citar que "El Ser De Estos Chichimecas Empieza En Los Anales Tetzcocanos En El Año 13 Tochtli". Anales de Cuauhtitlan. In: *Códice Chimalpopoca, op. cit.*, p. 4.

te, por la señal que tienen que segnyfica veynte".[108] A afirmação sobre a falta de dados cronológicos mais detalhados nos leva a pensar que o desejável seria tê-los, mesmo quando se tratava do que, atualmente, classificamos como um relato cosmogônico. Isso reforça um dos argumentos defendidos: para as tradições de pensamento nahuas, narrar algo passado significava, necessariamente, situá-lo temporalmente.

Assim como nos *Anales de Cuauhtitlan*, a narrativa da criação do próprio sistema calendário também consta na *Historia de los mexicanos por sus pinturas*. Nela, Oxomoco e Cipactonal, aqui descritos como o primeiro casal humano, não são claramente mencionados como seus criadores ou guardiões. Sobre esse episódio, afirma o texto: "Luego hizieron a un ombre y a una muger; al hombre dixeron Uxumuco, y a ella, Çipastonal. Y mandáronles que labrasen la tierra, y que ella hilase y texese (...) y a ella le dieron los dioses çiertos granos de mahíz, para que con ellos ella curase y usase de adevinanças y hechizerías, y ansí lo usan oy día a fazer las mugeres. Luego hizieron los días y los partieron en meses, dando a cada mes veynte días, y ansí tenían diez y ocho, y trezientos y sesenta días en el año, como se dirá adelante".[109]

Como é possível ver, não fica claro no trecho se os criadores dos dias e do sistema calendário teriam sido Oxomoco e Cipactonal ou os deuses que haviam criado a esse casal, ou seja, Tlatlauhqui Tezcatlipoca, Yayauhqui Tezcatlipoca, Quetzalcoatl e Huitzilopochtli, os quatro deuses irmãos e filhos do casal de deuses primordiais, Tonacatecuhtli e Tonacacihuatl. É muito mais provável que na versão apresentada pela *Historia de los mexicanos por sus pinturas* os criadores dos dias e do calendário sejam os quatro deuses, já que o trecho mencionado encontra-se inserido em meio de uma relação das criações desses deuses. De qualquer forma, a criação e o agrupamento dos dias em meses e anos são citados logo depois da atribuição da tarefa de realizar prognósticos a Cipactonal. Sendo assim, não é descabido pensar que o texto sugere uma possível relação entre lançar prognósticos e contar o tempo, a qual é confirmada em uma série de outras fontes documentais.[110]

A relação narrativa que mostramos existir entre os criadores ou primeiros usuários do sistema calendário e as atividades agoureiras indica que contabilizar o tempo e predizer suas cargas e destinos eram atividades inseparáveis para as tradições de pensamento nahuas. Tais tradições, como mencionamos no Capítulo I, utilizavam

---

108 Historia de los mexicanos por sus pinturas. In: *Mitos e historias de los antiguos nahuas*. México: Conaculta, 2002, p. 26. Entenda-se por *asiento* uma *anotação em conta ou livro*.

109 *Ibidem*, p. 28. Há, nesse trecho, o problema da suposta inversão de gêneros entre Oxomoco, que seria feminino, e Cipactonal, que seria masculino. Trataremos desse problema no Capítulo IV.

110 Por exemplo, nas páginas 21 e 22 do *Borbónico*, que apresentam, como citamos acima, um ciclo completo do *xiuhmolpilli* em meio do qual estão Oxomoco e Cipactonal incensando e lançando sorte com grãos de milho. Cf. *Códice borbónico, op.cit.*, p. 21-2.

essas contas e predições, entre outras coisas, para manter e legitimar as posições de controle social das elites às quais pertenciam.

A posse do calendário – entenda-se do conhecimento de seu funcionamento e registro – era tão importante para as elites mesoamericanas que sempre é menciona-da como uma das principais heranças legada pelos antigos toltecas. É o que ocorre no relato maia-cakchiquel conhecido como *Memorial de Sololá* ou *Anales Cakchiqueles*, cujo texto base talvez tenha sido produzido no século XVI.[111] Nesse texto, que narra a origem do Mundo, a migração e o estabelecimento dos cakchiquéis depois da partida de Tollan, o sistema calendário também é mencionado como uma das cargas mais preciosas que trouxeram os "antigos padres", cujos descendentes seriam as famílias governantes cakchiquéis. Assim o texto define a bagagem trazida pelas treze parcia-lidades das sete tribos que saíram de Tollan na obscuridade da noite: "Consistían en piedras preciosas, metales preciosos, plumas verdes de quetzal elaboradas para penachos, también pinturas y esculturas, muchas flautas para canciones, calendarios sagrados y calendarios memorables, además cacao: eran exclusivamente riquezas las que trajeron de Tulán [las siete tribus]".[112]

Os fundamentos desses ciclos temporais e, portanto, dos prognósticos eram, em grande parte, matemáticos. Dito de outro modo: trata-se de um sistema de prognósti-cos que se relacionava com uma série de deidades e de rituais, mas cujos fundamen-tos de operação eram combinações matemáticas.[113] Contudo, não estamos querendo dizer que os povos mesoamericanos possuíam uma visão mecânica do tempo ou do cosmo pelo fato de os ciclos calendários basearem-se em complexas combinações ma-

---

111   Esse texto foi encontrado entre 1844 e 1845 no convento franciscano de Santiago de Guatema-la. Trata-se da mais importante versão cakchiquel da cosmogonia e história, ocupando assim um papel similar ao do *Popol vuh*, de origem quiché, e ao do *Chilam balam*, de origem iucateca. O manuscrito sobrevivente é composto por noventa e seis páginas com letras do século XVII ou princípios do XVIII, no entanto, seu conteúdo indica uma procedência mais antiga. Cf. Luján Muñoz, Jorge. Introducción. In: *Memorial de Sololá*. Guatemala: Comisión Interuniversitaria Guatemalteca de Conmemoración del Quinto Centenario del Descubrimiento de América, 1999 /Garza Camino, Mercedes de la. Los mayas. In: Monjaráz-Ruiz, Jesús (coord.). *Mitos cos-mogónicos del México indígena*. México: Inah, 1989.

112   O sublinhado foi inserido por mim. *Memorial de Sololá*. Guatemala: Comisión Interuniversitaria Guatemalteca de Conmemoración del Quinto Centenario del Descubrimiento de América, 1999, p. 156. Talvez, os dois tipos de registros calendários mencionados sejam, respectivamen-te, o *tonalamatl* e o *xiuhamatl*.

113   Essa centralidade do que chamamos matemática para o pensamento mesoamericano tam-bém se manifestaria no fato de as relações entre os ciclos calendários e os astronômicos serem de índole primordialmente numérica e não geométrica. Cf. Aveni, Anthony F. Astro-nomia da antiga Mesoamérica. In: Krupp, Edwin C. (org.). *No rasto de... as antigas astronomias*. Lisboa: Publicações Europa-América, 1978.

temáticas. Ao tratar do *tonalpohualli*, vimos que o sistema compunha-se também de uma série de elementos não matemáticos, tais como as qualidades dos entes que compõe cada série. Sendo assim, as séries dos vinte *tonalli*, dos nove Senhores da Noite, dos treze Senhores dos Dias, dos treze Voadores e, até mesmo, a dos treze números não eram vistas, simplesmente, como representações de quantidades absolutas, mas como séries de entidades com qualidades distintas e específicas. Em poucas palavras, parece que a preocupação quantitativa estava a serviço da determinação das qualidades do tempo.

No entanto, como dissemos no início da primeira parte deste capítulo, essa dimensão calendário-matemática tem sido explorada, geralmente, de maneira isolada das análises e caracterizações da cosmogonia, dos deuses, da concepção de passado e das dimensões políticas das sociedades mesoamericanas. É como se essa dimensão tivesse sido produzida e manejada por grupos de sábios que não pertencessem às mesmas elites que manejavam e presidiam as decisões políticas, as celebrações religiosas e as explicações cosmogônicas e históricas. Creio que para entendermos algumas das especificidades da visão de mundo nahua e mesoamericana temos de relacionar, de modo fundamental, esses saberes calendários e matemáticos aos deuses, às celebrações, às oferendas e, sobretudo, às concepções e explicações sobre o passado, como procuraremos fazer, sobretudo, no Capítulo IV.

Voltemos então à análise da *Historia de los mexicanos por sus pinturas*. O texto, depois de narrar a origem do sistema calendário, passa a usar sistematicamente a conta dos anos para tratar das idades anteriores do Mundo, assim como ocorre nos *Anales de Cuauhtitlan*. Os episódios narrados nos seis capítulos que tratam das idades anteriores[114] desembocam na idade atual e nos acontecimentos que envolvem Tula, Quetzalcoatl, os chichimecas e os mexicas, apresentando assim uma sequência temática que, como procuraremos demonstrar no Capítulo IV, seria típica das tradições de pensamento nahuas.

Na *Historia de los mexicanos por sus pinturas*, esse movimento narrativo – dos tempos mais remotos aos mais recentes – é acompanhado por um crescimento progressivo das referências temporais do *xiuhmolpilli*, tal qual vimos ocorrer também nos *Anales de Cuauhtitlan*. Desse modo, embora o texto da *Historia de los mexicanos por sus pinturas* não chegue a tomar a forma de anais, as parcas referências temporais presentes nos episódios cosmogônicos – do tipo *essa idade durou 676 anos* – transformam-se em numerosas marcações temporais nos capítulos que tratam de eventos mais recentes, isto é, entre o capítulo IX e o XX, e passam a ser do tipo *no décimo ano da segunda trezena, passados quatro anos* ou *no ano de 202 depois da fundação de Tenochtitlan*.[115]

---

114   Cf. Historia de los mexicanos por sus pinturas. In: *Mitos e historias de los antiguos nahuas*. México: Conaculta, 2002, p. 27-38.

115   Cf. *ibidem*, p. 39-66.

Esse amplo e crescente uso dos ciclos temporais para estruturar uma narrativa sobre o passado demonstraria, por um lado, que tanto a *Leyenda de los soles* quanto a *Historia de los mexicanos por sus pinturas* fariam um uso do sistema de calendário que estamos chamando de tradicional, isto é, semelhante ao que ocorre nos códices pré-hispânicos ou nos coloniais que mantiveram as características dos primeiros. Por outro lado, na *Historia de los mexicanos por sus pinturas*, entre os capítulos mencionados acima, há um capítulo dedicado a explicar o funcionamento do sistema calendário, fato que denota a influência direta das demandas coloniais castelhanas sobre o texto.

O mesmo tipo de fenômeno ocorre na *Histoire du Mechique*, cujo quinto capítulo é dedicado a explicar o funcionamento da conta dos anos e da divisão desses anos em vintenas.[116] Além disso, nesse texto, o uso de referências do sistema calendário limita-se ao quinto capítulo, que trata da fundação de Tenochtitlan e do funcionamento do calendário, e aos capítulos sétimo ao nono, que tratam das criações realizadas na idade atual.[117]

É interessante notar desde já que a satisfação da demanda castelhana por capítulos explicativos do sistema calendário é acompanhada, em geral, pelo desuso desse sistema como parte integrada ou estrutural da narrativa. Em outras palavras, a circunscrição narrativa do calendário como um tema a ser explicado e o seu desuso no momento de constituir as explicações sobre o passado tornam-se mais acentuados à medida que os relatos são mais moldados e influenciados pelas demandas e estruturas narrativas típicas do mundo cristão. Veremos, no Capítulo IV, que isso faz parte de um processo que chamamos na Introdução de fabulização das narrativas cosmogônicas nahuas.

Apesar do caráter mais fragmentário da *Histoire du Mechique* em relação aos três textos alfabéticos analisados anteriormente – *Leyenda de los soles*, *Anales de Cuauhtitlan* e *Historia de los mexicanos por sus pinturas* –, parece que a mencionada sequência temática típica é mantida. Isso porque depois de tratar das idades anteriores e das criações na idade atual, o relato passa para os episódios relacionados a Quetzalcoatl e a Tollan. Ademais, o texto mostra outros indícios de sua filiação a padrões compositivos nahuas: por um lado, a preocupação com a falta de datas é mencionada em vários

---

116   Cf. Histoire du Mechique. In: *Mitos e historias de los antiguos nahuas*. México: Conaculta, 2002, p. 139-43. As edições de Ángel María Garibay e de Rafael Tena possuem divisões e numerações diferentes para os capítulos desse manuscrito. Supomos que a divisão e numeração constantes na edição de Rafael Tena sejam as corretas por aparecerem também na sua paleografia do texto original. Sendo assim, parece que Garibay juntou os capítulos VI e VII em apenas um, que na sua edição recebeu o número VI.

117   Cf. *ibidem*, p. 147-57.

trechos dos relatos cosmogônicos e, por outro, algumas das vultosas cifras calendárias são mencionadas, como a de 10.200 anos, que aludiria ao início da idade atual.[118]

Considerando nossas análises, creio que podemos dizer que os dois últimos textos analisados – a *Historia de los mexicanos por sus pinturas* e a *Histoire du Mechique* – possuem padrões compositivos, seqüências e seleções temáticas procedentes tanto das tradições de pensamento e escrita nahuas como das cristãs. Vale frisar que, sendo assim, nenhum dos dois possui uma estrutura tipicamente ocidental, como acontece com as *Historias* dos missionários do século XVI. Dessa maneira, não podemos excluir, *a priori*, que a aparente heterogeneidade e fragmentação desses dois textos possam estar relacionadas com a manutenção de vestígios de estruturas narrativas ou de informações recortadas de livros pictoglíficos e da tradição oral nahuas.

Algo muito distinto ocorre no caso da *Leyenda de los soles* e dos *Anales de Cuauhtitlan*. Neles, a forma central e, por vezes, integral como a conta dos anos foi utilizada é muito semelhante àquela que se encontra nos códices pictoglíficos mais tradicionais – ou em algumas de suas seções, como veremos nos próximos subitens deste capítulo. Ademais, nenhum desses dois textos preocupa-se em explicar o funcionamento dos ciclos calendários, tratando-os como pressupostos de leitura. Esses seriam fortes indícios da manutenção de estruturas e pressupostos de pensamento tradicionais nesses dois textos, apesar de empregarem o sistema alfabético.

Como característica comum aos quatro textos alfabéticos analisados, poderíamos apontar, em primeiro lugar, a grande preocupação de seus autores em apresentar datas que situem os eventos narrados. Depois, que a quantidade de referências temporais torna-se gradativamente maior à medida que os episódios narrados aproximam-se dos tempos mais recentes. Por fim, que os quatro textos apresentam uma sequência temática mais ou menos comum e que poderia indicar a existência de uma estrutura narrativa típica das tradições de pensamentos nahua, caracterizada por concatenar a história mais recente à sequência cosmogônica das diversas idades ou sóis anteriores por meio dos episódios relacionados a Quetzalcoatl, Mixcoatl e Tollan. Mas esse tema será tratado em detalhes no Capítulo IV, pois neste momento nos compete seguir analisando a presença do *xiuhmolpilli*, porém agora nos códices pictoglíficos.

O *xiuhmolpilli* nos códices pictoglíficos

No *Códice magliabechiano*, depois da seção dos vinte *tonalli* analisada acima e antes da seção das celebrações das dezoito vintenas, há uma seção de vinte e oito páginas

---

118   Cf. *ibidem*, p. 146. Na edição de Garibay consta 102.000 anos. Cf. Histoyre du Mechique. In: *Teogonía e historia de los mexicanos*. México: Editorial Porrúa, 1996, p. 105. Voltaremos ao problema dessas cifras discrepantes no Capítulo IV.

dedicada aos 52 anos do *xiuhmolpilli*.[119] Nela, temos somente a sequência combinató-
ria completa entre os quatro carregadores de anos – *acatl, tecpatl, calli* e *tochtli* – e os
treze números. Esses dois tipos de elementos formam conjuntos pictóricos que pre-
enchem, cada qual, a metade de cada página. Na Figura 9 encontra-se reproduzida a
primeira página dessa seção e nela podemos observar os glifos dos anos *ce acatl* (*1 junco*),
à esquerda, e *ome tecpatl* (*2 pedernal*), à direita.[120]

Repare-se também que os numerais em forma de pontos, assim como no caso da
apresentação dos vinte dias do *tonalpohualli* nesse códice (Figura 8), aparecem acima
dos glifos calendários contidos nos quadrados azuis que os emolduram. Dessa forma,
a disposição gráfica dos glifos *1 junco* e *2 pedernal* coincide totalmente com o padrão
fornecido pelo sentido de leitura da escrita alfabética ocidental, ou seja, da esquerda
para a direita e de cima para baixo.

Nenhum outro elemento pictoglífico ademais dos *tonalli* e números está distribuído ao longo dos 52 anos da conta calendária, que pode ser considerada, por sua
exclusividade, como o tema dessa longa seção do *Magliabechiano*. Essa apresentação
temática e didática da conta dos anos é confirmada pelo texto alfabético introdutório
que ocupa a primeira página da seção[121] e pelas glosas que acompanham os glifos
anuais até o décimo, as quais se limitam a grafar seus nomes: "esta figura de arriba se
dice acatl" ou "esta figura de arriba se dice tecpatl".[122]

Pela exclusividade da conta dos anos, por sua apresentação didática e pela
organização gráfica baseada nos padrões da escrita alfabética ocidental podemos
supor que essa seção do *Códice magliabechiano*, e também a dos vinte *tonalli*, não se
destinavam aos membros das elites nahuas ou de suas tradições de pensamento e
escrita pictoglífica, aos quais essas páginas registrariam apenas obviedades sem um
conteúdo específico. Por isso, é muito provável que essas seções não tenham sido
diretamente copiadas ou inspiradas em nenhum tipo de livro utilizado pelas tradições de pensamento e escrita mixteco-nahuas, apesar do *Magliabechiano* ter se originado da primeira leva de trabalhos missionários no Vale do México, como vimos
no Capítulo I.[123] Ao contrário, sua seleção temática, padrões compositivos e caráter
didático apontam, claramente, para uma espécie de resposta às demandas dos religiosos espanhóis que necessitavam conhecer e entender os elementos básicos do

---

119   Cf. *Códice Magliabechi, op.cit.*, p. 14v-28v.

120   Cf. *ibidem*, p. 15r.

121   *Ibidem*, p. 15r.

122   *Ibidem*, p. 14v.

123   Isso é proposto, por exemplo, em Boone, Elizabeth Hill. *The Codex Magliabechiano and the lost
       prototype of the Magliabechiano group, op.cit.*.

sistema calendário para promoverem o que acreditavam ser o bom andamento da conversão e catequese.

Esse tipo de demanda fez surgir, no altiplano central mexicano, a produção de inúmeras rodas calendárias, as quais, em geral, apresentavam o funcionamento básico da conta dos anos, das vintenas ou, menos frequentemente, da conta dos dias.[124] Essas rodas calendárias terminaram por fazer parte das obras de muitos religiosos do século XVI. Por exemplo, na *Historia de las Indias*, de Diego Durán, uma dessas rodas apresenta, didaticamente, as combinações entre os quatro carregadores e os treze números da conta dos anos, distribuindo-os pelas quatro direções do Mundo.[125]

Há estudiosos que defendem a origem pré-hispânica desse tipo de registro calendário, propondo que eles seriam realizados em pedra.[126] No entanto, nesses registros em pedra, como a citada *Pedra do Sol*, os elementos que compõem as contas calendárias não estão gravados de maneira exclusiva ou didática, como é o caso das citadas rodas calendárias coloniais. Talvez, os *tlacuiloque* nahuas ou os jovens alunos indígenas dos colégios missionários tenham adaptado o formato circular – utilizado em tempos pré-hispânicos pelos nahuas para registros com a presença de elementos calendários – para representar didaticamente os ciclos básicos do calendário. Paralelamente, não podemos excluir a possibilidade de uma origem europeia para esse formato e tipo de registro, pois a disposição circular dos meses do zodíaco também era muito comum entre os cristãos ocidentais.

De qualquer forma, no caso do *Códice magliabechiano* adotou-se a apresentação linear de todos os 52 anos do *xiuhmolpilli*, o que torna essa seção muito extensa e extremamente repetitiva. Talvez isso ajude a explicar sua decrescente qualidade pictórica, sobretudo a partir do sétimo e oitavo anos do *xiuhmolpilli*.[127] Em alguns casos, a partir desse ponto, a pintura dos glifos extrapola os limites do delineamento em negro e em

---

124   Algumas das rodas calendárias mais conhecidas são a de *Boban* – que, além das dezoito vintenas e dos vinte *tonalli*, traz informações históricas – e as de *Veytia* – um conjunto de sete rodas calendárias copiadas no século XVIII de manuscritos mais antigos. Cf. Glass, John B. e Robertson, Donald. A census of native Middle American pictorial manuscripts. In: Wauchope, Robert (editor geral) e Cline, Howard F. (editor dos volumes). *Handbook of Middle American Indians, op. cit.*, v. 14, p. 96 e 229.

125   Cf. Durán, Diego. *Historia de las Indias de Nueva España e islas de la tierra firme*. México: Editorial Porrúa, 1984, v. 1, lâmina 34.

126   Por exemplo, Glass, John B. A survey of native Middle American pictorial manuscripts. In: Wauchope, Robert (editor geral) e Cline, Howard F. (editor do volume). *Handbook of Middle American Indians, op. cit.*, v. 14.

127   Cf. *Códice Magliabechi, op. cit.*, p. 16v.

outros o próprio delineamento não é realizado – e ele era uma das principais caracte-rísticas dos glifos mixteco-nahuas.[128]

Muito distinta é a seção do *Códice borbónico* que traz o ciclo de 52 anos do *xiuhmolpilli*,[129] a qual, assim como no *Magliabechiano*, também se encontra depois da seção dedicada ao *tonalpohualli* e antes da seção das celebrações das dezoito vinte-nas.[130] Trata-se do famoso par de páginas cujo centro de cada uma é ocupado por um par de personagens cosmogônicas, como podemos observar na Figura 10. Na página da esquerda estão Oxomoco, à esquerda, e Cipactonal, deidades primordiais – ou o primeiro casal humano – que se encontram sentados em sitiais[131] no interior de um recinto,[132] incensando e lançando a sorte com grãos de milho. Na página da

---

128   Como citamos em nota no capítulo anterior, a diminuição dessa grossa linha de contorno é considerada uma influência das técnicas de pintura europeias, assim como a redução no tama-nho da cabeça da figura humana, a introdução de princípios de perspectiva, que alterariam a construção geográfica, e o uso de uma gama maior e menos regulamentada de cores, as quais, contudo, não perderam totalmente seus múltiplos significados como elementos de leitura. Cf. Valle, Perla. Códices coloniales. In: *Arqueología Mexicana*. México: Editorial Raíces/Inah/ Conaculta, v. IV, n. 23, p. 64-9, 1997.

129   Cf. *Códice borbónico.*, *op.cit.*, p. 21 e 22.

130   Luis Barjau reitera o erro contido nas glosas do códice, classificando essas duas páginas como uma continuação da contagem dos dias, a qual, na verdade, encerrara-se na lâmina anterior. Nas palavras do próprio autor: "La lámina 21 con la 22 del Borbónico son las últimas láminas calendáricas del códice e están bordeadas ambas de dos trecenas de días, a diferencia de to-das las anteriores que sólo tienen una trecena numerada con círculos rojos unidos. Las dos láminas suman 52 días". Barjau, Luis. *El mito mexicano de las edades*. México: Universidad Juárez Autónoma de Tabasco/Grupo Editorial Miguel Ángel Porrúa, 1998, p. 105.

131   Utilizamos esse termo com o sentido de *lugar de assento*, expressão muito comum no mundo nahua e que se refere, entre outras coisas, às esteiras, peles de jaguar ou pequenos assentos utilizados pelos membros das elites e cujos distintos materiais ou formatos eram sinônimos de diferentes posições na hierarquia social e cosmogônica. Um excelente exemplo de como essa hierarquia é grafada nos códices pictoglíficos por meio das diferentes alturas e materiais dos assentos dos *pipiltin* pode ser encontrado na página introdutória do *Códice Mendoza* (Figura 31) Cf. *The essential Codex Mendoza*. Berkeley/Los Ángeles/Londres: University of California Press, 1997, p. 2r.

132   Paso y Troncoso, que produziu uma importante edição comentada do *Código borbónico* ainda no final do século XIX, descreve Oxomoco e Cipactonal como se estivessem em cima de uma grande esteira vermelha. Cf. Paso y Troncoso, Francisco del. *Descripción, historia y exposición del Códice borbónico*. México/Madri: Siglo Veintiuno, sdp., p. 92. Na época dessa edição ainda não havia muitos estudos sobre as soluções pictóricas empregadas no sistema mixteco-nahua e, desse modo, Paso y Troncoso não pôde se dar conta que o casal primordial, Oxomoco e Cipactonal, está representado como se estivesse dentro de um recinto cortado ao meio,

direita estão representados Quetzalcoatl, à esquerda, e Tezcatlipoca, duas das mais importantes personagens cosmogônicas por realizarem a criação e a destruição de diversas idades. Ambas parecem dançar e Quetzalcoatl porta uma bolsa de copal e um incensório.

Em cada uma das duas páginas, os pares de deidades encontram-se emoldurados pelos glifos dos nove Senhores da Noite e da conta dos anos – formada pelos treze números e pelos quatro carregadores de anos. Nessa moldura não temos a presença dos pequenos quadrados divisórios em linhas vermelhas, como no caso do *tonalamatl* analisado anteriormente, e a conta dos anos encontra-se disposta internamente em relação aos Senhores da Noite.

No entanto, de modo análogo ao que ocorre no *tonalamatl* desse mesmo códice, parece que as séries calendárias mais conhecidas proporcionam o sentido de leitura dessas duas páginas. Nesse caso, essas séries são os números de 1 a 13 e os quatro carregadores de anos – respectivamente, *tochtli, acatl, tecpatl* e *calli*. Isso porque, como veremos logo abaixo, os nove Senhores da Noite que acompanham os glifos anuais não estão dispostos em sua sequência elementar.

Sendo assim, os glifos iniciais, ou seja, os que combinam os elementos que ocupam as posições mais baixas na progressão de suas respectivas séries-padrão, são *ce tochtli*, ou *1 coelho*, na página da esquerda, e *ce tecpatl*, ou *1 pedernal*, na página da direita. Ambos encontram-se, como pode ser observado na Figura 10, no canto inferior esquerdo de cada uma das páginas, a partir dos quais a leitura segue o sentido anti-horário, formando assim um conjunto de 26 anos por página. Veremos, no Capítulo III, que esse sentido de rotação coincide com o atribuído à alternância dos períodos calendários pelas quatro direções do mundo horizontal na sequência oriente, norte, ocidente e sul – sobretudo no caso das trezenas de dias e dos anos. Além do mais, o sentido de leitura desse par de páginas do *Borbónico*, assim como no caso visto anteriormente dos Patronos das Trezenas do *Códice Borgia*, é reforçado pela forma de dispor a parte superior dos glifos, tanto dos carregadores de anos como dos Senhores da Noite: a direção a ser seguida é a apontada pelas suas partes superiores ou pelo topo de suas cabeças (Figura 10).

Nessa seção do *Borbónico*, os carregadores dos anos e seus números ocupam uma posição de quase igualdade em relação aos nove Senhores da Noite, cujas figuras são um pouco maior e abraçam os anos, assim como o fazem na seção do *tonalpohualli* desse mesmo códice (Figuras 1 e 2). Na verdade, tanto os carregadores dos anos quanto os Senhores da Noite que os acompanham provêm do *tonalpohualli*: são os dias e respecti-

---

paralelamente ao solo, e visto de cima. Em outras palavras, é quase como se tivéssemos a representação de uma planta baixa do recinto, na qual podemos divisar suas colunas, suas paredes e sua entrada e, ainda, um manancial de água que brota por baixo dele. Tratamos desse tema em detalhe em outra ocasião. Cf. Santos, Eduardo Natalino dos. *Códices mexicas*. In: R*evista do Museu de Arqueologia e Etnologia – USP*, *op.cit*.

vos acompanhantes noturnos que iniciam cada ano sazonal, e que, assim, servem para nomeá-los, conforme explicamos no Capítulo I.

No entanto, a sequência dos Senhores da Noite que acompanha os anos do *xiuhmolpilli* nessas duas páginas não segue uma ordem matemática simples, a qual seria formada pelo salto de cinco em cinco Senhores em sua sequência elementar – apresentada na Tabela 3 –, fazendo que aparecessem numa série do tipo 1º, 6º, 2º, 7º, 3º, 8º, 4º, 9º, 5º e 1º Isso deveria ocorrer, teoricamente, porque a série de nove Senhores da Noite cabe quarenta vezes dentro do ano sazonal de 365 dias com uma sobra de 5 dias. Mas, conforme explicamos na primeira parte deste capítulo, os nove Senhores da Noite combinavam-se de modo fixo com os 260 dias do *tonalpohualli* e, para isso, era necessário que o último deles, Tlaloc, fosse omitido ao fim desse ciclo ou que compartilhasse a última noite com o oitavo deles, Tepeyolotl, fazendo que o primeiro dia do ciclo seguinte, *ce cipactli*, fosse acompanhado novamente pelo primeiro Senhor da Noite, isto é, por Xiuhtecuhtli.[133]

Dessa forma, a sequência de Senhores da Noite retratada nessas duas páginas do *Borbónico* não era tão óbvia ou simples para ser memorizada quanto, por exemplo, a conta dos anos. Para obtê-la era necessário procurar cada um dos dias que iniciavam os 52 anos em meio de um *tonalamatl*, como daquele que se encontra na seção anterior desse manuscrito.[134] Sendo assim, talvez pudéssemos dizer que os Senhores da Noite que acompanham e, graficamente, abraçam os dias iniciais dos 52 anos do *xiuhmolpilli* são a temática dessas duas páginas, a qual, muito provavelmente, possuía alguma utilidade mântica.

Ao mesmo tempo, os elementos provenientes do *tonalpohualli* são superados em escala e pela posição central pelos dois pares de deidades – Oxomoco e Cipactonal, Quetzalcoatl e Tezcatlipoca. Dessa maneira, talvez não seja descabido propor que a temática dessas duas páginas seja também a apresentação das influências que carregariam os dois conjuntos de 26 anos.

Caso essas duas inferências sobre a temática dessas páginas estejam corretas, poderíamos propor que o conjunto formado pelo número, carregador de ano e respectivo Senhor da Noite em torno de cada ano o carregaria de modo particular. Simultaneamente, poderíamos propor também que cada um dos dois pares de deidade influenciaria todo o conjunto de 26 anos a ele relacionado ou, ainda, que as quatro deidades carregariam todo o conjunto de 52 anos.

Outra possibilidade – que não exclui as anteriores – seria que essas duas páginas refiram-se aos episódios cosmogônicos das criações e destruições ou à própria invenção do calendário, eventos nos quais essas quatro personagens tiveram participações centrais, sobretudo Oxomoco e Cipactonal, conforme vimos neste capítulo ao tratar da presença do *xiuhmolpilli* nos textos alfabéticos. Além disso, a relação entre os ciclos de

---

133   Essa sobra de um Senhor da Noite deve-se ao fato de que seriam necessários 261 dias para que sua série, formada por nove elementos, pudesse se repetir 29 vezes por completo.

134   Cf. *Códice borbónico, op. cit.*, p. [1]-20.

52 anos e as quatro personagens cosmogônicas é fortalecida pela importância fundamental desses ciclos na contagem da duração das idades anteriores do Mundo e, consequentemente, na previsão da duração da idade atual, a qual terminaria ao final de um
desses ciclos – voltaremos a tratar desse tema mais abaixo e também no Capítulo IV.

Seja qual for a temática dessas páginas, ela não é a conta dos anos. Até podemos dizer
que ela seja também o ciclo de 52 anos do *xiuhmolpilli*, mas considerado de maneira mais
ampla e complexa, ou seja, incluindo-se as cargas de cada ano e dos conjuntos de anos. Em
suma, a conta dos anos não é apresentada de modo exclusivo ou didático nessas duas páginas do *Códice borbónico*, como vimos ocorrer no *Magliabechiano* ou mencionamos ser o caso
da roda calendária de Diego Durán; ao contrário, nessas duas páginas, a conta dos anos se
constitui como a base sobre a qual as temáticas mencionadas estão organizadas.

No *Códice Vaticano A*, assim como no *Magliabechiano* e no *Borbónico*, também há um
ciclo do *xiuhmolpilli* entre a seção do *tonalpohualli* e a seção das festas das vintenas.[135]
No entanto, diferentemente desses dois últimos códices, o *xiuhmolpilli* é apresentado
sob a forma de quatro tábuas numéricas, uma das quais pode ser vista na Figura 11.

Essas quatro tábuas, além de estabelecer a correspondência entre os anos cristãos de 1558 a 1609 e os anos mexicas nas suas duas colunas à esquerda, listam todos
os números com os quais o carregador de cada ano combinava-se no *tonalpohualli*, o
que é feito nas outras treze colunas de números.

O levantamento dos números com os quais os carregadores de anos aparecem
no *tonalpohualli* ao longo de cada ano sazonal requer certa familiaridade com o funcionamento do sistema calendário. Além disso, esse tipo de uso do *xiuhmolpilli* em
combinação com o *tonalpohualli* assemelha-se com o caso dos Senhores da Noite que
acompanham os 52 anos nas duas páginas do *Borbónico* analisadas acima.

Sendo assim, de um lado, esse tipo de configuração do *xiuhmolpilli* poderia sugerir a participação de membros das tradições de pensamento nahuas na confecção dessa seção ou, ainda, a fundamentação da mesma em códices tradicionais. Acreditamos,
no entanto, ser possível descartar essa última alternativa pois, por outro lado, a conta
dos anos não está sendo empregada para estruturar outra temática nas tábuas do *xiuhmolpilli* do *Vaticano A* – como seria usual nos códices e livros tradicionais. Ao contrário,
a própria conta dos anos é o tema a ser explicado, detalhado e correspondido com
outro sistema de cômputo temporal nessa seção, caracterizando assim, segundo uma
de nossas hipóteses, um uso do calendário vinculado às demandas dos castelhanos,
sobretudo dos missionários.

Considerando-se as afirmações acima, resta-nos propor que essa seção do *Códice
Vaticano A* foi elaborada com a participação ou o auxílio de membros das tradições de
pensamento nahuas para satisfazer demandas oriundas do trabalho missionário ou
para transpor conjuntos de relações e combinações calendárias do sistema pictoglífico para o alfabético.

---

135   Cf. *Códice Vaticano A, op. cit.*, p. 34v-36r.

Mencionamos acima que a seção do *xiuhmolpilli* no *Vaticano A*, *Borbónico* e *Magliabechiano* encontra-se na mesma posição relativa no interior desses manuscritos, isto é, entre a seção do *tonalpohualli* e a das festas das vintenas. Será que essa sequência comum aos três códices nahuas – o *tonalpohualli* seguido pelo *xiuhmolpilli* e pelas festas das vintenas – é somente uma coincidência? Ou, ao contrário, aponta para a existência de uma concatenação de ciclos e temas calendários característica de certo tipo de livro mixteco-nahua, e que passou a códices tipicamente coloniais – como o *Vaticano A* e o *Magliabechiano*? Ou ainda, será que essa estrutura teria origem na mentalidade dos religiosos espanhóis que dirigiram e organizaram muitas das produções de escritos junto aos alunos e informantes indígenas? Mas, se assim for, a sequência de capítulos do *Códice borbónico* teria então uma organização de origem cristã – o que reforçaria a hipótese de se tratar de um códice com influências coloniais, produzido depois da conquista de Tenochtitlan?

Voltaremos a essa última pergunta no Capítulo III, ao tratarmos da procedência das seções do *Códice borbónico*. Para responder às perguntas anteriores de modo consistente, necessitaríamos examinar um conjunto maior de fontes pictoglíficas em comparação com diversos textos de missionários para tentarmos detectar a origem dessa sequência temática comum aos três códices nahuas que estamos analisando. No entanto, no próximo subitem, poderemos pelo menos demonstrar que as seções do *Códice Vaticano A* e do *Magliabechiano* que apresentam as celebrações das vintenas parecem ter sido influenciadas pelas demandas dos missionários, o que talvez indique que também a sequência temática desses manuscritos deva-se a tais influências.

O *xiuhpohualli* nos códices pictoglíficos

Mencionamos na primeira parte deste capítulo que, de acordo com o sistema mesoamericano, o ano calendário de 365 dias dividia-se em 18 períodos de 20 dias, aos quais eram somados 5 dias finais. Citamos também que há uma grande polêmica sobre a existência ou não de um mecanismo de correção da defasagem entre o ano calendário e o ano sazonal, cuja duração aproximada é de 365,25 dias.

Essa questão possui certa relevância para a pesquisa, pois se tal mecanismo ou correção esporádica não eram aplicados ao ano calendário de 365 dias, então as vintenas e suas celebrações não possuiriam uma relação estável com os trabalhos agrícolas e as estações climáticas, já que em apenas oitenta anos a defasagem em relação ao ano sazonal chegaria a uma vintena.[136] Isso possui implicações diretas em nossa tentativa de caracterizar algu-

---

136   Para tornar a situação mais complexa, datas julianas distintas foram registradas no século XVI como sendo o dia de início do ano entre os nahuas. As divergências de vinte dias são facilmente explicáveis, pois se devem ao fato de que as principais celebrações das vintenas eram realizadas em seus dias finais e não nos iniciais, como pensaram muitos religiosos espanhóis que se dedicaram a entender o sistema calendário. Descontando-se esses casos, algumas das datas mencionadas nas fontes como o início do ano sazonal ou da primeira vintena, Atlcahualo, são: 1 de março, (Durán,

mas especificidades das concepções de tempo nahua, pois, caso seja assim, ao nos referir-mos às vintenas e ao ano *xihuitl* estaríamos aludindo a um ciclo temporal cuja dimensão matemática teria precedência sobre a sua relação com o ano das estações.[137]

No entanto, participar e contribuir com essa polêmica de modo consistente re-quer, certamente, uma pesquisa exclusiva, com um grupo de fontes muito mais amplo que o nosso e que, ademais, se conjugue com outros tipos de estudo, como os de etnologia e arqueologia.[138]

Sendo assim, nos limitaremos a analisar como as vintenas foram utilizadas na organização de seções dos manuscritos nahuas dedicados a apresentar suas festas e celebrações. Mas apesar dessa limitação, tomaremos partido diante da polêmica, pois as caracterizações mais amplas que iremos propor, com base nas análises comparativas que estamos desenvolvendo, dependem da posição assumida. Isso porque saber se as vintenas e suas celebrações se relacionavam ou não ao ritmo das estações e atividades sazonais desenvolvidas pelos nahuas determina, em grande parte, qualquer tentativa de caracterizar as concepções de tempo, espaço e passado desses povos.

Apesar das polêmicas que envolvem as dezoito vintenas, há certo consenso so-bre quais eram seus nomes e como se organizava sua sucessão. Além disso, a lista de deidades que seriam homenageadas em suas celebrações no centro do México tam-bém é mais ou menos consensual. Esse consenso relativo pode ser observado nos três códices que estamos analisando, nos quais as personagens retratadas em cada uma das vintenas têm sido identificadas conforme a lista apresentada na Tabela 7.

Diego. *Historia de las Indias de Nueva España e islas de la tierra firme, op.cit.*, v. 1, cap. 4), 26 de fevereiro (Acosta, José de. *Historia natural y moral de las Indias, op.cit.*, Livro VI, cap. 2), 24 ou 25 de fevereiro (*Códice Vaticano A, op.cit.*, p. 12v e 42v) e 11 de fevereiro (*Códice magliabechiano, op.cit.*, p. 30.). Para alguns estudiosos, essa diversidade de datas deve-se a problemas e confusões de origem ocidental-cristã: por um lado, à tentativa de encontrar um único início de ano, tal qual no calendário cristão, sendo que o mesoamericano possuía diversos ciclos e contagens regionais, podendo então haver diversos inícios de ciclos em uma mesma ou em distintas regiões; por outro lado, à tentativa de sincronizar o início de uma vintena ao início do ano *xihuitl*, tal qual o primeiro dia do primeiro mês no calendário cristão. Cf. Siarkiewicz, Elzbieta. *El tiempo en el tonalamatl, op.cit.*

137   As estações climáticas eram duas na Mesoamérica: Xolpan, ou *tempo verde e das águas*, e Tonal-co, ou *lugar do calor, do sol e das secas*. Cf. Aguilera, Carmen. Xolpan y Tonalco. In: *Estudios de Cultura Náhuatl, op. cit.*, v. 15, p. 185-207, 1982.

138   Além dos estudiosos e trabalhos mencionados em nota na primeira parte deste capítulo, ou-tros importantes partícipes dessa polêmica são: Broda, Johanna. Ciclos agrícolas en el culto. In: Aveni, Anthony F. e Brotherston, Gordon (editores). *Calendars in Mesoamerica and Peru.* Oxford: Bar, 1983 / Šprajc, Ivan. *Orientaciones astronómicas en la arquitectura prehispánica del centro de México.* México: Inah, 2001 / Carrasco, Pedro. Las fiestas de los meses mexicanos. In: Dalhgren, Barbro (org.). *Mesoamérica.* México: Secretaría de Educación Pública/Inah, 1979.

Nomes das vintenas e tradução	Deidades ou entes celebrados		
	Borbónico	*Vaticano A*	*Magliabechiano*
Atlcahualo/Xilomaniliz-tli[139] – *Se Deixa a Água/ Oferenda de Espigas*	Tlaloc	Tlaloc	Tlaloc
Tlacaxipehualiztli – *Esfolamento de Gente*	Xipe Totec	Xipe Totec	Xipe Totec e Tezcatlipoca
Tozoztontli – *Pequena Festa de Nosso Auto-sacrifício*	Tlaloc	Deusa do Milho	Chalchiuhtlicue e Centeotl
Huey Tozoztli – *Grande Festa de Nosso Auto-sacrifício*	Tlaloc	Centeotl e Tlaloc	Centeotl
Toxcatl – *Nosso Assado ou Milho Tostado*	Tezcatlipoca, Cihuacoatl, Huehueteotl e Huitzilopochtli	Tezcatlipoca	Tezcatlipoca
Etzalcualiztli – *Comida de Milho e Feijão Cozidos*	Tlaloc, Quetzal-coatl e Xolotl	Tlaloc	Tlaloc e Quetzalcoatl
Tecuilhuitontli – *Pequena Festa dos Senhores*	Centeotl-Xochi-pilli e Xipe Totec	Huixtocihuatl	Centeotl- Xochipilli ou Tlazotopilli
Huey Tecuilhuitl – *Grande Festa dos Senhores*	Centeotl-Xochi-pilli e Xipe Totec	senhores e principais	Huixtocihuatl e Xilonen
Tlaxochimaco/ Miccailhuitontli – *Oferenda de Flores/ Pequena Festa dos Mortos*	Cihuacoatl e Huehueteotl	mortos	Tezcatlipoca

---

139   Encontramos também a grafia Xilomanaliztli em: Castillo, Cristóbal del. *Historia de la venida de los mexicanos y otros pueblos. op.cit.* / Anders, Ferdinand *et alii. El libro del ciuacoatl, op. cit.*

Nomes das vintenas e tradução	Deidades ou entes celebrados		
	Borbónico	Vaticano A	Magliabechiano
Xocotl Huetzi / Huey Miccailhuitl – A Fruta Cai / Grande Festa dos Mortos	três deuses da água, do junco, da semente e do teotzoalli[140]	mortos	Huehueteotl e teotzoalli (amaranto sagrado)
Ochpaniztli – Varrer Caminhos	Toci-Tlazolteotl Teteoinnan e Xilonen Chico-mecoatl	Ochpaniztli ou Tlazolteotl	Toci e Tlazolteotl
Teotleco / Pachtontli – Advento dos Deuses / Pequena Festa do Pachtle [141]	Huitzilopochtli, Tezcatlipoca e Xilonen-Chico-mecoatl	Tezcatlipoca	Tezcatlipoca e Ome-tochtli
Tepeilhuitl / Huey Pachtli – Festa dos Montes/ Grande Festa do Pachtle	Tlaloc e Xilonen Chicomecoatl	todos os deuses e Tlaloc	Xochiquetzal
Quecholli – Flamingo ou Flecha Arrojada	Mixcoatl e Tezca-tlipoca	quatro deuses caídos do céu e Mixcoatl	Mixcoatl
Panquetzaliztli – Hastea-mento de Bandeiras	Huitzilopochtli e Painal	Huitzilopochtli, Painal e Tezcatlipoca	Huitzilopochtli, Pai-nal e Tezcatlipoca
Atemoztli – Abaixamento das Águas	Tlaloc e Chalchiuhtlicue	Tlaloc	Tlaloc
Tititl – Encolhimento	Cihuacoatl	Cihuacoatl	Cihuacoatl
Izcalli – Crescimento	Xiuhtecuhtli e Cihuacoatl	Xiuhtecuhtli	Xiuhtecuhtli

Tabela 7: As dezoito vintenas e suas deidades ou entes celebrados segundo os códices Borbónico, Vaticano A e Magliabechiano.

140 Massa feita de sementes de amaranto com a qual se confeccionavam figuras utilizadas em cele-brações e refeições cerimoniais.
141 Planta trepadeira que cresce sobre as árvores e era utilizada para a decoração de construções e para a confecção de grinaldas.

Não obstante a similitude posicional que as seções dedicadas às vintenas do ano *xihuitl* apresentam no interior dos três códices e a relativa concordância entre as listas de deidades homenageadas, a utilização e as formas de presença dos ciclos calendários são bem distintas nos três manuscritos. Tratemos dessas distinções.

De um lado, a seção das vintenas no *Códice borbónico*[142] traz uma série de detalhes a mais que as do *Vaticano A* e do *Magliabechiano* e sua forma de apresentá-las e inseri-las em meio de outros ciclos calendários também é muito distinta. Por outro lado, as seções do *Códice Vaticano A*[143] e do *Códice magliabechiano*[144] são muito semelhantes entre si, tanto no que diz respeito à estrutura como aos detalhes temáticos. Ambas apresentam dezoito conjuntos formados por uma parte pictoglífica e uma textual-alfabética. No caso do *Vaticano A*, cada vintena encontra-se disposta numa página cuja parte superior é ocupada pelos elementos pictóricos e a inferior pelas glosas, como podemos ver na Figura 12. No *Magliabechiano*, cada conjunto ocupa duas páginas que podem ser observadas conjuntamente, sendo que na da esquerda estão os textos e na da direita estão os elementos pictóricos, como podemos ver exemplificado na Figura 13.

É interessante notar que a sequência entre textos alfabéticos e elementos pictoglíficos é inversa nos dois códices, o que talvez possa ser tido como indicativo da prioridade de um ou de outro elemento na confecção de cada manuscrito. Em outras palavras, no *Magliabechiano* temos primeiro o texto alfabético e em seguida, como uma espécie de ilustração ao texto, as imagens; já no *Vaticano A* temos primeiro as imagens e depois um texto alfabético que, em parte, explica seus elementos componentes, muitos dos quais com sentidos bem estabelecidos dentro do sistema pictoglífico mixteco-nahua.

Quanto ao detalhamento do tema, os dois códices preocupam-se principalmente em relacionar as festas, estabelecer suas datas correspondentes no calendário cristão, listar as deidades que estariam sendo reverenciadas e vincular as celebrações com as fases do ano e com as atividades agrícolas e seus produtos. Todos esses subtemas podem ser diretamente vinculados às preocupações e interesses dos missionários em conhecer as celebrações locais para combater o que chamavam de idolatria ou, também, impedir sua infiltração nas celebrações e festividades católicas. Essa afirmação

---

142   Tradicionalmente, essa seção é delimitada como ocupando as páginas 23 a 37. Por exemplo, em *ibidem*. Procuraremos mostrar que desde a página 23 até o fim do manuscrito temos uma única seção.

143   Cf. *Códice Vaticano A, op. cit.*, p. 42v-51r.

144   Cf. *Códice Magliabechi, op. cit.*, p. 28v-46r.

fundamenta-se no fato de que esses mesmos temas e subtemas são muito semelhantes aos que se encontram nos textos dos religiosos espanhóis, como vimos na sexta parte do Capítulo I.

Outra semelhança entre as seções das vintenas no *Vaticano A* e no *Magliabechiano* é que não há, em ambos os manuscritos, nenhum tipo de vínculo entre a exposição das celebrações das vintenas – que estamos chamando de *xiuhpohualli* – e a conta dos anos – ou *xiuhmolpilli*. Em outras palavras, as vintenas e celebrações apresentadas não se referem às realizadas em um ano específico. Dessa maneira, podemos supor que a temática das seções desses dois manuscritos seja as festas consideradas genericamente, isto é, em sua dimensão repetitiva e sincrônica, como também acontece nas *Historias* dos missionários.[145]

Entretanto, nos dois casos, a organização da exposição baseia-se na sequência das vintenas dentro do ano e, sendo assim, não creio que seja aventurado afirmar que a subdivisão do ano *xihuitl* e suas festas operem também como elementos organizadores dessas seções.[146] Desse modo, teríamos nessas seções a combinação do uso estrutural do sistema calendário, hipoteticamente mais tradicional, com o uso temático, típico das demandas cristãs do período Colonial.

A presença estrutural e implícita da divisão interna do ano *xihuitl* também pode ser observada na mencionada seção do *Códice borbónico*.[147] Nela, o tema central é uma série de celebrações públicas realizadas, provavelmente, nas proximidades de Tenochtitlan, como vimos no Capítulo I, a partir do final do ano *ce tochtli* (*1 coelho*), passando por todo o ano *ome acatl* (*2 junco*) e chegando até quase o início do ano *yei tecpatl* (*3 pedernal*).

Essas celebrações encontram-se separadas graficamente por linhas verticais e ocupam espaços desiguais no manuscrito: há celebrações que compartilham a mesma página e outras que se estendem por mais de uma página. O sentido de leitura predominante nessa seção é da esquerda para direita, mas, por vezes, a orientação e a disposição das figuras obrigam-nos a girar o códice 90º no sentido anti-horário e a leitura passa a ser de cima para baixo.

---

145   Como citamos antes, tratamos em detalhe de algumas dessas *Historias* em nossa pesquisa de mestrado. Cf. Santos, Eduardo Natalino dos. *Deuses do México indígena, op.cit.*

146   No *Magliabechiano* não há referências sistemáticas às datas de início de cada vintena, como ocorre no *Vaticano A*. No entanto, é citado que cada uma duraria vinte dias e as datas de celebração são mencionadas em dois casos: na segunda vintena, Tlacaxipehualiztli (p. 30r), que se celebraria em 21 de março, e na última festa (p. 45v e 46r), Izcalli, celebrada em 4 de fevereiro e que duraria vinte e cinco dias, pois incluiria os *nemontemi* ou *dias vazios*. Com isso é possível distribuir as outras celebrações a cada vinte dias e recompor as datas iniciais de cada uma segundo esse manuscrito. Cf. *Códice Magliabechi, op. cit.*, p. 28v-46r.

147   Cf. *Códice borbónico, op; cit.*,p. 23-37.

A mudança da posição do manuscrito para a leitura poderia ter algum significado entre as convenções da escrita *tlacuilolli*, como a delimitação de uma seção, o
destaque de um determinado tema ou a relação desse novo sentido de leitura com o
que está sendo narrado. É o que parece acontecer no *Códice Borgia*. Nele, o sentido
geral de leitura das páginas é da direita para a esquerda – com o manuscrito em forma
de biombo disposto paralelamente à linha dos ombros do suposto observador. Mas a
disposição das figuras a partir da página 29 indica que o manuscrito deve ser girado
90° no sentido anti-horário, posição que deve ser mantida até a página 46.[148] Esses dois
pontos delimitariam, assim, uma seção de, não coincidentemente, dezoito páginas no
interior desse manuscrito, a qual é interpretada por alguns estudiosos como relacionada às dezoito vintenas.[149]

Veremos que se considerarmos as duas últimas seções do *Códice borbónico* como
apenas uma, conforme indicamos no Capítulo I, também teremos um total de dezoito páginas. Voltemos à análise dessa seção do *Borbónico* para poder fundamentar essa
proposta de junção das seções.

Diferentemente do que acontece no *Vaticano A*, no *Magliabechiano* e nas *Historias*
dos missionários, a seção do *Borbónico* dedicada às festas das vintenas traz, de maneira
explícita e estrutural, a presença da conta dos anos ou *xiuhmolpilli*. Em outras palavras,
a apresentação do *xiuhpohualli* ocorre em meio de um ciclo do *xiuhmolpilli*. Vejamos
o porquê.

A abertura da seção é feita por meio do glifo *ce tochtli* na parte superior-esquerda
de sua primeira página, a qual podemos ver reproduzida na Figura 14. Esse glifo,
emoldurado por um quadrado em azul – uma das formas de indicar que o glifo em
seu interior alude a um ano –, localiza diacronicamente o tema que será disposto:
as celebrações das festas das vintenas que ocorreram na passagem desse ano para o
seguinte, isto é, para o ano *ome acatl*, que corresponderia a partes dos anos cristãos de
1506 e 1507 e no qual foi celebrado um *xiuhmolpilli*, ou *enlace de anos*. A personagem
que abre essa seção, localizada na extrema esquerda de sua primeira página (Figura

---

148   Cf. *Códice Borgia, op. cit.*, p. 29-46. Esse fato, aliado à importante presença de Cihuacoatl na
condução dos rituais e no circuito de templos em que eles teriam se realizado, o que também
ocorre nas celebrações retratadas no *Borbónico*, levaram Karl Antony Nowotny a estabelecer, em
sua obra intitulada *Tlacuilolli*, um paralelo dessa seção do *Borgia* com a que estamos analisando
do *Borbónico*. Cf. Anders, Ferdinand e outros. *El libro del ciuacoatl, op. cit.*, p. 51.

149   Um deles é Brotherston, Gordon. *The year in the Mexican codices*. Mimeografado, 2002. Essa
seção do *Borgia* retrataria a cosmogonia mesoamericana e, sendo assim, muitos de seus episódios e personagens iniciais estariam localizados nos níveis celestes. Depois, muitas dessas
personagens desceriam à Terra. A disposição gráfica dessas localizações espaciais distintas e
superpostas e o registro pictoglífico desse movimento descendente são facilitados e reforçados
pelo sentido de leitura que, como dissemos, é de cima para baixo no manuscrito disposto perpendicularmente à linha dos ombros do suposto observador.

14), é, justamente, Xiuhtecuhtli, deidade considerada patrona do calendário e do tempo e o primeiro dos Senhores da Noite, conforme mencionamos acima.

Vale notar ainda que *ce tochtli* é o primeiro ano da conta mexica e, sendo assim, dá continuidade à sequência de 52 anos da seção anterior desse manuscrito, a qual fora apresentada aparentemente de maneira geral e sincrônica e que havia se iniciado num ano *ce tochtli* e terminado num ano *matlactli omei calli* (*13 casa*) (Figura 10).[150] Em outras palavras, há uma continuidade subjacente entre a seção que estamos analisando e a anterior do *Códice borbónico*, a qual é dada pela continuidade da conta dos anos.

Nessa primeira página da seção das vintenas estariam retratadas Izcalli e Atlcahualo, consideradas como, respectivamente, a última e a primeira vintenas do ano sazonal. Depois da apresentação pictoglífica das próximas catorze vintenas pelas dez páginas seguintes, chegamos ao próximo glifo anual, isto é, *ome acatl* (*2 junco*). Esse glifo apresenta-se da mesma forma que o anterior, isto é, emoldurado por um quadrado azul e, ademais, em conjunção com a décima quinta vintena, Panquetzaliztli, cujo glifo identificador, uma bandeira hasteada, pode ser visto ao lado direito do glifo do ano, sobre um templo em forma de pirâmide escalonada e cuja frente é ocupada pelo deus-sacerdote Huitzilopochtli.[151] Esses dois conjuntos pictoglíficos podem ser vistos na parte centro-superior da Figura 15.

Em meio dessa vintena celebrou-se um *enlace de anos* por meio da cerimônia do Fogo Novo, registrada pelo conjunto formado pelos demais elementos pictoglíficos dessa página. Voltaremos a analisar esse riquíssimo conjunto pictoglífico no Capítulo III, ao tratarmos da relação dos quatro rumos com a conta dos anos e de sua função na organização dessa página; e também no Capítulo IV, ao utilizarmos seus elementos para caracterizar a concepção mexica de fim de ciclo e sua vinculação com o possível fim da era atual.

Após o registro da cerimônia do Fogo Novo, há mais duas vintenas registradas pelas próximas duas páginas – Atemoztli e Tititl –, chegando-se então, novamente, à última vintena, Izcalli, que abrira essa seção do *Códice borbónico*.[152] Essa vintena está grafada pela segunda vez de modo muito semelhante à primeira, mas com suas personagens em posição invertida ou especular, como podemos observar ao comparar a Figura 14 com a Figura 16, na qual as personagens aparecem nas partes central e esquerda – a figura que acompanha Xiuhtecuhtli é Cihuacoatl.

Esse recurso permite que a primeira personagem a aparecer na seção, Xiuhtecuhtli, seja também a última e, além disso, posiciona sua primeira aparição de frente

---

150   Cf. *Códice borbónico, op. cit.*, p. 21 e 22.

151   Cf. *ibidem*, p. 34. A realização dessa cerimônia durante a vintena Panquetzaliztli é confirmada por Motolinía e Mendieta. Cf. Broda, Johanna. *La fiesta azteca del fuego nuevo y el culto de las Pléyades*. In: Tichy, Franz (edit.). *Lateinamerika-Studien*. Munique: Wilhelm Fink Verlag, 1982.

152   Cf. *Códice borbónico, op. cit.*, p. 37.

para a segunda, como se ambas estivessem delimitando e guardando todas as celebrações que aparecem entre elas.

A seção do *xiuhpohualli* terminaria nessa página (Figura 16), a qual possui em
sua parte superior-esquerda o glifo *yei tecpatl* (*3 pedernal*) no interior da moldura
quadrada em azul, sinalizando que se iniciaria então um novo ciclo de celebrações.[153] No entanto, teríamos aqui elementos que indicariam o fim dessa seção no
manuscrito? Pensamos que não. Vejamos o porquê.

Podemos observar na Figura 16 que o ano *3 pedernal* é seguido, nessa mesma
página, por outros glifos anuais dispostos à sua direita, os quais também estão
emoldurados por quadrados azuis, mas grafados de forma contínua, formando,
em conjunto, uma grande fileira horizontal que margeia o limite superior dessa
página e avança pela três seguintes – duas das quais perdidas. Então, a fileira de
glifos anuais seguiria abaixo por uma coluna com o mesmo padrão compositivo
e que margearia o extremo direito da última e perdida página do *Borbónico* até
seu limite inferior, a partir do qual a disposição dos glifos anuais continuaria por
uma fileira horizontal similar à superior e que retornaria até a página em que se
encontra o glifo *yei tecpatl*.[154] O conjunto formado pelas duas atuais páginas finais
do *Borbónico* e pela reconstituição hipotética das duas que foram perdidas pode
ser visto na Figura 17.

Todos esses glifos anuais formam um ciclo do *xiuhmolpilli* novo e completo e que
chega até o ano *ome acatl* seguinte – *2 junco* ou 1559. Ligado ao glifo desse ano, por
meio de uma linha, encontra-se o glifo do Fogo Novo, formado pela figura de um
instrumento chamado de *mamalhuaztli*, o qual se compunha de duas peças de madeira
que, friccionadas, produziam fogo.[155] Ambos glifos podem ser vistos na parte inferior-
direita da Figura 16.

---

153   O fato de o Fogo Novo ter sido celebrado durante a vintena Panquetzaliztli, a décima quinta,
não significa que o ano *xihuitl* havia se iniciado nela.

154   Cf. *ibidem*, p. 37-[40].

155   Nome que estava associado também a uma constelação, provavelmente formada pelas estrelas
que compõem o cinturão de Órion ou a cabeça de Touro. Esse fato reforça o argumento de
que o ano calendário mexica possuía correções e que essas eram feitas, na verdade, com base
no ano sideral (365,256 dias) e não no ano solar (365,242 dias). Sahagún afirma que a posição
das Plêiades – chamadas de *tianquiztli* em nahuatl – era observada no momento do acendimento do Fogo Novo: deveriam estar no meio do céu à metade da noite. Cf. Sahagún, Bernardino
de. *Historia general de las cosas de Nueva España, op.cit.*, p. 428. No entanto, Sahagún situa essa
celebração na vintena Izcalli. Outros dois indícios que as vintenas e o ano calendário estariam
relacionados com as estações do ano de modo direto seriam as celebrações de Quecholli, que
dependeriam da chegada dos pássaros vindos do norte por causa do inverno, em novembro,
e a marcação da periodicidade do recolhimento dos tributos pelos mexicas por meio das vintenas, pois muitos tributos dependiam diretamente das estações do ano, como o milho ou o

Sendo assim, poderíamos propor que desde a página 23 até o final do códice temos uma única seção, cuja unidade seria dada pela presença estrutural da conta dos anos e sobre a qual estariam dispostas e organizadas temáticas distintas: as celebrações realizadas entre o final do ano *ce tochtli* e o início do ano *yei tecpatl* e as cerimônias do Fogo Novo. Desse modo, essas páginas finais do *Borbónico* seriam uma maneira de explicitar a continuidade da conta dos anos iniciada várias páginas atrás e em meio da qual, ou melhor, num ponto da qual foram inseridas, especificamente, as festas dos anos *ce tochtli* e *ome acatl* (aproximadamente 1506 e 1507), bem como a cerimônia do Fogo Novo.

Isso vai de encontro à forma como esse manuscrito vem sendo dividido internamente por vários estudiosos, como vimos no Capítulo I ao apresentar o *Códice borbónico*, pois essa seção é normalmente entendida como duas: uma dedicada às festas e outra ao ciclo vindouro do *xiuhmolpilli*.[156]

Comparando as formas como os três códices apresentam as dezoito vintenas, pudemos ver também que as seções do *Vaticano A* e do *Magliabechiano* caracterizam-se por uma retratação sincrônica das celebrações das vintenas e focalizada nos deuses que seriam homenageados. Distintamente, a apresentação do *Códice borbónico* caracteriza-se por retratar as vintenas (*xiuhpohualli*) de maneira diacrônica, utilizando a conta dos anos (*xiuhmolpilli*) como elemento organizador da narrativa. Pensamos que a abstração total das celebrações das vintenas de um contexto temporal definido deva-se à influência dos missionários castelhanos, pois essa forma de retratá-las está amplamente presente em suas *Historias*.[157]

Como vemos, a análise do *xiuhpohualli* no *Códice borbónico* levou-nos de volta ao *xiuhmolpilli*, pois ambos aparecem inseparavelmente enredados nesse manuscrito. Esse enredamento nos revelaria uma característica central do pensamento nahua: a complementaridade entre sincronia e diacronia. Continuemos então a analisar essas páginas finais do *Borbónico* – em comparação com as páginas finais do *Vaticano A* – para fundamentarmos essa afirmação e aprofundarmos a discussão sobre essa complemen-

---

algodão. Essa marcação em vintenas da coleta de tributos pode ser observada na *Matrícula de tributos* e no *Códice Mendoza*. Cf. Brotherston, Gordon. *The year in the Mexican codices*. Mimeografado, 2002 / Berdan, Frances F. e Smith, Michael E. The Aztec empire. In: _____. (edit.). *The postclassic mesoamerican world*. Salt Lake City: The University of Utah Press, 2003.

156 Um dos poucos autores a questionar essa divisão é Batalla Rosado, Juan José. Los tlacuiloque del Códice borbónico. In: *Journal de la Société des Américanistes*. Paris: Au Siège de la Société Musée de L'Homme, t. 80, p. 47-72, 1994. No entanto, esse autor não utiliza a continuidade da conta dos anos como argumento favorável à defesa da existência de uma única seção. Cita apenas a repetição invertida da cena da página 23 na página 37.

157 Por exemplo, em: Durán, Diego. *Historia de las Indias de Nueva España e islas de la tierra firme, op. cit.* /Sahagún, Bernardino de. *Historia general de las cosas de Nueva España, op.cit.*

taridade, bem como sobre suas implicações para as concepções de tempo e de passado dos nahuas e mesoamericanos em geral.

Sincronia e diacronia nos códices pictoglíficos

Até onde sabemos, as celebrações das vintenas repetiam-se todos os anos nos *altepeme* do altiplano central mexicano e, desse modo, podemos considerá-las, teoricamente, como eventos nos quais o caráter sincrônico e de repetição estava marcadamente presente. Sendo assim, por que registrar essas celebrações de forma diacrônica, como faz o *Códice borbónico*? Por que inseri-las em meio da conta dos anos?

Talvez isso se explique pelo fato da sincronia e da diacronia serem dimensões complementárias e indispensáveis a qualquer marcação temporal completa no sistema calendário mesoamericano. Dependendo do caso, uma ou outra dimensão poderia sobressair-se e apresentar-se de modo mais proeminente, mas, certamente, as duas estavam sempre presentes em qualquer tipo de registro temporal. Por exemplo, mesmo na contagem ampla maia, de acentuado caráter diacrônico, as datas poderiam repetir-se depois de centenas de milhares de anos, mais precisamente depois de 374.400 anos.[158] Isso se deve, principalmente, ao fato do *tonalpohualli* e do *xiuhmolpilli*

---

158   Cf. Farris, Nancy. Recordando el futuro, anticipando el pasado. In: *La memoria y el olvido*. México: Inah, 1985. Além dos ciclos de 365 e de 260 dias – chamados, respectivamente, de *haab* e *tzolkin* –, os maias utilizaram um ano padrão de 360 dias, chamado de ano *tun*. O ano *tun* rompeu com o ano sazonal e priorizou a facilidade matemática, já que se trata de uma quantia de dias que pode ser dividida exatamente por vinte. No entanto, manteve a sincronia com o *tonalpohualli*, pois a cada 52 anos *tun* (360 dias) correspondem 72 *tonalpohualli* ou, em ambos os casos, 18.720 dias. Com base no ano *tun* e em sua divisão em dezoito vintenas, os maias do período Clássico mantinham uma contagem da quantidade de dias a partir de uma data inicial, que seria o dia em que a idade atual se iniciou: é a chamada conta longa ou ampla. Seu funcionamento dava-se por meio de cinco unidades progressivamente maiores: *kin* (1 dia, contados até 20), *uinal* (1 vintena de dias, contadas até 18), *tun* (360 dias, contados até 20), *katún* (20 anos *tun* ou 7.200 dias, contados até 20) e *baktún* (20 *katún* ou 400 anos *tun* ou 144.000 dias, contados até 13). Os estudiosos têm anotado as datas referentes à conta longa com algarismos arábicos separados por pontos. Assim, o primeiro dia da idade atual corresponderia a 0.0.0.0.0, o segundo dia a 0.0.0.0.1. e assim sucessivamente conforme os limites mencionados antes para cada unidade. A penúltima data seria 12.19.19.17.19 e a última 13.0.0.0.0 ou 0.0.0.0.0. Imaginemos a seguinte data grafada na conta longa maia: 9.15.5.0.0., a qual pode ser lida da seguinte forma: estamos a 9 *baktún* (9 x 400 *tun* = 3.600 *tun*), 15 *katún* (15 x 20 *tun* = 300 *tun*), 5 *tun*, 0 *uinal* e 0 *kin* da origem da idade atual. Em outras palavras, estamos a 3.905 *tun* (3.600 *tun* + 300 *tun* + 5 *tun* + 0 *uinal* + 0 *kin*) ou 1.405.800 dias do início da idade atual. A data apresentada se encontra em uma estela da cidade de Copán cuja execução foi estabelecida no calendário cris-

serem sempre utilizados em conjunto, pois, como dissemos antes, não se trata de dois calendários, mas de dois ciclos de um mesmo e único sistema.

Como vimos no início deste capítulo, no *tonalpohualli* predomina, em tese, a dimensão sincrônica, pois os mesmos dias repetem-se a cada 260. No entanto, não podemos nos esquecer que esses ciclos repetitivos combinavam-se com os anos do *xiuhmolpilli* de modo tal que sua repetição ocorria apenas a cada 52 anos ou, dito de outra forma, a cada 73 *tonalpohualli*. Mas, sendo assim, essa conta dos anos também possuía uma dimensão sincrônica, pois a cada 52 anos teríamos, teoricamente, a repetição do mesmo ciclo, ou seja, de anos com os mesmos nomes e que se combinavam com os 73 ciclos do *tonalpohualli* da mesma forma. Todavia, esses anos eram diferentes por pertencer a outro ciclo, caráter que é denotado nos registros pictoglíficos pela disposição sucessiva dos glifos dos carregadores de anos, a qual acentuaria a dimensão diacrônica e permitiria a diferenciação de anos com o mesmo nome.

É o que ocorre na última seção do *Borbónico*, na qual é impossível confundir os dois anos *ce tochtli* ou os dois *ome acatl* que aparecem em páginas distintas ou não perceber qual precede o outro em 52 anos. Nessa seção, essa estrutura de anos sucessivos é utilizada para situar diacronicamente o registro de eventos que se repetiriam a cada ano, isto é, as celebrações das vintenas.

Por tudo isso, pode-se perceber que a sincronia e a diacronia estavam inseparavelmente sobrepostas nos diversos níveis de significação que cada data dessa seção final do *Borbónico* evocava, como se o tempo fosse composto por diversas camadas que se sobrepunham e que conformariam suas qualidades.[159]

Outro importante aspecto dessa seção final do *Borbónico* é a ausência quase total de qualquer outro elemento pictoglífico no espaço emoldurado pela conta dos anos, como podemos observar na Figura 17. Em outras palavras, embora hoje somente possuamos as páginas que contêm os onze anos iniciais e os nove anos finais, aparentemente nenhum outro glifo ou pintura foram grafados nessa seção à exceção do glifo

tão como 22 de julho de 736 d.C. Feitas as devidas conversões, essa estela – e centenas de outras que utilizavam a mesma data inicial – afirma que a idade atual começou no dia 13 de agosto de 3114 a.C. – ou 3113 a.C. de acordo com a contagem astronômica que considera o ano zero. Por meio dessa conta, os maias organizavam registros temporais que abrangiam milhares de anos e cuja diacronicidade é absolutamente clara. Em nossa pesquisa de mestrado podem ser obtidos mais detalhes sobre o funcionamento básico dessa conta. Cf. Santos, Eduardo Natalino dos. *Deuses do México indígena, op. cit.*

159 Gordon Brotherston acredita que "Por su claridad, este capítulo del Borbónico es decisivo para establecer la posible historicidad en el género teoamoxtli [livros divinos], sugiriendo que en realidad los teoamoxtli exigen una interpretación literaria más amplia, que vaya más allá de la insistente oposición binaria occidental entre tiempo diacrónico y el tiempo sincrónico." A expressão entre colchetes foi inserida por mim. Brotherston, Gordon. *La América indígena en su literatura, op.cit.*, p. 468.

do Fogo Novo, que pode ser mais bem observado no canto inferior-direito da Figura 16.[160] Parece que a sequência de anos registrada nessas páginas finais constitui uma espécie de estrutura previa – os anos vindouros na época em que o códice foi confeccionado? – à espera de temas ou acontecimentos que lhe poderiam ser agregados, inclusive em uma nova edição ou versão.[161]

Talvez para a tradição de pensamento e escrita nahua que produziu esse manuscrito haveria somente duas certezas prévias sobre esses anos vindouros: como a idade atual não havia se encerrado com o fim do ciclo anterior, outros 52 anos se passariam e, ao final deles, os governantes-sacerdotes tentariam acender um novo Fogo Novo. Voltaremos a tratar desse tema em detalhe no Capítulo IV, ao analisarmos a cosmogonia.

Vale lembrar também que nos códices *Vaticano A* e *Magliabechiano*, em contraste com essa seção final do *Borbónico*, as festas são apresentadas apenas em sua dimensão sincrônica. Somando-se a isso o caráter seguramente mais tradicional desse último códice, poderíamos propor que as demandas coloniais – sobretudo a seleção temática e o recorte conceitual impostos pelos missionários nos trabalhos conjuntos com nahuas – tenderam a excluir as marcações e referenciais temporais diacrônicos dos manuscritos ou seções que tratavam de eventos considerados rituais e cosmogônicos. Tais marcações e referenciais foram mantidos apenas nos manuscritos e registros que tratavam de temas que os europeus consideraram históricos, como os anais (*xiuhamatl*) que abordavam as migrações chichimecas.

No *Códice Vaticano A* existe uma grande seção dedicada a esse tipo de registro, isto é, que pode ser classificada como um *xiuhamatl* ou *livro de anais.*[162] Embora o objetivo central da pesquisa não seja analisar os anais pictoglíficos nahuas, o que demandaria outra investigação, examinaremos alguns aspectos dessa seção do *Vaticano A* para poder levantar mais alguns dados sobre o uso do *xiuhmolpilli* e, talvez, fazer mais algumas inferências sobre a importância do caráter diacrônico para a concepção nahua de tempo e de passado – assim como fizemos no caso dos *Anales de Cuauhtitlan.*

---

160   Cf. *Código borbónico, op. cit.*, p. 37-[40]. Veremos, logo abaixo, que algo semelhante ocorre no final do *Códice Vaticano A.*

161   Não devemos nos esquecer que agregar elementos, copiar modificando e substituir livros parecem ter sido atos muito comuns e nada reprováveis entre os produtores e usuários dos manuscritos pictoglíficos mixteco-nahuas. Sendo assim, temos que tomar cuidado para não aplicarmos, indiscriminadamente, as concepções de preciosidade e originalidade que o mundo ocidental criou em torno dos escritos antigos aos seus contextos originais de produção e uso. Cf. Navarrete Linares, Federico. *Los libros quemados y los libros sustituidos.* Disponível em: <http://www.fflch.usp.br/dh/ceveh/public_html/biblioteca/artigos/fn-a-e-livrosquei.html> Consultado em 9 de dezembro de 2000.

162   Cf. *Códice Vaticano A, op. cit.*, p. 66v-96v. Outras denominações para esse tipo de livro eram *xiuhtlacuilolli* (*pintura-escritura dos anos*) e *altepetlacuilolli* (*pintura-escritura do altepetl*).

Os anais do *Vaticano A* abrangem a história mexica desde a saída ou passagem por Chicomoztoc até a conquista e princípios da colonização castelhana. Em outras palavras, desde *ome acatl* (*2 junco* ou 1194) até *macuilli tochtli* (*5 coelho* ou 1562) – o primeiro e último anos registrados – há uma ininterrupta sequência temporal formada pelos glifos carregadores de anos que serve de estrutura para a distribuição de uma narrativa histórica de quase 400 anos.

Sendo assim, essa sequência ininterrupta fornece uma base organizacional de caráter inequivocamente diacrônico e que, ao mesmo tempo, não exclui a sincronia. Abaixo, acima ou em meio dessa base estão inseridos os registros dos eventos selecionados e construídos pelas tradições de pensamento nahuas, entre os quais não há nenhum outro tipo de divisão interna ou fio condutor, tais como capítulos, subtítulos ou uma personagem central.

Exatamente da mesma maneira que nos *Anales de Cuauhtitlan*, analisados acima, os episódios registrados distribuem-se desigualmente pelos anos que compõem a sequência: um episódio por ano, diversos episódios por ano, nenhum episódio por um ou vários anos e, ainda, um conjunto de episódios relacionados a um conjunto de anos. Dessa forma, podemos dizer que os glifos anuais são os únicos elementos presentes do início ao fim dessa seção do *Vaticano A* e sobre os quais uma série de outros é disposta: personagens, glifos antroponímicos, toponímicos, conceituais etc.

Na Figura 18 podemos ver duas páginas não seguidas dos anais do *Vaticano A* que exemplificam essa distribuição desigual.[163] Na da esquerda, que alude aos princípios da história mexica, temos seis personagens e um topônimo na parte superior da página e, abaixo deles, mais seis topônimos. Esses elementos relacionam-se, em conjunto, aos seis anos que se encontram enfileirados na parte inferior da página: *macuilli tochtli* a *matlactli once* (*5 coelho* a *11 pedernal* ou 1197 a 1203). Diferentemente, na página da direita há apenas dois glifos anuais na parte superior – *ce acatl* e *ome tecpatl*, respectivamente *1 junco* e *2 pedernal* do sétimo *xiuhmolpilli*, ou 1519 e 1520 – e a cada um deles se relaciona um conjunto pictoglífico relativamente isolado e que abrange, aproximadamente, a metade dos elementos pintados.[164]

Além da disposição ininterrupta da conta dos anos, outro recurso era utilizado para garantir a diacronia do registro de maneira inequívoca: a marcação dos Fogos Novos por meio do glifo *mamalhuaztli* nos anos *2 junco*. Desse modo, se poderia enumerar os ciclos de 52 anos – primeiro *xiuhmolpilli*, segundo *xiuhmolpilli* etc. – e distinguir os anos de mesmo nome sem o menor perigo de confundi-los.

---

163   Cf. *ibidem*, p. 67r e 89r.

164   Os glifos encontram-se emoldurados em vermelho até a página 71r e em azul da página 71v em diante, na qual se retrata o episódio da expulsão mexica de Chapultepec. Essas cores diferenciadoras possuiriam alguma função qualificadora para essas duas fases da história mexica?

Apesar de todos esses marcadores de diacronicidade, muitos autores afirmam que a diferença fundamental entre os anais europeus e os mesoamericanos era a utilização de duas concepções de tempo: respectivamente, uma linear e outra cíclica, pois os indígenas utilizariam a repetição de anos sem discrepância.[165] Estamos procurando mostrar que, ao contrário, uma das principais características dos anais produzidos pelas tradições de pensamento nahuas era a utilização de marcadores temporais nos quais se enredavam a diacronia e a sincronia. Talvez a tentativa de caracterizar esses marcadores temporais como absoluta ou predominantemente sincrônicos esteja mais relacionada à forma de operação das tradições históricas ocidentais – sobretudo à manutenção do conceito de tempo mítico para caracterizar o pensamento dos povos indígenas – do que aos dados propiciados por esses registros pictoglíficos, nos quais as evidências acerca de seu caráter também diacrônico são gritantes.

Assim como nos *Anales de Cuauhtitlan*, nos anais do *Vaticano A* está presente um recurso para situar, de maneira mais precisa, eventos que teriam ocorrido num mesmo ano: referências à divisão interna do ano em vintenas por meio, no caso do *Vaticano A*, de glifos que as designariam. Podemos observar a presença dos glifos das vintenas abaixo dos episódios registrados junto aos anos *ce acatl* e *ome tecpatl* do sétimo *xiuhmolpilli* (1519 e 1520), isto é, dos eventos que se relacionam com a chegada dos espanhóis e com a matança no Templo Mayor de Tenochtitlan.[166] A página com esses registros está reproduzida na metade direita da Figura 18.

O registro de eventos nos anais do *Vaticano A* vai até o ano *5 casa* ou 1549. Ironicamente, o último evento registrado é a morte do bispo Juan de Zumárraga, responsável pela destruição de centenas de códices pictoglíficos. Depois, desde o ano *6 coelho* (1550) até *5 coelho* (1562), pertencente ao *xiuhmolpilli* seguinte, não há mais eventos registrados.[167] No entanto, os glifos anuais continuam a ser dispostos, como podemos ver na Figura 19.[168] Ou seja, curiosamente, mas talvez sintomaticamente, esses anais,

---

165   Por exemplo, Manrique Castañeda, Leonardo. Los códices históricos coloniais. In: *Arqueología Mexicana*. México: Editorial Raíces/Inah/Conaculta, v. VII, n. 38, p. 25-31, 1999.

166   Cf. *Códice Vaticano A, op. cit.*, p 89r.

167   Cf. *ibidem*, p. 94v-6v. Na verdade, nas páginas 94v e 95r faltam os três glifos que corresponderiam a cada uma delas, mas, em seguida, nas páginas 95v, 96r e 96v, a sequência de glifos anuais é retomada.

168   Essa continuidade do registro dos anos desde a página 66v até 96v serviria também para delimitar a existência de uma única seção, estruturada pelo *xiuhmolpilli* e cuja temática é a historia mexica. No caso do *Vaticano A*, assim como no do *Borbônico*, as divisões tradicionais também se reportam aos anos sem eventos como uma outra seção em relação aos anais. Refiro-me, mais especificamente, à divisão proposta em Glass, John B. e Robertson, Donald. A census of native Middle American pictorial manuscripts. In: Wauchope, Robert (editor geral) e Cline, Howard F. (editor dos volumes). *Handbook of Middle American Indians, op. cit.*, p. 186. Essa divisão foi ado-

assim como a última seção do *Borbónico*, terminam com umas quantas páginas que possuem somente os glifos da conta dos anos. O *Códice telleriano-remense*, cuja produção relaciona-se diretamente com a do *Vaticano A*, também possui as páginas finais de sua seção de anais sem eventos registrados e apenas com os glifos anuais ou a marcação dos anos em números arábicos.[169] O que isso poderia indicar-nos?

Na verdade, não sabemos ao certo se as páginas ficaram sem os registros dos eventos por acaso ou se os glifos anuais foram pintados antes dos anos que estão sendo marcados, como uma espécie de estrutura prévia à espera do registro dos eventos que seriam selecionados e construídos futuramente pelas tradições de pensamento nahuas.

Além dos três códices mencionados acima, o livro de *Chilam balam de Chumayel* apresenta uma configuração que nos leva a pensar num fenômeno muito semelhante. Na seção intitulada *Libro de la serie de los katunes*[170] há uma relação dos *katún* (período de 20 anos de 360 dias) contados desde que Chichén Itzá foi encontrada e ocupada pelos itzaes e na qual podemos observar uma enorme semelhança formal com os anais alfabéticos e pictoglíficos nahuas, tais como os *Anales de Cuauhtitlan* e os anais do *Vaticano A*. Isso porque há uma unidade temporal básica – o *katún* – anotada de maneira ininterrupta mesmo que não haja eventos relatados. Mas além dessa coincidência organizacional, essa seção do Chilam Balam também termina com a citação de vários *katún*, nomeados por meio do signo *ahau*, sem eventos.[171]

Somando-se os casos de todos esses manuscritos – *Borbónico*, *Vaticano A*, *Telleriano-remense* e *Chilam balam de Chumayel* – torna-se menos provável que as marcações temporais sem eventos em seus finais sejam fruto do acaso. Sendo assim, talvez esse fenômeno indique a precedência das marcações calendárias na organização das narrativas históricas, precedência que poderia ser cronológica na confecção do manuscrito e que talvez fosse epistemológica na concepção nahua de história e de passado em geral: narrar algo era, antes de tudo, situá-lo na conta dos anos.

Parece que a necessidade de localizar os episódios narrados pela conta dos anos abrangia também o passado cosmogônico. Prova disso seria a contabilização das idades anteriores do Mundo em anos *xihuitl*, como vimos ser o caso da *Leyenda de los soles*

---

tada também por Mohar Betancourt, Luz María. Tres códices nahuas del México antiguo. In: *Arqueología Mexicana*. México: Editorial Raíces/Inah/Conaculta, v. IV, n. 23, p. 56-63, 1997.

169   Cf. *Codex telleriano-rememsis*. Austin: University of Texas Press, 1995, p. 25r-50r.

170   Cf. *Libro de Chilam balam de Chumayel*. México: Conaculta, 2001, p. 141-51.

171   Cf. *ibidem*, p. 149. Também de maneira irônica, como no caso dos anais do *Códice Vaticano A*, o último evento relacionado nessa seção do Chilam Balam é a morte do bispo Diego de Landa, responsável pela queima de dezenas de códices na região maia. Ao final, depois dos citados *ahau* sem eventos, o texto muda de estrutura e salta para o ano de 1766.

e como veremos ser o da primeira seção do *Vaticano A*.[172] Nela, os anos *xihuitl* também são utilizados para datar a duração de cada uma das quatro idades cosmogônicas, mas em quantidades que não são divisíveis por 52 anos.

No entanto, a apresentação sequencial das idades com suas respectivas durações não deixam a menor dúvida quanto à distância temporal entre qualquer uma delas e também em relação à idade atual e aos episódios relacionados a Tollan e Quetzalcoatl, narrados nas páginas que se seguem à da idade atual.[173] Assim como na seção de anais, a conta dos anos não é o tema a ser tratado nessa primeira seção do *Vaticano A*, mas parte dos pressupostos de leitura, o que caracterizaria, segundo uma de nossas hipóteses, um uso tradicional do sistema calendário.

Nessa mesma seção também estão presentes elementos do *tonalpohualli*: em três das idades cosmogônicas estão registrados os nomes de alguns dias, interpretados como as datas em que teriam começado ou terminado. Esses elementos, como mostramos antes, portariam uma carga mais acentuada de sincronia e estariam relacionados, sobretudo, à preocupação de determinar as qualidades do tempo. Aliás, as qualidades especiais dos dias cosmogônicos são citadas no próprio *Códice Vaticano A*. No texto que acompanha a trezena *Ce Ocelotl* (*Um Jaguar*), por exemplo, há uma referência especial ao dia *nahui ollin* ou *4 movimento* – data em que o Sol atual teria começado a se mover – e ao seu patrono – que não coincidentemente é Quetzalcoatl, deidade que com seu sacrifício de sangue teria dado movimento ao Sol atual. Afirma o texto: "A éste [Quetzalcoatl] daban el dominio de otros trece días, como a su padre, que son los en este lugar señalados. Hacíanle una gran fiesta cuando llegaba su día, como veremos en el signo de los cuatro temblores [nahui ollin], que es el cuarto en este orden, porque temen que sea destruido el mundo en ese día, como él lo había predicho cuando desapareció en el Mar Rojo, que fue en aquel mismo día".[174]

Trataremos dessa seção inicial do *Vaticano A* no Capítulo IV, ao analisarmos as idades do Mundo e a concepção de passado longínquo, bem como sua concatenação com o passado mais recente. Evocamos a presença do *xiuhmolpilli* e do *tonalpohualli* nessa seção apenas para reforçar nosso argumento, isto é, que toda e qualquer nota-

---

172   Cf. *Códice Vaticano A, op. cit.*, p. 4v-7r.

173   Cf. *ibidem*, p. 7v-9v.

174   As expressões entre colchetes foram inseridas por mim. *Ibidem*, p. 14v. Bernardino de Sahagún confirma essa especialidade do dia *nahui ollin*: "...decían que era signo del sol y le tenían en mucho los señores, porque le tenían por su signo (...) y el que nacía en este día era indiferente su ventura, o buena o mala; si era varón sería hombre valiente, y cautivaría los enemigos o moriría en la guerra, porque decían que en tal signo nació. Y todos hacían penitencia, chicos, hombres y mujeres, y cortaban las orejas y sacaban la sangre a honra del sol; decían que con esto se recreaba el sol". Sahagún, Bernardino de. *Historia general de las cosas de Nueva España, op.cit.*, p. 353.

ção calendária nahua ou mesoamericana era portadora de camadas de significados sincrônicos e diacrônicos.

Essa simultaneidade entre sincronia e diacronia concorria para a existência da famosa relação entre história e profecia, presente em distintos graus em todas as tradições de pensamento mesoamericanas, para as quais conhecer o passado, selecionar e anotar seus eventos e relacioná-los a ciclos temporais era uma forma de controlar e conhecer os tempos presentes e futuros.[175] Controle esse que era uma das principais posses das elites dirigentes nahuas, como citamos no Capítulo I.

Para encerrar esse tema, é importante mencionar que essas notações temporais também estavam nos relevos em pedra e em outros monumentos mexicas, onde eram grafadas por meio dos mesmos glifos calendários que constam nos códices pictoglíficos. O problema é que na maioria desses relevos e monumentos há apenas algumas datas – dias e anos – e não toda a série, como é o caso das longas sequências de anos do *xiuhmolpilli* registradas nos anais. Esse fato tem gerado incertezas na determinação das datas a que esses glifos calendários remeteriam, ou seja, muitas vezes não sabemos se tal glifo refere-se ao ano "x", ao ano "x" menos 52 anos ou ao ano "x" mais 52 anos.[176]

No entanto, devemos nos lembrar que isso não deveria ser um problema para os produtores e usuários originais desses relevos e monumentos, pois eles possuíam uma série de referenciais externos às inscrições, que permitiam a localização de tais datas

---

175   Sobretudo nas tradições maias das Terras Baixas, produtoras dos vários livros de *Chilam balam* ou *do sacerdote que é boca*, ou seja, *que profetiza*. Cf. Garza Camino, Mercedes de la. Prólogo / Introducción. In: *Libro de Chilam balam de Chumayel*. México: Conaculta, 2001. Cosmogonia, história e profecia unem-se nesses livros e a relação entre passado e futuro é tão estreita que, por vezes, narra-se o passado com tempos verbais futuros e o futuro com tempos verbais passados. Esses livros estariam baseados nos três tipos de predições existentes na região de Iucatã pouco antes da conquista: as *katúnicas, túnicas* e *diurnas*. As duas primeiras baseavam nos ciclos que no *Chilam balam* iniciam-se pelo 11º *katún* e seguem a ordem 11º, 9º, 7º, 5º, 3º, 1º, 12º, 10º, 8º, 6º, 4º, 2º e 13º As predições *túnicas* corresponderiam a cada uma das divisões do *katún* em 360 dias. Por fim, as predições diárias seriam de dois tipos: as relacionadas ao *sansamal kinxoc* ou *conta diária dos dias*, que só enunciariam se tal dia é bom ou não para determinada atividade, e as relacionadas ao *chuenil kin sansamal* ou *artifício diário dos dias*, que corresponderiam às vintenas do *tonalpohualli*. Cf. Barrera, Alfredo e Rendón, Silvia. Introducción general. In: *El libro de los libros de Chilam balam*. México: FCE/Secretaría de Educación Pública, 1992. Entre os inúmeros livros de *Chilam balam* publicados, o mais conhecido é o de *Chumayel*.

176   Isso tem contribuído para que apenas a dimensão sincrônica dessas datas seja ressaltada em grande parte dos estudos.

entre os diversos e sucessivos ciclos do *xiuhmolpilli*. Esses referenciais, certamente, assegurariam a dimensão diacrônica na leitura e interpretação desses glifos calendários.[177]

Conclusões: o calendário nahua e as transformações em seus usos escriturais no século XVI

Entremeamos muitas conclusões e reflexões em meio das análises que realizamos acima. No entanto, é importante retomar algumas delas e relacioná-las de maneira mais explícita com nossas hipóteses, bem como tratar de suas implicações. É o que faremos nesta quarta e última parte do capítulo.

Conforme anunciamos na Introdução, três hipóteses inter-relacionadas guiariam as análises sobre os papéis do calendário nas fontes pictoglíficas e alfabéticas nahuas: A – o sistema calendário tendia a desempenhar funções estruturais ou a ser exigido como pressuposto de leitura nos textos pictoglíficos e alfabéticos produzidos sob a influência das tradições de pensamento e escrita nahuas; B – a presença dessas funções estruturais não estaria garantida, necessariamente, pelo emprego de elementos do sistema pictoglífico; em contraposição, o emprego da escrita alfabética não a impediria automaticamente; C – a utilização do sistema calendário em funções estruturais ou como pressuposto de leitura poderia contribuir para estabelecermos o grau de relação das produções e usos das fontes coloniais com as tradições de pensamento e escrita locais; em contrapartida, sua presença temática indicaria processos de produção e uso direcionados pelas demandas castelhanas.

Tendo recordado as três hipóteses, vejamos que sínteses e conclusões podemos tecer sobre nosso conjunto de fontes centrais. A articulação de resultados baseados nessas três hipóteses nos permitirá, entre outras coisas, esboçar um exercício de classificação de nossas fontes centrais segundo a presença dos ciclos calendários em funções tradicionais nahuas ou segundo as influências das demandas castelhanas. Faremos isso no subitem abaixo. Depois, no subitem seguinte, trataremos de sintetizar alguns resultados sobre a concepção nahua de tempo e as transformações nos usos escriturais do sistema calendário no século XVI, temas que se relacionam com nossas duas hipóteses gerais.

---

177   Entre esses referenciais estaria, por exemplo, o conhecimento das épocas de confecção e inauguração pública dos monumentos. Certamente que dois anos com o mesmo nome seriam vistos como pertencentes a ciclos distintos se aparecessem, por exemplo, em monumentos mexicas da época de Itzcoatl ou de Moctezuma Xocoyotl.

Classificação e caracterização dos textos pictoglíficos e alfabéticos segundo o emprego dos ciclos calendários

Vimos que os ciclos calendários estavam presentes em todas as seções do *Código borbónico* de maneira estrutural ou como pressuposto de leitura – assim como no *Código Borgia*, no qual os vinte *tonalli* chegam, inclusive, a exercer a função de numerais. No caso do *Código Vaticano A*, tal presença oscilou entre estrutural e temática, sendo que em algumas seções imperava a ausência de elementos calendários. Essas seções não foram objetos de análise justamente por essa ausência; no entanto, acreditamos que tal ausência seja significativa para o exercício de classificação dos manuscritos coloniais que proporemos abaixo. A presença dos ciclos calendários foi quase que exclusivamente de ordem temática no *Código magliabechiano*. Ademais, assim como no caso do *Vaticano A*, a ausência de elementos das contas calendárias também ocorre no *Magliabechiano*, mas em um grande número de seções.

Vejamos em detalhe, na Tabela 8, as funções do calendário em todas as seções dos três códices pictoglíficos analisados centralmente nesta pesquisa.

Seção	Tipo de uso do calendário
Código borbónico	
A – *tonalamatl* – p. [1]-20	estrutural e saber pressuposto
B – *xiuhmolpilli* – p. 21-2	estrutural e saber pressuposto
C – vintenas e *xiuhmolpilli* final – p. 23-[40]	estrutural e saber pressuposto
Código Vaticano A	
A – âmbitos cosmográficos – p. 1v-3v[178]	ausente
B – idades do Mundo, história de Tollan e Cholula – p. 4v-10v	estrutural-implícito e saber pressuposto

[178] No Capítulo I vimos que as páginas 1v a 10v do *Código Vaticano A* são tradicionalmente classificadas como apenas uma seção. Cf. Glass, John B. e Robertson, Donald. A census of native Middle American pictorial manuscripts. In: Wauchope, Robert (editor geral) e Cline, Howard F. (editor dos volumes). *Handbook of Middle American Indians, op. cit.*, v. 14, p. 186-7. Dividimos essa primeira seção em duas pela diferenciação que apresentam no uso do calendário. Veremos, no Capítulo III, que tal diferenciação também se confirma no caso do uso da cosmografia, o que pode ser um indício da origem distinta, isto é, tradicional ou não, dessas duas seções.

Seção	Tipo de uso do calendário
C – *tonalamatl* – p. 11r-33r	estrutural e temático
D – *xiuhmolpilli* e anos cristãos – p. 34v-36r	temático e saber pressuposto
E – festas das vintenas – p. 42v-51r	temático e estrutural-implícito
F – sacrifícios e costumes – p. 54r-61v	ausente
G – anais – p. 66v-96v	estrutural e saber pressuposto
Códice magliabechiano	
A – mantas decoradas – p. 1r-10v	ausente
B – vinte dias do *tonalpohualli* – p. 11v-14r	temático
C – 52 anos do *xiuhmolpilli* – p. 14v-28r	temático
D – festas das vintenas – p. 28v-46r	temático e estrutural-implícito
E – cerimônias móveis – p. 46v-48r	temático e estrutural-implícito
F – deuses do *pulque* – p. 48v-59r	ausente
G – jogos e bailes – p. 59v-64r	ausente
H – morte e rituais correlatos – p. 64v-76r	ausente
I – ritos variados – p. 76v-92v	ausente

Tabela 8: Tipos de uso do calendário nas seções dos códices pictoglíficos.

Ao juntarmos as informações sintetizadas na tabela acima com as hipóteses apresentadas inicialmente – principalmente que a presença estrutural dos ciclos calendários estaria relacionada a modelos narrativos mixteco-nahuas e a presença temática a modelos narrativos cristãos –, poderíamos concluir que: A – entre os três códices analisados, o *Borbónico* seria aquele que apresentaria estrutura e temas mais próximos aos modelos nativos; B – o *Vaticano A*, não obstante o fato de provavelmente ter sido copiado por algum religioso ou mesmo confeccionado na Itália, intercalaria seções cuja estrutura e temática obedeceriam a modelos narrativos de origens distintas, ou seja, nahua e cristã; C – o *Magliabechiano*, não obstante os fatos de ter tido seu protótipo produzido no México no início do período Colonial e de possuir a metade de suas páginas com elementos pictoglíficos, seria o manuscrito – entre os três analisados – mais distante dos modelos mixteco-nahuas e o mais próximo das estruturas predominantes nas *Historias* dos missionários cristãos, nas quais as contas calendárias são um tema a ser explicado entre outros, tais como as festas, os rituais, os sacrifícios e as deidades principais.

Na tipologia proposta pelo *Handbook of Middle American Indians*, o *Códice magliabechiano* está classificado como um manuscrito pertencente ao grupo dos realizados sob o patrocínio espanhol – as outras duas classes, além dos pré-hispânicos, seriam a dos coloniais nativos e a dos coloniais mistos. Esse grupo, de modo geral, se caracterizaria por possuir padrões mais próximos aos manuscritos pré-hispânicos do que aos coloniais. O autor dessa seção do *Handbook of Middle American Indians* afirma que todo o Grupo Magliabechiano teria sido "...evidently painted by Indians for Spaniards who added their comments in the gloss",[179] o que nos faria pressupor que as estruturas narrativas e elementos organizacionais típicos das tradições de pensamento e escrita mixteco-nahuas teriam sido mantidos e que a influência cristã se limitaria aos textos alfabéticos e glosas.

No entanto, por meio da análise comparativa com outros dois códices nahuas e com o *Borgia*, pudemos perceber que a suposta origem indígena dos produtores do *Códice magliabechiano* não garantiu, automaticamente, a manutenção de estruturas organizacionais nativas em seu interior. Sendo assim, poderíamos concluir que a presença de elementos pictoglíficos ou a participação de membros das sociedades locais na produção dos códices coloniais não eram suficientes para assegurar a manutenção de estruturas narrativas ou de modos de organização característicos da tradição de escrita e pensamento mixteco-nahua. Ao mesmo tempo, a produção de um códice depois da chegada dos espanhóis não determinaria a predominância automática de temas e estruturas narrativas de origem cristã, como parece ser o caso do *Borbónico*. Voltaremos a tratar do problema da origem do *Borbónico* no Capítulo III, depois de ter analisado nele as formas de presença dos conceitos cosmográficos.

Por ora, gostaríamos apenas de ressaltar que a comparação de nossos três códices pictoglíficos entre si e com um de origem seguramente pré-hispânica, o *Borgia*, permitiu-nos perceber que o *Códice borbónico* seguramente possui formato, estrutura e temas tradicionais, não obstante a repetição de algumas séries calendárias que poderiam ser demasiadamente óbvias aos membros das tradições de pensamento e escrita nahuas. Em contraste, pudemos perceber a existência de um processo de simplificação na confecção do *Vaticano A* e do *Magliabechiano*, processo que se caracterizaria pela tendência de manter os ciclos calendários mais básicos, de separá-los de qualquer outro tema tradicional e de apresentá-los didaticamente, transformando-os na temática exclusiva de algumas seções. Por meio da retomada de alguns resultados de minha pesquisa anterior, pudemos ver também que esse processo estaria pautado por critérios e demandas semelhantes aos que regeram as produções das *Historias* dos

---

179   Glass, John B. A survey of native Middle American pictorial manuscripts. In: Wauchope, Robert (editor geral) e Cline, Howard F. (editor do volume). *Handbook of Middle American Indians, op. cit.*, v. 14, p. 14.

religiosos espanhóis, preocupados especialmente em entender os fundamentos do sistema calendário e em identificar os chamados deuses e rituais principais.[180]

Com relação aos textos alfabéticos de origem nahua, podemos ver que alguns deles, por exemplo, os *Anales de Cuauhtitlan* e a *Leyenda de los soles*, também mantiveram um uso relativamente tradicional do sistema calendário. No caso da *Historia de los mexicanos por sus pinturas* e da *Histoire du Mechique*, pudemos constatar um uso pontual dos ciclos calendários, bem como a presença de seções dedicadas a explicar seu funcionamento, o que denotaria uma clara influência das demandas coloniais castelhanas, as quais também podem ser encontradas em alguns códices pictoglíficos, como o *Magliabechiano*. Na Tabela 9 estão relacionados os tipos de uso do sistema calendário em cada seção dos textos alfabéticos analisados.[181]

Seção	Tipo de uso do calendário
Anales de Cuauhtitlan	
A – prólogo à migração e criação do calendário – p. 1	estrutural-implícito, temático e saber pressuposto
B – anais – p. 1-68	estrutural e saber pressuposto
Leyenda de los soles	
A – cinco sóis cosmogônicos – p. 1-4	estrutural-implícito e saber pressuposto
B – Mixcoatl e os mixcoas – p. 4-6	estrutural-implícito e saber pressuposto
C – Quetzalcoatl, Huemac e os toltecas – p. 7-9	estrutural-implícito e saber pressuposto
D – mexicas e outros grupos – p. 9-10	estrutural e saber pressuposto
Historia de los mexicanos por sus pinturas	
A – deuses primevos, deuses construtores do Universo e primeira idade – § 1-34	estrutural-implícito, temático e saber pressuposto

180   Cf. Santos, Eduardo Natalino dos. *Deuses do México indígena, op. cit.*

181   Os números junto a cada seção correspondem às páginas ou parágrafos dos manuscritos originais, e não às páginas das edições que estamos utilizando. Acreditamos que isso facilita a identificação das seções, independentemente da edição que se tenha em mãos.

Seção	Tipo de uso do calendário
B – funcionamento da conta dos anos – § 35-42	temático
C – da primeira idade até a quinta – § 43-71	estrutural
D – Mixcoatl ou Camaxtle e os mixcoas ou chichimecas – § 72-83	estrutural
E – Quetzalcoatl e Tula – § 84-90	estrutural
F – mexicas e outros grupos – § 91-289	estrutural
G – segunda parte ou miscelânea	oscilação entre temático e ausente
Histoire du Mechique	
A – criação do homem segundo os texcocanos – § 1-20	oscilação entre temático e ausente
B – relatos popolucas sobre o Sol e Amateotl – § 21-43	ausente
C – história mexica e de outros grupos – § 44-88	ausente
D – funcionamento da conta dos anos – § 89-98	temático
E – os treze céus – § 99	ausente
F – os cinco sóis cosmogônicos – § 100-43	estrutural-implícito
G – outra versão da origem do homem – § 144-52	ausente
H – Nanahuatl e a criação do Sol – §153-60	oscilação entre ausente e estrutural-implícito
I – Chalco e o princípio da criação – § 161-3	ausente

Seção	Tipo de uso do calendário
J – criação do milho – § 164–9	ausente
K – Tezcatlipoca – § 170-83	ausente
L – Quetzalcoatl e Tula – § 184-224	oscilação entre ausente e estrutural-implícito

Tabela 9: Tipos de uso do calendário nas seções dos textos alfabéticos.

Relacionando os dados da tabela com nossas hipóteses, poderíamos propor que a estrutura dos *Anales de Cuauhtitlan* e da *Leyenda de los soles* seriam as mais próximas dos modelos tradicionais mixteco-nahuas. Aliás, vimos que os *Anales de Cuauhtitlan* e o *Vaticano A*, em sua última seção, utilizam-se do *xiuhmolpilli* de modo muito semelhante. Distintamente, na *Historia de los mexicanos por sus pinturas* e na *Histoire du Mechique* reinaria a alternância e a mistura de elementos e estruturas provenientes das duas tradições de pensamento e escrita, isto é, da cristã e da mixteco-nahua. Esses casos reforçam a hipótese que o uso da escrita alfabética não impediu, necessariamente, a composição de narrativas baseadas em usos tradicionais do sistema calendário – não obstante os inúmeros problemas envolvidos no processo de trasvase a um texto alfabético de conteúdos registrados pictoglífica e oralmente.[182]

Talvez os critérios que empregamos para analisar os códices e textos nahuas e, posteriormente, montar uma tipologia experimental de todas suas seções possam servir para a montagem de subgrupos no interior do imenso conjunto de manuscritos pictoglíficos e alfabéticos produzidos com a participação, direta ou indireta, de membros das tradições de pensamento e escrita mesoamericanas ao longo do período Colonial. Em outras palavras, apoiando-se na presença estrutural do sistema calendário nos manuscritos, ou em sua exigência como pressuposto de leitura, é possível estabelecer proximidades e distanciamentos relativos entre suas produções e usos e os modelos, estruturas e temáticas mixteco-nahuas. Em contrapartida, a presença temática de tal sistema nos indicaria produções e usos diretamente relacionados às demandas cristãs. Isso não significa, necessariamente, que membros das tradições de pensamento e escrita locais não estivessem envolvidos nesses últimos usos e produções, mas apenas que tais manuscritos estavam respondendo prioritariamente a demandas intelectuais ancoradas no crescente poder político castelhano – como as demandas geradas pelo projeto missionário de conhecer os usos e costumes dos nativos para convertê-los profundamente.

---

182   Os textos alfabéticos serão caracterizados mais detalhadamente no Capítulo III, depois de analisarmos neles as formas de presença dos elementos cosmográficos.

Esse tipo de agrupamento traria algumas vantagens para os estudos que, como o nosso, utilizam esses manuscritos para entender as características das tradições de pensamento nahuas e suas transformações durante o período Colonial. Isso porque a partir da análise dos manuscritos considerados mais tradicionais poderíamos entender os traços particulares dessas tradições. Ao mesmo tempo, a partir da comparação desses manuscritos com os considerados menos tradicionais – e também com as obras dos religiosos espanhóis –, poderíamos entender como tais características foram utilizadas, transformadas ou adaptadas em face das demandas do mundo colonial.

Aliás, esse é o tipo de estudo que estamos procurando apresentar, conforme enunciamos na Introdução sob a forma de hipótese geral. Segundo tal hipótese, o entendimento dos usos e funções do calendário, da cosmografia e das idades do Mundo na construção e organização dos relatos contidos no conjunto de fontes centrais poderia ser uma excelente "porta de entrada" para o entendimento das especificidades das concepções de tempo, espaço e passado manejadas pelas tradições de pensamento nahuas, bem como para as transformações dessas concepções no início do período Colonial. Tratemos então de algumas dessas especificidades e transformações, sobretudo das que dizem respeito ao uso dos ciclos calendários e ao conceito de tempo.

Concepção de tempo nahua e transformações nos usos escriturais dos ciclos calendários

Neste último subitem sintetizaremos algumas conclusões sobre a concepção de tempo das tradições nahuas e sobre as transformações nos usos dos ciclos calendários no início do período Colonial. Também procuraremos levar tais conclusões um pouco adiante, sondando suas implicações e confrontando-as com a opinião de mais alguns estudiosos. No título deste subitem, mencionamos *transformações nos usos dos ciclos calendários* – e não *transformações na concepção de tempo* – porque muitas das transformações observadas ao compararmos manuscritos do século XVI correspondem à implantação de modelos organizacionais e narrativos de origem cristã, os quais foram plasmados, muitas vezes, pela ação direta de religiosos castelhanos ou de alunos indígenas dos colégios missionários. Sendo assim, muitas dessas transformações não correspondem diretamente a alterações na concepção de tempo das tradições de pensamento e escrita nahuas – alterações que, sem dúvida, estavam ocorrendo de forma acelerada no século XVI, sobretudo pela progressiva desarticulação e cristianização das elites nahuas.

Sintetizando algumas análises e conclusões anteriores, especialmente as provenientes das fontes que se mostraram tradicionais pelo tipo de uso do calendário,[183]

---

183   Isto é, todo o *Borbónico*, partes do *Vaticano A*, os *Anales de Cuauhtitlan* e a *Leyenda de los soles*.

poderíamos dizer que algumas características da concepção de tempo nahua seriam: A – a inseparabilidade entre contar o tempo e qualificá-lo e, portanto, entre os princípios estabelecidos pelo sistema calendário e as atuações dos deuses, as práticas rituais, os prognósticos e as profecias; B – a primazia gnosiológica do sistema calendário ao tratar do passado, expressa, principalmente, na constante preocupação em datar temáticas e episódios, mesmo os temporalmente mais remotos; C – a conjunção entre sincronia e diacronia, dimensões temporais tidas como complementárias e indispensáveis a qualquer marcação temporal completa.

Vejamos cada uma dessas características mais detalhadamente.

Sobre a primeira, pudemos ver que as séries e ciclos calendários empregados nos textos pictoglíficos e alfabéticos – sobretudo o *tonalpohualli* e o *xiuhmolpilli* – eram parte de um sistema composto por combinações matemáticas bastante complexas. Procuramos apontar que, de maneira geral, a existência desses ciclos, séries e combinações não tem sido levada em conta de modo fundamental ao se analisar ou caracterizar outras dimensões do mundo nahua além do calendário. Isso porque o calendário e seus ciclos vêm sendo tratados como um tema à parte – do mesmo modo como foi feito pelos religiosos espanhóis –, sem grandes implicações para, por exemplo, caracterizar os rituais ou a concepção nahua de passado.[184]

Acreditamos que desconsiderar essa dimensão calendário-matemática significa deixar de entender, em suas particularidades, não somente muitos aspectos da escrita *tlacuilolli*, mas também da vida política e das celebrações nahuas, como as que eram realizadas pelos quatro jovens *tlamacazque* – ou *oferendadores* – que entravam para prestar serviços por quatro anos nos templos de México-Tenochtitlan. O caso desses jovens é relatado por Motolinía e pode ser tomado como exemplar no que diz respeito à presença do pensamento calendário-matemático na realização de oferendas e cerimônias. Motolinía afirma que entre os atos e serviços realizados por esses quatro jovens estava uma oferenda que seria realizada "...de veinte en veinte días (...) que hecho un agujero en lo alto de las orejas sacaban por allí sesenta cañas, más gruesas y otras delgadas como los dedos; unas largas como el brazo y otras de una brazada; otras como varas de tirar; y otras ensangrentadas poníanlas en un montón delante de los ídolos, las cuales quemaban acabados cuatro años. Montábanse sino me engaño diez y siete mil y doscientos y ochenta,

---

184   Jacques Soustelle, por exemplo, trata do calendário no último capítulo de sua obra, sem relacioná-lo ou levá-lo em consideração ao abordar os temas cosmológicos nos capítulos precedentes. Cf. Soustelle, Jacques. *Pensamiento cosmológico de los antiguos mexicanos*. Puebla: Federación Estudantil Poblana, 1959-1960. Rubén Bonifaz Nuño vai mais além nessa cisão, pois nem sequer cita o calendário e seu funcionamento ao tratar da cosmogonia mesoamericana. Cf. Bonifaz Nuño, Rubén. *Cosmogonía antigua mexicana*. México: Coordinación de Humanidades – Unam, 1995.

porque cinco días del año no los contaban, sino diez y ocho meses a veinte días cada mes".[185]

Esse tipo de depoimento permite-nos perceber que tais jovens estavam ofertando determinadas combinações e ciclos calendários além de varas e sangue. Com a oferenda desses ciclos – cujas quantias exatas muito provavelmente foram declaradas ao frade –, esses jovens estariam obtendo algum tipo de controle sobre o curso do tempo e sobre os destinos individuais e sociais.

Somando-se esse tipo de depoimento às análises que desenvolvemos acima, sobretudo com os *tonalamatl* do *Borbónico* e *Borgia*, fica evidente também que essa dimensão calendário-matemática estava a serviço da qualificação do tempo, expressão essa que alude a duas importantes atividades dos sacerdotes, dos *tlacuiloque* e dos sábios nahuas: de um lado, entender, determinar e registrar as qualidades inerentes a cada ciclo temporal e a cada uma de suas combinações; de outro, intervir e tentar manter ou alterar tais qualidades por meio de ações cerimoniais que as reforçassem, as neutralizassem ou adicionassem a elas novas qualidades.

Em outras palavras, as unidades e ciclos calendários eram vistos pelas tradições de pensamento nahuas como entidades específicas que possuíam características relativamente bem definidas, sendo que cada entidade realizaria determinadas tarefas em seu respectivo turno.[186] Cada instante seria, portanto, como um sítio para o qual confluiriam forças plurais e previstas pelos ciclos calendários.[187] Tais forças deveriam ter suas unidades e combinações entendidas para, entre outras coisas, serem previsíveis e passíveis de intervenções humanas.

Considerando-se o sistema calendário como parte basilar da visão de mundo dos nahuas – tal qual procuramos demonstrar no início do Capítulo I –, é possível compreender as razões que embasaram muitas das ações e decisões que tomaram frente aos espanhóis. É o caso, por exemplo, da decisão de Cuauhtemoc de render-se à Cortés e seus aliados indígenas em determinado momento – agosto de 1521 – em função de certos ciclos calendários.[188] Ou do famoso caso em que os itzaes de Petén, em 1695,

---

185   Benavente, Toribio de. *Historia de los indios de la Nueva España, op.cit.*, p. 106.

186   Parece que o tratamento gramatical e os adjetivos relacionados à unidade *dia* eram do mesmo tipo que os dispensados aos seres vivos. Cf. Lima, Oswaldo Gonçalves de. *El maguey y el pulque en los códices mexicanos*. México/Buenos Aires: FCE, 1956. É interessante notar que o termo nahuatl para "tarefa" – *tequitl* – é o mesmo que para "tributo", o que talvez contribua para entendermos a interrelação entre as tarefas que os ciclos temporais realizariam e as oferendas que os homens deveriam dar-lhes em contrapartida. Voltaremos a explorar a relação entre esses termos no Capítulo III, ao tratar da rotatividade do tempo pelos quatro rumos do Mundo.

187   Cf. Segala, Amos. *Literatura náhuatl*. México: Editorial Grijalbo, 1990.

188   Cf. Brotherston, Gordon. *The year in the Mexican codices, op.cit.*

marcaram uma data para aceitar o cristianismo e as autoridades espanholas.[189] É claro que os itzaes, assim como Cuauhtemoc, estavam em desvantagem nas guerras e, além disso, parece que a posição de aceitar uma conversão negociada não era unânime no caso dos itzaes. De todas as formas, não podemos deixar de creditar ao calendário a função de sistema classificador da realidade para a tomada de decisões dos itzaes ou dos mexicas. O que não significa dizer que tal sistema monopolizava essa função ou que tenha colaborado para a adoção de uma suposta posição fatalista ou de passividade e aceitação diante do domínio castelhano. Ao contrário, tal sistema poderia ser utilizado – e o foi, principalmente no caso dos itzaes – para a gestação de rebeliões, pois o tempo de domínio dos castelhanos, assim como o dos maias, também teria uma duração determinada pelos ciclos calendários.

Sendo assim, temos que unir os estudos que tratam dos ciclos calendários e astronômicos aos que se dedicam a outros aspectos da cultura e história dos povos nahuas e mesoamericanos em geral, inclusive aos que se dedicam aos processos de conquista e resistência durante o período Colonial. Isso porque, ao contabilizar a duração das revoluções de Vênus ou ao prever os próximos eclipses lunares, por exemplo, as elites mesoamericanas estariam procurando medir a influência das cargas de determinados entes na composição dos destinos individuais e sociais; e não apenas realizando cálculos para simplesmente quantificar durações de ciclos astronômicos[190] ou para fascinar alguns estudiosos modernos.

Sobre a segunda característica da concepção de tempo nahua, isto é, a primazia gnosiológica do sistema calendário ao tratar do passado, é importante ressaltar que ela é confirmada por uma série de outros indícios além dos que constam nos textos pictoglíficos e alfabéticos que analisamos acima. Por exemplo, além de compor os nomes das idades e de muitos deuses, a nomenclatura calendária também estava presente na designação das criaturas oriundas da cosmogonia, tais como a terra (*ce tochtli*), as árvores e a madeira (*ce atl*), as substâncias terrosas (*ce miquiztli*), as pedras (*ce tecpatl*), as fibras e objetos fabricados com elas (*ce malinalli*), os objetos agudos (*ce*

---

189   Os itzaes teriam mandado avisar ao governador em Mérida que se aproximava o tempo da conversão, a qual se iniciaria no *katún 8 ahau*, data de mesmo nome que a da queda e abandono da antiga capital, Chichén Itzá. Em 1696, um franciscano, conhecedor do calendário maia, o frei Diego de Avendaño, autor da *Relación de las entradas que hice en la conversión de los gentiles itzaes...*, fez um acordo com o rei itzá, Canek, para iniciar a conversão ao fim dos próximos quatro meses, quando se iniciaria o novo *katún*. Parece que os espanhóis chegaram antes e os itzaes pegaram em armas. Cf. Farris, Nancy. Recordando el futuro, anticipando el pasado. In: *La memoria y el olvido. Segundo simposio de historia de las mentalidades, op.cit.*

190   Cf. Gifford, James C. Ideas concerning maya concepts of the future. In: Browman, David L. (edit.). *Cultural continuity in Mesoamerica, op.cit.*

ocelotl), o fogo (*nahui ocelotl*), os cervos (*chicome xochitl*), os diversos tipos de agave (*chicuei tecpatl*) e o milho (*chicome coatl*).[191]

A atribuição de datas propícias também era parte imprescindível do processo de confecção dos objetos. Essas datas eram escolhidas de acordo com a consonância entre suas características e as qualidades e usos que se pretendiam dar aos tais objetos. Exemplo disso são as inúmeras lápides de inauguração dos edifícios e construções utilizadas pelas elites nahuas, nas quais fica evidente a preferência por determinadas datas e a repulsa por outras.[192] Por exemplo, o prestígio das datas com *acatl* (*junco*) é notório nos gravados em pedra nahuas, talvez pela relação desse signo calendário com Quetzalcoatl, também chamado de Ce Acatl. As datas com *tochtli*, sobretudo o ano *ce tochtli*, não eram apreciadas pelos mexicas, pois estariam associadas a períodos de fome. Sendo assim, não é casual que a lápide dedicatória do Templo Mayor de México-Tenochtitlan traga registrado em sua superfície os glifos do dia *7 junco* e do ano *8 junco*, que corresponderiam a 28 de dezembro de 1487 no calendário gregoriano, data em que o Templo teria sido inaugurado por Ahuitzotl.[193]

Sendo assim, a constante preocupação em datar os eventos passados ao registrá-los pictoglificamente fazia parte de um fenômeno mais amplo, relacionado a outras esferas e atividades sociais além das que estamos chamando de tradições de pensamento. Além disso, tal preocupação, como sugerimos no Capítulo I, possuía fortes motivações e finalidades políticas, pois manejar o sistema calendário e a escrita pictoglífica significava possuir e manter um importantíssimo sistema de classificação e controle da realidade natural e social.[194]

No caso das explicações nahuas sobre o passado – que nos interessam de maneira especial –, pudemos ver que os mesmos ciclos calendários foram utilizados para qualificar e contabilizar a duração tanto dos eventos mais distantes ou cosmogônicos quanto dos mais recentes ou históricos. Isso talvez nos permita propor que para os

191 Cf. López Austin, Alfredo. *Los mitos del Tlacuache, op.cit.*

192 Também nos códices mixtecos – tais como o *Vindobonense*, o *Zouche-Nuttall* e o *Selden* – as fundações de *altepeme* e as dedicações de edifícios estão sempre acompanhadas por datas que manifestam, em seu conjunto, a preferência por alguns dias e anos em específico. Cf. Boone, Elizabeth Hill. Bringing polity to place. In: Vega Sosa, Constanza (coord.). *Códices y documentos sobre México*. México: Inah, 2000.

193 Segundo os cálculos de Alfonso Caso. Cf. Aguilera, Carmen. La fecha de inauguración del Templo Mayor. In: *Arqueología Mexicana*. México: Conaculta/Inah/Editorial Raíces, v. VII, n. 41, p. 30-1, janeiro/fevereiro de 2000. Essa lápide encontra-se na Sala Mexica do Museo Nacional de Antropología, na cidade do México.

194 Inclusive, para alguns estudiosos, o tema geral e principal dos escritos mesoamericanos poderia ser descrito como a apresentação de informações políticas em uma estrutura calendária. Cf. Marcus, Joyce. *Mesoamerican writing systems*. Princeton: Princeton University Press, 1992.

nahuas não havia uma distinção qualitativa entre o passado mais remoto e o mais recente, pois ambos eram passíveis de designação e caracterização pelo mesmo sistema
de contagem e classificação do tempo.

Voltaremos a esse complexo problema no Capítulo IV, ao tratarmos da concatenação entre cosmogonia e história. Por ora, gostaríamos apenas de indicar a porosidade da fronteira e a interparticipação para os nahuas entre o que estamos chamando
de cosmogonia e história. A porosidade e a interparticipação entre cosmogonia e
história grupal recente talvez apontem para a possibilidade de que os livros de anais
fossem concebidos como uma narrativa particularizada do *altepetl* diretamente inserida na última – no sentido de atual – das idades do Mundo.

Sobre a terceira característica da concepção de tempo nahua, isto é, a conjunção entre sincronia e diacronia nas marcações calendárias, é importante ressaltar
que há, pelo menos, três posições sobre o assunto e que duas delas são distintas da
que estamos propondo.

Uma das mais difundidas apregoa que a concepção de tempo nahua era totalmente – ou, ao menos, predominantemente – cíclica, pois os anos do *xiuhmolpilli*,
por exemplo, não aludiriam a um lapso temporal singular, mas apenas a um tipo de
ano, a uma gama de influências presente nos anos com os mesmos nomes.[195] Sendo
assim, a concepção de tempo nahua se caracterizaria por estar voltada, principalmente, ao passado, pois os tempos presentes apenas trariam de volta os acontecimentos pretéritos.[196]

No outro extremo, talvez até por reação à quase onipresença de afirmações que
ressaltam o caráter cíclico da concepção de tempo e história nahua, temos alguns
poucos estudiosos defensores do caráter primordialmente linear de tal concepção.
Para esses autores, o caráter linear da conta dos anos nahua e da conta longa maia

---

195   Cf. Gruzinski, Serge. *La colonización de lo imaginario, op.cit.*

196   Baseando-se nessa ideia, Todorov acredita que a conquista castelhana foi incompreensível
       para os mexicas devido à dificuldade de se explicar algo de radicalmente novo partindo de
       uma concepção circular de tempo, na qual a repetição teria prioridade sobre a diferença. Cf.
       Todorov, Tzvetan. *A Conquista da América*. São Paulo: Martins Fontes, 1993. A única forma de
       saber se os mexicas e outros povos nahuas compreenderam a chegada e a conquista promo-
       vida pelos castelhanos é pesquisar em seus próprios escritos, alfabéticos e pictoglíficos, o que
       Todorov, apesar de sua intenção louvável de valorizar as diferenças culturais, assumidamente
       não fez. Citamos Gruzinski e Todorov de forma exemplar, pois a lista de estudiosos que segue
       essa ideia em seus estudos sobre os povos nahuas e mesoamericanos é enorme. Nesses estudos
       abundam citações do tipo "El tiempo es una serpiente que se muerde la cola" ou "...time was
       cyclical rather than linear (...) and religious festivals often reenact an event that took place at
       the beginning of time." Respectivamente: Barjau, Luis. *El mito mexicano de las edades, op.cit.*, p.
       42 /Davies, Nigel. The aztec concept of history. In: Durand-Forest, Jacqueline de (edit.). *The
       native sources and the history of the Valley of Mexico*. Oxford: Bar, 1984, p. 211.

garantiria a precedência da diacronia na conformação da concepção temporal, sobretudo entre as elites dirigentes.[197]

Como vimos nas análises acima, sobretudo ao tratar do uso do *xiuhmolpilli*, parece que essas duas dimensões temporais co-habitavam as marcações calendárias nahuas – e mesoamericanas em geral. Sendo assim, parece-nos que as duas posições citadas partem do pressuposto que essas duas dimensões constituem uma polaridade excludente, tal qual a que teria se formado no mundo ocidental com a introdução dos calendários e das escatologias judaico-cristãos, os quais seriam fundamentalmente lineares e, desse modo, teriam banido qualquer sincronicidade ou circularidade de nossa concepção temporal ou histórica.

Não entraremos em detalhes para refutar essa simplificação, pois acreditamos que os aspectos sincrônicos presentes nos calendários e concepções de tempo e história que, de maneira geral, vigoram hoje no mundo ocidental são demasiadamente evidentes.[198] Sendo assim, não havia nenhum impedimento lógico ou ontológico para que tais dimensões estivessem presentes na concepção de tempo e passado nahua. Ademais, nas análises acima, apresentamos diversos indícios da co-habitação dessas duas dimensões temporais nas fontes nahuas. A questão, portanto, volta-se para outro ponto: a forma como tais dimensões estariam combinadas e o sentido e usos sociais que teriam na construção da concepção de tempo e passado.[199]

No caso nahua, a ênfase em uma ou outra dimensão ocorria segundo a temática e a proeminência deste ou daquele ciclo calendário na disposição e organização gráfica dessa temática – e, também, segundo a forma de dispor os tais ciclos. Por exemplo, a disposição do *tonalpohualli* em trezenas acompanhadas de outras séries calendárias fixas e de elementos e entes relacionados aos destinos e oferendas formava um tipo de seção ou livro – o *tonalamatl* – cujo final se ligaria ao início automaticamente. Sendo assim, nesse tipo de registro calendário, predominaria a sincronicidade e circulari-

---

197   Em nota do Capítulo I, citamos que Ross Hassig chega a afirmar que os mexicas não possuíam uma noção cíclica do tempo. Cf. Hassig, Ross. *Time, history and belief in Aztec and Colonial Mexico, op.cit.*

198   Podemos mencionar, como exemplo, a repetição das semanas, meses, festas e estações no caso do calendário e a concepção de ciclos econômicos e revolucionários no caso da concepção de história. Mais detalhes sobre como as concepções que vigoraram no mundo ocidental combinaram e utilizaram a linearidade e a ciclicidade podem ser obtidos em: *Enciclopédia Einaudi*. Porto: Imprensa Nacional Casa da Moeda, 1993, v. 29.

199   É o que Nancy Farris procura fazer com o caso dos povos maias das Terras Baixas. A autora acredita que a noção de tempo cíclico era mais antiga e difundida entre eles e que a conta longa, manejada pelas elites do período Clássico, teria sido uma tentativa de tornar o passado irrepetível e, desse modo, solapar o sistema de turnos de mando, baseado na noção de tempo cíclico, para estabelecer um poder permanente. Cf. Farris, Nancy. Recordando el futuro, anticipando el pasado. In: *La memoria y el olvido, op. cit.*

dade temporal.[200] Distintamente, o *xiuhmolpilli* disposto na forma de anais – como ocorre na última seção do *Vaticano A* – formava uma sequência preponderantemente linear de várias centenas de anos, na qual era possível localizar e diferenciar cada um dos anos componentes por meio de sua posição relativa. Esses dois tipos de marcação temporal ou livros não eram formas radicalmente distintas ou paralelas de contabilizar e qualificar o tempo,[201] mas, ao contrário, partes integradas e articuladas de um mesmo sistema, que contava com unidades e séries temporais de caráter mais sincrônico ou diacrônico. Essas unidades e séries eram empregadas, com distintas ênfases, para contabilizar as idades do Mundo e marcar os acontecimentos da história recente ou para tratar da sorte e dos destinos futuros.[202]

Essa co-habitação entre diacronia e sincronia nos registros calendários não era uma exclusividade nahua, mas algo compartilhado pelos povos mesoamericanos em geral. Prova disso é, por exemplo, o livro de *Chilam balam de Chumayel*, no qual os *katún* de mesmo nome eram utilizados para reunir eventos passados, presentes e futuros. No entanto, os *katún* eram dispostos em séries sequenciadas, ou seja, um após o outro, fato que garantiria a marcação da sucessibilidade e, portanto, a percepção da diacronicidade no momento da leitura.[203]

No capítulo seguinte, ao analisarmos a presença das concepções cosmográficas nas fontes nahuas, trataremos de mais algumas características da concepção de tem-

---

200   Veremos, no capítulo seguinte, que *círculo* talvez não seja uma boa imagem para indicarmos a ideia mixteco-nahua de retorno de certas qualidades e cargas após certo lapso temporal, pois, nos códices, as séries calendárias que sugerem esse tipo de retorno ou ciclicidade temporal empregam, predominantemente, formas que se relacionam mais com quadrados do que com círculos em sua disposição gráfica.

201   Como defende, por exemplo, López Austin: "¿Por qué tenía que darse esta dualidad – o pluralidad – de esquemas cronológicos para enmarcar un mismo acontecimiento?" López Austin, Alfredo. La construcción de la memoria. In: *La memoria y el olvido*. México: Inah, 1985, p. 77. No entanto, convém notar que López Austin adota esses termos para, justamente, tentar mostrar como a concepção de tempo mesoamericana conjugava características cíclicas e lineares. Isso é feito, por exemplo, em López Austin, Alfredo. *Hombre-dios, op.cit.*

202   Vale notar ainda que os dias do *tonalpohualli*, os anos do *xiuhmolpilli* e as vintenas do *xiuhpohualli* aparecem juntos em muitos relatos, como uma forma mais completa e precisa de se referir a uma data. Vimos acima que as lápides mexicas trazem, em geral, um dia do *tonalpohualli* e um ano *xihuitl.*

203   Além dos *katún*, os autores desse livro manejam e explicam o calendário cristão juliano. Cf. *Libro de Chilam balam de Chumayel, op.cit.*, p. 61-7. As inscrições calendárias das estelas, altares, escadarias e outros monumentos maias do período Clássico também eram compostas por marcações temporais de caráter mais sincrônico em conjunção com as pertencentes à conta longa, nas quais a dimensão diacrônica seria mais acentuada, como citamos acima no caso das inscrições de Palenque.

po nahua. Isso porque, como afirmamos no Capítulo I, tal concepção encontra-se estreitamente vinculada com os conceitos espaciais. Sendo assim, a separação adotada neste livro entre calendário e cosmografia possui um caráter fundamentalmente analítico-didático.

A partir deste ponto, como enunciamos acima, sintetizaremos algumas transformações nos usos dos ciclos calendários nos manuscritos nahuas do século XVI.

Vimos que uma das principais características dos registros pictoglíficos tradicionais – como o *Borbónico* e o *Borgia* – era o emprego dos ciclos calendários para estruturar e organizar a disposição de outras temáticas. De modo geral, as contas calendárias não ocupam o papel de tema a ser narrado ou explicado em nenhum códice pré-hispânico, mesmo nos capítulos que reúnem diversas séries calendárias, como vimos ser o caso dos *tonalamatl*.[204]

O mesmo tipo de emprego ocorria nos registros em pedra pré-hispânicos, nos quais as informações calendárias aparecem de maneira pontual – pois seu entendimento global era um pressuposto entre os produtores e destinatários desses registros – para situar, organizar e qualificar os temas registrados. Sendo assim, não seria aventurado dizer que os ciclos do sistema calendário não eram os temas da imensa maioria dos registros realizados em tempos anteriores à chegada dos espanhóis.[205]

Em contraste, vimos que tais ciclos são expostos como temas em parte de nossas fontes centrais, sobretudo no *Magliabechiano*, na *Historia de los mexicanos por sus pinturas* e na *Histoire du Mechique*. Citamos também que esse tipo de uso dos ciclos calendários aparece de modo abundante nas *Historias* dos religiosos espanhóis e, dessa forma, podemos propor que a atribuição do papel de temática ao sistema calendário tenha sido uma realização oriunda das demandas do início do período Colonial.[206]

Algumas das razões que levaram os missionários a se interessar pelos manuscritos indígenas e até a promover sua confecção foram enunciadas na terceira parte do Capítulo I. Foi justamente em meio do processo de produção desses novos ma-

---

204 É o que atestam os códices do Grupo Borgia e Nuttall.

205 Centenas de exemplos poderiam ser evocadas, como as estelas zapotecas e maias e os diversos monumentos da região do altiplano central mexicano, como vimos no Capítulo I. Em praticamente nenhum deles, o sistema calendário e suas contas eram o tema registrado. Ao contrário, são os temas registrados nas estelas maias, por exemplo, que sempre estão acompanhados por datas, que os situam e qualificam. Não obstante, há exceções que confirmam a regra, como os relevos do Templo das Serpentes Emplumadas, em Xochicalco, e seus glifos de correlações calendárias, os quais tratariam de estabelecer a correspondência entre contas calendárias de regiões distintas. Nesse caso, parece que as próprias contas e suas correlações são o tema do registro.

206 Como mencionamos na Introdução, iríamos comparar alguns resultados desta pesquisa com os da dissertação de mestrado. Cf. Santos, Eduardo Natalino dos. *Deuses do México indígena, op. cit.*

nuscritos que surgiram as transformações no uso das contas calendárias, as quais se relacionam, entre outros fatores, com as necessidades dos missionários de conhecer o sistema calendário local para poder operar uma conversão profunda, que identificasse e eliminasse a suposta idolatria. Isso porque os religiosos envolvidos nesse tipo de evangelização perceberam que para o conhecimento do mundo nahua era fundamental entender o funcionamento do sistema calendário, pois grande parte da vida e das convicções nahuas estava organizada sobre ele. Sem o entendimento do calendário seria impossível aos religiosos saber, por exemplo, quais seriam os dias festivos e cerimônias relacionadas a cada ciclo ou unidade temporal.

Além de conhecer o calendário local, os missionários que desejavam uma conversão profunda também necessitavam alterar os marcos conceituais por meio dos quais os povos nahuas concebiam sua própria história e a história do Mundo.[207] Uma parte significativa desses marcos conceituais nahuas articulava-se no interior do sistema calendário e ia frontalmente de encontro com os elementos centrais do judaísmo e do cristianismo, tais como a concepção de uma única criação e a escala temporal mais restrita e linear contida nos textos bíblicos. Sendo assim, a alteração desses marcos também gerava a necessidade de conhecer o sistema calendário.

No entanto, para que as informações sobre o calendário chegassem ao domínio intelectual dos cristãos, ou aos seus textos, foram necessárias muitas etapas intermediárias de "tradução" e trasvase de conteúdos que eram mantidos e organizados até então por meio da escrita *tlacuilolli* e da oralidade. Nessas etapas, sábios, informantes e alunos indígenas tentaram traduzir e adaptar parte da visão de mundo mesoamericana às demandas dos estrangeiros. Dessas tentativas resultaram vários textos pictoglíficos e alfabéticos nos quais a função do sistema calendário oscilou entre a de estrutura e a de tema, dependendo de cada manuscrito ou até de cada seção, como vimos ocorrer em parte de nossas fontes centrais, sobretudo no *Vaticano A*, no *Magliabechiano*, na *Historia de los mexicanos por sus pinturas* e na *Histoire du Mechique*.

Adicionalmente a esse interesse missionário, muitos *pipiltin* nahuas, derrotados ou aliados, perceberam rapidamente as vantagens políticas que poderiam ser obtidas caso os castelhanos entendessem as histórias de seus *altepeme* e respeitassem as diferenciações sociais e a hierarquia local no momento da distribuição dos cargos de

---

207   Alguns desses marcos seriam: a tentativa de localizar com precisão calendária todo acontecimento em um amplíssimo marco temporal no qual interagiam homens, deuses e tudo o quanto existia; o princípio da suprema dualidade divina que atuaria em tudo; a existência de vários sóis ou idades anteriores; e a obrigação humana de contribuir com a força vital de seu sangue para a continuidade do Universo. Cf. León Portilla, Miguel. ¿Insertos en la "Historia Sagrada"? In: *Estudios de cultura náhuatl*. México: IIH – Unam, v. 26, p. 187-209, 1996.

mando intermediários ou na concessão de privilégios.[208] Para isso, era necessário que, ao menos, a conta dos anos fosse entendida pelos estrangeiros.

As distintas combinações de interesses cristãos e nahuas – os quais, por sua vez, não eram dois conjuntos monolíticos ou harmoniosos – que se configuraram na produção e uso de cada um dos escritos alfabéticos e pictoglíficos coloniais não permitem que caracterizemos, automaticamente, todos os manuscritos que contaram com a participação de membros das sociedades nativas como tradicionais por conta, apenas, dessa participação. Sua caracterização depende de uma série de outros fatores, entre os quais estão a imposição de estruturas e seleções temáticas prévias por parte dos castelhanos,[209] os interesses políticos dos membros das elites derrotadas ou aliadas que participavam como informantes e as interpretações e interesses dos jovens alunos nahuas que colaboraram na realização de muitos manuscritos.

Em outras palavras, o simples fato de uma obra ter contado com a participação de um indígena nahua não garante a manutenção de formas tradicionais no uso, por exemplo, do sistema calendário; mesmo em trabalhos que não se realizaram sob a direção direta dos religiosos espanhóis. Prova disso são os textos de alguns escritores nahuas convertidos ao cristianismo que não apresentam a utilização estrutural do sistema calendário. É o caso de Cristóbal del Castillo.[210] Comparando-se sua narrativa da história mexica com outros textos alfabéticos e pictoglíficos nahuas percebe-se a presença de muitos elementos atípicos, como a pequena atenção dedicada à trajetória e às datas.[211] Além disso, Cristóbal del Castillo, assim como os cronistas religiosos castelhanos, utiliza-se tematicamente do sistema calendário em capítulos explicativos e seguramente direcionados a leitores cristãos.

De modo geral, as obras produzidas por membros das elites nahuas no fim do século XVI e início do século XVII assinalam para um desuso progressivo dos ciclos calendários e de sua lógica qualificadora, tida como adivinhação demoníaca pelos novos senhores políticos castelhanos que, paulatinamente, se impunham na região. Em grande parte das obras dos escritores indígenas foi mantida apenas a

208 Como citamos no Capítulo I, uma mostra desse interesse pode ser encontrada nas petições encaminhadas pelas elites nahuas à Audiência para a obtenção de privilégios. Um importante conjunto desse tipo de escrito encontra-se em: Pérez Rocha, Emma e Tena, Rafael. *La nobleza indígena del centro de México después de la conquista, op.cit.*

209 A existência prévia de uma minuta que teria pautado as atividades de Bernardino de Sahagún é um dos exemplos mais conhecidos.

210 Cf. Castillo, Cristóbal del. *Historia de la venida de los mexicanos y otros pueblos, op.cit.*

211 Cf. Navarrete Linares, Federico. Estudo preliminar. In: Castillo, Cristóbal del. *Historia de la venida de los mexicanos y otros pueblos, op. cit.*

conta dos anos, mas desprovida de seu caráter qualificador e correlacionada com o calendário cristão.[212]

Esse desuso progressivo corresponde diretamente à crescente desarticulação, eliminação ou incorporação das elites nahuas do Vale do México pelas instituições castelhanas. Tais elites, sobretudo a partir da segunda metade do século XVI, estavam sendo efetivamente convertidas ao cristianismo e subordinadas a autoridades políticas cristãs ou, até mesmo, substituídas por sacerdotes e mandatários castelhanos. Essa situação política tornava o uso do sistema calendário nahua impossível em alguns casos, sobretudo naqueles em que as elites nativas haviam perdido sua posição de privilégio, e menos importante que o cristão em outros, especialmente nos casos em que tais elites tencionavam produzir relatos inteligíveis aos europeus para tentar garantir ou conquistar uma posição de mando intermediária.[213]

Simultaneamente, não obstante a progressiva desarticulação das elites que manejavam o sistema calendário e os escritos pictoglíficos, parece que o pensamento calendário continuou presente de maneira vigorosa entre as populações nahuas, sobretudo entre os agricultores.[214] Como dissemos no Capítulo I, não devemos entender as elites dirigentes nahuas – ou mesoamericanas – como as criadoras e detentoras exclusivas de um sistema de cômputo calendário que não possuía bases na visão de mundo e nas experiências concretas e compartilhadas pelos demais grupos sociais.[215]

---

212   É o que parece ocorrer nas obras de Chimalpahin Cuauhtlehuanitzin. No entanto, Chimal-pahin não explica o funcionamento da conta dos anos e estabelece múltiplas e complexas relações com a cronologia histórica cristã. Sendo assim, as informações calendárias mantêm um papel de destaque em sua obra. Tudo isso poderia indicar seu direcionamento a um público relativamente familiarizado com os escritos tradicionais. Cf. Chimalpahin Cuauhtlehuanitzin, Domingo. *Primera, segunda, cuarta, quinta y sexta relaciones de las différentes histoires originales*. México: IIH – Unam, 2003.

213   É muito comum que os estudos sobre o calendário tendam a analisá-lo como um sistema fechado em si, cujo funcionamento dependeria apenas de sua lógica interna. Sendo assim, a proposta de trazer o debate sobre o calendário para junto dos temas políticos pode ser muito interessante, já que "Complex calendars are a means of social coordination and control, but because they are based on more than ecological factors, they are not fully comprehensible to everyone and inherently lend themselves to hierarchical uses." Hassig, Ross. *Time, history and belief in Aztec and Colonial Mexico, op. cit.*, p. 71.

214   Cf. López Austin, Alfredo. *Tamoanchan y Tlalocan, op.cit.*

215   Michel Graulich parece não concordar com isso, pois acredita que os agricultores nahuas dependiam dos sacerdotes – supostamente os únicos conhecedores da duração do ano solar – para saber em que época plantar. Em suas palavras "...al introducir un día cada cuatro años, el calendario de las veintenas determinaba un año ritual, esotérico, que tenía la imagen perfecta del año real, pero que le precedía siempre, de manera que no podía influir en los acontecimientos por sus ritos. Gracias a este año ritual, los sacerdotes reforzaban su papel sobre la masa

No entanto, parece que essa continuidade difusa do pensamento calendário entre os *macehualtin* nahuas do Vale do México caracterizou-se pela ênfase em seu caráter sincrônico e pelo uso primordial do ano *xihuitl*, sem, no entanto, empregá-lo para organizar narrativas históricas nas quais o caráter linear possa ser claramente percebido.[216] É o que parece ter ocorrido também alguns séculos antes entre os maias, pois a queda dos centros urbanos e das elites dirigentes significou o abandono da conta longa e dos registros primordialmente diacrônicos, os quais eram mais disseminados entre suas elites.[217]

Voltado ao caso dos novos relatos sobre o passado produzidos pelas elites nahuas coloniais, nota-se também que o emprego das contas calendárias foi menor no trato dos temas que não eram passíveis de datação ao juízo dos cristãos, tais como a cosmogonia e a ação dos deuses, e contou com uma relativa continuidade no caso das narrativas "históricas", isto é, relacionadas ao passado mais recente e à história do grupo étnico. Veremos no Capítulo IV que quanto mais diretamente relacionados às demandas coloniais menos presente estará o sistema calendário nos relatos nahuas sobre o passado e que isso faz parte de um processo que estamos chamando de fabulização. A retirada dos conceitos cosmográficos de tais relatos também faz parte desse processo. Sendo assim, antes de tratarmos das características das explicações cosmogônicas nahuas e de suas transformações coloniais, passemos às análises das formas de presença dos conceitos cosmográficos em nossas fontes centrais.

---

de agricultores. Los ritos no les proporcionaban ninguna indicación precisa para los trabajos en los campos y los campesinos estaban obligados a dirigirse a los sacerdotes para saber en qué momento debían proceder a la siembra o comenzar la recolección." Graulich, Michel. *Mitos y rituales del México antiguo, op.cit.*, p. 348. Talvez Graulich esteja confundindo a posse da conta calendária dos anos sazonais e dos registros e cálculos de sua duração exata, que pareciam ser exclusividade das elites dirigentes, com a posse de saberes milenares entre os agricultores mesoamericanos, como a chegada da época da chuva e da seca. Se os agricultores nahuas dependessem dos sacerdotes ou das elites dirigentes para saber quando plantar teriam desaparecido com a conquista e colonização dos *altepeme* do altiplano central mexicano e, antes desses eventos, muitos agricultores maias teriam tido o mesmo destino com o colapso dos centros urbanos e cerimoniais e de suas respectivas elites dirigentes no fim do chamado período Clássico.

216   Cf. Hassig, Ross. *Time, history and belief in Aztec and Colonial Mexico, op. cit.*

217   Cf. Farris, Nancy. Recordando el futuro, anticipando el pasado. In: *La memoria y el olvido. Segundo simposio de historia de las mentalidades, op. cit.*

Capítulo III

O espaço:
usos e funções dos conceitos
cosmográficos nos textos nahuas

Neste capítulo, analisaremos os usos e as funções de conceitos cosmográficos mesoamericanos nos textos pictoglíficos e alfabéticos nahuas do século XVI. Esses usos e funções serão caracterizados e interpretados de acordo com as três hipóteses anunciadas na Introdução e empregadas no capítulo anterior ao analisarmos o caso do sistema calendário.

Essas hipóteses sofreram pequenos ajustes para se adaptarem ao caso da cosmografia e podem ser enunciadas da seguinte forma: A – assim como o sistema calendário, os conceitos cosmográficos tendiam a desempenhar funções estruturais e organizacionais ou a ser exigidos como pressupostos de leitura nos textos pictoglíficos e alfabéticos produzidos com a participação, direta ou indireta, das tradições de pensamento e escrita nahuas ou de seus descendentes intelectuais; B – o emprego dos conceitos cosmográficos como pressupostos de leitura indispensáveis à compreensão das narrativas não estaria determinado, necessária e exclusivamente, pelo tipo de escrita utilizada, isto é, se alfabética ou pictoglífica; em contrapartida, diferentemente do que ocorreu com o sistema calendário, a utilização da escrita alfabética determinou, em parte, o desuso dos conceitos cosmográficos em funções estruturais ou organizacionais; C – o emprego dos conceitos cosmográficos como pressupostos de leitura ou em funções estruturais poderia contribuir para estabelecermos e graduarmos os vínculos entre as produções e usos das centenas de fontes coloniais pictoglíficas ou alfabéticas e as tradições de pensamento e escrita locais; por outro lado, sua presença temática indicaria processos de produção e usos direcionados pelas demandas castelhanas, sobretudo pelos trabalhos missionários.

Somaremos as análises e conclusões pontuais deste capítulo às do anterior para demonstrar, segundo uma das hipóteses gerais, que a articulação entre calendário, cosmografia e cosmogonia nos textos pictoglíficos e alfabéticos nahuas fornece indícios indispensáveis para caracterizar as concepções de tempo, espaço e passado das tradições de pensamento e escrita desses povos. Isso porque o calendário e a cosmografia não formavam, sobretudo nos escritos tradicionais, um cenário neutro no qual os temas ou episódios eram registrados de maneira independente ou desafetada. Ao contrário, além de situar precisamente os temas e episódios no tempo-espaço e de organizá-los textual e graficamente, a menção de elementos calendários e cosmográficos evocava qualidades cujo conhecimento era pressuposto aos usuários dos escritos e que, desse modo, instituíam-se como parte fundamental de sua decodificação.[1] Isso se tornará ainda mais claro e evidente no Capítulo IV, no qual procuraremos explicitar a importância dessa articulação no caso concreto dos relatos ou episódios sobre as idades do Mundo.

Da mesma maneira que procedemos ao analisar os usos e funções do sistema calendário, neste capítulo também procuraremos situar o caso nahua em um quadro analítico mais amplo, constituído por comparações pontuais com fontes de outras regiões mesoamericanas. No entanto, antes de iniciarmos as análises, apresentaremos sumariamente os conceitos espaciais que, em conjunto, formam o que estamos denominando cosmografia.

Cosmografia mesoamericana

Os povos mesoamericanos compartilhavam concepções espaciais que, juntas, formavam um sistema cosmográfico relativamente complexo e coerente. Assim como no caso do calendário, a complexidade desse sistema é conhecida principalmente por meio de fontes pictoglíficas do horizonte Pós-clássico e do período Colonial, do qual procedem também importantes textos alfabéticos. No entanto, os estudos dos gravados em pedra, das pinturas sobre cerâmicas e murais, dos monumentos, da disposição dos conjuntos arquitetônicos e dos formatos de seus edifícios vêm demonstrando que algumas concepções acerca do espaço possuem uma antiguíssima história na região mesoamericana, a qual remontaria aos horizontes Clássico e Pré-clássico.[2]

---

1   Michel Graulich parece discordar dessa hipótese, pois afirma que a cosmografia não possui importância suficiente para ser levada em conta na análise das narrativas cosmogônicas e das celebrações das vintenas. Nas palavras do autor: "Las informaciones relativas a la disposición de los infiernos y de los cielos es bastante confusa; y no me detengo en ella, máxime jugando estos lugares un papel mínimo en los mitos y en los ritos." Graulich, Michel. *Mitos y rituales del México antiguo, op.cit.*, p. 78.

2   Isso porque há sítios antiguíssimos – como Cuicuilco, cuja pirâmide data de 600 a.C. – nos quais a escolha do local de ereção do centro cerimonial esteve relacionada com suas qualidades para a observação astronômica, sobretudo para o estabelecimento de pontos de referência que marcariam os solstícios. Cf. Broda, Johanna. Astronomía y paisaje ritual. In: Broda, Johanna *et alii* (coord.). *La montaña en el paisaje ritual*. México: Unam/Conaculta/Inah/ Universidad Autónoma de Puebla, 2001. Veremos que esses pontos solsticiais foram importantes para estabelecer a divisão do espaço horizontal em quatro rumos e, conjuntamente, a duração do ano solar.

Algumas dessas concepções não eram exclusivas da Mesoamérica, como a divisão do espaço horizontal em quadrantes,[3] podendo assim ter sido parte da visão de mundo dos povos nahuas antes de seu estabelecimento definitivo no altiplano central mexicano. De qualquer forma, o fato é que as tradições de pensamento nahuas utilizaram, entre os séculos XV e XVI, época que abrange a produção de nossas fontes centrais, um conjunto de ideias acerca do espaço que possuía fundamentos gerais anteriores a esse período e cujo uso abrangia, pelo menos, toda a Mesoamérica.

De maneira geral, um dos principais fundamentos da cosmografia mesoamericana era a distinção entre Topan (*Sobre Nós*), Tlalpan (*No Solo*) e Mictlan (*Região dos Mortos*), bem como a divisão desses grandes âmbitos em porções menores. A dimensão horizontal do espaço dividia-se em quatro rumos ou regiões e a vertical em estratos, sendo que treze seriam os pisos *Sobre Nós* e nove os da *Região dos Mortos*.[4] Esses âmbitos cercariam por todos os lados a porção central, onde, portanto, os quatro rumos, os céus e os inframundos se tocariam e desembocariam suas influências e qualidades. Essa porção central do Universo, diferentemente do que poderíamos pensar num primeiro momento, não era um único local e reconhecido universalmente pelos diversos povos mesoamericanos; ao contrário, cada *altepetl* considerava-se o centro do Universo, em torno do qual se distribuíam as outras regiões.

Nesses âmbitos, os astros, as deidades, os animais, as plantas, os homens, os mortos e todos os outros entes, visíveis ou invisíveis, estariam distribuídos e em constante circulação ou interação. Sendo assim, era necessário mapear as características de cada âmbito para entender a composição de forças que afluiriam nesses centros, assim como para poder mover-se fora deles.

No entanto, as características e influências não emanariam caoticamente das diversas regiões ou, tampouco, de modo constante e homogêneo. Embora estivesse sempre latente, a participação dos entes e forças provenientes de cada região variava a cada parte do dia ou da noite, a cada dia e a cada noite, a cada trezena, a cada vintena, a cada ano, a cada *xiuhmolpilli* e a cada idade do Mundo. Isso porque os ciclos temporais determinariam o grau e o turno da presença das qualidades provenientes de cada região do Mundo na composição de cada momento que atingia o centro. Sendo assim, entender e mapear o espaço significava, ao mesmo tempo, determinar e registrar os diversos ciclos temporais – ou vice-versa.

---

3   A vigência desse modelo espacial nas pinturas secas dos navajos até a atualidade seria uma prova disso. Cf. Brotherston, Gordon. *La América indígena en su literatura*. México: FCE, 1997.

4   Veremos que não se trata exatamente de uma divisão rígida e geométrica do espaço circundante, mas de âmbitos cujas fronteiras se sobrepunham ou eram gradativas e permeáveis. De modo quase unânime, as fontes citam a existência de nove níveis subterrâneos. No entanto, o número de pisos celestes é motivo de controvérsia entre os estudiosos, pois as próprias fontes trazem informações díspares, sendo treze e nove os números mais frequentes.

Assim como no caso do sistema calendário, a sistematização, a transformação, a transmissão e os vários usos dessas concepções espaciais não se deram de maneira homogênea entre todos os grupos que compunham as hierarquizadas sociedades mesoamericanas. A posse, a transmissão e a manejo dessas concepções estavam intimamente vinculados à construção e manutenção de explicações sobre o mundo passado, presente e futuro, as quais, por sua vez, eram parte da base de sustentação ideológica das elites governantes e de suas posições de comando social, como vimos no Capítulo I.

Vejamos as principais características atribuídas a cada um desses âmbitos.

A superfície terrestre, ou Tlalpan, era entendida como as costas de Tlaltecuhtli,[5] *Senhor* ou *Monstro da Terra*, ser semelhante a um crocodilo ou lagarto[6] que estaria em meio de *águas imensas e maravilhosas*, ou *teoatl*. Essas *águas imensas* – que talvez pudéssemos traduzir por *oceânicas* – circundariam a Terra e se juntariam aos céus nos limites do Mundo. Por esse motivo, também eram chamadas de *ilhuicaatl*, que significa *água do céu* ou *céu-água*.[7] Voltaremos a tratar da contiguidade dessas regiões e também do trânsito dos seres por elas, características centrais da cosmografia nahua, sem as quais não entendemos muitos aspectos da cosmogonia e de outros temas registrados em nossas fontes centrais.

O conceito de Tlaltecuhtli evocaria a ideia de um âmbito bastante geral, o qual incluiria toda a superfície terrestre mais a sua profundidade, englobando, desse modo, o Mictlan. Isso porque havia outro conceito que remeteria a uma porção específica da superfície terrestre ou, talvez, a toda ela, sem, no entanto, englobar o Mictlan. Esse conceito é *tlalli*, que podemos traduzir por *terra*.

Nos códices aparecem dois glifos que se relacionam, aproximadamente, com esses dois conceitos. O glifo *cipactli* aludiria ao primeiro conceito e poderia figurar como a face ou a mandíbula aberta em 180° de um lagarto ou jacaré – animais que também poderiam aparecer de corpo inteiro. O glifo *tlalli*, formado pela representação de uma porção retangular de terra cultivada, estaria relacionado ao segundo conceito.

---

5   No mundo mexica, algumas das representações escultóricas de Tlaltecuhtli não estavam à vista, mas nas bases de outras representações, isto é, voltadas para baixo, para a superfície da terra. Uma delas está na base da grande estátua de Coatlicue, que se encontra na Sala Mexica do Museo Nacional de Antropología, na cidade do México. Além dessa, algumas outras representações foram encontradas nas partes enterradas de colunas coloniais. Cf. Matos Moctezuma, Eduardo. *Vida y muerte en el Templo Mayor*. México: FCE/Asociación de Amigos del Templo Mayor, 1998. Esse tipo de ocorrência nos indica a existência de usos das representações na Mesoamérica que não passavam, necessariamente, por sua constante disponibilidade à vista.

6   Também, por vezes, representado como uma espécie de tubarão. Todos esses animais possuem sangue frio, mandíbulas grandes e são dotados de garras ou presas. Cf. López Austin, Alfredo. *La construcción de una visión de mundo*. Curso de pós-graduação no IIA da Unam. Cidade do México, setembro de 2002 a janeiro de 2003.

7   Termo formado pela junção de *ilhuicatl*, que significa *céu*, e *atl*, que significa *água*.

Na Figura 20, que reproduz a primeira página do *Códice Fejérváry-Mayer*, podemos ver o glifo *cipactli* na base de uma das quatro árvores que aparecem sob os quatro portais trapezoidais, mais especificamente na base da árvore que se encontra sob o portal do lado direito.[8] Na Figura 23, que reproduz uma página do *Códice Vaticano A* que será analisada adiante, podemos ver o glifo *tlalli* em sua parte centro-superior.[9]

A superfície terrestre era qualitativamente heterogênea, pois cada região contava com a presença e a combinação de entes e elementos distintos, os quais a dotavam de características próprias. De modo geral, esses elementos eram agrupados segundo a citada divisão do espaço horizontal em cinco regiões, isto é, em um centro mais quatro rumos que se abririam a partir dele em direção ao horizonte. As qualidades desses rumos e do centro eram expressas nos códices por meio da presença de diferentes deuses, árvores, animais, cores e elementos do calendário a eles associados.

Um dos casos mais famosos de reunião pictoglífica dos entes e elementos associados às cinco regiões é a primeira página do *Códice Fejérváry-Mayer*, reproduzida na Figura 20. Nela podemos observar a existência de quatro portais trapezoidais intercalados por outros quatro com formato de arco. Esses portais são delimitados por uma faixa contínua que muda de cor e sobre a qual estão grafados pequenos círculos. Nas junções dos portais trapezoidais com os arqueados e nas quinas dos trapezoidais estão dispostos os vinte signos do *tonalli*. Sob esses oito portais, estão agrupados conjuntos simétricos de elementos que caracterizariam as quatro direções do mundo horizontal. Abaixo dos portais trapezoidais podemos observar árvores com aves pousadas sobre suas copas e pares de deidades sob elas. Sob os portais arqueados encontram-se plantas distintas e combinadas com aves e animais também distintos. Nos cumes desses portais encontram-se os quatro carregadores de anos: *acatl, tecpatl, calli* e *tochtli* – respectivamente, iniciando-se pelo portal da esquina superior-esquerda e seguindo-se o sentido anti-horário.

Essa página reúne uma quantidade de informações tão grande e estabelece entre elas tantas relações que necessitaríamos de muitas páginas para tratar apenas das principais.[10] Por isso, voltaremos a essa imagem diversas vezes ao longo deste capítulo para, aos poucos, apresentar tais elementos e relações sem, no entanto, pretender esgotá-los.[11]

---

8   Cf. *Códice Fejérváry-Mayer*. Graz/México: ADV/FCE, 1994, p. 1.

9   Cf. *Códice Vaticano A*. Graz/México: ADV/FCE, 1996, p. 2r.

10   Todo o capítulo dez do livro explicativo que acompanha a edição que estamos utilizando desse código trata de examinar, unicamente, essa página. Cf. Anders, Ferdinand e outros. *El libro de Tezcatlipoca, señor del tiempo*. Graz/México: ADV/FCE, 1994, p. 149-84.

11   No *Códice Madrid* – manuscrito maia originário da costa ocidental de Iucatã ou de Champontón, Campeche, e que data, provavelmente, do século XIV – há um par de páginas com a mesma configuração geral da primeira página do *Fejérváry-Mayer*. Isso é um forte indício do com-

Por ora, gostaríamos apenas de dizer que cada um dos portais trapezoidais, em conjunto com o portal arqueado que está imediatamente à sua esquerda ao o olharmos com sua trave para cima – e temos que girar a página ou girarmos ao redor dela para ver todos os portais dessa forma[12] –, reúne os elementos que caracterizariam cada uma das quatro regiões do Mundo. Entre esses elementos constam algumas séries calendárias que mencionamos e analisamos no capítulo anterior, tais como os vinte signos do *tonalli*, os quatro carregadores de anos e os nove Senhores da Noite. Esses últimos são formados pelos quatro pares de deidades sob os portais trapezoidais e pela deidade que se encontra no centro da página,[13] em meio de um quadrângulo cujos elementos interiores caracterizariam a porção central do mundo, em conjunto com as influências que viriam de cada uma das quatro regiões em seus devidos turnos.

Deixemos, por enquanto, a questão da espacialização dessas séries calendárias e de suas implicações para a caracterização das concepções de tempo e espaço e voltemos ao problema da qualificação e divisão de Tlalpan, ou seja, da superfície da Terra.

De modo simplista, podemos dizer que a demarcação dessas regiões dava-se por meio de faixas imaginárias que partiam do centro da superfície terrestre em direção aos quatro pontos solsticiais, ou seja, aos pontos mais ao norte e ao sul que o Sol alcançava no horizonte ao nascer e pôr-se ao longo do ano, mais especificamente, no verão e no inverno.[14] Em outras palavras, os quatro pontos máximos do deslocamento da posição do nascer e pôr-do-sol em combinação com o centro do mundo demarcariam os limites das duas regiões percorridas por esse astro – uma ao leste e outra ao oeste.

---

partilhamento detalhado dessas concepções cosmográficas entre maias, mixtecos e nahuas, não obstante as distâncias temporais ou espaciais entre eles. Cf. Códice Madrid. In: *Los códices mayas*. Tuxtla Gutiérrez: Universidad Autónoma de Chiapas, 1985, p. 75-6.

12   Uma das maneiras de manusear os livros pictoglíficos com o formato de tira ou biombo era estendê-los no chão e caminhar ao seu redor.

13   A série de Senhores da Noite inicia-se com Xiuhtecuhtli, no centro, passa para o portal superior com Itztli (à direita da árvore) e Tonatiuh (à esquerda) e daí segue o sentido horário e passa para o portal da direita (sul), para o de baixo (poente) e chega até o do lado esquerdo (norte). Veremos que esse sentido é o contrário daquele que é seguido pelos demais elementos da página e que estava sistematicamente presente nos manuscritos pictoglíficos tradicionais, pois corresponderia ao sentido da própria rotatividade do tempo pelos quatro rumos do Universo.

14   Vale lembrar que nas regiões intertropicais, como é o caso da Mesoamérica, o percurso do Sol e os pontos de seu nascimento e ocaso passam para os dois lados (norte e sul) do eixo zenital leste-oeste.

Nesses pontos extremos estariam os sustentadores dos céus, relatados como grandes deuses, homens ou árvores e chamados de *bacaboob* na tradição maia.[15]

A partir da delimitação dessas duas regiões, relacionadas ao nascer e pôr-do-sol, as outras duas regiões seriam definidas automaticamente como laterais ou complementárias às primeiras. Em conjunto, essas quatro regiões formavam os chamados *quatro rumos do Universo* ou *nauhcampa*. Como essa divisão estaria fundamentada no percurso do Sol entre os dois solstícios, parece que havia certa primazia gnosiológica das regiões do nascer e pôr-do-sol e, portanto, da faixa leste-oeste sobre as regiões laterais, isto é, que estariam na faixa norte-sul. Essas seriam consideradas como os lados do caminho do Sol e dos outros astros na determinação dos quatro rumos e na estruturação do modelo cosmográfico como um todo.[16] A existência dessa primazia nos importa porque ela, como veremos, estaria refletida na organização das inscrições e códices pictoglíficos do sistema mixteco-nahua, como na primeira página do *Códice Fejérváry-Mayer*, reproduzida na Figura 20, a qual está *orientada*, isto é, com a região do sol-nascente para cima.[17]

É importante lembrar também que essa concepção da superfície da Terra dividida em quatro rumos ou regiões, que pelo descrito até aqui formaria uma espécie de quadrado ou retângulo com um "X" inscrito, não era um modelo geométrico rígido com linhas divisórias precisamente demarcadas. Sendo assim, talvez fosse mais adequado imaginarmos, ao invés de linhas limitantes, divisões gradativas entre as regiões, que se assemelhariam a amplas faixas de transição entre uma e outra região. Ademais, a imagem de um "X" inscrito num quadrado ou a de uma cruz também não parecem adequadas, pois, como podemos ver na primeira página do *Fejérváry-Mayer* (Figura 20), nenhuma das faixas que delimitam as quatro regiões se cruza ou se entrecorta no centro. Veremos, logo abaixo, que isso talvez se relacione com a concepção de um tempo que circula pelas quatro regiões em torno do centro.

Vale enfatizar que essas quatro regiões não se delimitavam pelos pontos cardeais, mas, aproximadamente, pelos intercardeais. Em outras palavras, os limites entre as quatro regiões não correspondiam aos nossos eixos cartográficos leste-oeste e norte-

---

15   *Bacaboob* é a forma plural de *bacab*. Esses sustentadores dos céus seriam Quetzalcoatl, Tezcatlipoca, Tlahuizcalpantecuhtli e Mictlantecuhtli em códices da tradição mixteco-nahua, como no *Borgia*. Cf. *The Codex Borgia*. Nova York: Dover Publications, 1993, p. 49-52. Veremos que esses sustentadores são apresentados como quatro homens na *Historia de los mexicanos por sus pinturas*.

16   Cf. Brotherston, Gordon. *La América indígena en su literatura, op. cit.*

17   Os elementos que permitem definir a parte de cima dessa página são sua forma de junção no livro e a orientação da figura central de Xiuhtecuhtli. Essa primazia relativa da faixa nascente-poente não anularia a importância das outras duas regiões, as quais, por exemplo, ocupam o mesmo espaço e possuem os mesmos tipos de elementos que os da faixa leste-oeste na citada página do *Códice Fejérváry-Mayer*.

sul, os quais estariam mais próximos dos centros dos quatro rumos ou *nauhcampa*. Na verdade, as faixas de delimitação das quatro regiões estariam mais próximas dos eixos cartográficos noroeste-sudeste e nordeste-sudoeste.

Além da observação do Sol, a das estrelas também deve ter tido um papel fundamental na definição da faixa leste-oeste e em sua supremacia relativa sobre a norte-sul como princípio organizador da realidade e dos registros pictoglíficos. Prova disso é a presença desses corpos celestes nos códices, gravados em pedra e pinturas murais e nas fontes coloniais.[18] Entre as estrelas, parece que as Plêiades ocupavam um papel de destaque pois, após um período de invisibilidade, reapareciam exatamente no dia da primeira passagem anual do Sol pelo zênite. Esse fenômeno, marcado pelo dia em que o Sol não projetava sombras ao meio-dia ao incidir em objetos longilíneos perpendiculares ao solo e pela noite em que as estrelas cruzavam o Céu muito perto do zênite, teria sido importante para distinguir as duas grandes estações climáticas em que o ano dividia-se na Mesoamérica: Xolpan e Tonalco ou a estação chuvosa e a seca, respectivamente.

A delimitação das quatro regiões do Universo a partir de fenômenos celestes aponta para a estreita e intricada relação entre tempo e espaço existente no pensamento mesoamericano. Isso porque a delimitação de unidades básicas do sistema calendário, tais como o dia, a noite e o ano sazonal, também se baseava em fenômenos celestes observáveis somente a partir de pontos de referência situados espacialmente. Dessa forma, a delimitação do espaço servia para mensurar e marcar as unidades ou ciclos calendários, tais como o dia, a noite e o ano sazonal: o tempo estava espacializado. Simultaneamente, essas unidades e ciclos calendários serviam para delimitar e caracterizar as regiões do espaço, tais como os céus, os inframundos e os quatro rumos da superfície terrestre: o espaço estava temporalizado.

De maneira concreta, a presença das concepções espaciais no calendário pode ser observada, por exemplo, no caso das vinte trezenas que compunham o *tonalpohualli*, as quais se relacionavam sucessivamente com os quatro rumos do Mundo, a começar pelo oriente, passando depois pelo norte, pelo ocidente e chegando ao sul, girando pelo horizonte em sentido anti-horário. Essa mesma rotatividade do tempo aplicava-se ao *xiuhmolpilli*, fazendo com que os anos que compunham o ciclo de 52

---

18   Alguns nomes nahuas de constelações ou corpos celestes foram registrados no *Códice florentino*, particularmente em seu Livro VII. Cf. Sahagún, Bernardino de. *Historia general de las cosas de Nueva España*. México: Conaculta, 2002. No entanto, alguns desses nomes são de difícil determinação ou correspondência com as denominações astronômicas ocidentais. Vimos que *mamalhuaztli* ou *tianquiztli* corresponderia às Plêiades, também chamadas de Sete Irmãs. Outras denominações nahuas seriam: Citlaltlachtli (talvez a constelação de Gêmeos), Citlalpol (Vênus), *citlalin popoca* e *citlalin tlamina* (*estrela fumegante* e *estrela fugaz*, designações para os cometas), Xonecuilli (talvez a constelação Ursa Menor) e Citlalcolotl (talvez Escorpião). Cf. Aveni, Anthony. *Observadores del cielo en el México antiguo*. México: FCE, 1991.

se relacionassem, respectiva e alternadamente, com as quatro direções nesse mesmo sentido de rotação.

De modo mais concreto ainda, a temporalização do espaço e a espacialização do tempo materializaram-se nos edifícios de praticamente todas as cidades ou centros cerimoniais mesoamericanos, pois a disposição de suas construções era orientada, em grande parte, pelos solstícios, que delimitavam a faixa leste-oeste, e também pelo alinhamento com determinados fenômenos celestes. Por exemplo, a Pirâmide do Sol, em Teotihuacan, marcaria o eixo leste-oeste e, simultaneamente, os ciclos calendários de 260 e 365 dias. Isso porque, visto de seu alto, o pôr-do-sol atingiria esse eixo em vinte e nove de abril e em doze de agosto, ou seja, após um lapso de 260 dias, depois do qual o Sol passaria do sul do eixo equinocial para pôr-se ao norte dele nos 105 dias restantes.[19] Isso mostraria que as construções teriam sido planejadas para expressar espacialmente o calendário ou, dito de outro modo, para marcar temporalmente os conceitos cosmográficos.

O mesmo tipo de codificação pode ser encontrado em construções muito posteriores e de origem nahua. O Templo Mayor de Tenochtitlan, por exemplo, marcaria com precisão os dois momentos anuais de equinócio, nos quais o Sol estaria alinhado com o vão entre seus dois templos principais.[20]

---

19   Além disso, nessa mesma cidade, no entorno do templo de Quetzalcoatl, na *Ciudadela*, foram encontrados corpos de guerreiros decapitados e dispostos pelas quatro regiões em conjuntos de 9, 13 e 18, números de significativa importância calendária, como vimos no capítulo anterior. Cf. Aveni, Anthony F. Tiempo, astronomía y ciudades del México antiguo. In: *Arqueología Mexicana*. México: Editorial Raíces/Inah/Conaculta, v. VII, n. 41, p. 22-5, janeiro-fevereiro de 2000. Além disso ser um indício importante da relação estreita entre os ciclos calendários e os quatro rumos, atesta também sua antiguidade, pois dataria de, pelo menos, o início da Era Cristã.

20   Cf. *ibidem*. Uma das maiores provas da importância que os mexicas dariam à codificação do tempo por meio das construções seria o fato de Moctezuma Xocoyotzin ter proposto reconstruir esse conjunto arquitetônico para corrigir um ligeiro desalinhamento em relação a esse fenômeno. Cf. Benavente, Toribio de. *Historia de los indios de la Nueva España*. Madri: Dastin, 2001. A continuidade de uso dos padrões de alinhamento desde os centros cerimoniais do período Clássico, como Teotihuacan, até os do Pós-clássico, como Tenayuca, Tepozteco, Tula e Tenochtitlan, é demonstrada pela adoção de um mesmo eixo imaginário de orientação das construções, o qual estaria desviado cerca de 17º para leste em relação ao nosso eixo norte-sul. Esse padrão talvez tenha tido origem em Teotihuacan e estaria relacionado ao nascer do Sol nos equinócios e ao ocaso das Plêiades. Cf. Aveni, Anthony F. Astronomia da antiga Mesoamérica. In: Krupp, Edwin C. (org.). *No rasto de... As antigas astronomias*. Lisboa: Publicações Europa-América, 1978. Aliás, como veremos no Capítulo IV, essa continuidade entre Teotihuacan e os povos nahuas do altiplano central mexicano do período Pós-clássico era explicitamente reivindicada por esses últimos. Os mexicas e outros grupos do Vale do México, por exemplo, referiam-se a Teotihuacan como o sítio de origem da idade atual.

Além disso, como citamos antes, cada *altepetl* considerava-se a região central do Universo e em torno da qual essas quatro direções se distribuiriam. Sendo assim, muitas vezes, sua planta geral ou sua subdivisão em quadrantes reproduzia as partes dessa macroestrutura cosmográfico-calendária. Um dos mais famosos exemplos desse tipo de divisão é a separação de Tenochtitlan em quatro partes, as quais eram atravessadas por quatro caminhos que partiam do conjunto arquitetônico central e se direcionavam aos quatro rumos. Trata-se, portanto, de uma concepção segundo a qual cada parte reproduz o todo e é, desse modo, parte e entidade relativamente autônoma desse todo: toda a cidade de Tenochtitlan é o centro do mundo conhecido e controlado pelos mexicas e, assim como ele, divide-se em quatro partes e um centro, o qual, por sua vez, também se divide em quatro partes.[21] Do mesmo modo, o quadrângulo central da primeira página do *Fejérváry-Mayer* (Figura 20), no qual se encontra Xiuhtecuhtli, também se divide, assim como o modelo geral da página, em quadrantes, o que é feito por meio de faixas diagonais vermelhas semelhantes a jorros de líquido.[22]

A cosmografia também modelava – e simultaneamente era modelada por – construções sociais menos tangíveis do que as cidades, mas não menos importantes do que elas, tais como as instituições político-administrativas. No caso mexica, essa relação entre cosmografia, política e administração manifestava-se na existência de um governo dual formado pelo *tlatoani* (*Aquele que Fala*) e pelo *cihuacoatl* (*Mulher-Serpente*). Essa divisão complementar no interior do topo do governo se relacionaria à concepção da divisão do espaço entre Topan e Mictlan. Hierarquicamente abaixo desses dois governantes, havia quatro funcionários distintos que governariam os quadrantes da cidade.[23]

Além disso, foram encontrados cerca de quarenta objetos procedentes de Teotihuacan em oferendas no Templo Mayor de Tenochtitlan e há numerosas referências sobre as visitas de comitivas mexicas àquele sítio.

21   Cf. Clendinnen, Inga. *Aztecs.* Cambridge: Cambridge University Press, 1991.

22   A configuração explicativa do espaço horizontal como um quadrângulo cujas esquinas seriam determinadas pelos pontos solsticiais promovia uma grande predileção por essa forma geométrica, inclusive para a delimitação dos campos de cultivos de milho, chamados de *milpas.* Cf. Navarrete Linares, Federico. *La vida cotidiana en tiempo de los mayas.* México: Ediciones Temas de Hoy, 1996.

23   Cf. López Austin, Alfredo e López Luján, Leonardo. *Mito y realidad de Zuyuá.* México: El Colegio de México/Fideicomiso Historia de las Américas/FCE, 1999. Além disso, parece que a divisão dos domínios da Tríplice Aliança também se dava conforme a localização dos *altepeme* dominados nos quatro rumos: estariam subordinados tributariamente a México-Tenochtitlan os *altepeme* desde o oriente, passando pelo sul e chegando ao poente; a Tlacopan, os do poente até o norte; e a Texcoco, os do norte até o oriente. Cf. Carrasco, Pedro. *Estructura político-terri-*

A concepção do espaço horizontal como um quadrângulo dividido por faixas diagonais em quatro regiões e um centro era frequentemente empregada nos códices pictoglíficos tradicionais. Com a forma semelhante a uma flor de quatro pétalas, a expressão pictoglífica dessa concepção era chamada de *nacxitl xochitl* e servia de modelo para a organização de temas variados, como a fundação de um *altepetl* e seus primeiros anos de história[24] ou a distribuição das trezenas do *tonalpohualli* e da conta dos anos, como vimos ser o caso da primeira página do *Códice Fejérváry-Mayer*, reproduzida na Figura 20. Essa concepção dos quatro rumos e um centro também era evocada nos códices pictoglíficos por meio de representações que simplesmente dispunham quatro figuras – que poderiam ser circulares ou quadrangulares – distribuídas regularmente em torno de uma quinta com o mesmo formato. A essa forma mais genérica e que em geral não era dividida por faixas diagonais dava-se o nome de *quincunce*.[25]

Depois de delinearmos a forma de divisão do espaço horizontal e de apontarmos algumas maneiras de empregá-la na organização política, arquitetônica e pictoglífica, vejamos as principais denominações e algumas das características geralmente atribuídas a cada um dos quatro rumos e ao centro.

A região do nascente era chamada de Tonatiuh Iquizayampa, *Para Onde Sai o Sol*, ou de Tonatiuh Ixco, *Na Face do Sol*, e, geralmente, ocupava a parte superior nos mapas[26] e outros tipos de manuscritos pictoglíficos. Esse é o caso da primeira página

---

torial del imperio tenochca. México: El Colegio de México/Fideicomiso Historia de las Américas/ FCE, 1996, p. 337.

24   Esse é o caso da famosa página do *Códice Mendoza* que traz a fundação e primeiros anos da história de México-Tenochtitlan, reproduzida na Figura 31. Cf. *The essential Codex Mendoza.* Berkeley/Los Ángeles/Londres: University of California Press, 1997, p. 2r.

25   Um exemplo desse tipo de disposição pode ser visto no *Códice Borgia*, na seção que apresenta os diferentes *tlaloque* e seus distintos tipos de chuva e resultados para as colheitas, os quais estão organizados de acordo com as quatro direções e o centro do Mundo. Vale notar ainda que os tipos de chuva e colheita também estão relacionados a determinados anos *xihuitl* nessas páginas. Uma dessas páginas está reproduzida na Figura 32 e será analisada mais adiante. Cf. *The Codex Borgia, op. cit.*, p. 27-8.

26   Como citamos em nota do capítulo anterior, há um grande conjunto de manuscritos pictoglíficos coloniais denominados mapas, nos quais a organização dos elementos registrados obedece, prioritariamente, a categorias espaciais. Geralmente, os temas desses manuscritos são as rotas migratórias, as fronteiras e a história recente dos *altepeme*. Cf. Boone, Elizabeth Hill. Cartografía azteca. In: *Estudios de cultura náhuatl.* México: IIH – Unam, v. 28, p. 17-38, 1998/ Yoneda, Keiko. *Los mapas de Cuauhtinchan y la la historia cartográfica prehispánica.* Puebla: Ciesas/FCE/ Archivo General de la Nación, 1991. No entanto, isso não significa que as informações calendáricas estejam ausentes desse tipo de registro, assim como, em contrapartida, as informações espaciais não estão ausentes dos anais, como julga Elizabeth Hill Boone: "The annals ignore space to concentrate on the presentation of events over time". Boone, Elizabeth Hill. *Stories in*

do *Códice Fejérváry-Mayer* (Figura 20), na qual podemos observar o glifo do Sol – formado por círculos concêntricos e por pontas de seta centrífugas – na base da árvore que se encontra sob o portal trapezoidal que ocupa a parte superior dessa página. Vale notar também que o glifo do Sol encontra-se sobre uma pirâmide formada por taludes e tabuleiros verticais[27] e por uma escada, representação que era empregada como glifo para *recinto* ou *morada*. Sendo assim, temos a formação de uma expressão muito utilizada para se referir a essa região do Mundo: Tonatiuhichan, isto é, *Casa* ou *Morada do Sol.*[28]

Para essa região oriental iriam os guerreiros e *pochteca* (*comerciantes*) mortos em combate e viagens, inclusive os inimigos ou os sacrificados, os quais tinham por missão transportar o Sol desde o seu nascer até o zênite. Veremos, ao longo dessa primeira parte do capítulo, que toda a cosmografia mesoamericana também estava relacionada com os diferentes destinos dos mortos, os quais, por sua vez, relacionavam-se com o próprio funcionamento do cosmo.

A região do poente era chamada de Tonatiuh Icalaquian, *Lugar Onde o Sol se Mete,* e Tonatiuh Iaquian, *Lugar da Morte do Sol.* Para essa região iriam as mulheres mortas no primeiro parto, as quais tinham por missão transportar o Sol desde o zênite até o ocaso. Por isso, essa região também era chamada de *Cihuatlampa* ou *Lugar das Mulheres.*[29] Veremos que depois disso o Sol seria levado pelos mortos comuns, que habitavam o Mictlan, em seu percurso noturno.

Vale notar desde já que a associação entre esses dois rumos – o nascente e o poente – e os destinos dos mortos que transitavam pelo Céu ajudando o Sol em seu percurso diário indica-nos que esses dois âmbitos não se restringiam, estritamente, à superfície da Terra, mas incluíam parte dos níveis celestes, os quais serão apresentados mais adiante.

---

red and black. Austin: University of Texas Press, 2000, p. 66. Seria muito interessante analisar as formas de presença da cosmografia e do calendário nesse tipo de registro, no entanto isso demandaria outra pesquisa.

27   Em castelhano, *talud* e *tablero.* O emprego alternado dessas formas nos distintos níveis das pirâmides foi uma característica marcante da arquitetura do centro do México nos períodos Clássico e Pós-clássico.

28   Termo formado pela aglutinação entre *tonatiuh,* que significa *Sol,* o pronome possessivo *i,* que significa *seu* ou *dele,* e o substantivo *chantli,* que quer dizer *morada* ou *região de procedência.* Outras denominações para essa região do Mundo seriam *Tlapcopa* ou *Tlauh Campa* (*Lugar da Luz*), *Tonayan* ou *Tonayampa* (*Lugar do Tona*) e *Tonatiuh Inemayan* (*Lugar Próprio do Sol*). Cf. González Torres, Yolotl. *Los rumbos del universo.* México: Inah – Departamento de Etnología y Antropología Social, 1974.

29   Outra denominação para essa região seria *Cincalco* (*Casa do Milho*). Cf. *ibidem.*

A região à direita do Sol, ou setentrião, era chamada de Teotlalpan, *Região dos Deuses*, e de Iyecampa Tonatiuh, *À Direita do Sol*. Também recebia o nome de *Mictlampa, Região do Mictlan*, pois segundo algumas fontes mexicas esse rumo estaria associado diretamente com o Inframundo.[30]

A região à esquerda do Sol, ou meridião, era chamada de Huitztlampa, *Lugar dos Espinhos*, e de Opochpa Tonatiuh, *À Esquerda do Sol*. Nessa região, que da perspectiva do México Central correspondia às áreas quentes e úmidas do sul, estaria situado o Tlalocan, ou seja, a *Morada de Tlaloc*. Esse sítio seria uma espécie de paraíso da fertilidade e abundância,[31] para onde iriam os mortos de Tlaloc, isto é, todos aqueles que haviam morrido por causas relacionadas a essa deidade, tais como afogamento,[32] raios e doenças que causavam bubões na pele. Mais adiante dedicaremos alguns parágrafos ao problema da localização e caracterização do Tlalocan e de outro âmbito cosmográfico de difícil compreensão: Tamoanchan.

É importante notar que as denominações *À Direita* e *À Esquerda do Sol* correspondiam, no pensamento mesoamericano, às regiões que estavam, efetivamente, à direita e à esquerda do próprio astro em seu percurso pelo rumo leste-oeste; e não à direita e à esquerda de um observador que olhasse o nascer do Sol de frente. Talvez isso deva ser considerado como indício de uma concepção espacial que valorizaria o suposto ponto de vista do próprio ente em questão – nesse caso, o Sol, que partiria do leste e caminharia de frente para o oeste – ou, ainda, o ponto de vista de um sujeito que repetisse esse percurso; e não de alguém que observasse o fenômeno de frente e a partir de um ponto fixo.

Disso resulta que nas páginas dos códices pictoglíficos organizadas de acordo com esses conceitos cosmográficos se apresente, aparentemente, a relação inversa entre rumo norte e lado direito e rumo sul e lado esquerdo. Isso porque ao observarmos tais páginas estamos ocupando a posição de um observador que olha de frente a região do nascer do sol, geralmente situada na parte superior da página, e para o qual, portanto, o norte situa-se à esquerda e o sul à direita.

---

30   Para Gordon Brotherston, essa identificação seria exclusivamente mexica. Cf. Brotherson, Gordon. *Grupos Chichimecas*. Curso de extensão universitária no IIA da Unam, Cidade do México, 18 a 22 de novembro de 2002. Em algumas fontes, o Mictlan e sua entrada aparecem também localizados no rumo sul, o que talvez nos autorize a pensar em certa continuidade entre essas duas regiões, a qual conformaria a faixa norte-sul. Cf. González Torres, Yolotl. *Los rumbos del universo, op. cit.*

31   Outra denominação para essa região seria, justamente, *Amilpampa* ou *Lugar de Regadio*. Cf. *ibidem*.

32   Parece que os mexicas enterravam os afogados num recinto chamado *Ayachcalco*, termo que pode ser traduzido por *Casa Quádrupla*, o qual seria uma evocação do Tlalocan. Cf. López Austin, Alfredo. *Tamoanchan y Tlalocan*. México: FCE, 1994.

O centro, ou quinta região, era chamado de Tlalxicco, *Umbigo da Terra*, ou Tlallinepantla, *Em Meio da Terra*, região que também pode aparecer como portadora de uma quinta árvore que sustentaria os céus e os ligaria à superfície terrestre e ao Inframundo.

Em torno dessa região central, o tempo daria voltas pelos quatro rumos, iniciando sua jornada sempre pelo oriente e seguindo o sentido anti-horário, como citamos acima. Isso faria que as características de cada região se fizessem presentes no centro de acordo com os períodos ou ciclos calendários, os quais, desse modo, marcavam o turno de influência de cada uma das quatro regiões. Sendo assim, podemos dizer que a região central relacionava-se não apenas com delimitações geográficas e astronômicas – as quais, em última instância, possuem fundamentações e dimensões temporais –, mas também com os ciclos calendários: tratava-se do local em torno do qual as vigências desses ciclos se alternavam. Talvez por isso a deidade que presidia essa região central era justamente Xiuhtecuhtli ou Huehueteotl, o *Senhor dos Anos* ou o *Velho Deus Velho*, primeiro dos Senhores da Noite, frequentemente associado ao fogo e aos arremates ou ataduras dos ciclos calendários – como a cerimônia do Fogo Novo entre os mexicas, conforme vimos no Capítulo II.

Essa rotatividade do tempo em torno do centro dava-se, basicamente, de duas formas. Em primeiro lugar, os carregadores dos anos *acatl, tecpatl, calli* e *tochtli* estavam associados, respectivamente, às direções oriente, norte, ocidente e sul, como podemos observar nos quatro cantos da primeira página do *Códice Fejérváry-Mayer*, reproduzida na Figura 20 – iniciando-se pelo superior-esquerdo e seguindo-se o sentido anti-horário. Essa associação fazia que cada um dos 52 anos do *xiuhmolpilli* se relacionasse, sequencial e alternadamente, com uma dessas quatro direções de acordo com seu carregador, o que subdividia, assim, esse grande conjunto em quatro subconjuntos de 13 anos. Desse modo, era comum entre os povos mixtecos e nahuas que os anos *acatl* estivessem associados ao rumo oriente, os anos *tecpatl* ao norte, os anos *calli* ao ocidente e os anos *tochtli* ao sul.[33]

---

33 O uso desses quatro carregadores de anos – correspondentes ao 3º, 8º, 13º e 18º signos do conjunto de vinte *tonalli* e que podem ser chamados de Série Três – não era universal na Mesoamérica. A Série Três é utilizada em manuscritos procedentes de Tenochtitlan, Tlaxcala, Itzcuintepec, Tepetlaoztoc, Coixtlahuaca e Tilantongo, além de códices do Grupo Borgia, como o próprio *Fejérváry-Mayer*. Cf. Brotherston, Gordon. *Painted books from Mexico*. Londres: British Museum Press, 1995. No entanto, em uma seção desse mesmo manuscrito – a qual se encontra na parte superior das páginas 33 e 34 e trata da plantação anual de milho –, apresenta-se a sequência *ehecatl* (*vento*), *mazatl* (*veado*), *malinalli* (*erva*) e *ollin* (*movimento*), respectivamente o 2º, 7º, 12º e 17º signos do conjunto de vinte *tonalli*. Esses carregadores de anos conformam a chamada Série Dois, a qual era utilizada entre os cuicatecos e tlapanecos. Cf. Anders, Ferdinand *et alii*. *El libro de Tezcatlipoca, señor del tiempo*. Graz/México: ADV/FCE, 1994. Além disso, os treze números que eram combinados aos quatro carregadores de anos também poderiam

Em segundo lugar, as vinte trezenas do *tonalpohualli* também estavam associadas, alternadamente, aos quatro rumos da mesma forma e na mesma sequência que os 52 anos do *xiuhmolpilli*, isto é, no sentido anti-horário e com início em Tonatiuh Ixco, ou região oriental. Essa associação também se encontra grafada pictoglificamente na página inicial do *Códice Fejérváry-Mayer*, reproduzida na Figura 20. Nessa página, podemos observar os vinte glifos que iniciam as trezenas subdivididos em conjuntos de cinco e distribuídos pelas quatro direções, representadas pelos quadrantes da página. Tais conjuntos localizam-se ao lado esquerdo dos quatro portais arredondados quando os olhamos com suas partes superiores para cima, sendo que o primeiro deles, ou seja, o que reúne as trezenas associadas ao oriente, encontra-se no canto superior esquerdo da página.

Tal associação também se encontra registrada no *Códice Borgia*, em uma página que apresenta a forma de *quincunce*.[34] Nessa página, reproduzida na Figura 21, há quatro grandes serpentes com patas, cujos corpos delimitam quatro quadrados e cujas cabeças reúnem-se na parte central da página, em torno de uma aranha. No interior desses quadrados encontram-se quatro deidades cuja disposição dos braços e pernas evoca a divisão do espaço em quatro direções. As deidadeis são: Tlaloc, Tlazolteotl, Quetzalcoatl e Xochipilli-Macuilxochitl, começando-se pelo quadrado inferior esquerdo e seguindo-se o sentido anti-horário. Iniciando-se nesse mesmo quadrado e seguindo esse mesmo sentido, podemos ver os vinte signos que iniciam e nomeiam as vinte trezenas de dias distribuídos e ligados aos corpos das quatro deidades. Em outras palavras, o signo do dia que inicia a primeira trezena, *cipactli* (*jacaré*), encontra-se ligado ao corpo de Tlaloc no quadrado inferior-esquerdo, o signo que inicia a segunda trezena, *ocelotl* (*jaguar*), encontra-se ligado ao corpo de Tlazolteotl no quadrado inferior-direito, o que inicia a terceira, *mazatl* (*veado*), está ligado a Quetzalcoatl no quadrado superior-direito, e assim sucessivamente, seguindo-se sempre o sentido anti-horário, até que os vinte signos iniciais das trezenas tenham sido contemplados.

Disso resulta que em cada quadrante da página temos reunido um subconjunto de cinco signos do *tonalli* que iniciam trezenas, em uma disposição que, portanto, vincula cada um desses quatro subconjuntos a uma das quatro regiões em que o mundo horizontal estaria dividido.[35]

---

variar, como ocorre no *Códice Azoyú 1*, livro de anais da região tlapaneca que narra a história do reino de Tlachinollan, atual Tlapa, e no qual se emprega a mesma série de carregadores de anos presente no *Códice Fejérváry-Mayer*, mas combinada com os números que vão do 2 ao 14. Cf. *Códice Azoyú 1*. México: FCE, 1993.

34   Cf. *The Codex Borgia, op. cit.*, p. 72.

35   A mesma relação entre as vinte trezenas e as quatro regiões também se encontra na primeira seção do *Códice Borgia*, graças à forma de dispô-las graficamente. Cf. *ibidem*, p. 1-8. Conforme vimos no Capítulo II, as vinte trezenas estão dispostas ao longo de quatro pares de páginas

Segundo essa concepção, de forma geral, ao rumo do nascente estavam associadas as trezenas *Ce Cipactli* (*Um Lagarto*), *Ce Acatl* (*Um Junco*), *Ce Coatl* (*Um Serpente*), *Ce Ollin* (*Um Movimento*) e *Ce Atl* (*Um Água*), respectivamente a primeira, quinta, nona, décima terceira e décima sétima trezenas. Ao rumo norte estavam associadas as trezenas *Ce Ocelotl* (*Um Jaguar*), *Ce Miquiztli* (*Um Morte*), *Ce Tecpatl* (*Um Pedernal*), *Ce Itzcuintli* (*Um Cachorro*) e *Ce Ehecatl* (*Um Vento*), respectivamente a segunda, sexta, décima, décima quarta e décima oitava trezenas. Ao poente estavam associadas *Ce Mazatl* (*Um Veado*), *Ce Quiahuitl* (*Um Chuva*), *Ce Ozomatli* (*Um Macaco*), *Ce Calli* (*Um Casa*) e *Ce Cuauhtli* (*Um Águia*), respectivamente a terceira, sétima, décima primeira, décima quinta e décima nona trezenas. Ao rumo sul estavam associadas *Ce Xochitl* (*Um Flor*), *Ce Malinalli* (*Um Erva*), *Ce Cuetzpalin* (*Um Lagarto*), *Ce Cozcacuauhtli* (*Um Urubu*) e *Ce Tochtli* (*Um Coelho*), respectivamente a quarta, oitava, décima segunda, décima sexta e vigésima trezenas.

Em suma, os anos e trezenas davam voltas pelas quatro direções em sentido antihorário e em torno de um centro, que poderia ser um *altepetl* ou outro tipo de entidade com expressões espaciais.[36] Sendo assim, os rumos se alternavam para carregar o tempo com suas qualidades ou, dito de outro modo, o tempo percorria os rumos para ativar suas qualidades.

Aliás, parece que a ideia de carregar algo por um determinado período era central ao pensamento mesoamericano e se encontrava presente de diversas formas e em distintos âmbitos e instituições sociais. Serviria tanto para explicar as diferentes características temporais quanto para organizar os turnos dos mercados, dos cargos administrativos e do trabalho compulsório. Vale lembrar que todas as cargas materiais eram transportadas pelos próprios homens na Mesoamérica,[37] o que talvez tenha contribuído para a centralidade do emprego dessa ideia na explicação de fenômenos

nessa seção, sendo que cada par reúne as cinco trezenas que se relacionam a um dos quatro rumos. Dessa forma, os glifos iniciais das cinco trezenas relacionadas a uma das quatro regiões encontram-se agrupados na coluna inicial de cada par de páginas, na sua extrema direita, o que segundo Eduard Seler seria uma forma de reunir elementos que qualificariam essas quatro regiões. Por exemplo, "...los cinco símbolos de la columna inicial del tercer cuarto del Tonalámatl designaban los días en que las deidades femeninas llamadas cihuateteo, 'diosas', o cihuapipiltin, 'princesas' –las moradoras del oeste, del Cihuatlampa, 'la región de las mujeres'– bajaban a la Tierra y tenían poder sobre los hombres". Seler, Eduard. *Comentarios al Códice Borgia*. México: FCE, 1988, p. 20.

36   Dessa forma, "El espacio es indistinguible del tiempo y adquiere sentido sólo dentro de su transcurso." Navarrete Linares, Federico. *La vida cotidiana en tiempo de los mayas, op.cit.*, p. 106.

37   Os carregadores mesoamericanos serviam-se do *mecapalli*, espécie de cinta que era apoiada na testa e pendia para as costas passando por sobre os dois ombros e na qual os volumes eram presos e transportados.

menos palpáveis, como a alternância de *altepeme* hegemônicos ao longo da história mesoamericana. Um exemplo clássico desse tipo de emprego pode ser encontrado no *Chilam balam de Chumayel*, na seção batizada de *La rueda de los katunes*,[38] que trata das quatro primeiras e mais antigas séries de profecias para os seus *katún* correspondentes. Nessa seção, os quatro primeiros grupos de *katún* são relacionados, respectivamente, a quatro centros hegemônicos que teriam se sucedido no poder regional: Ichcaansihó (Mérida), Chichén Itzá, Mayapán e Kinchil Cobá.[39]

Até os diferentes destinos dos mortos estariam relacionados à ideia de realizar certo trabalho ou função por um determinado turno, pois tal destino também era visto como um "...un tributo, un trabajo. Esto explica que una de las formas de referirse a la muerte en lengua náhuatl era 'ye oncan ca notéquiuh', lo que literalmente significa 'ya está allá mi obligación'".[40] Parece que para o pensamento nahua e mesoamericano em geral, mais do que ocupar um lugar fixo num determinado âmbito cosmográfico, o destino pós-morte seria uma forma de continuar imprimindo movimento ao cosmo com funções ou trabalhos que não eram permanentes ou eternos. Levada às últimas consequências, essa concepção resulta na ideia de que nada duraria para sempre, pois a noção de turno traz em si, necessariamente, a ideia de término e de substituição por algo relativamente distinto e semelhante ao que lhe antecedeu.[41] No Capítulo IV veremos as implicações dessa concepção para a visão que os nahuas possuíam sobre o passado da Terra, sobre a atuação dos deuses e sobre a própria história humana.

Voltando à caracterização geral dos quatro rumos e do centro do Universo, falta mencionar que cada uma dessas regiões aparece, por vezes, associada a uma determinada cor. A associação mais estável ocorre entre o rumo oriental e o vermelho. Nas demais, há variações que podem refletir diferentes tradições de escrita ou mesmo diferentes significados segundo códices ou páginas específicas. O rumo ocidental pode

---

38   Cf. *Libro de chilam balam de Chumayel*. México: Conaculta, 2001, p. 137-40.

39   Depois, entre os treze *katún* que se seguem à chegada dos castelhanos – e que se encontram na seção seguinte do livro –, os cinco primeiros teriam tido seu assento em Ichcaansihó, que corresponde a Mérida, centro da dominação espanhola na região. Esses *katún* corresponderiam, aproximadamente, aos anos de 1540 a 1640. Cf. *ibidem*, p. 157-77.

40   López Austin, Alfredo. *Tamoanchan y Tlalocan, op.cit.*, p. 219.

41   Essa lógica organizadora do cronotopo nahua favoreceria a construção de explicações sobre as transformações históricas mais dispostas a incorporar as novidades sem, no entanto, renunciar às antiguidades, o que parece ter sido uma postura característica das tradições de pensamento mesoamericanas diante das novas demandas coloniais. Cf. Navarrete Linares, Federico. *Visão comparativa da conquista e colonização das sociedades indígenas estatais*. Curso de pós-graduação no Departamento de História/FFLCH/USP, primeiro semestre de 2002.

aparecer relacionado com o negro, com o vermelho-negro ou com o verde-azulado,[42] como no portal trapezoidal da primeira página do *Fejérváry-Mayer* (Figura 20). O setentrional pode aparecer associado com o branco ou o amarelo e o meridional com o verde-azulado ou também com o amarelo.

Nos códices e em outras representações pictoglíficas tradicionais, essas cores servem, geralmente, para caracterizar e diferenciar aspectos ou desdobramentos de um mesmo tema, como os quatro tipos de *tlaloque*, de milhos, de árvores, de aves, de sacerdotes ou de outros elementos. Para isso, além das diferentes cores, tais elementos aparecem dispostos de acordo com o princípio da divisão do espaço em quatro rumos. O emprego da concepção dos rumos em associação com as cores pode ser observado, por exemplo, nos quatro *tlaloque* pintados no interior de uma caixa retangular em pedra, de procedência mexica, que se encontra hoje no Museo Nacional de Antropología, na cidade do México.[43]

A dificuldade de estabelecermos relações totalmente fixas e acabadas entre os rumos e as cores – e também entre os rumos e os deuses, os tipos de milho e os *tlaloque* – talvez nos mostre que estamos diante de um sistema flexível, que permitia variações locais ou acomodações de acordo com as necessidades de cada aplicação e uso ou, no caso dos códices pictoglíficos, de acordo com cada tema ou mensagem grafada.[44]

A importância das quatro direções encontra continuidade na relevância que geralmente é dada ao número quatro pelas tradições de pensamento nahuas. Huitzilopochtli, por exemplo, comunicaria-se com os mexicas por meio de quatro *teomama*, ou *carregadores do deus*, e os quinze *calpulli* mexicas teriam sido divididos em quatro partes – Moyotlan, Teopan, Tzoqualco ou Atzaqualco e Cuepopan – no momento do

---

42   Parece que os nahuas abarcavam num mesmo conceito partes do espectro que para nós pertenceriam ao azul e ao verde. Por exemplo, Molina registra o termo *matlalin* como equivalente de *verde escuro*, mas menciona *texutli* e também *matlalin* para o *azul*. No entanto, distingue o *azul celeste* como *xoxouhqui*. Cf. Molina, Alonso de. *Vocabulario en lengua castellana y mexicana y mexicana y castellana.* México: Editorial Porrúa, 2001, p. 18r, 117r (seção castelhano-nahuatl), 53r e 112v (seção nahuatl-castelhano).

43   Talvez esses *tlaloque* sejam Opochtli, Napatecuhtli, Yauhqueme, Tomiauhtecuhtli e estejam relacionados aos milhos branco (*iztactlaolli*), amarelo (*cuztictlaolli*), vermelho (*xiuhtotlaolli*) e negro (*yauhtlaolli*). Cf. Alcina Franch, José. Tlaloc y los tlaloques en los códices del México central. In: *Estudios de Cultura Náhuatl*. México: IIH – Unam, v. 25, p. 29-43, 1995.

44   Apesar disso, alguns autores insistem em estabelecer relações únicas e fixas entre os quatro rumos e esses elementos ou características, chegando até mesmo a extrapolar o mundo ameríndio e a estabelecer relações entre os rumos e as quatro substâncias aristotélicas. Esse tipo de tentativa encontra-se, por exemplo, na obra de Michel Graulich. Segundo ele, a água se vincularia ao oeste, o vento ao norte, o fogo ao sul e a terra ao leste. Cf. Graulich, Michel. *Mitos y rituales del México antiguo, op. cit.* Esse tipo de relação não se encontra, obviamente, baseada em nenhuma fonte pré-hispânica ou colonial tradicional.

assentamento definitivo na ilha do Lago Texcoco.[45] Além disso, a sobrevivência da *teyolia* após a morte, uma espécie de *alma*, duraria quatro anos; tanto das almas dos mortos comuns, que iriam para o Mictlan e que desapareceriam após esse período,[46] quanto das almas dos guerreiros mortos em batalha, que iriam para oriente ajudar o Sol em seu percurso diário e que depois desse prazo se tornariam aves.[47]

Para as tradições de pensamento mesoamericanas, o Mundo possuía outros âmbitos além desses quatro rumos em torno de um centro.

Abaixo da superfície terrestre, no próprio corpo da Terra ou Tlaltecuhtli, estaria localizado o Mictlan, que podemos traduzir, como citamos antes, por *Região dos Mortos* e que estamos chamando também de Inframundo. Assim como o mundo horizontal, o Mictlan também não era uma região homogênea e, além disso, não era acessível por qualquer parte da superfície terrestre. Essa dimensão subterrânea do Mundo estaria dividida em nove estratos e sua entrada, pelo menos entre os mexicas, situar-se-ia na porção norte da superfície terrestre, também chamada, por esse motivo, de Mictlampa ou *Rumo do Mictlan*.

Além dessa passagem, as cavernas, covas e grutas também eram tidas como acessos da superfície ao Mictlan. Desse modo, havia uma associação recorrente entre o Inframundo e a água, fazendo que os mananciais, lagos e demais corpos d'água também fossem entendidos como portas de acesso a essa região. Uma vez que Tlaltecuhtli era visto como um grande lagarto ou jacaré situado sobre as *águas imensas*, muitas dessas cavernas e grutas eram tidas como canais pelos quais tais águas penetrariam em seu corpo.

Nos códices pictoglíficos, essa associação entre o interior da Terra e a água é expressa, entre outras formas, por meio da apresentação de algumas cavernas como úteros que geraram povos ou deuses. Um desses grandes úteros terrosos – os quais são caracteristicamente úmidos como os úteros humanos – é Chicomoztoc, *Lugar das Sete Cavernas*, o qual teria originado ou sido passagem obrigatória dos povos nahuas que futuramente se estabeleceriam no Vale do México.[48] O nascimento de Centeotl, ou *O Milho Sagrado*, a partir das relações sexuais entre Xochiquetzal e Piltzintecuhtli no interior de uma gruta é outro episódio famoso que apresenta a relação entre caverna e útero, como veremos mais abaixo.

---

45   Cf. Lockhart, James. *The nahuas after the conquest.* Palo Alto: Stanford University Press, 1992.

46   Cf. Piña Chan, Beatriz Borba de. Las Cihuapipiltin, sublimaciones de la muerte por parto. In: Dahlgren, Barbro (org.). *Historia de la religión en Mesoamérica y áreas afines.* México: Unam, 1993, p. 31-55.

47   Cf. León Portilla, Miguel. *La filosofía náhuatl estudiada en sus fuentes.* México: IIH – Unam, 2001.

48   Uma das mais famosas representações de Chicomoztoc como um grande útero encontra-se na *Historia tolteca-chichimeca.* México: Ciesas/Gobierno del Estado de Puebla/FCE, 1989, p. 16r.

Há uma discussão se o Mictlan e o Topan também estariam divididos em quatro direções ou se isso valeria apenas para a superfície terrestre. Ao tratar dos níveis celestes, veremos que as divisões entre esses três grandes âmbitos não eram concebidas como fronteiras abruptas, mas graduais, o que permitiria a combinação e a superposição dos âmbitos e de suas características.[49]

Mais do que a um espaço físico precisamente delimitado, veremos no Capítulo IV que o Mictlan – ou Xibalbá em maia-quiché – relacionava-se com a formulação conceitual de determinados episódios da cosmogonia e da história humana. Por ora basta dizer que era entendido, geralmente, como o local que guardava os ossos da humanidade anterior, os quais teriam sido re-utilizados pelos deuses para a criação do homem atual. Ao mesmo tempo, era concebido como a região de destino dos mortos que não iriam para o Tlalocan e nem para os céus ajudar o Sol em seu percurso diário. Ou seja, era o destino do que poderíamos chamar de mortos comuns e que constituíam a grande maioria dos casos. Por isso também era chamado de Ximohuayan ou *Lugar dos Descarnados*.

No mundo nahua, de modo geral, os corpos desses mortos eram queimados e suas cinzas enterradas em um dos aposentos da casa. Eram feitas oferendas em sua homenagem por oitenta dias a cada ano até se completarem quatro, quando então essas oferendas cessavam.[50] Por esse tipo de prática e por algumas poucas e vagas referências nas fontes escritas, acredita-se que as almas que se dirigiam para o Mictlan demorariam, segundo os nahuas, quatro anos para atravessar seus nove pisos, chegando, enfim, ao nível mais profundo e onde desapareceriam por completo, conforme citamos acima.[51]

---

49   Além dos mencionados acima, alguns indícios arqueológicos apontam para essa superposição de âmbitos cósmicos e para a combinação de suas características. Por exemplo, embaixo da Pirâmide do Sol, em Teotihuacan, foram encontradas cavernas parcialmente modeladas para adquirir o formato da flor de quatro pétalas. Desse modo, esse local combinaria características típicas do Inframundo e da superfície terrestre, como a divisão em quatro rumos. Cf. Heyden, Doris. Las cuevas de Teotihuacan. In: *Arqueología Mexicana*. México: Editorial Raíces/Inah/Conaculta, v. VI, n. 34, p. 18-27, 1998.

50   Mais informações sobre as concepções relacionadas ao pós-morte entre os nahuas podem ser obtidas nos três primeiros capítulos do *Apêndice do Livro III* e no *Livro IV* do *Códice florentino*. Cf. Garza Camino, Mercedes de la. *El hombre en el pensamiento religioso náhuatl y maya*. Instituto de Investigaciones Filológicas – Unam, 1990. Também vale conferir Carynnyk, Deborah. An exploration of the nahua netherworld. In: *Estudios de cultura náhuatl*. México: IIH – Unam, v. 15, p. 219-36, 1982.

51   Cf. Caso, Alfonso. *El pueblo del Sol*. México: FCE, 1994. Apesar das fontes pré-hispânicas e coloniais não mencionarem a sobrevivência da alma após a passagem pelo Mictlan, Alfredo López Austin acredita que a desaparição completa da *teyolia* seria um absurdo segundo a própria lógica do pensamento mesoamericano. Isso porque, teríamos uma operação de quatro anos

Vale citar que o destino dos mortos não estava condicionado pelo tipo de conduta moral da pessoa em vida, mas pela forma de ocorrência da morte: os que morriam na guerra, em sacrifício ou de primeiro parto estariam destinados aos céus; os que morriam por causas ligadas a Tlaloc se dirigiriam ao Tlalocan; e os que morriam por causas distintas das anteriores iriam para o Mictlan.[52]

Assim como todos os âmbitos cosmográficos, o Mictlan também seria habitado e visitado por uma série de deidades. Há referências que o Tlalocan, ou *Lugar de Tlaloc*, localizaria-se em um dos níveis do Inframundo, talvez o primeiro deles. No entanto, as deidades mais frequentemente relacionadas com o Mictlan eram Mictlantecuhtli e Mictecacihuatl ou, respectivamente, *Senhor* e *Senhora da Região dos Mortos*. Formavam um casal que presidiria e habitaria o piso mais profundo e que pode ser associado ao casal Hunahpú e Ixbalanqué da tradição maia-quiché, duas importantes personagens da cosmogonia narrada no *Popol vuh*.[53]

É importante precisar que as relações estáveis entre determinadas deidades, entes e elementos do calendário com âmbitos cosmográficos específicos não eliminavam a existência de trânsito e circulação. Por exemplo, o fato de Mictlantecuhtli ser o Senhor do Inframundo não o impedia de circular por outros âmbitos, tais como os

---

das forças cósmicas em vão. López Austin acredita ser mais coerente a existência da convicção numa espécie de limpeza, a qual excluiria a personalidade aderida à *teyolia* e permitiria sua posterior reutilização. Para fazer essa afirmação, o autor apoia-se no sentido do termo *ximohuayan* entre os nahuas atuais, o qual significaria *diminuição até chegar-se à expressão mínima de pureza da força*, e que viria de *xilma*, que significaria *polir*. Cf. López Austin, Alfredo. *Tamoanchan y Tlalocan, op. cit.* Há relatos sobre mortos que teriam voltado do Tlalocan à vida, mas que parecem ser, justamente, exceções que confirmariam a regra. Tais relatos se encontram no *Códice florentino* e nos *Primeros memoriales*, manuscritos relacionados aos trabalhos de Sahagún e sua equipe. Esses relatos são analisados por Arthur Anderson, para quem não haveria retorno possível de nenhum dos locais destinados aos mortos. Cf. Anderson, Arthur J. O. A look into Tlalocan. In: Josserand, Kathryn e Dakin, Karen (edit.). *Smoke and mist*. Oxford: Bar International Series, 1988, p. 151-9.

52   Apesar da relação entre o destino pós-morte e a forma de ocorrência da morte ser bem relatada nas fontes, alguns autores tentam aplicar a ideia cristã de Inferno ao Inframundo mesoamericano. Jacques Soustelle, por exemplo, qualifica o Mictlan como o pior dos destinos pós-morte, no que talvez tenha alguma razão – embora, o mais correto seria qualificá-lo como o destino menos enobrecedor ou mais comum. No entanto, o problema está em acrescentar que havia ressurreição para os mortos do Céu e do Tlalocan e que os soberanos e sacerdotes mortos naturalmente não iriam para o Mictlan. Infelizmente, o autor não cita as fontes que embasariam suas conclusões. Cf. Soustelle, Jacques. *Os astecas na véspera da conquista*. São Paulo: Companhias das Letras/Círculo do Livro, 1990.

53   Cf. *Popol vuh*. México: FCE, 1996.

níveis celestes,[54] ou de figurar como um dos nove Senhores da Noite, como vimos no Capítulo II. Procuraremos mostrar que as fontes nahuas tradicionais apresentam as regiões cósmicas como âmbitos carregados de qualidades específicas, pelos quais os deuses e os homens transitavam e agiam; e não como moradas divinas ou não humanas, com habitantes estáveis e limites intransponíveis.

Assim como no caso dos quatro rumos, a associação espaço-tempo também estava presente na concepção de Inframundo e se dava, basicamente, de duas formas. Primeiro, pelo fato do Inframundo ser a região pela qual o Sol empreenderia seu transcurso noturno e, portanto, cujos limites estariam determinados pelos movimentos desse astro, traduzíveis em lapsos temporais. Segundo, pela possível relação entre seus nove níveis e os nove Yoaltetecuhtin, já que, ademais da coincidência do número nove, tanto o Inframundo como os Yoaltetecuhtin relacionavam-se estreitamente com a noite.

Deixemos o Mictlan por enquanto e tratemos de Topan. Citamos, ao tratar dos quatro rumos, que Tlaltecuhtli estaria rodeado por *águas imensas e maravilhosas* por todos os lados, chamadas de *teoatl*. Dissemos também que essas *águas oceânicas* se juntariam ao Céu, que, por sua vez, estaria sustentado por quatro grandes árvores situadas nas esquinas do Mundo, isto é, nos limites entre as quatro regiões. Esse mundo celeste, assim como a superfície da Terra e a região abaixo dela, também era um âmbito heterogêneo.

O mundo de acima estaria dividido em vários níveis ou pisos sobrepostos, cuja quantidade varia nas diversas fontes, sendo que nove e treze seriam as mais recorrentes.[55] A diferença qualitativa entre esses níveis seria marcada pela presença de distintas

---

54   Veremos esse caso em detalhe mais abaixo, ao analisarmos como os níveis do Inframundo estão presentes no *Códice Vaticano A*.

55   López Austin acredita que os pisos celestes seriam nove, aos quais se acrescentavam outros quatro inferiores, caracterizados por ser a região de movimento do Sol, da Lua, das estrelas e do homem. Cf. López Austin, Alfredo. *La construcción de una visión de mundo, op. cit.* Díaz Cíntora procura mostrar que nove seria a quantidade tradicional de níveis celestes para o pensamento mesoamericano – representados, para ele, nos nove níveis da pirâmide de Chichén Itzá – e que a teoria dos treze céus seria de origem tolteca. Além disso, afirma que seria um absurdo ter-se um conjunto de níveis celestes maior do que o de níveis subterrâneos. Isso porque os Senhores dos Dias e os Senhores da Noite, supõe o autor, também serviriam para marcar as horas dos dias e das noites, os quais não poderiam ser de durações tão diferentes. Cf. Díaz Cíntora, Salvador. *Meses y cielos*. México: Unam, 1994. Ora, partir do pressuposto que os Senhores dos Dias e os da Noite devam representar períodos de tempos quantitativamente iguais, como as nossas horas, é uma clara projeção de nosso modelo de mensuração do tempo sobre o pensamento mesoamericano que não encontra fundamento em nenhuma fonte documental. O mesmo pode ser dito a respeito da pressuposição que deva haver uma simetria geométrica ou matemática entre os níveis celestes e os do Inframundo.

deidades – como Ometeotl, que habitaria o mais alto nível e estaria relacionada com o início da cosmogonia – ou pela ocorrência e procedência de distintos corpos e fenômenos celestes – tais como o Sol, a Lua, as chuvas, os cometas e os ventos.[56]

Ao pensarmos em níveis celestes, inevitavelmente formamos a imagem de pisos paralelos ou esferas sobrepostas e concêntricas, semelhantes às que estavam presentes na concepção astronômica ocidental até o advento da física newtoniana – e isso vale também para os níveis do Inframundo. No entanto, parece que o pensamento mesoamericano, diferentemente do ocidental pré-moderno, empregaria categorias matemáticas de modo mais central e abundante do que as geométricas. Isso estaria indicado, entre outros indícios, pela centralidade dos cálculos calendários nas explicações sobre a origem e o funcionamento do Mundo, como veremos no Capítulo IV, bem como pela previsão dos destinos realizada por meio do *tonalpohualli*. Desse modo, talvez esses níveis não estivessem, necessária e constantemente, localizados ou dispostos de modo a conformar figuras geométricas, tais como esferas concêntricas ou faixas paralelas e sobrepostas. O que não significa, por outro lado, que as concepções dos níveis celestes e subterrâneos nunca tenham sido codificadas ou representadas em formas geométricas. Exemplos inquestionáveis da materialização ou expressão dessas concepções sob tais formas são as diversas pirâmides escalonadas que possuem nove camadas – como a Pirâmide do Adivinho, em Chichén Itzá, e o Templo I, em Tikal –, as quais, muito provavelmente, relacionam-se com os níveis do Inframundo ou do Céu.

Esses níveis celestes estariam – de modo mais claro que os níveis do Inframundo – vinculados ou entrelaçados com os quatro rumos. Vimos acima que o rumo do nascente, ou Tonatiuhichan, era o destino dos mortos em combate ou em sacrifício, os quais iriam ajudar a movimentar o Sol desde seu nascer até o meio do Céu. Desse modo, a despeito da divisão do âmbito celeste em níveis, podemos perceber que a região abrangida pelo rumo oriental não se limitava à superfície terrestre, pois abarcava também a porção de Céu acima dela, a qual iria desde o horizonte até o nível do Sol ao meio-dia. A partir desse ponto – ou desse momento – os guerreiros entregariam o Sol para as mulheres que haviam morrido no primeiro parto, as quais o levariam até o horizonte da região ocidental. Sendo assim, o rumo ocidental, ou Cihuatlampa, também incluiria a porção celeste delimitada pelo percurso do Sol após o meio-dia, isto é, desde o zênite até o limite entre Céu e o horizonte ocidental.

Há, portanto, evidências que parecem estabelecer uma clara relação entre a delimitação do âmbito chamado Topan e de seus níveis com o transcorrer do tempo – assim como vimos ocorrer nos casos do Inframundo e dos rumos do Universo. Isso porque os limites do Céu seriam dados pelo percurso visível do Sol, o mesmo que definia o lapso temporal do dia. Além disso, vimos no Capítulo II que os 260 dias do

---

56   Veremos, mais abaixo, que o *Códice Vaticano A* é uma das principais fontes para nomear e qualificar os níveis celestes, assim como para os níveis do Mictlan.

tonalpohualli estavam divididos em conjuntos de treze, bem como que a cada um desses conjuntos corresponderiam treze Senhores dos Dias e treze Voadores. Em suma, somando-se essa marcada presença do número treze nas séries calendárias relacionadas ao dia com a concepção que o espaço percorrido pelo Sol estaria dividido em treze níveis celestes, teríamos evidências que a relação entre tempo e espaço também era fundamental na conceituação e definição de Topan.

De maneira geral, esses são os principais âmbitos e conceitos cosmográficos que analisaremos nas fontes nahuas do século XVI. No entanto, ainda há outros dois conceitos ou âmbitos a serem tratados, os quais aparecem esporadicamente em nossas fontes centrais, mas cuja apresentação é fundamental para completarmos o quadro prévio de informações acerca da cosmografia. Estamos falando de Tamoanchan e Tlalocan.

Dissemos acima que no rumo sul,[57] chamado também de Huitztlampa, estaria situado o Tlalocan, *Morada de Tlaloc*, sítio que seria uma espécie de paraíso da fertilidade e abundância e para onde iriam os mortos dessa deidade.[58] Além desse tipo de morto, o Tlalocan também receberia as crianças falecidas antes de desmamarem, pois em seu interior estaria localizada a *Árvore Nutriz*, ou Chichihualquahuitl, que as amamentaria até seu renascimento depois da destruição do mundo atual.[59]

Ademais dessa recepção a certos tipos de mortos, Tlaloc e seu paraíso também estariam relacionados intimamente às montanhas em geral, sobretudo às possuidoras de mananciais de água, grutas ou cavernas. Tais montanhas eram, por vezes, chamadas de Tlalocan.[60] A ligação entre o Tlalocan e esses âmbitos subterrâneos estaria expressa,

---

57   López Austin acredita que o Tlalocan estaria localizado arquetipicamente no rumo oriental e não no meridional. No entanto, admite que se trate de uma ideia semelhante à da localização do Mictlan no norte, pois o Inframundo estaria, na verdade, por baixo de toda a terra e se manifestaria ou possuiria sua entrada principal no norte. Diz ainda que Cincalco, ou *Lugar da Casa do Milho*, outro paraíso de fertilidade situado no ocidente, seria uma réplica do Tlalocan. Cf. López Austin, Alfredo. *Tamoanchan y Tlalocan, op. cit.*

58   No hino a Tlaloc, parte de um conjunto de vinte hinos aos deuses contidos nos textos de Sahagún, o Tlalocan é referido como *casa de turquesa*, elemento e cor constantemente associados à água e à fertilidade. Cf. *Primeros memoriales by fray Bernardino de Sahagún*. Norman: University of Oklahoma Press, 1993, p. 274v.

59   Cf. *Códice Vaticano A, op. cit.*, p. 3v.

60   As montanhas desempenhavam papéis de destaque não apenas na cosmografia e cosmogonia, mas também na história recente dos povos mesoamericanos. Algumas pirâmides nahuas e mesoamericanas seriam réplicas de montanhas e, consequentemente, desse tipo de manifestação do Tlalocan. Tais pirâmides eram, por vezes, homônimas às montanhas. Muitas dessas montanhas eram tidas por patronas dos *altepeme* e, desse modo, eram fundamentais na conformação da identidade grupal. A relação entre os mexicas e Coatepetl, ou *Cerro da Serpente*, local onde Huitzilopochtli teria estabelecido definitivamente a coesão do grupo matando sua irmã, Coyolxauhqui, é

inclusive, no próprio significado do nome Tlaloc, o qual poderia ser traduzido como *Aquele Que Está Feito de Terra* ou *Aquele Que É Personificação da Terra.*[61]

Por tudo isso, podemos dizer que o Tlalocan se imbricava intimamente, mas não exclusivamente, com outro âmbito cosmográfico: o Inframundo. Essa imbricação não seria exclusiva porque o Tlalocan também estaria intimamente relacionado aos quatro rumos e ao Céu, sobretudo por meio dos ajudantes de Tlaloc. Esses ajudantes, chamados de *tlaloque*, eram tidos como os responsáveis por enviar os diferentes tipos de chuva a partir dos céus das quatro regiões. Algumas dessas chuvas seriam mais propícias e outras mais maléficas à agricultura, conforme veremos mais adiante.[62] Além disso, veremos também que algumas fontes, como o *Códice Vaticano A* e a *Histoire du Mechique*, situam o próprio Tlalocan em algum dos níveis celestes, reforçando essa ligação entre Tlaloc e o mundo de acima.

Podemos perceber que as localizações atribuídas ao Tlalocan – em Opochpa Tonatiuh ou Huitztlampa, no Inframundo e nas quatro regiões de Topan – são múltiplas e aparentemente contraditórias. No entanto, essa aparente contradição é resolvida se notarmos que todos esses âmbitos possuem em comum o fato de se relacionarem a fenômenos aquáticos, os quais eram fundamentais para a agricultura mesoamericana de temporada e de regadio, sobretudo para a do milho.[63] Dessa forma, é provável que o conceito de Tlalocan aludisse a uma série de locais em que se davam fenômenos com características relacionadas a Tlaloc; e não apenas a um único e grande âmbito

um caso muito famoso. Os mexicas designavam com esse nome a uma montanha e à pirâmide do Templo Mayor, sobre a qual estavam as construções dedicadas a Tlaloc e Huitzilopochtli. Parece que tal pirâmide também poderia ser chamada de Tonacatepetl, *Cerro de Nosso Sustento*, nome de outra importante montanha nos relatos cosmogônicos, como veremos no Capítulo IV.

61   Essa seria, segundo López Austin, a tradução de Thelma Sullivan. Cf. López Austin, Alfredo. *Tamoanchan y Tlalocan, op. cit.* Diego Durán confirma essa relação entre Tlaloc e o mundo subterrâneo, afirmando que seu nome significa *camino debajo de la tierra* ou *cueva larga*. Durán, Diego. *Historia de las Indias de Nueva España e islas de la tierra firme*. México: Editorial Porrúa, 1984, v. 1, p. 81. Essas traduções baseiam-se na presença do termo *tlalli*, que significa *terra*, em *Tlaloc*.

62   Segundo Johanna Broda, Napatecuhtli, ou *Quatro Vezes Senhor*, seria a deidade que somaria os quatro *tlaloque* e seus auxiliares, entre os quais estariam os mortos de Tlaloc. Cf. Broda, Johanna. Las fiestas aztecas de los dioses de la lluvia. In: Tichy, Franz (edit.). *Lateinamerika-Studien*. Munique: Wilhelm Fink Verlag, 1982, p. 129-57.

63   Alfredo López Austin afirma que os processos agrícolas estavam relacionados com o conceito morte-fertilidade para o pensamento mesoamericano. Sendo assim, define o Tlalocan, ao contrário de Tamoanchan, como o "...lugar de la muerte. Es una montaña hueca llena de frutos porque en ella hay eterna estación productiva. A su interior van los hombres muertos bajo la protección o por el ataque del dios de la lluvia...". López Austin, Alfredo. *Tamoanchan y Tlalocan, op. cit.*, p. 9.

cosmográfico, situado exclusivamente em uma macrorregião.[64] Essa possível multiplicidade de localizações não impediria a vigência da concepção de um Tlalocan principal, situado em um âmbito cosmográfico amplo – talvez no Inframundo e montanhas
do rumo sul – e que manteria ligações com os *Tlalocan* particulares, situados nas diversas montanhas e cujos habitantes seriam os responsáveis pelas chuvas que proviriam
dos quatro rumos dos céus.

Em outras palavras, relacionar Tlalocantecuhtli – ou *Senhor do Tlalocan*, outra
maneira de nomear Tlaloc – a esses distintos âmbitos seria uma forma de reunir sob
um mesmo conceito, o de Tlalocan, todos os espaços abaixo e acima de Tlalpan que
contavam com a presença de água, a qual faria a comunicação entre os céus, o interior
das montanhas e o mar estendido por baixo de toda a terra.[65]

Como citamos acima, além do Tlalocan, ainda encontramos nas fontes nahuas a
menção a outro âmbito cosmográfico, que parece estar estreitamente relacionado à
Morada de Tlaloc. Trata-se de Tamoanchan, caracterizado por ser, assim como o Tlalocan, uma espécie de paraíso da fertilidade e, adicionalmente, a região de origem dos
primeiros antepassados dos toltecas e de outros povos mesoamericanos.

Como sítio de origem dos antepassados, Tamoanchan se situaria em várias localidades, segundo os distintos povos e tradições de pensamento. Pelo menos três
antigos *altepeme* são mencionados em diferentes relatos nahuas como sendo Tamoanchan. Segundo a *Histoire du Mechique*, como veremos em detalhe mais abaixo,
um deles se situaria na região de Cuauhnahuac, atual Cuernavaca. Outro Tamoanchan ficaria junto aos vulcões Iztaccihuatl e Popocatepetl e é chamado por Chimalpahin Cuauhtlehuanitzin de Tamoanchan Chalchiuhmomozco – que se tornaria
Chalco Amaquemecan.[66] Por fim, segundo Sahagún, teríamos ainda um terceiro
Tamoanchan, localizado nas terras dos olmecas uixtotin, isto é, em algum lugar

---

64   Talvez essa multiplicidade de localizações também se deva à existência de diversas tradições
        de pensamento e às sucessões de grupos ou regiões hegemônicas ao longo da história meso-
        americana. Para Arthur Anderson, "Ideas as to Tlalocan's location had changed as time had
        gone by, so that at the time of the conquest the lush, fertile mountains of Tlalocan tended to
        be associated with the remote east." Anderson, Arthur J. O. A look into Tlalocan. In: Josserand,
        Kathryn e Dakin, Karen (edit.). *Smoke and mist, op. cit.*, p. 154.

65   Cf. Broda, Johanna. El culto mexica de los cerros y del agua. In: *Multidisciplina*. México: Unam,
        ano 3, n. 7, p. 45-56, 1982. Essa afirmação baseia-se também em Alfredo López Austin, para
        quem o "Tlalocan es el cimiento de los cinco árboles. Se extiende bajo la superficie total de la
        tierra". López Austin, Alfredo. *Tamoanchan y Tlalocan, op. cit.*, p. 189.

66   Cf. Chimalpahin Cuauhtlehuanitzin, Domingo. *Las ocho relaciones y el memorial de Colhuacan.*
        México: Conaculta, 1998. Outra denominação desse *altepetl* teria sido Xochitlalpan, o qual fora
        habitado por olmecas chicalancas, xochitecas, quiyahuiztecas e cocolcas. Xochitlalpan teria
        sido conquistado em 1261 pelos totolimpanecas, que erigiram depois Chalco Amaquemecan.
        Cf. López Austin, Alfredo. *Tamoanchan y Tlalocan, op. cit.*

entre Cuauhtemallan – atual Guatemala –, a Costa do Golfo e o altiplano central mexicano.[67]

Parece que as múltiplas localidades mencionadas como Tamoanchan pelas tradições de pensamento mesoamericanas atendem a dois requisitos básicos: ser considerada a região de procedência dos antepassados e, ao mesmo tempo, se caracterizar como um lugar de abundância e fertilidade, como o paraíso de Tlaloc.[68] Com essa conotação, ou seja, como uma espécie de topônimo-adjetivo relacionado à fertilidade e aos antepassados, Tamoanchan também é empregado pelos nahuas em composição com os nomes de diversos outros sítios ou *altepeme* vinculados à sua história migratória, tais como Coatepetl, Chicomoztoc, Nonoalco e Culhuacan.[69]

Analisaremos detalhadamente na próxima parte deste capítulo e no capítulo seguinte como os conceitos de Tamoanchan e Tlalocan são empregados nos códices e textos alfabéticos nahuas, sobretudo nos episódios que tratam da suposta transição da cosmogonia à história. Por enquanto, interessa-nos apenas caracterizar esses dois conceitos de modo geral e apontar que cada um deles poderia ser

---

67   Trata-se de uma amplíssima região, o que reflete o desconhecimento existente sobre os olmecas uixtotin. Sahagún afirma também que o termo Tamoanchan significaria "buscamos nossa casa". Cf. Sahagún, Bernardino de. *Historia general de las cosas de Nueva España*. México: Conaculta, 2002, p. 64 e 973-5. Román Piña Chan acredita que o sítio de Tamoanchan, mencionado nos textos de Sahagún, seja Xochicalco, o qual teria sido povoado entre 650 e 850 d.C. pelos olmecas uixtotin e chicalancas provenientes da Costa do Golfo, os quais consolidaram uma nova hegemonia regional depois da queda de Teotihuacan. Depois, esses grupos teriam se fixado na região de Chalco Amaquemecan e, posteriormente, na área de Cholula, Tlaxcala e Cacaxtla. Cf. Piña Chan, Román. *Cacaxtla*. México: FCE, 1998.

68   Para López Austin, essa relação entre Tamoanchan e Tlalocan é reforçada pela localização subterrânea atribuída a ambos. Afirma que os textos em nahuatl do *Códice matritense* (f. 191v) e do *Códice florentino* (f. 140v) trazem a frase *Tamoanchan, quitoznequi temoa tocha*, a qual significaria *se descende ao nosso lar*. A ideia de *descender* para se chegar a Tamoanchan também estaria presente no *Códice telleriano-remense*, onde se lê "Tamoanchan Xuchitlicacan quiere dezir, en romance, allí es su casa donde abaxaron y donde están sus rrosas levantadas" (lâmina XXIII). Para esse estudioso, o termo Tamoanchan deriva do verbo *temo*, que significa *descender, abaixar* e *nascer*, do qual deriva a expressão *onitemoc onitlacat*, que significa *baixei e nasci*. Além disso, López Austin apresenta outras propostas de tradução – *país do declinar, lugar onde se está repleto* e *é concluída sua morada* – e outros nomes designativos de Tamoanchan – Xochitl Icacan, Xochincuahuitl, Tonacaxochincuahuitl, Itzehecayan, Chicnauhnepaniuhcan, Chalchimmichhuacan, Cuauhtemallan, Atlayahuican –, alguns dos quais situados nos céus ou inframundos e outros em regiões mais palpáveis. Cf. López Austin, Alfredo. *Tamoanchan y Tlalocan, op. cit.*

69   Cf. *Primeros memoriales by fray Be rnardino de Sahagún*. Norman: University of Oklahoma Press, 1993, p. 275r-281v.

usado para se referir a âmbitos cosmográficos e sítios com distintas localizações espaciais – mas que possuíam ou evocavam características semelhantes – e que também poderiam ser empregados em composição com nomes de distintos *alte-peme*, funcionando como uma espécie de adjetivo, o que também ocorre, como vimos no Capítulo I, com o topônimo Tollan.

Céus, inframundos e rumos do Universo nos textos pictoglíficos e alfabéticos

Depois de apresentar sumariamente os principais âmbitos cosmográficos, analisaremos seus usos e funções nos códices pictoglíficos e textos alfabéticos nahuas do século XVI. Para isso, como mencionamos antes, iremos utilizar pontualmente fontes mesoamericanas de outras regiões e épocas para situar o caso nahua em um universo temporal e culturalmente mais amplo.

Convém notar que as análises deste capítulo estão organizadas de maneira um pouco diversa em relação às do capítulo anterior. Se no capítulo passado as organizamos em torno dos principais ciclos que compõem o sistema calendário, seria de se esperar que neste as organizássemos em torno dos principais âmbitos que compõem a cosmografia, isto é, os rumos do Universo, os inframundos, os céus, o Tlalocan e Tamoanchan. No entanto, apesar desses âmbitos comporem as unidades conceituais básicas das análises, optamos por agrupá-las segundo os manuscritos que compõe o conjunto de fontes centrais. Isso porque as concepções cosmográficas tendem a aparecer em conjunto e de maneira mais difusa nos diversos tipos de seções ou livros, distintamente do que vimos ocorrer com os diferentes ciclos calendários, que tendem a aparecer relativamente separados em seções ou tipos de livro específicos. Dessa forma, analisar, por exemplo, a presença dos níveis celestes em todos os códices e textos alfabéticos para depois analisar a presença dos níveis subterrâneos significaria, em muitos casos, voltar aos mesmos trechos e imagens. Por esse motivo, analisaremos a presença de todos os âmbitos cosmográficos enunciados acima ao longo de cada manuscrito.

Ademais, a análise sequencial das seções de um mesmo manuscrito – somada às análises desenvolvidas no Capítulo III – contribuirá para que possamos formar uma ideia mais global de sua estrutura narrativa, o que poderá permitir que a relacionemos com modelos característicos da escrita *tlacuilolli* ou do mundo cristão ocidental. Sendo assim, as conclusões sobre cada manuscrito estarão reunidas ao final de sua análise, restando para a parte final do capítulo apenas algumas conclusões mais gerais, que dizem respeito às particularidades da cosmografia nahua e às transformações de seus usos escriturais no século XVI.

O *Códice Vaticano A*

Na primeira seção do *Códice Vaticano A*[70] há uma espécie de apresentação das regiões cosmográficas que estariam acima e abaixo da superfície terrestre, tais como seriam concebidas pelos nahuas em princípios do período Colonial. Os níveis celestes ocupam toda a primeira página e a parte superior da segunda e são representados por pequenas faixas horizontais de cores diferentes, algumas das quais contêm pequenas figuras em seus interiores.[71] Os níveis do Inframundo ocupam o restante da segunda e toda a terceira página e são representados por faixas horizontais apenas em dois casos. Nos demais, há apenas figuras sobrepostas que identificariam os distintos níveis.

Algumas das figuras que aparecem nas faixas celestes assemelham-se a glifos do sistema mixteco-nahua, como a que se encontra na parte central das três faixas celestes superiores. Essas faixas estão situadas abaixo e à esquerda da imagem de Ometeotl que ocupa a parte centro-superior da página, reproduzida na Figura 22. A figura que se encontra no centro dessas três faixas parece ser o glifo de *chuva*, cuja ponta é formada por um pequeno círculo duplo, tais como as contas de jade[72] que aparecem nas pontas dos jorros de água do glifo *atl* nos códices tradicionais, como na quinta e sétima trezenas do *Borbónico*.[73] Veremos, mais abaixo, até que ponto essas figuras podem ser indício de que essa seção tenha se baseado em manuscritos tradicionais.

Como citamos, Ometeotl – *O Deus Dois* – ocupa a parte centro-superior da primeira página dessa seção (Figura 22) e encontra-se, desse modo, por sobre as nove faixas celestes que aparecem nessa página. Essa deidade pode ser reconhecida por meio das informações que se encontram no texto que a circunda, mas também pelo glifo situado atrás de sua cabeça e de seu toucado, composto por um diadema verde com bordas vermelhas, cujo interior é ocupado por algumas espigas de milho e cuja parte traseira termina com um laço vermelho. Tais elementos possuem significados muito bem estabelecidos no sistema mixteco-nahua. O diadema significava *tecuhtli* ou *senhor* e o milho, que era o alimento humano por excelência, poderia ser sinônimo da própria carne que nos compõe e que em nahuatl se dizia *tonaca*, literalmente *nossa*

---

70   Cf. *Códice Vaticano A, op. cit.*, p. 1v-3v.

71   Na verdade, duas dessas faixas não possuem cores, mas apenas figuras. Cf. *ibidem*, p. 1v e 2r.

72   Sobre a utilização cerimonial das contas de jade no Templo Mayor de México-Tenochtitlan, consultar França, Leila Maria. *O monte das "Águas Queimadas"*. São Paulo: Museu de Arqueologia e Etnologia da USP, 2005.

73   Cf. *Códice borbónico.* Graz/México/Madri: ADV/FCE/SEQC, 1991, p. 5 e 7. Além disso, essas gotas são muito semelhantes às que aparecem nas vintenas Etzalcualiztli, do próprio *Vaticano A*, e Atemoztli, do *Magliabechiano*. Cf. *Códice Vaticano A, op. cit.*, p. 45r / *Códice Magliabechi*. Graz/ México: ADV/FCE, 1996, p. 44r. Os dois punhais de pedernal que se encontram na faixa logo abaixo também são elementos muito comuns no sistema mixteco-nahua.

carne. Juntos, esses dois elementos remetem a outra forma de nomear Ometeotl: To-nacatecuhtli, isto é, *Senhor de Nossa Carne* ou *Senhor de Nosso Sustento.*

A glosa que se encontra no canto superior-esquerdo identifica o local como Omeyocan, *Lugar Dois* ou *Da Dualidade*, e o texto alfabético à esquerda de Ometeotl explica o que significaria o termo: "Isso quer dizer o lugar onde está o criador de tudo ou a primeira causa".[74] Em seguida, o texto alfabético passa a explicar o signifi-cado de Ometeotl, nomeando-o de *Senhor de Três Dignidades* em vez de fazer alguma referência à dualidade contida no conceito nahuatl *ome*, literalmente *dois* – o que pode ser apenas um erro do glosador, mas que também pode ser indício de uma interpretação cristã da cosmogonia nahua, como explicaremos mais adiante. O glo-sador afirma também que o lugar ocupado por essa deidade estaria acima das nove composturas celestes – o que condiz com as nove faixas apresentadas nessa página. Algumas das atuações da deidade são mencionadas na sequência, como a geração, por meio de sua palavra, de Cipactonal e de uma mulher, Oxomoco, os quais, por sua vez, teriam gerado a Tocatiutle (sic).

No texto alfabético à direita de Ometeotl há algumas indicações sobre as razões do interesse dos religiosos por essa cosmografia impalpável e sobre o suposto erro do glosador ao traduzir Ometeotl por *Senhor Três*. Nesse texto, o glosador afirma que os naturais da Nova Espanha, apesar de seu baixo nível intelectual, haviam chegado à formulação conceitual das nove esferas celestes pela luz natural da razão: "...sendo gente tão bárbara e de intelecto tão baixo, tinham em suas pinturas que existiam nove causas superiores que nós chamamos céus...".[75]

Essa equivalência entre os níveis celestes nahuas e as esferas celestes da cosmo-grafia cristã – a qual, talvez, seja responsável também pela expressão pictórica dos âmbitos nahuas como faixas – é seguida por outra equiparação: a de Ometeotl com o deus cristão, criador de todas as coisas e que segundo o dogma da trindade é uno e triplo, conceito que transforma a deidade nahua em um Senhor Três, apesar de seu nome se referir claramente à dualidade.[76] Mais do que um erro de tradução, trata-se, possivelmente, de uma evidência do processo de busca dos princípios supostamen-te universais da visão de mundo e de história cristãs na cosmografia e cosmogonia nahuas, pois em nenhum códice ou texto alfabético mais próximo às tradições indí-

---

74   No original em italiano: "Homeyoca. Questo vuol tanto dire come il luogo dov' è il Creatore del tuto, ò la prima causa". *Códice Vaticano A, op. cit.,* p. 1v.

75   No original, "... essendo gente tanto barbara et d'intelletto tanto basso, tenevano per le loro depenture, esser nuove cause superiori, che noi dicemo cieli ..." *Ibidem,* p. 1v.

76   Cf. Anders, Ferdinand e Jansen, Maarten. *Religión, costumbres e historia de los antiguos mexicanos.* Graz/México: ADV/FCE, 1996.

genas, como veremos adiante e no Capítulo IV, essa deidade encontra-se relacionada ao número três.[77]

A apresentação dos níveis celestes prossegue na página seguinte com mais duas camadas – onde estariam as estrelas e a Lua –, que podem ser vistas no canto superior-esquerdo da Figura 23. Logo abaixo e mais ao centro da página encontra-se o glifo que alude à superfície terrestre. Tal glifo é formado por um retângulo, cujo interior é preenchido pela representação da terra cultivada e acima do qual se encontram plantas em crescimento, como citamos na primeira parte deste capítulo.[78]

Ao lado das faixas de ambas as páginas, há glosas que nomeiam os níveis celestes, resumem suas características ou denominam fenômenos, astros ou corpos celestes a eles relacionados. Essas glosas e suas traduções podem ser observadas na Tabela 10, na qual os níveis celestes estão ordenados e enumerados a partir de Omeyocan, considerado o mais alto deles. Incorporamos a Terra abaixo dos níveis celestes nessa tabela, por razões que apresentaremos abaixo.

Nível	Denominação, deidades ou elementos associados
13º céu	Omeyocan – *Lugar do Dois* ou *Da Dualidade*
12º céu	Teotl Tlatlauhca – *Deus-lugar Vermelho*
11º céu	Teotl Cocauhca – *Deus-lugar Amarelo*
10º céu	Teotl Iztaca – *Deus-lugar Branco*
9º céu	Iztapal Nanazcaya – *Lugar Onde Rangem as Lajes de Obsidiana*
8º céu	Ilhuicatl Xoxouhca – *Céu-lugar Verde*
7º céu	Ilhuicatl Yayauhca – *Céu-lugar Enegrecido*
6º céu	Ilhuicatl Mamaluacoca – *Céu-lugar da Constelação de Mamalhuaztli*
5º céu	Ilhuicatl Huixtutla – *Céu-lugar do Sal*
4º céu	Ilhuicatl Tonatiuh – *Céu do Sol*
3º céu	Ilhuicatl Citlalincue – *Céu da Deusa da Saia de Estrelas*
2º céu	Ilhuicatl Tlalocan Ipan Metztli – *Céu-lugar de Tlaloc, Onde Está a Lua*
Terra	Tlalticpac – *Em Cima da Terra*

Tabela 10: Nomes e traduções dos níveis celestes organizados a partir do *Códice Vaticano A*, p. 1v e 2r.

---

77   Como também pudemos demonstrar, com mais detalhes, noutra ocasião. Cf. Santos, Eduardo Natalino dos. *Deuses do México indígena*. São Paulo: Palas Athena, 2002.

78   Cf. *Códice Vaticano A, op. cit.*, p. 2r.

Pelas informações sintetizadas na Tabela 10 e pelas análises expostas acima é possível perceber que os níveis celestes desempenham uma função temática nessas páginas do *Códice Vaticano A*. Isso porque a apresentação restringe-se à nomeação e citação de algumas características dos tais níveis e, sendo assim, os âmbitos celestes não estruturam ou caracterizam nenhuma outra temática e nem são requeridos como pressupostos de leitura, papéis que desempenham em outras fontes, como no *Códice borbónico* e nos *Anales de Cuauhtitlan*, como veremos mais abaixo. Por outro lado, essa provável organização cristã da apresentação dos níveis celestes não impediu a presença de elementos pictoglíficos e de informações procedentes das tradições de pensamento e escrita nahuas, tais como os glifos e demais elementos que acompanham Ometeotl ou que se encontram no interior das faixas, como demonstramos acima. A procedência nahua desses glifos e informações é comprovada por sua presença em outras fontes pictoglíficas, tais como as que mencionamos acima, ou em textos alfabéticos indígenas, como o de Chimalpahin Cuauhtlehuanitzin. Nesse texto, a apresentação de alguns elementos celestes coincide com a constante no *Vaticano A* (Tabela 10), como a posição da Lua e do Sol. Em suas palavras: "...a las estrellas las puso allá por el octavo cielo, y a la Luna le dio lugar en el primer cielo, y al Sol lo colocó en la cuarta superposición del Cielo".[79]

A apresentação dos níveis celestes nessa primeira seção do *Códice Vaticano A* também nos permite começar a tratar de uma polêmica que envolve a concepção nahua de Topan ou *Lugar Sobre Nós*: as tradições de pensamento e escrita nahuas conceberiam a existência de nove ou treze céus? Anunciamos em notas anteriores que essas são as quantidades de níveis mais recorrentes nas fontes nahuas do século XVI. No entanto, podemos observar na Tabela 10 ou nas Figuras 22 e 23 que o *Vaticano A* apresenta uma outra quantidade de níveis celestes: onze estão representados por meio de faixas e sobre elas figura Ometeotl, no Omeyocan, compondo-se assim um total de doze níveis. Para chegarmos à cifra treze teríamos que considerar Tlalticpac – *Sobre a Terra* – como mais um nível, o que contradiz a concepção de Topan como o que está *Acima de Nós*.

Alfredo López Austin, como citamos em nota anterior, divide os níveis celestes em quatro inferiores ou intermediários e nove superiores. Esses últimos conformariam o âmbito celeste propriamente dito, que o autor chama de anecúmeno, região do cosmo reservada aos deuses e a homens que poderiam atravessar determinadas

---

79   Chimalpahin Cuauhtlehuanitzin, Domingo. *Primera, segunda, cuarta, quinta y sexta relaciones de las différentes histoires originales.* México: IIH – Unam, 2003, p. 19. Veremos, no Capítulo IV, que esse escritor apresenta uma versão da criação do mundo que agrega elementos das tradições cristã e nahua. Chimalpahin trata das camadas celestes depois de mencionar a criação dos anjos, quando as compara a uma cebola – como no modelo ptolomaico-aristotélico –, cuja distância entre as cascas seriam de *tzontli* (*incontáveis*) léguas e cujo número delas seria desconhecido. Cf. *ibidem*, p. 29.

barreiras. Esses nove níveis celestes se relacionariam com os nove pisos do Inframundo, garantindo ao cosmo uma relação de simetria e polaridade entre suas partes superior e inferior.[80] Procurando comprovar a presença desse modelo geral e simétrico nas duas primeiras páginas do *Códice Vaticano A*, López Austin afirma que os céus inferiores estariam distribuídos na seguinte ordem e seriam ocupados pelos seguintes elementos: 1º – Lua e Tlalocan; 2º – estrelas; 3º – Sol; 4º – Huixtocihuatl, deidade relacionada às águas salgadas que se juntavam ao Céu e rodeavam os quatro níveis celestes inferiores ou intermediários para suportar os nove superiores.[81] No entanto, se nessas duas páginas do *Códice Vaticano A* não considerarmos a Terra como mais um desses níveis – o qual estaria abaixo dos quatro níveis relacionados pelo autor, correspondentes ao 2º, 3º, 4º e 5º níveis em nossa Tabela 10 –, teríamos apenas mais oito níveis acima deles; e não nove, como propõe López Austin.[82]

Voltaremos a esse problema depois de analisarmos as informações sobre os níveis celestes contidas nas outras fontes centrais e em algumas fontes auxiliares. Por enquanto, basta dizer que essa aparente contradição entre um modelo cosmográfico geral – de nove ou treze pisos celestes – e suas representações específicas pode ser resolvida se pensarmos na possível existência de variações entre tradições de pensamento distintas, que teriam existido ao longo do tempo e do espaço ou dentro de uma mesma sociedade. Além disso, os níveis celestes também poderiam ser evocados parcialmente nos textos pictoglíficos, à medida que fossem significativos ou importantes para a apresentação de determinada temática e, desse modo, não teriam que aparecer sempre em sua totalidade.[83]

Ademais, há um outro fato que reforça esse argumento e que será detalhado mais abaixo: o problema da quantidade de níveis celestes coloca-se, sobretudo, nas fontes coloniais menos tradicionais, nas quais a cosmografia desempenha o papel de tema a ser explicado e detalhado e não o de lógica organizadora ou pressuposto de leitura que fundamenta e permite a inteligibilidade de outros temas.

Retomemos, então, a análise da primeira seção do *Códice Vaticano A*, passando aos níveis do Inframundo. A segunda página dessa seção, reproduzida na Figura 23, apresenta esses níveis abaixo do glifo da Terra e por meio de pequenas faixas coloridas ou pequenas figuras – assim como os níveis celestes. Tais faixas ou figuras estariam

---

80   Cf. López Austin, Alfredo. *La construcción de una visión de mundo, op. cit.*

81   Cf. López Austin, Alfredo. *Cuerpo humano e ideología.* México: IIA – Unam, 1996. p. 64.

82   Em outra obra, López Austin afirma que os quatro níveis inferiores do Céu englobam a superfície da Terra e, sendo assim, o nível de Huixtocihuatl seria o quinto, como na Tabela 10, e o primeiro dos nove níveis superiores. Cf. López Austin, Alfredo. *Tamoanchan y Tlalocan, op. cit.*, p. 90.

83   Veremos que a décima sexta trezena do *tonalamatl* do *Borbónico, Ce Cozcacuauhtli*, traz uma representação de apenas quatro níveis celestes. Cf. *Códice borbónico, op. cit.*, p. 16.

relacionadas com as características desses níveis, como os tormentos pelos quais os mortos passariam no descenso à porção mais profunda do Mictlan.

Nessa página, constam apenas oito níveis, pois na seguinte estaria a continuação da apresentação do Mictlan, com seu último e mais profundo piso. Nesse piso estariam quatro casais de deidades, identificados pelo glosador como formas de apresentação do demônio.[84] A página com esses quatro casais está reproduzida na Figura 24. As informações sobre os pisos do Mictlan contidas nessas duas páginas do *Códice Vaticano A* estão ordenadas, sintetizadas e parcialmente traduzidas na Tabela 11.[85]

Nível	Denominação e tradução
1º piso	Apanohuayan – *Passagem da Água*
2º piso	Tepetl Monanamicyan – *Lugar das Montanhas que se Juntam*
3º piso	Itztepetl – *Montanha de Punhais*
4º piso	Itzehecayan – *Lugar do Vento de Obsidiana*
5º piso	Pancuecuetlacayan – *Lugar Onde as Bandeiras Fazem Muito Ruído*
6º piso	Temiminaloya – *Lugar Onde a Gente é Flechada*
7º piso	Teyollocualoyan – *Lugar Onde se Come o Coração das Pessoas*
8º piso	Itzmictlan, Apochcaloca – *Lugar da Morte de Obsidiana, Lugar sem Chaminé*
9º piso	Mictlantecuhtli e Mictecacihuatl – *Senhor* e *Senhora do Mictlan*; Ixpuztequi e Nexoxoche – *O de Pé Quebrado* e *A que Vomita Sangue*; Nextepeua e Micapetlazolli – *O Espalhador de Cinza* e *A Esteira Velha dos Mortos*; Tzontemoc e Chalmecacihuatl – *O que Baixa a Cabeça* e *Senhora dos Chachalmecas*

Tabela 11: Nomes e traduções dos níveis do Inframundo e dos quatro casais de deidades que o habitam segundo o *Códice Vaticano A*, p. 2r-2v.

Nessa tabela podemos perceber a presença substancial de termos em nahuatl para designar e caracterizar os níveis do Inframundo, o que poderia ser um forte indício da utilização de manuscritos tradicionais no processo de confecção dessa seção, mesmo que nela, como estamos procurando mostrar, a cosmografia seja tratada de maneira predominantemente temática. Outra prova dessa utilização encontra-se na

---

84   Cf. *Códice Vaticano A, op. cit.*, p. 2v.

85   Cf. *ibidem*, p. 2r-2v.

forma de representar os quatro casais que habitariam o Mictlan, os quais estão trajados, adornados ou cercados por elementos pertencentes à escrita *tlacuilolli*.

É o caso, por exemplo, de Mictlantecuhtli – parte superior esquerda da Figura 24. Entre as oito personagens, é a única que porta em sua cabeça o glifo em forma de diadema, que era lido como *tecuhtli*, isto é, *senhor*. Esse termo aparece no texto alfabético apenas na composição do seu nome, estando ausente dos nomes de todos os outros personagens masculinos apresentados (Tabela 11). Além disso, Mictlantecuhtli está sentado sobre *cipactli*, glifo tradicionalmente empregado para se referir à Terra – considerando-se seu interior –, que se grafava por meio da representação de uma mandíbula com presas e aberta cerca de 180°.

No que diz respeito à caracterização do Mictlan, além dos tormentos que estariam relacionados aos seus distintos níveis, é mencionado também nessas páginas um curso de água em sua entrada ou primeiro nível (Tabela 11), o qual também é citado em outras fontes, como veremos abaixo. Ademais, os nomes de alguns desses níveis – *Lugar Onde se Come o Coração das Pessoas* e *Lugar sem Chaminé*, por exemplo – parecem corroborar a ideia de que não havia retorno para as almas que iriam para o Mictlan, como mencionamos na primeira parte deste capítulo. Alguns textos do início do período Colonial parecem confirmar tal destino. Motolinía, por exemplo, afirma que se chorava e se realizavam oferendas pelos mortos no dia em que morreu, aos vinte e aos oitenta dias de sua morte e que isso seria feito por quatro anos "...y desde allí cesaban totalmente para nunca más se acordar del muerto".[86]

Na última página dessa primeira seção do *Códice Vaticano A* está a representação de Chichihualquauhuitl, a *Árvore Nutriz* que sustentaria as crianças mortas prematuramente, e de Tezcatlipoca, que porta um bastão formado por flores em uma das mãos – só parece ter uma – e o glifo do espelho fumegante em lugar de um de seus pés.[87] Para o glosador, esse *terceiro lugar das almas*, assim ele o nomeia, seria um arremedo demoníaco do limbo e expressaria o erro dos naturais em acreditar que as crianças mortas antes de desmamarem renasceriam após a destruição do mundo atual.[88]

---

86   Benavente, Toribio de. *Historia de los indios de la Nueva España*. Madri: Dastin, 2001, p. 85.

87   *Códice Vaticano A, op.cit.*, p. 3v. Tal glifo, nesse caso, constitui-se de três círculos concêntricos – um incolor, um vermelho e o outro alaranjado – e rodeados por cinco círculos menores, de onde saem uma cobra e água. Seria uma alteração fortuita do glifo que nomeava Tezcatlipoca em códices tradicionais, no qual se observam círculos concêntricos e línguas de fumaça que aludiriam ao termo *popoca*, isto é, *fumegar*, o qual era parte do nome da deidade? Ou a água e a serpente formariam aqui um outro conjunto glífico? São perguntas para as quais ainda não temos respostas bem fundamentadas.

88   Cf. *ibidem*, p. 3v. Esse destino para as crianças mortas prematuramente é mencionado também nos *Primeros memoriales*. Segundo esse texto, as crianças iriam para o Xochatlalpan, ou *Lugar de Abundância de Água e de Flores*, no qual haveria uma árvore com úberes para que ma-

Duas propriedades dessa primeira seção do *Vaticano A* permitem-nos inferir que sua composição se pautou por motivações relacionadas aos trabalhos dos missionários castelhanos e que sua organização interna se baseou, ao menos parcialmente, em concepções cosmográficas cristãs. Em primeiro lugar, parece que a ideia central em torno da qual gravitam seus temas é de origem cristã, a saber, que os homens possuem alma e que essas têm diferentes destinos após a morte. Esse tema era extremamente relevante ao trabalho missionário do século XVI, pois a salvação ou danação da alma no mundo pós-morte constituía-se como um dos pilares tanto do trabalho de pregação quanto da justificativa de evangelização e combate às supostas idolatrias mesoamericanas.[89]

Em segundo lugar, como a escolha temática parece provir do pensamento cristão, esses lugares são, ou deveriam ser, apenas três: Céu, Inferno e Limbo. Note-se que as outras regiões cosmográficas, como os quatro rumos, e os outros destinos dos mortos, como o Tlalocan, não são mencionados ou tratados com o mínimo de detalhes, fato que descarta a possibilidade de estarmos diante de uma seção que pretendia apresentar completamente a cosmografia nahua.

Além disso, parece que tal tipo de livro ou seção não existia entre os textos mixteco-nahuas tradicionais, pois essa seção do *Vaticano A* é a única representação pictoglífica dessa cosmografia invisível ou intangível, ou seja, em nenhum outro manuscrito pré-hispânico ou colonial tradicional temos esse tratamento temático dos níveis celestes, da superfície da Terra e dos pisos subterrâneos.[90] Sendo assim, podemos

---

massem. Cf. *Primeros memoriales by fray Bernardino de Sahagún*. Norman: University of Oklahoma Press, 1993, p. 84v.

89   Combate que seria mais eficiente após a determinação da existência ou não de uma evangelização pré-hispânica ou do contato dos povos locais com a Antiga Lei. Por isso que o glosador do *Vaticano A* utiliza a suposta existência de infernos e demônios para onde iriam as almas dos mortos – menos as dos mortos em combate que, segundo ele, iriam para o Céu – para estabelecer um vínculo histórico entre o Velho e o Novo Mundo. Em suas palavras, os habitantes locais "...têm tido notícia da sagrada escritura, ainda que mais adiante há argumentos mais claros". No original, "...hanno havuto notitia della sacra scrittura, ancorche inanzi sono argumenti piu chiari." *Códice Vaticano A, op. cit.*, p. 3r. A esse vínculo histórico se somaria o ontológico, estabelecido na seção sobre os níveis celestes, na qual, como vimos, o glosador afirma que os povos mesoamericanos possuíam a luz natural da razão.

90   Veremos abaixo que o *Rollo Selden* e o *Códice Gomez de Orozco* – que na verdade reproduz um fragmento do anterior – trazem os níveis celestes representados por faixas e acima do glifo de *cipactli*. No entanto, não se trata de uma apresentação da cosmografia, mas da utilização de alguns de seus âmbitos para narrar outra temática, no caso, uma espécie de prólogo celeste antes de uma história migratória. Cf. *The Selden Roll*. Berlim: Verlag Gebr. Mann, 1955 /Caso, Alfonso. *Interpretación del Códice Gomez de Orozco*. México: Talleres de Impresión de Estampillas y Valores, sdp.

supor que a estratigrafia do mundo de acima e de abaixo não era um tema caracteristicamente registrado pelas tradições de pensamento e escrita nahuas nos manuscritos pictoglíficos. Diferentemente, a cosmografia era empregada nesses manuscritos como um conjunto de concepções articuladas e cujo entendimento era pressuposto aos membros das tais tradições e das elites dirigentes nahuas. Essas concepções e suas representações glíficas parciais – como os níveis do Inframundo e os conceitos de *tlalli* e *cipactli* – seriam acionadas para organizar a composição pictoglífica ou evocar determinados âmbitos e suas qualidades segundo necessidades narrativas circunstanciais, tais como tratar da atuação de Quetzalcoatl em Tollan e de sua fuga.

Por esses motivos, podemos afirmar que a cosmografia desempenha uma função puramente temática nessa seção do *Códice Vaticano A*, isto é, não se constitui como pressuposto de leitura e não funciona como parte da estrutura organizadora sobre a qual temas tradicionais aos códices nahuas estão registrados. Por outro lado, isso não impede que elementos pictoglíficos e informações tradicionais tenham sido empregados no que podemos chamar de apresentação cristã dos locais de destino das almas segundo os nahuas. Vimos acima que esse foi o caso dos glifos *tlalli* e *cipactli* e da menção do nascimento de Oxomoco e Cipactonal a partir de Ometeotl.

A temática central da seção seguinte do *Códice Vaticano A* é as idades do Mundo, destacadamente os cataclismos que teriam marcado os finais das idades anteriores e a história de Tollan e Cholula durante a idade atual. Nessa seção há poucas referências explícitas à cosmografia.[91]

Nas três primeiras das quatro idades retratadas, as cavernas aparecem como locais que serviram de abrigo contra os cataclismos e permitiram a sobrevivência de casais humanos, os quais continuaram a viver nas idades subsequentes. A evocação desses âmbitos é condizente com as que encontramos em outras fontes nahuas, nas quais aparecem, por exemplo, como úteros que deram origem a grupos humanos e outros entes – conforme mencionamos também no início deste capítulo. No entanto, as representações das cavernas dessa seção do *Códice Vaticano A* não apresentam muitos elementos pictóricos ou glíficos utilizados pela escrita *tlacuilolli* mixteco-nahua. A exceção é a caverna retratada na segunda idade, no interior da qual um casal humano teria sobrevivido aos ventos fortíssimos que puseram fim a essa época. Nessa representação, que pode ser vista na parte central da Figura 25, há uma mandíbula aberta e dentada na base da caverna, motivo derivado do glifo *cipactli*, que, como vimos acima, aparece também nesse códice servindo de base para a representação de Mictlantecuhtli no último piso do Inframundo.

Nessa seção do *Vaticano A*, não obstante a escassez de menções explícitas aos rumos e níveis do Universo por meio de glifos ou da organização espacial das páginas, referências indiretas à cosmografia podem ser inferidas a partir de alguns elementos da composição das cenas das quatro idades. Em todas essas cenas, os deuses patronos

---

91   Cf. *Códice Vaticano A, op. cit.*, p. 4v-10v.

das idades descendem sobre os homens e os outros seres que ocupam a parte de baixo das páginas – peixes, macacos, aves e gigantes. Isso poderia sugerir que os cataclismos finais das idades ter-se-iam originado nos céus. A exemplificação dessa disposição pode ser observada na Figura 25, na qual o corpo de Quetzalcoatl, rodeado pelo glifo do Sol, volta-se para baixo e ocupa a parte centro-superior da página.

Outra referência indireta aos rumos poderia estar nas datas que fazem parte da composição das três primeiras idades, as quais marcam os nomes dos dias em que cada uma havia terminado: *matlactli atl* (*10 água*), *ce itzcuintli* (*1 cão*) e *chico-nahui ollin* (*9 movimento*). Esses dias pertencem, respectivamente, à quarta trezena (Ce Xochitl), à décima quarta trezena (Ce Itzcuintli) e à décima sétima trezena (Ce Atl), que se relacionam, respectivamente, aos rumos sul, norte e leste. Será que relacionar o fim das idades a dias procedentes de rumos distintos foi um mero acaso ou poderia expressar o princípio da rotatividade do tempo pelo espaço, o qual, como citamos acima, era um elemento central no cronotopo nahua e mesoamericano em geral? Teremos mais condições de responder a essa pergunta no Capítulo IV, depois de analisar a forma como outros relatos cosmogônicos associaram dias e idades cosmogônicas.

À continuação da quarta idade, como uma espécie de particularização dela, o *Códice Vaticano A* apresenta a famosa história de Quetzalcoatl e Xipe Totec,[92] da ruína de Tollan e da construção de Cholula.[93] Nessa parte do manuscrito, as glosas trazem referências a sítios situados na superfície da Terra: Cholula, o monte Tzatzitepetl, a Montanha do Apregoar e Tollan seriam alguns deles.[94] Os glifos toponímicos desses dois últimos sítios podem ser vistos na Figura 26, que reproduz duas páginas do *Vaticano A* relacionadas à ruína de Tollan. Tais glifos estão posicionados, respectivamente, abaixo de Xipe, na página da esquerda, e acima das cordas que arrastam o gigante, na página da direita. Além disso, cita-se também a passagem dos toltecas por baixo de montanhas perfuradas – onde os homens teriam ficado presos e se tornado pedras[95]

---

92   Veremos que na maioria das versões sobre a queda de Tollan, Huemac é o companheiro ou sucessor de Quetzalcoatl. Xipe Totec era uma personagem cujo traço mais característico era estar vestido com uma pele humana. Mais detalhes sobre essa deidade em Oliveira, Ana Paula de Paula L. de. O problema da identidade de uma divindade asteca: Xipe Totec. In: *Numen*. Juiz de Fora: Editora da Universidade Federal de Juiz de Fora, v. 4, n. 2, p. 113-52, segundo semestre de 2001. .

93   Cf. *Códice Vaticano A, op. cit.*, p. 7v-10v.

94   Cf. *ibidem*, p. 8r-8v.

95   Seria uma referência a fósseis animais petrificados por erupções vulcânicas, os quais eram muito familiares aos povos mesoamericanos? Veremos, no Capítulo IV, que as menções a esse tipo de evento e aos ossos de gigantes eram muito comuns nas narrativas cosmogônicas. Tais menções podem ser indícios de que as erupções vulcânicas e as atividades geológicas eram

– e a Tlapallan, *Região do Vermelho*, âmbito situado no rumo do nascente e à beira d'água, onde Quetzalcoatl teria desaparecido ou subido ao Céu como Vênus.

Não obstante essas menções a âmbitos específicos, a cosmografia não desempenha a função de estrutura organizadora na composição pictoglífica dessa seção, pois as imagens e os glifos encontram-se "soltos" e isolados em meio de páginas cuja maior parte está ocupada por glosas ou em branco. É o contrário do que ocorre em registros típicos do sistema de escrita mixteco-nahua que tratam do mesmo tema, como a *Pedra do Sol*, monumento de origem mexica produzido no último quartel do século XV e no qual os conceitos cosmográficos cumprem uma destacada função organizacional.[96]

No centro desse monólito esculpido com inscrições, cujos traços estão reproduzidos na Figura 27, as cinco idades do mundo encontram-se dispostas de modo a formar um *nacxitl xochitl* ou *flor de quatro pétalas*, conceito cosmográfico central ao mundo mesoamericano, como apontamos na primeira parte deste capítulo. Em cada uma das "pétalas" dessa flor, uma das idades anteriores está representada: Nahui Ocelotl (*Quatro Jaguar*), Nahui Ehecatl (*Quatro Vento*), Nahui Quiahuitl (*Quatro Chuva*) e Nahui Atl (*Quatro Água*). A idade atual, Nahui Ollin (*Quatro Movimento*), está representada pelo glifo que envolve as outras quatro idades e que contribui para formar o *nacxitl xochitl*. O sentido de leitura das idades anteriores é o anti-horário – nesse caso, começando-se pelo canto superior-direito. Vimos também que esse sentido de rotação é outra importante concepção da cosmografia nahua, pois representaria o sentido em que o próprio tempo caminha pelos rumos do Mundo. Voltaremos a analisar a *Pedra do Sol* e a importância das concepções cosmográficas na organização de seus gravados no Capítulo IV. Com os elementos que rapidamente evocamos aqui, pretendíamos apenas mostrar que os registros pictoglíficos tradicionais sobre a cosmogonia empregavam os conceitos cosmográficos de maneira estrutural ou os requeriam como pressupostos de leitura. É isso que também ocorre na segunda seção do *Códice Vaticano A*?

Vimos acima que não, pelo menos no que diz respeito à função estrutural, pois as imagens e glifos dessa seção não parecem ter sido dispostos com base em nenhum conceito cosmográfico e tampouco o sentido de leitura segue a rotação anti-horária. No entanto, a cosmografia não desempenha um papel temático nessa segunda seção

---

vistas pelas tradições de pensamento nahuas como parte das forças que haviam provocado transformações no mundo, das quais os grandes ossos seriam testemunhos, já que os maiores mamíferos da região eram o veado e o jaguar há pelo menos dez milênios.

96   Esse monumento constitui-se de um único bloco de pedra, com o formato de um disco de aproximadamente 3,6 metros de diâmetro. Foi encontrado em fins do século XVIII, assim como a estátua de Coatlicue, no antigo centro político-religioso de México-Tenochtitlan e, desse modo, sua produção e uso muito provavelmente estavam associados à elite dirigente mexica e sua tradição de pensamento e escrita. Encontra-se atualmente no Museu Nacional de Antropologia, na Cidade do México. Analisaremos mais alguns detalhes de seus registros pictoglíficos no Capítulo IV.

do *Vaticano A* – semelhante, por exemplo, ao que pudemos observar na primeira seção desse manuscrito. Ao contrário, vários elementos pictóricos e glifos relacionados a conceitos ou sítios específicos são acionados como pressupostos de leitura para se narrar uma outra temática: a cosmogonia e a subsequente história tolteca.

O emprego das concepções cosmográficas de modo não temático e como pressuposto de leitura nessa seção do *Vaticano A* assemelha-se a usos que encontramos em inscrições e manuscritos pré-hispânicos e em textos pictoglíficos e alfabéticos coloniais deles derivados – como o *Popol vuh* e os *Anales de Cuauhtitlan*, conforme veremos abaixo. Tal emprego, no entanto, não é acompanhado pelo uso das concepções cosmográficas em funções estruturais, isto é, organizando a disposição dos glifos e pinturas ou fornecendo o sentido de leitura, o que é feito, no caso dessa seção, por concepções ligadas à escrita alfabética.

Sendo assim, poderíamos concluir provisoriamente – talvez precipitadamente – que a seção da cosmogonia e da história tolteca do *Códice Vaticano A* foi inspirada, muito provavelmente, em livros pictoglíficos tradicionais nahuas, que tiveram seus conteúdos adaptados à lógica da escrita alfabética e do formato dos livros ocidentais. Isso diferenciaria essas duas primeiras seções do *Códice Vaticano A*, pois talvez a primeira, ao contrário da segunda, não possua nenhum tipo de manuscrito pré-hispânico correspondente, que lhe tenha servido de modelo. Vale lembrar que os ciclos calendários, conforme vimos no Capítulo II, também são evocados como pressupostos de leitura nessa segunda seção, o que confirmaria o caráter tradicional que lhe estamos atribuindo.

A seção seguinte do *Códice Vaticano A* é um *tonalamatl* precedido por duas páginas de glosas.[97] Vimos no capítulo anterior, ao analisarmos a forma de presença do calendário, que não há nenhuma referência explícita à cosmografia na parte pictoglífica dessa seção. No entanto, sabemos por meio de outros códices que as trezenas do *tonalpohualli* estavam relacionadas alternadamente aos quatro rumos do Universo, o que é mencionado nas glosas introdutórias do próprio *Vaticano A*.[98] Além disso, a presença dos nove Senhores da Noite no *tonalamatl* desse códice também poderia ser uma referência implícita à cosmografia, pois essas personagens podem ser associadas ao Inframundo e seus nove níveis.

Apesar da ausência de referências explícitas à cosmografia na parte pictoglífica, podemos encontrá-las nas glosas que acompanham as trezenas desse *tonalamatl* – uma dessas trezenas encontra-se reproduzida na Figura 6. Nessas glosas, por vezes, explica-se a origem ou menciona-se a atuação cosmogônica dos Patronos das Trezenas, ocasiões em que aparecem referências espaciais gerais, tais como Céu, Terra, águas,

---

97   Cf. *Códice Vaticano A, op. cit.*, p. 12r-33r.

98   Cf. *ibidem*, p. 12r-12v. Entre esses outros códices, como vimos acima, estão o *Borgia* e o *Fejérváry-Mayer*.

estrelas, Lua, céu dos mortos, Inframundo, parte do meio-dia (rumo do sul) e jardim de contentamento (Tamoanchan), ou algumas poucas referências mais particulares e relacionadas a *altepeme*, tais como Tollan e Cholula.[99]

A menção de conceitos espaciais sem explicações adicionais sobre suas cargas de significados, bem como as relações implícitas entre as trezenas do *tonalamatl* e tais conceitos, caracterizam o uso da cosmografia como um pressuposto de leitura e entendimento nessa seção do códice, do mesmo modo como vimos ocorrer na seção anterior – a das idades do Mundo e história tolteca. Embora praticamente não façam parte da organização espacial dos elementos pictoglíficos, os conceitos cosmográficos estão sistematicamente presentes nessas duas seções, seja de maneira implícita, como no caso das trezenas do *tonalpohualli*, ou de modo explícito, ao situar e qualificar um determinado evento cosmogônico pela citação de um âmbito ou de um *altepetl*.

Em suma, as concepções cosmográficas não são os temas abordados nessas duas seções do *Vaticano A*, como o são, por exemplo, em sua primeira seção; ao contrário, parecem formar parte de um conjunto de conhecimentos prévios para a leitura e interpretação dos escritos, fato que talvez indique que tais seções tenham sido copiadas de ou inspiradas em manuscritos pictoglíficos tradicionais.

Talvez não possamos dizer o mesmo da seção do *Vaticano A* que trata das dezoito vintenas do ano sazonal, parcialmente analisada no capítulo anterior e exemplificada na Figura 12. Nela, observa-se a ausência quase completa das concepções cosmográficas, seja como parte da estrutura organizacional, como saber pressuposto ou como tema.[100] A ausência das concepções cosmográficas, sobretudo como pressupostos de leitura ou parte da estrutura organizacional, poderia ser mais um indício da origem colonial dos registros sincrônicos e genéricos das vintenas do ano sazonal. Essa questão foi mencionada no Capítulo II e será retomada mais abaixo, ao analisarmos o *Códice borbónico*.

Diferentemente, a seção de anais do *Vaticano A* parece ter tido origem a partir de manuscritos tradicionais. Nessa seção, analisada parcialmente no capítulo anterior e exemplificada na Figura 18, há aproximadamente noventa glifos toponímicos, parte dos quais é evocada mais de uma vez ao longo dos quase quatrocentos anos de histó-

---

99   Cf. *ibidem*, p. 13v-33r.

100 Cf. *ibidem*, p. 42v-51r. Algumas menções genéricas a âmbitos que equivaleriam aos cristãos podem ser encontradas nos textos alfabéticos dessa seção do manuscrito, tais como Céu, Terra e Inferno. A cosmografia também está praticamente ausente na seção desse manuscrito que estabelece a correlação entre o *xiuhmolpilli* e os anos cristãos e na que trata dos sacrifícios e costumes. A única exceção parece ser a imagem da página 54v, que retrata um sacrificado segurado pelos quatro membros por quatro sacerdotes, que se posicionam nos quatro rumos. Cf. *ibidem*, p. 34v-36r e 54r-61v.

ria que estão registrados em sessenta e uma páginas.[101] Juntamente com os noventa glifos onomásticos, os glifos toponímicos[102] ocupam o segundo lugar em quantidade na composição, perdendo apenas para os glifos calendários, que somam trezentos e oitenta e seis, incluindo os da conta dos anos, os do Fogo Novo e os das vintenas.

Sendo assim, o conhecimento prévio dos significados dos glifos toponímicos constitui-se como um pressuposto fundamental para a leitura dos anais pictoglíficos do *Vaticano A*, os quais, diferentemente do que ocorre nas seções anteriores, não contam com glosas. Vimos, no Capítulo II, que o mesmo tipo de uso é dado ao calendário, que, ademais, é o elemento fundamental na estruturação e organização de toda essa seção. Esse tipo de uso da cosmografia e do calendário aponta, segundo uma de nossas hipóteses, em direção à participação de membros das tradições nativas de pensamento e escrita no processo de composição do manuscrito ou de sua seção, ou, pelo menos, indica que sua produção tenha sido baseada ou derivada de tipos de códices de origem pré-hispânica – como acreditamos ser o caso desses anais do *Vaticano A*, claramente baseados em *xiuhamatl* nahuas.

Em resumo, pelas análises desenvolvidas em todo esse subitem, podemos afirmar que as seções do *Vaticano A* que tratam dos âmbitos cosmográficos, da correlação entre os anos mexicas e cristãos, das festas das vintenas e dos sacrifícios e costumes não apresentam usos tradicionais da cosmografia. Isso porque os conceitos cosmográficos são o tema a ser explicado na primeira delas e estão praticamente ausentes das outras três – mesmo se considerarmos formas de presença implícita ou indireta. Esse uso temático ou a ausência da cosmografia poderia ser, segundo uma de nossas hipóteses específicas, um forte indício da origem cristã da organização e seleção temática dessas seções – o que não impede a presença de informações oriundas do mundo nahua.

Diferentemente, a cosmografia encontra-se presente como um saber pressuposto e indispensável à leitura e compreensão da composição pictoglífica nas seções desse manuscrito que tratam das idades do Mundo e história tolteca, das trezenas do *tonalpohualli* e da história mexica na forma de anais. Essas mesmas seções também apresentaram usos tradicionais do calendário, conforme podemos observar na Tabela 8, apresentada no capítulo anterior. Tais usos seriam um forte indício da participação de informantes ou sábios indígenas em seus processos de composição ou na confecção dos manuscritos que serviram de base a tais seções.

---

101   Cf. *ibidem*, p. 66v-99v.

102   Sobre a formação, as potencialidades conotativas, os valores semânticos e as representações glíficas dos topônimos mais utilizados na região central do México, vale conferir León Portilla, Miguel. Los nombres de lugar en náhuatl. In: *Estudios de cultura náhuatl*. México: IIH – Unam, v. 15, p. 37-72, 1982.

No entanto, como mencionamos no Capítulo I, alguns autores acreditam que praticamente todas as seções do *Vaticano A* corresponderiam a códices de origem pré-hispânica,[103] o que, portanto, não é confirmado pelas análises que desenvolvemos neste e no capítulo anterior. Tais análises parecem indicar que o *Vaticano A* seria o resultado de um processo de cópias e de junções de diversos livros pictoglíficos – alguns de origem mesoamericana e outros nascidos a partir de perguntas ou curiosidades cristãs. Praticamente todos esses livros – os anais são a exceção – possuem também glosas e textos alfabéticos, que explicam as pinturas e glifos e apresentam reflexões de caráter teológico-missionário. Essas glosas e textos contribuem na formação de um todo mais ou menos coerente segundo o pensamento cristão, pois fornecem, aos missionários e outros religiosos, informações sobre o mundo que pretendiam converter profundamente, as quais iriam desde as concepções nativas sobre o destino das almas após a morte e as origens do mundo, passariam pelos costumes e rituais e chegariam à história local.

Algumas dessas afirmações ganharão mais solidez depois de analisarmos como a cosmografia é utilizada nas outras fontes. Isso porque a comparação ressaltará os contrastes e concordâncias entre os usos da cosmografia que detectamos no *Vaticano A* e nos textos mais tradicionais – como o *Borbónico* ou o *Borgia* – ou nos mais pautados pelas demandas coloniais – como o *Magliabechiano*.

O *Códice magliabechiano*

As concepções cosmográficas estão praticamente ausentes da composição do *Códice magliabechiano*, seja de maneira implícita e estrutural ou explícita e temática.

Em sua primeira seção, que apresenta as mantas decoradas utilizadas pelos *pipiltin*, não há glosas ou elementos pictoglíficos que possam ser relacionados com a cosmografia ou, tampouco, com o sistema calendário.[104] Alguns motivos decorativos das tais mantas poderiam ter tido origem em glifos das séries calendárias – como a borboleta, *ehecatl*, *atl* e *xochitl* – ou em elementos da cosmografia – como a disposição em forma de *quincunce* na *manta de cinco rosas*, por exemplo, a qual pode ser vista na parte inferior-direita da Figura 28, que reproduz uma das treze páginas dessa seção do *Magliabechiano*. No entanto, tais elementos não figuram como parte da estrutura organizacional ou como saberes pressupostos e indispensáveis ao entendimento de outra temática; ao contrário, são apenas parte dos motivos decorativos das mantas dos *pipiltin*, tema dessa seção do *Magliabechiano*.

---

103   Entre eles Alcina Franch, José. *Códices mexicanos*. Madri: Editorial Mapfre, 1992.

104   Cf. *Códice Magliabechi*. Graz/México: ADV/FCE, 1996, p. 2v-8v. O uso de alguns dos tipos de mantas que aparecem no *Magliabechiano*, como as decoradas com borboletas, é mencionado nos *Primeros memoriales by fray Bernardino de Sahagún, op. cit.*, p. 55v e 251v.

A seção seguinte do *Magliabechiano* trata da conta dos dias e, como vimos no Capítulo II, não apresenta um *tonalamatl* completo, mas apenas os vinte *tonalli* com números de um a treze e depois de um a sete. Tal apresentação desarticula as vinte trezenas, impedindo o estabelecimento de qualquer menção sobre a relação desses períodos com os quatro rumos do Universo. Essa relação também não é mencionada nas glosas (Figura 8).[105]

O mesmo ocorre na seção da conta dos anos, também analisada no capítulo anterior e exemplificada na Figura 9.[106] Nela, os cinquenta e dois glifos anuais estão dispostos linearmente e sem nenhuma subdivisão em grupos que pudesse sugerir relações com as quatro direções – como ocorre, inclusive, em algumas obras coloniais claramente destinadas a leitores cristãos, como as rodas calendárias citadas no capítulo anterior.

Da seção da conta dos anos sazonais em diante, o *Códice magliabechiano* apresenta algumas parcas e desconexas referências cosmográficas, seja na seção das festas das vintenas, na das festas móveis, na dos jogos e bailes, na da morte e seus rituais relacionados ou na seção dos demais ritos.[107] Essas referências aparecem sob a forma de glifos toponímicos que relacionariam os deuses às suas supostas regiões de origem e celebração ou como menções a regiões mais gerais, tais como o Mictlan ou os quatro rumos – o que é feito, nesse último caso, por meio de uma flor de quatro pétalas ou de um campo para o jogo de bola.

A única exceção parece ser a seção dedicada a retratar os onze deuses do *pulque*.[108] Nela, as tais deidades são quase sempre apresentadas em companhia dos glifos de determinadas localidades, como podemos observar na Figura 29, que reproduz uma das páginas dessa seção. Nessa página estão Colhuacatzincatl e, no canto superior-direito, o glifo toponímico de Culhuacan, o *Monte Encurvado*, região de origem ou de celebração principal dessa deidade. A relação estreita entre a deidade e a localidade chega a produzir uma homonímia, pois Colhuacatzincatl significa *O de Culhuacan*.

No caso dos deuses do *pulque*, parece que seus vínculos com certas localidades – estabelecidos pelos glifos toponímicos que os acompanham ou pela própria composição de seus nomes – eram tão fortes que retratá-los isoladamente – como ocorre com outros deuses nesse códice – seria o mesmo que torná-los inidentificáveis.[109] Esses vínculos estariam fundamentados na relação entre certos tipos de plantas ou técnicas

---

105   Cf. *Códice Magliabechi, op. cit.*, p. 11r-13v.

106   Cf. *ibidem*, p. 14v-28r.

107   Cf. *ibidem*, respectivamente, p. 28v-46r, 46v-48r, 59v-64r, 64v-76r e 76v-92v.

108   Cf. *ibidem*, 48v-59r.

109   Para Gordon Brotherston, esses deuses e localidades relacionadas conformam um distrito próprio na serra de Tepoztlan, desde Chichinauhtzin até o Popocatepetl. Cf. Brotherston, Gor-

para se fazer a bebida e certas localidades. Essas plantas ou técnicas são mencionadas em diversos relatos cosmogônicos como dádivas dos deuses. Isso ocorre, por exemplo, no relato sobre a descoberta e o uso do *maguey* no preparo do *pulque* pela deusa Mayauel,[110] retratada nessa seção.

Esse tipo de relação e vínculo indica-nos que mencionar o nome ou registrar os glifos toponímicos dos *altepeme* significava, muitas vezes, sobrepor significados que chamaríamos de históricos – como a localização geográfica de um determinado grupo humano especializado na produção de um tipo de bebida – e cosmogônicos – como a caracterização de uma ação divina que alteraria a vida dos povos de uma ampla região. Voltaremos a tratar dessa imbricação entre sentidos cosmogônicos, cosmográficos e toponímicos na parte final deste capítulo.

A quase ausência da cosmografia nesse códice, seja como tema ou parte da estrutura organizacional, é significativa. Como vimos no caso do sistema calendário, o *Magliabechiano* é o manuscrito pictoglífico, dos três aqui analisados, que menos conta com a presença do sistema calendário de modo estrutural ou como pressuposto de leitura – o que pode ser conferido na Tabela 8, apresentada no Capítulo II. Em outras palavras, vimos que o calendário ou, melhor dizendo, parte dele é apenas mais um de seus temas. Para essa participação temática, o calendário foi enquadrado em uma apresentação estruturada com base no sistema de escrita alfabética, na qual os glifos e pinturas funcionam predominantemente como ilustração a um texto alfabético que precede as imagens pictoglíficas.

Acreditamos que essa quase ausência dos conceitos cosmográficos no *Magliabechiano* pode ser explicada por duas razões. Primeiramente, no caso da ausência temática, pelo simples fato de que o autor ou organizador de seu protótipo não tenha perguntado a seus informantes sobre esse assunto – por não o considerar importante ou, talvez, por nem sequer pressupor sua existência. Em segundo lugar, pela decisão de seus autores ou organizadores de abordar e apresentar o calendário como uma simples conta de dias ou de anos, separando a dimensão temporal da espacial e privilegiando a primeira. Essa forma de abordagem em nada se assemelha àquelas que são encontradas nos manuscritos pictoglíficos tradicionais do sistema mixteco-nahua, nas quais o calendário e a cosmografia nunca aparecem como temática.

Tudo isso serve para reforçar duas conclusões sobre esse códice, obtidas no capítulo anterior a partir da análise da presença do sistema calendário. Em primeiro lugar, mesmo que sua produção ou a de seu protótipo, tenha se dado ainda em meados do século XVI, como apontamos no Capítulo I, trata-se de um manuscrito cuja

---

don. Las cuatro vidas de Tepoztecatl. In: *Estudios de cultura náhuatl.* México: IIH – Unam, v. 25, p. 185-205, 1995.

110 Essa relação entre Mayauel e o agave é relatada, por exemplo, na Histoire du Mechique. In: *Mitos e historias de los antiguos nahuas.* México: Conaculta, 2002, p. 149-51.

organização temática e estruturação narrativa obedecem totalmente a modelos de livros oriundos do cristianismo ocidental, fazendo com que os elementos pictoglíficos funcionem praticamente como ilustrações do texto alfabético. Em segundo lugar, a simples presença de elementos pictoglíficos não foi suficiente para a manutenção de estruturas organizacionais ou de temas tradicionais às tradições de pensamento nahuas.

Em suma, acreditamos que foi possível demonstrar neste capítulo e no anterior que o *Códice magliabechiano* não é um manuscrito com padrões compositivos típicos das tradições de escrita e pensamento nahuas, apesar da utilização de elementos do sistema pictoglífico mixteco-nahua e de sua produção precoce, entre as décadas de 1530 e 1550 – incluindo-se, nesse período, a possível confecção de um outro manuscrito, que lhe tenha servido de modelo ou protótipo. Ao contrário, trata-se de uma obra concebida para ajudar os primeiros missionários na compreensão dos ciclos calendários e da vida ritual mexica e nahua em geral e, sendo assim, sua estrutura organizacional e seleção temática foram profundamente influenciadas pelo pensamento cristão e pela escrita alfabética.

Uma implicação necessária dessas conclusões sobre o *Magliabechiano*, como anunciamos no Capítulo I, seria que a maior proximidade da produção de um códice colonial aos tempos pré-hispânicos e o emprego de elementos do sistema pictoglífico não garantiriam, por si, a continuidade de uso das estruturas e temáticas tipicamente pré-hispânicas. Desse modo, torna-se necessário abordar e analisar cada códice colonial – e também cada texto alfabético nativo – como produto mais ou menos único de uma conjunção particular de interesses, forças políticas, curiosidades, objetivos e virtuais destinatários. Somente assim poderemos, então, estabelecer semelhanças estruturais e temáticas que nos permitirão agrupar esses manuscritos como mais relacionados às tradições de pensamento e escrita nahuas ou como mais próximos às tradições cristãs ocidentais, compondo, desse modo, conjuntos de fontes que, por sua vez, nos possibilitarão agrupar em vertentes e entender as particularidades das diferentes conjunções que mencionamos acima.

O *Códice borbónico*

O *tonalamatl* do *Códice borbónico* não possui nenhuma referência direta às regiões do Universo em suas fileiras de quadrados, nas quais figuram os glifos da conta dos dias, dos treze Senhores dos Dias, dos treze Voadores e dos nove Senhores da Noite.[111] Reproduzimos duas trezenas desse *tonalamatl* nas Figuras 1 e 2.

No entanto, como mencionamos acima, fontes pré-hispânicas como o *Fejérváry-Mayer* (Figura 20) e o *Borgia* nos permitem saber que as vinte trezenas estavam indissociavelmente associadas às quatro direções do Mundo, isto é, que a cada direção correspondiam cinco trezenas, pois os conjuntos sucessivos de treze dias se alterna-

---

111   Cf. *Códice borbónico, op. cit.*, p. [1]-20.

vam pelas quatro direções. Essa informação não poderia ser inferida apenas a partir do *tonalamatl* do *Códice borbónico*, mas seu conhecimento era indispensável à leitura da seção, pois a caracterização das fortunas dos dias da trezena Ce Cipactli, por exemplo, dependia diretamente de características atribuídas ao rumo oriental, ao qual essa trezena estava associada. Sendo assim, essa concepção cosmográfica era um pressuposto de leitura à primeira seção do *Borbónico*.

Embora a relação entre as trezenas e os rumos do universo não conste explicitamente no *tonalamatl* do *Borbónico*, parece que a concepção de rotação anti-horária do tempo pelas quatro direções possui um papel importante na disposição gráfica dos glifos dos dias e daqueles que estão associados a eles diretamente. Como vimos no Capítulo II, a disposição dos treze dias e seus acompanhantes que consta em cada página dessa seção conforma um grande "L" invertido, no interior do qual os glifos são lidos da esquerda para a direita e de baixo para cima. A continuidade do sentido de leitura estabelecido pela conta dos dias em dois lados das páginas quadradas pelos outros dois – do canto superior direito ao esquerdo e daí para baixo, até o canto inferior esquerdo – resultaria numa volta completa e em sentido anti-horário, a qual aludiria à circulação das trezenas pelos quatro rumos.[112]

Essa suposição é fortalecida pelo fato de tal recurso ser utilizado de maneira totalmente explícita para distribuir os anos que compõem o *xiuhmolpilli* na segunda seção desse manuscrito.[113] Conforme vimos no Capítulo II, os 52 anos desse ciclo formam dois caixilhos completos, cujas bordas externas quase coincidem com os limites das páginas quadradas do manuscrito. O par de caixilhos formado por esses 52 anos pode ser visto na Figura 10. Nesses caixilhos, os anos se sucedem em sentido anti-horário, em uma referência explícita ao percurso do tempo pelas quatro direções.[114]

---

112 No *Tonalamatl Aubin* também temos as séries calendárias dispostas na forma de um "L" invertido, no entanto, o sentido de leitura é o inverso do *Borbónico* e sua continuidade pelos quatro lados das páginas resultaria no sentido horário. Cf. *El tonalamatl de la Colección Aubin*. Tlaxcala: Estado de Tlaxcala/La Letra Editores, 1981, p. [1]-20. Isso seria um indício de que a confecção desse manuscrito não tenha se pautado, estritamente, num manuscrito tradicional, no qual tal sentido não seria comum, como demonstramos no capítulo anterior? Seria necessária uma pesquisa mais ampla sobre as origens e características desse manuscrito para responder a essa pergunta.

113 Cf. *Códice borbónico, op. cit.*, p. 21-2.

114 No entanto, os anos constantes em cada um dos quatro lados de cada uma das duas páginas não correspondem, em sua totalidade, às regiões que cada um desses lados estaria representando – supondo que as páginas estejam orientadas, suas partes superiores corresponderiam ao rumo oriental e, por consequência, seus lados esquerdos corresponderiam ao norte e assim sucessivamente. Por exemplo, os sete anos iniciais do *xiuhmolpilli* que se encontram na parte superior da página 21, que vão de *ce acatl* (*1 junco*) a *chicome calli* (*7 casa*) e podem ser vistos na

Ademais, as páginas parecem estar orientadas, isto é, com suas partes de cima relacionadas à região do nascente que, como apontamos no início deste capítulo, gozava de certa primazia gnosiológica na cosmografia nahua e mesoamericana. Essa orientação estaria grafada da seguinte maneira. A forma quadrangular que é constituída pela disposição da conta dos anos repete-se no recinto representado no centro da página 21, cujo interior é ocupado por Oxomoco e Cipactonal, os quais podem ser vistos na porção esquerda da Figura 10.[115] Essa forma do recinto parece ser uma referência a *tlalli* (*terra*) ou a Tlalpan (*Sobre a Terra*), âmbito que teria tido, conforme veremos em detalhe no Capítulo IV, a Oxomoco e Cipactonal como seus habitantes primordiais e que comumente era representado por formas quadrangulares, como vimos na primeira parte deste capítulo. Ademais, essa suposição é reforçada pela existência de um grande manancial de água abaixo do recinto, que poderia ser relacionado com as *águas imensas*, sobre as quais se encontraria justamente *tlalli*. A entrada do recinto, que talvez represente *tlalli* ou Tlalpan, está disposta na parte superior da página, o que pode ser um indício de que ele esteja orientado, isto é, com sua parte superior representando o rumo de Tonatiuhichan (*Casa do Sol*). Essa suposta orientação da página é reforçada, ainda, pelo fato de que o primeiro ano do *xiuhmolpilli*, 1 *acatl* ou *junco*, também se encontra representado em sua parte superior, e esse ano, assim como todos os que contavam com *acatl*, sabidamente estavam relacionados ao oriente.

No próximo capítulo, ao analisarmos os relatos cosmogônicos, procuraremos mostrar que os elementos calendários e cosmográficos contidos nesse par de páginas emolduram, organizam e qualificam episódios sobre as idades do Mundo, nos quais Oxomoco, Cipactonal, Quetzalcoatl e Tezcatlipoca são personagens fundamentais. Por enquanto, interessa-nos apenas assinalar que muitos elementos cosmográficos e calendários são acionados na composição dessa seção do *Borbónico*: seja de modo implícito, como elementos que decorrem diretamente de ou são pressupostos necessários à presença da conta dos anos; ou de modo explícito, como a forma quadrangular da disposição da conta dos anos e do recinto e a própria orientação das páginas. Em todos os casos, os elementos calendários e cosmográficos são pressupostos de leitura ou princípios organizadores da composição e, sendo assim, podemos dizer que os elementos registrados graficamente constituem-se apenas como uma parte dos que deveriam ser mobilizados no momento da leitura – como, aliás, ocorre com qualquer sistema de escrita.

Voltemos, então, ao uso da cosmografia no *tonalamatl* do *Borbónico*. Dissemos acima que os treze Senhores dos Dias e os treze Voadores poderiam estar relacionados

---

parte superior-esquerda da Figura 10, não estavam todos relacionados ao oriente, pois cada um deles, na ordem e sequência apresentadas, estaria vinculado a um dos quatro rumos de modo alternado, começando-se pelo oriente e seguindo-se o sentido anti-horário.

115   Cf. *ibidem*, p. 21.

aos treze níveis celestes e os nove Senhores da Noite aos nove níveis do Inframundo. Tais relações seriam uma outra forma de imbricar o tempo e o espaço[116] no *tonala-matl*, por meio da evocação dos céus e inframundos, pois os quatro rumos já eram acionados pela relação de alternância mantida com as vinte trezenas. Essas evocações e relações não se encontram explicitamente grafadas nas páginas de nosso códice e suas presenças na composição também se dariam como um saber prévio à leitura, um saber de domínio comum entre as tradições de pensamento nahuas e que não necessariamente deveria estar grafado para ser evocado no momento de reabilitação dos conteúdos pictoglíficos.[117]

Além dessas menções implícitas aos níveis celestes e subterrâneos por meio das séries calendárias, na parte central de cada trezena há dezenas de elementos pictoglíficos que se referem às regiões do Universo, a começar pelas deidades que figuram como patronas das trezenas, pois muitas delas associavam-se de maneira relativamente estável a alguma região específica – como Mictlantecuhtli ao Inframundo. Ademais das deidades, muitos dos glifos agrupados na porção central de cada trezena – os quais se relacionam com as oferendas e prognósticos – possuem conotações cosmográficas marcadas e bem conhecidas.

Os glifos com esse tipo de conotação que aparecem de modo mais recorrente nessas vinte páginas do *Códice borbónico* são: A – olhos estelares (3ª, 4ª, 5ª, 6ª, 10ª, 11ª, 12ª, 13ª, 14ª, 15ª, 16ª, 17ª, 18ª e 20ª trezenas), cometas (5ª trezena) e sóis (11ª e 16ª trezenas); B – pedras verdes ou azuis e espinhos de *maguey* dispostos na forma de *quincunce* (4ª, 5ª, 10ª, 13ª, 16ª e 20ª trezenas); C – glifos em negro semelhantes à cruz de Santo André e à cruz-de-malta (5ª, 6ª, 7ª, 12ª, 13ª, 14ª, 16ª, 17ª e 18ª trezenas); D – conchas, caracóis (3ª, 6ª, 7ª, 12ª, 16ª e 20ª trezenas) e águas marinhas (16ª trezena).[118]

Em todos esses casos, os elementos pictoglíficos possuem significados gerais bem estabelecidos dentro da tradição pictoglífica mixteco-nahua.

Os olhos estelares, os cometas e o Sol, por exemplo, relacionavam-se com os níveis celestes em que ocorreriam – e no caso específico dos olhos estelares, também

---

116   Cf. León Portilla, Miguel. *Códices*. México: Aguilar, 2003.

117   Além disso, parece que muitos dos Quecholli estariam relacionados com suas distintas regiões de procedência, pois entre eles há aves originárias das terras tropicais e temperadas.

118   Além desses elementos cosmográficos, também estão presentes, de modo menos recorrente, a árvore rachada de Tamoanchan (15ª trezena), que evocaria o sítio de morada dos antepassados, o glifo *cipactli* (18ª trezena) e o campo de bola (19ª trezena), o qual, por sua forma quadrangular, evocaria a superfície da Terra e seus quatro rumos. Cf. *Códice borbónico, op. cit.*, p. 3-20. Para López Austin, a árvore de Tamoanchan que aparece no *Borbónico* com suas quatro faixas de cores distintas (vermelho, verde, amarelo e azul) seria uma síntese das quatro árvores das esquinas do Mundo. Cf. López Austin, Alfredo. *Los mitos del Tlacuache*. México: IIA – Unam, 1998.

evocavam a noite. Três olhos estelares podem ser vistos no centro da parte superior da moldura em azul que envolve os patronos da trezena Ce Cozcacuauhtli (*Um Abutre*), reproduzida na Figura 30. Cada um deles é formado por dois círculos concêntricos delineados em negro e com metade de suas áreas pintadas de vermelho – o que torna essa forma semelhante a um olho semifechado.

Algumas das cruzes mencionadas estão grafadas sobre bolsas que portariam copal, como a que pode ser vista na Figura 30 um pouco acima e à esquerda da mão direita de Xolotl, Patrono da Trezena que se situa na parte direita do interior do quadrângulo em azul. A junção desses glifos – a bolsa de copal e a cruz em negro – aludiriam ao ato de incensar em direção aos quatro rumos.

Os *quincunce* relacionam-se, como indicado anteriormente, à divisão do Mundo em quatro regiões e um centro. Um exemplo desse tipo de composição, formada por dois espinhos cruzados quase que perpendicularmente e cujo ponto de intersecção é marcado por um olho estelar, pode ser observado na mesma Figura 30, acima de uma pimenta vermelha e de um feixe de flechas e entre os dois patronos da trezena, isto é, Xolotl, à direita, e Tlachitonatiuh.[119]

Aliás, o conjunto pictoglífico que constitui Tlachitonatiuh é um excelente exemplo não apenas de como as concepções cosmográficas deveriam ser saberes pressupostos aos produtores e usuários primários do *Borbónico*, mas também do próprio funcionamento da escrita *tlacuilolli*, pois nesse conjunto estão sobrepostos glifos com sentidos mais restritos com imagens de sentidos mais amplos.

Tal conjunto é formado, basicamente, pela representação de um corpo amortalhado[120] sobre o qual estão os glifos do Sol e de *cipactli*. O glifo do Sol parece dominar graficamente o conjunto por sua grande dimensão e posição quase central. Suas pontas ou raios excêntricos dividem o círculo amarelo em quadrantes, os quais podem ser relacionados com os quatro rumos. Na parte inferior do conjunto, encontra-se o glifo *cipactli*, sobre o qual o glifo do Sol parece estar depositado para ser tragado. A junção desses glifos parece aludir a Tonatiuh, o *Sol*, no momento em que iniciaria seu percurso pelo interior de Tlaltecuhtli, o *Monstro da Terra*, tornando-se ele próprio, o Sol, um morto ao passar pelo Mictlan, âmbito evocado pelos ossos cruzados e caveiras que se encontram na parte posterior do corpo amortalhado. Nesse momento, no limiar entre o âmbito celeste e o Inframundo, o Sol era chamado de Tlachitonatiuh, que podemos traduzir por *Sol Crepuscular*. Além disso, veremos no Capítulo IV que nessa

---

119   Tal forma também se assemelha à representação da divisão do espaço em quadrantes por uma espécie de "X". Outro *quincunce* pode ser visto imediatamente acima da cabeça de Xolotl nessa mesma trezena. Esse *quincunce* é formado por um círculo azul e por outros quatro círculos menores que se distribuem ao seu redor de modo regular e contíguo.

120   Ou *vulto mortuário*. Em castelhano, *bulto mortuorio*. As cordas que prendem a mortalha podem ser vistas na parte da frente do corpo.

trezena encontra-se o dia *nahui quiahuitl* (*4 chuva*), no qual a idade anterior teria se encerrado por grandes inundações, e, sendo assim, o conjunto pictoglífico analisado poderia também referir-se a esse episódio, pois apresenta o Sol como um corpo amortalhado, tragado pela Terra e cercado por água pelas quatro direções.[121]

Nessa mesma trezena há dois conjuntos pictoglíficos relacionados à cosmografia que merecem destaque.

Um deles é o grande quadrângulo azul que emoldura os patronos da trezena e demais elementos associados (Figura 30). Esse quadrângulo alude a *teoatl*, as *águas imensas* ou *oceânicas* que circundariam a superfície quadrangular da Terra. O caráter oceânico dessas águas é reforçado pela presença, em seu interior, de pequenas figuras espiraladas em negro, as quais representam caracóis marinhos ou as linhas interiores de suas voltas depois de secionados, tais como o que aparece no peitoral de Xolotl nessa mesma trezena.

O outro se encontra no próprio quadrângulo das *águas imensas*, o qual, na verdade, possui uma pequena interrupção em sua parte centro-superior. Nessa interrupção há uma imagem formada por quatro camadas, sendo que na superior, visivelmente mais larga, podemos observar um fundo verde escuro sobre o qual há círculos delineados em negro cujos interiores são brancos – além dos citados olhos estelares. Abaixo da camada superior, encontram-se, respectivamente, uma camada cor-de-laranja, uma vermelha e, por último, uma camada sem cor de fundo e na qual estão dispostos, lado a lado, três conjuntos figurativos. Os dois conjuntos laterais são formados por elementos semelhantes aos que se encontram no glifo *cipactli* e no do Sol, os quais são parte do conjunto que denominamos de Tlachitonatiuh, analisado acima. Esses elementos assemelham-se a pequenos bastões vermelhos cujas pontas são compostas por uma espécie de semicírculo de linhas duplas e sem coloração e que se encontram frequentemente associados ao Sol. Desconheço os elementos que constituem o conjunto glífico central, à exceção do olho estelar em seu centro.

É muito provável que essas quatro camadas se relacionem com quatro dos níveis celestes, os quais se conjugam com outros glifos nesse contexto escritural precisamente delimitado – o das trezenas do *tonalpohualli* – para dar origem a conjuntos pictoglíficos com sentidos muito específicos e que poderiam ser lidos e interpretados pelos sacerdotes especializados no *tonalamatl*.[122] Além disso, esse caso nos mostra que

---

121   Nessa breve descrição e análise, deixamos de fora uma série de outros elementos do conjunto pictoglífico, alguns por não se relacionarem diretamente aos conceitos cosmográficos e outros por desconhecermos seus nomes ou prováveis sentidos. A aparição desse conjunto glífico no *Borbónico* e em outros códices é analisada por Alcina Franch, José. Tlaloc y los tlaloques en los códices del México central. In: *Estudios de Cultura Náhuatl*. México: IIH – Unam, v. 25, p. 29-43, 1995.

122   Segundo o *Vaticano A*, como podemos observar na Tabela 10, há níveis celestes que poderiam ser identificados com os retratados nessa página do *Borbónico*, pois possuem a cor amarela, vermelha

a menção dos âmbitos cosmográficos – concretamente, dos níveis celestes – poderia se dar parcialmente e de modo a compor conjuntos pictoglíficos cujos sentidos ultrapassavam a apresentação temática dos tais âmbitos – o que, segundo nossas hipóteses, seria característico dos manuscritos tradicionais.

Em suma, sobre as duas primeiras seções do *Códice borbónico*, podemos dizer que as concepções cosmográficas não são o seu tema – como mostramos ser o caso da primeira seção do *Códice Vaticano A* –, mas parte de seus pressupostos de leitura e de sua estrutura organizacional, seja por meio do registro de glifos e disposições gráficas que evocam os âmbitos cosmográficos ou pela presença estrutural e implícita dos quatro rumos para a leitura do *tonalpohualli* e do *xiuhmolpilli*. Sendo assim, as formas de uso das concepções cosmográficas nessas duas seções do *Borbónico* vão ao encontro das que detectamos ao analisar a presença do sistema calendário nessas mesmas seções, configurando, nos dois casos, o que estamos chamando de usos tradicionais. Desse modo, o tipo de emprego da cosmografia e do calendário confirmaria que tais seções foram confeccionadas de acordo com padrões organizativos e temáticos típicos do sistema mixteco-nahua, mesmo que a elaboração desse manuscrito tenha se dado alguns anos depois da chegada dos espanhóis ao centro do México.

A presença das concepções cosmográficas também ocorre de modo bastante tradicional na seção final do *Códice borbónico*.[123] Isso porque, além dos anos do *xiuhmolpilli* presentes em suas dezoito páginas evocarem implicitamente os quatro rumos do universo, a personagem inicial e final no registro das dezoito vintenas é Xiuhtecuhtli, deidade estreitamente relacionada com a região central e a cerimônia de Enlace dos Anos. Essas duas aparições de Xiuhtecuhtli podem ser vistas, respectivamente, na parte centro-esquerda da Figura 14 e na porção central da Figura 16.[124]

Além disso, os quadrados azuis que emolduram os anos das páginas finais estão dispostos de modo semelhante ao *xiuhmolpilli* completo que precede essa grande seção.[125] Ou seja, esses anos finais, que podem ser vistos na Figura 17, dispõem-se por três das quatro bordas do conjunto de quatro páginas finais – considerando-se as duas perdidas –, formando assim um grande quadrângulo que poderia ser uma alusão ao movimento de circulação dos anos pelos quatro rumos. No entanto, a sequência

---

ou verde-escuro e neles estão situados elementos identificados como o Sol e as estrelas.

123   Cf. *Códice borbónico, op. cit.*, p. 23-[40]. Vale lembrar que estamos considerando como uma única seção as páginas que tratam das dezoito vintenas e as que contêm o ciclo final do *xiuhmolpilli*, as quais aparecem como duas seções em muitos catálogos e estudos, como vimos nos Capítulos I e II.

124   Cf. *ibidem*, p. 23 e 37.

125   Cf. *ibidem*, p. 21-2.

desses anos indica ou faz alusão ao sentido horário, o que vai de encontro às apresentações anteriores das séries calendárias nesse mesmo códice.[126]

Além dessas alusões implícitas, há uma série de menções explícitas à cosmografia nessa seção final do *Borbónico*. Os principais elementos pictoglíficos relacionados à cosmografia e registrados nessa seção são os topônimos do cerro de Tlaloc (p. 24, 25, 32 e 35) e do monte Huizachtecatl (p. 34), a cruz de Santo André (p. 34), o campo do jogo de bola e sua oposição entre as cores negra e vermelha (p. 27), os sacerdotes associados aos quatro rumos por sua disposição ou pela cor dos seus trajes (p. 27, 31 e 34) e o Fogo Novo como centro das quatro direções (p. 34). Assim como no caso do *tonalamatl*, todos esses elementos encontram-se, nessa seção, em um contexto textual muito bem definido – o da celebração, provavelmente, mexica das vintenas entre os anos 1 coelho e 2 junco – e em composição com outros glifos, formando assim conjuntos cujos sentidos deveriam ser precisa e facilmente reabilitados pelos membros das tradições de escrita mixteco-nahua.

Não trataremos dos possíveis significados gerais de todos os elementos cosmográficos mencionados nessa parte do *Borbónico*, pois o objetivo central da pesquisa não é fazer a exegese completa dessa seção do manuscrito. No entanto, é útil aos nossos propósitos analisar em detalhe a cena do Fogo Novo – quase que de modo exemplar – para entendermos como os glifos e conceitos cosmográficos proporcionam, por um lado, informações específicas e, por outro, contribuem na organização e disposição dos demais elementos grafados.

Mostramos, no capítulo anterior, que os dois conjuntos pictoglíficos dispostos na parte centro-superior da página que retrata o Fogo Novo, reproduzida na Figura 15, aludiam, da esquerda para a direita, ao ano de realização da cerimônia, isto é, *ome acatl* (*2 junco*), e à deidade e vintena celebrada, isto é, Huitzilopochtli e Panquetzaliztli.[127] Ao lado direito desses dois conjuntos pictoglíficos, encontra-se um terceiro conjunto, o qual se constitui de três partes: um glifo em forma de montanha verde – chamado de *tepetl* ou *montanha* –, um *mamalhuaztli* sobre a tal montanha – instrumento utilizado para acender o Fogo Novo conforme vimos no capítulo anterior – e, ao lado direito dos dois primeiros, uma árvore de raízes expostas – identificada como um *huizachin*.[128]

---

126   Talvez essa disposição se explique pelo fato de a conta dos anos ocupar a porção superior das páginas que retratam a celebração das vintenas, fazendo com que a marcação dos anos posteriores se inicie na porção superior da página 37 – com o ano *yei tecpatl* ou *3 punhal de pedernal* – e siga assim até a última página do códice, seguindo depois para baixo, paralelamente ao limite lateral-direito da última página, e retornando pela parte inferior dessas quatro páginas finais, até a página 37, onde está o início da conta desses anos vindouros (Figura 17).

127   Cf. *ibidem*, p. 34.

128   Árvore com espinhos e pontas agudas do grupo da *mimosa*. O termo nahuatl mencionado resultou na forma castelhanizada *huichachi*.

Todo esse conjunto pictoglífico remeteria ao acendimento do Fogo Novo – evocado pela presença do glifo *mamalhuaztli* – sobre o Huizachtecatl ou *Monte do Huizachin* – localidade designada pelo glifo toponímico da montanha e da árvore e situada nas imediações de Itztapalapan, situada a oito quilômetros de México-Tenochtitlan.

Dessa forma, além de situados temporalmente pelos outros dois conjuntos pictoglíficos do topo da página, os episódios registrados estão localizados espacialmente pelo conjunto que acabamos de explicar. Partindo desse sítio e seguindo as pegadas humanas em negro, passamos por uma série de construções e personagens situados na lateral direita da página – cujos significados exploraremos no Capítulo IV – e chegamos à representação de uma grande construção, que ocupa toda a parte central da página, e que tem sido interpretada como um templo.[129] Nessa construção, bem como nas quatro personagens que nela se encontram, há inúmeras referências aos quatro rumos e ao centro do Universo, concepção fundamental para o funcionamento do sistema calendário mesoamericano e, portanto, para o Enlace de Anos registrado nessa página.

Podemos começar pela disposição dos quatro sacerdotes que acendem seus feixes de lenha – ou que os arrojam ao fogo –, a qual marca, inequivocamente, as esquinas dos quatro rumos do Universo.[130] Além dessa menção, os quatro rumos e o centro do Mundo são evocados nesse momento fundamental para o enlace dos ciclos calendários por meio de três cruzes-de-malta brancas no portal negro do edifício, por mais

---

129   Como mencionamos no Capítulo I, há uma polêmica sobre a localização geográfica desse templo. No entanto, é muito provável que seja o Tlillan que se situaria na região de Xochimilco, nos arredores de México-Tenochtitlan.

130   Numa outra imagem dessa mesma seção do *Borbónico*, na página 31, temos oito sacerdotes dispostos em torno de uma mulher que estaria sendo preparada para ser assassinada cerimonialmente e que tem sido identificada como a personificação de Xilonen-Chicomecoatl. Esses sacerdotes formam dois quadrângulos em torno da vítima. Quatro deles possuem o corpo tingido de negro, trajam apenas toucados e *maxtlatl* (tipo de tapa-rabo) e seguram a mulher pelos braços e pernas, a qual se encontra deitada sobre uma esteira gotejada de *hule* (látex derretido) e estendida por cima de espigas de milho. Os outros quatro sacerdotes, ricamente ataviados e com máscaras de Tlaloc, dispõem-se de modo a formar um quadrângulo mais exterior ao formado pelos quatro primeiros. Apesar das semelhanças entre esses quatro outros sacerdotes, é possível distingui-los pelas cores de seus trajes e toucados: azul, branco-negro, amarelo e vermelho. Essas cores são frequentemente associadas aos quatro rumos, embora não nessa disposição. Isso porque, se considerarmos que a composição está orientada, temos o azul no rumo oriental, o branco e o negro no setentrional, o amarelo no ocidental e o vermelho no meridional. Como citamos na primeira parte deste capítulo, as associações mais estáveis eram entre o oriente e o vermelho, o norte e o branco ou amarelo, o ocidente e o negro, e entre o sul e o verde-azulado ou amarelo.

quatro cruzes negras nas faixas brancas que pendem dos toucados dos sacerdotes e, ainda, por mais quatro cruzes brancas que circundam seus olhos.[131]

No entanto, apesar do uso das concepções cosmográficas para organizar a composição pictoglífica e para evocar determinadas concepções espaciais, talvez não possamos afirmar conclusivamente que essa seção do *Códice borbónico* tenha sido composta em tempos pré-hispânicos ou que corresponda, estritamente, a uma seção ou livro pictoglífico tradicional. Isso porque há uma série de elementos nessa seção que indicaria a existência de influências das novas demandas coloniais ou o emprego de alternativas e soluções pictoglíficas relativamente novas se comparadas às utilizadas nos manuscritos pré-hispânicos – como mencionamos nos Capítulos I e II.

Por exemplo, os carregadores dos anos *tochtli* (*coelho*) e *calli* (*casa*) aparecem na parte superior das páginas 37 e 38 (Figura 17) com suas frentes direcionadas em sentido oposto ao da leitura. Suas posições são idênticas às dos carregadores que se encontram na parte inferior dessas mesmas páginas, onde suas frentes concordam com o sentido de leitura que, nesse caso, é de direita para esquerda. Essa forma de grafar os glifos dos anos destoa das tradicionais, segundo as quais era muito comum utilizar as frentes dos signos das séries calendárias para indicar ou reforçar o sentido de leitura que deveria ser seguido.[132]

No capítulo anterior vimos que esse tipo de uso ocorre em diversas seções do *Códice Borgia*, tais como a do *tonalpohualli*, a dos vinte Patronos das Trezenas e a dos nove Senhores da Noite.[133] A explicitação do sentido de leitura por meio do direcionamento da frente dos glifos calendários também está presente no *Códice Fejérváry-Mayer*. Em sua primeira página, reproduzida na Figura 20, podemos observar que os vinte signos do *tonalli* sobre a faixa que circunda a página formando portais trapezoidais e semicirculares estão dispostos com a frente de seus rostos – nos casos dos signos zoo ou antropomorfos – direcionados em conformidade com o sentido de leitura anti-horário.

---

131   Citamos acima que o termo cruz não é adequado para designar o conceito mesoamericano das quatro regiões e um centro. Isso porque as formas gráficas tradicionalmente relacionadas a esses âmbitos cosmográficos não se compunham por duas hastes entrecortadas perpendicularmente em seus centros, mas por quadrantes em torno de um centro, demarcados, muitas vezes, por faixas que não atravessavam o centro, como vimos ser o caso da primeira página do *Fejérváry-Mayer* (Figura 20). Tal distinção é importante para enfatizar que o tempo, para os mesoamericanos, não passaria de uma região a outra cruzando o centro, mas circularia pelas quatro regiões em sentido anti-horário ao redor do centro.

132   A análise das duas páginas finais e perdidas do *Borbónico* poderia auxiliar o desenvolvimento dessa questão. Na última delas teríamos, supostamente, os glifos anuais dispostos em uma coluna, a qual ligaria a fileira superior à inferior (Figura 17). O direcionamento da parte frontal dos glifos nessas distintas situações poderia fornecer indícios mais seguros sobre a utilização ou não dessa forma de se indicar o sentido de leitura nessa seção do códice.

133   Cf. *The Codex Borgia, op. cit.*, p. 1-14.

O mesmo tipo de uso dos glifos calendários aparece também no *Códice Mendoza*, manuscrito produzido no início do período colonial por solicitação do vice-rei de mesmo nome e que trata, centralmente, da história mexica, das províncias tributárias da Tríplice Aliança e dos chamados costumes.[134]

Na página de abertura desse manuscrito,[135] que se encontra reproduzida na Figura 31, a conta dos anos está grafada em meio de pequenos quadrados delineados em negro e coloridos de azul e cuja concatenação forma uma moldura retangular aberta em sua parte superior. No interior dessa moldura encontra-se um outro retângulo, dividido em quatro partes e formado por faixas também azuis. Seus quadrantes são ocupados por uma série de personagens, glifos onomásticos e outros elementos. Abaixo desse retângulo, há dois conjuntos pictoglíficos compostos, cada um, por dois personagens armados, um topônimo e um templo em chamas.

Esse retângulo e seus quadrantes representam os canais e ilhas do lago Texcoco, cujo centro é ocupado pela cidade de México-Tenochtitlan, evocada por meio de seu glifo toponímico, composto por uma pedra e um cacto do tipo nopal. A região evocada, assim como a superfície terrestre, divide-se em quatro rumos e um centro e as personagens e elementos presentes estão relacionados à fundação e aos primeiros anos da história de México-Tenochtitlan.

Trata-se de uma página muito complexa e cuja organização é pautada, simultaneamente, pela concepção cosmográfica dos quatro rumos e um centro e pela conta dos anos, ou *xiuhmolpilli*. Seria muito interessante explorar como essas concepções se articulam em tal organização. No entanto, iremos nos limitar a explorar o uso do direcionamento da frente dos glifos calendários para indicar o sentido de leitura, tentando lançar alguma luz sobre o problema de como esse recurso é ou não empregado nas páginas finais do códice *Borbónico*.

Se buscarmos a ordem e sequência dos anos do *xiuhmolpilli* na moldura quadrangular em azul da página de abertura do *Códice Mendoza*, perceberemos que os anos percorrem os quatro lados da página em sentido anti-horário – tal qual o movimento do tempo pelas próprias regiões cosmográficas –, iniciando-se pelo ano *ome acatl* (*2 junco*), localizado no canto superior-esquerdo da página. Para não deixar margem a dúvidas em relação à direção que a leitura da série deve seguir, os rostos dos dois últimos carregadores de anos *tochtli* (*coelho*), que podem ser vistos na fileira superior da página, estão dispostos em sentido contrário aos rostos dos outros onze glifos *tochtli*

---

134   Seiscentos e doze glifos toponímicos são relacionados nesse manuscrito, o que nos dá uma ideia do grau de especialização exigido dos *tlacuiloque* das tradições de escrita nahua. Cf. Boone, Elizabeth Hill. *Stories in red and black, op. cit.*

135   Cf. *The essential Codex Mendoza*. Berkeley/Los Ángeles/Londres: University of California Press, 1997, p. 2r.

que aparecem antes, mas em conformidade com o sentido que a leitura deve seguir a partir do canto superior-direito da moldura, isto é, da direita à esquerda.[136]

A ocorrência em todos esses códices indica que esse recurso era amplamente compartilhado entre os produtores e usuários da escrita *tlacuilolli* mixteco-nahua, sendo empregado inclusive no próprio *Códice Borbónico*, em sua seção intermediária, como vimos no capítulo anterior. Sua não utilização na disposição dos anos da seção final do *Borbónico* poderia ser um indício que tal composição não tenha seguido, estritamente, os padrões anteriores. Esse fato, por sua vez, pode estar relacionado à origem colonial dessa seção.[137]

Outro aspecto geral na composição dessa seção que destoa de padrões observáveis em manuscritos tradicionais, como nos do Grupo Borgia, é a contradição entre a orientação da face ou parte frontal das pinturas e glifos e o sentido de leitura geral de suas páginas.[138] Isso porque nas partes em que a leitura se dá da esquerda para a direita, a grande maioria das personagens principais, isto é, cujas dimensões são relativamente maiores, está com a frente em sentido contrário, ou seja, direcionada para o lado esquerdo, o que se choca com a consonância que costuma existir entre o sentido de leitura e o direcionamento das personagens nos códice tradicionais.[139]

Além disso, o sentido geral de leitura do *Códice borbónico* faz que desdobremos suas páginas sanfonadas da direita para a esquerda, procedimento semelhante ao adotado no manuseio dos livros encadernados à maneira ocidental e contrário ao que se verifica em grande parte dos códices pré-hispânicos ou tradicionais, como no *Borgia*, no *Vindobonense*, no *Fejérváry-Mayer*, no *Zouche-Nuttall* e em um dos lados do *Cospi* – pois, nesse último manuscrito, assim como no *Borbónico*, também é necessário desdobrar as folhas da direita para a esquerda para se ler o lado que contém o *tonalpohualli*.[140] No entanto, talvez não seja adequado utilizar o sentido geral de desdobramento das folhas como indício de influência ocidental, pois poderíamos estar simplesmente contrapondo subestilos diferentes, tais como o mexica, o cholulteca e o mixteco, os quais poderiam apresentar variações nesse aspecto. Além disso, como citamos em nota anterior, era comum que os manuscritos fossem estendidos no solo e

---

136 A mesma inversão ocorre com a frente do glifo *calli* (*casa*) nessa fileira superior.

137 Devemos considerar também que uma variação ou alteração estilística não indica, necessariamente, que se trata de uma influência colonial, pois as tradições de pensamento e escrita nahuas não eram instituições estáticas em tempos pré-hispânicos.

138 Cf. *Códice borbónico, op. cit.,* p. 23-37.

139 Cf. *ibidem*, p. 23-9.

140 Cf. *Códice Borgia.* Madri/Graz/México: SEQC/ADV/FCE, 1993 / *Códice vindobonensis.* Graz/México/Madri: ADV/FCE/SEQC, 1992 / *Códice Fejérváry-Mayer, op. cit.* / *Códice Zouche-Nuttall.* Graz/México/Madri: ADV/FCE/SEQC, 1992 / *Códice Cospi.* Graz/México: ADV/FCE, 1994.

que seus usuários percorressem seu entorno e, sendo assim, talvez o sentido de desdo-bramento das folhas do manuscrito não fosse tão significativo para sua leitura.

Outro indício evocado para atribuir uma origem colonial a essa seção do *Códice borbónico* é o fato de, aparentemente, não existir nenhum outro manuscrito tradicio-nal ou pré-hispânico que trate das celebrações das dezoito vintenas, tema que, em contrapartida, é característico dos códices e textos alfabéticos coloniais – tais como o *Vaticano A*, o *Magliabechiano* e os trabalhos dirigidos por Sahagún e Durán, menciona-dos no capítulo anterior.[141] Nesses textos e códices, as vintenas são registradas de ma-neira genérica e sincrônica, a qual respondia à necessidade do trabalho missionário de conhecer as celebrações locais para impedir sua infiltração nos ritos cristãos. Esse não é o caso da terceira seção do *Borbónico*. Como explicamos no capítulo anterior, as celebrações das vintenas retratadas nesse manuscrito referem-se a um ano específico, situado em meio da conta dos anos, o que dá à seção uma apresentação semelhante ao formato de anais. Em outras palavras, poderíamos pensar essa seção do *Borbóni-co* como uma espécie de anais temporalmente muito reduzidos, o que possibilitaria focar e esmiuçar os eventos e celebrações de apenas um ou dois anos. Essa datação precisa e baseada no *xiuhmolpilli* parece-nos ser bastante típica das tradições de pen-samento e escrita nahuas.

Em contrapartida, como mostramos no Capítulo II, o *tonalamatl* do *Borbónico* traria algumas séries calendárias – como a dos treze Voadores e a dos treze Senho-res dos Dias – totalmente dispensáveis aos *tonalpouhque* das tradições nahuas, pois se combinam de maneira fixa com os treze dias. Essa explicitação de combinações ca-lendárias demasiadamente óbvias daria à seção um caráter mais didático, caráter esse que poderia ser mais um indício da influência cristã na produção do manuscrito.[142] No entanto, vimos também que esse argumento não é suficiente para atribuir uma

---

141   Não obstante, vimos no capítulo anterior que uma seção de dezoito páginas do *Borgia* talvez utilize as dezoito vintenas como padrão organizacional para narrar a criação do Mundo. Cf. Brotherston, Gordon. *The year in the Mexican codices.* Mimeografado, 2002. Ademais, vimos no Capítulo I que frei Toribio de Benavente cita a existência de um tipo de códice que trataria das festas de todo o ano e que poderia ser similar à seção do *Borbónico* que estamos analisando. Apesar disso, alguns autores acreditam que o registro das vintenas, tal qual aparece no *Vaticano A* e no *Magliabechiano*, teria sido inspirado nos *Livros de Horas* cristãos, que contêm calendários mensais ilustrados: "It is my contention that not only did the European calendar described in Books of Hours serve as the model upon which early colonial writers structured the data of Aztec ceremonies they received, but that Books of Hours illustration also served as models for many Early Colonial depictions of the Aztec 'monthly' calendar". Brown, Bett Ann. Early colonial representations of the monthly calendar. In: Cordy-Collins, Alana (compiladora). *Pre-columbian art history.* Palo Alto: Peek Publications, 1982, p. 175.

142   Além disso, o espaço aparentemente reservado às glosas nos pequenos quadrados do *tonalpo-hualli* do *Borbónico* também é mencionado como indício de sua origem colonial. Cf. Couch, N.

datação ao manuscrito, pois sua utilização nos *calmecac* para instruir aos jovens *pipiltin* poderia explicar essa característica didática de seu *tonalpohualli*.[143]

Considerando todos os argumentos e contra-argumentos apresentados acima, é difícil lançar uma conclusão definitiva sobre a época de confecção do *Códice borbónico* ou sobre seu caráter como um todo, isto é, se tradicional nahua, se influenciado por alguma demanda típica do mundo colonial ou se conjuga ambos os caracteres em suas seções.

De qualquer modo, acreditamos que nossas análises sobre as formas de presença do sistema calendário e da cosmografia – nas quais nos servimos de comparação com manuscritos seguramente tradicionais, como o *Borgia* – permitem-nos afirmar, com certa segurança, que estamos diante de um códice tradicional mixteco-nahua, confeccionado um pouco antes ou depois de 1521, sobretudo no caso de suas duas primeiras seções. No entanto, não podemos afirmar o mesmo com a mesma segurança em relação à sua última seção, principalmente pela forma nela empregada de dispor os glifos anuais e pela relação contraditória entre o sentido de leitura e a disposição das personagens, as quais não encontram paralelos em códices pré-hispânicos. Em contrapartida, o uso estrutural da conta dos anos e da cosmografia na organização dessa seção e a enorme gama de informações específicas carreadas pelos glifos calendários e cosmográficos mostram que estamos diante de uma seção composta diretamente por membros das tradições de pensamento nahua, talvez influenciados por alguma demanda ou curiosidade missionária cristã.[144]

A *Leyenda de los soles*

Segundo o que expusemos no capítulo anterior, não há nenhuma explicação prévia sobre o calendário na narrativa cosmogônica da *Leyenda de los soles*. O mesmo pode ser dito em relação à cosmografia. O texto inicia-se, diretamente, com a temática das idades anteriores do Mundo, referindo-se aos sóis, animais, e homens das três

---

C. Christopher. Images of the common man in the Codex Borbonicus. In: *Estudios de cultura náhuatl*. México: IIH – Unam, v. 17, p. 89-100, 1984.

143 Ademais, se a combinação entre os treze números, os treze Senhores dos Dias e os treze Voadores é fixa, o mesmo não podemos dizer da combinação desses com os nove Senhores da Noite ou com os vinte *tonalli*. Sendo assim, talvez retratar todas essas séries calendárias não fosse tão dispensável assim aos *tonalpouhque* nahuas, sobretudo aos iniciantes.

144 A polêmica sobre a origem do *Borbónico* não se restringe à sua datação, mas abrange também o local de sua confecção, conforme apontamos no Capítulo I. Não iremos adentrar nesse aspecto da polêmica, para a qual nossas análises não contribuiriam muito. Mais detalhes podem ser obtidos em Nicholson, H. B. The provenience of the Codex Borbonicus. In: Josserand, Kathryn e Dakin, Karen (edit.). *Smoke and mist, op. cit.*, p. 77-97.

primeiras idades, bem como à destruição da quarta idade por água.[145] A partir dos episódios finais dessa idade, a narrativa ganha mais detalhes e as concepções cosmográficas se fazem presentes de maneira mais recorrente.[146]

É o que ocorre, por exemplo, na narrativa sobre a destruição da quarta idade por um dilúvio, na qual os conceitos de Céu, Terra e *águas imensas* são evocados. O texto afirma que o cataclismo foi provocado pelo afundamento do Céu que, então, se juntou à superfície da Terra: "Hacia acá se hundió el cielo y en solo un día se destruyeron".[147] Conhecer de antemão a carga de sentidos específicos a que tais conceitos aludem seria indispensável para o entendimento pleno desse episódio, pois essa junção entre o Céu e a superfície da Terra fundamenta-se na existência da água nos dois âmbitos e também na ligação entre eles, feita pelas *águas imensas* que circundariam a Terra e se elevariam até o Céu no horizonte. Tal existência e ligação permitiram que, por algum motivo não citado, esses âmbitos se tornassem indistintos. Veremos que segundo outros relatos, quatro ou cinco árvores gigantescas teriam sido dispostas para reerguer e sustentar o Céu depois desse cataclismo, impedindo que as águas existentes nos dois âmbitos voltassem a ocupá-los integralmente.[148]

O entendimento de vários outros episódios à continuação também depende desses conhecimentos prévios da cosmografia. Em um deles, afirma-se que "Miraron hacia acá los dioses Citlallinicue y Citlallatónac..."[149] e, como são os homens que estão narrando, é possível deduzir que *hacia acá* signifique *para a superfície da Terra*. Mas de onde os deuses olhariam? Nesse caso, do Céu. Isso é deduzido não pelo fato das personagens serem deuses, pois vimos que esses entes habitavam todos os âmbitos do Universo para as tradições de pensamento mesoamericanas, mas por se relacionarem

---

145   Cf. Leyenda de los soles. In: *Códice Chimalpopoca*. México: Instituto de Historia – Unam, 1945, p. 119.

146   Cf. *ibidem*, p. 120.

147   *Ibidem*, p. 120. O afundamento dos céus também é mencionado nos *Anales de Cuauhtitlan*, mas no fim da segunda idade, e sua consequência teria sido a imobilidade do Sol no zênite. Cf. Anales de Cuauhtitlan. In: *Códice Chimalpopoca, op. cit.*, p. 5.

148   A relação entre as *águas imensas* e o Céu e a necessidade de pontos de sustentação para impedir a junção desses dois âmbitos, que faria a superfície da Terra desaparecer, constam no *Códice vindobonense*. Nesse manuscrito há um conjunto pictoglífico que retrata o senhor Nove Vento, ou Quetzalcoatl, carregando ou suportando o Céu, o qual é formado por olhos estelares, por duas faixas – que talvez se relacionem com dois de seus níveis – e por água, no interior da qual podemos ver conchas e caracóis marinhos que aludem às *águas oceânicas* ou *teoatl*. Cf. *Códice vindobonensis, op. cit.*, p. 47.

149   Leyenda de los soles. In: *Códice Chimalpopoca, op. cit.*, p. 120.

com um dos níveis celestes, como vimos acima ao analisar o *Códice Vaticano* (Tabela 10).[150]

Após esse episódio, os deuses teriam se reunido em conselho e decidido criar novos habitantes para a Terra. Porém, para isso, precisavam dos ossos dos mortos que estavam no Mictlan, para onde enviaram Quetzalcoatl a resgatá-los. Desenrolam-se então episódios que também são razoavelmente compreensíveis apenas se algumas características desse âmbito forem conhecidas de antemão. Tal é o caso do episódio em que Mictlantecuhtli pede a Quetzalcoatl para que toque, isto é, para que assopre seu caracol em troca dos ossos da humanidade anterior. Esse pedido explica-se pelo fato de Quetzalcoatl ser uma deidade relacionada ao vento e ao nível celeste de onde ele procede e por Mictlantecuhtli habitar um âmbito cosmográfico onde não havia vento – o *Lugar sem Chaminé* segundo o *Vaticano A* (Tabela 11) – e no qual os habitantes, os mortos, já não possuíam o alento para assoprar, fazendo com que o Inframundo fosse um lugar desprovido de música.

Essa passagem do texto também nos mostra a possibilidade de trânsito das deidades pelos âmbitos cosmográficos em função do episódio narrado: Quetzalcoatl poderia estar em Mictlan assim como Mictlantecuhtli em um dos níveis celestes, como veremos no caso da *Histoire du Mechique*. Sendo assim, os limites entre os âmbitos cosmográficos não se constituem como fronteiras intransponíveis segundo as concepções das tradições de pensamento nahuas. Ao contrário, são separações graduais e permeáveis aos deuses e também, como veremos mais abaixo, aos homens.

O relato prossegue com referências espaciais muito precisas e que evocam ou acionam conhecimentos prévios sobre a cosmografia. Alguns dos âmbitos e elementos cosmográficos mais citados são: Tamoanchan, Tonacatepetl, Teotihuacan, *tlaloque* azul, branco, amarelo e vermelho, milhos branco, amarelo, negro e vermelho, nove céus, margem do Céu, Tollan e Tlapallan.[151] A proeminência e importância cosmográfica do número quatro é constantemente evocada na citação recorrente de quatro dias de jejum, no nome de Napatecuhtli, ou *Quatro Vezes Senhor*, e de Nahuitecpatl, ou *Quatro Punhal*, e no forno divino que teria ardido em Teotihuacan por quatro anos. Ademais, os nomes de todas as idades compõem-se a partir do número quatro: Nahui Ocelotl (*Quatro Jaguar*), Nahui Ehecatl (*Quatro Vento*), Nahui Quiahuitl (*Quatro Chuva*), Nahui Atl (*Quatro Água*) e Nahui Ollin (*Quatro Movimento*).

Essa proeminência cosmográfica do número quatro e sua relação com os rumos do mundo nos relatos sobre a criação também podem ser notadas em textos da região maia, como o *Popol vuh*, de origem quiché. Nesse texto, ao narrar-se a criação do homem atual, cita-se que quatro foram os animais que descobriram e trouxeram

---

150   Além disso, seus nomes relacionam-se com *citlalin*, que significa *estrela* em nahuatl.

151   Os diferentes tipos de milho e os *tlaloque* de cores distintas seriam uma forma de fazer alusão aos quatro rumos.

o milho que comporia a carne dos homens: o gato montês, o coiote, o periquito e o corvo. Quatro também teriam sido os primeiros homens criados – Balam Quitzé, Balam Acab, Mahucutah e Iqui Balam –, os quais, por possuírem inteligência e visão semelhantes às dos deuses, podiam ver e entender tudo "...y examinaron los cuatro rincones y los cuatro puntos de la bóveda del cielo y de la faz de la tierra".[152]

Além disso, a alusão às quatro cores como representativas dos rumos do Universo também se encontra no *Popol vuh*. Menciona-se, nesse texto, que os deuses resolvem castigar Hun-Hunahpú e Vucub-Hunahpú – pai e tio de Hunahpú e Ixbalanqué – por produzirem muito ruído e apenas se preocuparem com o jogo de bola. Para executar tal castigo, as corujas mensageiras do Inframundo, por ordem dos deuses, convidam Hun-Hunahpú e Vucub-Hunahpú para um jogo no âmbito subterrâneo. Para chegar até lá, os dois atravessaram um rio de sangue e outro de água e passaram por uma encruzilhada que possuía um caminho vermelho, um negro, um branco e outro amarelo. Tomaram o caminho negro que os conduziu ao Xibalbá, onde foram enganados por bonecos de madeira e vencidos.[153]

As cores dos caminhos dessa encruzilhada são exatamente as mesmas mencionadas no episódio da *Leyenda de los soles* citado acima. Como dissemos de início, embora não haja uma relação estritamente estável entre essas quatro cores e os quatro rumos, sem dúvida se trata de uma forma de evocar essas direções e de qualificá-las. A representação de uma encruzilhada com caminhos de cores distintas e que se abrem em direção às esquinas do Mundo é relativamente comum nos códices pictoglíficos. Um exemplo desse tipo de representação pode ser visto no quadrante inferior-direito da Figura 21, que reproduz uma página do *Códice Borgia*.[154]

Voltemos ao relato da *Leyenda de los soles*. Ao tratar do tema da origem de Mixcoatl e dos quatrocentos mixcoas, de quem os nahuas seriam descendentes, os âmbitos cosmográficos continuam presentes e incluem, cada vez mais, sítios de habitação pre-

---

152   *Popol vuh*. México: FCE, 1996, p. 106. Veremos, mais abaixo, que essa divisão do Mundo em quatro partes consta em uma das primeiras passagens desse texto. Tal divisão teria sido precedida pela medição das regiões dos céus e da Terra por meio de uma corda.

153   Cf. *ibidem*, p. 49-54. O mesmo caminho, rios e encruzilhada serão atravessados pelos filhos de Hun-Hunahpú com a princesa do inframundo, Ixquic. Esses filhos são os famosos Hunahpú e Ixbalanqué, que voltam a esse âmbito para vingar a morte do pai e do tio.

154   Cf. *Códice Borgia, op. cit.*, p. 72. Além disso, a encruzilhada de quatro cores aparece na página 42 desse manuscrito. A presença dessas encruzilhadas é bem mais abundante no *Códice Fejérváry-Mayer*, onde aparece, por vezes, com pegadas humanas em negro. As pegadas eram empregadas no sistema mixteco-nahua como glifo que aludia a *caminho* ou *peregrinação* e, talvez, sua presença nas encruzilhadas, que evocavam os quatro rumos de modo geral, lhes conferisse um caráter mais particular, o de *encruzilhada de caminhos* propriamente dita. Cf. *Códice Fejérváry-Mayer, op. cit.*, p. 2, 3, 30, 37 e 43.

dominantemente humana e localizados na superfície terrestre. No entanto, isso não exclui a presença dos macroâmbitos ou de localidades a eles relacionadas, tais como as cavernas e o Tlalocan. Por exemplo, afirma-se que os quatrocentos mixcoas, assim como os mexicas em Chicomoztoc, teriam tido origem em uma cova, onde Iztac-chalchiuhtlicue (*A de Saia de Estrelas Brancas* ou *A de Saia Branca de Estrelas*) os pariu juntamente com mais cinco mixcoas: Quauhtliicohuauh, Mixcoatl, Cuitlachcihuatl, Tlotepetl e Apantecuhtli, os quais, "Cuando nacieron, se metieron en el agua, se echa-ron en el agua; luego salieron hacia acá...".[155]

Uma proeza semelhante faz parte de um episódio narrado mais adiante, na se-ção que trata da decadência de Tollan. Nesse episódio, os *tlaloque* manifestam-se em Chapultepec após quatro anos, contados desde a fome que se iniciara com o jogo de bola entre Huemac e os *tlaloque*, mencionado no capítulo anterior. Narra-se que um *xilotl* (*espiga de milho verde com os grãos por coalhar* ou *granar*) mastigado apareceu no manancial d'água dessa região a um senhor tolteca, que o recolheu e o mastigou. Do mesmo manancial aparece um *tlaloque* que repreende o tolteca e lhe diz que iria falar com o Senhor – seria com Tlaloc? – sobre a fome que a região estava vivendo. O *tlaloque* meteu-se então na água e depois de certo tempo voltou com uma braçada de *elotl* (*espigas de milho verde com os grãos coalhados* ou *granados*) que foi entregue ao tolteca para que ele a conduzisse a Huemac junto com a seguinte mensagem: "Piden los dio-ses a los mexicanos la hija de Tozcuecuex; entretanto la comen, irá el tolteca comien-do un poquito de ella, pues ya se acabará el tolteca y ya se asentará el mexicano".[156]

Esses dois episódios – os mixcoas que se metem na água após terem nascido em uma caverna e saem em outra parte e a aparição dos *tlaloque* nos mananciais de água de Chapultepec – ganham sentido e coerência se soubermos que as cavernas e os mananciais de água das montanhas estavam interligados no interior da Terra, permi-tindo o trânsito entre diversos âmbitos cosmográficos.

O mesmo tipo de interligação teria permitido que, em outro episódio, Mixcoatl tivesse se metido embaixo da terra, Tlotepetl dentro de uma montanha, Apantecuhtli dentro da água, Cuitlachcihuatl num jogo de pelota e Quauhtliicohuauh numa árvo-re, e que todos juntos tivessem vencido os quatrocentos mixcoas, derrubando árvores, tremendo a terra, derrubando montanhas e fervendo a água de lagos. Foi então que os sobreviventes suplicaram por suas vidas aos cinco mixcoas nomeados acima e pu-deram ir a Chicomoztoc e dar origem aos chichimecas.[157]

A mesma relação entre os mananciais e cursos de água e o Inframundo aparece em muitas outras fontes mesoamericanas, como no *Popol vuh*. Ao tratar da morte dos gêmeos Hunahpú e Ixbalanqué no Xibalbá, correspondente maia-quiché do termo

---

155   Cf. Leyenda de los soles. In: *Códice Chimalpopoca, op. cit.*, p. 122.

156   *Ibidem*, p. 126.

157   Cf. *ibidem*, p. 123.

nahuatl Mictlan, o texto afirma que seus ossos foram queimados, moídos e lançados ali mesmo, num rio para que os peixes os devorassem.[158] Veremos que outras fontes nahuas também citam um rio que deveria ser atravessado para se adentrar o Mictlan, o que confirma a estreita relação existente entre esse macroâmbito e os corpos d'água para as tradições de pensamento mesoamericanas.[159]

Depois de tratar da origem dos mixcoas, o texto da *Leyenda de los soles* apresenta o estranho episódio da queda de dois veados gigantescos do Céu, cada qual com duas cabeças. Dois outros mixcoas – Xiuhnel e Mimich – também teriam baixado do Céu para caçar os tais veados. Em meio de tais episódios, narra-se a origem de cinco *tecpatl* (*pedernal* ou *punhal*) de cores diferentes a partir da queima de Itzpapalotl pelos Senhores do Ano (sic): primeiro teria brotado o pedernal azul, depois o branco, que foi pego e envolvido em uma manta, depois o pedernal amarelo, depois o vermelho e na quinta vez o negro.

A associação entre cores e rumos era uma forma, que se encontrava disseminada por toda a Mesoamérica, de diferenciar e qualificar esses últimos. Veremos abaixo que o *Chilam balam de Chumayel* relaciona pedras de cores diferentes aos quatro rumos.[160] Por enquanto, gostaríamos apenas de ressaltar que a participação dos tais Senhores do Ano – talvez *Senhor do Ano*, isto é, Xiuhtecuhtli – num episódio que aparentemente estaria relacionado apenas com a diferenciação dos quatro rumos e do centro traz consigo uma alusão ao calendário, o que reforça a indissociabilidade entre as concepções de tempo e de espaço que estamos atribuindo ao pensamento nahua.

Mencionamos acima que os topônimos dos *altepeme* vão se tornando mais abundantes à medida que os episódios narrados relacionam-se com a história mais recente, como a de Tollan e Quetzalcoatl. É o que ocorre com a sequência de trechos que tratam, nessa ordem, das conquistas de Mixcoatl, do nascimento de Quetzalcoatl e de suas conquistas e dos reinados de seus sucessores, Huemac, Nequametl, Tlatlacatzin e Huitzilpopoca.[161] Na parte final da *Leyenda de los soles*, que passa a focalizar de modo

---

158 Cf. *Popol vuh, op. cit.*, p. 94.

159 Segundo alguns relatos alfabéticos, essa travessia seria auxiliada por um cão, como nos *Primeros memoriales*, texto que cita a existência de nove níveis nesse âmbito. Cf. *Primeros memoriales by fray Bernardino de Sahagún*. Norman: University of Oklahoma Press, 1993, p. 84r. Não estamos seguros se a menção a esse cão auxiliar procede da tradição nahua ou da cristã.

160 Cf. *Libro de chilam balam de Chumayel*. México: Conaculta, 2001, p. 41.

161 No relato das conquistas de Mixcoatl e do nascimento de Quetzalcoatl são mencionados apenas cinco *altepeme* – Comallan, Teconma, Cocyama, Huehuetocan e Pochtlan – e o nome de uma região – a de Huitznahuac. Cf. Leyenda de los soles. In: *Códice Chimalpopoca, op. cit.*, p. 124-5. No relato sobre as conquistas de Quetzalcoatl e o reinado de seus sucessores, que ocupa mais ou menos o mesmo número de páginas que o anterior, são mencionados vinte *altepeme* – Tollan, Xihuacan, Mixcoatepetl, Ayotlan, Chalco, Xicco, Cuixcoc, Zacanco, Tzonmolco, Mazatzonco,

quase exclusivo a história mexica, ocorre uma mudança notável no caráter do relato: as informações centrais passam a ser os nomes dos soberanos mexicas, suas relações familiares, o tempo de duração do governo de cada um, os locais por onde teriam passado durante a migração e as suas conquistas político-tributárias.[162] Essa mudança não altera as menções numerosas aos *altepeme* e quase transforma o relato numa espécie de anais, comparável, em certa medida, aos *Anales de Cuauhtitlan*.

A incrível quantidade de antropônimos, topônimos e datas mencionada na *Leyenda de los soles*, sobretudo em sua porção final, não deixa dúvida que sua produção baseou-se em fontes pictoglíficas tradicionais, mais especificamente em livros de anais ou *xiuhamatl*, como mencionamos no Capítulo I. Isso porque esses três tipos de informação são, justamente, os mais abundantes nesse tipo de códice, como vimos no Capítulo II.

Essa precisão cosmográfica, toponímica, antroponímica e calendária também está presente nos códices da região mixteca[163] e chamou a atenção de religiosos espanhóis. Segundo o frei Francisco de Burgoa, em princípios do século XVII, os códices mixtecos eram livros "...donde todas sus historias escribían con unos caracteres tan abreviados que una sola plana expresaba el lugar, sitio, provincia, año, mes y día, con todo los demás nombres de dioses, ceremonias y sacrificios o victorias que habían celebrado y tenido".[164]

Os topônimos, os antropônimos e as datas deveriam ser referenciais tão importantes entre as tradições de pensamento nahuas que sua utilização abundante também pode ser observada em obras nahuas bem posteriores e, além disso, bastante influenciadas pelo pensamento cristão, tal como a de Ixtlilxochitl.[165] No entanto, podemos observar um decréscimo nas referências espaciais e toponímicas na obra de Ixtlilxochitl se a compararmos, por exemplo, com os *Anales de Cuauhtitlan*. Talvez isso se deva à opção de Ixtlilxochitl de produzir textos que também abarcassem informações

---

Nonoalco, Itzocan, Tzapotlan, Acallan, Chapoltepecuitlapilco, Chalchiuhcoliuhyan, Chapultepec, Xicococ, Pantitlan, Cincalco – e uma região – a de Tlapallan. Cf. *ibidem*, pp. 125-126.

162 Ao tratar da migração, o texto menciona Culhuacan, Aztlan, Chapultepec, Tizaapan, Xicoc, Acocolco e Tenochtitlan. A relação dos *altepeme* conquistados inicia-se com Tenayuca e Culhuacan – retratadas na parte inferior da página de abertura do *Códice Mendoza*, reproduzida na Figura 30 – e segue com mais de setenta outros nomes, agrupados de acordo com o *tlatoani* responsável, desde Acamapichtli até Axayacatzin. Cf. *ibidem*, p. 127-8.

163 Por exemplo: *Códice vindobonensis, op. cit. / Códice Zouche-Nuttall.* Graz/México/Madri: ADV/FCE/SEQC, 1992.

164 O sublinhado foi inserido por mim. Burgoa, Francisco de. *Geográfica descripción de la parte septentrional del Polo Ártico de la América.* México: Editorial Porrúa, 1987, p. 210. Apud León Portilla, Miguel. *Códices.* México: Aguilar, 2003, p. 167.

165 Por exemplo, na *Sumaria relación.* Cf. Ixtlilxochitl, Fernando de Alva. *Obras históricas.* México: Instituto Mexiquense de Cultura/IIH – Unam, 1997.

cronológicas e toponímicas da história cristã. Sendo assim, esse autor opta, por vezes, por manter apenas os marcos espaciais mais universais da história dos chichimecas, tais como Teotihuacan, Tollan e Cholula, e em generalizar ou omitir outros grupos de localidades.[166]

Isso poderia indicar que conforme as tradições de pensamento locais foram incorporando a história cristã, parte dos topônimos presentes nas histórias locais foi abandonada ou tornou-se secundária, dando lugar a outros marcos espaciais, tais como Babilônia, Jerusalém e Roma, os quais poderiam mostrar-se mais relevantes no contexto colonial em que os *pipiltin* nahuas convertidos ao cristianismo produziram seus textos.

Em resumo, considerando o relato da *Leyenda de los soles* em sua totalidade, podemos perceber que as concepções cosmográficas tendem a estar presente de modo mais esparso e geral quando o tema é o passado mais distante e – com o crescimento gradativo dessa presença – de maneira mais recorrente e precisa quando se trata do passado mais recente, exatamente como ocorre com a presença do calendário, analisada no Capítulo II. Além disso, nos relatos cosmogônicos predominam âmbitos mais amplos e menos tangíveis, tais como os níveis celestes e subterrâneos ou os quatro rumos. Esses âmbitos vão, progressivamente, dando lugar a sítios mais circunscritos e de habitação humana, tais como os *altepeme*.

Em outras palavras, na *Leyenda de los soles* há uma relação de proporcionalidade direta entre a maior proximidade temporal dos episódios e a quantidade de referências a sítios de habitação predominantemente humana – exatamente como ocorre no caso do *Códice Vaticano A*, visto anteriormente. No entanto, os âmbitos mais gerais não deixam de estar presente nas narrativas sobre o passado mais recente, coexistindo com a menção a sítios mais circunscritos, tais como os *altepeme*. Esses, por sua vez, também poderiam ser palco de acontecimentos cosmogônicos, como é o caso de Teotihuacan, local que fora um *altepetl* e que era reconhecido pelas tradições de pensamento nahuas como o sítio onde os deuses teriam se reunido para dar princípio à quinta idade.

Sendo assim, talvez não estejamos autorizados a atribuir às tradições de pensamento nahuas – e mesoamericanas em geral – a separação entre o espaço humano e um "outro espaço", o qual estaria reservado exclusivamente aos deuses ou aos eventos

---

166 Por exemplo, ao se referir à chegada dos toltecas na região de Tollan, afirma que "Salieron de su patria que se llamaba Huéhuec Tlapalan en el año que ellos llaman ce técpatl, que conforme a nuestra cuenta fue el año de 432 del nacimiento del Señor y anduvieron ciento y cuatro años en diversas partes del mundo hasta llegar en Tulancingo donde contaron una edad que había desde que salieron de su patria que fue en el año ce técpatl, y a nuestra cuenta en el año de 536". O sublinhado foi inserido por mim. *Ibidem*, p. 397.

cosmogônicos encerrados no passado.[167] Isso porque os resultados de nossas análises parecem indicar que tais tradições valorizavam muito mais a ideia de circulação dos diferentes seres por regiões qualitativamente distintas do que a concepção de uma fronteira abrupta e intransponível – seja espacial ou temporal – ou o estabelecimento de relações fixas entre certos âmbitos e determinados seres ocupantes. Sendo assim, as fronteiras serviriam preferencialmente para assinalar o movimento dos diferentes entes pelas distintas regiões que compunham o Mundo; e não para impedi-lo. Voltaremos a esse tema abaixo, ao analisarmos o restante das fontes centrais, e também no Capítulo IV.

Os *Anales de Cuauhtitlan*

Como vimos no capítulo anterior, os *Anales de Cuauhtitlan* iniciam-se com instruções precisas de Itzpapalotl aos chichimecas, segundo as quais deveriam atirar com o arco em direção a Huitztlan (*Entre os Espinhos*), mais especificamente no rumo das localidades de Huitznahuatlalpan (*Solo Limpo de Espinhos*), Amilpan (*Plantação de Regadio*) e Xochitlalpan (*Terra Florida*). Com isso, deveriam flechar uma águia, um jaguar, uma cobra, um coelho e um veado, todos vermelhos, e os levar a Xiuhtecuhtli Huehueteotl, deidade marcadamente relacionada à região central.[168] Parece que todas essas localidades estariam no rumo sul, para onde os chichimecas iriam se direcionar e, futuramente, estabelecer seus *altepeme* e domínios políticos.[169]

O ato de flechar em direção a terras novas, desconhecidas ou pertencentes a outros grupos parece ter sido empregado entre os povos chichimecas como uma forma cerimonial de tomar posse delas – ou de demonstrar a intenção de. Esses atos são relatados nas histórias em forma de anais produzidas por esses grupos depois de efetivarem tais conquistas. Nessas histórias, portanto, funcionam como anúncio das conquistas – e isso não significa, necessariamente, que tais atos não tenham sido efetivamente realizados antes delas.

Esse caráter político-cerimonial do ato de flechar em direção à região a ser conquistada também está presente na consumação das conquistas, quando a instalação de um novo centro político requer o estabelecimento de vínculos com os rumos do Mundo – ou de delimitações em relação a eles. Esse tipo de ato político-cerimonial está presente nos *Anales de Cuauhtitlan* num episódio que envolve os chichimecas cuauhtitlanenses,

---

167   Da mesma forma, talvez não seja adequado atribuir-lhes a divisão entre passado cosmogônico e história recente, como citamos no capítulo anterior e como veremos em detalhe no capítulo seguinte.

168   Cf. Anales de Cuauhtitlan. In: *Códice Chimalpopoca, op.cit.*, p. 3.

169   Cf. Feliciano Velázquez, Primo. Introducción. In: *Códice Chimalpopoca, op. cit.*, p. 69.

principais protagonistas desse relato. Durante o quarto *xiuhmolpilli*,[170] Itzpapalotl teria convocado os cuauhtitlanenses e lhes dito: "Haréis vuestro rey a Huactli. Id a Nequa-meyocan (...) donde tenderéis esteras de tzihuactli y nequametl'".[171] Como menciona-mos no Capítulo II, as esteiras (*petlatl*) e os pequenos sitiais (*icpalli*) eram sinônimos de poder e distinção política e, dessa forma, tal ato pode ser entendido como o assenta-mento da sede do poder político desses chichimecas. O vínculo entre o estabelecimento de domínios políticos e o ato de flechar é dado logo em seguida, pois Itzpapalotl diz aos chichimecas: "Luego iréis al oriente (tlapco) y ahí tiraréis con el arco; de igual manera tiraréis por el norte (mictlampa), dentro del valle (teotlalli, tierra divina); asimismo tira-réis por el sur; también tiraréis por la sementera de riego (amilpampa) y en la tierra flo-rida (xochitlalpan)".[172] Nesse trecho, a menção explícita de pelo menos três rumos para os quais se atiram flechas a partir de Nequameyocan – oriente, norte e sul – evocaria, então, uma espécie de consumação do estabelecimento do *altepetl* ou de "fechamento" do território político que havia sido aberto pelas flechadas anteriores, lançadas em uma única direção, isto é, para o rumo sul ou das terras que seriam conquistadas.[173]

Na sequência desse episódio, deuses das cores azul, amarelo, branco e vermelho são mencionados como uma forma de distinguir e qualificar as quatro direções do Mun-do. Esses deuses de cores distintas, em conjunto com a águia, o jaguar e a cobra, ser-viriam para que os chichimecas Tozpan, Ihuitl e Xiuhnel estabelecessem uma morada para Xiuhtecuhtli, o *Senhor dos Anos* e do centro do Universo, e o guardassem.[174]

Assim como no episódio da *Leyenda de los soles* mencionado acima, que se inicia com Xiuhnel e Mimich baixando do Céu para caçar os dois veados gigantes e de duas cabeças, as presenças de Xiuhtecuhtli e das quatro cores nesse episódio dos *Anales de Cuauhtitlan* estabelecem, respectivamente, o centro do Mundo e suas quatro direções e, simultaneamente, a alternância dos ciclos temporais. Como estamos procurando mos-trar, essa concepção, ou seja, que o tempo dá voltas pelos quatro rumos em torno de um centro, era um dos pilares da cosmografia e do sistema calendário nahua, os quais, não coincidentemente, serviam de princípios organizacionais fundamentais para os relatos sobre o passado. Em outras palavras, a menção de episódios que instauram conjunta-

---

170   Vimos no Capítulo II que o primeiro ano do primeiro *xiuhmolpilli* nos *Anales de Cuauhtitlan* é um ano *ce acatl* (*1 junco*), ao qual se relaciona o episódio da partida de Chicomoztoc.

171   Anales de Cuauhtitlan. In: *Códice Chimalpopoca, op. cit.*, p. 6. *Tzihuactli* é uma planta comestível que cresce em meio das pedras e *nequametl* é uma espécie de palmeira.

172   *Ibidem*, p. 6.

173   Esse significado político do ato de flechar também estaria na obra do cronista nahua Ixtlilxo-chitl. Cf. González Torres, Yolotl. *Los rumbos del universo*. México: Inah – Departamento de Etnología y Antropología Social, 1974.

174   Cf. Anales de Cuauhtitlan. In: *Códice Chimalpopoca, op. cit.*, p. 6.

mente a divisão espacial e a contagem do tempo somada ao uso central dos sistemas calendário e cosmográfico na organização dos textos indica-nos que havia a intenção de reproduzir nos relatos os mesmos princípios que, segundo as tradições de pensamento nahuas, regeriam a própria história e o mundo em geral.

É o que podemos observar no *Chilam balam de Chumayel*, livro maia-iucateco produzido, transformado e renovado durante todo o período Colonial, mas baseado em escritos, relatos e ciclos calendários pré-hispânicos. Em sua primeira parte, à qual foi dada o título de *Libro de los linajes* ou *Ritual de los cuatro cuartos del mundo*, a localização e a qualificação dos âmbitos cosmográficos são as primeiras informações mencionadas e servirão para situar e qualificar tudo o que será narrado posteriormente. Nessa introdução cosmográfica, os senhores-tronco das linhagens maias são estabelecidos e localizados nos quatro rumos, os quais são caracterizados em seguida por meio da enunciação de seus elementos típicos, tais como as diferentes pedras, árvores, plantas e cores. Em resumo, os elementos associados a cada rumo são os seguintes: A – nascente: o pedernal, a ceiba, o *zapote*,[175] o cipó, o pano e o milho vermelhos; B – setentrional: a ceiba, o peru, a fava, o milho e o pedernal brancos; C – poente: o pedernal, a ceiba, o milho, o *camote de pezón*,[176] a fava e o feijão negros; D – meridional: o pedernal, a ceiba, a batata e o peru amarelos, além do feijão de costa amarela.[177]

Mencionamos essa longa lista para mostrar o emprego da cosmografia como um sistema de classificação da realidade circundante e também para dar uma ideia da complexidade do conjunto de elementos associados a cada um dos quatro rumos, elementos que, seguramente, eram acionados sempre que algum desses âmbitos fosse evocado em uma narrativa. É certo que nem todos os elementos associados seriam indispensáveis à compreensão do relato cada vez que um desses âmbitos fosse citado. No entanto, é certo também que quanto mais o usuário desses relatos conhecesse os elementos associados a cada âmbito, maior ou mais ampla seria sua capacidade de decodificação e interpretação.

Nos três últimos episódios analisados – o da *Leyenda de los soles*, o dos *Anales de Cuauhtitlan* e o do *Chilam balam de Chumayel* –, a descrição dos atos políticos caracteriza-se pela utilização dos mesmos conceitos cosmográficos que são empregados nas narrativas dos episódios cosmogônicos, alguns dos quais mencionados no subitem em que analisamos a *Leyenda de los soles*. Dessa forma, podemos concluir que tais conceitos não eram utilizados para se referir a regiões de habitação ou circulação exclusiva das

---

175 Do nahuatl *tzapotl*. Árvore de madeira branca e pouco resistente que produz fruto comestível de polpa amarela. Produz também uma resina leitosa utilizada para fabricar o chiclete. Talvez seja a mesma árvore que em português recebe o nome de *sapota* (*Lucuma mammosa*) ou ainda a que recebe a designação de *sapotizeiro* (*Achras sapota*).

176 Um tipo de batata.

177 Cf. *Libro de chilam balam de Chumayel*, *op.cit.*, p. 41-2.

deidades; ao contrário, designavam âmbitos nos quais viviam e atuavam também os homens.

Voltando ao início dos *Anales de Cuauhtitlan,* podemos perceber essa junção e sobreposição de âmbitos que tenderíamos a dividir em cosmogônicos e históricos. Depois do primeiro episódio, parte-se diretamente para o tema da origem e migrações dos chichimecas, os quais teriam sido guiados de início pelos quatrocentos mixcoas "...hasta que salieron por los nueve lugares donde se pone uno negro (chiucnauh Tlillihuican), por sobre los nueve llanos (chiucnauh ixtlahuatlipan), donde cayeron en poder de Itzpapálotl, que se comió a los cuatrocientos mixcoas y los consumió".[178] Logo depois de mencionar esses âmbitos com características que chamaríamos cosmogônicas, afirma-se que Mixcoatl, o qual escapou do ataque de Itzpapalotl, teria fugido e ido para Mazatepec, ou *Cerro dos Veados,* nome atribuído a diversas montanhas – e onde os chichimecas cuauhtitlanenses deram início à conta dos anos, como vimos no capítulo anterior.

Mais adiante, ao relatar-se o nascimento, vida e morte de Quetzalcoatl, a convivência e sobreposição entre âmbitos cosmográficos gerais, como os quatro rumos, e mais restritos, como os *altepeme,* torna-se ainda mais evidente. Isso ocorre, por exemplo, quando os *altepeme* conquistados são relacionados em conjunto com as idas de Quetzalcoatl ao interior do Céu, onde ele invocava uma série de deidades e "Daba voces, según sabían, en el Ommeyocan (sic), que está sobre los nueve cielos".[179]

Esse trecho reforça a tese que as tradições de pensamento nahuas concebiam a existência de nove níveis celestes. Ademais, situa o Omeyocan acima de todos eles e não como idêntico ao nono nível. Apesar de mencionar um número de níveis distinto, essa localização do Omeyocan é semelhante à que se encontra no *Vaticano A* – analisado acima –, manuscrito que situa Ometeotl acima das faixas celestes e não em uma delas. Voltaremos a esse tema logo abaixo, ao analisarmos a *Historia de los mexicanos por sus pinturas* e a *Histoire du Mechique.*

No episódio da fuga e morte de Quetzalcoatl segundo os *Anales de Cuauhtitlan,* ocorrida no primeiro ano do sexto *xiuhmolpilli,* também é possível detectar a presença dos âmbitos cosmográficos menos tangíveis em episódios que tendem a ser considerados pelos estudiosos como portadores de relações com eventos pretéritos recentes. Relata-se que Quetzalcoatl, ao fim de sua fuga, em 895 d.C., chegou a Tlillan Tlapallan, chamado também de *queimadouro* e localizado no rumo oriental, onde juntou suas coisas, adereçou-se com suas insígnias de plumas e sua máscara verde e arrojou-se ao fogo. Depois, seu coração teria ido ao Céu, entrado nele e se tornado Tlahuizcalpantecuhtli ou *Senhor da Estrela da Aurora.* No entanto, após sua morte e antes de apa-

---

178   Anales de Cuauhtitlan. In: *Códice Chimalpopoca, op. cit.,* p. 3.

179   *Ibidem,* p. 8. As deidades evocadas seriam Citlalincue, Citlallatonac, Tonacacihuatl, Tonacatecuhtli, Tecolliquenqui, Yeztlaquenqui, Tlallamanac e Tlallichcatl.

recer como estrela da aurora, Quetzalcoatl teria ido morar em Mictlan por quatro dias e por outros quatro teria se munido de flechas, reaparecendo ao final de oito dias.[180]

Pensamos que esse episódio pode ser considerado emblemático para mostrar como os mesmos conceitos cosmográficos eram empregados para narrar o que chamaríamos de cosmogonia e história.[181] Tal afirmação se justifica pelo fato de tal episódio evocar o Céu, o Inframundo e os rumos do Universo – âmbitos utilizados para relatar os episódios que teriam ocorrido durante as idades anteriores do mundo – para tratar do final do período de mando de um soberano tolteca do fim do século IX, o qual, na verdade, termina por ter um destino cosmogônico: transformar-se em uma estrela aparente.

No capítulo seguinte analisaremos em detalhes essa conjunção e concatenação entre cosmogonia e história.[182] Por enquanto, o objetivo é apenas destacar a presença dos âmbitos cosmográficos gerais – relacionados preferencialmente aos episódios cosmogônicos – nos relatos sobre o passado mais recente.

Outro episódio dos *Anales de Cuauhtitlan* que contribui para esse objetivo encontra-se em seu décimo quinto *xiuhmolpilli*, que teria se iniciado em 1363 d.C. Trata-se do planejamento e da construção de um templo em Cuauhtitlan, tarefas que tiveram a concepção dos quatro rumos por pilar central, a mesma concepção que era utilizada para explicar a estrutura de toda a superfície terrestre.[183] Além disso, a estrutura e divisão do templo em quatro partes terminam por ordenar a distribuição espacial da cidade como um todo: "Cuando empezó su templo Xaltemoctzin el viejo, simultáneamente, para formar en cuatro partes la ciudad de Cuauhtitlan, tomó de él ejemplo, porque en cada esquina del cuadro de su templo puso, así como están, las cuatro partes de la ciudad de Cuauhtitlan".[184]

---

180   Cf. *ibidem*, p. 11. A passagem de Quetzalcoatl pelo Inframundo pode ser relacionada com os períodos de invisibilidade de Vênus, os quais eram muito utilizados para a previsão da chegada das épocas da chuva e da seca.

181   Também, como vimos no Capítulo II, empregavam-se os mesmos referenciais temporais, isto é, a conta dos anos e a dos dias.

182   Os *Anales de Cuauhtitlan*, assim como a *Leyenda de los soles*, também apresentam o relato das quatro idades anteriores do mundo antes de narrar a história de Mixcoatl, Quetzalcoatl e Tollan, se bem que de maneira muito mais resumida. Nesse resumo das idades anteriores, a única referência cosmográfica direta é o afundamento do Céu que provoca a imobilidade do Sol: "El segundo sol que hubo y era signo de 4 *ocelotl* (tigre), se llama Ocelotonatiuh (sol del tigre). En él sucedió que se hundió el cielo; entonces el sol no caminaba de donde es mediodía...". *Ibidem*, p. 5.

183   Cf. *ibidem*, p. 34.

184   *Ibidem*, p. 34.

Vale notar também que a mensuração do terreno e da construção e sua divisão em cinco partes contaram com o uso de uma espécie de compasso.[185] O uso de um instrumento para medir e dividir uma determinada criação em partes também é mencionado no *Popol vuh*, conforme citamos em nota anterior. No entanto, nesse último caso, o que está sendo criado é nada menos que o Céu e a Terra. Os autores desse escrito alfabético maia-quiché, mencionando o antigo escrito chamado de *Popol vuh* que fora utilizado de base para o texto que conhecemos, afirmam que "Grande era la descripción y el relato de cómo se acabó de formar todo el cielo y la tierra, cómo fue formado y repartido en cuatro partes, cómo fue señalado y el cielo fue medido y se trajo la cuerda de medir y fue extendida en el cielo y en la tierra, en los cuatro ángulos, en los cuatro rincones...".[186]

A repetida menção desses instrumentos de medida recorda-nos que os autores desses textos eram parte dos mesmos grupos sociais que realizavam cálculos astronômicos e orientavam suas construções com precisão milimétrica, fato que, por vezes, é desconsiderado ou subvalorizado na caracterização dos seus relatos e explicações sobre o passado e a atuação dos deuses. Pensamos que a desconsideração desse fato pode impedir-nos de avaliar adequadamente a importância atribuída pelas tradições de pensamento nahuas – e mesoamericanas em geral – ao que chamamos de pensamento geométrico-matemático. A menção desses instrumentos e medidas nos relatos sobre o passado, aliada aos inúmeros estudos arqueológicos e arqueoastronômicos,[187] indica-nos que toda a cosmografia estava permeada, entre outras coisas, por ângulos, números e outros elementos geométrico-matemáticos, os quais, assim como os complexos ciclos calendários e suas combinações, estavam a serviço da qualificação do espaço-tempo.

Outro dado fundamental para caracterizar os relatos nahuas sobre o passado é o tipo de informação mais abundante neles. No caso dos *Anales de Cuauhtitlan*, os âmbitos cosmográficos e os nomes dos *altepeme* são, ao lado das datas, o tipo de informação mais recorrente. Em seus dezessete ciclos completos de cinquenta e dois anos, que totalizam oitocentas e oitenta e cinco referências temporais, aparecem quase mil e setecentas citações toponímicas, que se intercalam com citações de âmbitos mais gerais – como os quatro rumos – ou menos tangíveis – como os níveis do Inframundo.[188]

---

185   Cf. *ibidem*, p. 33.

186   *Popol vuh, op. cit.,* p. 21. Além disso, esse trecho mostra-nos que a divisão em quatro rumos não se restringia à superfície terrestre, mas englobava também os céus, como mencionamos no início deste capítulo.

187   Como os que constam em Broda, Johanna *et alii* (edit.). *Arqueoastronomía y etnoastronomía en Mesoamérica.* México: IIH – Unam, 1991.

188   Esse total inclui todas as ocasiões em que um topônimo é citado, alguns dos quais são mencionados dezenas de vezes, como México e Cuauhtitlan.

Os *Anales de Cuauhtitlan* não são, nesse aspecto, um caso isolado, pois vimos, no Capítulo II, que o mesmo ocorre nos anais do *Códice Vaticano A*.[189] Nesses anais, cerca de noventa glifos toponímicos são mencionados ao longo dos quase quatrocentos anos de história e esses glifos ocupam, juntamente com os cerca de noventa glifos onomásticos, o segundo lugar em quantidade na composição, perdendo apenas para os glifos calendários, que somam trezentos e oitenta e seis.

Em diversas partes do *Chilam balam de Chumayel* também podemos notar a centralidade da cosmografia para a estruturação e o desenvolvimento da narrativa. Como mencionamos acima, a seção intitulada *Libro de los linajes* inicia-se com uma lista dos elementos associados aos quatro rumos e depois, ao tratar da origem dos itzaes, apresenta uma trajetória migratória com quase setenta localidades em apenas duas páginas de relato.[190]

Sendo assim, é possível afirmar que os conceitos calendários e espaciais são, de longe, os mais abundantes nos *Anales de Cuauhtitlan*, nos anais do *Vaticano A*, em partes significativas do *Chilam balam de Chumayel* e em outros textos alfabéticos ou pictoglíficos mencionados, de origem nahua, maia ou mixteca.[191] Quais as implicações desse fato na caracterização desses relatos e das tradições de pensamento e escrita que os produziram? Uma delas é que devemos elencar a preocupação em datar e situar espacialmente os eventos narrados como uma das mais importantes para essas tradições, as quais empregavam os referenciais cosmográficos e calendários como verdadeiros fios condutores das narrativas, sobretudo nos livros em forma de anais. Outra implicação é que esses fios condutores não constituíam um fundo ou cenário neutro, mas eram elementos que participavam ativamente da qualificação de personagens e de eventos, pois datar e situar espacialmente também eram formas de classificar e adjetivar.

No que diz respeito especificamente ao emprego da cosmografia nos *Anales de Cuauhtitlan*, pudemos perceber que os conceitos espaciais não são tratados como temas por seus produtores, assim como não o foram pelos autores da *Leyenda de los soles*. Vimos que esse tratamento temático aparece na primeira seção do *Vaticano A* e veremos abaixo que também ocorre na *Historia de los mexicanos por sus pinturas* e na *Histoire du Mechique*. Ao contrário, tentamos demonstrar que o conhecimento da cosmografia era um pressuposto indispensável para o entendimento dos episódios dos *Anales de*

---

189   Cf. *Códice Vaticano A, op. cit.*, p. 66v-99v.

190   Cf. *Libro de chilam balam de Chumayel, op.cit.*, p. 43-5. As localidades e datas também são presenças marcantes em outras partes dessa obra, como na intitulada *Kahlay de la conquista*. Cf. *ibidem*, p. 53-69.

191   Como os textos de Chimalpahin Cuauhtlehuanitzin e Cristóbal del Castillo, o *Códice Boturini* e o *Códice Mendoza*, de origem nahua, o *Memorial de Sololá*, de origem maia-cakchiquel, e o *Códice vindobonense*, de origem mixteca.

Cuauhtitlan, seja dos cosmogônicos ou dos históricos, pois a narrativa de ambos se faz por meio dos mesmos conceitos espaciais.

Vimos no Capítulo II que esse mesmo tipo de uso da cosmografia – isto é, ser requerida como parte dos pressupostos de leitura – ocorre com o sistema calendário nos *Anales de Cuauhtitlan*, sistema que, ademais, desempenha a função de estrutura organizacional nesse texto. Essas características, segundo nossas hipóteses, conferem a esse manuscrito um caráter relativamente tradicional: por um lado, possui uma estrutura organizacional e requer pressupostos de leitura semelhantes aos que podemos encontrar nos códices pictoglíficos pré-hispânicos e coloniais tradicionais, não obstante se tratar de um texto alfabético; por outro lado, apresenta alterações e adaptações em relação a esses mesmos códices. Entre essas alterações, podemos citar o fato de a cosmografia não desempenhar o papel de estrutura organizacional nos *Anales de Cuauhtitlan*, como ocorria em parte dos códices pictoglíficos. Isso se deve, em grande medida, à própria índole do texto alfabético, para o qual o espaço ocupado pelo registro é "cosmograficamente homogêneo". Sendo assim, é indiferente que uma informação sobre o norte esteja grafada na parte de cima ou de baixo de tal espaço.

A *Historia de los mexicanos por sus pinturas*

Na parte inicial da *Historia de los mexicanos por sus pinturas* há um relato sobre a cosmogonia que se diferencia bastante dos contidos nas fontes analisadas anteriormente. Trata-se, como veremos em detalhe no capítulo seguinte, de uma espécie de genealogia divina na qual as referências às regiões cosmográficas resumem-se, basicamente, a duas: uma sobre o décimo terceiro céu, onde teriam estado sempre Tonacatecuhtli e Tonacacihuatl, e outra sobre os quatro filhos desse casal, que poderiam ser relacionados aos quatro rumos por suas cores distintas.[192]

À continuação, temos um capítulo dedicado às criações realizadas por Quetzalcoatl e Huitzilopochtli, as quais teriam se iniciado seiscentos anos depois dos primeiros episódios. Esses dois deuses teriam se tornado responsáveis por executar as determinações dos demais e, assim, criar o Universo. Entre as obras que lhes são atribuídas está a criação dos três grandes âmbitos que abarcam todo o Universo, isto é, o Inframundo, o Céu e *cipactli*.[193]

Nesse mesmo trecho, os quatro rumos do Universo são evocados de maneira implícita ao se mencionar Tlaloc, "Del qual dios del agua dize que tiene su aposento

---

192   Esses quatro filhos são: Tlatlauhqui Tezcatlipoca, Yayauhqui Tezcatlipoca, Quetzalcoatl e Ometecuhtli. As cores associadas aos dois primeiros são, respectivamente, o vermelho e o negro. O texto não menciona cores para os dois últimos. Cf. Historia de los mexicanos por sus pinturas. In: *Mitos e historias de los antiguos nahuas*. México: Conaculta, 2002, p. 25.

193   Cf. *ibidem*, p. 27-9.

de quatro quartos, y enmedio un gran patio, do están quatro barreñones grandes de agua".[194] Logo em seguida, a dimensão qualitativa da concepção dos quatro rumos aparece na caracterização dos quatro tipos de chuva que procederiam dessas pipas: a de água boa, da qual se criam os pães e sementes; a de água má, da qual se criam teias de aranha nos pães; a que gela; e a de água que chove mas não faz nada granar, permitindo que as plantas sequem.[195]

O texto não menciona a que rumo estaria relacionado cada tipo de chuva, informação que seguramente fazia parte dos escritos pictoglíficos que retratavam essa temática, como o *Códice Borgia*. Mencionamos em nota anterior que esse códice possui uma seção dedicada a tal tema, a qual se organiza, graficamente, por meio da própria concepção dos quatro rumos em torno de um centro, isto é, com os conjuntos pictoglíficos dispostos na forma de *quincunce*.[196]

Podemos ver uma das duas páginas dessa seção na Figura 32 e notar como tal concepção está na base da distribuição gráfica de cinco conjuntos pictoglíficos quadrangulares que possuem em comum a presença de Tlaloc numa mesma postura e portando, basicamente, os mesmos tipos de atavios e objetos.[197] Ademais, à exceção do conjunto central, todos os quadrângulos contam com um par de glifos calendários em sua base, os quais, como mencionamos diversas vezes, determinariam o turno de influência de cada região na composição da realidade que vigoraria no centro, nesse caso, que tipo de chuva e colheita.

Por esses glifos calendários é possível saber a que rumo se relaciona cada quadrante da página, pois cada par é composto por um glifo da conta dos anos (*xiuhmolpilli*) e um da conta dos dias (*tonalpohualli*). Os quatro glifos anuais são *ce acatl* (*1 junco*), *ce tecpatl* (*1 pedernal*), *ce calli* (*1 casa*) e *ce tochtli* (*1 coelho*), relacionados, respectivamente, aos rumos oriente, setentrião, poente e meridião, conforme vimos na primeira parte deste capítulo. Como podemos observar na Figura 32, o glifo *ce acatl* encontra-se no quadrante inferior-direito, a partir do qual é possível localizar os outros três na ordem em que foram mencionados acima, seguindo-se o sentido anti-horário. Os glifos calendários dos dias que fazem pares com os quatro carregadores de anos são *ce cipactli* (*1 jacaré*), *ce miquiztli* (*1 morte*), *ce ozomatli* (*1 macaco*) e *ce cozca-cuauhtli* (*1 abutre*), os quais podem ser vistos seguindo-se a mesma ordem apontada para os carregadores de anos. Cada um desses glifos inicia um período de 65 dias no

---

194   *Ibidem*, p. 28.

195   Cf. *ibidem*, p. 28.

196   Cf. *The Codex Borgia*. Nova York: Dover Publications, 1993, p. 27-8.

197   Cf. *ibidem*, p. 27.

tonalpohualli, pois ocupam a 1ª, a 66ª, a 131ª e a 196ª posições nesse ciclo, que dura 260 dias, ou seja, 4 x 65 dias.[198]

Em cada um desses quadrantes, há variações nas representações da terra – que pode estar alagada, seca ou ser as costas de *cipactli* –, nas das espigas de milho que brotam – que podem ser graúdas ou pequenas e estar ou não comidas por gafanhotos ou roedores – e nas das camadas celestes – que podem estar chuvosas, ensolaradas e contar ou não com olhos estelares. Além disso, as camadas celestes são três no caso dos quatro quadrantes que circundam o centro – duas superiores, estreitas e identificadas por cores distintas, e uma inferior e larga, na qual se grafam a chuva em dois casos e o sol nos outros dois – e quatro no caso do quadrângulo central – três estreitas e coloridas e uma larga, com olhos estelares e pedernais. Tudo isso sem falarmos nas distinções entre os *tlaloque*.

A presença desses elementos diferenciadores serviria para qualificar as chuvas que proviriam desses rumos nos períodos de tempo indicados pelos glifos calendários dos dias e anos. Parece que as melhores chuvas e colheitas estariam nos quadrantes correspondentes ao oriente e ao ocidente. No entanto, é importante ressaltar que tratar esse tema desse modo, ou seja, estabelecendo uma relação fixa entre os quatro tipos de chuva e os quatro rumos é uma grande simplificação. Para as tradições de pensamento mesoamericanas, vários outros elementos – tais como os ciclos calendários grafados nas páginas do *Borgia* e os fatores conjunturais, de ordem natural ou social – participariam da conjunção que daria origem às situações propícias ou desfavoráveis e, sendo assim, também deveriam ser levados em conta na elaboração de prognósticos.

Mas é justamente esse tipo de simplificação que encontramos nos dois trechos da *Historia de los mexicanos por sus pinturas* mencionados acima, os quais, muito provavelmente, se basearam em explicações elaboradas a partir de páginas de códices pictoglíficos semelhantes às do *Borgia*. Caso essa suposição esteja correta, poderíamos dizer que tal simplificação se caracterizou, entre outras coisas, pela desconsideração da relação intrínseca que existia entre cosmografia e calendário para as tradições de pensamento nahuas, bem como pela não utilização desses sistemas como parte da estrutura organizacional da narrativa. Segundo nossas hipóteses, isso seria um forte indício de que a produção do escrito estaria relacionada a seleções temáticas e estruturas narrativas de origem cristã.[199] Vale lembrar que isso condiz com a origem atribuída à *Historia de los mexicanos por sus pinturas*, que a vincula aos trabalhos missionários

---

198   Cf. Anders, Ferdinand *et alii*. *Los templos del cielo y de la oscuridad*. Madri/Graz/México: SEQC/ADV/FCE, 1993, p. 168.

199   O que é confirmado pelo tratamento temático que a conta dos anos recebe nesse texto, sendo explicada na parte inicial de um dos capítulos sobre as idades do mundo e na qual os âmbitos cosmográficos não são mencionados. Cf. Historia de los mexicanos por sus pinturas. In: *Mitos e historias de los antiguos nahuas*. México: Conaculta, 2002, p. 31.

de Andrés de Olmos com sábios nativos no segundo quartel do século XVI, como mencionamos no Capítulo I.

Veremos, no capítulo seguinte, que a separação entre calendário e cosmografia e a não utilização de ambos como partes da estrutura narrativa também tendem a ocorrer quando os relatos e explicações nahuas sobre o passado distante são adaptados ou submetidos às seleções temáticas e estruturas narrativas de origem cristã, resultando num processo que estamos chamando de fabulização, como indicamos na Introdução.

Apesar da origem relacionada a seleções temáticas e estruturas narrativas cristãs, a *Historia de los mexicanos por sus pinturas* apresenta alguns episódios cujo entendimento requer o conhecimento prévio de alguns conceitos cosmográficos, tais como o de ligação entre o Tlalocan e o interior das montanhas e cavernas. Isso ocorre, por exemplo, no episódio em que o *tlatoani* de Chalco aprisiona um corcunda no interior de uma caverna situada em uma montanha, oferecendo-o, desse modo, a Tlaloc. No interior da caverna, o corcunda teria sobrevivido e visitado o Tlalocan, a *Morada de Tlaloc*, retornando a Chalco com os criados enviados pelo *tlatoani* depois de vários dias para verificar se ele havia morrido.[200]

Depois desse episódio, a *Historia de los mexicanos por sus pinturas* apresenta vários capítulos sobre as idades do mundo, os quais são constituídos com informações semelhantes às que encontramos no *Vaticano A*, na *Leyenda de los soles* e nos *Anales de Cuauhtitlan*.

Nesses capítulos, a cosmografia é acionada de modo mais recorrente por meio da citação de âmbitos ou de explicações sobre o funcionamento do Mundo.[201] Um dos primeiros episódios dessa seção explica esse funcionamento antes da criação do primeiro Sol por Tezcatlipoca, época em que um meio-sol correria pelo Céu e chegaria apenas até o zênite, de onde retornaria para o oriente e ficaria parado até a manhã seguinte.[202] Tal episódio seria uma forma de apresentar, por contraste, o movimento solar correto, que Tezcatlipoca irá instaurar depois, tornando-se um Sol completo. Segundo a *Leyenda de los soles*, no início da idade atual, como veremos em detalhe no Capítulo IV, também houve um problema com o movimento do Sol, o qual teria parado em meio do Céu por vários dias.[203] Esses dois episódios ressaltam a importância que as tradições de pensamento nahua davam à ideia de movimento para explicar o funcionamento do cosmo, sobretudo ao movimento aparente do Sol, pois, como vimos no início deste capítulo, tal movimento servia para delimitar a extensão de

---

200 Os habitantes de Chalco foram derrotados pelos mexicas no mesmo ano em que esse episódio ocorrera, o qual é relatado como um presságio da derrota. Cf. *ibidem*, p. 28.

201 Cf. *ibidem*, p. 30-9.

202 Cf. *ibidem*, p. 30

203 Cf. Leyenda de los soles. In: *Códice Chimalpopoca, op.cit.*, p. 122.

dois âmbitos cosmográficos – o Céu e o Inframundo – e para subdividir a superfície terrestre em quatro regiões.[204]

Referindo-se à quarta idade, a *Historia de los mexicanos* traz o conhecido episódio da queda dos céus e do dilúvio, depois do qual os deuses teriam feito quatro caminhos pelo interior da Terra, chegando às esquinas do Mundo para levantar o Céu. Para realizar essa tarefa, teriam criado quatro homens para ajudá-los: Cuauhtemoc ou Tzontemoc,[205] Itzcoatl, Itzmalli e Tenexochitl. Quetzalcoatl e Tezcatlipoca teriam se tornado árvores, respectivamente *tezcacuahuitl* e *quetzalhuexotl*, "Y con los ombres y árboles y dioses alcaron el çielo con las strellas como agora (sic) está".[206] Por isso, Tonacatecuhtli teria transformado Quetzalcoatl e Tezcatlipoca em senhores do Céu e das estrelas, pois os dois fizeram o caminho que aparece no Céu, por onde passam e se encontram.

Como citamos de início, também se mencionam essas árvores sustentadoras do Céu nos textos maias, como o *Chilam balam de Chumayel*. Em sua seção intitulada *Libro de los antiguos dioses*, logo ao se relatar as primeiras ações dos deuses que estão criando o Mundo, menciona-se que a chegada das águas de um só golpe fundiu o Céu e a Terra e, por isso, os quatro Bacaboob se posicionaram em seus lugares, isto é, nas quatro esquinas do Mundo, para ordenar a vida dos homens. Essas árvores seriam quatro ceibas de cores diferentes: Sac Imix Che (*Ceiba Branca*); Ek Imix Che (*Ceiba Negra*), onde pousou o pássaro de peito negro; Kan Imix Che (*Ceiba Amarela*), onde pousou o pássaro de peito amarelo; e Yaax Imix Che (*Ceiba Verde*).[207]

À continuação, a *Historia de los mexicanos por sus pinturas* relata os tempos pós-dilúvio, quando os deuses teriam dado vida à Terra, criado outros deuses, outros homens e mulheres e também o Sol atual e a Lua, os quais "...andan por el ayre, sin que

---

204   Apesar disso, bem mais adiante, ao listar os níveis celestes, a *Historia de los mexicanos por sus pinturas* menciona esse movimento incompleto do Sol como se assim ele fosse concebido pelas tradições de pensamento nahuas para os tempos atuais. Parece-nos que o autor está tomando o que lhe fora dito sobre um momento particular da cosmogonia como algo geral e válido para a idade atual. Cf. Historia de los mexicanos por sus pinturas. In: *Mitos e historias de los antiguos nahuas*. México: Conaculta, 2002, p. 81.

205   O texto original traz Cotemuc, nome desconhecido em nahuatl que Rafael Tena adapta para Tzontemoc e Ángel María Garibay para Cuauhtemoc. Respectivamente, cf. *ibidem*, p. 36 / Historia de los mexicanos por sus pinturas. In: *Teogonía e historia de los mexicanos*. México: Editorial Porrúa, 1996, p. 32.

206   Historia de los mexicanos por sus pinturas. In: *Mitos e historias de los antiguos nahuas*. México: Conaculta, 2002, p. 36.

207   Segundo o texto, a ceiba verde ocuparia o centro da terra. Chac Imix Che (*Ceiba Vermelha*), que estaria ao leste, não é citada. Cf. *Libro de chilam balam de Chumayel*, op.cit., p. 88-9.

lleguen a los çielos".[208] Ao analisarmos a primeira seção do *Vaticano A*, vimos que a Lua e o Sol estariam posicionados entre os níveis mais baixos para a cosmografia nahua (Tabela 10), isto é, até o quarto nível. Sendo assim, talvez apenas os níveis celestes mais altos estejam sendo considerados como tais pela *Historia de los mexicanos por sus pinturas*. Isso parece ser confirmado mais adiante, em um capítulo dedicado quase que exclusivamente ao tema dos níveis celestes, pois apenas nove níveis são relacionados e caracterizados, sem que nessas caracterizações constem o Sol ou a Lua.[209] Analisaremos, mais abaixo, esse capítulo sobre os níveis celestes e suas características – sintetizadas na Tabela 12.

Ainda nos relatos sobre os tempos pós-dilúvio, podemos encontrar uma referência precisa a um dos níveis celestes. Trata-se do episódio em que Camaxtle ou Mixcoatl, no primeiro ano da terceira trezena depois do dilúvio, vai ao oitavo céu e cria quatro homens e uma mulher para que façam guerras e haja corações e sangue para o Sol. No entanto, ao baixarem à superfície terrestre, esses homens e mulheres teriam caído na água e voltado diretamente ao Céu, fazendo que não houvesse guerra.[210] A referência precisa ao oitavo céu certamente teria pleno sentido apenas para um leitor que soubesse acerca de suas características. De acordo com o próprio texto, como veremos logo em seguida, o oitavo céu seria o local de reunião dos deuses e de onde não poderiam passar para chegar ao mais alto céu, onde estaria Tonacatecuhtli e Tonacacihuatl. Além disso, o fato de esses homens e mulheres criados por Mixcoatl terem caído na água e voltado diretamente ao Céu também faz sentido apenas se lembrarmos da contiguidade desses dois âmbitos e da permeabilidade de suas fronteiras.

Sendo assim, podemos perceber pelas análises acima que a *Historia de los mexicanos por sus pinturas* utiliza-se da cosmografia ora como tema e ora como saber cujo entendimento prévio é indispensável para a compreensão dos episódios narrados. Vimos no Capítulo II que essa mesma alternância ocorre com o uso do sistema calendário, indicando que o texto alterna critérios e padrões compositivos de origem nahua e cristã.

A *Historia de los mexicanos por sus pinturas* apresenta um número muito maior de referências a locais tangíveis ao tratar do passado mais recente do que ao tratar do passado mais distante, assim como a *Leyenda de los soles*, o *Vaticano A* e os *Anales de Cuauhtitlan*. Nos episódios relacionados ao passado mais recente, que ocupam cerca de dezessete capítulos do texto e vão desde as ações de Mixcoatl e dos quatrocentos chichimecas, passam pelas realizações e desventuras de Ce Acatl e pela migração mexica e chegam até as conquistas de Cortés e grupos indígenas aliados, os *altepeme*

208   Historia de los mexicanos por sus pinturas. In: *Mitos e historias de los antiguos nahuas, op. cit.*, p. 38.

209   Cf. *ibidem*, p. 80-3.

210   Cf. *ibidem*, p. 40.

e algumas outras regiões cosmográficas são referências constantes, fazendo que o conhecimento prévio dessa cosmografia humana e natural seja indispensável para o entendimento do relato.[211]

O calendário é usado estruturalmente nesses mesmos capítulos do relato, conforme vimos no Capítulo II (Tabela 9), pois o texto, embora não tome a forma de anais, situa sistematicamente os episódios de acordo com os anos decorridos depois do dilúvio ou depois da fundação de Tenochtitlan. Sendo assim, é muito provável que a confecção dos relatos contidos nesses capítulos tenha tido a livros de anais mexicas por base, o que confirmaria a alternância de critérios e padrões compositivos – de origem nahua e cristã – que estamos atribuindo a esse texto.

Depois de todos esses capítulos, a *Historia de los mexicanos por sus pinturas* apresenta o modo de contar os anos e, em seguida, como mencionamos antes, uma geografia dos céus, o que é feito num fragmento que pertence a esse texto mas que, aparentemente, não possui nenhuma ligação narrativa direta com as partes precedentes. Nessa descrição, oito níveis celestes, acima dos quais estariam Tonacatecuhtli e Tonacacihuatl, são relacionados e caracterizados sumariamente. Agrega-se à descrição a referência de que haveria outros níveis, mas que "...no saben lo que estava en los çielos que quedan".[212] Na Tabela 12 podemos ver esses níveis e elementos resumidos e enumerados.

Nível	Elementos, fenômenos ou deuses relacionados
mais alto céu	Tonacatecuhtli e sua mulher
8º céu	juntavam-se todos os deuses e não subiam até onde estavam Tonacatecuhtli e sua mulher
7º céu	cheio de pó e daí baixava
6º céu	todos os ventos
5º céu	cobras de fogo feitas pelo deus do fogo, delas saem os cometas e sinais do céu
4º céu	todos tipos de aves, de onde vinham à Terra

---

211   Alguns dos locais citados recorrentemente são: Cuitlahuac, Tlapallan, Cholula, Tollan, Cempoala, Aztlan, Culhuacan, Xochimilco, Chalco, Tacuba, Coyoacan, Azcapotzalco, Texcoco, Tlaxcala e Huexotzinco. Cf. *ibidem*, p. 44-80.

212   Cf. *ibidem*, p. 80.

Nível	Elementos, fenômenos ou deuses relacionados
3º céu	quatrocentos homens que Tezcatlipoca fez de cinco cores: amarelos, negros, brancos, azuis e vermelhos
2º céu	*tezauhcihuah* ou *tzitzime*, mulheres descarnadas que esperavam o Mundo acabar para devorar a todos
1º céu	estrelas Citlalincue e Citlallatonac, feitas por Tonacatecuhtli para guardar o Céu

Tabela 12: Os níveis celestes organizados e caracterizados segundo a *Historia de los mexicanos por sus pinturas*, cap. 21.

Logo em seguida, depois de vermos como a *Histoire du Mechique* trata o problema dos níveis celestes, faremos um balanço geral da questão e do problema do número de níveis celestes para as tradições de pensamento nahuas. Por enquanto, interessa apenas o fato de esse texto apresentar uma seção que explica a cosmografia depois de numerosos relatos que evocaram seus âmbitos e que essa seção esteja disposta logo em seguida a um parágrafo que trata do sistema calendário. Isso porque os usos temáticos dos sistemas calendário e cosmográfico estariam relacionados à necessidade castelhana de entender tais sistemas, para, assim, compreender os episódios narrados anteriormente. Esse entendimento significava, na maioria das vezes, uma simplificação extrema, como a que podemos observar na Tabela 12, refletida na carência de denominações ou de elementos associados aos níveis celestes que seriam típicos entre as tradições de pensamento nahuas, tais como as cores, os corpos ou fenômenos celestes e os nomes de deidades.

Ademais, assim como no caso da primeira seção do *Vaticano A*, parece que as explicações sobre a cosmografia originadas das necessidades de entendimento dos castelhanos tenderam a constituir uma imagem demasiadamente geométrica do cosmo, no qual um panteão de deuses estaria distribuído. Esse tipo de imagem não se encontra nas fontes mais tradicionais, isto é, que segundo nossos critérios apresentam o calendário e a cosmografia em papéis estruturais ou os exigem como pressupostos de leitura, tais como o *Borbónico*, algumas seções do *Vaticano A*, a *Leyenda de los soles* e os *Anales de Cuauhtitlan*.

Veremos abaixo que indícios de demandas coloniais semelhantes às que moldaram os capítulos da *Historia de los mexicanos por sus pinturas* que tratam o calendário e a cosmografia de modo temático estão presentes, de maneira muito mais disseminada, na *Histoire du Mechique*.

A *Histoire du Mechique*

Vimos no Capítulo I que a *Histoire du Mechique* é um texto caracteristicamente fragmentado e que parece constituir-se por meio da junção de diversos relatos cosmogônicos e históricos. Nele, também são citados muitos âmbitos cosmográficos, tanto de regiões menos tangíveis quanto da superfície terrestre, além de diversos *altepeme*, entre os quais se destacam Texcoco, Chalco, Culhuacan, a província otomie, México, Culiacan, Xochipila, Xalpa, Tenayuca e outros sítios relacionados à migração mexica.[213]

Como vimos no capítulo anterior, esse manuscrito possui um capítulo dedicado a explicar o calendário que, de modo similar ao caso da *Historia de los mexicanos por sus pinturas*, se localiza depois de alguns relatos sobre a história dos chichimecas.[214] No texto desse capítulo sobre o calendário não há, praticamente, nenhuma explicação sobre a relação das trezenas ou dos anos com os quatro rumos, pois apenas se cita que os mexicas começariam a conta dos anos pelo sul, região relacionada corretamente a *tochtli* em meio de uma explicação equivocada sobre o funcionamento do *xiuhmolpilli*, como vimos no Capítulo II.

No entanto, o manuscrito traz uma figura em meio ao texto que estabelece essa relação e que teria sido copiada de um antigo livro.[215] Trata-se, como podemos observar na Figura 33, de um tipo de caixilho com uma cruz-de-malta em seu interior. À cruz estão relacionados termos nahuas que designam os quatro rumos e o centro – *tlapco, teotlalpan, cihuatlan* (*lugar das mulheres*), *huitztlan* e *tlalxicco* –, termos castelhanos para os quatro pontos cardeais – *oriente, septentrión, occidente* e *mediodía* –, numerais em nahuatl de um a quatro – *ce, ome, yei* e *nahui* – e quatro carregadores de anos – *acatl, tecpatl, calli* e *tochtli*.

Apesar de a figura ser composta por elementos típicos da tradição figurativa do ocidente cristão na época Moderna, tais como os quatro pontos cardeais e a própria cruz-de-malta, algumas informações correspondem à cosmografia nahua e à maneira de expressá-la nos códices pictoglíficos. É o caso do oriente na parte de cima da figura, do sentido anti-horário estabelecido pelos carregadores de anos e pelos números de 1 a 4 em nahuatl e do formato geral quadrangular, que poderia aludir a *tlalli*.

A esse capítulo, cuja temática é o calendário e secundariamente sua relação com os rumos do Universo, segue-se uma narrativa sobre as idades do Mundo segundo os mexicas. No entanto, antes de iniciar o relato cosmogônico, há uma lista dos níveis celestes e dos deuses que os ocupariam, na qual o Inframundo e os quatro rumos não são

---

213   Cf. Histoire du Mechique. In: *Mitos e historias de los antiguos nahuas*. México: Conaculta, 2002, p. 125-38.

214   Mas, distintamente do que ocorre na *Historia de los mexicanos por sus pinturas*, tal capítulo se posiciona antes dos que tratam das idades do Mundo. Cf. *ibidem*, p. 138-43.

215   Cf. *ibidem*, p. 141.

sequer mencionados.[216] A prioridade dada aos deuses para caracterizar os âmbitos celestes relaciona-se, muito provavelmente, a uma seleção temática tributária do pensamento missionário cristão do século XVI. Para esse pensamento, tratar da cosmogonia de outros povos significava, entre outras coisas, saber quais eram os deuses e ídolos aos quais os povos pagãos atribuíam, equivocadamente, a autoria das obras do deus cristão.

O uso exclusivo dos nomes dos deuses para diferenciar os níveis celestes pode ser observado Tabela 13, na qual estão reunidas também as traduções ou explicações propostas na *Histoire du Mechique* para tais nomes.

Nível	Deidade relacionada e tradução proposta pelo texto
13º céu	Ometeotl e Omecihuatl – *Dois Deuses* e *Duas Deusas*
12º céu	Tlahuizcalpantecuhtli – *Deus da Alba do Dia*
11º céu	Yoaltecuhtli – *Deus da Noite e Obscuridade*
10º céu	Tezcatlipoca – um dos principais ídolos
9º céu	Quetzalcoatl – um dos principais ídolos
8º céu	Tlalocantecuhtli – *Deus da Terra*
7º céu	Tonacatecuhtli e Tonacacihuatl – *Dois Deuses*
6º céu	Mictlantecuhtli – *Deus dos Infernos*
5º céu	Tonaleque – cinco deuses de cores diversas
4º céu	Tonatiuh – *Sol*
3º céu	Chalchiuhtlicue – *Casa de Uma Deusa*
2º céu	Coatlicue – *Deusa da Terra*
1º céu	Xiuhtecuhtli – *Deus dos Anos*

Tabela 13: Níveis celestes organizados a partir da *Histoire du Mechique*, p. 142-4.

Embora alguns estudos transmitam a impressão que a existência de treze níveis celestes era quase um dogma para a cosmografia mesoamericana, essa descrição dos níveis celestes é a única, entre as que constam nas fontes nahuas analisadas, que traz a cifra treze. Vimos acima que é necessário considerar a Terra como um dos níveis para se chegar a essa cifra no caso do *Vaticano A* e que os outros relatos falam em nove níveis – se bem que a *Historia de los mexicanos por sus pinturas*, que enumera apenas oito níveis, cita a existência de outros que os informantes não teriam sabido descrever.

Entretanto, há outros textos alfabéticos mesoamericanos que citam a existência de treze pisos celestes. É o caso do *Chilam balam de Chumayel*, que utiliza essa concepção cosmográfica como pressuposto de leitura ao mencionar as ações dos primeiros

---

216 Cf. *ibidem*, p. 143-5.

deuses para criar a Terra, mais especificamente as de Yax Bolon Dzacab (*Grande Nove Fecundador*), que "...se fue al decimotercer piso del cielo".[217]

Em contrapartida a esses textos, há códices que apontariam para a existência de uma concepção que dividiria o Céu em nove estratos. É o caso do *Rollo Selden*, mais especificamente de sua cena inicial, uma espécie de prólogo à história de uma dinastia mixteca cujas origens se relacionariam com Quetzalcoatl.[218] Essa cena retrata apenas nove níveis celestes. Vejamos o porquê.

Na Figura 34, que reproduz a tal cena inicial, podemos observar Quetzalcoatl – identificado por seu peitoral de caracol marinho, sua barba e seu bico de ave – na parte centro-superior da cena e flanqueado pelo Senhor e Senhora Ce Mazatl (*Um Veado*), respectivamente, à sua esquerda e direita. À frente de Quetzalcoatl, encontram-se os glifos calendários que correspondem ao dia *ome mazatl* (*2 veado*) e ao ano *matlactli omei tochtli* (*13 coelho*).[219]

Abaixo desses elementos, podemos ver oito conjuntos de faixas horizontais, cada qual formado por três faixas menores que se agrupam, de cima para baixo, da seguinte forma: uma pintada de negro, outra com olhos estelares e a outra sem preenchimento. Esses são os oito níveis celestes sobre os quais se situa o nono, representado por uma faixa mais ampla e no interior da qual estão as personagens citadas acima. Abaixo do mais baixo desses níveis, podemos ver o Sol, à direita, e a Lua, à esquerda, tais como se estivessem dependurados. Os dois astros estão flanqueados por outros dois glifos calendários, que correspondem ao dia *ce cipactli* (*1 jacaré*), à esquerda, e ao ano *ce acatl* (*1 junco*), à direita.

---

217   *Libro de chilam balam de Chumayel, op.cit.*, p. 88. Esse deus aparece nos gravados de Palenque e seria também chamado de Kauil ou de GII (God II) pelos estudiosos. Caracteriza-se pela forma de serpente com pés e por portar um objeto fumegante. Cf. Schele, Linda e Freidel, David. *A forest of kings*. Nova York: Quill Willian Morrow, 1990.

218   Cf. *The Selden Roll*. Berlim: Verlag Gebr. Mann, 1955, p. 1-2. Manuscrito pictoglífico produzido antes de 1659, provavelmente ainda no século XVI, que utiliza signos calendários mixtecos combinados com representações baseadas na cultura material mexica. Cf. Burland, Cottie A. Descriptive commentary. In: *The Selden roll*. Berlim: Verlag Gebr. Mann, 1955, p. 12. Trata-se, portanto, de um manuscrito do horizonte mixteco-nahua que registra a origem e a movimentação territorial de uma dinastia cuja sede política ainda não foi identificada, mas que pertenceria ao ocidente de Oaxaca. Cf. Glass, John B. e Robertson, Donald. A census of native Middle American pictorial manuscripts. In: Wauchope, Robert (editor geral) e Cline, Howard F. (editor dos volumes). *Handbook of Middle American Indians*. Austin/Londres: University of Texas Press, 1975, v. 14, p. 196.

219   Distinguíveis entre si pelo glifo designativo de *ano*, o qual se encontra junto a *13 coelho*. Esse glifo assemelha-se a uma letra "A" maiúscula entrelaçada por um anel paralelo à sua base e à altura de seu traço horizontal. Esse recurso era amplamente utilizado nos códices mixtecos.

Ainda na Figura 34, podemos ver outra cena abaixo dos níveis celestes, composta por quatro personagens agrupados em pares e sobre um enorme glifo de *cipactli*, mostrando de maneira inequívoca que esse segundo episódio – também datado – ocorre na superfície da Terra. Vale notar ainda que pegadas humanas nos dois sentidos ligam os dois âmbitos cosmográficos por meio de um caminho que corta os níveis celestes ao meio, à exceção do último.

Voltaremos a essa cena do *Rollo Selden* e ao significado da junção que ela apresenta entre datas e âmbitos cosmográficos no Capítulo IV, ao tratarmos do problema da concatenação entre cosmogonia e história e da vigência de uma mesma concepção de tempo nos dois tipos de passado. Por ora, evocamos os casos do *Rollo Selden* e do *Chilam balam de Chumayel* apenas para mostrar que a diversidade de números de pisos celestes não ocorre apenas nas fontes nahuas, mas envolve também os registros mixtecos e maias.

Como mencionamos antes, tal diversidade pode ser fruto da existência de variações regionais ou de tradições de pensamento discordantes. No entanto, como afirmamos acima ao analisar a seção inicial do *Vaticano A*, tais variações podem resultar também do uso específico das concepções cosmográficas em cada conjunto pictoglífico, para o qual se acionariam as camadas celestes que fossem significativas para a mensagem particular que se buscava registrar. Como exemplo, é possível citar as três ou quatro camadas celestes representadas na trezena Ce Cozcacuauhtli do *Códice borbónico* (Figura 30) e na cena dos cinco *tlaloque* do *Códice Borgia* (Figura 32), ambos os casos analisados acima.

Poderíamos juntar a cena inicial do *Rollo Selden* a esses exemplos, pois nela se utiliza a cosmografia para estruturar e dar significados específicos a outra temática – a história de uma dinastia mixteca – e, sendo assim, talvez o número de pisos celestes grafados relacione-se com tais conteúdos. Desse modo, essa cena não se constituiria, necessariamente, como um mapa do espaço celeste que pretenderia expressar simplesmente sua quantidade de níveis.

Da mesma forma, a lista de deidades situadas nos níveis celestes proposta na *Histoire du Mechique* também pode ter se baseado na apresentação de uma cena pictoglífica específica, pois muitos textos alfabéticos coloniais foram compostos a partir de informações e depoimentos de sábios e alunos indígenas sobre códices tradicionais. A inexistência, nesses códices, de seções dedicadas a mapear a cosmografia de maneira geral e universal reforça essa hipótese – assim como não há códices tradicionais que expliquem o funcionamento do sistema calendário. Em suma, talvez essas deidades estejam assim distribuídas em função de algum episódio cosmogônico que estivesse retratado na página de onde as informações foram obtidas.[220]

Adicionalmente, a inexistência de livros tradicionais que expliquem o calendário e a cosmografia reforça uma de nossas hipóteses: esses saberes eram básicos e de domínio comum entre os membros das tradições de pensamento e escrita nahuas e, desse modo, faziam parte dos textos pictoglíficos pré-hispânicos ou coloniais tradicionais – e essa última classe pode incluir textos alfabéticos – como pressupostos de leitura ou como parte da estrutura que organizava a exposição de outras temáticas. Sendo assim, esses textos pictoglíficos ou alfabéticos dedicavam-se a tratar de temas relevantes às tradições de pensamento e escrita mesoamericanas, tais como a história do *altepetl* ou da dinastia governante, a cosmogonia e os prognósticos. Em contrapartida, a existência de livros nahuas – ou de capítulos – que explicam a cosmografia e o calendário derivaria principalmente das demandas do mundo colonial, mais especificamente dos interesses e perguntas dos missionários que estiveram na Mesoamérica nos séculos XVI e XVII.

Apesar da forte ingerência desses interesses e perguntas, muitos dos episódios relatados na *Histoire du Mechique* empregam conceitos cosmográficos específicos e que não são explicados anteriormente. É o que ocorre, justamente, após a apresentação dos níveis celestes e deidades que mencionamos acima, ponto em que o relato sintetiza as idades anteriores do Mundo e seus cataclismos e trata da destruição da idade anterior pelo dilúvio.[221] Como exemplo, podemos citar o episódio em que Tezcatlipoca e Ehecatl entram, respectivamente, pela boca e pelo umbigo de Tlaltecuhtli (*Senhor da Terra*), juntam-se em seu coração e erguem o Céu que, contudo, permanece demasiado baixo, exigindo que outros deuses os ajudem a colocá-lo para cima e que alguns deles permaneçam sustentando-o.[222]

Na sequência desse episódio, outros sítios cosmográficos são evocados para relatar a criação das estrelas, do próprio Inframundo, das chuvas e do homem, obra que obrigara Quetzalcoatl a descer ao Inframundo para buscar os ossos dos homens anteriores e levá-los a Tamoanchan, que, segundo esse texto, se localizaria em Cuauhnahuac, como

---

220   Além disso, a disposição apresentada na *Histoire du Mechique* indicaria a possibilidade de trânsito das deidades pelos diversos âmbitos cosmográficos, pois há muitos deuses que, em princípio, não estariam preferencialmente vinculados aos níveis celestes, mas a âmbitos terrestres e subterrâneos. Tal é o caso de Mictlantecuhtli e Tlalocantecuhtli. Vale notar também que Ometeotl encontra-se no décimo terceiro nível enquanto que Tonacatecuhtli e Tonacacihuatl, que em tese seriam apenas avocações suas, estão no sétimo.

221   Cf. Histoire du Mechique. In: *Mitos e historias de los antiguos nahuas, op.cit.*, p. 144-6.

222   Cf. *ibidem*, p. 147.

citamos na primeira parte deste capítulo.[223] Também são mencionadas cavernas com a função de úteros – no episódio em que Piltzintecuhtli e Xochipilli copulam e geram Centeotl, o *Deus Milho*[224] – e as cores dos quatro rumos – no episódio em que Tezcatlipoca envia Quetzalcoatl através do mar até a casa do Sol para buscar músicos que o honrem, os quais estariam vestidos de branco, vermelho, amarelo e verde.[225]

Do mesmo modo que ocorre na *Leyenda de los soles*, nos *Anales de Cuauhtitlan* e nos anais do *Vaticano A*, o número de topônimos de *altepeme* mencionados na *Histoire du Mechique* a partir dos episódios relacionados a Quetzalcoatl sofre um grande incremento.[226] Vimos que os topônimos mencionados chegam a várias centenas em alguns desses casos.

Qual seria a função dessa complexa memória toponímica entre as tradições de pensamento nahua? Ademais de sua função na construção de hegemonias políticotributárias e na confecção de explicações para tais hegemonias, tal memória serviria também para conferir características históricas à paisagem – pois a menção dos topônimos ocorria, geralmente, em conjunto com a de datas – e para produzir a reverência pelos locais de habitação dos antepassados. Essa afirmação baseia-se nas análises que desenvolvemos acima e no texto maia-cakchiquel intitulado *Memorial de Sololá*. Esse texto, ao traçar e nomear minuciosamente os sítios da trajetória migratória dos antepassados, afirma que "...esos montes y esos valles donde ellos pasaron e hicieron sus recorridos, debemos reverenciarlos sin cesar, porque guardábamos absoluta memoria de todos los que hemos mencionado".[227]

Em resumo, por todas as análises desenvolvidas acima podemos perceber a coexistência de distintos padrões e elementos compositivos no interior da *Histoire du Mechique*, assim como no interior da *Historia de los mexicanos por sus pinturas*, do *Códice Vaticano A* e do *Códice magliabechiano*. Todos esses textos apresentam, por um lado, informações caracteristicamente nahuas, como a localização dos eventos cosmogônicos e históricos por meio da cosmografia e do sistema calendário, e, por outro, a tentativa claramente vinculada às demandas coloniais cristãs de montar relatos gerais e didáticos sobre os pressupostos dos textos e pensamento nahuas, tais como a pró-

---

223   Cf. *ibidem*, p. 148-9.

224   O qual teria se metido embaixo da terra, fazendo com que as diversas plantas, como o algodão, o milho e diversos outros frutos e sementes nascessem das distintas partes de seu corpo. Cf. *ibidem*, p. 155.

225   Cf. *ibidem*, p. 155.

226   Entre os *altepeme* mais citados estão Michatlauhco, Tlachinoltepec, México, Tulancingo, Tula, Tenayuca, Culhuacan, Cuauhquechollan, Cholula e Cempoala. Cf. *ibidem*, p. 158-61.

227   *Memorial de Sololá*. Guatemala: Comisión Interuniversitaria Guatemalteca de Conmemoración del Quinto Centenario del Descubrimiento de América, 1999, p. 160.

pria cosmografia e o sistema calendário.[228] No caso da *Histoire du Mechique*, a existência dessa sobreposição entre elementos nahuas e cristãos condiz com sua provável origem a partir de um texto em espanhol, produzido em meio dos trabalhos do frei Andrés de Olmos, como citamos no Capítulo I, e que teria sido a base do manuscrito em francês.

Conclusões: a cosmografia nahua e as transformações em seus usos escriturais

Como mencionamos anteriormente, não repetiremos ou sintetizaremos aqui as conclusões particulares sobre cada fonte central da pesquisa, constantes ao final de cada subitem da segunda parte deste capítulo. Tais conclusões basearam-se nas hipóteses iniciais e nas análises dos papéis desempenhados pelos conceitos cosmográficos nos textos pictoglíficos e alfabéticos nahuas, procurando determinar, a partir dessas análises, mas também das apresentadas no capítulo anterior, algumas características das produções e filiações intelectuais desses manuscritos, isto é, se mais relacionadas às tradições de pensamento e escrita nahuas ou às cristãs.

Nesta última parte do capítulo, apenas sintetizaremos e articularemos algumas conclusões de índole mais geral, constantes em meio das análises que desenvolvemos acima, mas que dizem respeito às especificidades da cosmografia nahua e às transformações de seus usos escriturais no século XVI. Primeiramente, trataremos de especificidades da cosmografia que se mostraram fundamentais na análise das fontes, mas que, em nosso entender, não têm sido objeto de atenção adequada por parte dos estudiosos. Em seguida, reuniremos algumas conclusões sobre as transformações dos usos escriturais da cosmografia nahua no século XVI.

Cosmografia nahua

Por meio da apresentação inicial dos âmbitos do cosmo e das análises desenvolvidas na segunda parte deste capítulo, acreditamos que tenha sido possível demonstrar a complexidade do sistema cosmográfico manejado pelas tradições de pensamento nahuas, bem como sua participação fundamental na organização gráfica e na composição dos temas e episódios constantes nos manuscritos pictoglíficos pré-hispânicos e coloniais tradicionais. A disposição dos conjuntos pictoglíficos de acordo com princípios do sistema cosmográfico e a grande variedade de glifos e termos designativos das partes desse sistema – tais como o *quincunce*, o *nacxitl xochitl*, o glifo para *tlalli, tlal-*

---

228   No entanto, há certa predominância das seleções temáticas e estruturas narrativas de origem cristã na *Histoire du Mechique* se a compararmos com as outras fontes nahuas citadas acima, à exceção apenas do *Códice magliabechiano*.

tecuhtli e Mictlan, as faixas celestes, o glifo para o Sol e os olhos estelares – são alguns indícios dessa complexidade e importância. Também procuramos demonstrar que a cosmografia desempenha papéis centrais na composição de episódios em alguns manuscritos alfabéticos, mas que o mesmo não acontece no caso da organização gráfica desses textos, pautada pelo tratamento relativamente homogêneo que o sistema de escrita alfabética tende a dispensar ao espaço escriturário.

Vimos também que a preocupação em dividir o espaço – inclusive por meio de grandezas matemáticas ou geométricas – e nomear seus âmbitos buscava fundamentalmente o entendimento de suas qualidades. O conhecimento prévio de tais qualidades mostrou-se indispensável à compreensão de muitos episódios constantes nos códices e textos alfabéticos, os quais, por sua vez, também contribuíam para agregar outras características aos âmbitos evocados. É o que ocorre, por exemplo, no caso do episódio da fuga de Quetzalcoatl para Tlapallan e sua subsequente morte e transformação em Vênus, narrado no *Vaticano A*. Isso porque tal fuga se dá em direção a uma região que seria consonante com a morte de Quetzalcoatl – pois já se caracterizava pela morte do Sol – e, ao mesmo tempo, essa morte resultou numa nova estrela, com seus períodos de visibilidade e desaparição, que passou, então, a caracterizar essa região do Universo.

Pudemos ver também que os âmbitos que compunham o Mundo não se delimitavam por fronteiras abruptas ou intransponíveis. Ao contrário, parece que as distinções entre as regiões eram graduais e transponíveis, servindo, desse modo, mais para marcar a circulação, o trânsito, o movimento e a alternância dos variados seres – e podemos incluir as unidades e ciclos calendários nessa categoria – do que para estabelecer o mapa de um universo fixo e imutável. O vínculo entre os âmbitos cosmográficos e os ciclos temporais é a melhor mostra da primazia da ideia de alternância ou turno na configuração do cronotopo nahua. Mencionamos, por exemplo, que os dias, as trezenas, os anos, os Senhores da Noite, os Senhores dos Dias e os Quecholli vinculavam-se e circulavam por diversos âmbitos cosmográficos. Ademais, mostramos também que os deuses não atuavam apenas nos âmbitos que lhes eram mais característicos, pois são citados como participantes em episódios cosmogônicos ou históricos nas mais diversas regiões do cosmo, dando-lhe movimento ou, dito de outra forma, seguindo os movimentos determinados, sobretudo, pelos ciclos calendários. Exemplos de transitabilidade dos entes divinos pelos âmbitos cosmográficos são a presença de Mictlantecuhtli nos níveis celestes (*Histoire du Mechique*) e em um dos quatro rumos (*Códice Fejérváry-Mayer*), além de no próprio Mictlan, e de Quetzalcoatl no Inframundo (*Leyenda de los soles*) e no mais alto nível celeste (*Rollo Selden*), além de no nível celeste associado aos ventos.

Adicionalmente, essa aparição de deidades em âmbitos que não lhes seriam característicos indica-nos também que o emprego da cosmografia nos escritos tradicionais adaptava-se e particularizava-se de acordo com as informações ou os episódios que estavam sendo retratados. Desse modo, não temos nenhum códice pré-hispânico ou colonial tradicional que apresente os âmbitos cosmográficos de maneira abstrata e genérica, como vimos ocorrer em alguns códices ou textos alfabéticos vinculados às demandas missionárias cristãs – retomaremos esse tema no próximo subitem.

Pudemos perceber também que para as tradições de pensamento e escrita nahuas, de modo geral, as regiões cosmográficas menos tangíveis ao ser humano não se localizavam em um outro espaço, fora do alcance humano e reservado a entes sobre-humanos. Isso porque os finados e alguns homens, como os chamados homens-deuses e alguns reis-sacerdotes, além de certos animais, habitariam ou viajariam pelos céus, inframundos e Tlalocan, regiões caracterizadas pela presença das deidades. Ao mesmo tempo, diversas deidades habitariam ou estariam nas montanhas, cavernas e nos quatro rumos e centro do Universo, regiões marcadas pela presença humana. Essa distribuição e movimentação de entes pelas regiões do Mundo atestariam a exis-tência de uma relação bem mais complexa entre âmbitos e seres ocupantes do que a simples impedição ou exclusividade de ocupação desse ou daquele ente nesse ou naquele âmbito. Vale notar que com isso não estamos dizendo que o trânsito entre essas regiões não contasse com uma série de restrições, tais como a realização de determinados atos rituais[229] e o respeito aos ciclos calendários e à vontade divina. No entanto, não acreditamos que essas restrições sejam suficientes para caracterizar uma oposição radical e essencial entre dois tipos de âmbitos – ecúmeno e anecúmeno –, como propõe alguns autores.[230]

Ademais, embora não tenhamos analisado sistematicamente os atributos dos *alte-peme*, acreditamos ter apresentado indícios suficientes para mostrar que essa entidade político-territorial era concebida pelas tradições de pensamento nahuas como uma espécie de microcosmo que reproduziria mimeticamente o macrocosmo; ou, dito de outra forma, que o Mundo era entendido como um *altepetl* de grandes proporções. Sendo assim, parece-nos que a relação entre o *altepetl* e os outros âmbitos cosmográ-ficos não se caracterizava pela diferenciação entre dois tipos de espaço nos quais vi-gorariam leis distintas e circulariam seres essencialmente diferentes. Ao contrário, tal relação se caracterizaria pela contiguidade e sobreposição desses âmbitos, bem como pelo compartilhamento desigual dos mesmos tipos de entes e qualidades.

Esses *altepeme*, por meio de seus nomes ou glifos toponímicos, estão presentes de maneira maciça nos textos produzidos pelas tradições de pensamento nahuas. Os casos dos *Anales de Cuauhtitlan*, da *Leyenda de los soles*, dos anais do *Código Vaticano A*, da *Historia de los mexicanos por sus pinturas* e mesmo da *Histoire du Mechique* permitiram-nos

---

229   Entre os quais estavam aqueles que provocavam alterações de consciência, visões ou sonhos, tais como os autossacrifícios e o uso de alucinógenos.

230   Entre esses autores está: López Austin, Alfredo. *Los mitos del Tlacuache*. México: IIA – Unam, 1998.

detectar e existência de uma relação diretamente proporcional entre a maior proximidade temporal do episódio narrado em relação ao presente e o maior número de menções a sítios tangíveis, tais como os *altepeme*. A menção de centenas de *altepeme* nos textos alfabéticos ou nos códices pictoglíficos é, seguramente, um reflexo da importância dada à toponímia pelas tradições de pensamento nahua na construção de explicações sobre o passado, sobretudo acerca do passado mais recente.

Vimos também que nossas fontes centrais apresentam poucas referências diretas ou nominais a Tamoanchan e a Tlalocan. Em contrapartida, aparecem muitas menções a cavernas e covas e a regiões de habitação dos antepassados, sítios que por essas características poderiam ser interpretados como manifestações desses dois âmbitos cosmográficos. Sendo assim, as análises desenvolvidas não resultaram em conclusões que contribuíssem para a resolução das polêmicas que envolvem esses dois âmbitos, tais como a que versa sobre suas possíveis localizações. No entanto, essas poucas menções talvez indiquem apenas que esses dois âmbitos não desempenhavam um papel central nos relatos sobre o passado distante – tema central em nossas fontes alfabéticas –, podendo aparecer de maneira mais significativa em relatos sobre os tempos mais recentes, os quais não foram objetos primordiais de nossas análises.

Outro aspecto da cosmografia a ser destacado é o caráter matemático-geométrico de seus âmbitos, seja dos macro ou dos micro-âmbitos – embora esse seja o aspecto que os estudiosos têm dedicado mais atenção, mas talvez valorizando excessivamente a geometria, sobretudo no caso dos pisos do inframundo, dos níveis celestes e dos quatro rumos, e subestimando as relações matemáticas entre a cosmografia e o calendário. Vimos que esse caráter resulta, em parte, do papel central que o movimento aparente do Sol e sua mensuração por meio de unidades e ciclos calendários tiveram na determinação conceitual e na delimitação espacial dos rumos, dos céus e do Inframundo, bem como no planejamento e construção dos *altepeme*.

Em resumo, acreditamos que as explicações e análises expostas neste capítulo tenham demonstrado que o entendimento dos textos pictoglíficos e alfabéticos nahuas sobre o passado e a atuação dos deuses somente é possível mediante a compreensão dos conceitos cosmográficos manejados pelas tradições de pensamento que produziram tais textos. A presença reiterada e central de conceitos cosmográficos específicos nesses textos indica a importância que teriam para a visão de mundo desses povos, a qual não pode ser adequadamente compreendida se subestimarmos a carga de particularidade de tais conceitos. Sendo assim, pensamos que visões sobre a cosmografia como a de Michel Graulich precisam ser urgentemente reconsideradas para que possamos superar posturas analíticas previamente negativas e ultrapassar o nível das afirmações gerais sobre as concepções de tempo e espaço das sociedades não ocidentais ou ocidentais não modernas, procurando entender positivamente suas complexas e irredutíveis especificidades.[231]

Transformações nos usos escriturais das concepções cosmográficas

Pudemos constatar que uma porção considerável de nossas fontes centrais apresentou a cosmografia como parte da estrutura organizacional dos escritos pictoglíficos ou como pressuposto de leitura dos episódios narrados ou dos temas registrados, pictoglífica ou alfabeticamente. Entre essas fontes, podemos destacar o *Códice borbónico*, os *Anales de Cuauhtitlan*, a *Leyenda de los soles* e partes do *Códice Vaticano A*, da *História de los mexicanos por sus pinturas* e da *Histoire du Mechique* – embora, nesses três últimos textos, os conceitos cosmográficos também tenham sido empregados tematicamente.

Comparando os resultados obtidos das análises de nossas fontes centrais, apresentados neste e no capítulo anterior, foi possível perceber também que houve uma coincidência quase total entre os manuscritos ou seções que empregaram a cosmografia e o calendário como parte de sua estrutura organizacional ou dos seus pressupostos de leitura – e não como temas gerais. Sendo assim, tais resultados – sintetizados nas Tabelas 8 e 9 no caso do Capítulo II – se reforçam mutuamente, mostrando que, de modo geral, esses tipos de uso da cosmografia e do calendário tendem a ocorrer conjuntamente. Segundo nossas hipóteses, a ocorrência desse tipo de uso seria um indício muito forte do caráter tradicional do manuscrito ou de sua seção, isto é, de uma produção diretamente vinculada às tradições de pensamento e escrita nahuas. A validade dessas hipóteses foi reforçada pelas análises pontuais das fontes auxiliares, pois tais empregos apresentam-se em manuscritos seguramente produzidos por tradições de pensamento nativas de outras regiões mesoamericanas, tais como o *Rollo Selden*, o *Códice Borgia* e o *Chilam balam de Chumayel*.

Em contrapartida, vimos que uma parte menos numerosa de nossas fontes centrais utilizou-se das concepções cosmográficas de forma temática. Entre essas fontes podemos destacar a primeira seção do *Códice Vaticano A* e alguns capítulos da *Historia de los mexicanos por sus pinturas* e da *Histoire du Mechique* – no *Códice magliabechiano* reinou a quase ausência dos conceitos cosmográficos. Essas mesmas fontes também apresentaram um uso temático do calendário, como podemos observar nas Tabelas 8 e 9. Como demonstramos em outra ocasião, esse tipo de uso do calendário e da cosmografia estaria vinculado às demandas coloniais de origem cristã, mais especificamente ao interesse dos missionários em

---

231　Como citamos em nota anterior, esse autor afirma que "Las informaciones relativas a la disposición de los infiernos y de los cielos es bastante confusa; y no me detengo en ella, máxime jugando estos lugares un papel mínimo en los mitos y en los ritos". Graulich, Michel. *Mitos y rituales del México antiguo, op.cit.*, p. 78.

conhecer os hábitos e costumes locais para operar uma conversão profunda, impedindo a infiltração do que consideravam idolatria nas práticas cristãs.[232]

Juntando esses dois conjuntos de informações, é possível concluir que uma das principais transformações no uso escritural da cosmografia durante o século XVI foi a seguinte passagem: de parte central da estrutura organizacional ou dos pressupostos de leitura que embasavam a apresentação e compreensão de outros temas, a cosmografia tornou-se um tema em si, a ser explicado de forma geral e abstrata.

Essa transformação estaria relacionada, principalmente, a dois fatores. Em primeiro lugar, à mencionada curiosidade cristã sobre esse aspecto do pensamento nahua, para a qual a cosmografia poderia ser tratada de maneira relativamente separada do calendário, como ocorre, por exemplo, no *Vaticano A*. Em segundo lugar, estaria relacionada com a adoção da escrita alfabética, a qual, por tratar o espaço escritural de modo quase homogêneo, praticamente inviabilizou a continuidade do papel organizacional que a cosmografia desempenhava nos escritos pictoglíficos. Tais escritos pressupunham a existência de vínculos posicionais entre os registros dos âmbitos e os âmbitos cosmográficos em si – nas representações cristãs do século XVI, esse tipo de vínculo deveria existir nos mapas, planos e pinturas e não necessariamente nos textos alfabéticos. Vimos que essa transformação não ocorreu, necessariamente, com o sistema calendário, que continuou a desempenhar funções estruturais em textos alfabéticos, tais como os *Anales de Cuauhtitlan* e a *Leyenda de los soles*.

Outra transformação no uso escritural da cosmografia foi o abandono, em alguns manuscritos pictoglíficos, do sentido anti-horário como princípio fundamental na organização de páginas que tratavam dos ciclos calendários. Entre os manuscritos que apresentam essa transformação, estão o *Códice Vaticano A* e o *Códice magliabechiano*. Como vimos no início deste capítulo, esse princípio refletia e expressava a forma como se acreditava que o tempo e o espaço se articulavam na própria realidade e, por esse motivo, encontra-se sistematicamente presente nos manuscritos pré-hispânicos ou tradicionais, tais como o *Borgia*, o *Borbónico* e o *Fejérváry-Mayer*. Sendo assim, acreditamos que a presença ou ausência do sentido de leitura anti-horário nas centenas de manuscritos pictoglíficos coloniais pode ser muito útil para estabelecermos aproximações e distanciamentos entre os processos de planejamento e produção desses manuscritos e as tradições de escrita e pensamento nativas.

Dos manuscritos que tratam da história recente, vimos que os considerados mais tradicionais – como os *Anales de Cuauhtitlan* e os anais do *Vaticano A* – apresentaram uma quantidade de menções toponímicas muitas vezes superior à que foi detectada nos menos tradicionais – como a *Historia de los mexicanos por sus pinturas* e a *Histoire du Mechique*. Essa presença numerosa de topônimos é uma característica fundamental dos livros pictoglíficos nahuas que tratam da migração e da história dos *altepeme* – como a *Tira de la peregrinación* –, bem como dos livros mixtecos que tratam desses

232   Cf. Santos, Eduardo Natalino dos. *Deuses do México indígena, op.cit.*

mesmos temas com um certo destaque para as linhagens dirigentes – como o *Códice vindobonense*.[233] Sendo assim, embora não tenhamos analisado uma amostragem ampla desses livros de anais, talvez possamos dizer que houve certa simplificação toponímica na produção da *Historia de los mexicanos por sus pinturas* e da *Histoire du Mechique*, manuscritos que versam sobre as histórias locais, mas cujas organizações internas e seleções temáticas vincularam-se mais diretamente aos interesses dos missionários, como vimos no Capítulo I.

Mencionamos que um processo de simplificação semelhante ocorreu na produção colonial de relatos e textos alfabéticos que coletariam e explicariam as versões nahuas sobre o passado cosmogônico, adaptando-as ou submetendo-as às seleções temáticas e estruturas narrativas de origem cristã. Tal processo poderia ser sumariamente caracterizado pela rejeição quase total às informações calendárias – que se encontravam sistematicamente presentes nas versões tradicionais desses relatos –, bem como pelo descarte parcial das informações cosmográficas. Esses procedimentos contribuíram para o que estamos chamando de fabulização do passado nahua, tema que trataremos em detalhe no próximo capítulo.

---

233   Cf. *Códice Boturini*. México: Secretaría de Educación Pública – Dirección General de Educación Primaria en el DF Núm. 2, 1975/*Códice vindobonensis, op. cit.*

Capítulo IV

O passado: os relatos cosmogônicos tradicionais e suas transformações no século XVI

Neste capítulo, seguindo as hipóteses que propusemos na Introdução, iremos analisar as formas como a cosmogonia nahua é representada nas fontes centrais. Tais hipóteses podem ser resumidas da seguinte maneira: A – os episódios cosmogônicos nahuas eram apresentados em articulação com marcos calendários e cosmográficos nos manuscritos tradicionais, pois o emprego desses marcos dotaria esses episódios de características essenciais à sua composição e compreensibilidade e, em contrapartida, esses episódios carregariam os âmbitos cosmográficos e as unidades e ciclos calendários de qualidades que passariam a caracterizá-los; B – as fontes mais tradicionais apresentam indícios de que os nahuas não distinguiam o que estamos nomeando *cosmogonia* e *história*, ao menos não como tipos de relatos que aludiriam a tempos passados qualitativa ou essencialmente diferentes; C – a desvinculação dos episódios cosmogônicos de seus marcos calendários e cosmográficos, presente em algumas de nossas fontes centrais, era parte da fabulização dos relatos nahuas sobre o passado, processo que estava sendo levado a cabo, principalmente, pelos missionários cristãos.

Dessa forma, não iremos tratar de todos os aspectos da cosmogonia nahua que poderiam ser inferidos a partir da análise das fontes centrais, mas apenas demonstrar como o emprego articulado do calendário e da cosmografia para tratar da cosmogonia dotava os relatos tradicionais de características específicas e, em contrapartida, como a desarticulação entre esses tipos de informação contribuiu para o processo de fabulização do passado nahua durante o século XVI.

Para atingir esse objetivo, articularemos as análises e resultados que constam nos Capítulos II e III – respectivamente, sobre o calendário e a cosmografia – com as reflexões e análises sobre a cosmogonia. Sendo assim, este capítulo procurará conjugar resultados e reflexões sobre os três principais temas deste livro e desempenhará, portanto, o papel de conclusão.

No entanto, antes de articular os resultados obtidos nos capítulos anteriores com as novas análises, convêm apresentar as características gerais da cosmogonia nahua que serão evocadas em tais análises.

Características gerais da cosmogonia nahua

Uma das principais características das explicações cosmogônicas nahuas era a presença medular da concepção que o Mundo havia passado por diversas idades, geralmente chamadas de *sóis* e frequentemente encerradas por cataclismos.[1] Dependendo da versão, são relacionadas e descritas quatro ou cinco idades, de durações variadas e nas quais diversos elementos e entes teriam sido criados, destruídos ou transformados.[2]

No entanto, a existência dessa concepção não significa que cada idade fosse entendida como uma unidade isolada e autossuficiente, ou seja, como se tivesse começado a partir do nada, tido sua série de criações e terminado completamente. Ao contrário, cada nova idade incorporava elementos da anterior e, assim, a idade atual englobaria parte de todas as anteriores. Por exemplo, a criação do homem, dependendo da versão, teria ocorrido apenas na primeira idade – ou na primeira e última –, e os homens das outras idades seriam descendentes de casais sobreviventes das anteriores.[3] Além disso, durante os cataclismos que as encerraram, os homens sobreviventes das idades anteriores teriam sido transformados em outros animais – tais como aves, peixes, cães e macacos –, que povoariam as idades subsequentes.[4]

Sendo assim, tais relatos também se caracterizam pela presença marcante da concepção de *transformação*, tanto pelos cataclismos que alterariam a paisagem natural quanto pelos homens metamorfoseados em outros animais. Além disso, vários

---

1   As principais fontes nahuas que apresentam esses relatos cosmogônicos são o *Códice Vaticano A*, a *Leyenda de los soles*, os *Anales de Cuauhtitlan*, a *Historia de los mexicanos por sus pinturas* e a *Histoire du Mechique*.

2   Na pesquisa de mestrado, analisamos os textos mencionados na nota anterior para comparar as informações e temas apresentados em suas distintas descrições das idades do Mundo. Cf. Santos, Eduardo Natalino dos. *Deuses do México indígena*. São Paulo: Palas Athena, 2002. Distintamente, neste capítulo, não iremos apresentar as variações dessas informações e temas segundo cada uma das fontes, mas apenas enunciá-las de maneira tipológica para poder situar as reflexões que teceremos sobre aspectos da cosmogonia nahua relacionados ao calendário e à cosmografia. Em outras palavras, para os fins que nos propusemos, será suficiente mencionar, por exemplo, que as idades anteriores terminaram por cataclismos, sem explicarmos que a primeira idade terminou pelo desaparecimento do Sol segundo a *Leyenda de los soles* e por inundações segundo os *Anales de Cuauhtitlan*.

3   Cf. *Códice Vaticano A*. Graz/México: ADV/FCE, 1996, p. 4v-7r. / Historia de los mexicanos por sus pinturas. In: *Mitos e historias de los antiguos nahuas*. México: Conaculta, 2002, p. 25-43.

4   Cf. *ibidem*, p. 4v-7r. / Leyenda de los soles. In: *Códice Chimalpopoca*. México: Instituto de Historia – Unam, 1945, p. 119-20. Essas transformações e a continuidade de elementos de uma idade na subsequente também são explícitas no *Popol vuh*. México: FCE, 1996, p. 23-110.

relatos mencionam a existência de gigantes na primeira, segunda ou terceira idades, mas nunca na quarta ou quinta.[5] A localização dos gigantes no passado mais remoto pode ser um indício de que as primeiras idades seriam entendidas pelas tradições de pensamento nahuas como muito distintas da atual, pois seriam, inclusive, povoadas por homens diferentes.

A concepção de transformação ao longo das idades também aparece, de maneira menos explícita, na citação sistemática de mudanças nos hábitos alimentares dos homens.[6] Por exemplo, a *Leyenda de los soles* cita quatro plantas com nomes calendários que teriam sido os principais alimentos dos homens das quatro idades anteriores: respectivamente, *chicome malinalli* (*sete erva*), *matlactli omome coatl* (*doze serpente*), *chicome tecpatl* (*sete pedernal*) e *nahui xochitl* (*quatro flor*). Depois, menciona o milho como alimento do homem da idade atual.[7]

As metamorfoses dos homens em outros animais e o papel fundamental do milho para o homem atual também são encontrados no relato maia-quiché do *Popol vuh*. Segundo esse texto, os deuses criaram outros dois tipos de homens em idades anteriores, utilizando, respectivamente, o barro e a madeira. No entanto, essas criações resultaram em frustrações, pois esses homens não possuíam inteligência e nem reverenciavam seus criadores. Sendo assim, os deuses deixaram que os homens de barro se desfizessem na água e destruíram os homens de madeira com uma chuva de resina, alguns dos quais sobreviveram transformados em macacos. Em conselho, os deuses resolveram criar o homem atual, isto é, a gente maia-quiché, cujo corpo fora modelado com a massa de milho e cuja inteligência e visão se equiparava à dos deuses.[8]

---

5   O *Código Vaticano A* (*op. cit.*, p. 4v) e a *Historia de los mexicanos por sus pinturas* (In: *Mitos e historias de los antiguos nahuas*. México: Conaculta, 2002, p. 30-4) mencionam os gigantes na primeira idade, enquanto que os *Anales de Cuauhtitlan* (In: *Código Chimalpopoca*. México: Instituto de Historia – Unam, 1945, p. 5) os localizam na segunda e a *Histoire du Mechique* (In: *Mitos e historias de los antiguos nahuas*. México: Conaculta, 2002, p. 144-5) na terceira idade.

6   Cf. Leyenda de los soles. In: *Código Chimalpopoca, op. cit.* p. 119-21/ *Código Vaticano A, op. cit.*, p. 4v-7r./Historia de los mexicanos por sus pinturas. In: *Mitos e historias de los antiguos nahuas, op.cit.*, p. 25-43.

7   Cf. Leyenda de los soles. In: *Código Chimalpopoca, op. cit.*, p. 119-21. O mesmo ocorre no *Código Vaticano A*, que cita o *acecintli* (*milho silvestre*), o *acotzintli* (*milho silvestre das alturas*) e o *cincoco* (planta semelhante ao milho). No entanto, esse manuscrito não cita o milho como o alimento dos homens da quarta e atual idade. Cf. *Código Vaticano A, op. cit.*, p. 4v-7r. Algumas dessas plantas são consideradas possíveis antecessores silvestres do milho, cuja origem é, ainda hoje, motivo de polêmica. Cf. Anders, Ferdinand e Jansen, Maarten. *Religión, costumbres e historia de los antiguos mexicanos*. Graz/México: ADV/FCE, 1996.

8   Cf. *Popol vuh, op. cit.*, p. 23-112.

Por tudo isso, podemos perceber que tanto os relatos cosmogônicos nahuas quanto o *Popol vuh* não tratam da "...existencia de diversos mundos, sino de la génesis del mundo, entendida como la progresiva aparición de sus componentes y la transformación del hombre".[9] Dessa forma, é fundamental percebermos que estamos diante de explicações que consideram o mundo atual como o resultado dos episódios ocorridos nessas idades anteriores, as quais, portanto, não teriam terminado completamente para as tradições de pensamento nahuas. Essa concepção implica o emprego de uma lógica explicativa do passado que conjuga a sucessão e a sobreposição de episódios ao longo do tempo. Veremos, mais abaixo, como essa lógica ajusta-se perfeitamente com a que rege o sistema calendário, a qual, como vimos no Capítulo II, combina a diacronia e a sincronia nas unidades calendárias empregadas para, entre outras coisas, contabilizar a duração das idades do Mundo e para situar seus episódios.

A ocorrência desses cataclismos e transformações não era aleatória, pois a duração de cada idade seria regida por ciclos temporais que confeririam um ritmo à sucessão, principalmente pelo ciclo de 52 anos sazonais, pois as quantidades de anos mencionadas nos relatos para a duração de cada idade são, em geral, um múltiplo desse ciclo. Na verdade, talvez seja mais correto invertermos essa relação e dizer que, para as tradições de pensamento nahuas, os ciclos calendários de 52 anos teriam essa duração por supostamente corresponder a esse ritmo de criações, transformações e destruições do Mundo. De qualquer forma, cada idade ou sol e seu respectivo deus patrono – inclusive os atuais – vigorariam apenas por um período ou, dito de outra forma, teriam um determinado turno a cumprir.

Vimos no Capítulo III que essa ideia de turno – isto é, estar em um local específico por um certo período realizando uma determinada tarefa – desempenhava um papel central na composição do cronotopo nahua, pois expressaria a articulação entre o tempo e o espaço, já que a mensuração das unidades e ciclos calendários, bem como do âmbitos cosmográficos, dependia diretamente dos turnos do Sol e de outros corpos celestes. Devido a essa dependência, o movimento regular dos astros, sobretudo o do Sol, era tido como garantia de continuidade da ordem da idade em curso pelas tradições de pensamento nahuas. Contrariamente, a imobilidade ou o movimento incorreto dos corpos celestes de turnos regulares condenariam o Mundo a mais uma destruição, como a que teria ocorrido, por exemplo, na segunda idade, que terminara porque o Sol não se movia do meio do Céu.[10] A imobilidade do Sol em meio do Céu também teria sido um problema no início da idade atual, o qual fora resolvido com as guerras e sacrifícios de sangue que passaram a alimentar o movimento do astro.[11]

---

9   Garza Camino, Mercedes de la. *El hombre en el pensamiento religioso náhuatl y maya*. Instituto de Investigaciones Filológicas – Unam, 1990, p. 29.

10   Cf. Anales de Cuauhtitlan. In: *Códice Chimalpopoca, op. cit.*, p. 5.

11   Cf. Leyenda de los soles. In: *Códice Chimalpopoca, op. cit.*, p. 122-4.

Uma implicação direta dessa concepção que esboçamos acima – isto é, que existiram idades anteriores encerradas por cataclismos e transformações e que suas durações eram regidas por ciclos calendários – é a ideia que o mundo atual estava sujeito a destinos semelhantes aos das idades anteriores, pois ele era o resultado transitório da sucessão e sobreposição dessas idades. Esse tipo de visão sobre o mundo está presente, por exemplo, nos *Anales de Cuauhtitlan*. Esse texto, ao referir-se ao Quinto Sol, chamado de Nahui Ollin (*Quatro Movimento*), afirma que "Según dejaron dicho los viejos, en éste habrá terremotos y hambre general, con que hemos de perecer".[12]

Veremos mais abaixo, ao analisarmos a forma como o *Códice borbónico* registra a cerimônia do Fogo Novo de 1507, que essa ideia fundamenta a articulação que estamos propondo existir entre cosmogonia e história recente para as tradições de pensamento nahua. Isso porque os tempos presentes seriam vistos como cosmogônicos, pois a criação do mundo não era um processo que havia se encerrado no passado: o Mundo estaria em criação e destruição constantes.

Outra característica compartilhada pelos diversos relatos cosmogônicos nahuas é a atuação de diferentes deuses na criação e transformação do Mundo ao longo das idades. Em geral, tais relatos começam com as ações de deuses primordiais e incriados, tais como Ometeotl, também chamado de Tonacatecuhtli e Tonacacihuatl. Tais deuses teriam iniciado o processo de criação dando origem, em geral, a outros deuses, os quais se encarregaram diretamente de criar os entes e âmbitos do Mundo.

É o que vimos ocorrer, no Capítulo II, na *História de los mexicanos por sus pinturas*, segundo a qual Tonacatecuhtli e Tonacacihuatl criaram Tezcatlipoca Vermelho, Tezcatlipoca Negro, Quetzalcoatl e Huitzilopochtli, sendo que os dois últimos teriam sido encarregados de criar os outros deuses, as árvores, os animais, o Inframundo, os céus, o homem, os alimentos humanos e também o calendário. A partir de então, as idades subsequentes são regidas e têm seus inícios e fins causados pelas ações alternadas ou conjuntas dos deuses dessa primeira geração, sobretudo por Quetzalcoatl e Tezcatlipoca, ou dos que foram por eles criados. Tais ações, como mencionamos acima, obedecem aos ciclos calendários, empregados também para organizar a disposição das partes do próprio relato desde a menção de suas criações durante a primeira idade.

Esses deuses não possuem papéis cosmogônicos fixos ou exclusivos, tais como os de criadores ou destruidores. Os mesmos deuses poderiam acabar com uma idade por meio de suas brigas e, logo em seguida, aliar-se para dar início à subsequente, realizando tarefas como reerguer o Céu ou criar o homem. Tezcatlipoca e Quetzalcoatl são um exemplo clássico de deuses que ora atuam de modo antagônico e ora de maneira colaborativa.

As idades do Mundo poderiam ser aludidas pelos nomes dos deuses que as regiam ou dos dias do *tonalpohualli* relacionados com seus cataclismos finais ou outros episódios importantes. Por vezes, esses nomes aparecem acompanhados pelo termo

---

12   Anales de Cuauhtitlan. In: *Códice Chimalpopoca, op. cit.,* p. 5.

tonatiuh, que significa *sol*. Sendo assim, no primeiro caso temos nomes como Sol de Tezcatlipoca, Sol de Quetzalcoatl, Sol de Tlalocantecuhtli e Sol de Chalchiuhtlicue,[13] e, no segundo, nomes como Nahui Ocelotl (*Quatro Jaguar*), Nahui Ehecatl (*Quatro Vento*), Nahui Quiahuitl (*Quatro Chuva*), Nahui Atl (*Quatro Água*) e Nahui Ollin (*Quatro Movimento* ou *Terremoto*).[14]

Como mencionamos de início, o número de idades apresentado nos relatos nahuas varia entre quatro e cinco. Alguns estudiosos acreditam que os mexicas teriam sido os responsáveis pelo acréscimo da quinta idade aos relatos tradicionais, que apresentariam, portanto, apenas quatro idades. Por exemplo, Ross Hassig acredita que todos os povos do altiplano central mexicano do século XV acreditariam que as idades anteriores teriam durado 2.028 anos e que os astecas subdividiram uma delas para poder acrescentar uma quinta idade. Teriam dividido a idade de 676 anos em uma de 364 e outra de 312 anos, como aparece na *Leyenda de los soles* e na *Historia de los mexicanos por sus pinturas*.[15] No entanto, Hassig não explica como dar conta das durações diferentes e muito mais amplas que aparecem no *Vaticano A*, de 12.822 anos apenas para as três idades anteriores,[16] e na *Histoire du Mechique*, de 10.200 anos apenas para a idade atual, quantia que pode ser um erro, pois o texto agrega a informação que ela seria a somatória de "... cem ciclos dos que temos tratado...",[17] que totalizariam, na verdade, 5.200 anos.

Tal acréscimo teria sido realizado pelos mexicas para justificar as guerras e a hegemonia político-tributária alcançada, pois seus relatos afirmam que o movimento do Quinto Sol, criado em Teotihuacan, era alimentado pelo sangue humano, o que justificaria, entre outras coisas, as guerras para a obtenção de cativos que seriam sacrificados.

---

13   Cf. Historia de los mexicanos por sus pinturas. In: *Mitos e historias de los antiguos nahuas, op. cit.*, p. 25-43. Esse texto não traz explicitamente o nome da idade atual, mas relaciona seus principais eventos a Quetzalcoatl e Tezcatlipoca.

14   Cf. Leyenda de los soles. In: *Códice Chimalpopoca, op. cit.*, p. 119-21.

15   Cf. Hassig, Ross. *Time, history and belief in Aztec and Colonial Mexico*. Austin: University of Texas Press, 2001. Luis Barjau acredita na existência de tradições diferentes, cujos distintos relatos apresentariam quatro ou cinco sóis. No entanto, esse autor trata fontes que claramente apresentam cinco sóis como se trouxessem apenas quatro, como a *Histoire du Mechique*. Cf. Barjau, Luis. *El mito mexicano de las edades*. México: Universidad Juárez Autónoma de Tabasco e Grupo Editorial Miguel Ángel Porrúa, 1998, p. 70-3.

16   A duração total das quatro idades chegaria a 18.028 anos segundo esse manuscrito. Cf. *Códice Vaticano A, op. cit.*, p. 4v-7r.

17   No original em francês: "...cent temps de ceux que nous avont dit..." Histoire du Mechique. In: *Mitos e historias de los antiguos nahuas, op. cit.*, p. 146. Além disso, 5.200 anos seria a quantia tradicionalmente mencionada pelos maias para a duração de cada uma das idades do mundo, as quais seriam contabilizadas, no entanto, em anos *tun*, isso é, de 360 dias.

Pensamos que essa variação na quantidade de idades e em suas durações pode ser indício de que, assim como no caso da cosmografia e das variações do número de pisos celestes, estamos diante de um modelo de explicação que não se traduziria apenas em uma única versão, considerada correta e ortodoxa por todos os povos mesoamericanos ou, nem mesmo, por todos os grupos nahuas. Ao contrário, tal modelo poderia ser expresso de diversas formas, adaptando-se a diferentes interpretações e circunstâncias sociopolíticas.

Características proporcionadas pelo calendário e cosmografia aos episódios cosmogônicos

Depois de ter apresentado sumariamente algumas características gerais dos relatos cosmogônicos nahuas, iremos reunir informações e análises que demonstrem a validade das hipóteses enunciadas na Introdução e no início deste capítulo sobre a articulação entre a cosmogonia e os sistemas calendário e cosmográfico. Para isso, retomaremos análises e informações constantes nos capítulos anteriores, as quais serão aprofundadas e articuladas com novos dados e reflexões.

O objetivo central nesta parte do capítulo será mostrar que o emprego do calendário e da cosmografia em funções tradicionais dotava os episódios dos relatos cosmogônicos de características essenciais a sua composição e a sua compreensibilidade. Em contrapartida, tais episódios carregavam as datas e âmbitos cosmográficos de qualidades que lhes seriam típicas e os vinculavam diretamente aos episódios cosmogônicos. Procuraremos mostrar também como essa articulação entre calendário, cosmografia e cosmogonia nos fornece indícios sobre as características da concepção de passado das elites nahuas.

O *tonalpohualli*, o *xiuhmolpilli* e a cosmogonia

Vimos no Capítulo II que a *História de los mexicanos por sus pinturas* menciona a criação do sistema calendário no início da primeira idade, logo depois da criação de Oxomoco e Cipactonal.[18] Isso garantiria que "Las consecutivas etapas de creaciones y destrucciones del mundo se realizan ya en el tiempo medido por medio del sistema de veintenas y trecenas".[19] A relação entre a criação do calendário e sua manipulação

---

18   Cf. Historia de los mexicanos por sus pinturas. In: *Mitos e historias de los antiguos nahuas, op. cit.*, p. 28-9.

19   Siarkiewicz, Elzbieta. *El tiempo en el tonalamatl*. Varsóvia: Cátedra de Estudios Ibéricos – Universidade de Varsóvia, 1995, p. 179. Apesar dessas evidências, Castellón Huerta afirma que a criação do calendário se situaria na última idade e que as idades anteriores estariam fora do tempo para o nahuas. Em suas palavras: "Después de la creación del Universo y de todo

e guarda pelo casal primordial Oxomoco e Cipactonal também é citada na parte inicial dos *Anales de Cuauhtitlan*.[20] Por essas participações nos primeiros episódios cosmogônicos, esse casal é tido, em geral, como sinônimo de ancestralidade. Essa conotação
é confirmada no *Códice Vaticano A*, segundo o qual esse casal teria sido criado pelo
próprio Ometeotl, o *Deus Dois* primordial e incriado, que habitaria por sobre os níveis
celestes e que também era chamado de Tonacatecuhtli e Tonacacihuatl.[21]

A criação do calendário durante os primeiros episódios cosmogônicos e sua relação com esse casal está expressa nos *tonalamatl* e não apenas nos relatos explicitamente
cosmogônicos. Isso porque os Patronos da primeira trezena do *tonalpohualli* são justamente Tonacatecuhtli e Tonacacihuatl, ou Ometeotl, conforme podemos observar,
por exemplo, no *Códice Vaticano A*[22] e no *Códice Borgia* (Figura 7). Ademais, o primeiro
dia dessa trezena é *cipactli*, signo calendário que vimos estar associado a Tlaltecuhtli, o
Monstro da Terra, ente que também estaria entre as primeiras criações cosmogônicas.

A segunda e terceira trezenas do *tonalpohualli* são regidas, respectivamente, por
Quetzalcoatl e Tezcatlipoca, como podemos observar nos mesmos códices citados acima
ou na Tabela 6, que apresenta os Patronos das trezenas segundo o *Códice borbónico*. Essas
deidades fazem parte da primeira geração criada por Ometeotl, conforme explicamos
acima. Depois, nas demais trezenas, de modo geral, temos deuses que foram criados principalmente por Quetzalcoatl e Tezcatlipoca, tais como Chalchiuhtlicue, Tlaloc, Mictlantecuhtli, Tonatiuh e Tlahuizcalpantecuhtli, como também podemos observar na Tabela 6.

A manutenção da sequência de criação das deidades na distribuição dos Patronos
das Trezenas do *tonalpohualli* mostra-nos que sua organização levou em conta a cosmogonia. Dessa forma, o *tonalpohualli* embasava-se num conceito temporal que incorporava o passado distante e o utilizava para calcular e prognosticar as influências de seus
eventos nos tempos presentes e futuros. Aliás, a possibilidade de sondar as qualidades
do tempo por meio dos ciclos calendários também teria sido estabelecida nas primeiras
criações cosmogônicas, pois Oxomoco e Cipactonal são incumbidos, entre outras coisas, de manejar o calendário e, com isso, eventualmente, fazer prognósticos.[23]

---

cuanto existe en éste, los dioses se dieron la tarea de crear un movimiento en el tiempo
(...) es importante notar que las creaciones anteriores se realizaron cuando aún no existía
la noción del tiempo...". Castellón Huerta, Blas Román. Mitos cosmogónicos de los nahuas
antiguos. In: Monjaráz-Ruiz, Jesús (coord.). *Mitos cosmogónicos del México indígena*. México:
INAH, 1989, p. 141. Infelizmente, o autor não menciona as fontes em que se baseia para
fazer essa afirmação.

20   Cf. Anales de Cuauhtitlan. In: *Códice Chimalpopoca, op. cit.*, p. 3-4.

21   Cf. *Códice Vaticano A, op. cit.*, p. 1v.

22   Cf. *ibidem*, p. 13v-14r.

23   Vimos no Capítulo II que esse casal é mencionado nos *Anales de Cuauhtitlan* (In: *Códice Chimalpopoca, op. cit.*, p. 3-4) como responsável pela guarda do calendário e na *Historia de los mexicanos*

EDUARDO NATALINO DOS SANTOS   331

Outra forma de relação entre o *tonalpohualli* e a cosmogonia ocorre por meio dos nomes dos dias em que as idades do Mundo teriam começado, terminado ou tido algum evento de importância fundamental. Esses dias são utilizados para nomeá-las em alguns relatos. Vimos que segundo a *Leyenda de los soles* esses nomes seriam Nahui Ocelotl (*Quatro Jaguar*), Nahui Ehecatl (*Quatro Vento*), Nahui Quiahuitl (*Quatro Chuva*), Nahui Atl (*Quatro Água*) e Nahui Ollin (*Quatro Movimento*).[24] Esse último seria o nome da idade atual por ter sido o dia em que o Sol parou em meio do céu, exigindo sacrifícios para voltar a se mover.[25]

Esses dias do *tonalpohualli* seriam portadores de cargas especiais. Isso é explicitamente mencionado, por exemplo, no texto que acompanha a segunda trezena do *Códice Vaticano A*. Dessa trezena faz parte o dia que nomeia a idade atual, *nahui ollin*, e, não por coincidência, o seu patrono é Quetzalcoatl, um dos principais responsáveis pela criação do homem e do sol atuais.[26]

Por tudo isso, podemos dizer que os dias do *tonalpohualli* mencionados nos relatos cosmogônicos serviam para qualificar seus episódios. Simultaneamente, algumas das qualidades que esses dias portavam lhes haviam sido atribuídas pelos próprios eventos cosmogônicos. Tais eventos também dotariam as trezenas do *tonalpohualli* de cargas específicas por meio da presença de seus protagonistas como Patronos desses conjuntos de dias. Em outras palavras e para resumir: as qualidades das unidades ou ciclos calendários e dos episódios cosmogônicos se "retroalimentavam".

Os eventos cosmogônicos também poderiam situar-se narrativamente em tempos mais recentes e, assim como no caso dos mais antigos, suas ocorrências carregavam determinados dias ou ciclos calendários com suas influências. É o caso da morte de Quetzalcoatl de Tollan em meio da idade atual, após a qual esse deus-rei-sacerdote se transformara em Vênus ou Tlahuizcalpantecuhtli, isto é, o *Senhor da Estrela da Aurora*. Vimos no Capítulo II que Quetzalcoatl teria viajado ao Inframundo após essa transformação e que tal viagem explicaria e determinaria os períodos de invisibilidade e, por conseguinte, de visibilidade de Vênus. Esses distintos períodos carregariam uma série de dias do *tonalpohualli* com qualidades que deveriam ser objeto de atenção dos

---

por sus pinturas (In: *Mitos e historias de los antiguos nahuas, op. cit.*, p. 26-8) como o que prevê a sorte. Ademais, Oxomoco e Cipactonal aparecem no *Códice borbónico* (Graz/México/Madri: ADV/FCE/SEQC, 1991, p. 21-2) lançando a sorte com nove grãos de milho (Figura 10) em uma seção que pode ser relacionada com a cosmogonia e da qual também participam Quetzalcoatl e Tezcatlipoca.

24   Cf. Leyenda de los soles. In: *Códice Chimalpopoca, op. cit.*, p. 119-20.

25   Cf. *ibidem*, p. 122.

26   Cf. *Códice Vaticano A, op. cit.*, p. 14v. Vimos em nota do capítulo anterior que Sahagún também destaca esse dia ao comentar as trezenas do *tonalpohualli*. Cf. Sahagún, Bernardino de. *Historia general de las cosas de Nueva España*. México: Conaculta, 2002, p. 353.

tonalpouhque,[27] os quais "Sabían cuándo viene apareciendo [Tlahuizcalpantecuhtli], en qué signos y cada cuántos resplandece, les dispara sus rayos y les muestra enojo. Si cae en 1 cipactli, flecha a los viejos y viejas, a todos igualmente. Si en 1 ocelotl, si en 1 máçatl, si en 1 xóchitl, flecha a los muchachitos. Si en 1 acatl, flecha a los grande seño-res, todo así como si en 1 miquiztli. Si en 1 quiyáhuitl, flecha a la lluvia, y no lloverá. Si en 1 ollin, flecha a los mozos y mozas; y si en 1 atl, todo se seca".[28]

A localização desse tipo de evento em tempos relativamente recentes – segundo os *Anales de Cuauhtitlan*, a morte e transformação de Quetzalcoatl em Vênus teria ocorrido em 895 d.C. – indica-nos que a fronteira entre o que estamos chamando de tempos cosmogônicos e históricos era inexistente para as tradições de pensamento nahuas ou, ao menos, não era marcada simplesmente pela grande distância temporal em relação ao presente. Em outras palavras, a cosmogonia não era vista como um processo encer-rado com a criação do Sol e do homem atuais, mas como um contínuo que abarcaria desde os tempos iniciais da primeira idade até o passado recente e o próprio presente. Veremos na terceira parte deste capítulo que esses seguimentos temporais poderiam se articular sequencialmente ou se sobrepor, dependendo do tipo de registro.

A existência dessa continuidade entre cosmogonia e passado recente é reforçada pela utilização das mesmas unidades e ciclos calendários para mensurar e qualificar tanto os eventos mais remotos – grande parte deles envolvendo deidades e antepassados dis-tantes – quanto os mais recentes – como a história tolteca ou da migração. Basicamente, essas unidades e ciclos seriam os dias e trezenas do *tonalpohualli*, como acabamos de ver, e os anos *xihuitl*, utilizados para contabilizar as durações das idades e situar seus episódios, como vimos no Capítulo II e mencionamos na primeira parte deste capítulo.

Sendo assim, pensamos que a menção da criação do calendário no início da primeira idade e a utilização de dias do *tonalpohualli* e de anos *xihuitl* para qualificar, situar e contabilizar os eventos narrados desde então – sejam da primeira idade ou da recente história de Tollan – nos desautorizariam a atribuir às tradições de pensamen-to nahuas uma concepção de passado marcada pela existência de tempos qualitativa-mente distintos: o da cosmogonia e o das ações humanas.[29] Ao contrário, parece-nos que o emprego das mesmas unidades e ciclos calendários para tratar tanto dos episó-

---

27   Ou *aqueles que contam e relatam os dias e destinos*, isto é, um tipo de especialista em prognóstico por meio da leitura do *tonalamatl*.

28   A expressão entre colchetes foi inserida por mim. Anales de Cuauhtitlan. In: *Códice Chimalpo-poca, op. cit.*, p. 11.

29   Acreditamos que atribuir aos povos mesoamericanos a separação entre tempos qualitativamente distintos é inadequado, mesmo se propondo que esses tempos seriam vistos como paralelos e relacionados, ou seja, como se o tempo da cosmogonia mantivesse a presença eterna da atuação dos deuses na ordem cósmica, em meio da qual ocorreriam as ações humanas. Tal proposta encontra-se em López Austin, Alfredo. *Los mitos del Tlacuache*. México: IIA – Unam, 1998.

dios do passado distante quanto do recente, bem como a ocorrência de episódios que classificaríamos como cosmogônicos na idade atual, apontam para certa homogeneidade entre todos os tempos passados no que diz respeito às suas características e aos agentes de seus eventos – ou ao menos entre os tempos de todos os Sóis.

Voltaremos ao tema da articulação entre história e cosmogonia no pensamento nahua no próximo subitem. Procuraremos mostrar que vários outros indícios apontam para a existência da concepção de um passado integralmente sujeito aos mesmos tipos de eventos, agentes e mensuração temporal.

A menção de quantias elevadas de anos *xihuitl* para mensurar a duração das idades anteriores do Mundo indica-nos outra característica fundamental do pensamento cosmogônico nahua: a construção de uma perspectiva temporal relativamente ampla e usada para, entre outras coisas, mapear as cargas e influências que recaíam sobre as unidades e ciclos calendários. O mapeamento seria mais completo quanto mais amplo fosse o período abarcado, pois, desse modo, abrangeria uma quantidade maior de eventos que haviam contribuído para compor as características das unidades e ciclos calendários.[30] Como citamos no Capítulo II, os cálculos e registros calendários, inclusive os relacionados à cosmogonia, estavam a serviço do controle e da qualificação do tempo – e não da quantificação pela quantificação.

A realização de cálculos com cifras temporais amplas é muito conhecida no caso dos maias e pouco citada no dos nahuas. Até onde sabemos com segurança, a datação maia para o início da idade atual refere-se a um passado muito mais remoto do que aquele que estaria referenciado nos registros calendários dos anais e dos monumentos nahuas e, também, nos textos alfabéticos coloniais que transcreveriam parcialmente esses registros. No entanto, há registros calendários mixteco-nahuas que talvez situem o início da idade atual num passado tão remoto quanto o estabelecido pela data inicial maia. O problema é que esses registros estão grafados por meio do *xiuhmolpilli* e os nomes dos anos repetem-se a cada cinquenta e duas unidades nessa conta calendária, gerando margem a dúvidas, como vimos no Capítulo II, no momento de situar precisamente um ano registrado isoladamente no interior do contínuo e amplo registro da conta dos anos – que caracteriza os livros de anais. Sendo assim, a antiguidade à qual alguns registros calendários mixteco-nahuas remeteriam não é aceita universalmente entre os estudiosos.

É o caso, por exemplo, do ano *matlactli omei acatl* (*13 junco*), grafado na parte superior do anel mais externo da *Pedra do Sol* (Figura 38), que corresponde, provavelmente, ao ano de 1479, data da confecção do monumento ou – e não excludentemente – de

---

30 No caso dos maias, há registros calendários que aludem a muitos milhões de anos no passado, o que talvez seja um indício que seus produtores construíram um conceito de tempo, e talvez de Mundo, sem princípio ou início. Cf. Gifford, James C. Ideas concerning maya concepts of the future. In: Browman, David L (edit.). *Cultural continuity in Mesoamerica.* Paris/Chicago: Mouton Publishers/The Hague/Aldine, 1978.

algum evento importante do passado recente. Adicionalmente, esse registro calendário também aludiria à data de ocorrência do episódio cosmogônico do nascimento do Sol atual, em Teotihuacan: "...en este 13 acatl nació el sol que hoy va creciendo; que entonces amaneció y apareció el sol del movimiento, que hoy va creciendo, signo 4 ollin".[31] No entanto, como temos apenas o registro de uma data, descontextualizada em relação à ampla série de vários *xiuhmolpilli*, não podemos determinar quantos conjuntos de cinquenta e dois anos separariam, para as tradições nahuas, o ano *13 junco* que corresponderia a 1479 do ano homônimo relacionado à criação do Sol atual. Seriam 52 anos, 104 anos, 520 anos, 5.200 anos etc.?[32]

Mas além dos registros calendários isolados, muito comuns nos monumentos e inscrições em pedra, há um códice mixteco que apresentaria uma sequência de registros calendários que permitiria afirmar que, assim como os maias, os povos mixtecos e nahuas também teriam estabelecido o início da idade atual em tempos muito remotos. Trata-se do *Códice vindobonense*,[33] manuscrito em forma de biombo que pertence ao Grupo Nuttall. No anverso de suas cinquenta e duas folhas estão dispostos cento e oitenta glifos anuais, que datariam os episódios relacionados à história das linhagens dirigentes e dos *altepeme* da região de Apoala e Tilantongo,[34] o que permite classificar essa parte do manuscrito como um livro histórico-genealógico.

O princípio básico de leitura desse tipo de livro é, assim como nos *xiuhamatl* ou anais nahuas, a conta dos anos, embora, no caso dos livros mixtecos, os anos sem eventos não fossem registrados, como é comum ocorrer nos anais nahuas. Apenas se grafavam os anos que eram exigidos pelo desenvolvimento da narrativa, ou seja, aos quais se associavam episódios. Esse tipo de uso da conta dos anos ocorre em vários outros códices mixtecos, como o *Códice Zouche-Nuttall*,[35] que podem então ser agrupados como anais histórico-genealógicos.

Esse princípio de leitura vem sendo aplicado no estudo e interpretação desse tipo de códice mixteco, ou seja, seguindo-se a conta dos anos ou *xiuhmolpilli*,

---

31   Anales de Cuauhtitlan. In: *Códice Chimalpopoca, op. cit.*, p. 5.

32   Segundo os cálculos de Gordon Brotherston, o ano *13 junco* poderia, inclusive, corresponder a 3113 a.C., ano do início da idade atual segundo os maias. Cf. Brotherston, Gordon. The year 3113 BC and the Fifth Sun of Mesoamerica. In: Aveni, Anthony F. e Brotherston, Gordon (edit.). *Calendars in Mesoamerica and Peru*. Oxford: Bar, 1983. Vale dizer que o uso desses registros calendários fora de sua série não é uma falha ou limitação técnica das tradições de pensamento e escrita nahuas, mas uma forma deliberada de associar vários eventos, ocorridos em épocas distintas, a uma determinada unidade ou ciclo calendário.

33   Cf. *Códice vindobonensis*. Graz/México/Madri: ADV/FCE/SEQC, 1992.

34   Cf. Anders, Ferdinand *et alii*. *Origen e historia de los reyes mixtecos*. Graz/México/Madri: ADV/FCE/SEQC, 1992, p. 18-9.

35   Cf. *Códice Zouche-Nuttall*. Graz/México/Madri: ADV/FCE/SEQC, 1992.

contabilizam-se os lapsos temporais entre os glifos anuais apresentados ao longo do manuscrito. Se aplicarmos esse mesmo princípio aos cento e oitenta glifos da conta dos anos registrados nas cinquenta e duas páginas do anverso do *Códice vindobonense* temos uma sequência temporal de aproximadamente 4.800 anos, a qual situaria o início de sua narrativa em uma época muito próxima ao princípio da idade atual segundo a conta longa maia. Ademais, o início dessa narrativa (Figura 36) é marcado por episódios que, segundo outros textos pictoglíficos e alfabéticos, se relacionariam com o início da idade atual, pois registrariam a criação do tempo e de sua contagem e as primeiras ações do Senhor e Senhora Um Veado – que seriam a versão mixteca de Oxomoco e Cipactonal –, ocorridas ainda sobre os níveis celestes. Esse prólogo cosmogônico é seguido pelo que seria o início da história das linhagens governantes e dos *altepeme* mixtecos, quando então a conta dos anos passa a ser efetivamente empregada – já na terceira página do relato[36] – e inicia a serie de aproximadamente 4.800 anos que ocupará todo o restante do anverso desse códice.

Voltaremos aos casos da *Pedra do Sol* e do *Códice vindobonense* ao tratar da concatenação entre cosmogonia e história, na terceira parte deste capítulo. Por ora, interessa apenas apontar a possibilidade de as tradições de pensamento nahuas, contemporâneas das mixtecas e que com elas compartilhavam o sistema de escrita, situarem o início da idade atual em um passado tão remoto quanto o mencionado pelas maias. Essa possibilidade é reforçada ainda pelo *Códice Vaticano A* que, como mencionamos acima, apresenta durações entre 4.008 e 5.206 anos para cada uma das idades.[37] No entanto, é verdade também que a *Leyenda de los soles* e a *Historia de los mexicanos por sus pinturas* apresentam cifras temporais bem menores para as durações das idades, que variam entre 312 e 676 anos para cada idade.[38]

Outra importante característica da cosmogonia nahua que deriva do modo como o sistema calendário é usado para situar seus episódios é a conjugação entre sincronia e diacronia. Como vimos no Capítulo II, a disposição cronológica das idades do mundo, o uso dos dias do *tonalpohualli* para nomeá-las e o emprego dos anos *xihuitl* para contabilizar suas durações e para dispor cronologicamente as criações da idade atual dotavam os episódios cosmogônicos, simultaneamente, de diacronia e sincronia.

---

36   Cf. *Códice vindobonensis, op. cit.,* p. 50.

37   Cf. *Códice Vaticano A, op. cit.,* p. 4v-7r.

38   Embora na *Leyenda de los soles* não fique claro se a cifra inicial de 2.513 anos, que mencionamos no Capítulo II, alude ao total das cinco idades e, portanto, ao início da primeira idade, ou apenas à duração da idade atual no ano de 1558, momento em que o texto foi escrito. Cf. Leyenda de los soles. In: *Códice Chimalpopoca, op. cit.,* p. 119.

Isso ocorre porque as informações calendárias permitem, por um lado, estabelecer com precisão o lapso temporal, em número de anos, que há entre, por exemplo, a transformação em macacos dos homens sobreviventes do cataclismo que pôs fim à segunda idade e o nascimento de Mixcoatl, pai do Quetzalcoatl de Tollan.[39] Por outro lado, a repetição dos nomes dos cinquenta e dois anos do *xiuhmolpilli* e dos duzentos e sessenta dias do *tonalpohualli* funcionava como um mecanismo de sincronia, ou seja, que reunia episódios ocorridos em épocas distintas sob a mesma égide calendária.[40]

Dessa forma, qualquer tentativa de caracterizar a concepção de tempo ou de história nahua como exclusivamente linear ou cíclica é extremamente parcial,[41] pois ambas as dimensões estavam conjugadas nas datações e arranjos textuais que tratavam do passado, seja do distante ou do recente.[42]

Os âmbitos cosmográficos e a cosmogonia

Ao longo dos Capítulos II e III pudemos ver que as unidades e ciclos calendários relacionavam-se aos âmbitos cosmográficos, sobretudo com os quatro rumos e o

---

39   Cf. *ibidem*, pp. 119-122.

40   No entanto, mesmo ao estabelecer conjunções entre eventos que teriam ocorrido em anos de mesmo nome, a diacronia não deixava de estar presente, pois outros ciclos participavam dessas conjunções e "...los productos de las distintas conjunciones particularizaban los acontecimientos..." López Austin, Alfredo. La construcción de la memoria. In: *La memoria y el olvido*. México: Inah, 1985, p. 78. López Austin acredita que a história humana era concebida como irrepetível, mas dentro de ciclos cosmogônicos repetíveis em última instância, isto é, ao se considerar um lapso temporal gigantesco. Em suas palavras: "...para la historia humana, prácticamente los acontecimientos sociales y políticos eran irrepetibles, y de allí la utilidad de registrarlos históricamente como tales. Pero, en resumen, que el carácter del tiempo cósmico era cíclico: cíclico en forma gradual y creciente." *Ibidem*, p. 79.

41   Como a proposta por Carmen Bernand e Serge Gruzinski ao referirem-se à concepção de tempo dos povos mesoamericanos: "Assim, encontramo-nos frente a uma temporalidade cíclica que transforma o presente em passado e que nega o acaso e o futuro". Bernand, Carmen e Gruzinski, Serge. *História do Novo Mundo*. São Paulo: Edusp, 1997, p. 17.

42   A presença do caráter cíclico na concepção temporal mesoamericana resultaria na relação entre história e profecia, a qual parece ter existido em todas as tradições de pensamento dessa macrorregião. Até onde sabemos, tal relação tem sido muito estudada no caso maia – sobretudo por meio dos diversos textos conhecidos como *chilames*, entre os quais está o *Chilam balam de Chumayel*, mencionado diversas vezes neste livro – e pouco explorada no caso nahua, restringindo-se às profecias sobre a volta de Quetzalcoatl num ano *ce acatl* (*1 junco*), as quais teriam supostamente moldado as interpretações nativas da chegada da expedição de Hernán Cortés, num ano com o mesmo nome.

centro, mas também com os níveis celestes e pisos do Inframundo. Sendo assim, as citações calendárias presentes nos relatos cosmogônicos também eram uma forma de evocar determinados âmbitos do Mundo.

No Capítulo III lançamos a seguinte pergunta: designar as várias idades com nomes de dias seria uma forma de evocar os quatro rumos para expressar o princípio da rotatividade do tempo pelo espaço? Naquela ocasião vimos que o *Códice Vaticano A* apresenta os glifos de três dias relacionados às três primeiras idades, embora não se mencione nas glosas que tais datas sirvam para nomeá-las. Essas datas são, respectivamente, *matlactli atl* (*10 água*), *ce itzcuintli* (*1 cão*) e *chiconahui ollin* (*9 movimento*).[43] Esses dias pertencem, respectivamente, a trezenas relacionadas aos rumos sul, norte e leste. Sendo assim, temos três dias relacionados a três regiões distintas de acordo com esse manuscrito, fato que nos levou a formular a tal pergunta.

A *Leyenda de los soles* e os *Anales de Cuauhtitlan* citam nomes de dias diferentes dos relacionados acima para designar as idades. Esses dois textos utilizam os mesmos cinco dias, em ordens diferentes, para nomear as idades do Mundo: Nahui Ocelotl (*Quatro Jaguar*), Nahui Ehecatl (*Quatro Vento*), Nahui Quiahuitl (*Quatro Chuva*), Nahui Atl (*Quatro Água*) e Nahui Ollin (*Quatro Movimento*).[44] Nesse caso, as duas primeiras datas pertencem a trezenas que se relacionam ao poente, a terceira data a uma trezena relacionada ao sul e as duas últimas ao norte. Podemos perceber que nem todos os rumos do Universo são contemplados nessas datas – assim como no caso do *Vaticano A* – e que, ademais, temos repetições de rumos em duas ocasiões segundo a *Leyenda de los soles*, relato do qual tomamos a sequência apresentada acima.[45]

Sendo assim, acreditamos que não é possível estabelecer uma relação entre as idades do Mundo e as quatro regiões cosmográficas por meio do *tonalpohualli*, ciclo calendário presente na cosmogonia que mais facilmente se prestaria a isso. Apesar disso, há autores que acreditam que tal relação exista[46] e, para estabelecê-la, se baseiam nas cores que por vezes são associadas às idades – como no *Vaticano A*[47] – ou em

---

43   Cf. *Códice Vaticano A, op. cit.*, p. 4v-6v. No *Vaticano A* não se menciona um dia relacionado à quarta idade.

44   Cf. Leyenda de los soles. In: *Códice Chimalpopoca, op. cit.*, p. 119-21/ Cf. Anales de Cuauhtitlan. In: *Códice Chimalpopoca, op. cit.*, p. 5. Há uma concordância parcial na ordenação das idades entre esses dois manuscritos, pois em ambos as datas que nomeiam a terceira e quinta idades são, respectivamente, Nahui Quiahuitl e Nahui Ollin.

45   Cf. Leyenda de los soles. In: *Códice Chimalpopoca, op. cit.*, p. 119-21.

46   Por exemplo, Barjau, Luis. *El mito mexicano de las edades, op. cit.*

47   Esse códice menciona, respectivamente, as cores branca, amarela, vermelha e negra para as quatro idades. Cf. *Códice Vaticano A, op. cit.*, p. 4v-7r.

gravados em pedra que apresentam os glifos das idades dispostos pelos quatro rumos – como a *Pedra do Sol.*

Vimos no Capítulo III que apenas a associação entre o leste e o vermelho é relativamente estável. Nos demais casos, há variações e, sendo assim, não poderíamos chegar a uma associação universal e definitiva entre as idades e os rumos segundo as cores mencionadas no *Vaticano A* – o que não quer dizer que a menção dessas cores não tivesse o propósito de estabelecer tal associação no caso específico desse manuscrito.

No caso da *Pedra do Sol*, vimos no Capítulo III que o centro desse imenso gravado é ocupado pela representação das cinco idades do mundo, sendo que as quatro anteriores distribuem-se no interior do glifo *ollin*, mais especificamente em suas quatro extremidades, como podemos observar na Figura 27. A idade atual, Nahui Ollin (*Quatro Movimento*), estaria registrada justamente por meio desse glifo, que contém as demais em seu interior. Tal arranjo alude, possivelmente, a um conceito presente reiteradamente nos relatos cosmogônicos nahuas e que mencionamos na primeira parte deste capítulo: as idades anteriores não terminavam totalmente e a idade atual, portanto, traria em si parte de todas as anteriores.

Se considerarmos que esse gravado está orientado, assim como a primeira página do *Códice Fejérváry-Mayer* (Figura 20), e que as quatro pontas retangulares do glifo *ollin* marcam os limites entre os quatro rumos, poderíamos propor que as quatro idades ocupariam a posição das grandes árvores que sustentariam os céus nas esquinas do mundo. Por esse motivo, seria difícil estabelecer de maneira inequívoca a que região o glifo de cada idade estaria relacionado. Por exemplo, o glifo *nahui ocelotl*, que pode ser visto no canto superior-direito da Figura 27 e que representaria a primeira idade segundo a *Leyenda de los soles*, poderia ser relacionado ao rumo oriental ou meridional, pois se encontra no limite entre essas duas regiões.

Há outro gravado mexica em pedra que registra as idades do Mundo de modo muito semelhante ao da *Pedra do Sol*, mas que não nos ajuda a resolver a ambiguidade da relação entre rumos e idades que vimos ocorrer nesse gravado, pois as distribui pelas "esquinas do mundo" de modo totalmente diferente. Trata-se de uma espécie de lápide produzida provavelmente no século XV e que chamaremos de *Pedra dos cinco sóis.*[48]

Como podemos observar na Figura 35, que reproduz a face gravada da *Pedra dos cinco sóis*, o glifo Nahui Ollin encontra-se no meio dos glifos das quatro idades ante-

---

48   Essa lápide é denominada *Placa em pedra com os cinco sóis* no catálogo que estamos utilizando. Desconhecemos se possui uma denominação consagrada entre os estudiosos e, por isso, optamos por *Pedra dos cinco sóis*. É de tamanho bem menor que a *Pedra do Sol*, medindo 54 x 45 x 25 cm, mas, assim como ela, foi encontrada no centro cerimonial de México-Tenochtitlan, o que ligaria sua produção e uso à elite dirigente mexica. Atualmente, encontra-se no Peabody Museum, em Yale, Estados Unidos. Cf. Matos Moctezuma, Eduardo *et alii. Aztecs.* Londres: Royal Academy of Art/Thames and Hudson, 2002.

riores, que se distribuem pelos quatro cantos em uma disposição que, como dissemos, se assemelha à que se encontra na *Pedra do Sol*. No entanto, na *Pedra dos cinco sóis*, os glifos das quatro idades anteriores ocupam esquinas distintas em relação ao outro gravado. A idade Nahui Ocelotl (*Quatro Jaguar*), por exemplo, está localizada no canto superior-esquerdo e não no superior-direito, como na *Pedra do Sol* (Figura 27 ou 38). Ao comparar os dois gravados em pedra, percebemos que todos os glifos relacionados às idades anteriores ocupam posições distintas.

Veremos abaixo que um outro gravado mexica, a *Pedra das idades do Mundo de Moctezuma II* (Figura 39), também apresenta os glifos das quatro idades anteriores em seus quatro cantos e em torno do glifo da idade atual, mas em uma disposição que não coincide com as apresentadas em nenhum dos dois casos anteriores.

Dessa forma, tanto a menção de cores ligadas às idades do Mundo no *Vaticano A* quanto a distribuição espacial dos glifos calendários que nomeiam essas mesmas idades nos gravados em pedra mexicas não nos permitem relacionar univocamente as quatro idades anteriores com os quatro rumos do Universo. Por outro lado, isso não significa que a distribuição dos glifos que nomeavam as idades do Mundo pelos quatro cantos dos gravados mexicas em pedra fosse aleatória ou não aludisse aos quatro rumos do Universo.

Nos três gravados mencionados – a *Pedra do Sol*, a *Pedra dos cinco sóis* e a *Pedra das idades do Mundo de Moctezuma II* –, a sequência entre as quatro idades anteriores é a mesma se observarmos o princípio de que a leitura se dá em sentido anti-horário nos textos pictoglíficos organizados pela concepção dos quatro rumos. Em todos os três gravados, a sequência apresentada é: Nahui Ocelotl, Nahui Ehecatl, Nahui Quiahuitl e Nahui Atl, a qual condiz com a que se encontra na *Leyenda de los soles*.[49]

Sendo assim, podemos dizer que a concepção cosmográfico-calendária da rotatividade anti-horária do tempo pelas quatro direções está organizando a disposição dos glifos nesses gravados e, portanto, relacionando as idades anteriores a essa concepção. No entanto, nenhuma combinação fixa entre as quatro idades e os quatro rumos pode ser estabelecida pela análise dos três gravados. Dessa maneira, parece que estamos diante da aplicação de um mesmo conceito calendário-cosmográfico – o da rotatividade do tempo pelos quatro rumos em sentido anti-horário – na organização de uma mesma temática, isto é, a das idades do mundo. O resultado é relativamente variado, pois parece que se trata de "jogar" com as possíveis combinações entre dois conjuntos complexos – os rumos e as idades – sem romper com alguns cânones mínimos – a centralidade da idade atual e o sentido anti-horário. Vimos no Capítulo III que algo parecido ocorre em relação aos níveis celestes, pois diversas quantias são mencionadas de acordo com as distintas fontes ou com o tema de cada conjunto pictoglífico.

---

49   Cf. Leyenda de los soles. In: *Códice Chimalpopoca, op. cit.*, p. 119-20.

Além de estruturar a relação entre as idades do Mundo e a concepção da rotatividade do tempo pelas quatro direções, os conceitos cosmográficos também funcionam como referenciais fundamentais para episódios particulares que ocorrem no interior dessas idades. Vimos no Capítulo III que os relatos cosmogônicos considerados mais tradicionais situavam a maioria de seus episódios em âmbitos cosmográficos específicos, cujas características eram, por vezes, indispensáveis ao entendimento do relato.

Um bom exemplo de como o conhecimento prévio das qualidades dos âmbitos cosmográficos pode ser indispensável ao entendimento de um episódio cosmogônico encontra-se na *Leyenda de los soles*. Como vimos no Capítulo III, esse texto apresenta o episódio em que Quetzalcoatl vai ao Inframundo e consegue resgatar os ossos humanos guardados por Mictlantecuhtli em troca, apenas, de assoprar seu caracol é produzir música.[50] Tal troca adquire muito mais sentido se soubermos que o Inframundo – o *Lugar Sem Chaminé*, segundo o *Vaticano A*[51] – era um local desprovido de vento e de pessoas com alento.

Também mencionamos no Capítulo III uma série de outros episódios que dificilmente seriam compreendidos se não fossem levadas em conta as características dos âmbitos cosmográficos evocados. Como exemplo desses episódios, podemos citar: a sobrevivência de casais no interior de cavernas durante os cataclismos que puseram fim às três primeiras idades, segundo o *Vaticano A*; a junção dos céus e da Terra por meio das águas que a inundaram no fim da quarta idade, segundo a *Leyenda de los soles*; os cinco mixcoas criados por Tezcatlipoca que se metem na água e saem diretamente no céu, também segundo a *Leyenda de los soles*; e o corcunda que, apesar de preso pelo *tlatoani* de Chalco no interior de uma caverna, sobrevive e visita o Tlalocan, segundo a *Historia de los mexicanos por sus pinturas*.

Outro episódio cosmogônico cujo entendimento depende diretamente dos conceitos cosmográficos encontra-se registrado no *Códice borbónico*.[52] Vimos no Capítulo II que Oxomoco e Cipactonal aparecem no interior de um recinto quadrangular que, por sua vez, encontra-se cercado por um caixilho formado pela conta dos anos e pelos Senhores da Noite correspondentes aos dias iniciais desses anos (Figura 10). Se não considerarmos os conceitos cosmográficos ao interpretarmos esse conjunto, poderíamos dizer apenas que Oxomoco e Cipactonal incensam e lançam a sorte com nove grãos de milho em meio de um recinto que se encontra cercado por vinte e seis anos do *xiuhmolpilli*. Considerando os conceitos cosmográficos, poderíamos dizer algumas coisas mais: que Oxomoco e Cipactonal lançam a

---

50   Cf. Leyenda de los soles. In: *Códice Chimalpopoca, op. cit.*, p. 120-1.

51   Forma empregada na glosa para designar o penúltimo nível do Inframundo. Cf. *Códice Vaticano A, op. cit.*, p. 2r.

52   Cf. *Códice borbónico, op. cit.*, p. 21.

sorte com os nove grãos de milho em meio dos anos do *xiuhmolpilli* que se dispõem pelas quatro direções e nelas circulam em sentido anti-horário; que ambos estão no interior de um recinto quadrangular como a superfície da Terra e cuja entrada está voltada para Tonatiuhichan, a *Casa do Sol*; que esse recinto repousa sobre as *águas imensas* (*teoatl*) ou sobre um manancial de água que se liga ao Inframundo.

É verdade, como já dissemos, que não entendemos a importância da menção dos âmbitos cosmográficos para todos os episódios relatados nos textos pictoglíficos e alfabéticos nahuas, mas isso não nos autoriza a menosprezá-la. Por exemplo, o *Chilam balam de Chumayel* menciona que os quatro *bacaboob* (*árvores* ou *deuses que sustentam os céus*) firmaram-se em seus lugares depois do grande dilúvio para permitir a vida do homem amarelo. Depois disso, "...Uuc-Chekmal vino de la séptima capa del cielo. Cuando bajó, pisó las espaldas de Itzám-Cab-Aim ["Brujo-del-agua-tierra-cocodrilo"] el así llamado".[53] Vimos que as relações nahuas dos níveis celestes apresentam quantidades variadas e diferentes atributos para esses níveis e, até onde eu saiba, não há um texto pictoglífico ou alfabético maia-iucateco que apresente e caracterize os níveis celestes. Sendo assim, é muito difícil saber que qualidades a sétima camada do céu conferiria a Uuc-Chekmal, que no episódio mencionado baixa sobre as costas de *Tlaltecuhtli*.

Outra característica da cosmografia indispensável para se entender os relatos nahuas sobre o passado é a possibilidade de aplicar um conceito relacionado a uma macrorregião às suas partes ou frações, dependendo da abrangência do episódio narrado. Por exemplo, no Capítulo III vimos que o conceito dos quatro rumos era empregado para dividir a superfície terrestre em sua totalidade, e que essa quadripartição era empregada para explicar determinados eventos cosmogônicos, como o reerguimento dos céus por meio de quatro árvores ou deuses em suas esquinas.[54] Em contrapartida, também vimos que esse mesmo conceito era empregado para delimitar e dividir espaços mais circunscritos e que se situavam num ponto específico da superfície terrestre. Por exemplo, os *Anales de Cuauhtitlan* mencionam a divisão e organização física do *altepetl* que dá nome aos anais de acordo com a concepção dos quatro rumos, a qual também teria gerenciado a construção de seu templo principal.[55] Sendo assim, teríamos a concepção dos quatro rumos delimitando e dividindo três âmbitos sobrepostos: o templo de Cuauhtitlan, a própria Cuauhtitlan, sobre a qual estava o templo, e a superfície da Terra, sobre a qual estão Cuauhtitlan e seu templo. Essa sobreposição poderia ser uma maneira de vincular episódios e obras do passado recente – como Cuauhtitlan e seu templo principal – a eventos cosmogônicos

---

53   *Libro de chilam balam de Chumayel*. México: Conaculta, 2001, p. 89.

54   Cf. Historia de los mexicanos por sus pinturas. In: *Mitos e historias de los antiguos nahuas, op. cit.*, p. 36.

55   Cf. Anales de Cuauhtitlan. In: *Códice Chimalpopoca, op. cit.*, p. 34.

– como a quadripartição da superfície terrestre – por meio do emprego dos mesmos conceitos cosmográficos.

Outro exemplo desse tipo de sobreposição seria a celebração do Fogo Novo retratada no *Borbónico* (Figura 15).[56] Vimos na segunda parte do Capítulo III que tanto o templo quanto os sacerdotes, por sua disposição e trajes, reproduzem os *nauhcampa* ou *quatro rumos*, concepção empregada, nesse caso, para tratar de um evento ocorrido em 1507 nas imediações de Tenochtitlan. Como vimos no Capítulo III, a fundação de México-Tenochtitlan retratada pictoglificamente na página de abertura do *Códice Mendoza* (Figura 31) também é um excelente exemplo do emprego da concepção dos quatro rumos do Mundo em uma pequena porção da superfície terrestre.[57]

Todos esses casos – a construção de Cuauhtitlan e seu templo nos *Anales de Cuauhtitlan*, a realização do Fogo Novo no *Borbónico* e a fundação de Tenochtitlan no *Códice Mendoza* – indicam-nos que há uma notável continuidade no emprego das concepções cosmográficas ao se tratar do passado cosmogônico ou do recente – esse último, entendido como parte da idade atual. Isso, por sua vez, nos indicaria que essas concepções cosmográficas eram vistas pelas tradições de pensamento nahuas como partes da própria estrutura do Mundo, desde suas origens até o presente, e, por esse motivo, deveriam ser empregadas para se relatar episódios que aludiriam a qualquer época.

Apesar dessa quase onipresença das concepções cosmográficas nos textos pictoglíficos e alfabéticos nahuas que tratam do passado, vimos no Capítulo III que há uma notável diferença na maneira de empregá-las se compararmos as seções dos textos alfabéticos que tratam do passado mais remoto com as que tratam do mais recente. Essa diferença consiste, basicamente, no aumento do número de menções a *altepeme* e sítios tangíveis quanto mais os episódios relatados se aproximam do presente, sobretudo, a partir dos episódios relacionados a Tollan e Quetzalcoatl.

Veremos, na próxima parte deste capítulo, que isso seria um indicativo do papel nodal ocupado por esse *altepetl* e seu período de hegemonia nas explicações nahuas sobre o passado. Por ora, basta dizer que a partir dos episódios relacionados a Tollan e Quetzalcoatl há, nos relatos, uma mudança de ordem quantitativa nas informações calendárias, cosmográficas e toponímicas. Não se trata, portanto, de uma mudança marcada pela descontinuidade ou oposição entre dois tipos de narrativa compostos por dois tipos distintos de episódios e de marcos temporais e espaciais, que remeteriam a dois tipos de realidades pretéritas, com "leis" espaciais, temporais e de agência diferentes.

---

56   Cf. *Códice borbónico, op. cit.*, p. 34.

57   Cf. *The essential Codex Mendoza*. Berkeley/Los Ángeles/Londres: University of California Press, 1997, p. 2r.

Formas de associar o passado recente ao distante nos textos nahuas

Vimos nos Capítulos II e III que os relatos sobre o passado distante ou recente, isto é, a partir da fase tolteca e migrações chichimecas, eram realizados por meio dos mesmos marcos temporais e espaciais. Agora, procuraremos mostrar que os relatos acerca do passado recente, sobretudo nos manuscritos mais tradicionais, eram concebidos como uma espécie de particularização da história no interior da idade atual, que passaria a focalizar determinados grupos humanos ou *altepeme*, mas que não deixaria de se articular com os relatos sobre as idades do Mundo.

Caso isso venha a se mostrar correto, teremos dado mais um passo para comprovar a efetividade de uma de nossas hipóteses específicas, isto é, que as tradições de pensamento e escrita nahuas não distinguiam o que estamos chamando de cosmogonia e história recente como tipos de discursos ou registros que aludiriam a episódios, tempos ou espaços essencialmente diferentes e marcados por fronteiras. Ao contrário, procuraremos mostrar que a cosmogonia e a história recente eram vistas como partes articuláveis do passado, o qual poderia ter essa ou aquela fase enfatizada no relato.

Essa história particularizada poderia se associar aos relatos gerais sobre as idades do mundo, basicamente, de duas formas: pelo encadeamento cronológico sequencial ou pela inserção de alguns episódios recentes diretamente no marco temporal e conceitual das idades do mundo. Frequentemente, essa segunda forma de associação era realizada por meio de vínculos estabelecidos pelas concepções cosmográficas ou unidades calendárias, como procuraremos demonstrar abaixo.

Encadeamento cronológico

Das fontes nahuas que estamos analisando, três textos alfabéticos e um pictoglífico apresentam a história recente encadeada diretamente às idades do mundo por meio da progressão temporal dos episódios: respectivamente, a *Leyenda de los soles*, a *Historia de los mexicanos por sus pinturas*, a *Histoire du Mechique* e o *Códice Vaticano A*. Vejamos como isso ocorre em cada um desses textos.

O texto da *Leyenda de los soles* inicia com a informação sobre a duração do Mundo desde sua primeira idade e, logo em seguida, apresenta uma espécie de resumo das quatro idades anteriores. Nessa parte, são mencionados apenas os nomes das idades e suas durações, os cataclismos que as encerraram, os alimentos que os homens utilizariam em cada uma delas e as metamorfoses dos sobreviventes. A duração de todas essas idades é contabilizada em anos *xihuitl* e seus nomes são dias do *tonalpohualli*, como foi mencionado na parte anterior deste capítulo.[58]

O relato torna-se mais detalhado ao tratar do fim da quarta idade, por um dilúvio, e do início da idade atual, com a criação do homem em Tamoanchan depois de vinte e seis anos em que o Céu e a Terra permaneceram estanques, isto é, por metade de um ciclo do *xiuhmolpilli*. Para isso, os deuses em conselho teriam decidido enviar Quetzalcoatl ao Mictlan com a missão de resgatar os ossos dos antigos homens. Depois de resgatá-los, Quetzalcoatl os levou a Tamoanchan, onde Cihuacoatl os colocou numa vasilha preciosa e os moeu. Em seguida, Quetzalcoatl regou-os com o sangue de seu pênis e todos os deuses fizeram penitência.[59]

Em seguida, o relato apresenta episódios relacionados à busca empreendida pelos deuses por alimento para nutrir os recém-criados homens, entre os quais se destaca o episódio em que Quetzalcoatl segue as formigas para encontrar os diversos tipos de milho dentro do Tonacatepetl ou *Montanha de Nosso Sustento*. Depois desses episódios, os deuses em conselho resolvem fazer outro Sol, o que ocorre em Teotihuacan. No entanto, o novo Sol parou no meio do Céu exigindo ser alimentado com sangue para se mover. Então, Iztacchalchiuhtlicue gerou quatrocentos mixcoas para fazer guerras e servir de comer e beber ao Sol, mas eles não cumpriram sua obrigação e Iztacchalchiuhtlicue gerou outros cinco mixcoas para fazer guerra aos primeiros e servir sangue ao Sol. Nessa guerra, os quatrocentos foram derrotados pelos cinco e os perdedores sobreviventes refugiaram-se em Chicomoztoc. Entre os cinco mixcoas, estava Mixcoatl, que junto com Chimalman deu origem a Ce Acatl, soberano de Tollan, cuja decadência final ocorrerá sob o governo de seus sucessores, entre os quais está Huemac.

Podemos notar que a narrativa passa das idades do Mundo para o horizonte histórico tolteca, isto é, para as conquistas de Ce Acatl ou Quetzalcoatl e a queda de Tollan durante o governo de Huemac, sem nenhum tipo de ruptura ou descontinuidade, seja nas unidades calendárias utilizadas, nos âmbitos cosmográficos mencionados ou nos tipos de episódio e personagem. Isso porque os episódios e personagens desse passado mais recente continuam a combinar características que classificaríamos como verossímeis com as que consideraríamos inverossímeis – tais como o jogo de bola entre Huemac e os *tlaloque*, mencionado no Capítulo III, ou o aparecimento de um corpo humano gigantesco e fétido, cujas tentativas de remoção causaram a morte de centenas de toltecas.[60]

---

58   Cf. Leyenda de los soles. In: *Códice Chimalpopoca, op. cit.*, p. 119. No entanto, como mencionamos em nota anterior, não fica claro se 2.513 anos refere-se à duração do conjunto das cinco idades ou apenas da idade atual.

59   Cf. *ibidem*, p. 120-1.

60   Cf. *ibidem*, p. 125-6.

Ao narrar a decadência de Tollan, o relato a articula à história mexica e a localidades como Culhuacan e Aztlan e, depois, Chapultepec e Pantitlan, situadas, essas duas últimas, no Vale do México. Os episódios relacionados à migração e às conquistas mexicas até o governo de Axayacatzin não são desenvolvidos em detalhes e ocupam uma pequena porção do relato, restringindo-se praticamente à sua última página e caracterizando-se pela citação do roteiro migratório, dos nomes e tempo de governo dos soberanos e da lista de *altepeme* conquistados.[61]

Considerando-o integralmente, o texto da *Leyenda de los soles* constitui-se em uma explicação do passado que abarca desde a primeira idade, iniciada 2.513 anos antes do momento de sua produção, até os tempos dos últimos soberanos mexicas e da chegada dos espanhóis.[62] Caracteriza-se por concatenar as idades do mundo, a história tolteca e a mexica, com ênfase na quinta idade e nos episódios relacionados a Tollan, a Ce Acatl e a seu sucessor, Huemac.

O mesmo tipo de encadeamento entre cosmogonia e historia tolteca ocorre na segunda seção do *Códice Vaticano A*.[63] Em suas quatro primeiras páginas, são apresentadas as idades do mundo por meio dos mesmos tipos de informação que encontramos na *Leyenda de los soles*: sua duração em anos *xihuitl* e seus nomes, os alimentos utilizados pelos homens, os cataclismos finais e as metamorfoses dos homens sobreviventes. Analisamos uma dessas páginas no Capítulo III e a reproduzimos na Figura 25. Segundo o *Vaticano A*, a idade atual teve origem em Tollan e nessa localidade Chimalman teve um filho, cujo pai fora um embaixador enviado dos céus por Citlallatonac. Esse filho foi Topiltzin Quetzalcoatl, soberano de Tollan. Sua história, bem como a de seu seguidor, Xipe Totec, é abordada nas cinco páginas seguintes dessa seção do *Códice Vaticano A*.

---

61 Não iremos analisar em detalhe as seções de nossas fontes centrais que tratam das migrações dos povos chichimecas, pois, como afirmamos da Introdução, os relatos sobre o passado recente nos interessam principalmente por suas formas de encadeamento com o passado cosmogônico. Sendo assim, daremos maior atenção às seções que tratam da fase tolteca, as quais aparecem imediatamente depois dos episódios que deram início à idade atual em grande parte de nossas fontes. No entanto, vale dizer que os relatos sobre a migração chichimeca continuam a combinar episódios e personagens que classificaríamos como inverossímeis, tais como o do nascimento de Huitzilopochtli, que sai do ventre de Coatlicue crescido e armado e mata sua irmã e seus quatrocentos irmãos que provinham do sul, com aqueles que julgamos verossímeis, como a fundação de México-Tenochtitlan.

62 Na edição que estamos utilizando, o texto termina truncado e chega até as conquistas de Axayacatzin, como mencionamos anteriormente. Cf. Leyenda de los soles. In: *Códice Chimalpopoca, op. cit.*, p. 128. No entanto, uma edição mais recente afirma que o texto prossegue até os tempos de Moctezuma e da chegada de Cortés. Esse trecho teria sido preservado numa cópia feita por León y Gama. Cf. Bierhorst, John. *History and mitology of the Aztecs.* Tucson/Londres: The University of Arizona Press, 1992.

63 Cf. *Códice Vaticano A, op. cit.*, p. 4v-10v.

Menciona-se que devido à decadência de Tollan, ambos fugiram até a margem do mar e chegaram a Tlillan Tlapallan, onde Quetzalcoatl transformou-se em Vênus. Essa seção do manuscrito termina com a imagem da grande pirâmide de Cholula, que segundo o manuscrito teria sido construída para seus habitantes escaparem do próximo dilúvio.[64]

Podemos perceber que a passagem entre o passado distante e o horizonte tolteca também é realizada ininterruptamente e por meio da progressão temporal nessa seção do *Vaticano A*.[65] Tal seção constitui-se, assim como a *Leyenda de los soles*, em uma explicação sobre o passado que abrange as idades do mundo e a história de Tollan, Quetzalcoatl e Cholula sem interrupções, abarcando supostamente 18.028 anos, que é a somatória das durações das idades segundo esse manuscrito.

A *Historia de los mexicanos por sus pinturas* apresenta, basicamente, o mesmo tipo de concatenação entre cosmogonia e passado recente que os dois manuscritos anteriores, apesar da intercalação de explicações sobre o calendário e a cosmografia. Entre os relatos nahuas que estamos analisando, trata-se do que aborda mais extensamente as idades anteriores, sobretudo a primeira.

Em meio desse extenso relato sobre as idades anteriores, encontramos as mesmas informações que aparecem condensadas no *Vaticano A* e na *Leyenda de los soles*, tais como a duração de cada idade e seu nome, os alimentos utilizados pelas humanidades anteriores, os cataclismos e as metamorfoses de parte dos homens sobreviventes em animais.[66] No entanto, a *Historia de los mexicanos por sus pinturas* não cita nenhum dos locais mencionados pelas outras fontes ao tratarem das idades anteriores e do princípio da atual, embora mantenha praticamente as mesmas personagens cosmogônicas que a *Leyenda de los soles*.[67]

As localidades são mencionadas apenas depois da criação do Sol atual, ao se narrar a história de Mixcoatl, dos quatrocentos mixcoas e da origem de Ce Acatl ou Quetzalcoatl, primeiro soberano de Tollan. Ao tratar da fuga de Ce Acatl, a *Historia de los mexicanos por sus pinturas* afirma que parte de seus seguidores ficou em Cholula

---

64   Cf. *ibidem*, p. 10v.

65   Aliás, essa seção do *Vaticano A* apresenta uma inversão no uso das informações calendárias em relação à *Leyenda de los soles* e a outros relatos que estamos analisando. Isso porque tais informações estão presentes na parte do relato sobre as idades do mundo e ausentes na parte que trata dos eventos relacionados a Tollan e Cholula. Veremos na próxima parte deste capítulo que talvez a ausência de datas nesse tipo de texto relacione-se com as influências de origem cristã, as quais contribuíram para a fabulização dos relatos nahuas sobre o passado.

66   Cf. Historia de los mexicanos por sus pinturas. In: *Mitos e historias de los antiguos nahuas, op. cit.*, p. 24-39.

67   Cf. *ibidem*, p. 24-39. Veremos na próxima parte deste capítulo que essa "desterritorialização" dos episódios relacionados ao passado nahua, bem como sua "destemporalização", são partes do processo de fabulização das explicações históricas nahuas, levado a cabo, sobretudo, pelos missionários cristãos.

antes que o soberano chegasse a seu destino final, isto é, Tlapallan. Todos esses episódios ocupam oito capítulos do relato.[68]

Na sequência, o texto apresenta a história mexica desde o início da migração, em Aztlan-Culhuacan, até a chegada dos espanhóis. Esses episódios ocupam cerca de dezoito capítulos, nos quais se mencionam, secundariamente, a história de grupos chichimecas que se tornarão vizinhos dos mexicas em Tenochtitlan, tais como os colhuas e os xochimilcas.[69]

Desse modo, podemos dizer que a *Historia de los mexicanos por sus pinturas* é uma explicação sobre o passado que abrange desde o início da primeira idade até o início do período Colonial com ênfase na história mexica. A passagem entre essas fases também é realizada por meio do encadeamento cronológico progressivo e os marcos calendários empregados do começo ao fim do relato são, basicamente, os mesmos. Tal progressão é interrompida apenas por algumas explicações calendárias e cosmogônicas que, no entanto, não chegam a comprometer o encadeamento cronológico entre as idades do Mundo e a fase tolteca.

Considerada em sua totalidade, a *Histoire du Mechique* não apresenta a mesma continuidade temporal e temática que detectamos nos três manuscritos anteriores. Isso porque, em seus cinco primeiros capítulos e meio, reúne uma série de relatos de procedências distintas sobre os fundadores de Texcoco, a origem do fogo, a história dos mexicas e colhuas e sobre o calendário e a cosmografia.[70] No entanto, sua segunda metade, isto é, do meio do sexto capítulo ao décimo primeiro, apresenta o mesmo tipo de concatenação entre cosmogonia e passado recente e a mesma sequência temática que foi detectada nos manuscritos analisados acima.[71]

A segunda metade da *Histoire du Mechique* inicia-se, portanto, com o tema das idades anteriores do mundo, mencionando apenas seus nomes, os alimentos utilizados pelos homens, os cataclismos finais e as metamorfoses de parte dos sobreviventes. Na sequência, são narradas a criação do homem atual em Tamoanchan, na região de Cuauhnahuac, e a criação do Sol em Teotihuacan. Tais episódios são seguidos pela história de Mixcoatl, Chimalman e Quetzalcoatl, soberano de Tollan que antes de se estabelecer nessa cidade teria passado, juntamente com seus seguidores, por México e Tulancingo.[72] O relato encerra-se com a decadência de Tollan, a fuga de seu soberano – que deixa seguidores em Tenanyocan (sic, provavelmente refira-se a Tenayuca,

---

68   Cf. *ibidem*, p. 24-43.

69   Cf. *ibidem*, p. 44-95.

70   Cf. Histoire du Mechique. In: *Mitos e historias de los antiguos nahuas, op. cit.*, p. 124-45.

71   Cf. *ibidem*, p. 145-65.

72   Cf. *ibidem*, p. 160. Em meio desses capítulos há inserções de, segundo o autor do texto, outras versões da criação.

altepetl do Vale do México), Culhuacan, Cuauhquechollan e Cholula – e sua transformação em Vênus, ocorrida em Cempoala, no golfo do México.[73]

Com a descrição sumária da estrutura narrativa desses manuscritos estamos procurando demonstrar que há uma progressão temporal direta, concatenando as idades anteriores do mundo, o início da idade atual e o passado recente, expresso por meio dos episódios que envolvem, sobretudo, Tollan, Ce Acatl – ou Topiltzin Quetzalcoatl – e Cholula. Tal progressão caracteriza-se por uma acentuada continuidade no emprego dos marcos calendários e cosmográficos, bem como no uso dos mesmos tipos de eventos e personagens ao longo de todo o relato.

Como vimos nos Capítulos II e III, a segunda seção do *Vaticano A*, a *Leyenda de los soles* e a *Historia de los mexicanos por sus pinturas* apresentam, predominantemente, usos tradicionais do calendário e da cosmografia, isto é, empregam-nos como fundamentos teóricos da estrutura narrativa ou como pressupostos de leitura. Conforme uma de nossas hipóteses específicas, isso seria um forte indício de que tais textos derivam de modo mais ou menos direto de manuscritos pictoglíficos ou de relatos produzidos pelas tradições de pensamento e escrita nahuas. No caso da *Histoire du Mechique*, vimos nos mesmos capítulos que se trata do texto mais relacionado às demandas coloniais, ao lado do *Códice magliabechiano*. Mesmo assim, pudemos ver acima que sua segunda metade apresenta ressonâncias do mesmo tipo de concatenação entre cosmogonia e história recente que detectamos nos outros manuscritos.[74]

A junção dessas informações permite-nos concluir, provisoriamente, que a sequência de temas apresentada nos relatos que analisamos acima, bem como sua concatenação por meio de uma progressão temporal direta, corresponderiam a formas tradicionais de relatos ou registros pictoglíficos entre as tradições de pensamento nahuas. Portanto, para essas tradições, os episódios narrados após o início da idade atual e que envolvem Tollan e Cholula, bem como o complexo Aztlan-Culhuacan-Chicomoztoc, seriam vistos como uma espécie de particularização da história no interior da idade atual, a qual poderia se vincular aos relatos sobre as idades do Mundo por uma série de episódios organizados cronologicamente.[75]

---

73   Cf. *ibidem*, p. 162-5.

74   Nos casos da *Historia de los mexicanos por sus pinturas* e da *Histoire du Mechique*, a presença dessa estrutura narrativa não exclui a presença de capítulos que tratam o calendário e a cosmografia como temas, o que denotaria a influência de demandas relacionadas principalmente ao trabalho missionário cristão.

75   Embora não coincidam ponto a ponto, as sequências de *altepeme* que marcariam a história da idade atual são consoantes nos quatro manuscritos analisados e formadas, basicamente, por Tamoanchan, Teotihuacan, Tollan, Cholula e Aztlan-Culhuacan-Chicomoztoc. Mencionamos no Capítulo III que essa sequência de *altepeme*, acrescida de Pánuco em seu início, encontra-se também nos textos recolhidos por Sahagún. Cf. Sahagún, Bernardino de. *Historia general de las*

No entanto, isso não significa que os relatos sobre o passado recente apresentem características idênticas aos que aludem às idades cosmogônicas. A passagem da cosmogonia ao passado recente é geralmente marcada por uma mudança quantitativa na presença dos marcos calendários e cosmográficos, como vimos nos dois capítulos anteriores.

Origem intelectual dos relatos que concatenam o passado recente ao cosmogônico pelo encadeamento cronológico

Dissemos acima que se tratava de uma conclusão provisória, pois o tipo de estrutura narrativa que detectamos nos quatro textos nahuas analisados – três alfabéticos e um pictoglífico-alfabético – não está presente em nenhum códice pictoglífico tradicional dessa mesma região. Em outras palavras, não se conhece nenhum manuscrito

---

cosas de Nueva España. México: Conaculta, 2002, p. 64 e 973-5. A determinação da localização geográfica desses *altepeme* e dos grupos humanos que os habitaram é, em alguns casos, bastante controversa, sobretudo porque, como vimos nos Capítulos I e III, muitos desses nomes foram empregados como epítetos para vários *altepeme*. Por outro lado, essa sequência de *altepeme* e grupos hegemônicos coincide, em grande parte, com a que vem sendo construída pelos estudos arqueológicos para os períodos Clássico e Pós-clássico no centro do México, indicando que as tradições de pensamento nahuas seriam conhecedoras de eventos temporalmente muito remotos. No entanto, o tema é polêmico e opõe, basicamente, dois grupos de estudiosos. De um lado, os que vêem esses relatos como a expressão de uma forma de consciência nahua sobre seu passado e o de seus predecessores. Sendo assim, tais estudiosos utilizam esses relatos como fontes de informação para entender a história nahua e mesoamericana. Entre esses estudiosos estão Piña Chan, Román. *Historia, arqueología y arte prehispánico*. México: FCE, 1994/ Hers, Marie-Areti. *Los toltecas en tierras chichimecas*. México: Instituto de Investigaciones Estéticas – Unam, 1989. Do outro lado, os que vêem esses relatos como criações fundamentadas na imaginação mítica e direcionadas a usos rituais e políticos e, desse modo, com pouca ou quase nenhuma relação de verossimilhança com os eventos passados. Desse segundo grupo de estudiosos, fariam parte López Luján, Leonardo. *La recuperación mexica del pasado teotihuacano*. México: Inah/Asociación de Amigos del Templo Mayor/GV Editores, 1989 /Florescano, Enrique. *Mito e historia en la memoria mexicana*. Mimeografado. México, 18 de julho de 1989. Pensamos que essa coincidência relativa na sequência de *altepeme* poderia ser explicada de duas formas: pela procedência desses manuscritos de uma fonte em comum ou pela ampla difusão que essa sequência teria entre as tradições de pensamento nahuas. Acreditamos que as informações reunidas no Capítulo I mostraram que esses relatos procedem ou reúnem informações de diversas regiões do altiplano central mexicano e imediações. Ademais, muitos deles tiveram origem nos trabalhos coordenados por diferentes grupos missionários e, sendo assim, é pouco provável que tais coincidências se devam a um processo de derivação a partir de um mesmo manuscrito. É muito mais provável que essa sequência de *altepeme* hegemônicos estivesse amplamente difundida entre as tradições nahuas, cujos membros ou descendentes intelectuais participaram da produção de todos os manuscritos que estamos analisando – de modo mais ou menos direto dependendo de cada caso.

tradicional nahua que apresente as idades anteriores do Mundo, a idade atual e a história tolteco-chichimeca concatenadas cronologicamente, pois as histórias grupais e anais nahuas conhecidos não apresentam narrativas cosmogônicas em seus inícios.

Esse fato tem servido de fundamento para se propor que a estrutura narrativa da *Leyenda de los soles*, da segunda seção do *Códice Vaticano A*, da *Historia de los mexicanos por sus pinturas* e da *Histoire du Mechique* seja de origem colonial e derive das histórias universais cristãs ou dos livros do Antigo Testamento, que iniciam tratando da criação do Mundo e depois partem para a história particular das tribos de Israel.

Federico Navarrete Linares propõe que as histórias sobre a migração e os *altepeme* conformavam um gênero relativamente independente, como atestam diversos manuscritos pictoglíficos nahuas que podem ser chamados de *xiuhamatl* (*livro dos anos*) ou de *altepeamoxtli* (*livro do altepetl*), tais como a *Tira de la peregrinación* e o *Códice Azcatitlan*. Por outro lado, existiria um outro gênero de relato chamado de *teotlahtolli*, ou *palavras divinas*, caracterizado por tratar centralmente das façanhas dos deuses e da cosmogonia e por seus conteúdos serem compartilhados por diversos grupos. Esse gênero de relato, conforme vimos no Capítulo I, seria registrado pictoglificamente nos *teoamoxtli*, ou *livros divinos*.[76] Para Navarrete Linares, a junção desses dois gêneros resultou nas "histórias universais nahuas", tais como as que constam nos quatro textos que analisamos acima e que seriam um produto colonial impulsionado pelos castelhanos.[77]

Concordamos que os dois tipos de relato e seus livros correspondentes poderiam ser gêneros relativamente autônomos entre as tradições de pensamento e escrita nahuas. No entanto, não estamos convencidos que a reunião desses dois tipos de relatos ou livros em narrativas ou escritos mais abrangentes – temporal e tematicamente – seja exclusiva do período Colonial.

Em primeiro lugar, porque acreditamos que a existência de três relatos alfabéticos de origens distintas e que apresentam, basicamente, a mesma seqüência temática ao encadear a história recente à cosmogônica dificilmente seria fruto de uma intervenção dos religiosos castelhanos, sobretudo quando um deles, a *Leyenda de los soles*, apresenta indícios que vinculam diretamente sua produção às tradições de pensamento e escrita nahua, como vimos nos Capítulos II e III.

---

76   Talvez a seção de dezoito páginas do *Códice Borgia* (Madri/Graz/México: SEQC/ADV/ FCE, 1993, p. 29-46) seja um exemplo desse gênero de texto, como mencionamos no Capítulo III, seguindo a proposta de Brotherston, Gordon. *The year in the Mexican codices*. Mimeografado, 2002.

77   A incredulidade dos cristãos diante da parte cosmogônica desses relatos teria, por sua vez, impulsionado alguns escritores nahuas do final do século XVI e início do XVII a substituírem a cosmogonia nativa pela versão cristã da criação. Entre esses autores estariam Tezozomoc e Chimalpahin. Cf. Navarrete Linares, Federico. *Mito, historia y legitimidad política*. México: Facultad de Filosofía y Letras – Unam, 2000.

Em segundo lugar, porque a segunda seção do *Códice Vaticano A,* que encadeia a história de Tollan e Cholula à das idades do Mundo, poderia ser um indício da existência de manuscritos pictoglíficos tradicionais com essa configuração, pois muitas seções desse códice teriam sido copiadas de antigos manuscritos ou realizadas a partir do depoimento de sábios e *tlacuiloque* nahuas.

No entanto, é verdade que esse mesmo códice apresenta os anais da história mexica em sua última seção e de modo desconexo da história de Tollan e de Cholula. Também é verdade que os três relatos alfabéticos mencionados acima sofreram influências cristãs significativas em suas produções, como vimos no Capítulo I.

Sendo assim, esses casos parecem não ser suficientes para solucionar o problema, isto é, se haveria ou não um gênero de relato e livro nahuas que abarcasse as idades do mundo e a história tolteca e chichimeca. A existência desse tipo de relato ou livro fortaleceria uma de nossas proposições específicas, isto é, que as tradições de pensamento nahua entendiam os relatos sobre o passado recente como uma particularização no interior da história da idade atual; e não como uma explicação sobre o passado sujeita a diferentes categorias temporais e espaciais ou a outros tipos de personagens e episódios em comparação aos relatos cosmogônicos.

Indícios que apontam para a existência desse tipo de relato e livro pictoglífico em tempos pré-hispânicos – e, portanto, que fortalecessem nossa proposição – podem ser encontrados em manuscritos procedentes de outras sub-regiões mesoamericanas, tais como a maia e a mixteca.

Mencionamos em nota do Capítulo II que o *Popol vuh* é uma das principais versões da cosmogonia e da história maia-quiché, cujos autores afirmam ter se baseado em um escrito pictoglífico anterior.[78] Nesse texto, a história grupal encadeia-se à cosmogonia de maneira muito semelhante à que detectamos nos textos alfabéticos mencionados acima, isto é, por meio de uma progressão temporal ininterrupta.[79] Além disso, as migrações quichés são vinculadas aos toltecas e a Quetzalcoatl, da mesma forma que os textos nahuas fazem com as migrações chichimecas. O *Popol vuh* apresenta outros pontos de contato com os relatos nahuas, tais como os cataclismos finais das idades, as transformações dos homens sobreviventes em animais e a feitura do

---

78   Numa espécie de introdução que precede a descrição da primeira criação, os autores do texto alfabético em maia-quiché afirmam que existia "...el libro original, escrito antiguamente, pero su vista está oculta al investigador y al pensador. Grande era la descripción y el relato de cómo se acabó de formar todo el cielo y la tierra...". *Popol vuh*. México: FCE, 1996, p. 21.

79   Embora o *Popol vuh* não mencione datas, a sucessão temporal de seus episódios é clara na maior parte do texto.

homem atual por Quetzalcoatl a partir do milho, os quais indicam o amplo alcance espacial que alguns conceitos cosmogônicos tiveram na Mesoamérica.[80]

Embora a origem exata do *Popol vuh* seja incerta,[81] acreditamos que a declaração de seus autores sobre uma procedência baseada em um livro anterior não deva ser desconsiderada. Ademais, suas relações temáticas e estruturais com os relatos nahuas, sobretudo com a *Leyenda de los soles*, fortalecem a hipótese de que ambos os textos tenham tido origem em manuscritos tradicionais.

Apesar disso, a presença dessa estrutura narrativa no *Popol vuh* também não comprova, definitivamente, sua existência em livros pictoglíficos tradicionais. Isso porque, apesar de ter sua produção baseada em manuscritos pictoglíficos, o *Popol vuh* não é uma mera transcrição, mas sim uma obra que também responde a demandas do mundo colonial, pois reconta a cosmogonia e a história maia-quiché incorporando elementos dos relatos criacionais bíblicos e, desse modo, valida a cosmogonia e a história locais aos olhos daqueles que progressivamente se impunham como novos senhores políticos da região, isto é, os cristãos. Sendo assim, existe a possibilidade que o *Popol vuh* também resulte da junção de manuscritos tradicionais que tratariam separadamente da cosmogonia e da história quiché.

O mesmo tipo de junção poderia ter dado origem ao *Memorial de Sololá*, texto maia-cakchiquel posterior ao *Popol vuh*.[82] Esse manuscrito também apresenta uma primeira parte dedicada à criação do mundo e do homem, para depois tratar da chegada de treze grupos e de sete tribos a Tollan, entre as quais estaria a dos cakchiquéis.

No entanto, pensamos que a existência de textos alfabéticos coloniais de procedências diversas mas que apresentam a história local concatenada imediatamente à cosmogonia torna improvável a origem cristã dessa estrutura narrativa e aponta para origens entre as tradições de pensamento e escrita mesoamericanas. Isso porque a presença de uma mesma seqüência temática, apresentada com base em referenciais narrativos muito parecidos, mas em textos de origens temporais

---

80   A idade atual é a terceira ou quarta segundo o *Popol vuh*, dependendo da divisão que adotamos. Antes da criação do homem atual, feito com a massa do milho, são mencionadas as criações dos homens de lama e de madeira, o que nos levaria a pensar que a idade atual seria a terceira. No entanto, há uma grande seção dedicada aos gêmeos Hunahpú e Ixbalanqué que parece se desenrolar durante a idade dos homens de madeira, mas que pode ser entendida como uma outra idade, fazendo que a idade dos homens de milho seja a quarta.

81   O texto alfabético em língua quiché do *Popol vuh* foi apresentado por indígenas ao dominicano Francisco Jiménez na Guatemala depois de 1688. O frade o estudou e o transcreveu na própria língua quiché, acrescentando ao lado sua versão em castelhano. O manuscrito produzido por Jiménez está na Biblioteca Newberry, em Chicago, Estados Unidos, e o que fora apresentado ao frade, produzido por volta de 1544, está perdido. Cf. Recinos, Adrián. Introducción. In: *Popol vuh*. México: FCE, 1996.

82   Explicamos a origem desse manuscrito no Capítulo II.

e grupais tão distintas – confeccionados entre meados do século XVI e a segunda metade do XVII por nahuas, quichés e cakchiquéis –, muito provavelmente, resulte de concepções sobre o passado amplamente compartilhadas pelos diversos povos mesoamericanos. Além disso, vários indícios internos nesses textos coloniais nativos apontam para um processo de transcrição adaptada de livros pictoglíficos mais antigos – como as menções explícitas aos livros pictoglíficos, o uso de certas expressões que indicam que tais livros estavam à vista e a complexidade calendária, toponímica e de etnônimos.

Essa suposição é fortalecida pela existência de textos hieroglíficos maias que apresentam o passado recente encadeado diretamente aos episódios cosmogônicos por meio de uma progressão cronológica. É o caso dos textos do *Painel da Cruz*, do *Painel da Cruz Foliada* e do *Painel do Sol*, que se encontram em Palenque, no interior de três recintos sobre bases piramidais que formam o conjunto arquitetônico conhecido como Grupo das Cruzes.[83]

Nesses painéis estão registrados episódios que aludiriam ao fim da idade anterior, ao início da idade atual, às origens dos senhores de Palenque e à história desse grupo e *altepetl* até o século VII d.C. Todos esses episódios estão encadeados por uma série de datas progressivas, baseadas principalmente na conta longa. Entre tais eventos estão as consagrações de soberanos maias de tempos relativamente recentes, como a do senhor Pacal, até a antiguíssima disposição do Céu, ocorrida um pouco antes do início da idade atual: "Em sete de dezembro de 3121 a.C., quando o oitavo Senhor da Noite governava, cinco dias depois a Lua nasceu e a segunda lua havia terminado, X era o nome da lua e ela tinha 29 dias. Isso ocorreu vinte dias depois que o Deus K havia disposto a porção sul do céu, em dezesseis de novembro de 3121 a.C. ...".[84]

Ademais da forma relativamente similar de concatenar o passado recente e grupal ao princípio da idade atual, esses relatos de Palenque também coincidem com a *Leyenda de los soles* e a *Historia de los mexicanos por sus pinturas* ao mencionarem que a idade anterior terminou por inundações.[85]

---

83   Palenque situa-se na confluência da serra de Chiapas com a imensa planície costeira que se estende até o golfo do México. Suas inscrições estão em maia-iucateco, o que as aproximaria dos livros de *Chilam balam*, e geralmente pertencem a edifícios ou espaços arquitetônicos sobre os quais as elites dirigentes possuíam o controle de ocupação e circulação.

84   Traduzido da versão em inglês: "On December 7, 3121 B.C., when the eighth Lord of the Night ruled, five days after the moon was born and the 2nd moon had ended, X was the moon's name and it had 29 days. It was 20 days after God K had set the south sky place on November 16, 3121 B.C....". Schele, Linda e Freidel, David. *A forest of kings*. Nova York: Quill Willian Morrow, 1990, p. 246.

85   Cf. Bierhorst, John. *History and mitology of the Aztecs, op. cit.*

A distância temporal entre, de um lado, os textos de Palenque e, de outro, o *Popol vuh* e o *Memorial de Sololá* poderia ser evocada como contra-argumento à proposição de que a estrutura narrativa desses últimos seja de origem pré-hispânica. Isso porque dificilmente poderíamos provar, nesta tese, a continuidade de uso de uma estrutura narrativa desde o século VII até o século XVI e que, ademais, abarcaria diferentes regiões maias. Mesmo assim, os textos de Palenque são testemunhos inquestionáveis da existência entre as tradições de pensamento maias de relatos que encadeavam o passado recente ao cosmogônico por meio de uma sucessão cronológica de episódios. Isso se constitui, no mínimo, como um precedente mesoamericano aos casos dos textos coloniais nativos do século XVI.

Da região mixteca, muito mais próxima do altiplano central mexicano do que a maia, procedem textos que atestam a existência entre outras tradições de escrita e pensamento mesoamericanas do mesmo tipo de encadeamento entre o passado recente e o cosmogônico que vimos ocorrer nos textos de Palenque. Além disso, esses textos da região mixteca foram produzidos em tempos pré-hispânicos bem mais próximos ao século XVI – ou mesmo nesse século – do que as inscrições de Palenque. Trata-se, respectivamente, dos manuscritos pictoglíficos conhecidos como *Códice vindobonense* e *Rollo Selden*.

Na segunda parte deste capítulo afirmamos que o anverso do *Vindobonense* apresenta a história da fundação de *altepeme* e de dinastias governantes da área de Tilantongo e Apoala, pertencente à região mixteca, no oeste do atual estado de Oaxaca. Esses temas são dispostos ao logo de cinquenta e duas páginas cujo sentido de leitura segue, basicamente, dois indicativos: a sucessão de glifos calendários e a interrupção das grossas linhas vermelhas verticais que separam os conjuntos pictoglíficos, deixando uma espécie de "passagem", ora acima e ora abaixo da página, como podemos observar na Figura 37. Dessa forma, o sentido geral de leitura estabelecido é do tipo bustrofédon e da direita para a esquerda.[86]

Esses glifos calendários formam uma sequência temporal amplíssima, cujo início se situaria há aproximadamente 4.800 anos dos produtores do manuscrito. Suas duas primeiras páginas não contam com glifos calendários, sendo que na primeira delas, reproduzida na Figura 36, um dos temas parece ser, justamente, a origem dos dias e noites, apresentado por meio de episódios que se passariam sobre três camadas celestes, as quais podem ser vistas em toda borda inferior da página e em parte de sua lateral-direita. Essas três camadas celestes diferenciam-se por suas distintas cores e larguras, assim como as que vimos no caso do *Códice borbónico*, no Capítulo III. A primeira, de baixo para cima, é mais larga, azul e com olhos estelares e as outras duas, mais estreitas, são, respectivamente, cor-de-laranja e vermelha.

---

86   As cinquenta e duas páginas do anverso do *Vindobonense* foram numeradas ao contrário, seguindo-se o sentido de leitura dos livros alfabéticos ocidentais. Sendo assim, a página que recebeu o número 52 é a primeira.

Esse mesmo conjunto de faixas representando camadas celestes pode ser visto sob o casal primordial com grandes cocares de penas que pendem sobre suas costas, o qual ocupa a parte centro-esquerda da mesma página (Figura 36). Na segunda página desse manuscrito, encontra-se o mesmo casal primordial que aparece no *Rollo Selden*, isto é, o Senhor e a Senhora Um Veado.[87]

Embora os conjuntos pictoglíficos dessas duas primeiras páginas não sejam entendidos em sua totalidade, sobretudo em suas articulações, muitos de seus glifos e pinturas aludem a episódios cosmogônicos relativamente bem conhecidos, alguns dos quais vinculados especificamente às primeiras criações – como a das unidades e ciclos calendários e a do casal primordial – ou, sobretudo no caso das páginas seguintes, ao início da idade atual – como as atuações de Quetzalcoatl, baixando do Céu ou sustentando-o.

Na terceira página do *Vindobonense*, reproduzida na Figura 37, aparecem os primeiros glifos calendários. São eles o glifo do dia *macuilli tecpatl* (*5 pedernal*) e o do ano de mesmo nome, que podem ser vistos na parte inferior do terceiro conjunto pictoglífico separado por linhas verticais vermelhas, da direita para a esquerda, à frente de um guerreiro que porta um escudo circular, uma bandeira branca e uma lança de ponta azul.[88] Desse ponto em diante, as marcações calendárias são uma constante, pois estão presentes nas próximas cinquenta páginas desse manuscrito.[89]

Os temas abordados ao longo dessas cinquenta páginas vão desde episódios cosmogônicos que estamos relacionando ao princípio da idade atual, como a descida de Quetzalcoatl de um nível celeste e sua participação no reerguimento dos céus após o dilúvio que pôs fim à idade precedente, até episódios relacionados ao passado recente, como a fundação de diversos *altepeme* da região mixteca, mencionados em outros manuscritos, como o *Códice Nuttall*.[90]

No Capítulo III, vimos que o *Rollo Selden* também apresenta, em seu início, uma espécie de prólogo, que se passa nos níveis celestes e do qual, ademais, participam algumas personagens idênticas às da parte inicial do *Vindobonense*, tais como o casal primordial Senhor e Senhora Um Veado e Quetzalcoatl. Vimos também que os episódios desse prólogo são datados pelo dia *ome mazatl* (*2 veado*) do ano *matlactli omei tochtli* (*13 coelho*). Todos esses elementos podem ser vistos no interior de uma ampla faixa horizontal que ocupa a parte superior da Figura 34.

---

87 Cf. *Códice vindobonensis, op. cit.*, p. 51.

88 Cf. *ibidem*, p. 50. O glifo calendário anual *5 pedernal* diferencia-se do diário pela associação com outro glifo: o do ano *xihuitl*, formado por um signo que se assemelha a uma letra "A" maiúscula, entrelaçada por um anel paralelo à sua base. Esse primeiro ano da narrativa do *Vindobonense* é qualificado como *precioso* pela presença de outro glifo *xihuitl*, composto de contas de pedras preciosas, abaixo do conjunto que indica o ano *5 pedernal*.

89 Cf. *ibidem*, p. 1-50.

90 Cf. Anders, Ferdinand e outros. *Origen e historia de los reyes mixtecos, op. cit.*

Os episódios seguintes são acompanhados pela sucessão de glifos calendários diários e anuais e os três primeiros se passam, respectivamente, na superfície de Cipactli, cujo glifo encontra-se na parte inferior da Figura 34, em Chicomoztoc e num palácio nomeado como Ollin, ao lado de um campo de bola. Em todos eles, a presença de Quetzalcoatl é central.[91]

Assim como nas primeiras páginas do *Códice vindobonense*, a presença do casal primordial Senhor e Senhora Um Veado sobre as camadas celestes e a descida de Quetzalcoatl à superfície de Cipactli no início do *Rollo Selden* aludem a episódios cosmogônicos e, mais especificamente, ao início da idade atual e da história grupal.

Podemos perceber que a estrutura narrativa e a seleção temática do *Rollo Selden* são, de maneira geral, muito semelhante às do *Vindobonense*, apesar de sua produção colonial, provavelmente no século XVI.[92] Sendo assim, temos dois códices pictoglíficos – um pré-hispânico e outro colonial – que apresentam o passado recente encadeado cronologicamente a episódios e personagens cosmogônicos de modo muito semelhante ao que se encontra nos relatos alfabéticos nahuas e na segunda seção do *Vaticano A*, analisados no início desta parte do capítulo.

Assim como no caso dos textos maias mencionados acima, a existência desses dois códices mixtecos não prova que manuscritos semelhantes fossem produzidos pelos nahuas do século XV e princípios do XVI. No entanto, a maior proximidade geográfica entre a região mixteca e o altiplano central mexicano, bem como o compartilhamento do mesmo sistema de escrita, conferem a esses dois códices o caráter de fortes indícios de que os nahuas conheciam, em tempos pré-hispânicos, esse tipo de estrutura narrativa e de concatenação entre cosmogonia e passado recente.

Acreditamos que esse breve arrolamento de casos e precedentes maias e mixtecos tenha sido suficiente para considerarmos com mais seriedade a possibilidade de os textos nahuas que abarcam e concatenam cronologicamente a cosmogonia e a história recente não serem, exclusivamente, uma resposta às demandas cristãs coloniais. A aceitação que tais textos eram concebidos e produzidos pelas tradições de pensamento nahuas nos séculos XV e XVI fortaleceria muito uma de nossas hipóteses: que seus membros não distinguiam o que estamos nomeando *cosmogonia* e *história*, ao menos não como tipos de relatos que aludiriam a tempos passados qualitativa ou essencialmente diferentes e que, por isso, seriam registrados apenas em tipos de livros diferentes.

---

91   Cf. *The Selden roll.* Berlim: Verlag Gebr. Mann, 1955, p. 3.

92   Cf. Glass, John B. e Robertson, Donald. A census of native Middle American pictorial manuscripts. In: Wauchope, Robert (editor geral) e Cline, Howard F. (editor dos volumes). *Handbook of Middle American Indians.* Austin/Londres: University of Texas Press, 1975, v. 14, p. 196.

Inserção pontual de episódios recentes
no marco das idades do Mundo

Dissemos acima que a associação entre o passado recente e o cosmogônico ocorria, basicamente, de duas formas nos textos nahuas: pelo encadeamento cronológico sucessivo, como procuramos mostrar nos dois subitens acima, ou pela inserção de um episódio recente no marco temporal e conceitual das idades do mundo, como procuraremos mostrar neste subitem.

Essa última forma de associação, ao contrário da primeira, pode ser encontrada em códices tradicionais nahuas, bem como em gravados em pedra de tempos préhispânicos. Tal associação poderia ser realizada de diversas maneiras: pela inserção de episódios relacionados ao passado recente em meio de glifos que aludiriam às idades do Mundo; pela representação e disposição pictoglífica desses episódios de maneira similar a que seria característica de determinados eventos cosmogônicos; pela reunião de episódios do passado recente e do cosmogônico sob a égide de uma mesma unidade calendária. Essas maneiras não são excludentes. Em todas elas, não temos um encadeamento cronológico contínuo, unindo as idades do Mundo aos episódios do passado recente, mas uma associação direta entre alguns desses episódios e a cosmogonia.

É o que ocorre com a cerimônia do Fogo Novo de 1507 retratada no *Códice borbónico*. Ela alude a episódios cosmogônicos que iniciaram ou puseram fim às idades anteriores pela disposição de seus conjuntos pictoglíficos e pela data que a marca.[93] Nos Capítulos II e III, analisamos parcialmente a página do *Borbónico* que retrata essa cerimônia, pois não tratamos dos elementos que se encontram na metade de baixo de sua lateral direita. Essa página está reproduzida na Figura 15.

Dissemos, naquelas ocasiões, que se tratava do acendimento de um Fogo Novo sobre o Monte do Huizachin, a partir do qual uma série de pegadas marcaria o caminho até o recinto que ocupa a parte central da página. Nesse recinto, sacerdotes dispostos pelas quatro "esquinas do mundo" alimentariam uma grande fogueira central. A disposição desses sacerdotes e a presença de diversos glifos em forma de *nacxitl xochitl* (*flor de quatro pétalas*) nos portais do recinto e nos trajes e pinturas corporais dos sacerdotes evocam a concepção dos quatro rumos, a qual, por sua vez, relaciona-se diretamente a diversos episódios cosmogônicos.[94]

---

93   Cf. *Códice borbónico, op. cit.,* p. 34.

94   A presença de quatro deuses criadores e de quatro aposentos de Tlaloc com quatro tipos de chuva na *Historia de los mexicanos por sus pinturas*, como vimos no Capítulo III, seria uma forma de retratar a importância da quadripartição para os episódios cosmogônicos. Cf. Historia de los mexicanos por sus pinturas. In: *Mitos e historias de los antiguos nahuas, op. cit.,* p. 28-9. Ademais, mencionamos acima o episódio em que os céus são reerguidos a partir de deuses ou árvores dispostos pelas quatro esquinas do mundo.

Em meio do caminho, demarcado pelas pegadas em negro, estão três conjuntos pictoglíficos que formam uma espécie de coluna paralela ao limite da página em sua parte lateral-direita. Em cada um dos extremos da coluna há um glifo *calli* (*casa*) delineado em negro, no interior dos quais estão representados grupos de três ou quatro pessoas. Todas essas pessoas trazem máscaras feitas de agave[95] e algumas delas portam o mesmo tipo de lança pontiaguda que faz parte do *mamalhuaztli*, instrumento para acender o Fogo Novo. Em meio desses dois glifos encontra-se a representação de um guerreiro, com seu escudo circular e sua espada de obsidiana, vigiando uma mulher grávida que está encerrada dentro de um celeiro em forma de vaso, o qual se assenta sobre duas pedras, representadas pelo glifo *tetl* (*pedra*).

Essas personagens aludiriam às pessoas que estariam em suas casas e povoados com todos os fogos apagados e esperando pelo acendimento do Fogo Novo. Caso o Fogo Novo não brotasse do *mamalhuaztli* seria o fim da idade atual, pois o Sol deteria seu movimento e o mundo seria invadido por feras que devorariam os seres humanos. As mulheres grávidas se transformariam em algumas dessas feras e, por esse motivo, eram encerradas em celeiros e vigiadas pelos guerreiros.[96]

Vimos, nos Capítulos II e III, que essa cerimônia teria sido realizada no ano *ome acatl* (*2 junco*), correspondente ao ano de 1507. Em tal ano, completava-se mais um *xiuh-molpilli* para os mexicas e, dessa forma, mais uma idade cosmogônica poderia chegar ao seu fim. Temos, nesse caso, a vinculação explícita entre um episódio relacionado ao passado recente – o acendimento do Fogo Novo de 1507 – e episódios cosmogônicos – o fim das idades anteriores ao completarem-se ciclos de cinquenta e dois anos. Nesse caso, a vinculação entre os episódios é realizada principalmente por suas ocorrências em anos de mesmo nome. Caso a interpretação proposta acima esteja correta, a conclusão necessária é que, para as tradições de pensamento nahuas que produziram esse manuscrito, o final de mais uma idade cosmogônica poderia ter ocorrido após a realização da cerimônia de 1507. Sendo assim, podemos dizer que o passado recente – e, por conseguinte, o presente – era entendido pelas tradições de pensamento nahuas como um tempo sujeito a eventos que chamaríamos de cosmogônicos.

Essa forma de entender o passado recente não impedia que os registros tratassem também de episódios únicos e que nós classificaríamos como históricos, tais como a celebração do Fogo Novo em 1507 no templo de Tlillan Tlapallan, próximo de México-Tenochtitlan. Dito de outra maneira, a história recente e grupal se desenvolveria em meio da idade cosmogônica Nahui Ollin; e não depois do tempo cosmogônico.

No entanto, alguns autores interpretam as idades do Mundo como capítulos de um relato que, em sua totalidade, estabeleceria um processo único de criação e

---

95   Cf. Anders, Ferdinand *et alii*. *El libro del ciuacoatl*. Graz/Madri/México: ADV/SEQC/FCE, 1991, p. 223.

96   Cf. *ibidem*, p. 222-3.

que estaria completo com os eventos que deram início à idade atual, momento a partir do qual se desenvolveria a história humana.[97] Pensamos que nossas análises estão demonstrando a continuidade e sobreposição entre os episódios da criação e os do passado recente. Trata-se, portanto, de uma lógica histórico-temporal mais complexa do que a sequência linear ou a eterna repetição, pois articula ambas de modo complementar. Tal complexidade está expressa nos textos que estamos analisando e também em gravados pictoglíficos sobre pedra, nos quais podemos ver a representação de episódios recentes inseridos em meio de glifos que aludem às idades do Mundo.

Mencionamos na segunda parte deste capítulo que o monumento mexica conhecido como *Pedra do Sol*[98] traz o glifo do ano *matlactli omei acatl* (*13 junco*) dentro de um caixilho gravado no extremo superior da superfície plana e circular do monumento, como podemos observar na Figura 38. Esse glifo refere-se, muito provavelmente, à data de confecção do monumento, isto é, ao ano de 1479.[99] Por outro lado, esse também era o nome do ano em que o Sol atual teria sido criado em Teotihuacan, pois o céu teria se estancado em um ano *ce tochtli* (*1 coelho*), fazendo que fosse noite por vinte e seis anos e que o novo Sol fosse criado em um ano *matlactli omei acatl* (*13 junco*).[100]

No Capítulo III, mencionamos também que o centro da *Pedra do Sol* (Figura 27 ou 38) apresenta os glifos que nomeiam as quatro idades anteriores dispostos como um *quincunce* e no interior do glifo que nomeia a idade atual, isto é, Nahui Ollin (*Quatro Movimento*).

Considerando que todos esses glifos – os das idades do mundo e o do ano *13 junco* – fazem parte de um mesmo texto, podemos dizer que a narrativa registrada na *Pedra do Sol* articula, entre outras coisas, as cinco idades do Mundo entre si e particulariza dois episódios pertencentes à idade atual: a criação do Sol em Teotihuacan e a do próprio monólito, ambas criações evocadas e vinculadas por meio do ano *matlactli omei acatl* (*13 junco*). Sendo assim, temos o passado recente vinculado ao inicio da primeira idade e às idades anteriores num mesmo registro pictoglífico.

---

97   Entre eles: Florescano, Enrique. *Memoria indígena*. México: Taurus, 1999.

98   Como dissemos no Capítulo III, trata-se de um monumento encontrado em fins do século XVIII no antigo centro político-religioso de México-Tenochtitlan e, desse modo, sua produção e uso associam-se à elite dirigente mexica e sua tradição de pensamento e escrita.

99   Cf. Umberger, Emily. A reconsideration of some hieroglyphs on the Mexica calendar stone. In: Josserand, Kathryn e Dakin, Karen (edit.). *Smoke and mist*. Oxford: Bar International Series, 1988, p. 345-88. Esse monumento apresenta também, ademais dos cinco nomes das idades do Mundo, o glifo calendário *ce tecpatl* (*1 pedernal*), que talvez se refira a um dia, por não estar emoldurado como o glifo *13 junco*.

100 Cf. Leyenda de los soles. In: *Códice Chimalpopoca, op. cit.*, p. 120-1/ Anales de Cuauhtitlan. In: *Códice Chimalpopoca, op. cit.*, p. 5.

No entanto, nenhum elemento pictoglífico da *Pedra do Sol* alude de maneira única ou inequívoca a uma data ou episódio do passado recente e, sendo assim, se poderia dizer que todos seus glifos remetem a episódios cosmogônicos.[101] Não é isso o que ocorre na *Pedra das idades do mundo de Moctezuma II*, reproduzida na Figura 39, que apresenta registros pictoglíficos de episódios recentes em meio das idades do Mundo, estabelecendo de maneira inequívoca o tipo de relação que sugerimos existir na *Pedra do Sol.*[102]

Trata-se de uma lápide em pedra que possui, em uma de suas faces, os mesmos glifos encontrados na *Pedra do Sol* para nomear as cinco idades do Mundo, como podemos observar na Figura 39. Os glifos relacionados às quatro idades anteriores estão distribuídos pelos quatro cantos da lápide e, iniciando a leitura pelo canto inferior direito e seguindo o sentido anti-horário, na seguinte ordem: Nahui Ocelotl (*Quatro Jaguar*), Nahui Ehecatl (*Quatro Vento*), Nahui Quiahuitl (*Quatro Chuva*) e Nahui Atl (*Quatro Água*). Essa ordem coincide com a mencionada na *Leyenda de los soles*, conforme vimos acima.

No centro do quadrângulo da face gravada está o glifo Nahui Ollin (*Quatro Movimento*), nome da idade atual e que possui em seu centro um olho estelar. Desconhecemos fontes ou estudos que tratem do sentido que seria atribuído a essa junção glífica, mas, considerando o relato da *Leyenda de los soles* e dos *Anales de Cuauhtitlan*, talvez não seja descabido propor que o olho estelar refira-se à noite de vinte e seis anos que antecedeu a criação do Sol Nahui Ollin.[103]

Entre os dois glifos dispostos nos cantos superiores da face gravada está o glifo onomástico de Ahuitzotl, *tlatoani* mexica que antecedeu Moctezuma Xocoyotl e que governou entre 1486 e 1502. Entre os dois glifos das idades dispostos na parte inferior encontra-se o glifo calendário *matlactli once acatl* (*11 junco*), vistosamente qualificado como um ano pela presença da moldura quadrangular. A combinação do glifo anual com o onomástico sugere que tal gravado tenha sido produzido em 1503 e provavelmente a mando de Moctezuma Xocoyotl, chamado de Moctezuma II. Isso porque durante o governo de Ahuitzotl não houve um ano *11 junco*, pois esse soberano teria

---

101   Isso porque não foi possível determinar definitivamente a data de produção desse gravado e, sendo assim, não se pode dizer seguramente que o glifo *13 junco* refira-se a tal data.

102   Assim como os dois gravados mexicas em pedra que analisamos antes, esse também foi encontrado no antigo centro político-religioso de México-Tenochtitlan. Produzido em 1503, esse gravado mede 22 x 67 x 57 cm e encontra-se atualmente no Art Institute de Chicago, Estados Unidos. Cf. Matos Moctezuma, Eduardo *et alii. Aztecs.* Londres: Royal Academy of Art e Thames and Hudson, 2002. Assim como no caso da *Pedra dos cinco sóis*, desconhecemos se esse gravado possui um nome mais consagrado entre os estudiosos e, basicamente, traduzimos a denominação encontrada no catálogo consultado.

103   Cf. Leyenda de los soles. In: *Códice Chimalpopoca, op. cit.,* p. 120/ Anales de Cuauhtitlan. In: *Códice Chimalpopoca, op. cit.,* p. 5. A menção desse período sem sol antes da criação do Sol atual também aparece em: Histoire du Mechique. In: *Mitos e historias de los antiguos nahuas, op. cit.,* p. 152.

morrido no ano anterior, *matlactli tochtli* (*10 coelho*).[104] Nesse mesmo ano, Moctezuma Xocoyotl tornou-se o soberano mexica e, provavelmente, mandou esculpir a placa em pedra que estamos analisando em homenagem a seu antecessor, o que teria ocorrido no ano *11 junco*.

A *Pedra das idades do Mundo de Moctezuma II* apresentaria então uma associação entre as quatro idades anteriores, a idade atual e um episódio recente dessa idade: a morte ou o governo de Ahuitzotl. Dessa forma, temos nesse monumento o registro de um evento do passado recente sobreposto a ou inserido em meio de referenciais cosmogônicos. Isso nos mostraria que a feitura de registros pictoglíficos que associavam os episódios recentes às idades cosmogônicas era realizada pelos mexicas em tempos pré-hispânicos.

No entanto, a concatenação apresentada pela *Pedra das idades do Mundo de Moctezuma II* não é, predominantemente, sequencial, como a que vimos ocorrer no *Códice vindobonense* e nos textos maias de Palenque. Isso porque, o glifo da idade atual encontra-se inserido em meio dos glifos das idades anteriores, formando juntos um *quincunce* e permitindo que os glifos das idades anteriores estejam dispostos à mesma distância do glifo da idade atual. Tal disposição é muito semelhante à que vimos ocorrer no centro da *Pedra do Sol* (Figura 27 ou 38) e talvez se relacione ao conceito que a idade atual englobaria parte de todas as anteriores, como mencionamos acima. Ademais, os glifos que remeteriam ao passado recente – isto é, a Ahuitzotl e à data de confecção do gravado – estão separados entre si e em meio dos glifos das idades anteriores, o que não sugere uma relação temporalmente sequencial.

No entanto, a relação sugerida pela *Pedra das idades do Mundo de Moctezuma II* entre as idades anteriores, a atual e os episódios recentes não é aleatória ou de sincronia total.

Vimos em diversas ocasiões que o sentido anti-horário era um dos princípios fundamentais de leitura dos registros mixteco-nahuas, sobretudo naqueles em que a disposição dos glifos e pinturas pautava-se pela concepção dos quatro rumos e um centro. Sendo assim, os glifos das idades anteriores da *Pedra das idades do Mundo de Moctezuma II* seguiriam a ordem que apresentamos acima e, além disso, Nahui Ocelotl (*Quatro Jaguar*) seria o primeiro, pois a *Leyenda de los soles* apresenta a mesma sequência de idades que se encontra nesse monumento e seu relato inicia-se por tal idade.[105]

Em contrapartida, o glifo da idade atual, Nahui Ollin (*Quatro Movimento*), não se encontra inserido nessa sequência anti-horária de glifos. Encontra-se no centro de

---

104   Cf. *Códice Vaticano A, op. cit.*, p. 86r. Segundo os *Anales de Cuauhtitlan*, sua morte teria ocorrido no próprio ano *11 junco*. Cf. Anales de Cuauhtitlan. In: *Códice Chimalpopoca, op. cit.*, p. 59.

105   Cf. Leyenda de los soles. In: *Códice Chimalpopoca, op. cit.*, p. 119. Teríamos, nesse caso, um pressuposto de leitura que não é parte do registro, o que é muito comum em qualquer sistema de escrita.

um "X" imaginário cujas pontas seriam os quatro cantos da face gravada da lápide, posição que lhe garante certo destaque, que é reforçado ainda por sua maior dimensão. Sendo assim, de que forma se associaria às idades anteriores? Por meio de uma relação direta com cada uma delas, o que seria indicado por sua posição central, e, ao mesmo tempo, sucedendo a idade Nahui Atl (*Quatro Água*), a última idade de acordo com o sentido anti-horário e com pressupostos de leitura externos ao gravado – por exemplo, que a idade Nahui Ocelotl (*Quatro Jaguar*) teria sido a primeira.

Considerando outros pressupostos de leitura, a saber, que o ano de confecção da lápide (*11 junco*) e o governo de Ahuitzotl eram parte do passado imediato dos mexicas na época de confecção e uso desse gravado, podemos dizer que os glifos que aludiriam a esses eventos recentes seriam "naturalmente" entendidos como pertencentes à idade atual e, assim, lidos como posteriores ao seu início. Desse modo, seria perfeitamente possível a um membro das elites nahuas versado no sistema pictoglífico ordenar cronologicamente todos os episódios registrados na *Pedra das idades do Mundo de Moctezuma II*. Essa ordenação resultaria na seguinte série de episódios: as idades Nahui Ocelotl (Quatro Jaguar), Nahui Ehecatl (*Quatro Vento*), Nahui Quiahuitl (*Quatro Chuva*), Nahui Atl (*Quatro Água*) e Nahui Ollin (*Quatro Movimento*), na qual, muito recentemente, teria ocorrido o governo de Ahuitzotl, homenageado numa placa em pedra do ano *matlactli once acatl* (*11 junco* ou 1503).[106]

Dessa forma, teríamos uma relação entre as idades anteriores, a atual e seus episódios recentes que não se caracterizaria por ser primordialmente sequencial, mas que tampouco desconsideraria a sucessão entre essas idades e episódios. Sendo assim, podemos dizer que a relação estabelecida entre os episódios registrados nesse gravado caracteriza-se por conjugar a sucessão cronológica com associações conceituais de outra natureza, tais como a rotatividade do tempo pelas quatro direções e a sincronia evocada pelos glifos calendários, que nomeiam as idades mas também evocam todos os dias com esses nomes, os quais se repetiam a cada 260 dias.

Esse tipo de associação calendária, pontual e sincrônica, aparece claramente nos *Anales de Cuauhtitlan*, que tratam, basicamente, dos mesmos temas que os quatro manuscritos analisados no início desta parte do capítulo. Esse texto inicia-se com a partida dos chichimecas cuauhtitlanenses de Chicomoztoc – que equivaleria à parte final da *Leyenda de los soles* – e segue tratando, centralmente, da migração e história desse grupo até a chegada dos espanhóis. A partir da história dos cuauhtitlanenses, menciona-se o início da história tolteca e de sua conta dos anos.

---

106   Não estamos afirmando que a leitura desse conjunto pictoglífico deva seguir, necessariamente, esse sentido e estabelecer uma única ordenação cronológica; isso seria restringir as múltiplas possibilidades do sistema de escrita pictoglífica mixteco-nahua à linearidade temporal. Estamos apenas tentando demonstrar que essa sequência de leitura seria uma das possíveis dentro de tal sistema.

Nesse ponto, cita-se o ano *ce tochtli* (*1 coelho*), que seria o primeiro ano da conta tolteca, mas também o nome do ano em que o Céu e a Terra pararam de se mover, marcando o final da idade anterior. A menção desse ano serve como elo para se realizar uma digressão sobre as quatro idades anteriores, que contém, basicamente, as mesmas informações que são apresentadas na *Leyenda de los soles* – embora não se mencionem as durações de cada idade ou os alimentos que seriam utilizados pelo homem.[107]

Dessa forma, podemos perceber que os *Anales de Cuauhtitlan* vão da história recente – o processo migratório – aos episódios que chamaríamos de cosmogônicos por meio de uma associação calendária sincrônica, que tem por base o ano *ce tochtli* (*1 coelho*).

As formas de encadear o passado recente e as idades cosmogônicas presentes na *Pedra das idades do Mundo de Moctezuma II* e nos *Anales de Cuauhtitlan* evocam, novamente, o problema da articulação entre sincronia e diacronia na visão de tempo e história nahua. Acreditamos que tal problema tenha sido suficientemente abordado no Capítulo II. Naquela ocasião, mostramos que tais dimensões eram complementárias para as tradições de pensamento e escrita nahuas. Isso porque os episódios passados carregariam as datas e as regiões do Mundo com influências que aportariam continuamente no presente – o que seria uma forma de presentificar o passado. Mas, em contrapartida, a separação temporal entre tais episódios seria claramente mantida pela própria conta dos anos e, desse modo, o mundo presente também seria visto como o último seguimento em uma sequência cronológica de índole mais linear.[108]

Em suma, acreditamos que as análises desta terceira parte do capítulo puderam demonstrar que os relatos nahuas acerca do passado recente eram concebidos como uma particularização da história no interior da idade atual. No caso da *Leyenda de los soles*, da *Historia de los mexicanos por sus pinturas*, da *Histoire du Mechique* e da segunda seção do *Códice Vaticano A*, o passado recente associava-se ao início da idade atual e às idades anteriores por meio de um encadeamento cronológico progressivo. Demonstramos que escritos pictoglíficos e alfabéticos de outras tradições de pensamento mesoamericanas também empregaram essa forma de encadeamento cronológico entre a cosmogonia e o passado recente. Fizemos isso para mostrar a plausibilidade da existência desse tipo de registro entre as tradições de pensamento e escrita nahuas em tempos pré-hispânicos, pois, sendo assim, poderíamos propor que tal tipo de registro teria servido de base para a confecção dos textos coloniais analisados.

Por fim, procuramos mostrar que os episódios do passado recente também poderiam ser encadeados à cosmogonia de modo pontual, isto é, por meio da associação direta entre apenas alguns episódios do passado recente e as idades do mundo. Com os casos dos gravados mexicas em pedra, vimos que tal associação poderia ocorrer

107   Cf. Anales de Cuauhtitlan. In: *Códice Chimalpopoca, op. cit.*, p. 5.

108   Cf. Boone, Elizabeth Hill. *Stories in red and black.* Austin: University of Texas Press, 2000, p. 18.

pela inserção de episódios relacionados ao passado recente em meio de glifos que aludiriam às idades do Mundo. Analisando a cerimônia do Fogo Novo retratada no *Borbónico*, vimos que tal associação poderia se dar por meio da similaridade entre representações pictoglíficas, a qual faria que episódios relacionados ao passado recente fossem registrados de modo tradicionalmente empregado para grafar determinados eventos cosmogônicos. Por último, nos *Anales de Cuauhtitlan*, vimos que tal associação poderia ser feita pela reunião de episódios do passado recente e do cosmogônico sob a égide de uma mesma unidade calendária.

Com isso, esperamos ter avançado na demonstração que as tradições de pensamento e escrita nahuas não distinguiam a cosmogonia e o passado recente como tempos com características ou essências diferentes. Ao contrário, esperamos ter demonstrado que a cosmogonia e a história recente eram vistas como partes articuláveis do passado, as quais poderiam ser enfatizadas ou associadas por uma sucessão cronológica de episódios ou por aproximações conceituais de outra natureza, como a sincronia presente nas unidades calendárias nahuas.

Fabulização das explicações nahuas sobre o passado

Na segunda parte deste capítulo vimos que o emprego do calendário e da cosmografia nos relatos cosmogônicos dotava seus episódios de características essenciais à sua compreensão. Ao mesmo tempo, esses episódios carregavam as datas e âmbitos cosmográficos com qualidades que passavam a caracterizá-los e a vinculá-los aos tais episódios. Na terceira parte, vimos que um seguimento significativo de nossas fontes centrais apresenta o passado recente associado ao cosmogônico, e que essas associações ocorrem de diversas formas, sem que haja distinções qualitativas entre esses tempos passados, sobretudo porque ambos eram abordados por meio dos mesmos marcos temporais e espaciais, isto é, as unidades e ciclos do sistema calendário e os âmbitos cosmográficos. Sendo assim, para as tradições de pensamento nahuas, aquilo que estamos chamando de cosmogonia e história não seriam dois tipos de relatos qualitativamente distintos e empregados para tratar de passados considerados como portadores de naturezas diversas. A distinção seria apenas de ordem quantitativa, pois o passado recente estaria mais próximo em termos de número de anos e seria uma espécie de particularização no interior da história da idade atual, contando, desse modo, com um relato muito mais minucioso e pleno de marcos temporais e espaciais do que os que tratavam das idades ou eras anteriores.

Nesta última parte do capítulo, procuraremos demonstrar que a escassez ou ausência de marcos calendários e cosmográficos nos relatos nahuas sobre o passado, que podem ser detectadas em algumas das fontes centrais, sobretudo nas menos tradicionais, decorreriam das influências dos trabalhos missionários e seriam parte de um processo que estamos chamando de fabulização dos relatos nahuas.

Para cumprir esse objetivo, seguiremos o percurso descrito abaixo.

Primeiramente, por indícios arrolados neste e nos capítulos anteriores, iremos mostrar que a articulação entre calendário, cosmografia e cosmogonia ocupa uma posição medular em nossas fontes centrais, sobretudo nas que estamos considerando mais tradicionais. Em contrapartida, mostraremos que a desarticulação desses três grupos de concepções ocorre nas fontes consideradas menos tradicionais e, portanto, como tencionamos provar, nas mais influenciadas pelas demandas missionárias.

Em segundo lugar, para confirmar a origem missionária dessa desarticulação, iremos mostrar que essas fontes menos tradicionais apresentam, embrionariamente, características que se encontram solida e maduramente presentes nas *Historias* dos missionários espanhóis. Para isso, evocaremos alguns resultados de nossa pesquisa de mestrado.

Por fim, indicaremos que as elites nahuas continuaram a empregar sistematicamente os marcos calendários e cosmográficos para relatar seu passado – inclusive o colonial – até, pelo menos, princípios do século XVII, mas que a desarticulação progressiva desse grupos sociais contribuiu, muitas vezes, para o desuso desses marcos.

Classificação das fontes centrais pela presença articulada do calendário, da cosmografia e da cosmogonia

Vimos na segunda parte deste capítulo que o *Códice borbónico* apresenta determinados episódios e personagens em seu *tonalamatl* na mesma sequência em que aparecem nos relatos cosmogônicos.[109] Na seção seguinte desse códice, que apresenta o ciclo do *xiuhmolpilli* distribuído pelos quatro rumos, vimos que as quatro personagens centrais são Oxomoco, Cipactonal, Tezcatlipoca e Quetzalcoatl, as quais se vinculam estreitamente com diversos episódios cosmogônicos, tais como a criação e uso do calendário e a sucessão de sóis ou idades.[110] Nesse caso, também temos a mesma sequência de aparição das personagens que encontramos nos relatos cosmogônicos: primeiro Oxomoco e Cipactonal – que podem ser relacionados com Tonacatecuhtli e Tonacacihuatl – e depois Quetzalcoatl e Tezcatlipoca.

Por fim, na última seção desse manuscrito, temos as celebrações das dezoito vintenas ocorridas entre os anos *ce tochtli* (*1 coelho*) e *ome acatl* (*2 junco*) e em meio das quais uma cerimônia do Fogo Novo é retratada.[111] Nesse caso, como vimos acima, o que poderia ser um evento cosmogônico, isto é, o fim da idade atual, está situado pela conta dos anos e localizado precisamente no ano *2 junco*, que corresponde aproxima-

---

109   Cf. *Códice borbónico, op. cit.,* p. [1]-20.

110   Cf. *ibidem,* p. 21-2.

111   Cf. *ibidem,* p. 23-[40].

damente a 1507. Ademais, como mencionamos acima, a retratação pictoglífica dessa cerimônia pautou-se pela concepção dos quatro rumos e um centro, o que pode ser demonstrado pela disposição dos quatro sacerdotes que carregam feixes de lenhas e animais para sacrificar (Figura 15). Tal concepção também é evocada explicitamente pelos glifos em forma de *nacxitl xochitl* (*flor de quatro pétalas*) nos portais do templo e nos trajes e pinturas corporais dos mesmos quatro sacerdotes.

Por tudo isso, embora o *Códice borbónico* não tenha a cosmogonia como tema central, podemos dizer que seus episódios são evocados em todas as seções desse manuscrito e sempre em articulação com as marcações calendárias e âmbitos cosmográficos.

Esse tipo de articulação encontra-se também nos *Anales de Cuauhtitlan*. Como vimos acima, ao se mencionar o ano *ce tochtli* (*1 coelho*) como o de início da conta dos anos tolteca, menciona-se também que tal ano teria marcado o fim da idade anterior, pois "...en este 1 tochtli se estancaron la tierra y el cielo".[112] A partir do vínculo estabelecido entre esses episódios pelo ano *ce tochtli*, os *Anales de Cuauhtitlan* passam a descrever resumidamente as quatro idades anteriores.[113] Depois disso, como vimos acima, os *Anales de Cuauhtitlan* dedicam um parágrafo à idade atual, retomando a história dos chichimecas e toltecas a partir do ano em que o Sol atual teria sido criado, após os vinte e seis anos de escuridão provocados pela paralisação do Céu e da Terra, isto é, a partir do ano *matlactli omei acatl* (*13 junco*).

Vejamos como o texto volta a tratar da história de Cuauhtitlan após a digressão pelas idades do mundo: "El quinto sol, signo del 4 ollin (movimiento), se dice Olintonatiuh (sol del movimiento), porque se movió, caminando. Según dejaron dicho los viejos, en este habrá terremotos y hambre general con que hemos de perecer. 2 acatl, 3 tecpatl, 4 calli, 5 tochtli, 6 acatl, 7 tecpatl, 8 calli, 9 tochtli, 10 acatl, 11 tecpatl, 12 calli, 13 tochtli, 1 acatl, 2 tecpatl, 3 calli, 4 tochtli, 5 acatl, 6 tecpatl, 7 calli, 8 tochtli, 9 acatl, 10 tecpatl, 11 calli, 12 tochtli, 13 acatl. Diz (sic) que en este 13 acatl nació el sol que hoy va creciendo; que entonces amaneció y apareció en sol del movimiento, que hoy va creciendo, signo 4 ollin. Este sol que está, es el quinto, en que habrá terremotos y hambre general. En este 13 acatl murió Chicontonatiuh en Macuexhuacan; LXV años reinó en Cuauhtitlan".[114]

Podemos perceber no trecho acima que o relato das idades do mundo é permeado pela mesma conta dos anos que está servindo de base para se narrar a história

---

112   Anales de Cuauhtitlan. In: *Códice Chimalpopoca, op. cit.*, p. 5.

113   Essa parte do relato segue a fórmula estabelecida no parágrafo que descreve a primeira idade: "El primer sol que al principio hubo, signo del 4 atl (agua), se llama Atonatiuh (sol de agua). En éste sucedió que todo se lo llevó el agua; todo desapareció; y las gentes se volvieron peces. El segundo sol que hubo...". *Ibidem*, p. 5.

114   *Ibidem*, p. 5.

tolteco-chichimeca, ou seja, é submetido ao regime de anais que abrange todo esse texto. Dessa forma, a disposição sequencial da conta dos anos serve tanto para separar quanto para reunir eventos, nesse último caso, sobretudo eventos da cosmogonia com eventos do passado recente. Esse tipo de sincronização pode ser percebido, no trecho acima, pelos episódios relacionados ao ano *13 junco*: a morte de Chicontonatiuh, soberano de Cuauhtitlan entre os anos 687 e 751, e o nascimento do Sol Nahui Ollin, cerca de quatrocentos anos antes segundo esse relato.

Esses são apenas mais alguns indícios que, somados aos da segunda e terceira parte deste capítulo, mostram-nos como a cosmogonia e o sistema calendário estão articulados nos *Anales de Cuauhtitlan*, embora o passado distante, assim como no caso do *Códice borbónico*, não seja seu tema central.

Quanto à *Leyenda de los soles*, vimos acima que a cosmogonia é seu tema central e que a concatenação entre seus episódios – que vão desde a primeira idade do Mundo até as conquistas mexicas – é realizada cronologicamente, por meio de citações das durações dos episódios em anos *xihuitl*.[115] Sendo assim, podemos dizer que todos os episódios narrados podem ser localizados, de modo mais ou menos preciso, numa escala temporal que abrange desde o início da primeira idade até os últimos *tlatoani* mexicas. Vimos também, sobretudo no Capítulo III, que os episódios narrados na *Leyenda de los soles*, especialmente a partir do início da idade atual, estão frequentemente localizados nos âmbitos cosmográficos e nos *altepeme*. Sendo assim, pudemos demonstrar que seus episódios estavam constantemente articulados com informações cosmográficas e calendárias.

Como mencionamos acima, a forma como a *Historia de los mexicanos por sus pinturas* apresenta as idades anteriores, o início da idade atual e a história dos grupos toltecas e chichimecas é semelhante à que se encontra na *Leyenda de los soles*, principalmente no que diz respeito à presença de citações sobre as durações de seus episódios.[116] Ademais, tal semelhança é reforçada pela constante menção de âmbitos cosmográficos cujas características seriam fundamentais para o entendimento dos episódios narrados.[117] No entanto, vimos nos Capítulos II e III que essa sequência é quebrada pela inserção de explicações sobre o calendário e a cosmografia e, ademais, o uso do sistema calendário e dos conceitos cosmográficos é menos sistemático nesse manuscrito do que na *Leyenda de los soles*.[118]

---

115   Cf. Leyenda de los soles. In: *Códice Chimalpopoca, op. cit.,* p. 119-28.

116   Cf. Historia de los mexicanos por sus pinturas. In: *Mitos e historias de los antiguos nahuas, op. cit.,* p. 24-95.

117   Não estamos considerando nessa afirmação a parte final desse manuscrito, que, na verdade, trata-se um agregado sobre as leis e punições e que Rafael Tena separa em sua edição sob o título de *Éstas son leyes que tenían los yndios de la Nueva España, Anáuac o México*. Cf. *ibidem,* p. 96-111.

118   Tais explicações encontram-se nos capítulos IV e XXI. Cf. *ibidem,* p. 32-5 e p. 80-3.

Essas seriam as fontes centrais que, apesar de algumas influências de origem castelhana, tais como a inserção de capítulos explicativos sobre os níveis celestes ou a forma de contar os anos, apresentam os episódios narrados estreitamente articulados com as informações calendárias e cosmográficas. Por outro lado, algumas de nossas fontes centrais não apresentam a cosmogonia sob a égide do calendário e da cosmografia de maneira tão marcada.

Vimos acima que na segunda seção do *Códice Vaticano A* são mencionadas as durações das quatro idades do Mundo. No entanto, nenhuma data ou a duração dos episódios é mencionada ao tratar-se da história de Tollan, Quetzalcoatl e Cholula.[119] Sendo assim, podemos notar nessa seção do *Vaticano A* uma característica que se tornará mais marcada na *Histoire du Mechique* e no *Códice magliabechiano*: o tratamento atemporal dos episódios.

Apesar da presença de algumas citações calendárias, esparsas e desconexas, podemos dizer que a *Histoire du Mechique* relata toda a cosmogonia de modo atemporal e que, ademais, estende esse tipo de tratamento ao passado recente dos mexicas e outros grupos do Vale do México, como vimos no Capítulo II.[120] Vimos também que o calendário e a cosmografia são tratados em capítulos à parte, o que também ocorre no *Vaticano A*, no qual há uma tábua numérica de conversão dos anos do *xiuhmolpilli* em anos do calendário cristão que não apresenta nenhuma referência espacial.[121]

Dessa forma, podemos dizer que esses dois manuscritos apresentam, em um estágio um pouco mais avançado, uma tendência que se encontra na *Historia de los mexicanos por sus pinturas* de forma embrionária, e que se manifesta de maneira acabada no *Códice magliabechiano* e, também, nas *Histórias* dos religiosos castelhanos: a desarticulação total entre sistema calendário, cosmografia e cosmogonia.

No Capítulo II, vimos que o *Códice magliabechiano* apresenta duas seções dedicadas exclusivamente a explicar a conta dos dias e a conta dos anos e que, em contrapartida, os ciclos calendários e os âmbitos cosmográficos estão completamente ausentes de suas outras seções, com exceção, talvez, da que trata das vintenas do ano sazonal.[122] Muitas dessas seções apresentam personagens cosmogônicas, como Mictlantecuhtli, mas sem associá-las a nenhuma referência espacial ou temporal.

Dessa forma, podemos perceber que nossas fontes centrais não apresentam os episódios cosmogônicos apenas de duas maneiras: articulados ou não com o sistema calendário e com a cosmografia. Essas são duas tendências muito claras e que estamos atribuindo, respectivamente, às influências das tradições de pensamento nahuas ou

---

119   Cf. *Códice Vaticano A, op. cit.*, p. 7v-10v.

120   Cf. Histoire du Mechique. In: *Mitos e historias de los antiguos nahuas, op. cit.*, p. 144-65. Veremos que Diego Durán faz o mesmo com o passado mexica.

121   Cf. *Códice Vaticano A, op. cit.*, p. 34v-36r.

122   Cf. *Códice Magliabechi*. Graz/México: ADV/FCE, 1996.

às cristãs na produção desses escritos. Pudemos ver que entre esses dois extremos há uma enorme gama de possibilidades, entre as quais se encaixa boa parte de nossas fontes centrais. Sendo assim, talvez seja mais adequado propor uma ordenação de nossas fontes centrais de acordo com os graus de presença da articulação entre calendário, cosmografia e cosmogonia do que simplesmente tentar separá-las em dois grupos.

A ordenação seria a seguinte: o *Códice borbónico*, os *Anales de Cuauhtitlan* e a *Leyenda de los soles* seriam as fontes mais ligadas às tradições de pensamento e escrita nahuas; depois, a *Historia de los mexicanos por sus pinturas* e o *Vaticano A* seriam as que apresentam influências cristãs misturadas com formas tradicionais nahuas; e, por fim, a *Histoire du Mechique* e o *Códice magliabechiano* seriam as fontes mais influenciadas pelo pensamento cristão.

Esses dois últimos manuscritos assemelham-se, nesse aspecto, às *Historias* escritas pelos missionários, tais como a de Bernardino de Sahagún e a de Diego Durán. Isso, certamente, relaciona-se com as origens missionárias desses dois manuscritos, os quais, como vimos no Capítulo I, provêm dos trabalhos do frei Andrés de Olmos, apontado como o responsável pela produção do protótipo em castelhano que deu origem ao texto em francês da *Histoire du Mechique* e do protótipo do Grupo Magliabechi.

A origem missionária da desarticulação entre calendário, cosmografia e cosmogonia e o processo de fabulização

Como afirmamos na Introdução, realizamos em nossa pesquisa de mestrado uma análise minuciosa da *Historia general de las cosas de la Nueva España*, de Bernardino de Sahagún, da *Historia de la Indias de Nueva España e islas de la tierra firme*, de Diego Du-rán, e da *Historia natural y moral de la Indias*, de José de Acosta.[123] Iremos evocar alguns de seus resultados para demonstrar que a desarticulação parcial que detectamos em parte de nossas fontes centrais entre o calendário, a cosmogonia e a cosmografia res-pondia diretamente a diretrizes dos trabalhos missionários. Isso porque essa mesma desarticulação pode ser encontrada de maneira acaba nas obras nomeadas acima e, ademais, justificada por um conceito empregado sistematicamente para se referir às explicações nahuas sobre o passado: o conceito de "fábula".

Na *Historia general de las cosas de la Nueva España*, Bernardino de Sahagún descreve, entre outros temas, os deuses no primeiro livro, as vintenas do ano sazonal e suas celebrações no segundo, a origem de Huitzilopochtli, Quetzal-coatl, Tezcatlipoca e outros personagens da cosmogonia e história mexica e tol-teca no terceiro livro; trata do *tonalpohualli* no quarto livro e do início da ida-

---

123 Cf. Santos, Eduardo Natalino dos. *Deuses do México indígena*. São Paulo: Palas Athena, 2002.

de atual em Teotihuacan no sétimo.[124] Podemos perceber, pela forma como Sahagún estrutura sua narrativa, a existência de uma separação total entre o calendário e a cosmogonia e seus personagens. Ademais, Sahagún não menciona datas ao tratar dos episódios relacionados a Tollan ou a Teotihuacan ou, tampouco, os concatena com base em alguma sequência cronológica.

Diego Durán, apesar das diferenças na forma de estruturar sua obra em relação a Sahagún, também desarticula o calendário e a cosmografia dos relatos sobre o passado na *Historia de las Indias de Nueva España e islas de la tierra firme*. Na parte dessa obra intitulada *Libro de los ritos y ceremonias*, Durán descreve os principais deuses, suas origens e celebrações relacionadas e, em outro tratado, intitulado *El calendario antiguo*, explica o funcionamento do *tonalpohualli*, do *xiuhmolpilli* e do *xiuhpohualli*, bem como seus prognósticos relacionados.[125] Assim como Sahagún, Diego Durán não menciona datas ao relatar os episódios cosmogônicos ou os relacionados à história de Tollan e Quetzalcoatl ou mesmo à história de Huitzilopochtli e os mexicas.[126]

Sendo assim, tanto na obra de Bernardino de Sahagún quanto na de Diego Durán podemos perceber que o calendário é tratado em capítulos especialmente dedicados ao tema e que objetivam descrever seu funcionamento, bem como arrolar suas práticas idolátricas relacionadas. Em contrapartida, os deuses e os episódios da cosmogonia e da história tolteca e chichimeca são objetos de outros capítulos ou seções em suas obras, nas quais não se mencionam datas e, raras vezes, âmbitos cosmográficos de maneira precisa.

A desarticulação entre conceitos ou sistemas que se encontravam estreitamente relacionados nos relatos tradicionais nahuas não é aleatória. Seus fundamentos teóricos, como dissemos na Introdução, relacionam-se, entre outros, aos conceitos de *deus pagão, herói, panteão, idolatria, providência divina* e *fábula*, os quais determinavam, em parte, as estruturas narrativas e seleções temáticas adotadas nas *Historias* dos missionários.

Não iremos analisar como todos esses conceitos fundamentam as seleções temáticas e as estruturas narrativas das *Historias* de Sahagún, Durán e Acosta. Como dissemos acima, realizamos isso em outra ocasião e, ademais, fugiria aos propósitos deste

---

124   Cf. Sahagún, Bernardino de. *Historia general de las cosas de Nueva España, op. cit.*, p. 67-716.

125   Cf. Durán, Diego. *Historia de las Indias de Nueva España e islas de la tierra firme*. México: Editorial Porrúa, 1984, v. 1, p. 7-293.

126   Cf. *ibidem*, v. 1, p. 9-30. Diego Durán faz o mesmo, inclusive, com a história mexica recente, registrada tradicionalmente na forma de anais. No seu terceiro tratado, que dá nome a toda a obra, *Historia de las Indias de Nueva España e islas de la tierra firme*, Durán narra a história mexica desde a saída de Chicomoztoc até a conquista de México-Tenochtitlan pelos castelhanos e grupos indígenas aliados e, praticamente, não menciona datas. Cf. *ibidem*, v. 2, p. 13-576.

livro. No entanto, o conceito de *fábula* nos interessa especialmente nesta ocasião, pois talvez contribua para entendermos porque o calendário, a cosmografia e a cosmogonia aparecem relativamente desarticulados em algumas das fontes centrais desta pesquisa. Vejamos como esses religiosos o citam em alguns trechos de suas *Historias*.

Sahagún o menciona, por exemplo, ao tratar da utilidade missionária de conhecer as historietas dos povos gentios, pois, conhecendo-as, se poderia demonstrar, apelando à razão natural que haveria em todo o ser humano, a falsidade de seus deuses. Em suas palavras, "...conocidas las fábulas y ficciones vanas que los gentiles tenían cerca de sus dioses fingidos, pudiesen fácilmente darles a entender que aquellos no eran dioses ni podían dar cosa ninguna que fuese provechosa a la criatura racional. A este propósito en este Tercero Libro se ponen las fábulas y ficciones que estos naturales tenían cerca de sus dioses...".[127]

José de Acosta, para quem os nahuas são apenas mais um entre os inúmeros povos tratados em sua *Historia natural y moral de las Indias*, cita o conceito de fábula em diversas ocasiões, tais como ao se referir à Atlântida de Platão ou ao mencionar as historietas morais que se estudavam nas universidades da China.[128] Ademais, associa os relatos indígenas sobre o passado a sonhos: "Saber lo que los mismos indios suelen contar de sus principios y origen, no es cosa que importa mucho; pues más parecen sueños lo que refieren, que historias".[129]

Podemos perceber que os dois religiosos utilizam o termo, basicamente, com o sentido de criação da imaginação que não busca explicar a realidade pretérita ou estabelecer com ela uma relação de verossimilhança que tome em conta a razão humana e os desígnios divinos, pois Sahagún o associa a *ficciones* e Acosta a *sueños*. Ademais, em ambos os casos, a criação dessas *fábulas* é associada aos pagãos e, sendo assim, podemos supor que, segundo os religiosos, elas estariam no lugar das verdadeiras explicações sobre o passado, registradas principalmente nos textos bíblicos, que conteriam as revelações divinas.

As ficções ou historietas ambientadas no passado eram admitidas entre os cristãos ocidentais do século XVI, desde que possuíssem um valor moral e, ademais, não concorressem com as explicações bíblicas. No entanto, esse não seria o caso da maioria dos relatos criados pelos povos pagãos para explicar seu passado. Tais relatos possuíam o *status* de explicação da realidade pretérita em suas sociedades de origem e,

---

127 Sahagún, Bernardino de. *Historia general de las cosas de Nueva España, op. cit.*, p. 299.

128 Cf. Acosta, José de. *Historia natural y moral de las Indias*. México: FCE, 1985, p. 62 e 287.

129 Cf. *ibidem*, p. 63. Sendo assim, Acosta não levará em conta os relatos nahuas sobre a origem do Mundo e do homem e explicará a origem dos povos americanos a partir dos filhos de Noé. Apesar disso, considera os relatos nahuas sobre o passado recente verossímeis e, no sétimo livro de sua *Historia*, os reproduz parcialmente para tratar das migrações desde Chicomoztoc. *Ibidem*, p. 319-71.

desse modo, seriam versões que concorreriam com os textos bíblicos. Além disso, como tais povos desconheciam as palavras e revelações escritas do deus cristão, esses relatos só poderiam ter sido inspirados pelo demônio e, desse modo, estariam desprovidos de qualquer valor moral positivo. É por isso que Sahagún, ademais de qualificar os relatos nahuas sobre o passado como fábulas, adiciona que elas eram vãs e as associa a deuses fingidos, desqualificando duplamente tais relatos.[130]

Diego Durán confirma as conotações propostas por Sahagún aos relatos nahuas sobre o passado, qualificando-os de *falsas fábulas*, isto é, que não se relacionam com a realidade pretérita e, tampouco, possuem valor moral: "Y dado el caso que algunos cuenten algunas falsas fábulas, conviene a saber: que nacieron de unas fuentes y manantiales de agua; otros, que nacieron de una cuevas; otros, que su generación es de los dioses, etc. Lo cual clara y abiertamente se ve ser fábula, y que ellos mismos ignoran su origen y principio...".[131]

Em suma, os missionários partem do pressuposto que tais relatos são fábulas e, então, os fabulizam para incorporá-los em suas *Historias*, desprovendo-os totalmente de suas informações calendárias e de parte de suas informações espaciais ou, ainda, generalizando-as com expressões do tipo "no tempo em que reinava...", "depois de alguns anos..." ou "em cavernas e mananciais de água".

Ao retirarem as informações calendárias dos relatos nahuas sobre o passado, os missionários estavam desprovendo-os de um elemento que era tido na própria tradição cristã de pensamento como garantia de veracidade. Concomitantemente,

---

130   A posição desses missionários diante das explicações nahuas sobre o passado, inclusive sua classificação como fábulas, baseia-se, sobretudo, na experiência prévia de evangelização dos povos pagãos da própria Europa, os quais os missionários reconheciam como seus antecessores. Em outras palavras, nesse aspecto, o caso dos povos indígenas americanos não se constituía como uma novidade radical para o pensamento missionário de princípios e meados do século XVI. Sahagún, por exemplo, compara as explicações cosmogônicas nahuas com as romanas e gregas: "Cuan desatinados habían sido en el conocimiento de las criaturas los gentiles, nuestros antecesores, ansí griegos como latinos, está muy claro por sus mismas escripturas, de las cuales nos consta cuán ridiculosas fábulas inventaron del Sol y de la Luna, y de algunas de las estrellas, y del agua, tierra, fuego y aire, y de las otras criaturas". Sahagún, Bernardino de. *Historia general de las cosas de Nueva España, op. cit.,* p. 689. Sahagún chega a mencionar explicitamente a postura de Santo Agostinho diante das explicações cosmogônicas romanas como um exemplo a ser seguido pelos evangelizadores no Novo Mundo, postura essa que também teria classificado tais explicações como fábulas: "No tuvo por cosa superflua ni vana el divino Augustino tratar de la teología fabulosa de los gentiles en el sexto libro de *La ciudad de Dios*, porque, como él dice, conocidas las fábulas y ficciones vanas que los gentiles tenían cerca de sus dioses fingidos, pudiesen fácilmente darles a entender que aquellos no eran dioses ni podían dar cosa alguna que fuese provechosa a la criatura racional". *Ibidem,* p. 299.

131   Durán, Diego. *Historia de las Indias de Nueva España e islas de la tierra firme, op. cit.,* v. 2, p. 13.

qualificavam o sistema de registro mixteco-nahua como pintura, pois uma verdadeira escrita, isto é, uma escrita fonética, também poderia dotar o relato de certa
aura de veracidade.[132] Além disso, o uso de pinturas ou outras formas de notação
seriam sinais de uma memória débil ou de que tais relatos provinham da pura
imaginação idolátrica.

Por tudo isso, podemos perceber que o objetivo central desses missionários em
suas *Historias* não era recolher ou transcrever as explicações nativas sobre o passado
para preservá-las. Ao contrário, o objetivo declarado era demonstrar a falsidade de
tais relatos diante da versão bíblica da criação do mundo e dos primeiros tempos do
que supunham ser a história humana. Para realizar essa demonstração, lançam os
relatos nahuas sobre o passado distante – e também sobre a fase tolteca e o princípio
das migrações chichimecas – ao campo da fábula.[133]

Pelo que mencionamos até este ponto sobre a fabulização dos relatos nahuas
nas *Historias* dos missionários, acreditamos ser possível perceber que estamos diante
do estágio final de um processo que pode ser observado em um estágio anterior em
parte de nossas fontes centrais, sobretudo na *Histoire du Mechique*, no *Códice magliabechiano* e em partes do *Vaticano A*. Isso porque podemos perceber nessas fontes que
os relatos cosmogônicos estão parcialmente desprovidos de suas informações calendárias e cosmográficas. Além disso, o calendário e a cosmografia aparecem nelas
como temas exclusivos de capítulos em separado, assim como ocorre nas *Historias*
dos missionários.

Desaparecimento das elites nahuas e desuso dos marcos calendários diacrônicos na construção de relatos cosmogônicos

O processo de desarticulação entre calendário, cosmografia e cosmogonia que
descrevemos acima – e que resultou na fabulização dos relatos nahuas sobre o passado
– não reflete a totalidade das transformações pelas quais passaram esses três conjuntos
conceituais no século XVI na região do altiplano central mexicano. Processos para-

---

132   Acosta é muito claro ao separar a escrita fonética das que se serviam de imagens ou pinturas:
      "Las señales que no se ordenan de próximo a significar palabras sino cosas, no se llaman ni
      son en realidad de verdad letras, aunque estén escritas (...) ninguna nación de indios que se
      ha descubierto en nuestros tiempos, usa de letras ni escritura, sino de las otras dos maneras
      que son imágenes o figuras...". Acosta, José de. *Historia natural y moral de las Indias, op. cit.,*
      p. 284. Sahagún e Durán também se referem ao sistema mixteco-nahua como *pintura* em
      diversas ocasiões.

133   Apesar disso, muitos estudiosos continuam a considerar os trabalhos desses religiosos como
      uma espécie de etnografia precoce. Entre eles está Ballesteros Gaibrois, Manuel. *Vida y obra de
      Fray Bernardino de Sahagún.* León: Instituto Fray Bernardino de Sahagún/C.S.I.C., 1973.

lelos ou derivados desse também podem ser detectados a partir de indícios de nossas fontes centrais e auxiliares.

Um desses processos envolve escritores nahuas de ascendência nobre que produzem histórias, relações e memoriais, cuja finalidade imediata não é informar os missionários das supostas fábulas locais. Ao contrário, tais escritores pretendiam, centralmente, validar as histórias locais, isto é, dos *altepeme* e de suas elites dirigentes, diante das instituições políticas castelhanas e das populações nativas, garantindo assim antigos privilégios para suas famílias ou *altepeme*.

Um grande número de *pipiltin* nahuas dos *altepeme* do altiplano central mexicano converteu-se ao cristianismo – pelo menos formalmente – durante o processo de conquista de Tenochtitlan e nas três décadas após sua queda. Era a única maneira de poder pactuar politicamente com os substitutos dos mexicas no controle político e tributário da região, os quais, ademais, seguiam ampliando seus domínios em direção a Oaxaca, à Guatemala e à região dos tarascos, a oeste e a noroeste do Vale do México.[134] Parte dos descendentes dessas nobrezas passou a ser educada em colégios missionários fundados a partir dos anos de 1530, como o Colégio de Santa Cruz de Tlatelolco, no qual Sahagún trabalhou por décadas, desde meados do século XVI até sua morte, em 1590.

No entanto, a manutenção dos privilégios e dos territórios concedidos ou reconhecidos pelos conquistadores e pela Coroa castelhana tornou-se cada vez mais difícil ao longo do século XVI, sobretudo em sua segunda metade.[135] Se até meados do século XVI os conquistadores e os poucos burocratas dependiam direta e totalmente da rede de poderes e tributos locais, a progressiva instalação das instituições castelhanas, tais como a *encomienda*, o vice-reinado, a audiência, o município e um sistema tributário próprio, bem como o consequente crescimento do número de burocratas, tornou as elites nativas cada vez mais dispensáveis. Ademais, concomitantemente a esse processo, um verdadeiro colapso demográfico fazia com que a população nativa

---

134   Cf. Navarrete Linares, Federico. *Visão comparativa da conquista e colonização das sociedades indígenas estatais.* Curso de pós-graduação no Departamento de História da FFLCH da USP, primeiro semestre de 2002. Nos dias seguintes à queda de Tenochtitlan, Cortés distribuiu *encomiendas*, sendo que quatro delas seriam perpétuas: a *encomienda* do Vale de Oaxaca, a ele próprio; a de Tula, a Pedro Moctezuma; a de Ecatepec, a Leonor de Moctezuma; e a de Tacuba ou Tlacopan, a Isabel de Moctezuma. Com a exceção de sua própria *encomienda*, todas as outras três foram outorgadas a descendentes diretos de Moctezuma Xocoyotl, sendo que as duas mulheres, Isabel e Leonor, haviam se casado com conquistadores. Cf. Romero Galván, José Rubén. *Los privilegios perdidos.* México: IIH – Unam, 2003. Isso nos mostra a dependência desses conquistadores dos pactos com as elites locais, aliadas ou derrotadas, para legitimar-se dentro da rede política em vigor.

135   Cf. Pérez Rocha, Emma e Tena, Rafael. *La nobleza indígena del centro de México después de la conquista.* México: Inah, 2000.

diminuísse vertiginosamente, permitindo que o controle político e tributário pudesse ser exercido diretamente pelos funcionários da Coroa ou com o auxílio de uns poucos indígenas que, ademais, não necessitariam ser nobres.[136]

Todos esses fatores geraram uma progressiva desaparição dos privilégios reconhecidos pela Coroa nas primeiras décadas pós-conquista de Tenochtitlan e, cada vez mais, os *pipiltin* não chegavam a obter postos correspondentes com sua situação e muitos perdiam sua qualidade de *tecpiltin* (*nobres de palácio*) e se tornavam *macehualtin* (*população comum*).[137]

A reação dos *pipiltin* que viam seus antigos privilégios e concessões desaparecerem foi apelar para a Audiência mexicana ou diretamente ao rei.[138] Rapidamente perceberam também a conveniência de produzir novas explicações sobre o seu passado, as quais deveriam, por um lado, incorporar conceitos e explicações cosmogônicas e históricas cristãs e, por outro, omitir ou minimizar aspectos que fossem considerados idolátricos ou fabulosos pelos castelhanos, ou ainda atribuir tais aspectos aos *altepeme* inimigos.[139] Tais explicações seriam vistas de modo mais favorável nos tribunais e instituições de Castela ou da Nova Espanha.[140]

Nas obras desses escritores nahuas, o calendário, a cosmografia e a cosmogonia não estão desarticulados, mas, tampouco, preservam exatamente os mesmos tipos de

---

136 Para termos a magnitude do tipo de declínio demográfico ao qual estamos nos referindo, é importante saber que alguns estudiosos propõem as seguintes cifras populacionais para a região do México central durante o século XVI e início do século XVII: tal região contaria com 25,3 milhões de habitantes em 1519, que passaram a ser 16,8 milhões em 1523; 6,3 milhões em 1548; 2,6 milhões em 1568; 1,9 milhão em 1580; 1,3 milhão em 1595 e 1 milhão em 1605, ano em que a população teria atingido seu nadir, isso é, sua cifra mais baixa antes de uma recuperação ao longo do século XVII. Cf. Cook, Sherburne F. e Borah, Woodrow. *El pasado de México.* México: FCE, 1996, p. 11.

137 Cf. Romero Galván, José Rubén. *Los privilegios perdidos, op. cit.*

138 Os *pipiltin* de Oaxaca passaram por um processo muito semelhante. Cf. Romero Frizzi, María de los Ángeles. Los zapotecos, la escritura y la historia. In: _____ (coord.). *Escritura zapoteca.* México: Ciesas/Miguel Ángel Porrúa/Conaculta/Inah, 2003.

139 Ademais, era comum reivindicar um comportamento cristão pré-conquista castelhana. Nos *Anales de Cuauhtitlan* atribui-se um comportamento algo cristão a Quetzalcoatl e aos toltecas, que se oporiam aos sacrifícios humanos: "...cuando vivía Quetzalcoatl, reiteradamente quisieron engañarle los demonios, para que hiciera sacrificios humanos, matando hombres, Pero él nunca quiso ni condescendió..." Anales de Cuauhtitlan. In: *Códice Chimalpopoca, op. cit.*, p. 8.

140 Vários casos de petições de nobres nahuas à Coroa castelhana apresentam fundamentos históricos como argumentos para a manutenção de privilégios. Cf. Pérez Rocha, Emma e Tena, Rafael. *La nobleza indígena del centro de México después de la conquista, op. cit.*/ Romero Galván, José Rubén. *Los privilegios perdidos, op. cit.*

usos que possuíam nos relatos tradicionais. Vejamos, a título de exemplo, como dois deles, Chimalpahin Cuauhtlehuanitzin e Fernando de Alva Ixtlilxochitl, usam o calendário ao relatar o passado cosmogônico e como articulam seus episódios com a versão bíblica da criação e a história cristã.[141]

Chimalpahin[142] não reproduz em seus textos os relatos nahuas sobre as idades do mundo e opta, de maneira geral, por mencionar as explicações da origem do Mundo e do homem contidas nos textos bíblicos. Conjuga, apenas, alguns poucos aspectos da cosmogonia e cosmografia nahua com a cristã por suas características coincidentes, como a existência de camadas celestes, conforme vimos no Capítulo III. O texto em que essa substituição da cosmogonia nahua pela cristã pode ser mais bem percebida é a *Primera relación*, na qual Chimalpahin narra a criação desde Adão e Eva, enfatizando a existência de uma só humanidade, por meio da evocação dos episódios contidos no livro do Gênese. No entanto, parece que a datação continua a ter um papel central em seu relato. Na *Octava relación* afirma que "Aquí comienza la vida de nuestros primeros padres Adán y Eva. En un día 23 de marzo fue hecho y creado Adán".[143]

Chimalpahin conjuga essas explicações cosmogônicas com os relatos sobre a origem dos chichimecas e toltecas, remetendo-a a tempos pré-cristãos e organizando sua exposição por meio de anais.[144] A conta dos anos desempenha em suas *Relaciones* a função de fio condutor, pois é mantida continuamente mesmo quando não há eventos narrados, assim como vimos ocorrer nos *Anales de Cuauhtitlan*. Ademais, conjuga a conta dos anos nahua com o calendário cristão, sobretudo a partir do ano

---

141   Há um estudo em português sobre a obra desses dois escritores: Kossovich, Elisa Angotti. Dois cronistas mestiços da América ou da reconstituição da glória perdida através da História. In: Azevedo, Francisca L. Nogueira e Monteiro, John Manuel. *Confronto de culturas.* Rio de Janeiro/ São Paulo: Expressão e Cultura/Edusp, 1997, p. 107-28.

142   Chimalpahin nasceu em 1579 em Chalco Amaquemecan e era descendente de nobres tlailotlacas que governaram Tzacualtitlan Tenanco desde 1269, data de sua fundação, até 1520. Muito jovem foi para a cidade do México, onde possivelmente foi educado pelos franciscanos. Em 1593 começa a prestar serviços na igreja e casa de San Antonio Abad, onde permaneceu até 1607 como uma espécie de irmão leigo, isto é, que usa hábito, mas não pronunciou os votos. Seus últimos trabalhos datam de 1637 e o ano de sua morte é desconhecido. Suas fontes de informação foram relatos de anciãos e textos recebidos como herança familiar. Suas principais obras são oito *Relaciones*, o *Memorial breve acerca de la fundación de la ciudad de Culhuacan* e o *Diario*. Cf. Castillo Farreras, Víctor M. Estudio preliminar. In: Chimalpahin Cuauhtlehuanitzin, Domingo Francisco de San Antón Muñón. *Memorial breve acerca de la fundación de la ciudad de Culhuacan.* México: IIH – Unam, 1991, p. IX-XLIV.

143   Chimalpahin Cuauhtlehuanitzin, Domingo. *Las ocho relaciones y el memorial de Colhuacan.* México: Conaculta, 1998, p. 39.

144   Apenas a *Primera relación* e o *Diario* não possuem o formato de anais. Cf. *ibidem*.

do nascimento de Cristo, e trata de incorporar episódios da história universal cristã relacionados à Europa, à Ásia, à África e ao Novo Mundo.

Fernando de Alva Ixtlilxochitl,[145] ao contrário de Chimalpahin, não substitui inteiramente a cosmogonia nahua pela cristã. Opera uma espécie de triagem entre os episódios dos relatos tradicionais, separando os que seriam fábulas dos que poderiam ser portadores de alguma veracidade. O critério que emprega para isso é a cosmogonia cristã descrita nos textos bíblicos, ou seja, os episódios verídicos seriam aqueles que se confirmariam na versão judaico-cristã da criação. Por exemplo, na *Historia de la nación chichimeca*, Ixtlilxochitl narra as idades anteriores qualificando-as geralmente como fábulas, mas no interior dessas fábulas distingue como verídicos os episódios que possuem paralelos no texto bíblico, tais como o dilúvio e a existência de gigantes.[146]

No entanto, ao realizar essa triagem entre os episódios cosmogônicos nahuas e conjugá-los com os bíblicos, Ixtlilxochitl mantém as informações calendárias. Por exemplo, em sua *Sumaria relación de todas las cosas que han sucedido en la Nueva España* afirma que a duração da primeira idade foi de 1.716 anos, ou seja, de trinta e três ciclos de 52 anos, e que "...el mundo fue criado en el año del ce tecpatl, y este tiempo hasta el diluvio le llamaron Atonatiuh, quiere decir, edad del Sol de agua, porque se destruyó el mundo por el diluvio".[147] Procedendo dessa forma, Ixtlilxochitl concede veracidade a determinados episódios da cosmogonia nahua, como o dilúvio, e a nega a outros, como as transformações dos homens sobreviventes em animais ao fim das idades anteriores.[148]

---

145   Fernando de Alva Ixtlilxochitl nasceu entre 1578 e 1580 e morreu em 1650. Também foi, provavelmente, aluno do Colégio de Santa Cruz de Tlatelolco. Sua família detinha o senhorio de San Juan Teotihuacan. Em 1608, Ixtlilxochitl apresentou um texto de sua autoria, junto com outros documentos, ante autoridades indígenas de Otumba e San Salvador Cuatlazinco para obter um certificado legal de veracidade histórica. Esse texto seria empregado como prova judicial para o reconhecimento legal dos privilégios aos quais sua família teria direito desde tempos ancestrais. Ixtlilxochitl foi juiz-governador de Texcoco, de Tlalmanalco e da Província de Chalco e, também, intérprete do Tribunal de Índios. Suas principais obras são: *Sumaria relación de todas las cosas que han sucedido en la Nueva España*, *Relación sucinta*, *Compendio histórico*, *Sumaria relación de la historia general de esta Nueva España* e *Historia de la nación chichimeca*. Cf. O'Gorman, Edmundo. Estudio introductorio. In: Ixtlilxochitl, Fernando de Alva. *Obras históricas*. México: Instituto Mexiquense de Cultura/IIH – Unam, 1997, p. 1-257.

146   Cf. Ixtlilxochitl, Fernando de Alva. *Obras históricas*. México: Instituto Mexiquense de Cultura e IIH – Unam, 1997.

147   *Ibidem*, p. 163. Ixtlilxochitl atribui uma antiguidade bastante remota aos toltecas, situando o início de sua história logo após o dilúvio bíblico, ao fim da primeira idade cosmogônica, e não após a criação do sol atual em Teotihuacan. Cf. *ibidem*.

148   Por exemplo, ao afirmar que "...de esto inventaron los indios una fábula, que dicen los hombres se volvieron monas". *Ibidem*, p. 264. É interessante notar que Ixtlilxochitl não menciona a

Essa breve análise do tratamento que Chimalpahin e Ixtlilxochitl dispensam ao passado cosmogônico em suas obras indica que, apesar das diferenças, ambos mantêm os marcos calendários e alguns referenciais cosmográficos dos relatos nahuas tradicionais, seja para aplicá-los ao passado mais distante – relacionado às idades anteriores do mundo – ou à fase tolteca e chichimeca. Ademais, incorporam ou enquadram a cronologia bíblica e parte da história universal cristã nesses marcos e referenciais nativos.[149]

Evocamos esses casos, de modo muito breve, apenas para mostrar a centralidade da articulação entre o sistema calendário, a cosmografia e os relatos sobre o passado para as tradições nahuas, das quais esses dois escritores são, de alguma forma, herdeiros intelectuais. Isso nos mostraria como o sistema calendário e a cosmografia seriam partes integrantes da forma de cognição das tradições de pensamento nahuas, pois continuaram a desempenhar – especialmente o calendário – papéis estruturais e centrais nas obras desses dois escritores, apesar da adoção do sistema alfabético e da conjunção com as explicações de origem cristã.[150]

No entanto, como explicamos acima, os *pipiltin* nahuas passaram por uma crescente crise desde meados do século XVI, caracterizada, de um lado, pela progressiva perda de seus privilégios, concessões de terra e tributos em serviço dos *macehualtin* e,

---

si mesmo como etnicamente pertencente ao grupo de produtores das tais fábulas, chamando-os de "índios". Coloca-se do lado da tradição cristã, sobretudo ao mencionar o calendário cristão como "nuestra cuenta". Cf. *ibidem*.

149   A produção desses textos nahuas não pode ser adequadamente entendida se adotarmos a oposição polar entre castelhanos e indígenas como modelo capaz de dar conta de todas as questões políticas do período Colonial. Isso porque tal modelo pressupõe a resistência de todos os grupos sociais nahuas a tudo o que procederia dos castelhanos, o que parece não ter sido a realidade predominante durante esse período. Afirmar isso não significa despolitizar as questões que envolvem castelhanos e nahuas ou amenizar os conflitos existentes e acreditar que houve um processo de mistura cultural equitativa. Ao contrário, alerta para a existência de divisões sociais e contradições de interesses no interior das sociedades nahuas, pois os membros de suas elites, muitas vezes, pactuavam com os conquistadores e colonizadores para manter ou recompor seus privilégios e, para isso, adotavam hábitos e crenças que os identificariam com os castelhanos e os diferenciariam do restante da população. Em suma, a existência desses textos nahuas indica-nos que temos que trabalhar com um modelo de análise sociopolítica mais complexo para entendermos a realidade vigente nessa região no período Colonial.

150   Estudos sobre os textos coloniais maias têm levado ao mesmo tipo de conclusão. Nancy Farris, por exemplo, afirma que "El contenido de estos textos y de las tradiciones orales con que se ligaban me hicieron sospechar que las ideas o el sistema cognitivo pueden tener cierta autonomía con relación a su medio de comunicación". Farris, Nancy. Recordando el futuro, anticipando el pasado. In: *La memoria y el olvido*. México: Inah, 1985, p. 49.

por outro, por sua inclusão nas taxações tributárias após as reformas de 1563.[151] Como mostramos na segunda parte do Capítulo I, essas elites abrigavam em seu interior as tradições de pensamento e escrita nahuas, as quais, por sua vez, eram as principais detentoras do manejo sistemático e institucionalizado do calendário e das concepções cosmográficas e cosmogônicas. Desse modo, o progressivo desaparecimento dessa nobreza significou, em muitos casos, o desuso do sistema de calendário e das concepções cosmográficas na construção ou reprodução de relatos explicativos sobre o passado.

Em contrapartida, os relatos cosmogônicos nahuas continuaram a ser efetivamente utilizados pelos *macehualtin* por muito tempo e, na verdade, continuam a ser empregados até os dias atuais, sobretudo os que tratam das idades anteriores do mundo.[152] Entretanto, parece que a articulação entre episódios cosmogônicos e referenciais calendários, sobretudo diacrônicos, não era uma característica fundamental das versões manejadas pelos *macehualtin*. Nessas versões, parece que apenas os referenciais cosmográficos e a dimensão cíclica do sistema calendário são relevantes. Desse modo, a continuidade do pensamento calendário entre os *macehualtin* nahuas significou a ênfase na dimensão sincrônica, o que também ocorreu com outros tipos de relatos e saberes, tais como os relacionados aos prognósticos. As datas cosmogônicas sobrevivem apenas nos nomes dos deuses, cujas ações já não estariam propriamente datadas de maneira diacrônica.

No entanto, não podemos projetar essa ênfase na dimensão sincrônica ou, tampouco, a desarticulação entre episódios cosmogônicos e referenciais calendários e cosmográficos – como ocorre nas obras dos religiosos castelhanos – sobre os relatos

---

151   Em 1563 o visitador geral, Jerónimo de Valderrama, foi incumbido de investigar a diminuição dos impostos recebidos pela Coroa. Sua conclusão, segundo dois estudiosos, é que os tributos de menos "...se debían a la injerencia de los frailes y al apoyo que éstos y el virrey daban a los señores naturales, todo lo cual era contrario a los intereses reales". Pérez Rocha, Emma e Tena, Rafael. *La nobleza indígena del centro de México después de la conquista, op. cit.*, p. 22. A solução adotada foi, entre outras medidas, taxar os senhores e principais e os índios reservados do tributo por prestarem serviços ou serem indicados pelos frades. Esse conjunto de medidas é conhecido como Reforma de Valderrama. Cf. *ibidem*. Ixtlilxochitl queixa-se das taxações aos *pipiltin*: "...los hijos y hijas, nietas y parientes de Nezahualcoyotzin y Nezahualpiltzintli andan arando y cavando para tener que comer, y para pagar cada uno de nosotros diez reales de plata y media fanega de maíz a su majestad, porque después de habernos contado y hecho la nueva transacción, no solamente están tasados los mazehuales que paguen el susodicho tributo, sino también todos nosotros, descendientes de la real cepa, estamos tasados contra todo el derecho y se nos dio una carga incomportable...". Ixtlilxochitl, Fernando de Alva. *Obras históricas*. México: Instituto Mexiquense de Cultura e IIH – Unam, 1997, p. 393.

152   Cf. Báez-Jorge, Félix e Gómez Martínez, Arturo. Los equilibrios del cielo y de la tierra. In: *Desacatos*. México: Ciesas/Secretaría de Educación Pública/Consejo Nacional de Ciencia y Tecnología, n. 5, p. 79-94, inverno de 2000.

produzidos pelas elites nahuas acerca de seu passado, em tempos pré-hispânicos ou no século XVI. Isso porque tal projeção resultaria, entre outras coisas, na negligência ou subvalorização das funções centrais que a dimensão temporal diacrônica[153] e a articulação calendário-cosmografia desempenhavam no interior do pensamento das elites nahuas e de suas tradições de escrita. Essa dimensão e articulação, como apontam os indícios nas fontes que analisamos, parecem ser fundamentais para caracterizarmos as concepções de tempo, espaço e passado dessas tradições de pensamento.[154]

Conclusões

Depois de apresentar algumas características gerais da cosmogonia nahua, vimos, na segunda parte do capítulo, que o *tonalpohualli* evocava episódios e personagens cosmogônicos em suas trezenas e dias, incorporando o passado distante e utilizando-o para calcular e prognosticar suas influências no presente e no futuro. Explicamos no Capítulo II que uma das principais características desse ciclo calendário era a contínua repetição de seus 260 dias, por meio da qual, portanto, os personagens e episódios cosmogônicos estariam constantemente participando da composição dos destinos e acontecimentos atuais.

Essa seria uma forma de estabelecer vínculos entre acontecimentos recentes e do passado remoto. Esses vínculos fundamentavam-se no caráter predominantemente sincrônico das unidades calendárias do *tonalpohualli*, as quais poderiam estabelecer relações diretas entre os dias pertencentes ao presente e ao passado, remoto ou recente.

Apesar da existência desses vínculos sincrônicos, os eventos pretéritos constituíam um conjunto de elementos cronologicamente distinguíveis, isto é, um conjunto cujas partes se separariam umas das outras e em relação ao presente por distâncias temporais mensuráveis. Isso porque, como vimos acima, uma das maneiras de registrar os episódios que aludiriam aos eventos pretéritos consistia em ordená-los cronologicamente por meio dos anos *xihuitl* e de seus ciclos de cinquenta e dois, empregados para contabilizar as durações desses episódios ou para situá-los ao longo da conta dos anos.

Por meio do emprego da conta dos anos, as tradições de pensamento nahuas manejavam uma escala temporal muito ampla, ao longo da qual se poderia dispor os

---

153   Vimos que Ross Hassig aponta de modo pertinente essa subvalorização. No entanto, acredita que a concepção de tempo e de passado das elites nahuas seria quase que exclusivamente linear, ponto sobre o qual discordamos. Cf. Hassig, Ross. *Time, history and belief in Aztec and Colonial Mexico*. Austin: University of Texas Press, 2001.

154   Essa subvalorização, como procuramos mostrar ao longo do livro, caracteriza diversos estudos, entre os quais estão: Bonifaz Nuño, Rubén. *Cosmogonía antigua mexicana*. México: Coordinación de Humanidades – Unam, 1995/ Graulich, Michel. *Mitos y rituales del México antiguo*. Madri: Ediciones Istmo/Colegio Universitario, 1990/ Soustelle, Jacques. *Pensamiento cosmológico de los antiguos mexicanos*. Puebla: Federación Estudantil Poblana, 1959-1960.

episódios relacionados ao passado mais distante ou ao mais recente. Isso não significa que essa seria a única forma de articular tais episódios ou mesmo que não houvesse distinções entre os relatos sobre o passado cosmogônico e o mais recente, como os relacionados à história de Tollan e Topiltzin Quetzalcoatl, nos quais, como vimos acima, a quantidade de referências temporais e espaciais, bem como a de detalhes descritivos dos episódios, é muito maior do que nos relatos que tratam do passado distante.

Sendo assim, além da junção sincrônica por meio dos dias do *tonalpohualli*, essa ordenação cronológica por meio da conta dos anos seria outra forma de estabelecer vínculos entre o passado cosmogônico e o recente e, por consequência, de ambos com o presente. Nesse caso, os vínculos baseavam-se no encadeamento cronológico entre episódios que aludiriam ao início da primeira idade, às idades anteriores, ao início da idade atual e, como parte dessa idade, à história tolteca e chichimeca.

Por fazer parte da idade atual, a história particular dos toltecas e dos chichimecas não estava livre dos destinos e desdobramentos cosmogônicos, tal como o fim dessa idade por fomes, terremotos ou pela imobilidade do Sol. Vimos, ao analisar a cerimônia do Fogo Novo do *Códice borbónico*, que esse final cosmogônico era esperado a cada 52 anos entre os mexicas e, provavelmente, entre os demais grupos e *altepeme* do altiplano central mexicano em princípios do século XVI.

Todos esses indícios levaram-nos a propor que as tradições de pensamento nahuas entendiam a cosmogonia e a história recente como fases do passado que se articulariam tanto pela sucessão cronológica quanto pela inserção dessa última fase no interior da idade cosmogônica atual. Isso significaria, entre outras coisas, que a cosmogonia era vista como um processo em curso para os nahuas do século XVI e que, em consequência, a história recente não estaria simplesmente posposta à cosmogonia, como afirmam alguns estudiosos apontados acima.

Ademais, vimos que o emprego das mesmas concepções cosmográficas para registrar eventos cosmogônicos ou da história recente reforçaria a continuidade e sobreposição que estamos propondo existir entre essas fases do passado, pois mostraria que os locais de ocorrência dos eventos cosmogônicos eram os mesmos que faziam parte do universo circundante dos *altepeme* nahuas – alguns locais seriam, inclusive, outros *altepeme*, como Teotihuacan.

Na terceira parte do capítulo, arrolamos outros indícios que reforçam essa ideia, ou seja, que a cosmogonia e o passado recente não eram vistos como tempos passados essencialmente distintos e separados por uma fronteira situada na criação do Sol e do homem atuais, a qual marcaria o fim da cosmogonia e o começo da história humana.[155]

---

155 Ademais, vimos que a presença humana é reiteradamente citada nos relatos sobre as idades anteriores. Sendo assim, tais idades também poderiam ser entendidas como o resumo de histórias humanas anteriores.

Procuramos mostrar que os relatos acerca do passado recente eram concebidos como uma espécie de particularização da história no interior da idade atual, que passaria a focalizar determinados grupos humanos ou *altepeme*, mas que não deixaria de se articular com os relatos sobre as idades do Mundo. Tal ideia estaria fundamentada, em parte, na estrutura narrativa presente na *Leyenda de los soles*, na segunda seção do *Vaticano A*, na *Historia de los mexicanos por sus pinturas* e na segunda metade da *Histoire du Mechique*. Em todos esses relatos, vimos que há uma progressão temporal direta, concatenando as idades anteriores do mundo, o início da idade atual e o passado recente – expresso por meio dos episódios que envolvem, sobretudo, Tollan, Topiltzin Quetzalcoatl, Cholula e as migrações chichimecas.

No entanto, como a produção de todas essas fontes relacionou-se de alguma maneira com o trabalho dos missionários castelhanos e, ademais, como não se conhecem manuscritos tradicionais nahuas com essa estrutura narrativa, questionamos sua origem, isto é, se procederia das tradições de pensamento nahuas ou dos encargos missionários aos alunos e sábios oriundos das sociedades locais. Tais encargos poderiam ter induzido esses alunos e sábios a produzir "histórias universais nahuas" a partir da junção de diferentes tipos de relatos e livros tradicionais, concatenando os conteúdos dos *teoamoxtli* e dos *xiuhamatl*, os quais tratariam, respectivamente, do passado cosmogônico e do recente. Em outras palavras, interessava-nos saber se teria existido um gênero de relato ou livro nahua que abarcasse as idades do mundo e a história tolteca e chichimeca e as dispusesse cronologicamente.

Demonstramos então que existem outros textos alfabéticos mesoamericanos que apresentam, basicamente, essa mesma estrutura narrativa: o *Popol vuh*, de origem maia-quiché, e o *Memorial de Sololá*, de procedência maia-cakchiquel. Ambos apresentam a história grupal concatenada direta e cronologicamente à cosmogonia. O fato de esses textos maias apresentarem uma estrutura narrativa semelhante à dos nahuas bastaria para tornar sua origem colonial um tanto quanto improvável, pois requereria que o mesmo tipo de encargo missionário imposto aos nahuas tivesse sido aplicado também a dois grupos maias e, ademais, que esses grupos tivessem respondido de uma forma bastante similar. No entanto, essa possibilidade, embora remota, não poderia ser descartada apenas com a análise desses casos.

Vimos então que uma estrutura narrativa bastante similar à dos textos alfabéticos nahuas e maias encontra-se também em dois manuscritos pictoglíficos mixtecos: o *Códice vindobonense* e o *Rollo Selden*, sendo o primeiro de origem pré-hispânica e o segundo produzido no século XVI. Esses dois casos indicariam que os mixtecos produziam manuscritos pictoglíficos tradicionais que concatenavam cronologicamente os episódios da história grupal e recente aos cosmogônicos. Isso tornou ainda mais plausível a hipótese que os nahuas também possuíam ou, ao menos, conheciam esse tipo de manuscrito, pois ambos os grupos compartilhavam o mesmo sistema de escrita e, ademais, mantinham fortes relações comerciais e tributárias, sobretudo depois das conquistas mexicas empreendidas pelos *tlatoani* Ahuitzotl (1486-1502) e Moctezuma Xocoyotl (1486-1520).[156]

Se a existência de registros pictoglíficos tradicionais nahuas que encadeiam cronologicamente a história recente às idades anteriores não pôde ser demonstrada conclusivamente, vimos que o mesmo não ocorre em relação à existência de registros que associam pontualmente episódios do passado recente a episódios que remeteriam às idades anteriores do Mundo e ao princípio da idade atual. Essa forma de associação, como vimos na terceira parte deste capítulo, mostrou-se presente em alguns registros tradicionais, tais como o *Códice borbónico*, a *Pedra do Sol*, a *Pedra dos cinco sóis* e a *Pedra das idades do Mundo de Moctezuma II*. Em todos esses casos, a associação pontual e direta entre episódios do passado recente e do cosmogônico foi realizada por intermédio de concepções cosmográficas – como a dos quatro rumos e um centro – ou de unidades calendárias – como os dias do *tonalpohualli* ou os anos do *xiuhmolpilli*.

Também pudemos mostrar que independentemente do modo de associação entre os eventos do passado recente e os do cosmogônico, a utilização de marcos cosmográficos e, sobretudo, calendários estava reiteradamente presente nos registros mais tradicionais.

Em contrapartida, como vimos na quarta parte do capítulo, algumas de nossas fontes centrais apresentam os episódios e as personagens da cosmogonia e história sem articulá-los sistematicamente aos marcos cosmográficos e calendários, em oposição ao que ocorre nos manuscritos tradicionais. Deduzimos que isso se deveu, sobretudo, às influências missionárias na confecção dessas fontes, pois os missionários cristãos estariam realizando um processo de fabulização do passado nahua.

Realizamos essa dedução mostrando que a desarticulação parcial entre calendário, cosmografia e cosmogonia detectada em partes do *Códice Vaticano A*, na *Histoire du Mechique* e no *Códice magliabechiano* assemelha-se à desarticulação que se encontra nas *Historias* escritas pelos missionários, tais como Bernardino de Sahagún e Diego Durán. Com a diferença que, nesses últimos casos, tal desarticulação apresenta-se de maneira acabada e justificada pelo conceito de *fábula*, empregado sistematicamente para se referir às explicações nahuas sobre o passado. Isso porque um dos objetivos centrais desses missionários em suas *Historias* era demonstrar a falsidade de tais explicações diante da versão bíblica sobre a criação do Mundo e sobre os primeiros tempos do que se supunha ser a história humana. Para realizar essa demonstração, os missionários lançaram as explicações nahuas sobre o passado no campo da fábula, retirando-lhes seus marcos es-

---

156   Cf. Obregón Rodríguez, María Concepción. La zona del Altiplano Central en el Posclásico. In: Manzanilla, Linda e López Luján, Leonardo (coord.). *Historia antigua de México*. México: Inah/ IIA – Unam/Miguel Ángel Porrúa, 2001, p. 277–318.

paciais e, sobretudo, calendários, os quais as dotariam de veracidade segundo critérios do pensamento cristão, pois os aproximaria dos "escritos históricos".

Por outro lado, vimos que escritores nahuas como Chimalpahin e Ixtlilxochitl mantiveram os marcos calendários e cosmográficos ao relatar o passado em seus textos, apesar de incorporarem conceitos e explicações cosmogônicas e históricas cristãs e de omitirem ou minimizarem aspectos dos relatos nahuas que fossem considerados idolátricos ou fabulosos pelos castelhanos. Isso demonstraria a centralidade gnosiológica que esses marcos possuiriam para as tradições de pensamento nahuas, das quais Chimalpahin e Ixtlilxochitl são herdeiros intelectuais em pleno início do século XVII. No entanto, as elites que abrigavam tais escritores e que eram as principais detentoras do manejo escrito e sistemático do calendário e das concepções cosmográficas e cosmogônicas passaram por um processo de desaparecimento progressivo a partir da segunda metade do século XVI.

Tal processo resultou no desuso de parte do sistema de calendário na construção ou reprodução de relatos nahuas sobre o passado, especialmente da parte que estabelecia marcos temporais diacrônicos entre os episódios relatados.[157] Isso porque os marcos temporais sincrônicos e os cosmográficos foram mais valorizados do que os referenciais diacrônicos nas versões que continuaram a ser produzidas e utilizadas pelos *macehualtin* nahuas. Parece que tais versões enfatizaram o caráter cíclico do tempo – e também algumas concepções cosmográficas relacionadas a esse caráter, como a dos quatro rumos, profundamente vinculada com a repetição dos solstícios – pela importância basilar que ele desempenhava nas atividades agrícolas, que eram o centro da vida econômica e sociopolítica desses grupos. Vale enfatizar que não se trata, portanto, de uma incapacidade técnica dos *macehualtin* de explicar diacronicamente o passado, mas da relevância sociopolítica de fazê-lo em meio do quadro efetivo de organização social e econômica do grupo – no caso das elites nahuas, essa relevância residia, por exemplo, na comprovação de sua filiação e ligação com antigos *altepeme* ou com os dirigentes antecessores.

A fabulização realizada pelos missionários, o desaparecimento das elites nahuas e a manutenção pelos *macehualtin* de versões predominantemente sincrônicas da cosmogonia são fatores que concorreram para a formação de uma ideia muito difundida entre estudiosos que se dedicam à Mesoamérica: que a concepção de tempo presente em todas as explicações nahuas sobre o passado, seja nas pré-hispânicas ou nas coloniais, é única ou predominantemente de caráter cíclico. Acreditamos que as

---

157   Concomitantemente, ocorreu o desuso do próprio sistema pictoglífico mixteco-nahua, sobretudo a partir de meados do século XVII. Como mencionamos no Capítulo I, esse processo foi caracterizado, entre outras coisas, pelo decréscimo constante e progressivo da produção de manuscritos, pelo desaparecimento da produção em várias regiões e pela utilização dos manuscritos sobreviventes em coleções ou arquivos europeus. Cf. Lockhart, James. *The nahuas after the conquest*. Palo Alto: Stanford University Press, 1992.

análises e indícios arrolados neste capítulo e nos anteriores tenham sido suficientes para demonstrar, entre outras coisas, que a concepção de tempo empregada pelas elites nahuas pré-hispânicas e coloniais em seus escritos tradicionais sobre o passado – pictoglíficos ou alfabéticos – não pode ser caracterizada dessa forma, pois tais escritos apresentam a sincronia e a diacronia articuladas por meio do uso de variados ciclos e unidades calendárias, os quais, por sua vez, aparecem conjugados com ou dependem de precisos e complexos conceitos acerca do espaço.

Considerações finais

Realizamos um longo percurso analisando as formas de presença e funções do calendário, da cosmografia e da cosmogonia nos textos pictoglíficos e alfabéticos nahuas do século XVI.

No Capítulo I, apresentamos informações básicas sobre os povos nahuas que se encontravam estabelecidos no altiplano central mexicano nesse século, bem como sobre os problemas teóricos e historiográficos relacionados aos seus escritos. Visto que os nahuas e seus escritos são temas pouco tratados na historiografia brasileira, sentimos a necessidade de situar o leitor diante de um quadro geral que daria compreensibilidade às análises que desenvolveríamos nos capítulos seguintes.

No Capítulo II, analisamos comparativamente as funções do sistema calendário nas fontes nahuas, estabelecendo pontualmente comparações com manuscritos de outras regiões mesoamericanas. Demonstramos, entre outras coisas, que tal sistema desempenhava funções estruturais ou era exigido como um saber pressuposto à leitura dos manuscritos tradicionais nahuas e, por outro lado, que seu uso temático indicaria influências coloniais, sobretudo dos trabalhos missionários. Essas diferentes funções e formas de uso contribuíram para estabelecermos aproximações e distanciamentos entre a produção das diversas fontes centrais da pesquisa, que conformam um grupo bastante heterogêneo, e as tradições de pensamento nahuas ou cristãs. Um dos principais resultados das análises desse capítulo foi o exercício de classificação dessas fontes centrais segundo o tipo de emprego do sistema calendário. Pudemos também delinear as principais transformações nos usos escriturais do sistema calendário ao longo do século XVI.

No Capítulo III, realizamos o mesmo tipo de análise que no anterior, mas tendo as concepções cosmográficas como eixo central. Procuramos demonstrar que os conceitos cosmográficos, assim como os calendários, desempenhavam funções estruturais e organizacionais ou eram exigidos como conhecimentos pressupostos à leitura dos manuscritos tradicionais nahuas. Por outro lado, o uso temático desses conceitos também estaria relacionado às demandas missionárias. Um dos resultados dessas análises – que se somaram às análises do capítulo anterior – foi a avaliação da estrutura narrativa geral dos sete manuscritos nahuas que compõem o conjunto de fontes centrais da pesquisa.

No Capítulo IV, reunimos uma série de análises e reflexões sobre os três princi-pais temas da pesquisa, demonstrando como o emprego articulado do calendário e da cosmografia para tratar da cosmogonia dotava os episódios registrados de carac-terísticas fundamentais, as quais, por sua vez, seriam parte das concepções nahuas de tempo e de passado. Sendo assim, esse capítulo procurou articular informações e resultados parciais relacionados às hipóteses específicas e que se encontravam disper-sos pelos capítulos anteriores. Por esse motivo, não iremos retomar essas articulações ou os resultados dessas hipóteses específicas de forma detalhada nestas considerações finais. Iremos, apenas, reunir e articular alguns resultados relacionados às duas hipó-teses gerais da pesquisa, isto é, que dizem respeito à caracterização das concepções de tempo, espaço e passado manejadas pelas elites dirigentes nahuas ou que se relacio-nam às transformações dos empregos escriturais do calendário, da cosmografia e da cosmogonia durante o século XVI.

Tratemos primeiro das características das concepções de tempo, espaço e passa-do e, depois, das transformações e continuidades dos usos escriturais do calendário, da cosmografia e da cosmogonia nahua.

A análise das fontes centrais que se mostraram mais tradicionais, isto é, o *Códice borbónico*, a *Leyenda de los soles*, os *Anales de Cuauhtitlan* e partes do *Códice Vaticano A* e da *Historia de los mexicanos por sus pinturas*, permitiu-nos inferir as seguintes características das concepções de tempo, espaço e passado das elites nahuas:

A – Contar o tempo era simultaneamente qualificá-lo, pois as unidades e ciclos calendários que eram associados aos episódios do passado distante ou recente, além de informarem a quantificação temporal, também participavam ativamente na com-posição dos episódios, aportando neles determinadas características. Em contrapar-tida, algumas características desses episódios se transformavam em qualidades per-manentes das unidades e ciclos calendários, passando a fazer parte de suas cargas, as quais se manifestariam em ocasiões regidas por tais unidades e ciclos. Em suma, os episódios relacionados ao passado distante ou recente e as unidades e ciclos calendá-rios se retroalimentavam de características e qualidades.

B – A ubiquidade e o uso estrutural do sistema calendário nos manuscritos nahuas – seja num *tonalamatl*, num *teoamoxtli* ou num *xiuhamatl* – apontam para a importância gnosiológica central que esse sistema desempenharia entre as tradições nativas de pensamento e escrita nos processos de classificação e compreensão da re-alidade. Sendo assim, podemos dizer que o *tonalpohualli* e o *xiuhmolpilli* eram ampla-mente empregados como uma espécie de "ferramenta" para classificar e interpretar as relações entre presente, passado e futuro, pois separavam ou articulavam diferentes eventos em suas unidades e ciclos.

C – A sincronia e a diacronia eram características complementares e indispensá-veis a qualquer marcação temporal nahua. A ênfase no caráter sincrônico ou diacrônico dependia, em parte, dos episódios ou temas registrados, bem como da intenção dos produtores do registro, pois em função dessas variáveis se daria mais destaque ao *tonalpohualli*, o que enfatizaria a sincronia, ou ao *xiuhmolpilli*, o que enfatizaria a diacronia, especialmente se ele estivesse disposto de forma contínua, como nos livros de anais ou *xiuhamatl*. Essa conjunção entre sincronia e diacronia dotava as datas nahuas de diversas camadas de significação.

D – As tradições de pensamento nahuas manejavam uma dimensão temporal ampla, de pelo menos dezenas de milhares de anos. Isso significa, entre outras coisas, que a concepção de passado manejada por tais tradições estava permeada por números vultosos e por complexos cálculos e combinações calendárias, os quais estavam a serviço da quantificação e, simultaneamente, da qualificação do tempo, pois nenhum dos elementos que compunham as unidades e ciclos calendários – números ou signos – estava desprovido de uma carga de qualidades próprias.

E – A divisão do espaço em âmbitos inter-relacionados era, fundamentalmente, uma forma de qualificá-lo. Essa divisão baseava-se principalmente nos movimentos do Sol e, dessa forma, articulava-se estreitamente com os ciclos calendários, empregados para mensurar tais movimentos, bem como com grandezas matemático-geométricas. Da utilização central dos movimentos do Sol para delimitar os âmbitos cosmográficos resultava certa prioridade gnosiológica da faixa leste-oeste sobre a norte-sul.

F – A articulação dessa divisão espacial com os ciclos calendários resultava num complexo conjunto de concepções espaço-temporais, empregadas, entre outras coisas, para organizar a disposição dos registros pictoglíficos nahuas e, simultaneamente, para qualificar seus conteúdos. Esse conjunto era sempre acionado parcialmente nesses registros tradicionais nahuas, dependendo da relevância de cada um dos seus componentes para os episódios e informações que se queriam registrar.

G – Os âmbitos cosmográficos nahuas eram delimitados por fronteiras graduais e transponíveis, que serviam antes para marcar a circulação e o movimento dos entes e do tempo pelas diversas partes do espaço do que para estabelecer divisões estanques e intransponíveis entre regiões ocupadas constantemente pelos mesmos seres. As macrorregiões cosmográficas – Céu, Inframundo e quatro rumos – não se localizavam em um "outro espaço", fora do alcance humano e reservado à presença e circulação dos deuses e entes sobre-humanos. A presença dos deuses entre os homens e dos homens em todos esses âmbitos atesta a existência de uma relação bem mais complexa entre âmbitos e seres ocupantes do que o simples impedimento de trânsito ou a exclusividade de ocupação. Do mesmo modo, a relação entre os *altepeme* e as macrorregiões cosmográficas não se caracterizava pela separação entre dois tipos de espaço, ocupados por entes distintos e nos quais vigorariam leis também distintas. Ao contrário, cada *altepetl* era concebido como uma espécie de microcosmo que reproduziria mimeticamente todo o Mundo e que se encontraria em seu centro, onde, portanto, todas as macrorregiões se reuniriam ou sobreporiam.

H – O que chamamos de cosmogonia e de história eram partes articuláveis do passado para os nahuas e sobre as quais não pesava uma distinção de ordem qualitativa. Em outras palavras, os episódios relacionados ao passado recente e ao distante eram retratados basicamente da mesma forma, pois envolviam os mesmos tipos de âmbitos cosmográficos, de unidades calendárias e de personagens – se bem que a menção de datas e locais era muito mais abundante nos relatos sobre o passado recente. Sendo assim, a cosmogonia seria vista como um processo em curso, cuja última etapa se iniciara com a criação do Sol e do homem atuais, os quais também não durariam para sempre, pois cada idade teria seu turno, sendo substituída por algo relativamente distinto e semelhante. Em poucas palavras, o passado recente e a época atual também eram tempos cosmogônicos.

I – A história recente, isto é, a fase tolteca e chichimeca, era vista como uma particularização no interior da história da idade atual e que se articulava à cosmogonia, basicamente, de duas formas: pelo encadeamento cronológico progressivo de episódios, desde a primeira idade até a fase tolteca e chichimeca, ou pela associação pontual e direta entre episódios do passado recente e do distante.

J – O *movimento* (*ollin*) era uma categoria central não apenas para a concepção de tempo, mas também para a de espaço e, consequentemente, para a construção das explicações nahuas sobre o passado. Essa categoria era empregada frequentemente para aludir ao estabelecimento da ordem cosmogônica que vigoraria até o fim da idade em questão. Por outro lado, a ideia de *não movimento* (*amo ollin*) era empregada como sinônimo de destruição ou fim de uma idade. A categoria *movimento* condiz com a concepção de *turno*, empregada nas fontes, entre outras coisas, para expressar a articulação entre espaço e tempo, a qual se manifestava especialmente na rotatividade do tempo pelos quatro rumos no sentido anti-horário.

K – Não é possível estabelecer uma relação fixa e unívoca entre as idades anteriores do Mundo e as quatro regiões cosmográficas, seja por meio dos dias do *tonalpohualli* que nomeavam as idades ou pelas cores que a elas estariam associadas segundo alguns manuscritos. No entanto, os glifos que nomeavam essas idades poderiam estar dispostos, pictoglificamente, na forma de *quincunce*, em alusão aos quatro rumos e à rotatividade do tempo pelo espaço em sentido anti-horário.

Além de inferir características das concepções de tempo, espaço e passado das elites nahuas por meio da análise de manuscritos tradicionais, também vimos que outros manuscritos, componentes de nosso conjunto de fontes centrais, apresentam o calendário, a cosmografia e a cosmogonia de forma semelhante à que se encontra nas *Historias* dos missionários castelhanos, o que caracterizaria a presença de marcadas influências cristãs em suas produções. Essas influências puderam ser detectadas principalmente na *Histoire du Mechique* e no *Códice magliabechiano*, mas também em partes do *Códice Vaticano A* e da *Historia de los mexicanos por sus pinturas*. A comparação desses manuscritos com códices tradicionais e, também, com as obras dos missionários castelhanos possibilitou o entendimento de transformações nos usos escriturais do calendário, da cosmografia e da cosmogonia durante o século XVI. Algumas dessas transformações foram:

A – As concepções calendárias e cosmográficas deixaram de ocupar o papel de lógica organizadora ou de pressupostos de leitura dos escritos e passaram a ser tratadas como temas em textos explicativos. Esse processo foi marcado pela simplificação dessas concepções – por exemplo, ao se reduzir alguns ciclos calendários à sua dimensão quantitativa –, bem como por sua adaptação ao pensamento cristão – por exemplo, ao se retratar os âmbitos cosmográficos como locais de destino dos mortos ou de moradia fixa de determinados deuses.

B – As concepções calendárias mantiveram o papel de lógica organizadora ou fio condutor da narrativa em alguns textos alfabéticos nahuas, mas o mesmo não ocorreu com as concepções cosmográficas, pois o sistema de escrita alfabética tende a dispensar um tratamento relativamente homogêneo ao espaço escriturário, inviabilizando a continuidade do papel organizacional que a cosmografia desempenhava nos escritos pictoglíficos. Além disso, o sentido anti-horário deixou de ser empregado como princípio de organização e de leitura em alguns manuscritos pictoglíficos que tratavam dos ciclos calendários, o que não ocorria nos registros tradicionais nahuas.

C – As numerosas menções calendárias e toponímicas que apareciam nos relatos nahuas mais tradicionais sobre o passado, especialmente sobre o passado recente, diminuíram significativamente nos manuscritos nativos coloniais influenciados pelos modelos narrativos e seleções temáticas de origem cristã e praticamente desapareceram nas *Historias* dos religiosos castelhanos.

D – A desarticulação entre episódios cosmogônicos e marcos calendários e cosmográficos detectada em parte de nossas fontes centrais relaciona-se com a fabulização do passado nahua, processo que estava sendo realizado principalmente pelos missionários cristãos. Por julgar que os relatos nahuas sobre o passado eram fruto de inspirações demoníacas ou concorrentes das explicações bíblicas, os missionários os destituíram das informações que poderiam dotá-los de verossimilhança, tais como as informações calendárias, cosmográficas e toponímicas, bem como de sua amplitude temporal, superior à que se encontra presente nos textos bíblicos.

E – Textos que utilizavam o calendário e a cosmografia de forma estrutural ou como pressupostos de leitura para tratar do passado foram produzidos pelas elites nahuas até, pelo menos, meados do século XVII, tanto em meio dos trabalhos missionários – como os escritos confeccionados pelos membros da equipe de Sahagún – como de modo relativamente independente – como os textos de Chimalpahin e Ixtlilxochitl. No entanto, a desarticulação e o desaparecimento das elites nahuas ocasionaram, muitas vezes, o desuso dos marcos calendários na produção de explicações sobre o passado, especialmente dos marcos diacrônicos. Isso porque para a organização sociopolítica dos *macehualtin*, que continuaram a produzir tais explicações, a articulação dos episódios cosmogônicos com referenciais calendários sincrônicos e com marcos cosmográficos seria mais importante do que a articulação com referenciais diacrônicos.

Muitas das transformações arroladas acima resultaram do emprego de modelos narrativos e pressupostos de leitura de origem cristã na produção dos manuscritos e, desse modo, não correspondem, direta ou necessariamente, a mudanças nas concepções de tempo, espaço e passado das elites nahuas do início do período Colonial. Sendo assim, ao analisarmos os manuscritos nahuas tradicionais – pré-hispânicos ou produzidos no século XVI – não podemos projetar-lhes automaticamente as características resultantes dessas transformações, tais como a ênfase na ciclicidade ou a desarticulação entre cosmogonia, calendário e cosmografia. Tais projeções podem gerar, entre outras coisas, a invisibilidade ou a subvalorização de características próprias e fundamentais às concepções de tempo, espaço e passado das elites nahuas dos séculos XV e XVI – como aquelas que listamos no início destas Considerações Finais –, as quais são indispensáveis para compreendermos adequadamente as atuações e instituições relacionadas a essas elites ou as diferenças entre o seu pensamento e o dos missionários cristãos.

Bibliografia

Siglas

ADV – Akademische Druck-und Verlagsanstalt
Ciesas – Centro de Investigaciones y Estudios Superiores en Antropología Social
Conaculta – Consejo Nacional para la Cultura y las Artes
Edusp – Editora da Universidade de São Paulo
FCE – Fondo de Cultura Económica
FFLCH – Faculdade de Filosofia, Letras e Ciências Humanas
IIA – Instituto de Investigaciones Antropológicas
IIH – Instituto de Investigaciones Históricas
Inah – Instituto Nacional de Antropología e Historia
SEQC – Sociedad Estatal Quinto Centenario
Unam – Universidad Nacional Autónoma de México
USP – Universidade de São Paulo
sdp – sem data de publicação
scp – sem casa publicadora
slp – sem local da publicação

Fontes documentais

ACOSTA, José de. *Historia natural y moral de las Indias*. 2. ed. México: FCE, 1985 (Biblioteca Americana – Serie de Cronistas de Indias).

Anales de Cuauhtitlan. In: *Códice Chimalpopoca: Anales de Cuauhtitlan y Leyenda de los soles*. Tradução do nahuatl e comentários Primo Feliciano Velázquez. México: Instituto de Historia – Unam, 1945 (Publicaciones del Instituto de Historia – Primera Serie, n. 1). p. 3-118.

Anales de Tecamachalco. 1398 – 1590. Introdução e tradução do nahuatl Eustaquio Celestino Solís e Luis Reyes García. México/Puebla: Ciesas/FCE/Gobierno del Estado de Puebla, 1992 (Colección Puebla).

BENAVENTE, Toribio de. *Historia de los indios de la Nueva España*. Editor Cláudio Esteva Fabregat. Madri: Dastin, 2001 (Crónicas de América).

CASTILLO, Cristóbal del. *Historia de la venida de los mexicanos y otros pueblos/Historia de la conquista*. Tradução do nahuatl e introdução Federico Navarrete Linares. México: Conaculta, 2001 (Serie Cien de México).

CHIMALPAHIN CUAUHTLEHUANITZIN, Domingo Francisco de San Antón Muñón. *Primera, segunda, cuarta, quinta y sexta relaciones de las différentes histoires originales.* Apresentação Silvia Limón. Edição Josefina Garcia Quintana *et alii.* Tradução Taller de Estudios y Traducción de Textos Nahuas do IIH da UNAM. México: IIH – Unam, 2003 (Serie de Cultura Náhuatl – Fuentes 11).

_____ *Memorial breve acerca de la fundación de la ciudad de Culhuacan.* Estudo introdutório, paleografia, tradução e notas Víctor M. Castillo Farreras. México: IIH – Unam, 1991 (Serie de Cultura Náhuatl – Fuentes 9).

_____.*Las ocho relaciones y el memorial de Colhuacan.* Paleografia e tradução do nahuatl Rafael Tena. México: Conaculta, 1998. 2 v. (Cien de México).

Codex Chimalpopoca. Transcrição e tradução do nahuatl John Bierhorst. Tucson/Londres: The University of Arizona Press, 1992.

Codex telleriano-rememsis. Ritual, divination, and history in a pictorial Aztec manuscript. Estudo Eloise Quiñones Keber. Prefácio Emmanuel le Roy Ladurie. Austin: University of Texas Press, 1995.

Códice Azoyú 1. El reino de Tlachinollan. Introdução e explicação Constanza Vega Sosa. 1. reimpressão. México: FCE, 1993.

Códice borbónico. Introdução e explicação Ferdinand Anders *et alii.* Graz/México/Madri: ADV/FCE/SEQC, 1991 (Códices Mexicanos III).

Códice Borgia. Introdução e explicação Ferdinand Anders *et alii.* Madri/Graz/México: SEQC/ADV/FCE, 1993 (Códices Mexicanos V).

Códice Boturini – Tira de la peregrinación. México: Secretaría de Educación Pública – Dirección General de Educación Primaria en el DF Núm. 2, 1975 (Colección de documentos conmemorativos del DCL aniversario de la fundación de Tenochtitlan, Documento n. 1).

Códice Cospi. Introdução e explicação Ferdinand Anders *et alii.* Graz/México: ADV/FCE, 1994 (Códices Mexicanos VIII).

Códice de Dresde. Introdução e explicação J. Eric S. Thompson. Tradução Jorge Ferreiro Santana. 1. ed. em espanhol. México: FCE, 1988 (Sección de Obras de Antropología).

Códice Fejérváry-Mayer. Introdução e explicação Ferdinand Anders *et alii.* Graz/México: ADV/FCE, 1994 (Códices Mexicanos VII).

Códice Ixtlilxochitl. Introdução e explicação Geert Bastiaan van Doesburg. Graz/México: ADV/FCE, 1996 (Códices Mexicanos XI).

Códice Madrid. In: *Los códices mayas.* Introdução e bibliografia Thomas A. Lee Jr. Tuxtla Gutiérrez: Universidad Autónoma de Chiapas, 1985.

Códice Magliabechi. Introdução e explicação Ferdinand Anders *et alii.* Graz/México: ADV/FCE, 1996 (Códices Mexicanos XII).

Códice Vaticano A. Introdução e explicação Ferdinand Anders e Maarten Jansen. Graz/México: ADV/FCE, 1996 (Códices Mexicanos XII).[1]

---

1   Os códices *Magliabechiano* e *Vaticano A* receberam o mesmo número na série *Códices Mexicanos*, da ADV e FCE

Códice Vaticano B. Introdução e explicação Ferdinand Anders e Maarten Jansen. Graz/México/ Madri: ADV/FCE/SEQC, 1993 (Códices Mexicanos IV).

Códice vindobonensis. Introdução e explicação Ferdinand Anders *et alii.* Graz/México/Madri: ADV/FCE /SEQC, 1992 (Códices Mexicanos I).

Códice Zouche-Nuttall. Introdução e explicação Ferdinand Anders *et alii.* Graz/México/Madri: ADV/FCE/SEQC, 1992 (Códices Mexicanos II).

DÍAZ DEL CASTILLO, Bernal. *Historia verdadera de la conquista de la Nueva España.* Introdução e notas Joaquín Ramírez Cabañas. 16. ed. México: Editorial Porrúa, 1994 (Sepan Cuantos, n. 5).

DURÁN, Diego. *Historia de las Indias de Nueva España e islas de la tierra firme.* 2. ed. México: Editorial Porrúa, 1984. 2 v. (Biblioteca Porrúa, n. 36).

El libro de los libros de chilam balam. Tradução e organização Alfredo Barrera y Silvia Rendón. México: FCE, 1991 (Colección Popular, n. 42).

El tonalamatl de la colección Aubin. Antiguo manuscrito mexicano en la Biblioteca Nacional de Paris (Manuscrit mexicains n. 18-19). Estudo introdutório Carmen Aguilera. Diagramas Eduard Seler. Tlaxcala: Estado de Tlaxcala/La Letra Editores, 1981 (Tlaxcala Códices y Manuscritos 1).

FUENTE, Beatriz de la *et alii. La escultura prehispánica de Mesoamérica.* México: Conaculta/Jaca Book, 2003.

Histoire du Mechique. In: *Mitos e historias de los antiguos nahuas.* Paleografia e tradução Rafael Tena. México: Conaculta, 2002 (Cien de México). p. 123-65.

Historia de los mexicanos por sus pinturas. In: *Mitos e historias de los antiguos nahuas.* Paleografia e modernização do texto Rafael Tena. México: Conaculta, 2002 (Cien de México). p. 23-111.

Historia de los mexicanos por sus pinturas. In: *Teogonía e historia de los mexicanos: tres opúsculos del siglo XVI.* Introdução e organização Ángel María Garibay K. 5. ed. México: Editorial Porrúa, 1996 (Sepan Cuantos, n. 37). p. 23-90.

Historia tolteca-chichimeca. Introdução e estudo Paul Kirchhoff *et alii.* 2. ed. México: Ciesas/Gobierno del Estado de Puebla/FCE, 1989 (Colección Puebla).

History and mitology of the Aztecs. The codex Chimalpopoca. Tradução do nahuatl John Bierhorst. Tucson/Londres: The University of Arizona Press, 1992.

Histoyre du Mechique. In: *Teogonía e historia de los mexicanos: tres opúsculos del siglo XVI.* Introdução e organização Ángel Maria Garibay K. 5. ed. México: Editorial Porrúa, 1996 (Sepan Cuantos, n. 37). p. 91-120.

IXTLILXOCHITL, Fernando de Alva. *Obras históricas. Incluyen el texto completo de las llamadas Relaciones e Historia de la nación chichimeca en una nueva versión establecida con el cotejo de los manuscritos más antiguos que se conocen.* Estudo, introdução e apêndices Edmundo O'Gorman. Prólogo Miguel León Portilla. 3. ed. México: Instituto Mexiquense de Cultura e IIH – Unam, 1997. 2 v. (Biblioteca Nezahualcóyotl).

Leyenda de los soles. In: *Códice Chimalpopoca: Anales de Cuauhtitlan y Leyenda de los soles.* Tradução do nahuatl e comentários Primo Feliciano Velázquez. México: Instituto de Historia – Unam, 1945 (Publicaciones del Instituto de Historia – Primera Serie, n. 1). p. 119-42.

Libro de chilam balam de Chumayel. Tradução do maia Antonio Mediz Bolio. Prólogo, introdução e notas Mercedez de la Garza. 1. reimpressão da 2. ed. México: Conaculta, 2001 (Cien de México).

MATOS MOCTEZUMA, Eduardo *et alii. Aztecs: Exhibition catalogue.* Londres: Royal Academy of Art/Thames and Hudson, 2002.

Matrícula de tributos. Museo de Antropología, México (Col. 35 – 52). Introdução e explicação Frances F. Berdan e Jacqueline de Durand-Forest. Graz: ADV, 1980.

Memorial de Sololá. Introdução Jorge Luján Muñoz. Tradução Simón Otzoy. Guatemala: Comisión Interuniversitaria Guatemalteca de Conmemoración del Quinto Centenario del Descubrimiento de América, 1999.

MENDIETA, Gerónimo de. *Historia eclesiástica indiana.* 4. ed. *fac-símile* da publicação de Joaquín Garcia Icazbalceta de 1870. México: Editorial Porrúa, 1993 (Biblioteca Porrúa n. 46).

PONCE, Pedro. Breve relación de los dioses y ritos de la gentilidad. In: *El alma encantada. Anales del Museo Nacional de México.* Apresentação Fernando Benítez. México: Instituto Nacional Indigenista e FCE, 1987 (Sección de Obras de Historia).

Popol vuh - Las antiguas historias del Quiché. Tradução do maia, introdução e notas Adrián Recinos. 26. ed. México: FCE, 1996 (Colección Popular, n. 11).

Primeros memoriales by fray Bernardino de Sahagún. Facsimile edition – Part I. Fotografia de Ferdinand Anders. Norman: University of Oklahoma Press, 1993 (Civilization of the American Indian Series, 200).

SAHAGÚN, Bernardino de. *Historia general de las cosas de Nueva España. Versión íntegra del texto castellano del manuscrito conocido como Códice florentino.* Introdução, paleografia, glossário e notas Alfredo López Austin e Josefina Garcia Quintana. 1. reimpressão da 3. ed. México: Conaculta, 2002. 3 v. (Cien de México).

_____. *Coloquios y doctrina cristiana...* Introdução, paleografia, tradução do nahuatl e notas de Miguel León Portilla. ed. *fac-símile.* México: Fundación de Investigaciones Sociales – Unam, 1986.

The Codex Borgia – a full-restoration of the ancient Mexican manuscript. Restauração Gisele Díaz e Alan Rodgers. Introdução e explicação Bruce E. Byland. Nova York: Dover Publications, 1993.

The essential Codex Mendoza. Introdução, descrição e estudo Frances F. Berdan e Patricia Rieff Anawalt. Berkeley/Los Ángeles/Londres: University of California Press, 1997.

The Selden roll – An ancient Mexican picture manuscript in the Bodleian Library at Oxford. Comentários Cottie A. Burland. Bibliografia Gerdt Kutscher. Berlim: Verlag Gebr. Mann, 1955 (Monumenta Americana II).

Obras de referência

Arqueología Mexicana. Atlas del México Prehispánico. Direção científica Joaquín García-Bárcena *et alii.* México: Editorial Raíces/Inah/Conaculta, número especial 5, julho de 2000.

Arqueología Mexicana. Tiempo Mesoamericano (2500 a.C. – 1521 d.C.). Direção científica Ann Cyphers *et alii.* México: Editorial Raíces/Inah/Conaculta, número especial 11, setembro de 2002.

BRODA, Johanna *et alii* (edit.). *Arqueoastronomía y etnoastronomía en Mesoamérica.* México: IIH – Unam, 1991 (Serie de Historia de la Ciencia y la Tecnología, 4).

COE, Michael D. e KERR, Justin. *The art of the maya scribe.* Londres: Thames and Hudson, 1997.

Diccionario Salamanca de la lengua española. Direção Juan Gutiérrez Cuadrado. Madri: Santillana e Universidad de Salamanca, 1996.

EDMONSON, Munro S. *Sistemas calendáricos mesoamericanos.* Tradução Pablo García Cisneros. México: IIH – Unam, 1995 (Serie de Culturas Mesoamericanas 4).

Enciclopédia Einaudi. Tempo/temporalidade. Direção Ruggiero Romano. Porto: Imprensa Nacional Casa da Moeda, 1993. v. 29.

GARCÍA ICAZBALCETA, Joaquín. *Bibliografia mexicana del siglo XVI.* Organização Augustín Millares Carlo. 2. ed. México: FCE, 1981 (Biblioteca Americana).

GARIBAY K., Ángel María. *Historia de la literatura náhuatl.* México: Editorial Porrúa, 1992 (Colección Sepan Cuantos, n. 626).

GONZÁLEZ TORRES, Yolotl. *Diccionario de mitología y religión de Mesoamérica.* Madri/México/ Paris/Buenos Aires: Ediciones Larousse, 1991.

HEYDEN, Doris e GENDROP, Paul. *Pre-columbian architecture of Mesoamerica.* Tradução Judith Stanton. Nova York: Harry N. Abrams, 1975 (History of World Architecture).

KRUPP, Edwin C. (org.). *No rasto de... As antigas astronomias.* Tradução Margarida Gomes e Eduardo Gomes. Lisboa: Publicações Europa-América, 1978. p. 17-54.

MILLER, Mary e TAUBE, Karl. *The gods and symbols of Ancient Mexico and the Maya. An illustrated dictionary of Mesoamerican religion.* Londres/Nova York: Thames and Hudson, 1993.

MOHAR BETANCOURT, Luz María. *La escritura en el México antiguo.* México: Plaza y Valdés Editores, 1990. v. I.

MOLINA, Alonso de. *Vocabulario en lengua castellana y mexicana y mexicana y castellana.* Estudo preliminar Miguel León Portilla. 4. ed. México: Editorial Porrúa, 2001 (Biblioteca Porrúa n. 44).

RÉMI SIMÉON. *Diccionario de la lengua náhuatl o mexicana - redactado según los documentos impresos y manuscritos más auténticos y precedido de una introducción.* Tradução de Josefina Oliva Coll. 14. ed. México e Madrid: Siglo Veintiuno Editores, 1997 (Colección América Nuestra, n. 1).

SULLIVAN, Thelma D. *Compendio de la gramática náhuatl.* Prefácio Miguel León Portilla. 2. ed. México: IIH – Unam, 1998 (Serie Cultura Náhuatl – Monografías, 18).

WAUCHOPE, Robert (edit.). *Handbook of Middle American Indians.* Austin: University of Texas Press, 1975. v. 14 e 15.

Obras historiográficas

ACUÑA, René. Calendarios antiguos del Altiplano de México y su correlación con los calendarios mayas. In: *Estudios de Cultura Náhuatl.* Editores Miguel León Portilla *et alii.* México: IIH – Unam, v. 12, p. 279-314, 1976.

AGUILERA, Carmen. Estudio introductorio. In: *El Tonalamatl de la Colección Aubin. Antiguo manuscrito mexicano en la Biblioteca Nacional de Paris (Manuscrit mexicains n. 18-19).* Tlaxcala: Estado de Tlaxcala e La Letra Editores, 1981 (Tlaxcala Códices y Manuscritos 1).

_____. Identificación de Topiltzin Quetzalcóatl de Tula. In: *Estudios de Cultura Náhuatl.* Editores Miguel León Portilla *et alii.* México: IIH – Unam, v. 16, p. 165-82, 1983.

_____.La fecha de inauguración del Templo Mayor. In: *Arqueología Mexicana – Calendarios Prehispánicos.* Direção científica Ann Cyphers *et alii.* México: Conaculta/Inah /Editorial Raíces, v. VII, n. 41, p. 30-1, janeiro/fevereiro de 2000.

_____. Una posible deidad negroide en el panteón azteca. In: *Estudios de Cultura Náhuatl.* Editores Miguel León Portilla e Alfredo López Austin. México: IIH – Unam, v. 9, p. 47-55, 1971.

_____. Xolpan y Tonalco – Una hipótesis acerca de la correlación astronómica del calendario mexica. In: *Estudios de Cultura Náhuatl.* Editores Miguel León Portilla *et alii,* México: IIH – Unam, v. 15, p. 185-207,1982.

ALCINA FRANCH, José. *Códices mexicanos.* Madri: Editorial Mapfre, 1992 (Colección Lenguas y Literaturas Indígenas – Colecciones Mapfre 1992).

_____. El agua que se junta con el cielo (Ilhuicaatl). In: *Chalchihuite. Homenaje a Doris Heyden.* Coordenação María de Jesús Rodríguez-Shadow e Beatriz Barba de Piña Chán. México: Inah, 1999 (Colección Científica). p. 147-66.

_____. Tlaloc y los tlaloques en los códices del México central. In: *Estudios de Cultura Náhuatl.* Editores Miguel León Portilla *et alii.* México: IIH – Unam, v. 25, p. 29-43, 1995.

ANAWALT, Patricia Rieff. *Indian Clothing before Cortés. Mesoamerican costumes from the codices.* Norman: University of Oklahoma Press, 1981.

ANDERS, Ferdinand e JANSEN, Maarten. *Religión, costumbres e historia de los antiguos mexicanos. Libro explicativo del llamado Códice Vaticano A.* Graz/México: ADV/FCE, 1996 (Códices Mexicanos XII).

ANDERS, Ferdinand *et alii. El libro de Tezcatlipoca, señor del tiempo. Libro explicativo del llamado Códice Fejérváry-Mayer.* Graz/México: ADV/FCE, 1994 (Códices Mexicanos VII).

_____. *El libro del ciuacoatl. Homenaje para el año del fogo nuevo. Libro explicativo del llamado Códice Borbónico.* Graz/Madri/México: ADV/SEQC/FCE, 1991 (Códices Mexicanos III).

_____. *Libro de la vida. Texto explicativo del llamado Códice Magliabechiano.* Graz/México: ADV/ FCE, 1996. (Códices Mexicanos XII).

ANDERS, Ferdinand *et alii. Los templos del cielo y de la oscuridad. Oráculos y liturgia. Libro explicativo del llamado Códice Borgia.* Madri/Graz/México: SEQC/ADV/FCE, 1993 (Códices Mexicanos V).

_____. *Origen e historia de los reyes mixtecos. Libro explicativo del llamado Códice vindobonensis.* Graz/ México/Madri: ADV/FCE/SEQC, 1992 (Códices Mexicanos I).

ANDERSON, Arthur J. O. A look into Tlalocan. In: JOSSERAND, Kathryn e DAKIN, Karen (editoras). *Smoke and mist. Mesoamerican studies in memory of Thelma D. Sullivan.* Oxford: Bar International Series, 1988. p. 151-9.

ARCURI, Marcia Maria. *Os sacerdotes e o culto oficial na organização do Estado mexica.* Tese de doutoramento. Orientadora Maria Beatriz Borba Florenzano. São Paulo: Museu de Arqueologia e Etnologia da USP, 2003.

_____. *Histories of the mexica.* Dissertação de mestrado. Orientadora Valerie Fraser. Essex: Department of Art History and Theory – University of Essex, 1996.

AVENI, Anthony F. Astronomia da antiga Mesoamérica. In: KRUPP, Edwin C. (org.). *No rasto de... As antigas astronomias.* Tradução Margarida Gomes e Eduardo Gomes. Lisboa: Publicações Europa-América, 1978. p. 182-220.

_____. *Observadores del cielo en el México antiguo.* Tradução Jorge Ferreiro. México: FCE, 1991 (Sección de Obras de Antropología).

_____. Tiempo, astronomía y ciudades del México antiguo. In: *Arqueología Mexicana. Calendarios prehispánicos.* Direção científica Ann Cyphers *et alii.* México: Editorial Raíces/Inah/Conaculta, v. VII, n. 41, p. 22-5, janeiro-fevereiro de 2000.

AVENI, Antony e HARTUNG, Hamilton Horst. Archaeoastronomy and the puuc sites. In: BRODA, Johanna *et alii* (edit.). *Arqueoastronomía y etnoastronomía en Mesoamérica.* México: IIH – Unam, 1991 (Serie de Historia de la Ciencia y la Tecnología, 4). p. 65-95.

AYALA FALCÓN, Maricela. La escritura, el calendario y la numeración. In: MANZANILLA, Linda e LÓPEZ LUJÁN, Leonardo (coord.). *Historia antigua de México – v. IV – Aspectos fundamentales de la tradición cultural mesoamericana.* 2. ed. México: Inah, IIA – Unam e Miguel Ángel Porrúa, 2001. p. 145-87.

BÁEZ-JORGE, Félix e GÓMEZ MARTÍNEZ, Arturo. Los equilibrios del cielo y de la tierra. Cosmovisión de los nahuas de Chicontepec. In: *Desacatos – Revista de Antropología Social – La cosmovisión de los actuales grupos indígenas de México.* Editora responsável Margarita Dalton. México: Ciesas/Secretaría de Educación Pública e Consejo Nacional de Ciencia y Tecnología, n. 5, p. 79-94, inverno de 2000.

BALLESTEROS GAIBROIS, Manuel. *Vida y obra de Fray Bernardino de Sahagún.* León: Instituto Fray Bernardino de Sahagún e C.S.I.C., 1973.

BAQUEDANO, Elizabeth e GRAULICH, Michel. Decapitation among the aztecs: mythology, agriculture and politics, and hunting. In: *Estudios de cultura náhuatl.* Editores Miguel León Portilla *et alii.* México: IIH – Unam, v. 23, p. 163-78, 1993.

BARJAU, Luis. *El mito mexicano de las edades.* México: Universidad Juárez Autónoma de Tabasco e Grupo Editorial Miguel Ángel Porrúa, 1998.

BARRERA, Alfredo e RENDÓN, Silvia. Introducción general. In: *El libro de los libros de Chilam balam.* 1. reimpressão. México: FCE/Secretaría de Educación Pública, 1992 (Lecturas Mexicanas n. 38). p. 9-20.

BATALLA ROSADO, Juan José. Los tlacuiloque del Códice Borbónico: una aproximación a su número y estilo. In: *Journal de la Société des Américanistes.* Paris: Au Siège de la Société Musée de L'Homme, tomo 80, p. 47-72, 1994.

BEADLE, George W. The origin of Zea mays. In: BROWMAN, David L. (edit.). *Cultural continuity in Mesoamerica.* Paris/Chicago: Mouton Publishers/The Hague/Aldine, 1978 (World Anthropology). p. 23-42.

BERDAN, Frances Frei e ANAWALT, Patricia Rieff. *The essential Codex Mendoza.* Berkeley/Los Ángeles/Londres: University of California Press, 1992.

BERDAN, Frances Frei e SMITH, Michael E. The Aztec empire. In: BERDAN, Frances F. e SMITH, Michael E. (edit.). *The postclassic mesoamerican world.* Salt Lake City: The University of Utah Press, 2003. p. 67-72.

BERDAN, Frances Frei. Ports of trade in Mesoamerica: a reappraisal. In: BROWMAN, David L. (edit.). *Cultural continuity in Mesoamerica.* Paris/Chicago: Mouton Publishers e The Hague/Aldine, 1978 (World Anthropology). p. 179-98.

BERNAND, Carmen e GRUZINSKI, Serge. *De la idolatría – Una arqueología de las ciencias religiosas.* Tradução Diana Sánchez F. México: FCE, 1992.

_____. *História do Novo Mundo. Da descoberta à conquista uma experiência européia (1492 – 1550).* Tradução Cristina Muracho. São Paulo: Edusp, 1997.

BIERHORST, John. *History and mitology of the Aztecs. The codex Chimalpopoca.* Tucson/Londres: The University of Arizona Press, 1992.

BOEHM DE LAMEIRAS, Brigitte. *Formación del Estado en el México Prehispánico.* 2. ed. México: El Colegio de Michoacán, 1997 (Colección Investigaciones).

BONIFAZ NUÑO, Rubén. *Cosmogonía antigua mexicana.* México: Coordinación de Humanidades – Unam, 1995 (Seminario de estudios para la descolonización de México).

BOONE, Elizabeth Hill. Bringing polity to place: Aztec and Mixtec foundation rituals. In: VEGA SOSA, Constanza (coord.). *Códices y documentos sobre México – Tercer Simposio Internacional.* México: Inah, 2000 (Colección Científica, 409 – Serie Historia). p. 547-73.

_____. Cartografía azteca: presentaciones de geografía,historia y comunidad. In: *Estudios de cultura náhuatl.* Editores Miguel León Portilla *et alii.* México: IIH – Unam, v. 28, p. 17-38, 1998.

_____. Manuscript painting in service of imperial ideology. In: BERDAN, Francis *et alii. Aztec imperial strategies.* Washington: Dumbarton Oaks Research Library and Collection, 1996. p. 181-206.

_____. Pictorial documents and visual thinking in Postconquest Mexico. In: BOONE, Elizabeth Hill e CUMMINS, Tom (edit.). *Native traditions in the postconquest world. A symposium at Dumbarton Oaks – 2nd through 4th October 1992.* Washington: Dumbarton Oaks Research Library and Collection, 1998. p. 149-99.

BOONE, Elizabeth Hill. *Stories in red and black – pictorial histories of the Aztecs and Mixtecs.* Austin: University of Texas Press, 2000.

BOONE, Elizabeth Hill e CUMMINS, Tom. *The Codex Magliabechiano and the lost prototype of the Magliabechiano group.* Berkeley/Los Ángeles/Londres: University of California Press, 1983.

_____. Towards a more precise definition of the aztec painting style. In: CORDY-COLLINS, Alana (compilação). *Pre-Columbian art history: selected readings.* Palo Alto: Peek Publications, 1982. p. 153-68.

BRANIFF CORNEJO, Beatriz. El norte de México: la gran chichimeca. In: *Arqueología Mexicana. México antigo: antología.* Direção científica Joaquín García-Bárcena *et alii.* 2. ed. México: Editorial Raíces/Inah/Conaculta, v. I, p. 128-33, 1997.

BRODA, Johanna. Astronomía y paisaje ritual: el calendario de horizonte de Cuicuilco-Zacatepetl. In: BRODA, Johanna *et alii* (coord.). *La montaña en el paisaje ritual.* México: Unam/ Conaculta/Inah/Universidad Autónoma de Puebla, 2001. p. 173-99.

_____. Ciclos agrícolas en el culto: un problema de la correlación del calendario mexica. In: AVENI, Anthony F. e BROTHERSTON, Gordon (edit.). *Calendars in Mesoamerica and Peru – Native American computations of time – Proceedings 44 International Congress of Americanists, Manchester 1982.* Oxford: Bar, 1983 (International Series, 174). p. 145-65.

_____. El culto mexica de los cerros y del agua. In: *Multidisciplina – Revista de la Escuela Nacional de Estudios Profesionales Acatlan Unam.* México: Unam, ano 3, n. 7, p. 45-56, 1982.

_____. La fiesta azteca del fuego nuevo y el culto de las Pléyades. In: TICHY, Franz (edit.). *Lateinamerika-Studien – Proceedings of the symposium Space and time in the cosmovision of Mesoamerica – XLIII International Congress of Americanists, Vancouver, Canada, August, 1979.* Munique: Wilhelm Fink Verlag, 1982. p. 129-57.

_____. Las fiestas aztecas de los dioses de la lluvia: una reconstrucción según las fuentes del siglo XVI. In: *Revista española de antropología.* v. 6, p. 245-327, 1971.

_____. Observación y cosmovisión en el mundo prehispánico. In: *Arqueología Mexicana. México antigo: antología.* Direção científica Joaquín García-Bárcena *et alii.* 2. ed.. México: Editorial Raíces/Inah/Conaculta, v. I, p. 20-5, 1997.

_____. Paisajes rituales del Altiplano Central. In: *Arqueología Mexicana. Los dioses de Mesoamérica.* Direção científica Joaquín García-Bárcena *et alii.* México: Editorial Raíces/ Inah/Conaculta, v. IV, n. 20, p. 40-9, 1996.

BROTHERSON, Gordon. *Grupos Chichimecas.* Curso de extensão universitária no IIA da Unam, Cidade do México, 18 a 22 de novembro de 2002.

_____. Indigenous intelligence in Spain's American Colony. In: *Forum for modern language studies.* St Andrews: University of St Andrews Press, v. XXXVI, n. 3, p. 241-53, 2000.

_____. *La América indígena en su literatura: los libros del cuarto mundo.* Tradução de Teresa Ortega Guerrero e Mónica Utrilla. México: FCE, 1997 (Sección de Obras de Historia).

BROTHERSON, Gordon. Las cuatro vidas de Tepoztecatl. In: *Estudios de cultura náhuatl.* Editores Miguel León Portilla *et alii.* México: IIH – Unam, v. 25, p. 185-205, 1995.

_____. *Painted books from Mexico. Codices in UK collections and the world they represent.* Londres: British Museum Press, 1995.

_____. *Spanish colonial writing and native sources.* Curso de Pós-graduação no Department of Spanish and Portuguese – Stanford University, Palo Alto, outubro a dezembro de 2004.

_____. The year 3113 BC and the Fifth Sun of Mesoamerica: an orthodox reading of the Tepexic Annals (Codex Vindobonensis observe). In: AVENI, Anthony F. e BROTHERSTON, Gordon (edit.). *Calendars in Mesoamerica and Peru – Native American computations of time – Proceedings 44 International Congress of Americanists, Manchester 1982.* Oxford: Bar, 1983 (International Series, 174). p. 167-220.

_____. *The year in the Mexican codices: the nature and structure of the eighteen feasts.* Mimeografado, 2002, in: *Models of the year in Mesoamerican texts – British Museum Occasional Paper,* (no prelo).

_____. Traduzindo a linguagem visível da escrita. In: *Literatura e Sociedade.* São Paulo: Departamento de Teoria Literária e Literatura Comparada da FFLCH da USP, n. 4, p. 78-91, 1999.

BROWN, Bett Ann. Early colonial representations of the monthly calendar. In: CORDY-COLLINS, Alana (compiladora). *Pre-columbian art history: selected readings.* Palo Alto: Peek Publications, 1982. p. 169-91.

BURLAND, Cottie A. Descriptive commentary. In: *The Selden roll – An ancient Mexican picture manuscript in the Bodleian Library at Oxford.* Berlim: Verlag Gebr. Mann, 1955 (Monumenta Americana II). p. 10-51.

BYLAND, Bruce E. Introduction and commentary. In: *The Codex Borgia – a full-restoration of the ancient Mexican manuscript.* Nova York: Dover Publications, 1993. p. XIII–XXXII.

CARRASCO, Pedro. *Estructura político-territorial del imperio tenochca – la Triple Alianza de Tenochtitlan, Tetzcoco y Tlacopan.* México: El Colegio de México, Fideicomiso Historia de las Américas e FCE, 1996 (Sección de Obras de Antropología).

_____. Las fiestas de los meses mexicanos. In: DALHGREN, Barbro (org.). *Mesoamérica – Homenaje al doctor Paul Kirchhoff.* México: Secretaría de Educación Pública/Inah, 1979. p. 52-60.

CARYNNYK, Deborah. An exploration of the nahua netherworld. In: *Estudios de cultura náhuatl.* Editores Miguel León Portilla *et alii.* México: IIH – Unam, v. 15, p. 219-36, 1982.

CASO, Alfonso. *El pueblo del Sol.* 13. ed. México: FCE, 1994 (Colección Popular, n. 104).

_____. *Interpretación del Códice Gomez de Orozco.* México: Talleres de Impresión de Estampillas y Valores, sdp.

_____. *Los calendarios prehispánicos.* México: IIH – Unam, 1967 (Serie de Cultura Náhuatl – Monografías, 6).

_____. Nuevos datos para la correlación de los años aztecas y cristiano. In: *Estudios de cultura náhuatl.* Editores Miguel León Portilla *et alii.* México: IIH – Unam, v. 1, p. 9-25, 1959.

CASTELLÓN HUERTA, Blas Román. Mitos cosmogónicos de los nahuas antiguos In: MONJARÁZ-RUIZ, Jesús (coord.). *Mitos cosmogónicos del México indígena.* 1. reimpressão. México: Inah, 1989 (Colección Biblioteca del Inah, Serie Antropología). p. 125-76.

CASTILLO FARRERAS, Víctor M. El bisiesto náhuatl. In: *Estudios de cultura náhuatl.* Editores Miguel León Portilla *et alii.* México: IIH – Unam, v. 9, p. 75-104, 1971.

_____. Estudio preliminar. In: CHIMALPAHIN CUAUHTLEHUANITZIN, Domingo Francisco de San Antón Muñón. *Memorial breve acerca de la fundación de la ciudad de Culhuacan.* Estudo introdutório, paleografia, tradução e notas Víctor M. Castillo Farreras. México: IIH – Unam, 1991 (Serie de Cultura Náhuatl, Fuentes 9). p. IX-XLIV.

_____. *Nahuatl I.* Curso de graduação na Facultad de Filosofía y Letras da Unam, Cidade do México, setembro de 2002 a janeiro de 2003.

CLENDINNEN, Inga. *Aztecs: an interpretation.* Cambridge: Cambridge University Press, 1991.

COE, Michael D. *El desciframiento de los glifos mayas.* Tradução Jorge Ferreiro. 4. reimpressão. México: FCE, 2001 (Sección de Obras de Antropología).

_____. Olmecas y mayas: estudios de relaciones. In: ADAMS, Richard E. W. (compilador). *Los orígenes de la civilización maya*. Tradução Stella Mastrangelo. 1. reimpressão. México: FCE, 1992 (Sección de obras de Antropología). p. 205-18.

COOK, Sherburne F. e BORAH, Woodrow. *El pasado de México. Aspectos sociodemográficos*. Tradução Juan José Utrilla. 2. ed. México: FCE, 1996 (Sección de Obras de Historia).

COUCH, N. C. Christopher. Images of the common man in the Codex Borbonicus. In: *Estudios de cultura náhuatl*. Editores Miguel León Portilla *et alii*. México: IIH – Unam, v. 17, p. 89-100, 1984.

_____. *The festival cycle of the Aztec Codex Borbonicus*. Oxford: Bar, 1985 (International Series 270).

DAVIES, Nigel. *Los antiguos reinos de México*. Tradução Roberto Ramón Reyes Mazzoni. 4. reimpressão. México: FCE, 1997 (Sección de Obras de Antropología).

_____. The aztec concept of history: Teotihuacan and Tula. In: DURAND-FOREST, Jacqueline de (edit.). *The native sources and the history of the Valley of Mexico – Proceedings 44 International Congress of Americanists, Manchester 1982*. Oxford: Bar, 1984 (International Series, 204). p. 207- 14.

DERRIDA, Jacques. *Gramatologia*. Tradução Mirian Schnaiderman e Renato Janine Ribeiro. São Paulo: Perspectiva/Edusp, 1973 (Estudos, n. 16).

DÍAZ CÍNTORA, Salvador. *Meses y cielos: reflexiones sobre el origen de lo calendario de los nahuas*. México: Unam, 1994 (Seminario de estudios para la descolonización de México).

DIBBLE, Charles E. El antiguo sistema de escritura en México. In: *Sobretiro del tomo IV, nums. 1-2 de la Revista mexicana de estudios antropológicos*. México: scp., 1940.

DURAND-FOREST, Jacqueline de. Contenientes y contenidos: estudio de sus relaciones simbólicas en el tonalamatl del Codex Borbonicus. In: VEGA SOSA, Constanza (compiladora). *Códices y documentos sobre México. Primer simposio*. México: Inah, 1994 (Serie Historia – Colección Científica). p. 247-54.

DURAND-FOREST, Jacqueline de. Códice Borbónico y Tonalámatl Aubin, semejanzas y diferencias a propósito de un caso particular: los Nueve Señores de la noche. In: MARTÍNEZ MARÍN, Carlos (apresentador). *Primer coloquio de documentos pictográficos de tradición náhuatl*. México: IIH – Unam, 1989. (Serie de Cultura Náhuatl – Monografías 23). p. 261-78.

DUVERGER, Christian. *Mesoamérica. Arte y Antropología*. Tradução Aurelia Álvarez Urbajtel e Pablo Flores Merino Herrera Salcedo. México/Paris: Conaculta e Américo Arte/Lamducci, 2000.

ELIADE, Mircea. *Mito do eterno retorno*. Tradução José Antonio Ceschin. São Paulo: Mercuryo, 1992.

ELLIOTT, Jorge. The relationship between painting and scripts. In: BROWMAN, David L. (ed.). *Cultural continuity in Mesoamerica*. Paris: Mouton Publishers e The Hague, 1978 (World Anthropology). p. 343-64.

ESCALANTE H., Roberto. Comparación de los nombres y glifos de días en los calendarios mesoamericanos. In: MARTÍNEZ MARÍN, Carlos (apresentador). *Primer coloquio de documentos pictográficos de tradición náhuatl*. México: IIH – Unam, 1989. (Serie de Cultura Náhuatl – Monografías 23). p. 171-6.

FARRIS, Nancy. Recordando el futuro, anticipando el pasado: tiempo histórico y tiempo cosmogónico entre los mayas de Yucatán. In: *La memoria y el olvido. Segundo simposio de historia de las mentalidades*. México: Inah, 1985. p. 47-60.

FELICIANO VELÁZQUEZ, Primo. Introducción. In: *Códice Chimalpopoca: Anales de Cuauhtitlan y Leyenda de los soles*. Tradução do nahuatl e comentários Primo Feliciano Velázquez. México: Unam - Instituto de Historia, 1945 (Publicaciones del Instituto de Historia – Primera Serie, n. 1). p. VI-XXI.

FLORESCANO, Enrique. *Memoria indígena*. México: Taurus, 1999.

_____. *Mito e historia en la memoria mexicana* – Discurso apresentado na ocasião de seu ingresso na Academia Mexicana de História, como membro de número. Mimeografado. México, 18 de julho de 1989.

FRANÇA, Leila Maria. *O monte das "Águas Queimadas": o simbolismo do jade e das pedras verdes nas oferendas do Templo Mayor de Tenochtitlan, México*. Tese de doutorado. Orientadora Maria Beatriz Borba Florenzano. São Paulo: Museu de Arqueologia e Etnologia da USP, 2005.

_____. *Transformações da noção de valor na Mesoamérica: os "objetos preciosos" como intermediários nas trocas indígenas e seu encontro com a moeda metálica*. Dissertação de mestrado. Orientadora Maria Beatriz Borba Florenzano. São Paulo: Museu de Arqueologia e Etnologia da USP, 1999.

FRASER, Valerie. *Texto e significado na América nativa*. Curso de pós-graduação no Museu de Arqueologia e Etnologia da USP, setembro de 2001.

GALARZA, Joaquín. Códices o manuscritos testerianos. In: *Arqueología Mexicana. Códices coloniales*. Direção científica Joaquín García-Bárcena *et alii*. México: Editorial Raíces/Inah/Conaculta, v. VII, n. 38, p. 34-7, 1999.

_____. *In amoxtli in tlacatl – el libro, el hombre. Códices y vivencias*. México: Tava Editorial, 1992 (Colección Códices Mesoamericanos).

GALARZA, Joaquín. Los códices mexicanos. In: *Arqueología Mexicana. Códices prehispánicos*. Direção científica Joaquín García-Bárcena *et alii*. México: Editorial Raíces/Inah/Conaculta, v. IV, n. 23, p. 6-13, 1997.

_____. The aztec system of writing: problems of research. In: BROWMAN, David L. (ed.). *Cultural continuity in Mesoamerica*. Paris: Mouton Publishers e The Hague, 1978 (World Anthropology). p. 303-07.

GARIBAY K., Ángel María. Introducción. In: *Teogonía e historia de los mexicanos: tres opúsculos del siglo XVI*. Introdução e organização Ángel Maria Garibay K. 5. ed. México: Editorial Porrúa, 1996 (Sepan Cuantos, n. 37). p. 9-18.

GARZA CAMINO, Mercedes de la. *El hombre en el pensamiento religioso náhuatl y maya*. México: Instituto de Investigaciones Filológicas – Unam, 1990 (Centro de Estudios Mayas, Cuaderno 14).

_____. Los mayas. Antiguas y nuevas palabras sobre el origen. In: MONJARÁZ-RUIZ, Jesús (coord.). *Mitos cosmogónicos del México indígena*. 1. reimpressão. México: Inah, 1989 (Colección Biblioteca del Inah, Serie Antropología). p. 15-86.

_____. Prólogo / Introducción. In: *Libro de Chilam balam de Chumayel*. Tradução do maia Antonio Mediz Bolio. 1. reimpressão da 2. ed. México: Conaculta, 2001 (Cien de México). p. 9-37.

GEERTZ, Clifford. *A interpretação das culturas*. Tradução Fanny Wrobel. Rio de Janeiro: Zahar Editores, 1978 (Antropologia Social).

GIBSON, Charles. e GLASS, John B. A census of Middle American prose manuscripts in the native historical tradition. In: WAUCHOPE, Robert (edit. geral) e CLINE, Howard F. (edit. dos volumes). *Handbook of Middle American Indians*. Austin/Londres: University of Texas Press, 1975. v. 15. p. 322-400.

GIBSON, Charles. A survey of Middle American prose manuscripts in the native historical tradition. In: WAUCHOPE, Robert (edit. geral) e CLINE, Howard F. (edit. dos volumes). *Handbook of Middle American Indians*. Austin e Londres: University of Texas Press, 1975. v. 15. p. 311-21.

GIFFORD, James C. Ideas concerning maya concepts of the future. In: BROWMAN, David L. (edit.). *Cultural continuity in Mesoamerica*. Paris/Chicago: Mouton Publishers e The Hague/Aldine, 1978 (World Anthropology). p. 229-38.

GLASS, John B. e ROBERTSON, Donald. A census of native Middle American pictorial manuscripts. In: WAUCHOPE, Robert (edit. geral) e CLINE, Howard F. (edit. dos volumes). *Handbook of Middle American Indians*. Austin/Londres: University of Texas Press, 1975. v. 14. p. 81-252.

GLASS, John B. A survey of native Middle American pictorial manuscripts. In: WAUCHOPE, Robert (edit. geral) e CLINE, Howard F. (edit. do volume). *Handbook of Middle American Indians*. Austin/Londres: University of Texas Press, 1975. v. 14. p. 3-80.

GONZÁLEZ LAUCK, Rebecca B. La zona del Golfo en el Preclásico: la etapa olmeca. In: MANZANILLA, Linda e LÓPEZ LUJÁN, Leonardo (coord.). *Historia antigua de México – v. I – El México antiguo, sus áreas culturales, los orígenes y el horizonte Preclásico*. 2. ed. México: Inah, IIA – Unam e Miguel Ángel Porrúa, 2001. p. 363-406.

GONZÁLEZ TORRES, Yolotl. *Los rumbos del universo*. México: Inah – Departamento de Etnología y Antropología Social, 1974 (Cuadernos de Trabajo, Estudios 3).

GRAULICH, Michel. *Mitos y rituales del México antiguo*. Tradução Angel Barral Gómez. Madri: Ediciones Istmo/Colegio Universitario, 1990 (Artes, Técnicas y Humanidades, n. 8).

GRUZINSKI, Serge. *La colonización de lo imaginario. Sociedades indígenas y occidentalización en el México español, siglos XVI-XVIII*. Tradução Jorge Ferreiro. 2. ed. México: FCE, 1995.

HASSIG, Ross. *Time, history and belief in Aztec and Colonial Mexico*. Austin: University of Texas Press, 2001.

HERS, Marie-Areti. *Los toltecas en tierras chichimecas*. México: Instituto de Investigaciones Estéticas – Unam, 1989 (Cuadernos del Historia del Arte, n. 35).

HEYDEN, Doris. El "signo del año" en Tehuacan, su supervivencia y el sentido sociopolítico del símbolo. In: DALHGREN, Barbro (org.). *Mesoamérica – Homenaje al doctor Paul Kirchhoff*. México: Secretaría de Educación Pública/Inah, 1979. p. 61-86.

_____. Las cuevas de Teotihuacan. In: *Arqueología Mexicana. Ritos del México prehispánico*. Direção científica Joaquín García-Bárcena *et alii*. México: Editorial Raíces/Inah/Conaculta, v. VI, n. 34, p. 18-27, 1998.

JANSEN, Maarten. Un viaje a la casa del sol. In: *Arqueología Mexicana. Códices prehispánicos*. Direção científica Joaquín García-Bárcena *et alii*. México: Editorial Raíces/Inah/Conaculta, v. IV, n. 23, p. 44-9, 1997.

KOSSOVICH, Elisa Angotti. Dois cronistas mestiços da América ou da reconstituição da glória perdida através da História. In: AZEVEDO, Francisca L. Nogueira e MONTEIRO, John Manuel. *Confronto de culturas: conquista, resistência, transformação*. Rio de Janeiro/São Paulo: Expressão e Cultura/Edusp, 1997 (Coleção América: raízes e trajetórias, v. 7). p. 107-28.

LEE JR., Thomas A. *Los códices mayas*. Tuxtla Gutiérrez, Chiapas: Universidad Autónoma de Chiapas, 1985.

LEÓN PORTILLA, Miguel. A Mesoamérica antes de 1519. In: BETHELL, Leslie. *História da América Latina: América Latina colonial, vol. I*. Tradução Maria Clara Cescato. 2. ed. São Paulo/Brasília: Edusp/Fundação Alexandre Gusmão, 1998. p. 25-61.

_____. *Códices – Los antiguos libros del Nuevo Mundo*. México: Aguilar, 2003.

_____. *El destino de la palabra: de la oralidad y los códices mesoamericanos a la escritura alfabética*. México: El Colégio Nacional/FCE, 1997.

_____. *Humanistas de Mesoamérica. Nezahualcoyotl y Sebastián Ramírez de Fuenleal*. México: FCE, 1997 (Cultura Para Todos).

_____. ¿Insertos en la "Historia Sagrada"? Respuesta y reacómodos de los mesoamericanos. In: *Estudios de cultura náhuatl*. Editores Miguel León Portilla *et alii*. México: IIH – Unam, v. 26, p. 187-209, 1996.

_____. *La filosofía náhuatl estudiada en sus fuentes*. Prólogo Ángel María Garibay K. 9. ed. México: IIH – Unam, 2001 (Serie Cultura Náhuatl – Monografías, n. 10).

_____. *Literaturas indígenas de México*. 2. ed. México: FCE e Editorial Mapfre, 1992.

LEÓN PORTILLA, Miguel. *Los antiguos mexicanos a través de sus crónicas y cantares*. México: FCE, 1968. (Colección Popular).

_____. Los nobres de lugar en náhuatl. Su morfología, sintaxis y representación glífica. In: *Estudios de cultura náhuatl*. Editores Miguel León Portilla *et alii*. México: IIH – Unam, v. 15, p. 37-72, 1982.

_____. *México Tenochtitlan: su espacio y tiempo sagrados*. México: Inah, 1978.

_____. Ramírez de Fuenleal y las antiguedades mexicanas. In: *Estudios de cultura náhuatl*. Editores Miguel León Portilla *et alii*. México: IIH – Unam, v. III, p. 9-49, 1969.

_____. *Toltecáyotl: aspectos de la cultura náhuatl*. 5. ed. México: FCE, 1995.

LÉVI-STRAUSS, Claude. *O pensamento selvagem*. Tradução Maria Celeste da Costa e Souza e Almir de Oliveira Aguiar. São Paulo: Companhia Editora Nacional/Edusp, 1970 (Biblioteca Universitária, Série n. 2 – Ciências Sociais, v. 31).

LIMA, Oswaldo Gonçalves de. *El maguey y el pulque en los códices mexicanos*. México/Buenos Aires: FCE, 1956.

LIMÓN OLVERA, Silvia e PASTRANA FLORES, Miguel. Códices transcritos con pictografías. In: ROMERO GALVÁN, José Rubén (coord.). *Historiografía novohispana de tradición indígena*. México: IIH – Unam, 2003. v. I. p. 115-32.

LIMÓN OLVERA, Silvia. Los códices transcritos del altiplano central de México. In: ROMERO GALVÁN, José Rubén (coord.). *Historiografía novohispana de tradición indígena*. México: IIH – UNAM, 2003. v. I. p. 85-114.

LOCKHART, James. *The nahuas after the conquest. A social and cultural history of the indias of Central Mexico, sixteenth through eighteenth centuries*. Palo Alto: Stanford University Press, 1992.

LONGHENA, María. *Maya script: a civilization and its writing*. Tradução Rosanna M. Giammanco Fongia. Nova York: Abbeville Press, 2000.

LÓPEZ AUSTIN, Alfredo e LÓPEZ LUJÁN, Leonardo. *Mito y realidad de Zuyuá – Serpiente Emplumada y las transformaciones mesoamericanas del Clásico al Posclásico*. México: El Colegio de México/Fideicomiso Historia de las Américas/FCE, 1999 (Sección de Obras de Historia, Serie Ensayos).

LÓPEZ AUSTIN, Alfredo. *Cuerpo humano e ideología – las concepciones de los antiguos nahuas*. 3. ed. México: IIA – Unam, 1996 (Serie Antropológica, 39).

_____. *Hombre-dios: religión y política en el mundo náhuatl*. México: IIH – Unam, 1973. (Serie de Cultura Náhuatl. Monografías 15).

_____. La construcción de la memoria. In: *La memoria y el olvido. Segundo simposio de historia de las mentalidades*. México: Inah, 1985. p. 75-9.

_____. *La construcción de una visión de mundo*. Curso de pós-graduação no IIA da Unam, Cidade do México, setembro de 2002 a janeiro de 2003.

_____. *Los mitos del Tlacuache. Caminos de la mitología mesoamericana*. 4. ed. México: IIA – Unam, 1998.

_____. *Tamoanchan y Tlalocan*. México: FCE, 1994 (Sección de Obras de Antropología).

LÓPEZ LUJÁN, Leonardo. *La recuperación mexica del pasado teotihuacano*. México: Inah/Asociación de Amigos del Templo Mayor/GV Editores, 1989 (Colección Divulgación).

LUJÁN MUÑOZ, Jorge. Introducción. In: *Memorial de Sololá*. Tradução Simón Otzoy. Guatemala: Comisión Interuniversitaria Guatemalteca de Conmemoración del Quinto Centenario del Descubrimiento de América, 1999. p. XI-XXVII.

MANRIQUE CASTAÑEDA, Leonardo. Los códices históricos coloniais: eslabones entre dos mundos. In: *Arqueología Mexicana. Códices coloniales*. Direção científica Joaquín García-Bárcena *et alii*. México: Editorial Raíces/Inah/Conaculta, v. VII, n. 38, p. 25-31, 1999.

MANRIQUE CASTAÑEDA, Leonardo. Ubicación de los documentos pictográficos de tradición náhuatl en una tipología de sistemas de registro y de escritura. In: MARTÍNEZ MARÍN, Carlos (apresentador). *Primer coloquio de documentos pictográficos de tradición náhuatl*. México: IIH – Unam, 1989. (Serie de Cultura Náhuatl – Monografías 23). p. 159-70.

MANZANILLA, Linda. La zona del Altiplano central en el Clásico. In: MANZANILLA, Linda e LÓPEZ LUJÁN, Leonardo (coord.). *Historia antigua de México – v. II – El horizonte Clásico*. 2. ed. México: Inah, IIA – Unam e Miguel Ángel Porrúa, 2001. p. 203–39.

MARCUS, Joyce. *Mesoamerican writing systems. Propaganda, myth, and history in four ancient civilizations*. Princeton: Princeton University Press, 1992.

MARTÍNEZ MARÍN, Carlos. El registro de la historia. In: ROMERO GALVÁN, José Rubén (coord.). *Historiografía novohispana de tradición indígena*. México: IIH – Unam, 2003. v. I. p. 21-50.

MATOS MOCTEZUMA, Eduardo. *Vida y muerte en el Templo Mayor*. 3. ed. México: FCE/Asociación de Amigos del Templo Mayor, 1998. (Sección de Obras de Antropología).

MEDINA, Andrés. *En las cuatro esquinas, en el centro. Etnografía de la cosmovisión mesoamericana.* México: Unam – IIA, 2000.

MIGNOLO, Walter. Signs and their trasmision: the question of the book in the New World. In: BOONE, Elizabeth Hill e MIGNOLO, Walter (edit.). *Writing Without words: alternative literacies in Mesoamerica and the Andes.* Durham: Duke University Press, 1994. p. 220-70.

MOHAR BETANCOURT, Luz María. Tres códices nahuas del México antiguo – de religión, historia y economía. In: *Arqueología Mexicana. Códices prehispánicos.* Direção científica Joaquín García-Bárcena *et alii.* México: Editorial Raíces/Inah/Conaculta, v. IV, n. 23, p. 56-63, 1997.

MONTORO, Gláucia Cristiani. *Dos livros adivinhatórios aos códices coloniais: uma leitura de representações pictográficas mesoamericanas.* Dissertação de mestrado. Orientador Leandro Karnal. Campinas: Instituto de Filosofia e Ciências Humanas da Unicamp, 2001.

NAVARRETE LINARES, Federico. *¿Donde queda el pasado? Reflexiones sobre los cronotopos históricos.* Mimeografado, 2002.

_____. Estudio preliminar. In: CASTILLO, Cristóbal del. *Historia de la venida de los mexicanos y otros pueblos / Historia de la conquista.* Tradução do nahuatl e introdução Federico Navarrete Linares. México: Conaculta, 2001 (Serie Cien de México). p. 11-74.

_____. *La migración de los mexicas.* México: Conaculta, 1998 (Colección Tercer Milenio).

NAVARRETE LINARES, Federico. *La vida cotidiana en tiempo de los mayas.* México: Ediciones Temas de Hoy, 1996 (Colección Historia de México).

_____. *Las fuentes indígenas: más allá de la dicotomía entre historia y mito.* Disponível em: "http://www.fflch.usp.br/dh/ceveh/public_html/biblioteca/artigos/FN-P-A-historiaymito.html" consultado em 9 de dezembro de 2000.

_____ *Los libros quemados y los libros sustituidos.* Disponível em: <http://www.fflch.usp.br/dh/ceveh/public_html/biblioteca/artigos/fn-a-e-livrosquei.html> consultado em 9 de dezembro de 2000.

_____. *Mito, historia y legitimidad política: las migraciones de los pueblos del Valle de México.* Tese de doutoramento. Orientador Alfredo López Austin. México: Facultad de Filosofía y Letras – Unam, 2000.

_____. Nahualismo y poder: un viejo binomio mesoamericano. In: NAVARRETE LINARES, Federico e OLIVIER, Guilhem (coord.). *El héroe entre el mito y la historia.* México: IIH – Unam e Centro Francés de Estudios Mexicanos y Centroamericanos, 2000 (Serie Historia General 20). p. 155-79.

_____. *Visão comparativa da conquista e colonização das sociedades indígenas estatais: nahuas, maias e incas.* Curso de pós-graduação no Departamento de História da FFLCH da USP, primeiro semestre de 2002.

NICHOLSON, H. B. Middle American ethnohistory: an overview. In: WAUCHOPE, Robert (edit. geral) e CLINE, Howard F. (edit. dos volumes). *Handbook of Middle American Indians.* Austin e Londres: University of Texas Press, 1975. v. 15. p. 487-505.

_____. The provenience of the Codex Borbonicus: an hypothesis. In: JOSSERAND, Kathryn e DAKIN, Karen (edit.). *Smoke and mist. Mesoamerican studies in memory of Thelma D. Sullivan.* Oxford: Bar International Series, 1988. p. 77-97.

NOGUEZ, Xavier. Los códices del grupo Techialoyan. In: *Arqueología Mexicana. Códices coloniales.* Direção científica Joaquín García-Bárcena *et alii.* México: Editorial Raíces/Inah/Conaculta, v. VII, n. 38, p. 38-43, 1999.

NOWOTNY, Karl Anton. *Tlacuilolli. Style and contents of the Mexican pictorial manuscripts with a catalog of the Borgia Group.* Tradução e edição George A. Everett e Edward B. Sisson. Prefácio Ferdinand Anders. Norman: University of Oklahoma Press, 2005.

O'GORMAN, Edmundo. Estudio introductorio. In: IXTLILXOCHITL, Fernando de Alva. *Obras históricas. Incluyen el texto completo de las llamadas Relaciones e Historia de la nación chichimeca en una nueva versión establecida con el cotejo de los manuscritos más antiguos que se conocen.* Estudo, introdução e apêndices Edmundo O'Gorman. Prólogo Miguel León Portilla. 3. ed. México: Instituto Mexiquense de Cultura e IIH – Unam, 1997. 2 v. (Biblioteca Nezahualcóyotl). p. 1-257.

OBREGÓN RODRÍGUEZ, María Concepción. La zona del Altiplano Central en el Posclásico: la etapa de la Triple Alianza. In: MANZANILLA, Linda e LÓPEZ LUJÁN, Leonardo (coord.). *Historia antigua de México – v. III – El horizonte Posclásico.* 2. ed. México: Inah, IIA – Unam e Miguel Ángel Porrúa, 2001. p. 277–318.

OLIVEIRA, Ana Paula de Paula L. de. O problema da identidade de uma divindade asteca: Xipe Totec. In: *Numen – Revista de estudos e pesquisa da religião.* Juiz de Fora: Editora da Universidade Federal de Juiz de Fora, v. 4, n. 2, p. 113-52. segundo semestre de 2001.

PASO Y TRONCOSO, Francisco del. *Descripción, historia y exposición del Códice Borbónico (edición facsimilar) – con un comentario explicativo por E. T. Hamy.* México e Madri: Siglo Veintiuno, sdp. (América Nuestra).

PASTRANA FLORES, Miguel. Códices anotados de tradición náhuatl. In: ROMERO GALVÁN, José Rubén (coord.). *Historiografía novohispana de tradición indígena.* México: IIH – Unam, 2003. vl. I. p. 51-84.

PÉREZ ROCHA, Emma e TENA, Rafael. *La nobleza indígena del centro de México después de la conquista.* México: Inah, 2000.

PIÑA CHAN, Beatriz Barba de. Las Cihuapipiltin, sublimaciones de la muerte por parto. In: DAHLGREN, Barbro (org.). *Historia de la religión en Mesoamérica y áreas afines - III Colóquio.* México: Unam, 1993. p. 31-55.

PIÑA CHAN, Román. *Cacaxtla – fuentes históricas y pinturas.* México: FCE, 1998 (Sección de Obras de Antropología).

_____. *Historia, arqueología y arte prehispánico.* México: FCE, 1994.

_____. *Quetzalcoatl. Serpente emplumada.* 5. reimpressão. México: FCE, 1992 (Sección Obras de Antropología).

RABASA, José. *Franciscans and Dominicans under the gaze of a tlacuilo: Plural-world dwelling in an indian pictorial codex.* Berkeley: Doe Library – University of California, 1998 (Morrinson Library Inaugural Address Series, n. 14).

RECINOS, Adrián. Introducción. In: *Popol vuh – Las antiguas historias del quiché.* 26. ed. México: FCE, 1996 (Colección Popular, n. 11). p. 7-18.

REYES GARCÍA, Luis e ODENA GÜEMES, Lina. La zona del Altiplano Central en el Posclásico: la etapa chichimeca. In: MANZANILLA, Linda e LÓPEZ LUJÁN, Leonardo (coord.). *Historia antigua de México – v. III – El horizonte Posclásico.* 2. ed. México: Inah, IIA – Unam e Miguel Ángel Porrúa, 2001. p. 237–76.

REYES GARCÍA, Luis. Dioses y escritura pictográfica. In: *Arqueología Mexicana. Códices prehispánicos.* Direção científica Joaquín García-Bárcena *et alii.* México: Editorial Raíces/Inah/Conaculta, v. IV, n. 23, p. 24-33, 1997.

ROMERO FRIZZI, María de los Ángeles. Los zapotecos, la escritura y la historia. In: _____ (coord.). *Escritura zapoteca. 2500 años de historia.* México: Ciesas/Miguel Ángel Porrúa/Conaculta/Inah, 2003. p. 13-69.

ROMERO GALVÁN, José Rubén. *Los privilegios perdidos. Hernando Alvarado Tezozómoc, su tiempo, su nobleza, y su Crónica mexicana.* México: IIH – Unam, 2003 (Serie Teoría e Historia de la Historiografía, n. 1).

ROSSEAU, Françoise. Un sistema de relación en el tonalamatl del Codex Borbonicus: contenientes y contenidos. In: VEGA SOSA, Constanza (compiladora). *Códices y documentos sobre México. Primer simposio.* México: Inah, 1994 (Serie Historia – Colección Científica). p. 237-45.

SÁ, Lúcia de. *Rain forest literatures. Amazonian texts and Latin American culture.* Mineápolis/Londres: University of Minnesota Press, 2004 (Culture Studies of the Americas, v. 16).

SANTOS, Eduardo Natalino dos. As tradições históricas indígenas diante da conquista e colonização da América: transformações e continuidades entre nahuas e incas. In: *Revista de História. Departamento de História, FFLCH/USP.* São Paulo: Humanitas e FFLCH/USP, n. 150, p. 157-207, 1. semestre de 2004.

_____. *Deuses do México indígena. Estudo comparativo entre narrativas espanholas e nativas.* São Paulo: Palas Athena, 2002.

_____. Os códices mexicas: soluções figurativas a serviço da escrita pictoglífica. In: *Revista do Museu de Arqueologia e Etnologia – USP.* São Paulo: Museu de Arqueologia e Etnologia da USP, n. 14, p. 241-58, 2004.

_____. Usos historiográficos dos códices mixteco-nahuas. In: *Revista de História. Departamento de História, FFLCH-USP.* São Paulo: Humanitas e FFLCH/USP, n. 153, p. 69-115, segundo semestre de 2005.

SCHELE, Linda e FREIDEL, David. *A forest of kings. The untold story of the Ancient Maya.* Nova York: Quill Willian Morrow, 1990.

SEGALA, Amos. *Literatura náhuatl. Fuentes, identidades, representaciones.* Tradução Mónica Mansour. México: Editorial Grijalbo, 1990 (Los Noventa).

SELER, Eduard. *Comentarios al Códice Borgia.* Tradução Mariana Frenk. 2. reimpressão. México: FCE, 1988. 2 v. (Sección de Obras de Antropología).

SEPÚLVEDA Y HERRERA, María Teresa. El poder de la palabra. In: PIÑA CHAN, Beatriz Barba de (coord.). *Iconografía mexicana IV. Iconografía del poder.* México: Inah/Plaza y Valdés, 2002 (Serie Antropología Social – Colección Científica). p. 109-22.

SIARKIEWICZ, Elzbieta. *El tiempo en el tonalamatl.* Varsóvia: Cátedra de Estudios Ibéricos – Universidade de Varsóvia, 1995.

SOUSTELLE, Jacques. *Os astecas na véspera da conquista.* Tradução Eduardo Brandão. São Paulo: Companhias das Letras e Círculo do Livro, 1990 (A vida Cotidiana).

_____.*Pensamiento cosmológico de los antiguos mexicanos (representación del mundo y del espacio).* Tradução María Elena Landa. Puebla: Federación Estudantil Poblana, 1959-1960.

ŠPRAJC, Ivan. *Orientaciones astronómicas en la arquitectura prehispánica del centro de México.* México: Inah, 2001 (Serie Arqueología, Colección Científica 427).

TAUBE, Karl. *The writing system of ancient Teotihuacan.* Barnardville e Washington D.C.: Center for Ancient American Studies, 2000 (Ancient America).

TENA, Rafael. *El calendário mexica y la cronografía.* México: Inah, 1992 (Colección Científica 161 – Serie Historia).

_____. *Mitos e historias de los antiguos nahuas.* México: Conaculta, 2002 (Cien de México).

_____. Presentación. In: CHIMALPAHIN CUAUHTLEHUANITZIN, Domingo. *Las ocho relaciones y el memorial de Colhuacan.* México: Conaculta, 1998, 2 v. (Cien de México). p. 11-20.

THOMPSON, J. Eric S. *Un comentario al Códice de Dresde. Libro de jeroglifos mayas.* Tradução Jorge Ferreiro Santana. México: FCE, 1988 (Sección de Obras de Antropología).

TODOROV, Tzvetan. *A Conquista da América: a questão do outro.* Tradução Beatriz Perrone Moisés. São Paulo: Martins Fontes, 1993.

UMBERGER, Emily. A reconsideration of some hieroglyphs on the Mexica calendar stone. In: JOSSERAND, Kathryn e DAKIN, Karen (edit.). *Smoke and mist. Mesoamerican studies in memory of Thelma D. Sullivan.* Oxford: Bar International Series, 1988. p. 345-88.

URTON, Gary. *Quipu. Contar anudando en el imperio inka. Exposición julio 2003 – abril 2004.* Santiago/Boston: Museo Chileno de Arte Precolombino/Universidad de Harvard, 2003.

VALLE, Perla. Códices coloniales – Testimonios de una sociedad em conflicto. In: *Arqueología Mexicana. Códices prehispánicos.* Direção científica Joaquín García-Bárcena *et alii.* México: Editorial Raíces/Inah/Conaculta, v. IV, n. 23, p. 64-9, 1997.

_____. Memorias en imágenes de los pueblos indios. In: *Arqueología Mexicana. Códices coloniales.* Direção científica Joaquín García-Bárcena *et alii.* México: Editorial Raíces/Inah/Conaculta, v. VII, n. 38, p. 6-13, 1999.

YONEDA, Keiko. *Los mapas de Cuauhtinchan y la la historia cartográfica prehispánica.* 2. ed. Puebla: Ciesas/FCE/Archivo General de la Nación, 1991 (Colección Puebla).

Anotações pessoais

Anotações pessoais

Caderno de imagens

Figura 1: Trezena Ce Calli no *Códice borbónico*, p. 15.

Figura 2: Trezena Ce Quiahuitl no *Códice borbónico*, p. 7.

Figura 3: Primeira, quinta, nona, décima terceira e décima sétima trezenas do *tonalpohualli* no *Códice Borgia*, p. 1-2.

Figura 4: Os nove Se-
nhores da Noite no
Códice Borgia, p. 14.

Figura 5: Quatro dos vinte
Patronos das Trezenas no
Códice Borgia, p. 9.

Figura 6: Trezena Ce Acatl no *Códice Vaticano* A, p. 17v e 18r.

Figura 7: Trezenas Ce Cipactli e Ce Tochtli no *Códice Borgia*, p. 61.

Figura 8: Quatro dos vinte *tonalli* do *Códice magliabechiano*, p. 11r.

Figura 9: Dois dos 52 anos do *xiuhmolpilli* no *Códice magliabechiano*, p. 15r.

Figura 10: O *xiuhmolpilli*, os Senhores da Noite e quatro deidades criadoras no *Códice borbónico*, p. 21 e 22.

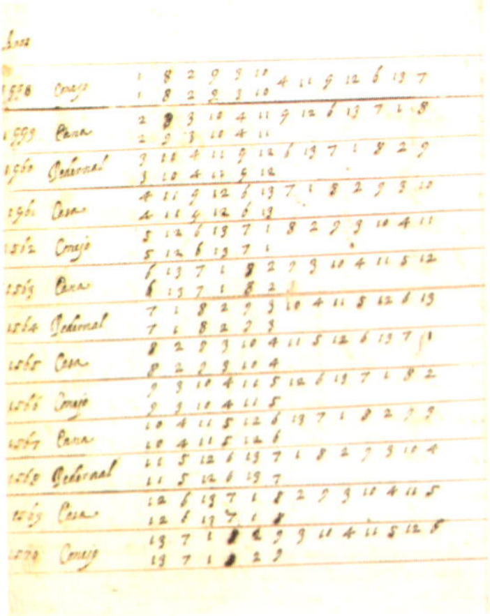

Figura 11: Anos cristãos X anos mexicas e os números que acompanham os carregadores de anos no *tonalpohualli*, segundo o *Códice Vaticano A*, p. 34v.

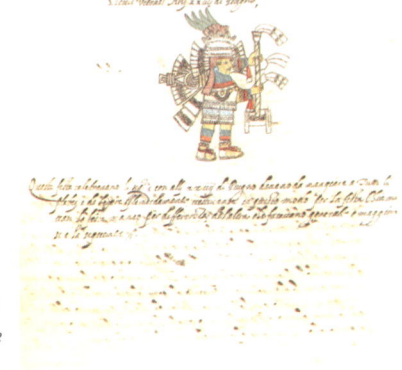

Figura 12: Vintena Tecuilhuitontli, ou *Pequena Festa dos Senhores*, no *Códice Vaticano A*, p. 45v.

Figura 13: Vintena Tecuilhuitontli, ou
Pequena Festa dos Senhores, no *Códice
magliabechiano,* p. 34v e 35r.

Figura 14: Vintenas
Izcalli, à esquerda, e
Xilomaniliztli do ano
ce tochtli no *Códice
borbónico,* p. 23.

Figura 15: Ano *2 junco,* vintena Panquetzaliztli e celebração do Fogo Novo no *Códice borbónico,* p. 34.

Figura 16: Ano *3 pedernal,* vintena Izcalli e partes inicial (acima) e final (abaixo) do último *xiuhmolpilli* do *Códice borbónico,* p. 37.

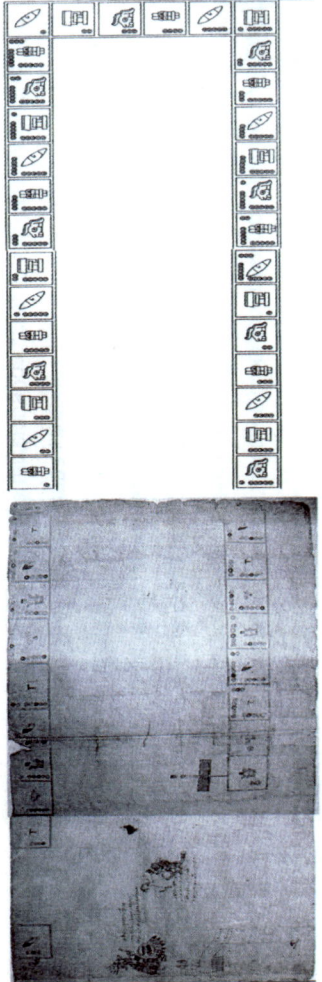

Figura 17: As duas atuais últimas páginas do *Borbónico* (37 e 38), abaixo, e a possível reconstituição das duas perdidas. ANDERS, Ferdinand & outros. *El libro del ciuacoatl*, p. 237 e 238.

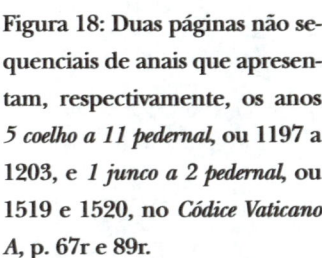

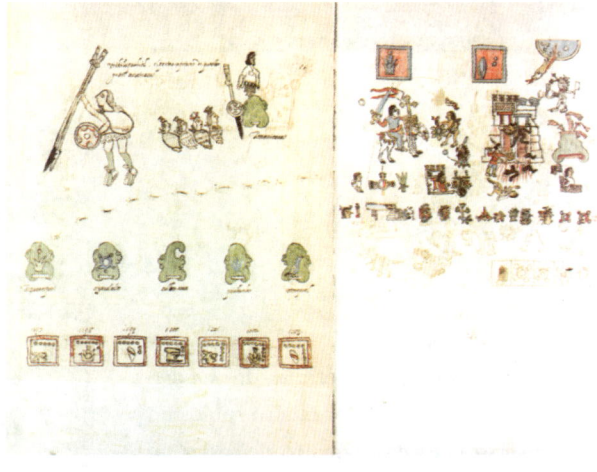

Figura 18: Duas páginas não sequenciais de anais que apresentam, respectivamente, os anos *5 coelho a 11 pederneal*, ou 1197 a 1203, e *1 junco a 2 pederneal*, ou 1519 e 1520, no *Códice Vaticano A*, p. 67r e 89r.

Figura 19: Anos finais dos anais do *Códice Vaticano A*, p. 96r.

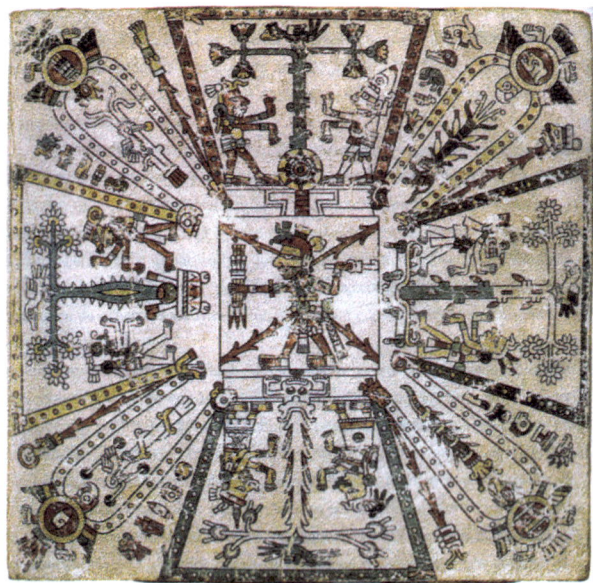

Figura 20: As trezenas do *tonalpohualli*, os carregadores dos anos e os nove Senhores da Noite nas quatro regiões e no centro do Mundo segundo o *Códice Fejérváty-Mayer*, p. 1.

Figura 21: As vinte trezenas do *tonalpohualli* distribuídas pelos quatro rumos do Universo e ligadas a quatro deidades no *Códice Borgia*, p. 72.

Figura 22: Ometeotl acima de níveis celestes no *Códice Vaticano A*, p. 1v.

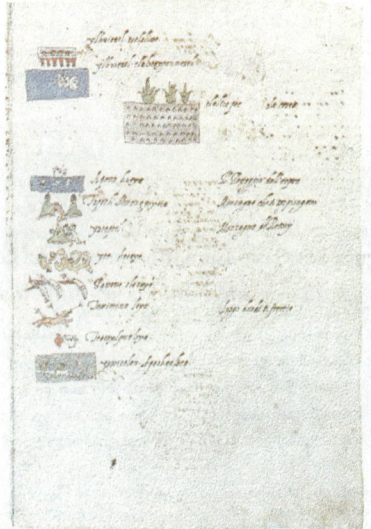

Figura 23: Dois níveis celestes, a Terra e os níveis do Inframundo segundo o *Códice Vaticano A*, p. 2r.

Figura 24: O último nível do Inframundo e seus quatro casais segundo o *Códice Vaticano A*, p. 2v.

Figura 25: Casal humano em caverna com o glifo *cipactli* durante o fim da segunda idade. *Códice Vaticano A*, p. 6r.

Figura 26: Glifos toponímicos da Montanha do Apregoar e de Tollan na seção sobre a história tolteca do *Códice Vaticano A*, p. 8r e 8v.

Figura 27: As idades do mundo dispostas como *nacxitl xochitl* no centro da *Pedra do Sol*. LEÓN-PORTILLA, Miguel. *Los antiguos mexicanos a través de sus crónicas y cantares*, p.18.

Figura 28: Página da seção das mantas dos *pipiltin* no *Códice magliabechiano*, p. 4v.

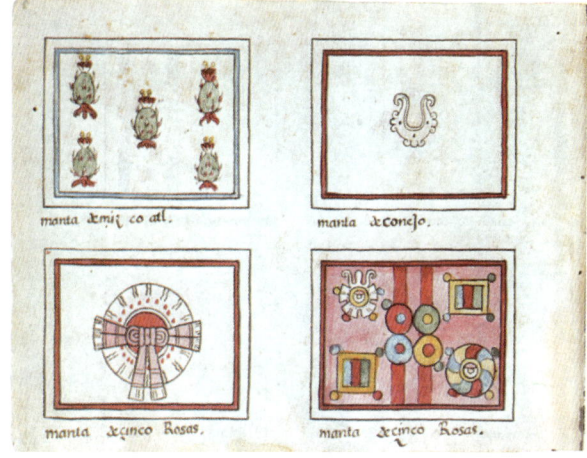

Figura 29: Colhuacatzincatl, um dos onze deuses do *pulque*, e o glifo de Culhuacan no *Códice magliabechiano*, p. 56r.

Figura 30:Trezena Ce Cozca-cuauhtli no *Código borbónico*, p. 16.

Figura 31: Fundação de México-Tenochtitlan e os cinquenta e um anos seguintes da história mexica segundo o *Código Mendoza*, p. 2r.

Figura 32: Os *tlaloque* e os tipos de chuva e colheita distribuídos pelos rumos do Universo segundo o *Códice Borgia*, p. 27.

Figura 33: Os quatro rumos e o centro do Universo em nahuatl, os pontos cardeais e os carregadores de anos na *Histoire du Mechique*, p. 82v.

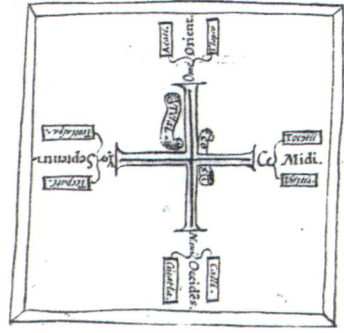

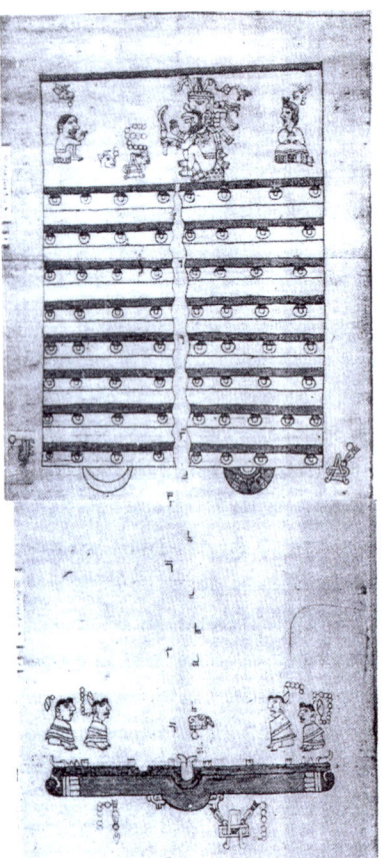

Figura 34: Quetzalcoatl e o Senhor e Senhora Um Veado acima dos níveis celestes. Abaixo desses, dois casais sobre o glifo *cipactli*. *Rollo Selden*, p. 1-2.

Figura 35: *Pedra dos cinco sóis* do Peabody Museum. MATOS MOCTEZUMA, Eduardo & outros. *Aztecs: Exhibition catalogue.*

Figura 36: Prólogo sobre os níveis celestes à história de *altepeme* e linhagens da região mixteca. *Códice vindobonense*, p. 52.

Figura 37: Primeiros episódios datados na história de *altepeme* e linhagens da região mixteca. *Códice vindobonense*, p.50.

Figura 38: *Pedra do Sol*, monumento mexica atualmente no Museo Nacional de Antropología, México DF. FUENTE, Beatriz de la & outros. *La escultura prehispánica de Mesoamérica*, p. 173.

Figura 39: *Pedra das idades do Mundo de Moctezuma II*, lápide mexica atualmente no Art Institute de Chicago. MATOS MOCTEZUMA, Eduardo & outros. *Aztecs: exhibition catalogue*.

ESTE LIVRO FOI IMPRESSO NA GRÁFICA VIDA & CONSCIÊNCIA NA PRIMAVERA DE 2009. NO CORPO DO LIVRO FOI UTILIZADA A FONTE ITC NEW BASKERVILLE, EM CORPO 10 E ENTRELINHA 14.